du programme

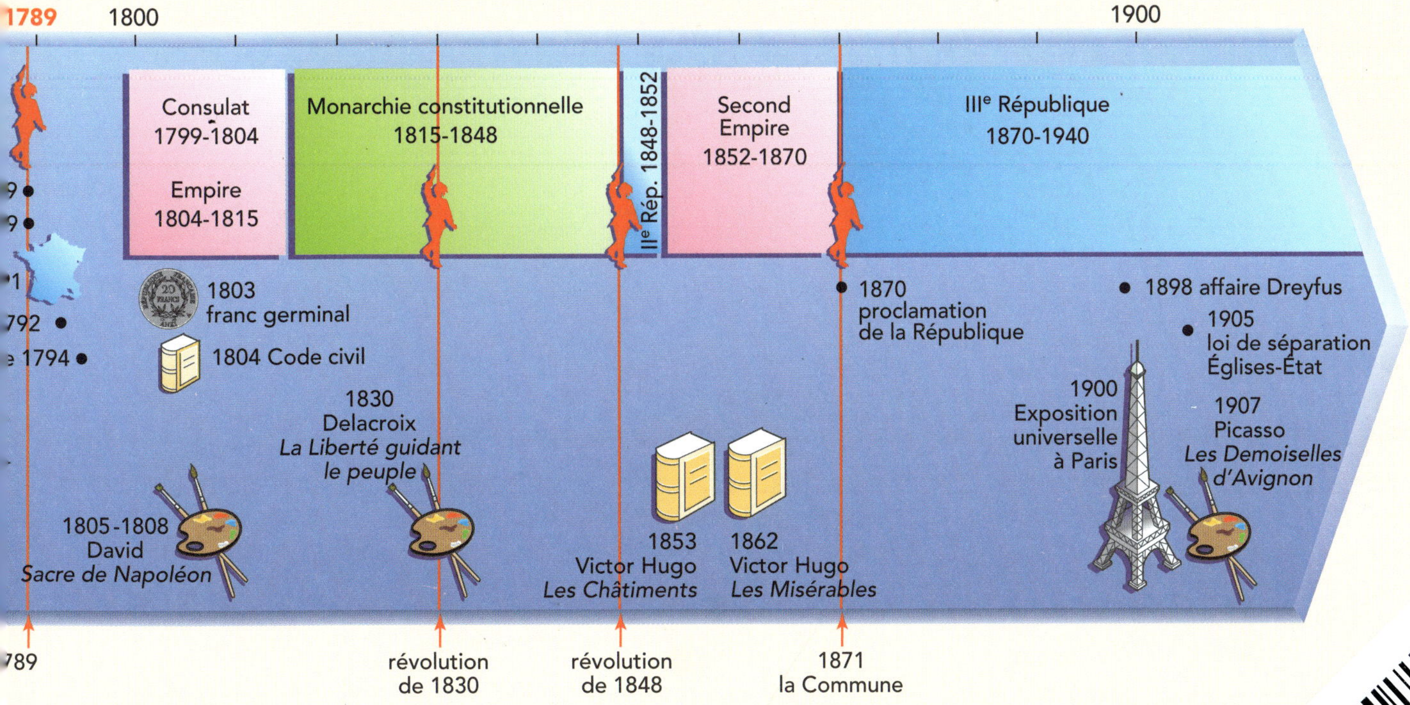

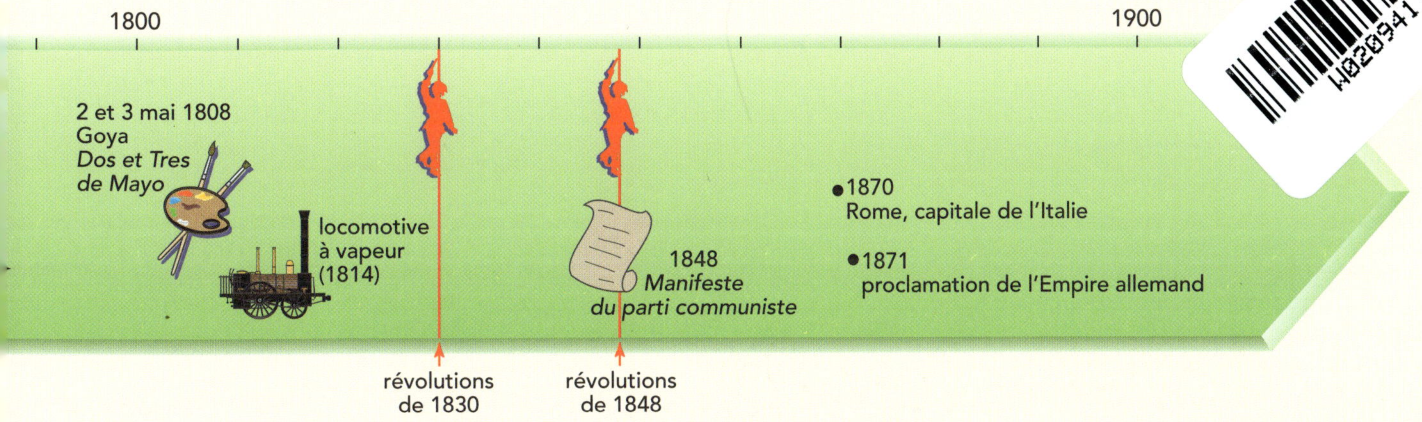

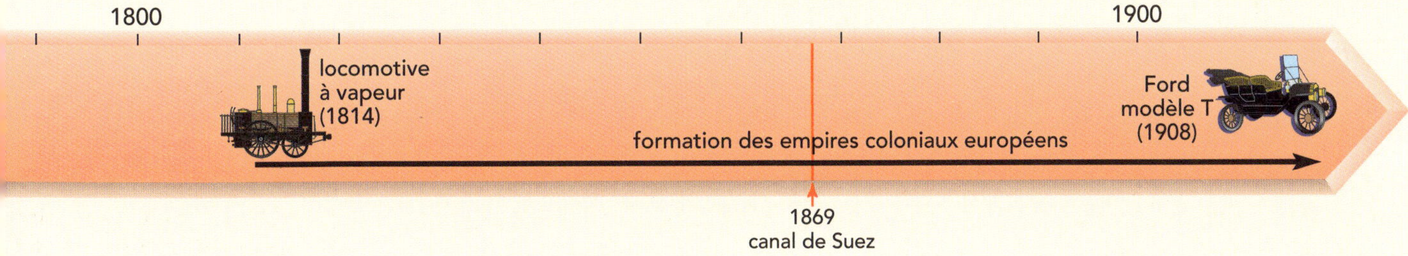

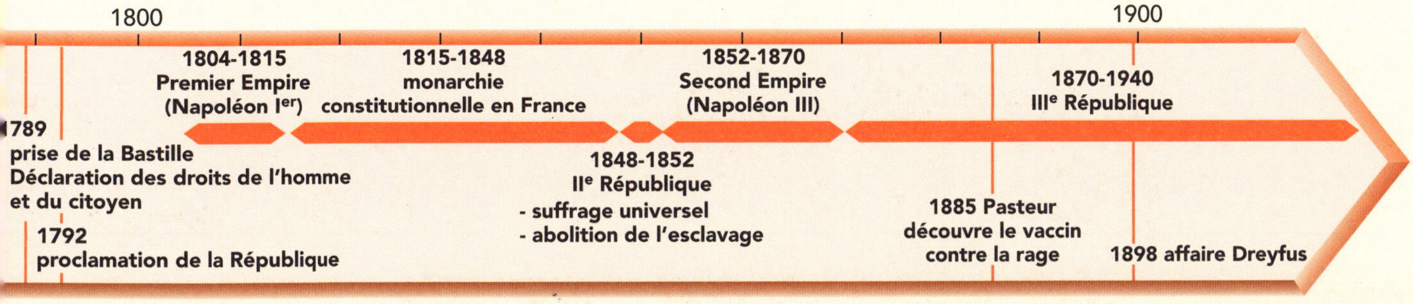

Histoire Géographie

4e

Sous la direction de **Vincent ADOUMIÉ**
Agrégé d'histoire
Agrégé de géographie
Lycée Dumont-d'Urville, Toulon (83)

Dominique AUDET
Agrégée d'histoire-géographie
Lycée Guez-de-Balzac,
Angoulême (16)

Catherine AUGERAUD
Agrégée d'histoire
Université
de La Rochelle (17)

Catherine BARICHNIKOFF
Certifiée d'histoire-géographie
Collège - Lycée Carnot,
Paris (75)

Patrick BLANCODINI
Agrégé d'histoire-géographie
Collège - Lycée Saint-Exupéry,
Lyon (69)

Denis DOUGÉ
Agrégé d'histoire-géographie
Collège Bibracte,
Château-Chinon (58)

Dominique FOUCHARD
Agrégée d'histoire-géographie
Collège Marx-Dormoy,
Paris (75)

Philippe LACOMBE
Certifié d'histoire-géographie
Collège - Lycée Buffon,
Paris (75)

Christophe MEUNIER
Certifié d'histoire-géographie
Collège Jean-Philippe-Rameau,
Tours (37)

Vincent PELLOUX
Certifié d'histoire-géographie
Collège Alberto-Giacometti,
Montigny-le-Bretonneux (78)

Christine POUGET
Certifiée d'histoire-géographie
Lycée Valin,
La Rochelle (17)

HACHETTE
Éducation

Sommaire

Histoire

Pages de garde avant : repères chronologiques du programme de 4e à connaître pour le Brevet des collèges

GÉOGRAPHIE

HISTOIRE : des Temps modernes à la naissance du monde contemporain

I. Les XVIIe et XVIIIe siècles (9 à 10 heures)

1. Présentation de l'Europe moderne (3 à 4 heures)

À partir de cartes, le professeur met en évidence les contrastes politiques, économiques, sociaux, culturels et religieux de l'Europe. Dans le domaine artistique, c'est à partir de quelques exemples qu'est montrée la coexistence des tendances baroque et classique.

2. La monarchie absolue en France (3 à 4 heures)

L'étude de la monarchie française permet de montrer comment le principe du droit divin légué par la tradition se combine avec la création de structures étatiques modernes. Parallèlement est rappelé le principe de l'organisation de la société en trois ordres.

3. La remise en cause de l'absolutisme (3 à 4 heures)

Il s'agit, sans étudier les événements des révolutions anglaises du XVIIe siècle et de la Révolution américaine, de montrer que l'existence de régimes tels que la monarchie limitée en Angleterre et la république américaine et des aspirations politiques liées à la philosophie des Lumières mettent en cause les principes de la monarchie absolue. D'autres modèles politiques sont ainsi proposés à une société française en crise.

• **Repères chronologiques** : règne personnel de Louis XIV (1661-1715) ; Déclaration des droits (1689) ; début de la croissance démographique (milieu du XVIIIe siècle) ; l'*Encyclopédie* (milieu du XVIIIe siècle).

• **Documents :** œuvres de Rembrandt ; Versailles ; Molière : extraits du *Bourgeois gentilhomme* ; préambule de la Déclaration d'indépendance des États-Unis ; extraits de philosophes du XVIIIe siècle (Montesquieu, Voltaire, Rousseau).

II. La période révolutionnaire (1789-1815) (9 à 10 heures)

1. Les grandes phases de la période révolutionnaire en France, de 1789 à 1815 (7 à 8 heures)

Un récit synthétique permet de présenter les épisodes majeurs et les principaux acteurs de la période révolutionnaire et impériale en insistant sur la signification politique et sociale de chacune des phases retenues. Les événements extérieurs ne font pas l'objet d'une étude exhaustive, mais sont évoqués à l'aide de cartes.

2. Les transformations de l'Europe (2 à 3 heures)

Une comparaison entre la situation de l'Europe à la fin du XVIIIe siècle et celle de 1815 conduit à mettre en évidence les transformations de tous ordres introduites par la période révolutionnaire et impériale dans les structures politiques et la société ainsi que les aspirations nées des idées nouvelles.

• **Cartes** : l'Europe napoléonienne en 1811 ; l'Europe en 1815.

• **Repères chronologiques :** prise de la Bastille (14 juillet 1789) ; abolition des privilèges (4 août 1789) ; Déclaration des droits de l'homme et du citoyen (26 août 1789) ; chute de la monarchie (10 août 1792) ; chute de Robespierre (9 Thermidor an II - 27 juillet 1794) ; Consulat (1799-1804) ; le franc germinal (1803) ; le Code civil (1804) ; Empire (1804-1815).

• **Documents :** Déclaration des droits de l'homme et du citoyen ; carte des départements français en 1791 ; David : *Le Sacre de Napoléon* ; Goya : *Dos de Mayo, Tres de Mayo* (2 mai, 3 mai 1808).

III. L'Europe et son expansion au XIXe siècle (1815-1914) (16 à 18 heures)

1. L'âge industriel (7 à 8 heures)

À partir des transformations des techniques de production de la fin du XVIIIe siècle à l'aube du XXe siècle, l'étude dégage les traits majeurs du phénomène industriel et de ses effets géographiques et sociaux. On décrit idées et mouvements qui analysent ce phénomène et en déduisent des conséquences sociales et politiques. Parallèlement sont tracés les grands traits de l'évolution culturelle et artistique.

2. Les mouvements libéraux et nationaux (3 à 4 heures)

À partir d'une carte, les mouvements libéraux et nationaux sont présentés comme les épisodes de la lutte qui oppose l'Europe traditionaliste restaurée en 1815 aux aspirations nouvelles des peuples léguées par la période révolutionnaire. Pour le montrer, on prend pour exemples les révolutions de 1848, les unités nationales en Italie et en Allemagne.

3. Le partage du monde (2 à 3 heures)

La comparaison de cartes du monde en 1815 et en 1914 permet de mettre en évidence le phénomène colonial, sans entrer dans les détails chronologiques mais en évoquant les multiples raisons qui rendent compte de l'expansion mondiale des puissances industrielles, les formes diverses de cette expansion et les tensions internationales qu'elle suscite.

4. La France de 1815 à 1914 (4 à 5 heures)

L'accent est mis sur la recherche, à travers de nombreuses luttes politiques et sociales et de multiples expériences politiques, d'un régime stable, capable de satisfaire les aspirations d'une société française majoritairement attachée à l'héritage révolutionnaire.

• **Cartes** : l'Europe industrielle à la fin du XIXe siècle ; États et nations en Europe en 1914 ; les empires coloniaux en 1914.

• **Repères chronologiques :** la machine de Watt (deuxième moitié du XVIIIe siècle) ; la monarchie constitutionnelle en France (1815-1848) ; les révolutions de 1830 ; les révolutions de 1848 ; la Deuxième République (1848-1852) ; le Second Empire (1852-1870) ; l'inauguration du canal de Suez (1869) ; proclamation de la République (4 septembre 1870) ; Rome, capitale de l'Italie (1870) ; proclamation de l'empire allemand (1871) ; Pasteur : découverte du vaccin contre la rage (1885) ; l'affaire Dreyfus (1898) ; exposition universelle à Paris (1900) ; la Ford modèle T (début du XXe siècle).

• **Documents :** une locomotive à vapeur ; Delacroix : *La Liberté guidant le peuple* ; extraits du *Manifeste du parti communiste* ; Victor Hugo : extraits des *Châtiments* et des *Misérables* ; la loi sur la séparation des Églises et de l'État (1905) ; Picasso : *Les Demoiselles d'Avignon*.

GÉOGRAPHIE : L'Europe et la France

Après une présentation du continent européen, le programme de quatrième est essentiellement consacré à l'étude d'États. Pour la France, une importance particulière est donnée à l'étude régionale. L'organisation européenne, l'économie française, la place de l'Europe et de la France dans le monde sont étudiées en classe de troisième.Le professeur peut choisir librement l'ordre dans lequel il traite les différentes parties du programme.

I. Le continent européen (16 à 19 heures)

1. Diversité de l'Europe (4 à 6 heures)

L'Europe est d'abord située sur le planisphère. Les cartes des États, du peuplement, des langues et des religions permettent de présenter la mosaïque européenne. On localise les grands ensembles du relief, les grands fleuves, les principaux domaines bioclimatiques et on les met en rapport avec l'urbanisation et les réseaux de communication pour expliquer les paysages et la structuration de l'espace européen.

2. Quelques États (12 à 13 heures)

On étudiera au moins trois États, au choix, dans la liste suivante :
- l'Allemagne
- la Russie
- le Royaume-Uni
- un État de l'Europe méditerranéenne

À partir des éléments examinés précédemment, l'analyse porte, en se gardant de toute étude exhaustive, sur ce qui fait la spécificité géographique (notamment le peuplement et l'organisation du territoire) de chacun des trois États choisis. Dans cette perspective sont soulignés le poids de l'histoire et les aspects culturels qui permettent de renforcer la coordination avec l'enseignement des langues vivantes.

• Cartes de l'Europe : densités de population et principales villes ; les États européens ; les langues et les religions ; relief et climats ; axes et nœuds de communication ; cartes des États étudiés.

II. La France (16 à 19 heures)

1. Unité et diversité (4 à 5 heures)

Les grands traits de la géographie de la France sont décrits par référence au cadre européen en insistant sur les éléments originaux comme sur les traits communs avec le reste de l'Europe. Les paysages s'inscrivent dans un territoire ouvert, au contact des grands domaines européens. Ces paysages constituent un environnement et un patrimoine à gérer et à préserver.

Les disparités du peuplement sont étudiées à partir d'une carte des densités et mises en rapport avec les évolutions récentes de la population (comportements démographiques, urbanisation et péri-urbanisation).

2. L'aménagement du territoire (2 à 3 heures)

On met en évidence, à partir de cartes, des déséquilibres régionaux. L'étude des réalisations et des projets de l'aménagement du territoire permet d'introduire à l'examen des grands ensembles régionaux.

3. Les grands ensembles régionaux (10 à 11 heures)

En excluant toute analyse exhaustive des régions (mais en accordant une attention toute particulière à la région parisienne et à la région où se trouve situé l'établissement), il s'agit d'étudier les traits spécifiques principaux qui caractérisent les six grands ensembles retenus : l'Île-de-France et le Bassin parisien ; les régions de tradition industrielle du Nord et de l'Est ; la région lyonnaise et ses périphéries alpines, bourguignonnes et auvergnates ; les Midis ; l'Ouest atlantique ; les départements et collectivités d'outre-mer. L'accent est mis sur les paysages, les activités principales et les métropoles.

• Cartes de la France : relief et climats ; répartition de la population et principales villes ; les régions administratives ; les grands ensembles régionaux définis par le programme.

Repères chronologiques du programme de 4e

1661-1715 : règne personnel de Louis XIV (Versailles).
Milieu du XVIIIe siècle : l'*Encyclopédie*.
Deuxième moitié du XVIIIe siècle : machine à vapeur (James Watt) - début de l'âge industriel.
1789 : prise de la Bastille - Déclaration des droits de l'homme et du citoyen.
1792 : proclamation de la République.
1804-1815 : Premier Empire (Napoléon Ier).
1815-1848 : monarchie constitutionnelle en France.
1848-1852 : Deuxième République (suffrage universel - abolition de l'esclavage).
1852-1870 : Second Empire (Napoléon III).
1870-1940 : Troisième République.
1885 : Pasteur découvre le vaccin contre la rage.
1898 : Affaire Dreyfus.

Repères spatiaux du programme de 4e

L'Europe :

Les mers principales : Méditerranée, mer du Nord, mer Noire, mer Baltique.
Les grands fleuves : Volga, Danube, Rhin.
Les États de l'Europe.
Les États de l'Union européenne et leur capitale.

La France :

Les fleuves : Garonne, Loire, Rhône, Rhin, Seine.
Les montagnes : Alpes, Jura, Massif central, Pyrénées, Vosges.
Les grandes agglomérations : Bordeaux, Clermont-Ferrand, Lille, Lyon, Marseille, Metz, Nantes, Nancy, Nice, Paris, Strasbourg, Rennes, Rouen, Toulouse.
Les régions administratives, les DOM-COM.

ISBN 978-2-01-125392-7

Achevé d'imprimer en Italie par Deaprinting en juin 2008
Dépôt légal: 06/2008 - Collection n°23 - Edition 02 - 12/5392/1

Présentation de votre manuel

L'introduction du chapitre

Numéro et titre du chapitre

Problématique

Se repérer dans l'espace (en histoire et en géographie)

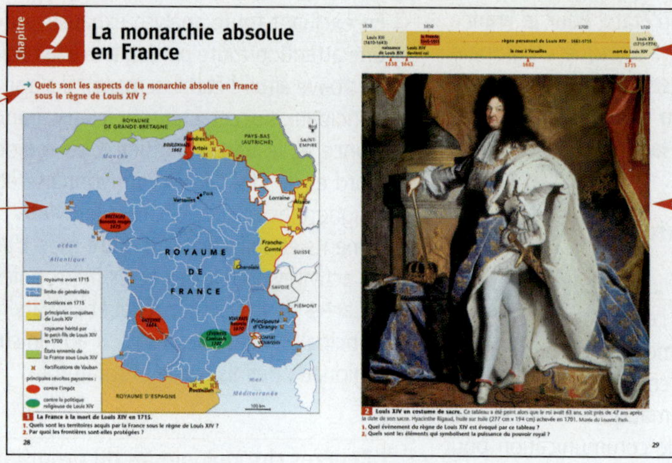

Se repérer dans le temps (en histoire)

Grand document illustrant le chapitre

En histoire et en géographie

Numéro et titre de la leçon

Mot défini en vocabulaire

Vocabulaire défini

Cours rédigé d'une manière simple et structurée

Leçon

Documents de nature variée

Question portant sur un document précis

Mise en relation des documents

Thème, présentation et objectif du dossier

Documents de nature variée

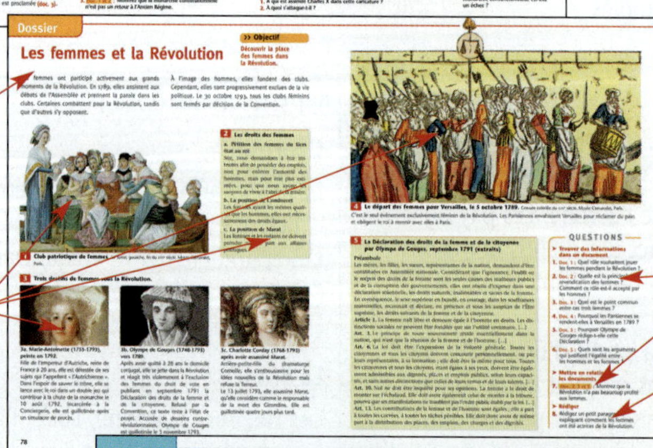

Dossier

Exploitation et mise en relation des documents

Rédaction par l'élève d'un paragraphe résumant le dossier

Thème, présentation et objectif du dossier

Paysages caractéristiques

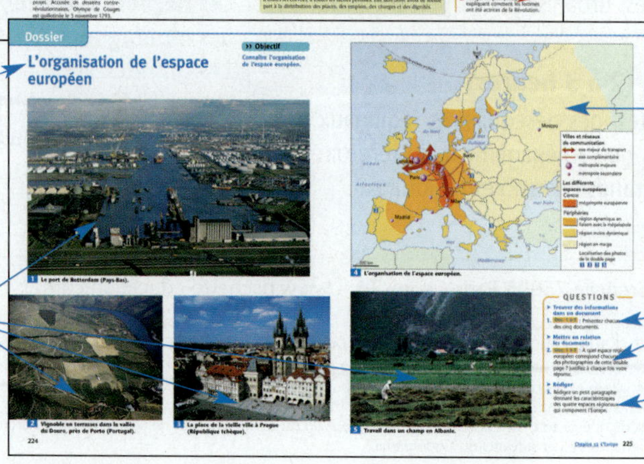

Dossier

Carte de synthèse du chapitre

Exploitation et mise en relation des documents

Rédaction par l'élève d'un paragraphe résumant le dossier

Patrimoine

Thème, présentation et objectif de la double plage

Documents de nature variée

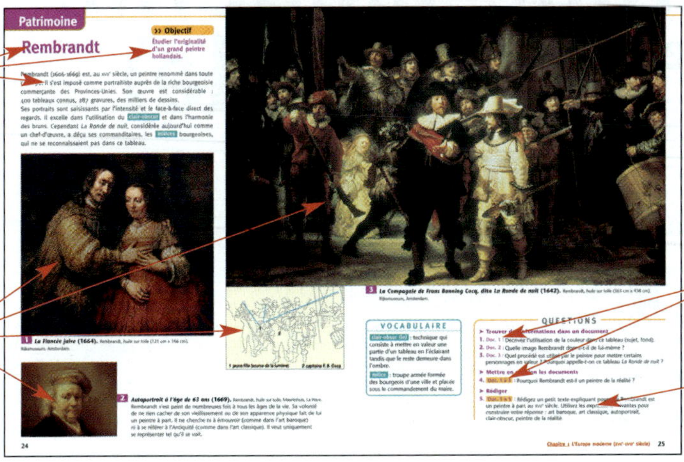

Exploitation et mise en relation des documents

Rédaction par l'élève d'un paragraphe résumant la double page

Exercices en histoire et géographie

Numéro et titre de l'exercice

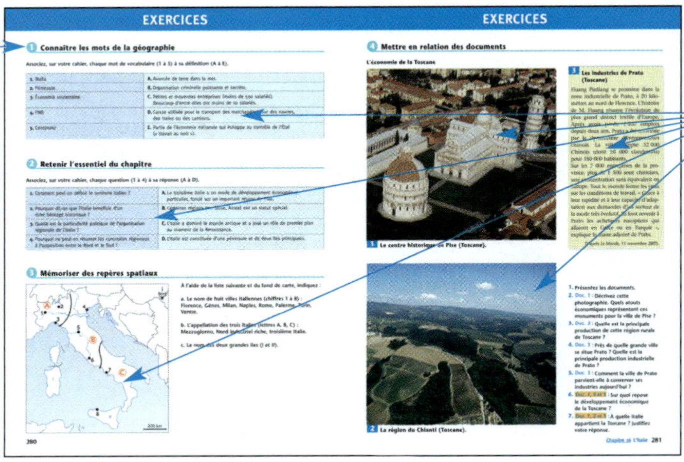

Exercices progressifs et variés, classés par ordre de difficulté croissante

Préparation au Brevet en histoire et géographie

Vers le Brevet

Sujets progressifs pour se familiariser avec l'épreuve

Sujet guidé

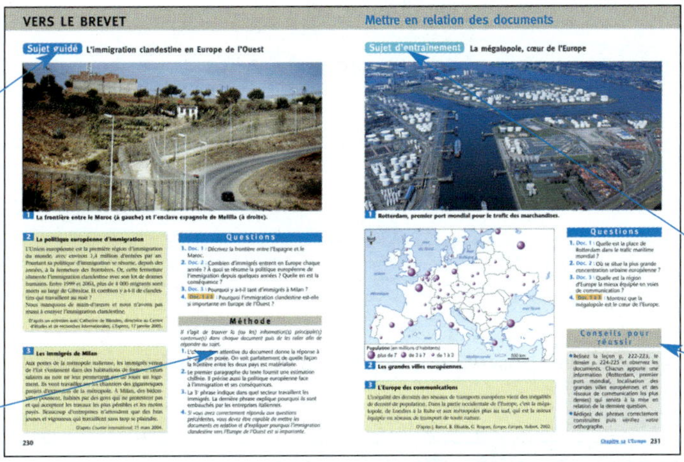

Sujet d'entraînement

Aide détaillée pour répondre au sujet

Conseils pour réussir le sujet

Chapitre 1

L'Europe moderne (XVIIe-XVIIIe siècle)

→ Comment se présente l'Europe aux XVIIe et XVIIIe siècles ?

1 Les principales puissances européennes au milieu du XVIIe siècle.

1. Citez les principaux États européens à cette époque.
2. Quel régime politique est le plus répandu ?
3. Quelle famille domine l'Europe ?

2 Le port d'Amsterdam (Provinces-Unies) au XVIIe siècle. Tableau d'Abraham Storck (1635-1710), détail. Collection particulière.

1. Montrez que le port d'Amsterdam est très actif.

Leçon 1

Une Europe divisée politiquement

→ **Quelles sont les divisions politiques de l'Europe à l'époque moderne ?**

A Une Europe morcelée

Au début du XVIIe siècle, l'Europe est morcelée en de nombreux **États**. Ainsi le Saint Empire romain germanique regroupe près de 350 territoires : chacun d'entre eux est dirigé par un **souverain** qui ne reconnaît à l'empereur qu'un titre sans réel pouvoir. L'Europe est aussi divisée sur le plan religieux entre pays catholiques et pays protestants **(voir dossier p. 12-13)**.

La plupart de ces États sont des **monarchies** qui essaient de renforcer leur pouvoir. En France, Henri IV s'applique à restaurer l'autorité royale. En Angleterre, Charles Ier tente sans succès de gouverner en monarque absolu. Seules les Provinces-Unies forment une vraie **république** dominée par la bourgeoisie d'affaires.

B De nombreux conflits

Deux **dynasties** dominent l'Europe. Celle des Bourbons **(doc. 1)** qui règne sur la France, pays le plus peuplé du continent (18 millions d'habitants) et celle des Habsbourg, divisée en deux branches : les Habsbourg d'Espagne et les Habsbourg d'Autriche. Ces derniers possèdent de vastes territoires qui encerclent et menacent la France.

Au XVIIe siècle, les guerres sont permanentes **(doc. 3)**. Elles résultent de querelles religieuses, dynastiques, territoriales, voire des trois à la fois. Elles s'expliquent aussi par la politique ambitieuse de plusieurs souverains **(doc. 4)**. Au XVIIIe siècle, cependant, les guerres deviennent moins nombreuses.

C La guerre de Trente Ans et ses conséquences

L'un des conflits les plus longs de cette époque est la guerre de Trente Ans (1618-1648). Elle oppose les Habsbourg aux princes protestants du Saint-Empire. Cependant, le roi de France, catholique, n'hésite pas à s'allier aux protestants pour affaiblir son rival.

Les effets de cette guerre, qui prend fin grâce aux traités de Westphalie (1648), sont dramatiques tant pour les soldats que pour les civils **(doc. 2)**. Le Saint-Empire, ravagé par les violences et les pillages, décline au profit des États du Nord-Ouest (France, Provinces-Unies, Angleterre) ainsi que de la Prusse **(doc. 5)** et de la Russie **(voir carte p. 8)**.

VOCABULAIRE

dynastie (une) : souverains appartenant à une même famille.

État (un) : territoire délimité par des frontières et dirigé par un gouvernement.

monarchie (une) : régime politique dans lequel un roi gouverne de façon souvent héréditaire.

république (une) : régime politique sans roi dans lequel le gouvernement représente tout ou une partie de la population.

souverain (un) : prince, roi ou empereur qui exerce le pouvoir dans un pays.

1 Louis XIII, roi de France de 1610 à 1643.

Louis XIII (1601-1643) *couronné par la Victoire*. Tableau de Philippe de Champaigne, détail. Musée du Louvre, Paris.

L'action politique de Louis XIII s'appuie sur les conseils de son ministre le cardinal de Richelieu : renforcer l'autorité de la monarchie face aux nobles et aux protestants (siège de La Rochelle en 1627-1628) à l'intérieur, assurer la grandeur de la France à l'extérieur. Il fait donc le choix de s'allier aux pays protestants contre l'Espagne catholique pendant la guerre de Trente Ans. La France sort renforcée de ce conflit et apparaît alors comme la première puissance européenne.

2 Pillage d'un village flamand pendant la guerre de Trente Ans (1618-1648). Tableau de Sébastien Vrancx (1573-1647), 75 cm x 107 cm. Musée du Louvre, Paris.

1. Décrivez les « horreurs de la guerre » visibles sur ce document.

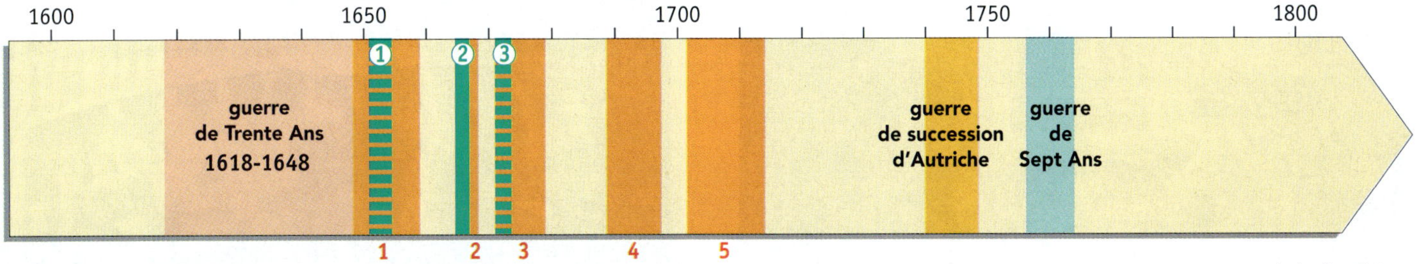

Guerres de Louis XIV
1 guerre d'Espagne
2 guerre de Dévolution
3 guerre de Hollande
4 guerre de la Ligue d'Augsbourg
5 guerre de succession d'Espagne

Guerres anglo-hollandaises ①②③

3 Les principaux conflits européens aux XVIIe et XVIIIe siècles.

1. Quelles sont les principales guerres qui se déroulent au XVIIe siècle ?

2. Doc. 2 et 3 : Quelle est la guerre la plus longue et la plus meurtrière ?

4 Les raisons de l'expansion française

Il me semble que nous pourrions retirer nos armes de Catalogne, pourvu que le roi d'Espagne nous cédât les Pays-Bas et la Franche-Comté. L'acquisition des Pays-Bas serait pour Paris une protection invincible et la ville serait alors véritablement ce qu'on pourrait appeler le cœur de la France car elle serait placée dans l'endroit le plus sûr du royaume. Les frontières de notre pays seraient étendues jusqu'à la Hollande, et du côté de l'Allemagne, jusqu'au Rhin. La puissance de la France se rendrait redoutable à tous ses voisins et particulièrement aux Anglais.

D'après une lettre du cardinal Mazarin, Premier ministre français (1646).

1. Quelles régions Mazarin veut-il conquérir ?

2. Doc. 1 et 4 : Quelles sont les raisons pour lesquelles la France est en guerre ?

5 La gloire de Frédéric II de Prusse

La politique du roi de Prusse est de maintenir son armée en bon état, de restaurer ses finances et d'assurer la prospérité de ses provinces. Mais sa passion dominante est sans aucun doute d'assurer sa propre gloire.

Ainsi il a fait construire un château sur le modèle de Louis XIV et de Versailles. Comme autrefois Jules César, il entreprend d'écrire lui-même l'histoire de sa vie et de ses exploits guerriers. Pour arriver à ses buts, il utilise tous les moyens : la méfiance, la dissimulation. Il est totalement irréligieux mais il se sert de la religion. Ainsi, il protège les protestants, pour les attirer chez lui et pour qu'ils servent ses intérêts.

D'après une lettre de l'ambassadeur d'Autriche (1763).

1. Quelles sont les ambitions de Frédéric de Prusse ?

2. Comment fait-il pour les réaliser ?

Les déchirements religieux

>> Objectif

Comprendre l'importance des divisions religieuses à l'époque moderne.

Après les réformes religieuses du XVIe siècle, l'Europe chrétienne se divise entre États protestants et États catholiques. Pour lutter contre le protestantisme, l'Église catholique essaie de se réformer et fait construire de nouveaux lieux de culte richement décorés pour impressionner les fidèles. Les divisions religieuses entraînent des conflits entre les États mais aussi à l'intérieur de ceux-ci. Soucieux de préserver l'unité religieuse de leur royaume, de nombreux souverains imposent leur religion et persécutent les minorités. En France, cependant, l'édit de Nantes (1598) protège les protestants pendant une grande partie du XVIIe siècle.

1 L'église catholique de Saint-Jean-de-Népomucène (Munich, Bavière). Première moitié du XVIIIe siècle.

2 Le temple protestant de Lyon. Peinture du XVIe siècle. Bibliothèque universitaire et publique, Genève.

	Doctrine	Organisation	Culte
Catholiques	• Culte de Dieu, de la Vierge et des saints. • Accès au paradis par la foi et les œuvres.	• L'Église est organisée de façon hiérarchique sous l'autorité du pape. • Les moines et les prêtres sont célibataires et font vœu de chasteté.	• La messe est célébrée avec faste dans des églises somptueuses. • La messe est dite en latin, la Bible est écrite en latin.
Protestants	• Culte de Dieu seulement et non de la Vierge et des saints. • Accès au paradis seulement par la foi.	• Chaque communauté protestante forme une Église égalitaire guidée par un pasteur. • Les pasteurs peuvent se marier.	• Le culte consiste surtout en lectures de la Bible dans des temples très simples. • La lecture de la Bible se fait dans la langue du pays.

3 Les principales différences religieuses entre catholiques et protestants.

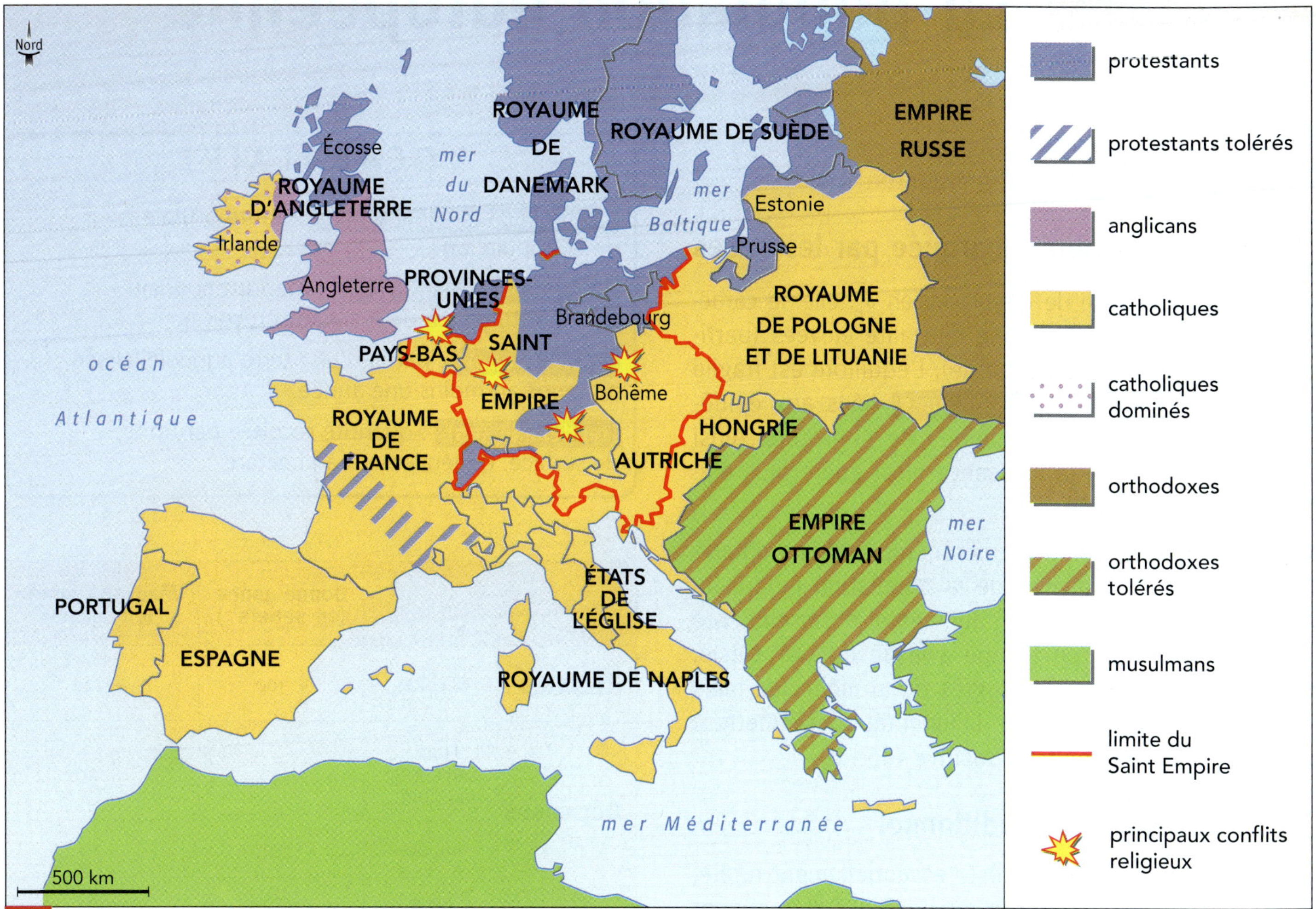

4 **Les divisions religieuses de l'Europe au milieu du XVIIe siècle.**

5 L'édit de Nantes (1598)

Par cet édit, Henri IV veut établir la paix entre catholiques et protestants français.

Henry, par la grâce de Dieu roi de France et de Navarre […] :

3. Ordonnons que la religion catholique soit rétablie en tous les lieux et endroits du royaume pour y être paisiblement et librement exercée. […]

6. Avons permis et permettons à ceux de la religion prétendue réformée[1] de vivre en tous lieux de notre royaume sans être vexés, molestés ni astreints à faire quelque chose contre leur conscience. […]

9. Nous permettons à ceux de la religion prétendue réformée de continuer l'exercice de leur religion dans toutes les villes et lieux où ils pratiquaient en 1597. […]

15. L'exercice public de ladite religion ne pourra être fait aux armées, si ce n'est dans les quartiers des chefs qui en feront profession.

16. Nous permettons à ceux de ladite religion de pouvoir bâtir des lieux pour l'exercer, dans les villes et places qui leur sont accordées. […]

20. Ceux de la religion prétendue réformée devront respecter les fêtes de l'Église catholique et ne pas travailler ce jour-là. […]

22. Ordonnons qu'il ne sera fait aucune différence ou distinction entre les religions pour être admis dans les universités, collèges et écoles, ni dans les hôpitaux. […]

27. Afin de mieux réunir nos sujets, déclarons que ceux de ladite religion prétendue réformée pourront exercer toutes charges publiques et dignités, royales et seigneuriales, et pourront être admis en tous conseils et assemblées.

1. Religion prétendue réformée : nom donné à la religion protestante.

QUESTIONS

➤ Trouver des informations dans un document

1. **Doc. 1 :** Montrez que cette église est richement décorée.
2. **Doc. 2 :** Quels éléments de cette salle prouvent qu'il s'agit bien d'un lieu de culte ?
3. **Doc. 3 :** En quelle langue se fait la lecture de la Bible pour chacune des deux religions ?
4. **Doc. 4 :** Dans quelles régions d'Europe les protestants et les catholiques sont-ils majoritaires ?
5. **Doc. 5 :** Qu'est-ce qu'autorise l'édit de Nantes (art. 6) ? Y a-t-il des limites à cette autorisation (art. 3, 15 et 20) ?

➤ Mettre en relation les documents

6. **Doc. 1 et 2 :** Comparez la décoration des deux lieux de culte.

➤ Rédiger

7. Rédigez un petit texte présentant les divisions religieuses de l'Europe à l'époque moderne.

Leçon 2

La population européenne

→ Quelles sont les caractéristiques de la population de l'Europe moderne ?

A Une démographie marquée par les crises

La démographie reste de « type ancien » : elle se caractérise par une natalité et une mortalité élevées (particulièrement la mortalité infantile). L'équilibre est fragile à cause des **crises démographiques** liées aux épidémies, aux guerres ou au manque de nourriture. Ainsi l'espérance de vie à la naissance n'est guère plus élevée qu'au Moyen Âge.

En 1600, l'Europe compte environ 100 millions d'habitants, soit le tiers environ de la population mondiale. Après 1750, la population augmente et atteint 140 millions d'habitants en Europe à la fin du XVIIIe siècle. Le recul des guerres, les progrès de la médecine mais surtout de l'hygiène et de l'alimentation permettent d'expliquer cette évolution positive **(doc. 2)**.

B Un monde rural traditionnel

La population européenne reste essentiellement rurale, à plus de 90 % **(doc. 3)**. La majorité des ruraux sont des paysans qui cultivent surtout des céréales (blé, seigle, maïs, etc.). Les **rendements** sont faibles car l'agriculture a peu évolué depuis le Moyen Âge. Les outils sont rudimentaires (la charrue est très peu utilisée), les semences sont de mauvaise qualité, l'élevage est insuffisant. La **jachère**, faute d'engrais, se maintient presque partout. Les paysans restent soumis aux **crises de subsistance**, les impôts sont lourds. Les conditions de vie sont extrêmement difficiles **(doc. 1)**.

Quelques innovations apparaissent cependant dans les campagnes hollandaises et anglaises : abandon de la jachère, culture de plantes fourragères, essor de l'élevage. Mais ces progrès demeurent rares en Europe.

C Une population inégalement répartie

La répartition des hommes est très inégale sur le continent européen : les plus fortes densités se concentrent de l'Angleterre à l'Italie **(doc. 5)**. La France est le pays le plus peuplé d'Europe avec 20 millions d'habitants à la fin du XVIIe siècle.

Les grandes villes sont peu nombreuses. Cependant la population urbaine connaît un essor au XVIIIe siècle particulièrement en Europe du Nord-Ouest (Londres, Paris) **(doc. 4)**.

VOCABULAIRE

crise démographique (une) : chute brutale de la population.

crise de subsistance (une) : manque soudain de nourriture lié à de mauvaises récoltes.

jachère (une) : partie d'une terre agricole laissée au repos au moins une année.

rendement (un) : quantité récoltée par unité de surface, généralement à l'hectare.

		Bonne année (en setiers[1])	Mauvaise année (en setiers)
Recettes	Récoltes	+ 300	+ 120
Dépenses	Frais : semences, nourriture...	- 120	- 120
	Impôts	- 70	- 70
	loyer	- 70	- 70

1. Un setier est une unité de mesure. Pour les grains, elle correspond environ à 150 litres.

1 Les revenus d'une exploitation paysanne dans le Bassin parisien au début du XVIIe siècle.

1. Calculez le revenu final lors d'une bonne année de récoltes puis lors d'une mauvaise.
2. Quelles conséquences cela entraîne-t-il lors d'une mauvaise année ?

2 Les progrès du XVIIIe siècle

Depuis 1715 jusqu'à nos jours, la France a respiré et la population a pu prospérer. On n'a compté que 15 ans de guerre sur 59 ans. Les ennemis n'ont pénétré en France que dans quelques parties et pour quelques instants ; il n'y a eu aucune guerre civile. Ainsi jamais la population n'a été si florissante qu'à l'état actuel. Au XVIIIe siècle, la peste s'est fait sentir en France, mais n'a attaqué qu'une faible portion du royaume. On a pu observer que dans plusieurs provinces françaises les gens mangeaient du pain de meilleure qualité.

D'après Jean-Baptiste Moheau, *Recherches et considérations sur la population de la France*, 1778.

1. Comment évolue la population au XVIIIe siècle ?
2. Quelles sont les causes de cette évolution ?
3. Doc. 2, 4 et 5 : Quelles sont les régions d'Europe les plus dynamiques d'un point de vue démographique ?

3 **Une famille paysanne en 1642.** Louis Le Nain, huile sur toile (113 cm x 159 cm). Musée du Louvre, Paris.

1. Présentez les différents personnages qui forment cette famille (adultes, enfants).
2. Quels éléments montrent que le peintre a choisi de représenter une famille aisée ?
3. Doc. 1 et 3 : Comment vivent les paysans à l'époque moderne ?

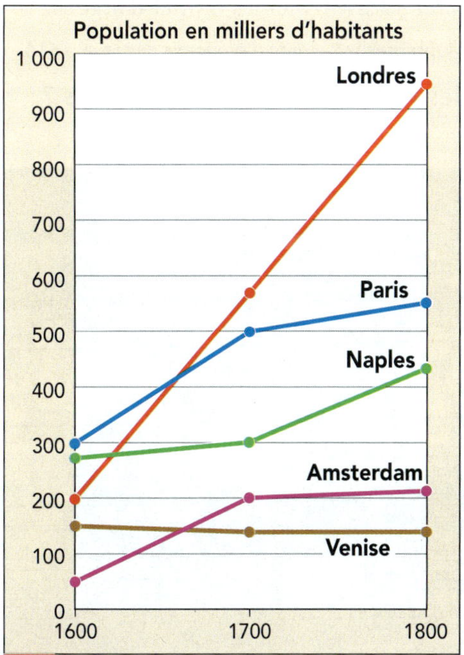

4 **L'essor des villes européennes aux XVIIe et XVIIIe siècles.**

1. Quelles sont les villes dont la population augmente le plus à cette époque ?

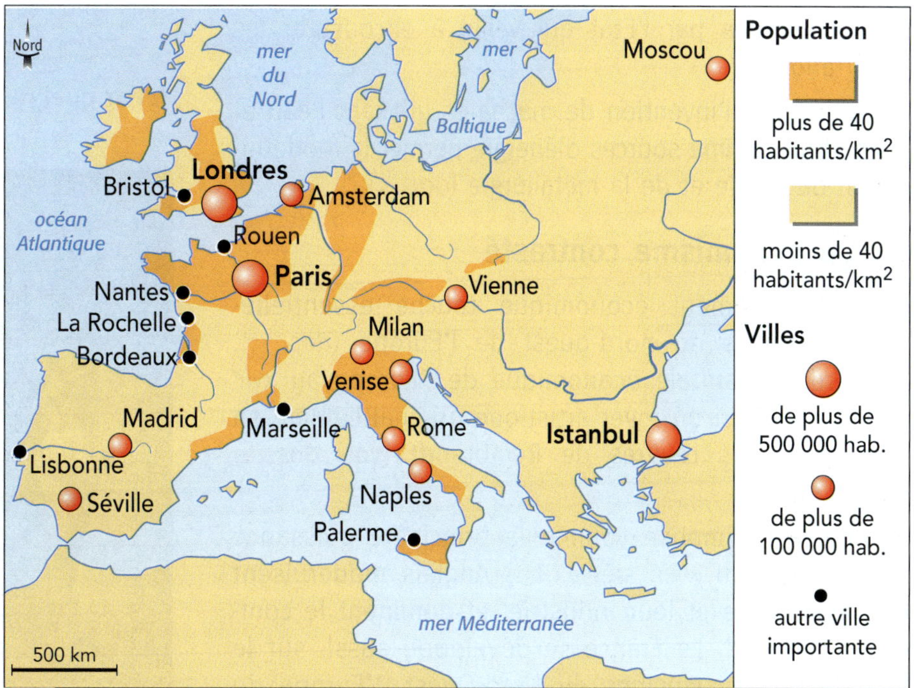

5 **La répartition de la population européenne au début du XVIIIe siècle.**

1. Quelles sont les régions les plus peuplées ?
2. Où sont situées les villes les plus importantes ?

Leçon 3

Le dynamisme économique de l'Europe

→ **Comment se manifeste le dynamisme économique européen à partir du XVIIe siècle ?**

A Le grand commerce maritime

Au début du XVIIe siècle, Hollandais **(doc. 1)** et Anglais jettent les bases d'un développement économique durable tourné vers l'océan Atlantique **(doc. 3)**. Dès 1602, ils fondent des **compagnies maritimes** pour mieux exploiter leurs empires coloniaux (Amérique, Asie). Ils finissent par surpasser l'Espagne et le Portugal. Ainsi, le sucre, les métaux précieux, les soies, les épices affluent vers l'Europe.

Le développement des plantations sucrières aux États-Unis entraîne une forte croissance de l'esclavage. Les Européens deviennent les maîtres du **commerce triangulaire** **(doc. 4)**. Enfin les Hollandais et les Anglais créent des banques modernes qui permettent à l'argent de circuler plus facilement.

B Les débuts de l'industrialisation

L'industrie reste essentiellement artisanale. Les outils et les techniques sont toujours médiocres. La production est dispersée en de nombreux ateliers urbains. Elle repose aussi sur une main-d'œuvre travaillant à la campagne. Le textile est l'activité principale. Mais l'artisanat est concurrencé par les **manufactures** **(doc. 2)**. Celles-ci sont soutenues par l'État qui veille à encourager les exportations.

En Angleterre, l'invention de machines utilisant l'eau et le charbon comme sources d'énergie permet la modernisation du textile et de la métallurgie **(doc. 5)**.

C Un dynamisme contrasté

Le développement économique touche essentiellement les pays du nord-ouest de l'Europe **(doc. 3)**. Amsterdam, capitale économique de l'Europe au XVIIe siècle, est aussi un foyer artistique original comme en témoignent les œuvres de Rembrandt **(voir dossier p. 24-25)**.

L'Angleterre s'impose comme la principale puissance économique au XVIIIe siècle. Les Anglais modernisent leur agriculture et leur industrie, et dominent le commerce mondial. La France se développe aussi, sur le modèle de ses voisines du Nord-Ouest. L'Europe du Sud et de l'Est reste à l'écart de ce dynamisme à l'exception de régions comme la Rhénanie et la Saxe en Allemagne, ou la Catalogne en Espagne.

VOCABULAIRE

commerce triangulaire (le) : commerce d'esclaves, de produits tropicaux et artisanaux entre l'Amérique, l'Afrique et l'Europe au XVIIIe siècle.

compagnie maritime (une) : société constituée par les commerçants d'un pays et leur gouvernement pour assurer la colonisation et le commerce avec une partie du monde.

manufacture (une) : établissement regroupant des ouvriers qui fabriquent les mêmes produits (textiles, verrerie, etc.).

1 La richesse des Provinces-Unies

Ces gens sont habiles car ils accommodent fort à propos les choses à leur profit. Ils ne filent pas, ne sèment pas, ne plantent pas mais ils sont nourris et vêtus plus magnifiquement que nuls autres. Ils n'ont rien et ont tout par le moyen de leurs diverses navigations.
Les Hollandais expérimentent et montrent mieux que nuls autres que par la mer se trouve le plus court chemin de fortifier, enrichir et agrandir un État. Si je voulais laisser à la postérité un tableau de l'utilité du commerce, je décrirais ici d'un côté les villes d'Amsterdam et de Middelbourg en l'état qu'elles étaient il y a vingt-cinq ou trente ans, et de l'autre celui auquel elles sont maintenant : grosses de peuple, comblées de marchandises, pleines d'or et d'argent.

D'après Montchrestien, *Traité d'économie politique*, 1615.

1. Par quel moyen les Hollandais se sont-ils enrichis ?

2 La manufacture des frères Wetter à Orange (1764). Tableau de J. Rosetti, *Manufacture de tissus d'indiennes*. Musée municipal d'Orange (Vaucluse).

1. D'après ce document, qu'est-ce qu'une manufacture ?

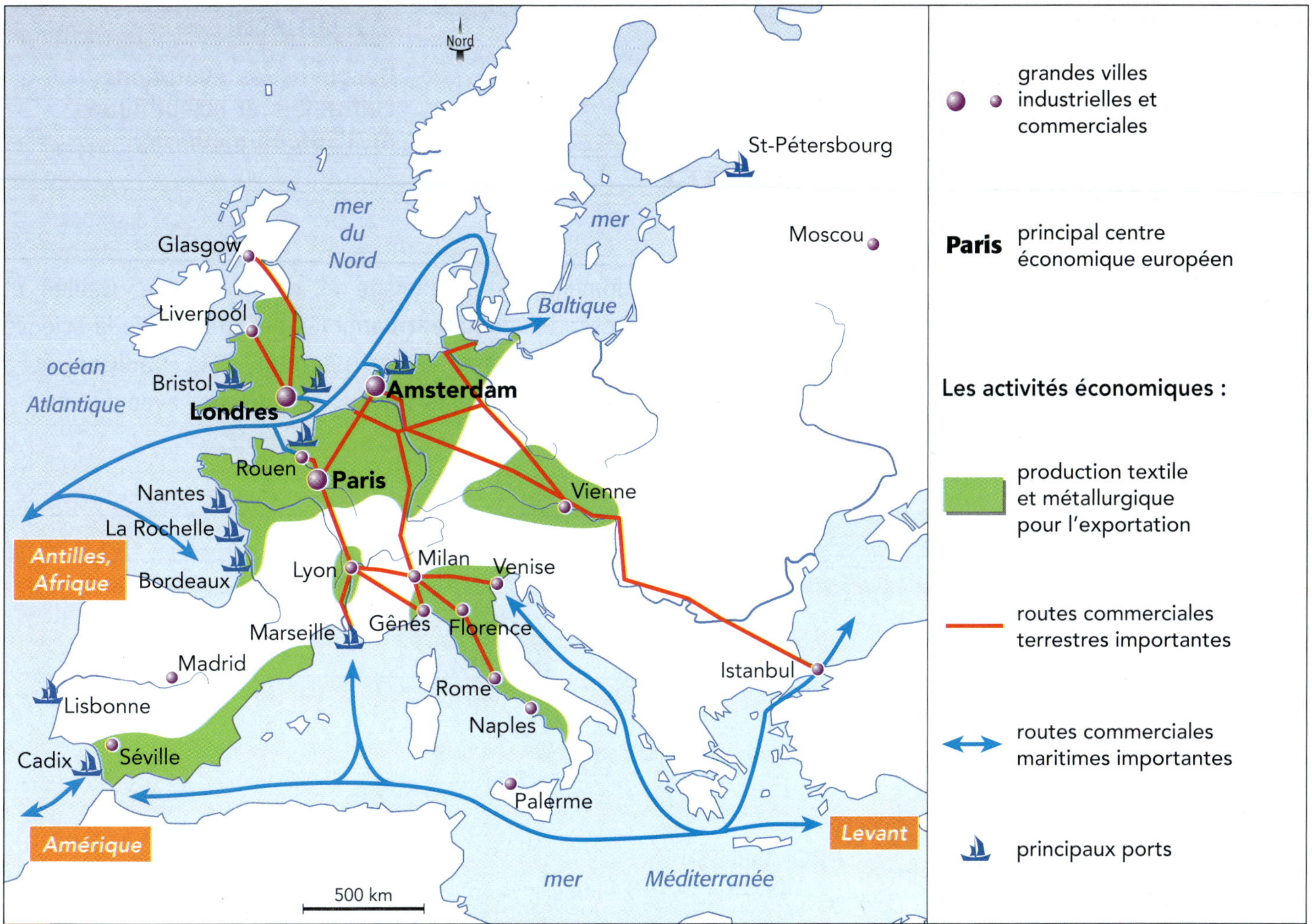

3 Le développement économique de l'Europe moderne.

1. Citez les grands centres commerciaux et industriels qui dominent l'Europe moderne.
2. Où sont-ils situés ? Pourquoi ?
3. Doc. 1 et 3 : Relevez les éléments de la richesse des Provinces-Unies.

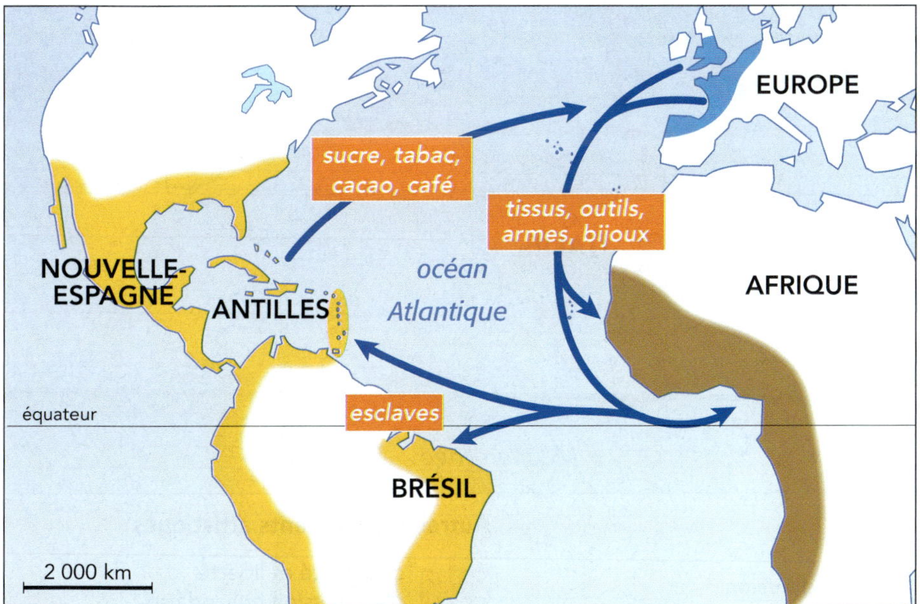

4 Le commerce triangulaire.

1. Expliquez les trois étapes du commerce triangulaire.
2. Doc. 3 et 4 : Citez les principaux pays européens qui organisent le commerce triangulaire.

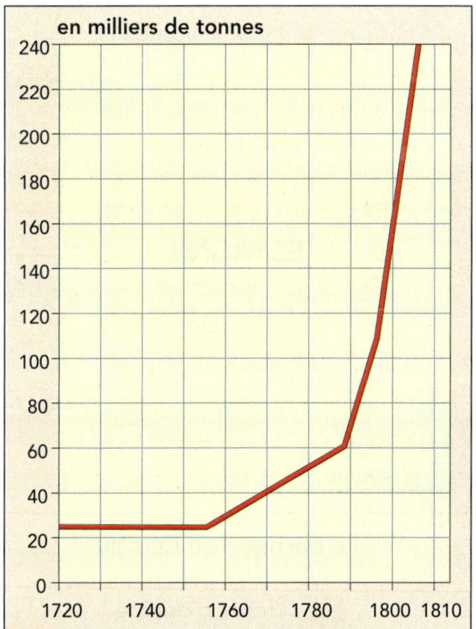

5 La production de fonte en Angleterre au XVIIIe siècle.

1. Comment évolue la production de fonte en Angleterre au XVIIIe siècle ?

Arts et sciences à l'époque moderne

>> Objectif

Découvrir les évolutions culturelles et scientifiques de l'Europe moderne.

Le XVIIe siècle est une période de foisonnement culturel intense. L'**art baroque** se diffuse en Europe. Mais il ne triomphe pas partout et d'autres formes d'expression artistique, comme l'**art classique**, se développent. Au XVIIe siècle, d'importants progrès sont accomplis dans le domaine de la pensée et de la science. Galilée et Descartes comptent parmi les précurseurs de la science contemporaine. Ils se heurtent à la tradition et à l'Église mais leurs travaux se diffusent avec succès.

1 Art baroque et art classique en Europe à l'époque moderne.

2 Les découvertes de Galilée (1564-1642)

a. Quel spectacle merveilleux et émouvant de voir la Lune accidentée et inégale, et tout comme la surface de la Terre, recouverte de hautes élévations et de profondes cavités. Mais ce qui passe en merveille toute imagination et nous a surtout amenés à nous adresser à tous les astronomes et philosophes, c'est d'avoir découvert quatre étoiles errantes qui ont leur propre révolution autour d'un astre principal connu (Jupiter). Et toutes ces choses furent découvertes et observées, il y a peu de jours, à l'aide d'une lunette que j'ai construite.

Galilée, *Astronomicus Nuncius*, 1610.

b. Galilée, tu es suspect d'hérésie, ayant tenu cette fausse doctrine contraire à l'Écriture sainte et divine, que le Soleil est le centre du monde et que la Terre se meut et n'est pas le centre du monde. Tu dois donc abjurer, maudire et détester devant nous tes erreurs et hérésies.

Tribunal de l'Inquisition de Rome, 1633.

3 Les règles de la recherche scientifique

Ne recevoir jamais aucune chose pour vraie, c'est-à-dire éviter soigneusement la précipitation, ne comprendre rien de plus que ce qui se présenterait si clairement et si distinctement à mon esprit que je n'eusse aucune occasion de le mettre en doute.

Descartes (1596-1650), *Discours de la méthode*, 1637.

5 Le cabinet de physique de M. Bonnier de la Mosson (1702-1744). Tableau de J. de la Joue. National Gallery of Ireland, Dublin, Irlande.

Savants	Progrès
Galilée (1564-1642)	Astronomie d'observation
Descartes (1596-1650)	Méthode scientifique basée sur la raison et l'expérience
Kepler (1571-1630)	Lois du mouvement des planètes
Torricelli (1608-1647) Pascal (1622-1662)	Découverte de l'existence du vide et de la pression atmosphérique
Harvey (1578-1658)	Découverte de la circulation du sang
Newton (1642-1727)	Loi de l'attraction et de la gravitation universelle

4 Savants et progrès scientifiques au XVIIe siècle en Europe.

VOCABULAIRE

art baroque (un) : art caractéristique de l'Europe centrale et du Sud. Il cherche avant tout à émouvoir.

art classique (un) : art caractéristique de la France et de l'Angleterre. Il se veut l'héritier de l'art antique.

QUESTIONS

➤ Trouver des informations dans un document

1. Doc. 1 : Quels sont les foyers d'origine de l'art baroque ? Et de l'art classique ?
2. Doc. 2 : Que découvre Galilée ? À quels obstacles se heurte-t-il ?
3. Doc. 3 : Comment doit procéder un bon scientifique selon Descartes ?
4. Doc. 4 : Citez trois découvertes majeures du XVIIe siècle.
5. Doc. 5 : Décrivez le cabinet de ce physicien.

➤ Mettre en relation les documents

6. Doc. 2 à 5 : Quels sont les progrès de la science à cette époque ?

➤ Rédiger

7. Doc. 1 à 5 : Rédigez un petit texte présentant les évolutions culturelles et scientifiques de cette époque.

L'art baroque

›› Objectif

Découvrir des œuvres baroques.

Né à la fin du XVIe siècle à Rome, l'art baroque se diffuse au XVIIe siècle en Italie, en Espagne et en Europe centrale. Le terme vient du portugais *barroco* qui signifie « perle de forme irrégulière ». Il se caractérise par des formes exubérantes, des couleurs flamboyantes, des lignes courbes, des colonnes torsadées, une décoration somptueuse et surchargée. Le côté théâtral est étonnant : les personnages semblent immobilisés en plein mouvement par l'artiste. Les visages sont expressifs afin d'émouvoir le spectateur. L'Église a su mettre cette forme artistique au service de la réforme catholique.

1 **L'église baroque Saint-Charles-Borromée (1715-1735) de Vienne (Autriche), élevée par Fischer von Erlach.**

2a.

2b.

2 ***Apollon et Daphné* (1622-1625) du Bernin (1598-1680).** Marbre (hauteur de 243 cm). Galerie Borghèse, Rome.

Daphné, poursuivie par un Apollon éperdu d'amour, se transforme en laurier. Sa peau devient écorce, ses doigts feuilles (2a), ses orteils racines (2b).

3 ***L'Adoration des mages* de Pierre Paul Rubens (1577-1640).** Huile sur toile (447 cm x 336 cm). Musée royal des Beaux-Arts, Anvers.

QUESTIONS

➤ **Présenter chacun des documents (nature, auteur, date, lieu)**

➤ **Rechercher des informations dans un document**

1. Doc. 1 : Quelles sont les formes et les lignes caractéristiques de l'art baroque que possède cette église ?
2. Doc. 2 : Que représente cette statue ? Comment Le Bernin exprime-t-il ensemble l'action et l'émotion dans cette œuvre d'art ?
3. Doc. 3 : Où se trouve l'Enfant Jésus ? Quels procédés utilise Rubens pour donner au spectateur le sentiment qu'il est l'élément le plus important du tableau ?

➤ **Mettre en relation des documents**

4. Doc. 2 et 3 : Trouvez des éléments communs entre ces deux documents (couleurs, lumière, expressions des personnages).

➤ **Rédiger**

5. Doc. 1, 2, 3 et doc. 1 p. 18 : Rédigez un petit texte présentant l'art baroque en Europe (lieu de naissance et de diffusion, caractéristiques).

L'art classique

>> Objectif

Découvrir des œuvres classiques.

L'art classique s'inspire de l'Antiquité grecque et romaine. Le mot latin *classicus* signifie « qui mérite d'être enseigné et imité ». Contrairement à l'art baroque, il obéit à des règles strictes : ordre, équilibre, harmonie, lignes droites. Les scènes peintes dégagent une atmosphère de calme et de sobriété. Les visages sont expressifs mais sans exagération. Cet idéal de rigueur et d'harmonie convenait à Louis XIV qui a fait du classicisme un art monarchique, au service de sa puissance et de sa gloire.

1 La façade du palais du Louvre, construite entre 1666 et 1670 par Claude Perrault (1613-1688).
Cette façade représente parfaitement le style classique. La rigueur et l'équilibre des formes veulent rappeler les constructions de l'Antiquité.

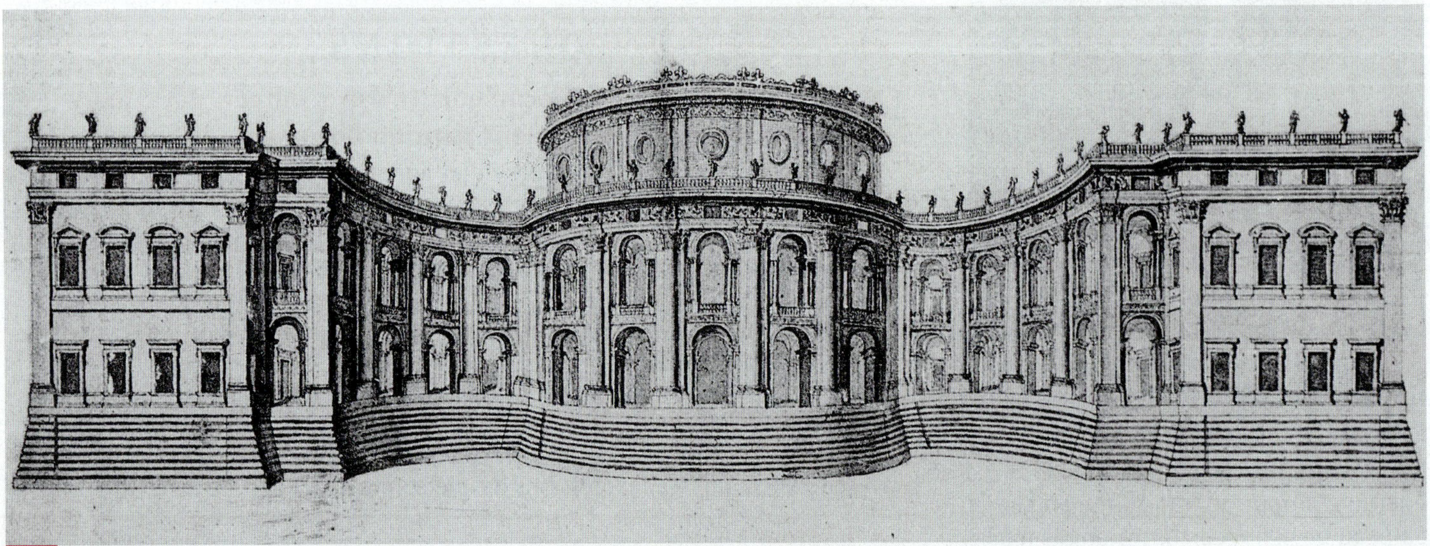

2 Projet du Bernin pour le palais du Louvre en 1664.
Louis XIV refusa ce projet du Bernin car il le jugeait trop baroque.

3 ***Éliézer et Rébecca* de Nicolas Poussin (1594-1665).** Huile sur toile (118 cm x 199 cm), 1648. Musée du Louvre, Paris.
« Mon naturel me contraint à chercher et aimer les choses bien ordonnées, fuyant la confusion » affirme Nicolas Poussin en 1642.

4 ***Le Nouveau-Né* de Georges de La Tour (1593-1652).** Huile sur toile, vers 1648. Musée des Beaux-Arts de Rennes.

QUESTIONS

➤ Trouver des informations dans un document

1. Doc. 1 : Quelles sont les formes et les lignes utilisées dans l'architecture classique ?

2. Doc. 2 : Qu'est-ce qui évoque l'art baroque dans ce projet du Bernin ?

3. Doc. 3 : En quoi ce tableau dégage-t-il une impression d'harmonie (composition, couleurs, attitude des personnages, etc.) ?

4. Doc. 4 : Où se trouve la source de lumière ? Quelle est l'attitude des deux femmes ? Quel sentiment le peintre a-t-il voulu transmettre ?

Mettre en relation les documents

5. Doc. 1 à 4 : Quelles sont les principales caractéristiques de l'art classique ?

➤ Rédiger

6. Doc. 1 à 4 et dossier p. 20-21 : Rédigez un petit texte comparant l'art baroque et l'art classique (naissance, diffusion, caractéristiques, exemples d'œuvres des deux styles).

Patrimoine

Rembrandt

›› Objectif

Étudier l'originalité d'un grand peintre hollandais.

Rembrandt (1606-1669) est, au XVIIe siècle, un peintre renommé dans toute l'Europe. Il s'est imposé comme portraitiste auprès de la riche bourgeoisie commerçante des Provinces-Unies. Son œuvre est considérable : 400 tableaux connus, 287 gravures, des milliers de dessins.

Ses portraits sont saisissants par l'intensité et le face-à-face direct des regards. Il excelle dans l'utilisation du **clair-obscur** et dans l'harmonie des bruns. Cependant *La Ronde de nuit*, considérée aujourd'hui comme un chef-d'œuvre, a déçu ses commanditaires, les **milices** bourgeoises, qui ne se reconnaissaient pas dans ce tableau.

1 ***La Fiancée juive* (1664).** Rembrandt, huile sur toile (121 cm x 166 cm). Rijksmuseum, Amsterdam.

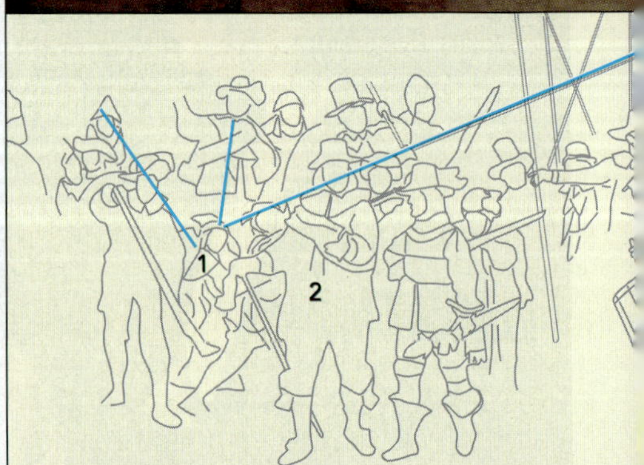

1 jeune fille (source de la lumière) 2 capitaine F. B. C

2 ***Autoportrait à l'âge de 63 ans* (1669).** Rembrandt, huile sur toile, Mauritshuis, La Haye.
Rembrandt s'est peint de nombreuses fois à tous les âges de la vie. Sa volonté de ne rien cacher de son vieillissement ou de son apparence physique fait de lui un peintre à part. Il ne cherche ni à émouvoir (comme dans l'art baroque) ni à se référer à l'Antiquité (comme dans l'art classique). Il veut uniquement se représenter tel qu'il se voit.

3 ***La Compagnie de Frans Banning Cocq, dite La Ronde de nuit* (1642).** Rembrandt, huile sur toile (363 cm x 438 cm). Rijksmuseum, Amsterdam.

VOCABULAIRE

clair-obsur (le) : technique qui consiste à mettre en valeur une partie d'un tableau en l'éclairant tandis que le reste demeure dans l'ombre.

milice : troupe armée formée des bourgeois d'une ville et placée sous le commandement du maire.

QUESTIONS

➤ Trouver des informations dans un document

1. Doc. 1 : Décrivez l'utilisation de la couleur dans ce tableau (sujet, fond).
2. Doc. 2 : Quelle image Rembrandt donne-t-il de lui-même ?
3. Doc. 3 : Quel procédé est utilisé par le peintre pour mettre certains personnages en valeur ? Pourquoi appelle-t-on ce tableau *La Ronde de nuit* ?

➤ Mettre en relation les documents

4. Doc. 1 à 3 : Pourquoi Rembrandt est-il un peintre de la réalité ?

➤ Rédiger

5. Doc. 1 à 3 : Rédigez un petit texte expliquant pourquoi Rembrandt est un peintre à part au XVIIe siècle. Utilisez les expressions suivantes pour construire votre réponse : art baroque, art classique, autoportrait, clair-obscur, peintre de la réalité.

1 Connaître les mots de l'histoire

Associez, sur votre cahier, chaque mot de vocabulaire (1 à 7) à sa définition (A à G).

1. Commerce triangulaire	A. Régime politique dans lequel un roi gouverne de façon souvent héréditaire.
2. Crise démographique l'Afrique et l'Europe	B. Commerce d'esclaves, de produits tropicaux et artisanaux entre l'Amérique,
	au XVIIIe siècle.
3. Jachère	C. Manque soudain de nourriture lié à de mauvaises récoltes.
4. Monarchie	D. Chute brutale de la population.
5. République 6. Crise de subsistance	E. Établissement regroupant des ouvriers qui fabriquent les mêmes produits. F. Régime politique sans roi dans lequel le gouvernement représente tout ou une
partie de la	population.

2 Retenir l'essentiel du chapitre

Associez, sur votre cahier, chaque question (1 à 3) à sa réponse (A à C).

1. compagnies maritimes.	Quel est le conflit le plus dévastateur A. Les premières
du XVIIe siècle ? 2. Quelles sont les causes des	B. La guerre de Trente Ans.
crises démographiques ? 3. Que fondent les Hollandais et	C. Les épidémies, les guerres, les crises de subsistance.

3 Se repérer dans l'espace

(vous pouvez vous aider des cartes p. 8, 13, 15 et 17)

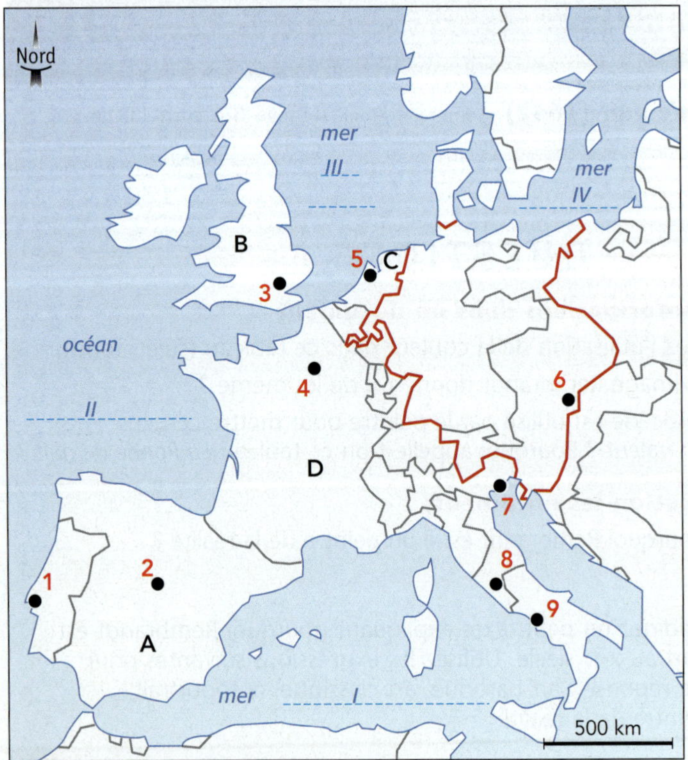

1 **L'Europe politique à la fin du XVIIe siècle.**

1. À l'aide de la carte et de la liste suivante, indiquez le nom des mers et des océans correspondant aux chiffres romains I à IV : Atlantique, Baltique, mer du Nord, Méditerranée.
2. À l'aide de la carte et de la liste suivante, indiquez le nom des villes correspondant aux chiffres 1 à 9 : Amsterdam, Lisbonne, Londres, Madrid, Naples, Paris, Rome, Vienne, Venise.
3. Parmi les 9 villes de la question 2 :
   – donnez le nom des trois principaux centres industriels et commerciaux de l'Europe ;
   – donnez le nom de la ville où est né l'art baroque.
4. Indiquez le nom du pays correspondant aux lettres A à D et précisez à chaque fois quelle est sa religion majoritaire (catholique ou protestante).

EXERCICES

4 Se repérer dans le temps

1. Recopiez la frise chronologique puis placez sous les flèches les événements suivants à leur date exacte : guerre de Trente Ans ; croissance démographique de l'Europe ; fondation de la compagnie hollandaise des Indes orientales ; mort de Rembrandt ; procès de Galilée.

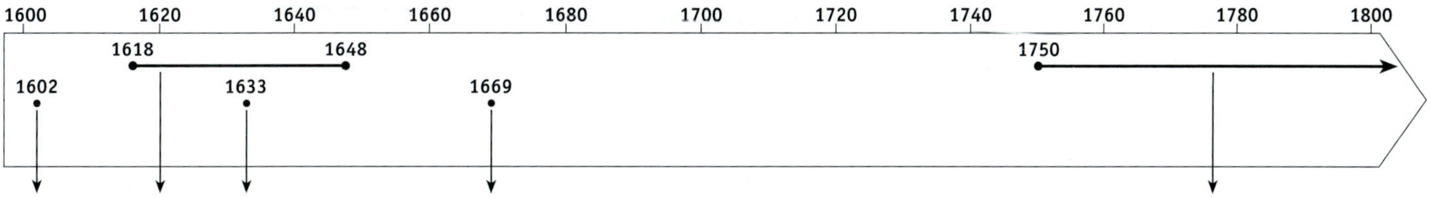

5 Reconnaître une œuvre baroque et une œuvre classique

1 ***L'Extase de sainte Thérèse* (1645-1652) par le Bernin (1598-1680).** Église Sainte-Marie-de-la-Victoire, Rome.

1. Doc. 1 : Décrivez les deux personnages (attitudes, expressions, vêtements).

2. Doc. 1 : Quels sont les types de ligne qui dominent dans la composition de cette statue ?

3. Doc. 2 : Quels types de lignes composent principalement la façade de ce château ?

4. Doc. 1 et 2 : Retrouvez, dans la liste suivante, les mots qui conviennent le mieux à chaque document : équilibre/déséquilibre, sobre/exubérant, lignes droites/lignes courbes, modération/expression théâtrale.

5. Doc. 1 et 2 : À quel style artistique correspond chaque document ? Justifiez votre réponse.

2 Château de Maisons-Laffitte (1634-1646), construit par François Mansart.

Chapitre 2 La monarchie absolue en France

→ **Quels sont les aspects de la monarchie absolue en France sous le règne de Louis XIV ?**

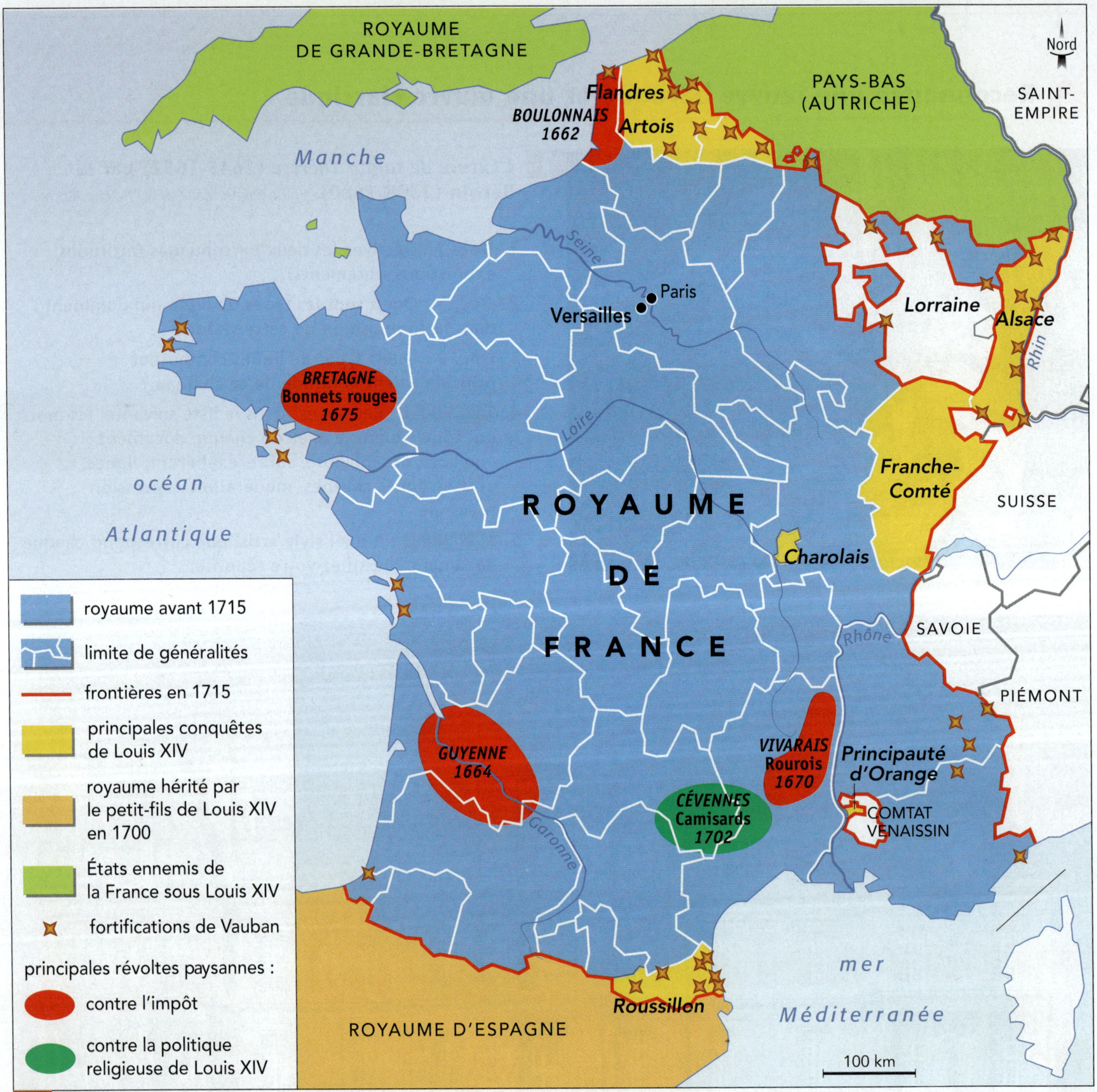

1 La France à la mort de Louis XIV en 1715.

1. Quels sont les territoires acquis par la France sous le règne de Louis XIV ?
2. Par quoi les frontières sont-elles protégées ?

2 Louis XIV en costume de sacre. Ce tableau a été peint alors que le roi avait 63 ans, soit près de 47 ans après la date de son sacre. Hyacinthe Rigaud, huile sur toile (277 cm x 194 cm) achevée en 1701. Musée du Louvre, Paris.

1. Quel événement du règne de Louis XIV est évoqué par ce tableau ?

2. Quels sont les éléments qui symbolisent la puissance du pouvoir royal ?

Leçon 1

Le temps de la monarchie absolue

→ **Comment fonctionne la monarchie absolue ?**

A Les bases de la monarchie absolue

À partir du XVIIe siècle, la France est une **monarchie absolue** de **droit divin**. Le roi affirme tenir son pouvoir de Dieu qui l'a choisi pour régner **(doc. 2)**. Ce pouvoir lui est donné lors du sacre.

Les sujets doivent obéir sans protester. S'opposer au souverain, c'est s'opposer à Dieu. Le roi n'a de comptes à rendre qu'à Dieu. Mais il doit servir les intérêts de l'Église catholique, respecter ses commandements ainsi que les lois fondamentales du royaume.

B Un gouvernement centralisé

Pour gouverner le pays, le roi peut choisir un Premier ministre, comme Louis XIII l'avait fait avec le cardinal de Richelieu. Mais celui-ci risque d'accaparer la direction des affaires. Dès 1661, à la mort de son Premier ministre le cardinal Mazarin, Louis XIV décide d'exercer seul le pouvoir. C'est le début de son règne personnel.

Le roi s'entoure de conseils pour le seconder et de secrétaires d'État pour exécuter ses ordres **(doc. 3)**. Il choisit des hommes comme Colbert et Louvois qui lui doivent tout et lui sont entièrement dévoués. Ainsi, la centralisation de l'État français est encore accentuée **(doc. 1)**.

C Le renforcement de l'autorité royale

Le roi renforce son prestige en commandant des œuvres qui le glorifient à des artistes comme l'architecte Hardouin-Mansart **(voir dossier p. 32-33)** ou le dramaturge Molière **(voir dossier p. 40-41)**. Il décide ainsi de la construction du palais de Versailles qu'il fait bâtir entre 1661 et 1710. En 1682, il y fixe le gouvernement et y regroupe la haute noblesse. Il peut la surveiller et éviter qu'elle ne se révolte comme lors de la Fronde (1648-1653). Les énormes dépenses que les courtisans doivent consentir pour vivre à la cour les obligent à dépendre entièrement des faveurs du roi **(voir dossier p. 34-35)**.

En province, le roi nomme des **intendants** **(doc. 4)** dans les généralités pour surveiller l'administration. Celle-ci, composée de gens ayant acheté leur emploi, pourrait se montrer peu obéissante. Le roi contrôle les livres par la censure et peut emprisonner sans jugement les opposants par **lettre de cachet**. Louis XV et Louis XVI continuent à gouverner comme Louis XIV jusqu'en 1789.

VOCABULAIRE

droit divin (le) : théorie selon laquelle le pouvoir du roi vient de Dieu.

intendant (un) : représentant du roi dans les provinces. Il est à la tête d'une généralité.

lettre de cachet (une) : lettre signée du roi pour ordonner l'emprisonnement de quelqu'un sans jugement.

monarchie absolue (la) : système politique dans lequel le roi exerce un pouvoir sans partage.

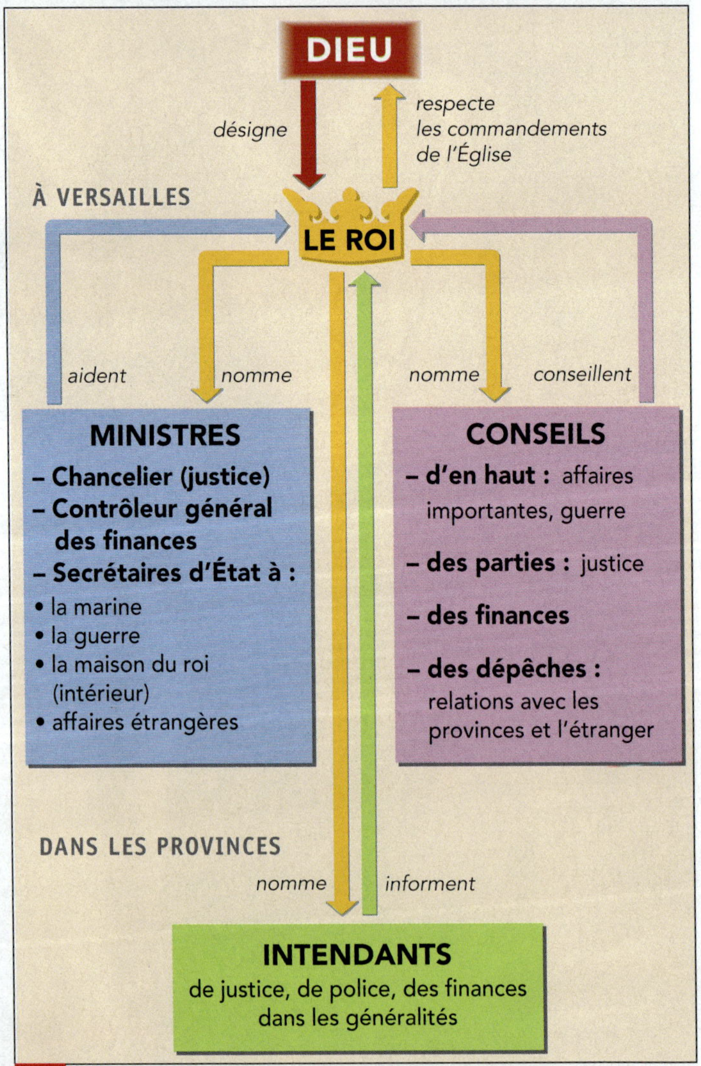

1 Le gouvernement de la France sous la monarchie absolue.

1. Qui gouverne sous la monarchie absolue ?
2. Doc. 1 et 2 : D'où vient le pouvoir du roi et comment se manifeste-t-il ? Quelles en sont les limites ?
3. Doc. 1, 3 et 4 : De quels moyens dispose le roi pour gouverner le royaume ?

2 La théorie de la monarchie absolue

L'autorité royale est sacrée. Dieu établit les rois comme ses ministres et règne par eux sur les peuples. Les princes agissent donc comme ministres de Dieu, et ses lieutenants sur la terre. C'est par eux qu'il exerce son empire. Le trône royal n'est pas le trône d'un homme, mais le trône de Dieu même. Il paraît de tout cela que la personne des rois est sacrée, et qu'attenter sur eux est un sacrilège. Dieu les fait oindre[1] d'une onction sacrée comme il fait oindre les papes. Mais même sans l'application de cette onction, les rois sont sacrés par leur charge, comme étant les représentants de la majesté divine. Il y a donc quelque chose de religieux dans le respect qu'on doit au roi et il faut obéir sans murmurer. Leur puissance vient d'en haut, mais les rois doivent s'en servir avec crainte et retenue comme d'une chose qui vient de Dieu et dont Dieu leur demandera des comptes.

Ô rois ! Exercez donc hardiment votre puissance, car elle est divine et salutaire à tout le genre humain. Mais exercez-la avec humilité, car elle vous laisse mortels et elle vous laisse pécheurs.

D'après Bossuet, *La Politique tirée des propres paroles de l'Écriture sainte*, 1670-1679.

1. Appliquer de l'huile sainte sur quelqu'un pour lui conférer un caractère sacré.

1. **D'après Bossuet qu'est-ce qui donne au roi un pouvoir absolu ?**
2. **À quelles obligations sont soumis les sujets du roi ?**

3 Le roi dans son conseil, arbitre de la paix et de la guerre.

Gravure sur cuivre tirée de *L'Almanach* (calendrier) de 1682 représentant le roi présidant le conseil d'en haut, entouré de vignettes montrant ses réalisations.

1. **Citez les personnages qui composent le conseil.**
2. **Relevez des éléments qui montrent que seul le roi dirige le conseil.**

4 Le pouvoir des intendants

Louis, par la grâce de Dieu, roi de France et de Navarre au sieur de Sarron Champigny.

Nous vous faisons par ces lettres intendant de justice, police et finances en notre ville de Lyon pour vérifier soigneusement que la justice y soit bien rendue et que nos officiers de justice fassent leur devoir selon nos édits et ordonnances. Vous devez :

– vous renseigner aussi de l'état de la police, surveiller qu'il ne se fasse aucun complot contre notre autorité ;
– vérifier les impôts, empêcher les levées d'impôts faites sans notre ordre ;
– faire respecter nos règlements par nos soldats, prendre soin de leur ravitaillement, surveiller leur discipline ;
– veiller à ce que nos édits, règlements et ordonnances soient observés et en cas de difficulté à laquelle vous ne puissiez remédier sur place, nous en avertir.

Nous ordonnons au gouverneur de la province de vous prêter main forte quand vous le demanderez, et à tous les baillis, sénéchaux, prévôts, juges et même aux chefs et officiers de nos troupes de vous obéir. Car tel est notre plaisir.

D'après la *Commission d'intendant de la justice, police et finances en Lyonnais, Forez et Beaujolais pour le sieur de Sarron Champigny*, 1653.

1. **Quels sont les trois domaines où intervient l'intendant ?**
2. **Quelle phrase montre qu'il a un pouvoir supérieur aux autres agents du roi ?**

Versailles, un palais au service de la monarchie absolue

›› Objectif

Comprendre comment l'architecture sert la monarchie absolue.

De 1661 à 1710, Louis XIV fait édifier à Versailles, près de Paris, un immense palais de style classique, à partir d'un petit château construit par son père Louis XIII. Les architectes Le Vau et Hardouin-Mansart, le jardinier Le Nôtre et le peintre Le Brun y travaillent pendant plus de 20 ans. L'art classique est mis au service de la gloire du roi. De 1682 à 1789, Versailles est le siège du gouvernement. Le château fut souvent copié au XVIIIe siècle par les souverains d'Europe voulant imiter Louis XIV comme le roi de Prusse à Sans-Souci (près de Berlin) ou le tsar de Russie à Saint-Pétersbourg.

1 **La galerie des Glaces,** construite par Hardouin-Mansart (1678) et décorée par Charles Le Brun de 1681 à 1684. Longue de 73 mètres, elle doit son nom aux 17 grandes glaces placées en face des 17 fenêtres qui donnent sur les jardins. Elle servait de cadre à toutes les grandes réceptions données par le roi qui cherchait ainsi à impressionner ses visiteurs.

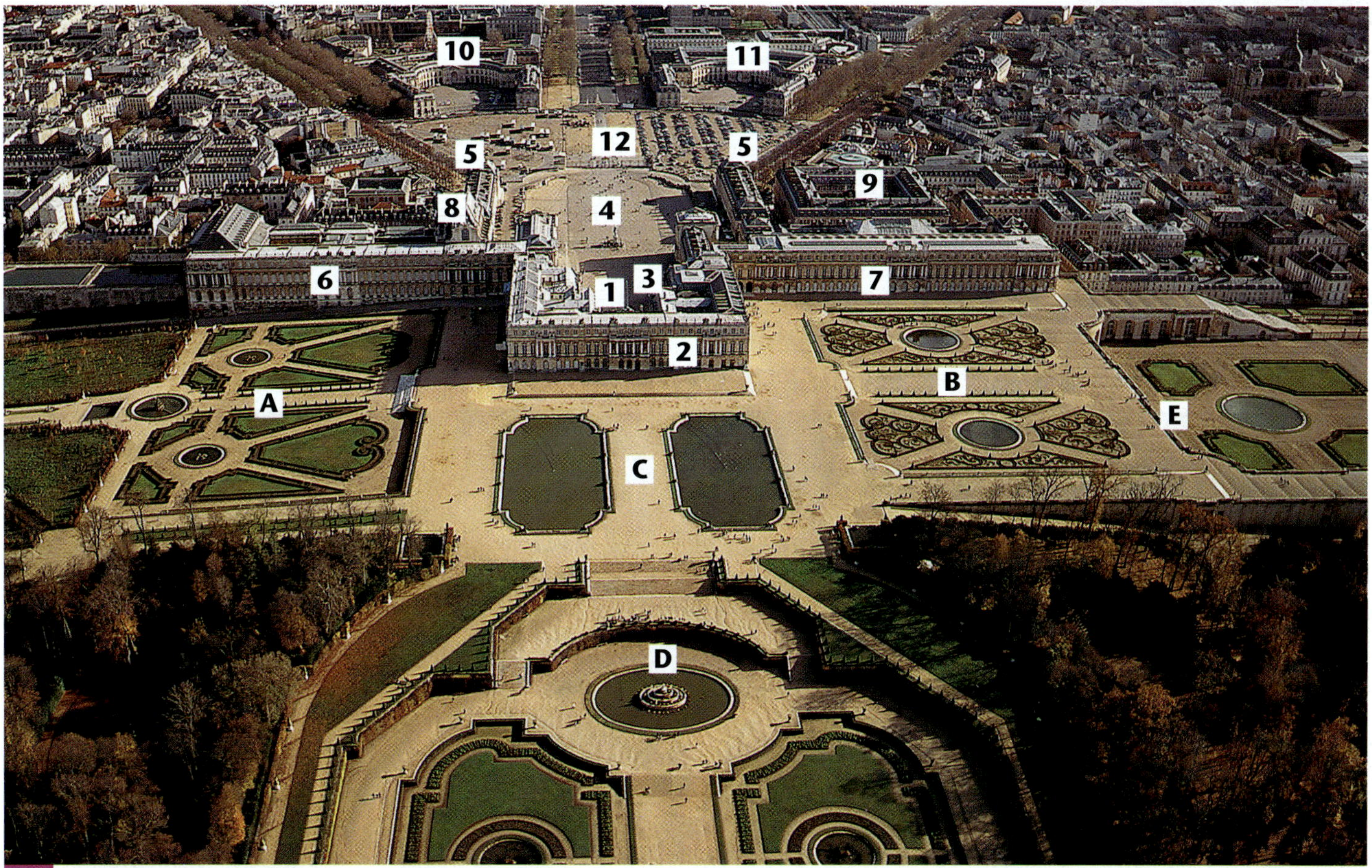

2 **Vue aérienne du château de Versailles.**

Le château : 1. Chambre du roi. 2. Galerie des Glaces (servant pour les grandes réceptions). 3. Cour de marbre. 4. Cour royale. 5. Aile des ministres. 6. Aile Nord (logement des courtisans). 7. Aile du Midi (logement des enfants du roi). 8. Chapelle. 9. Grand commun (cuisines, logement de la cour). 10. Grandes écuries. 11. Petites écuries. 12. Place d'armes.

Les jardins : A. Parterre du Nord. B. Parterre du Midi. C. Miroirs d'eau. D. Bassin de Latone. E. Orangerie.

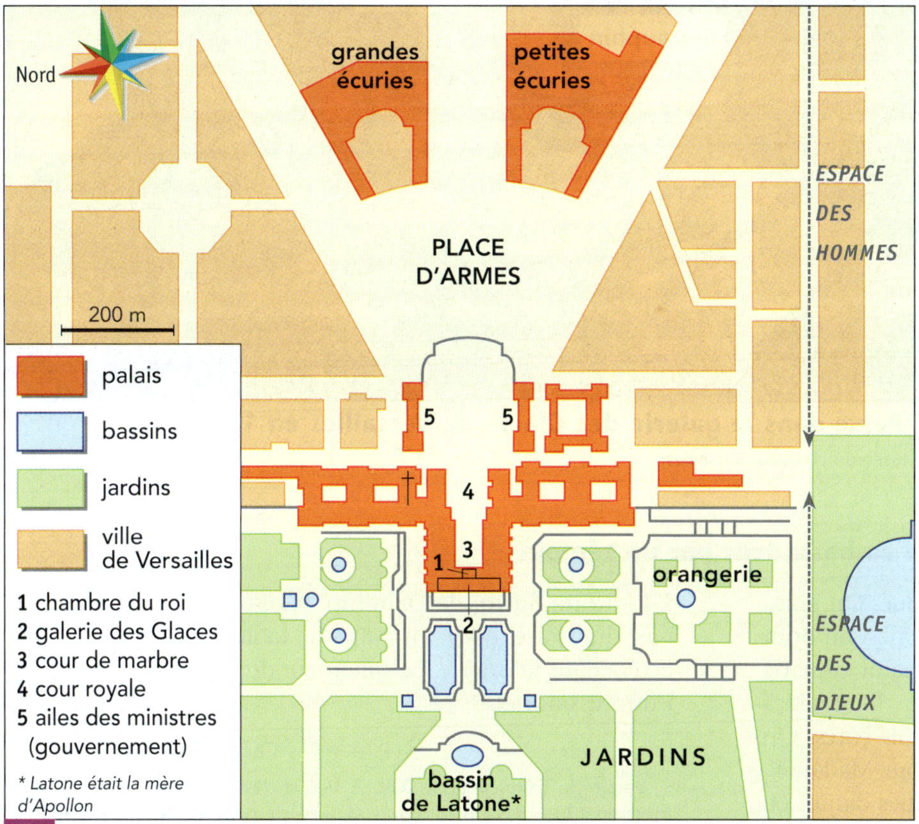

3 **Plan du château et du parc de Versailles.**

QUESTIONS

➤ Trouver des informations dans un document

1. Doc. 1 : D'où vient le nom de cette galerie ? Quels détails du décor montrent que cet endroit est conçu pour impressionner les visiteurs ?

2. Doc. 2 : Où le château est-il situé par rapport à la ville (espace des hommes) et aux jardins (espace des dieux) ?

3. Doc. 3 : Qu'est-ce qui indique que Versailles est le siège du gouvernement et de la cour ?

➤ Mettre en relation les documents

4. Doc. 1 à 3 : Relevez les éléments montrant que le château de Versailles est de style classique.

➤ Rédiger

5. Doc. 1 à 3 : Rédigez un petit paragraphe expliquant que le château de Versailles a été conçu par Louis XIV pour renforcer le prestige de la monarchie.

Dossier

La cour à Versailles

›› Objectif

Découvrir comment la noblesse vit à Versailles.

À Versailles, Louis XIV s'entoure d'une **cour** nombreuse. Celle-ci suit scrupuleusement l'**étiquette** afin d'obtenir les faveurs royales. Promenades, jeux d'argent, bals, réceptions, soirées théâtrales divertissent les courtisans dont la principale occupation est d'assister au déroulement de la vie quotidienne du roi (lever, toilette, déjeuner, coucher, etc.).

1 Louis XIV reçoit l'ambassadeur de Perse dans la galerie des Glaces de Versailles en 1715.
Tableau d'Antoine Coypel, XVIIIe siècle. 70 cm X 153 cm. Musée du château, Versailles.

2 La description de la réception de l'ambassadeur par un témoin

Le roi voulut que toute la cour fût magnifique. On plaça un splendide trône, élevé de plusieurs marches, au bout de la galerie des Glaces. Le roi avait un habit d'étoffe or et noir, garni des plus beaux diamants. Il se plaça sur le trône, les princes du sang debout à ses côtés. On avait ménagé un espace derrière le trône pour Madame[1], Mme la duchesse de Berry[2] et leurs principales dames et, à la droite du roi, le Dauphin[3]. Coypel, peintre, était au bas du trône pour en faire le tableau. L'ambassadeur arriva dans la galerie. La splendeur du spectacle acheva de l'impressionner.

D'après Saint Simon, *Mémoires*, 1723-1750.

1. Veuve du frère de Louis XIV. 2. Veuve d'un petit-fils de Louis XIV, mort en 1714. 3. Le futur Louis XV, âgé de cinq ans.

3 Louis XIV à Versailles

a. Le roi se lève à huit heures, reste au conseil de dix heures à midi et demie, puis va à la messe en famille avec la reine. À une heure, il visite les favorites jusqu'à deux heures, puis dîne en public avec la reine. Il va ensuite à la chasse ou à la promenade. Puis il tient encore un conseil. Le soir, il converse avec les dames, ou joue, ou va à la comédie ou aux bals. À onze heures, après le souper en public, il descend à l'appartement des favorites. Il couche toujours avec la reine. Il répartit sa journée de telle sorte que l'on sait en permanence à quoi il est occupé et où on peut se montrer à lui.

D'après Primi Visconti, *Mémoires sur la cour de Louis XIV*, 1673-1681.

b. Louis XIV aima la splendeur. Ce goût, il l'inspira à sa cour. C'était lui plaire que d'y dépenser en habits, en carrosses, en bâtiments, en jeu. Il parvint à épuiser tout le monde par le luxe, et peu à peu les nobles dépendirent entièrement de ses pensions[1] pour subsister. Il trouvait ainsi la satisfaction de son orgueil en ayant une cour superbe. C'était une grande faute de ne faire pas de la cour son séjour ordinaire.

D'après Saint Simon, *Mémoires*, 1723-1750.

1. Argent que donne le roi à des courtisans.

4 Le Roi-Soleil. Médaille de 1664 portant la devise de Louis XIV : *Nec pluribus impar* (« Au-dessus de tous »). BNF, Paris.

5 *Promenade de Louis XIV entouré de ses courtisans dans le parterre du Nord* (détail). Tableau d'Étienne Allegrain (1688). Musée du château, Versailles.

VOCABULAIRE

cour (la) : ensemble des nobles qui forment l'entourage du roi.

étiquette (une) : cérémonial et usages à respecter dans une cour.

QUESTIONS

➤ Trouver des informations dans un document

1. **Doc. 1 :** Où est située la cour par rapport au roi sur cette peinture ?
2. **Doc. 2 :** De qui se compose la cour ? Relevez une phrase du texte indiquant la raison pour laquelle le roi veut que la cour soit magnifique.
3. **Doc. 3a :** Reconstituez une journée du roi à Versailles.
4. **Doc. 3b :** Montrez qu'à la cour, les nobles dépendent entièrement du roi.
5. **Doc. 4 :** Que symbolise cette médaille ?

Mettre en relation les documents

6. **Doc. 1 à 5 :** Comment doit se comporter la noblesse qui vit à la cour de Versailles ?

➤ Rédiger

7. **Doc. 1 à 5 :** Rédigez un petit paragraphe décrivant la cour de Louis XIV (sa composition, ses occupations et la manière dont Louis XIV a réussi à la domestiquer).

Leçon 2 L'organisation du royaume

→ Comment la France devient-elle un État moderne et unifié sous Louis XIV ?

A Un royaume difficilement unifié

Louis XIV est le protecteur de l'Église catholique de France dont il nomme les évêques. N'admettant qu'une seule religion dans son royaume, il oblige les protestants à se convertir en les persécutant par les **dragonnades** **(doc. 1)**. Voyant que de nombreux protestants résistent, Louis XIV interdit leur religion. C'est la **révocation** de l'édit de Nantes, proclamée en 1685 **(doc. 2)**.

Le roi condamne les protestants non convertis aux galères, à l'emprisonnement ou à la mort. Près de 100 000 d'entre eux parviennent à s'exiler et vont aider les pays ennemis de la France. Il faut attendre 1787 pour que le protestantisme soit à nouveau toléré en France.

B Une politique de grandeur

Louis XIV a cherché à devenir le plus grand souverain de son temps. Il a mené de nombreuses guerres, notamment contre l'Angleterre et les Provinces-Unies. Il a voulu agrandir la France pour atteindre ce qu'il considère comme les limites « naturelles » du royaume. Cela le conduit à annexer l'Alsace, la Franche-Comté et la Flandre. Il fait édifier par Vauban une ceinture de fortifications pour protéger le pays des invasions **(doc. 3)**.

Ces guerres, souvent victorieuses, assurent la puissance de la France en Europe et dans le monde. L'un des petits-fils de Louis XIV devient même roi d'Espagne en 1700. Cependant, elles coûtent très cher au royaume.

C L'enrichissement du royaume

Colbert, ministre de Louis XIV, souhaite développer l'économie et accroître ainsi la puissance du roi. Il applique le **mercantilisme** en retenant l'or à l'intérieur du pays. Pour cela, il limite les importations **(doc. 4)**. Il développe des manufactures pour produire des objets de luxe identiques à ceux provenant de l'étranger **(doc. 5)**.

Colbert essaie de dynamiser les échanges en faisant construire des routes et des canaux de navigation. Pour augmenter les exportations, il réorganise le commerce international de la France : modernisation de la marine, conquête de colonies (Antilles et Louisiane en Amérique du Nord) pour lesquelles il développe des compagnies spécialisées.

Mais à partir de 1682, les sujets sont écrasés par de lourds impôts destinés à financer les guerres du roi.

VOCABULAIRE

dragonnade (une) : conversion forcée des protestants par des soldats spécialisés dans cette tâche (les dragons).

mercantilisme (le) : politique économique cherchant à faire entrer le plus de métaux précieux dans un pays en encourageant les exportations et en limitant les importations.

révocation (une) : annulation par un roi d'une décision prise par l'un de ses prédécesseurs.

1 Conversion forcée d'un protestant lors d'une dragonnade. Caricature, 1686. Musée Carnavalet, Paris.

2 La révocation de l'édit de Nantes (18 octobre 1685)

Nous voyons présentement que la plus grande partie de nos sujets de la Religion Prétendue Réformée[1] ont embrassé la catholique. Aussi nous avons jugé que nous ne pouvions rien faire de mieux que de révoquer ledit édit de Nantes.
1. Nous voulons que tous les temples de ceux de ladite RPR soient démolis.
2. Défendons à nos sujets de la RPR de s'assembler pour l'exercice de ladite religion.
4. Ordonnons à tous les [pasteurs protestants] qui ne voudraient pas se convertir de sortir de notre royaume.
8. À l'égard des enfants, nous voulons qu'ils soient baptisés par les curés des paroisses.
10. Défendons à tous nos sujets de ladite RPR de sortir de notre royaume, sous peine de galères.

Édit de Fontainebleau.

1. Religion protestante, appelée RPR dans la suite du texte.

1. Qu'ordonne Louis XIV dans ce texte ?

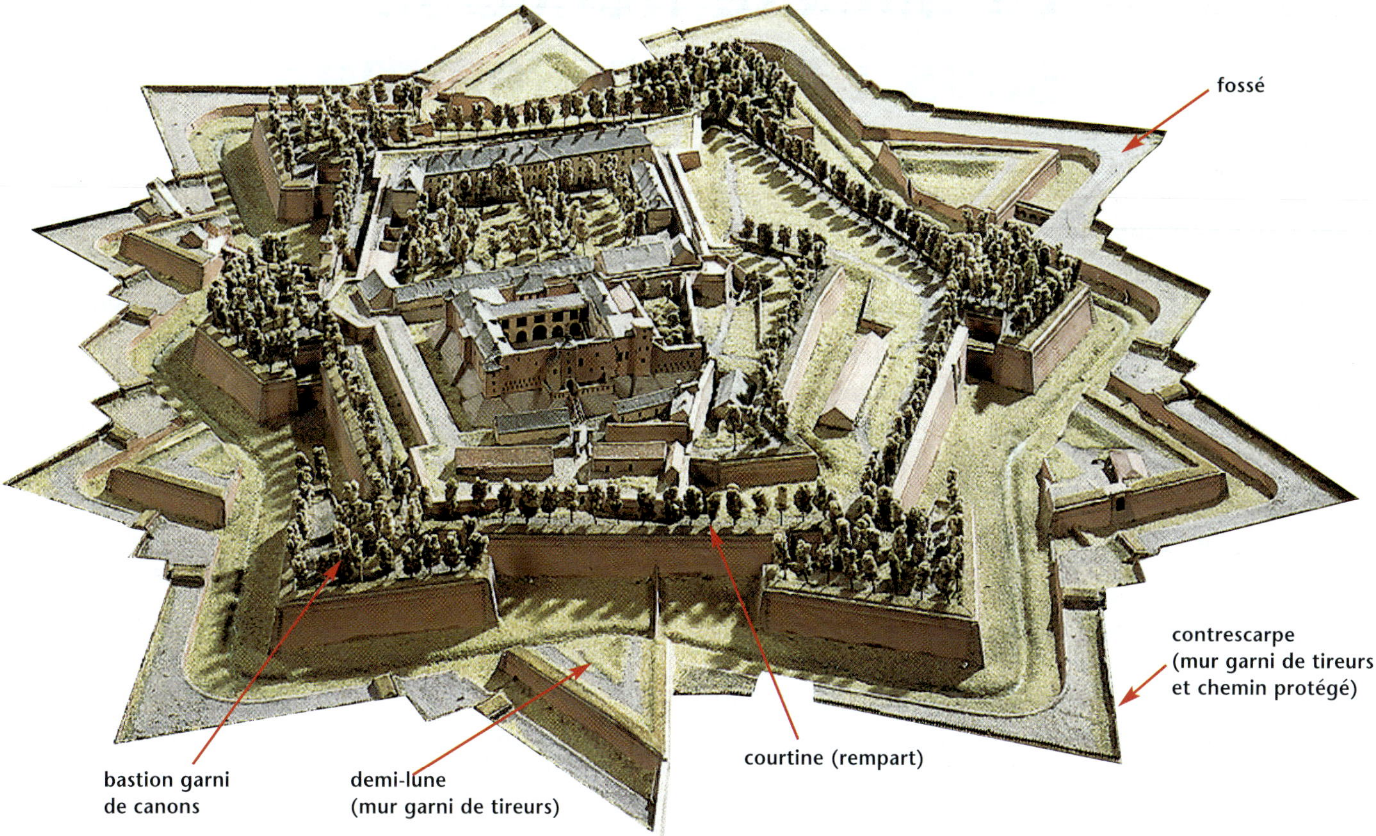

3 Fortifications de Perpignan, ville frontière, par Vauban (1633-1707). Musée des Plans-Reliefs, Paris.

1. Relevez les obstacles successifs que rencontrent ceux qui voudraient attaquer la ville.
2. Doc. 1, 2 et 3 : Quels moyens Louis XIV a-t-il utilisés pour garantir la sécurité du royaume et assurer son unité ?

4 Colbert définit le mercantilisme

Il n'y a que l'abondance d'argent dans un État qui fasse la différence entre sa grandeur et sa puissance.
Le bon état des finances et l'augmentation des revenus de Votre Majesté consistent à augmenter par tous les moyens la quantité de monnaie qui circule dans le royaume.
Trois voies permettent d'y arriver : attirer l'argent des pays d'où il vient, le conserver au-dedans du royaume, et empêcher qu'il n'en sorte.
Grâce aux productions des manufactures, un million de personnes gagneront leur vie dans la navigation et sur les ports de mer.

D'après Colbert, *Mémoires sur le commerce*, 1664.

1. Pour Colbert, quels éléments font la puissance d'un pays ?
2. Par quels moyens veut-il augmenter la monnaie en circulation dans le royaume ?

5 Louis XIV et Colbert visitant la manufacture des Gobelins à Paris en 1687. Pierre de Sèvres, huile sur toile d'après un carton de tapisserie, fin du XVIIe siècle. Musée national du château, Versailles.

1. D'après le document, quels sont les objets fabriqués dans cette manufacture ?
2. Doc. 4 et 5 : Comment le roi cherche-t-il à développer l'économie du pays ?

Leçon 3

La société française sous l'Ancien Régime

→ Comment est organisée la société française sous l'Ancien Régime ?

A Une société d'ordres

Héritière de la société médiévale, la société d'Ancien Régime est divisée en trois ordres inégaux en nombre et en droits **(doc. 1 et 5)**. Le premier est le clergé. Il comprend le haut clergé (archevêques, évêques, abbés) et le bas clergé (prêtres, moines). Le deuxième est la noblesse, divisée en haute noblesse (qui vit à la cour) et petite noblesse (qui vit à la campagne).

Clergé et noblesse ont de nombreux privilèges : ne pas payer d'impôts ou dépendre d'une justice spéciale. Le clergé perçoit la dîme ; et la noblesse, les droits seigneuriaux. Ces deux ordres regroupent 3 % de la population. Le reste, soit 97 % des Français, est appelé tiers état et n'a pas de privilèges.

B Un monde majoritairement rural

Le tiers état est composé à 85 % de ruraux, en très grande majorité des paysans qui payent la dîme, les droits seigneuriaux et les impôts royaux. Les riches laboureurs mis à part, la plupart des paysans mènent une vie dure et souvent précaire **(doc. 2)**. Ils sont les premières victimes des famines.

La fin du règne de Louis XIV est marquée par un refroidissement du climat qui, ajouté aux guerres incessantes, entraîne une série de mauvaises récoltes. Entre 1630 et 1710, la population de la France diminue de 20 à 19 millions d'habitants. Cette vie misérable et la lourdeur des impôts amènent les paysans à se révolter **(doc. 4)**.

C L'ascension de la bourgeoisie

Le tiers état des villes comprend les artisans, les ouvriers et les grands bourgeois enrichis par le commerce international et la banque. Ces derniers, tel le Bourgeois gentilhomme de Molière, aspirent à devenir noble, soit en mariant leurs enfants à des membres de la noblesse, soit en achetant un emploi anoblissant dans l'administration. Ils forment ainsi la noblesse de robe **(doc. 3)**.

Cette dernière est souvent méprisée par la vieille noblesse dite « d'épée » qui n'accepte pas de se voir peu à peu concurrencée dans ses privilèges par des « bourgeois enrichis ».

VOCABULAIRE

Ancien Régime (un) : mot créé en 1789 pour désigner la société française d'avant la Révolution.

dîme (la) : impôt payé à l'Église qui peut atteindre jusqu'à 10 % des récoltes.

noblesse de robe (la) : partie de la noblesse formée de riches bourgeois ayant acheté un emploi dans l'administration qui donne un titre de noblesse.

ordre (un) : catégorie de la société à laquelle on appartient par la naissance (noblesse, tiers état) ou par vocation (clergé).

privilège (un) : droits et avantages réservés à certaines personnes en dehors de la loi commune.

tiers état (le) : ordre formé par tous ceux qui n'appartiennent ni au clergé ni à la noblesse.

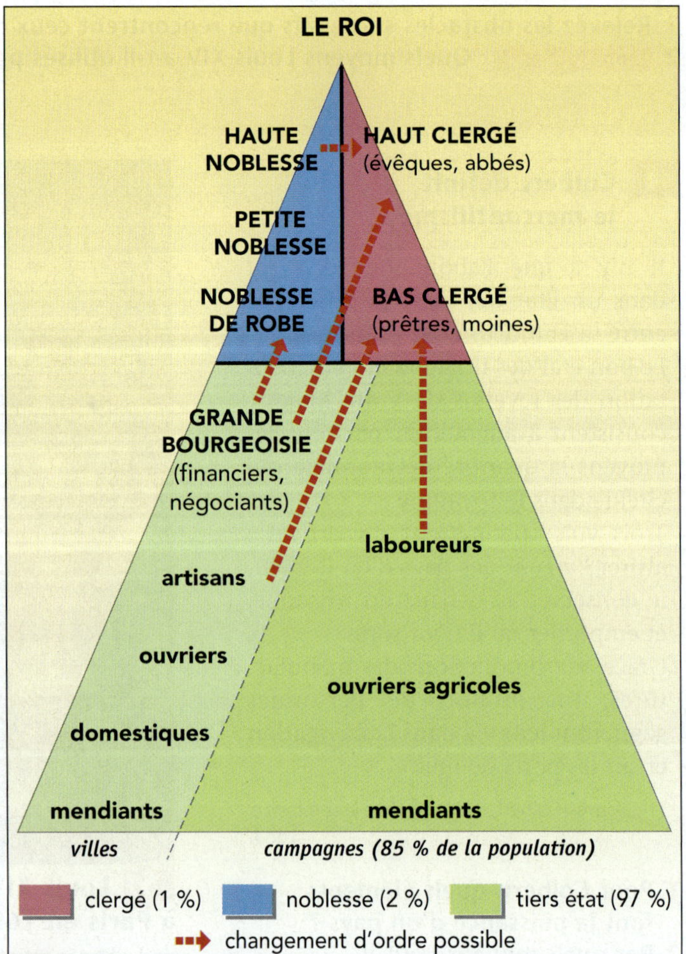

1 Les trois ordres.

1. Quels sont les trois ordres de la société d'Ancien Régime ?

2 **« Le paysan français est né pour la peine ».** Gravure de N. Guérard, XVIIIe siècle.

1. **Quels éléments de cette gravure montrent la dureté de la vie des paysans ?**

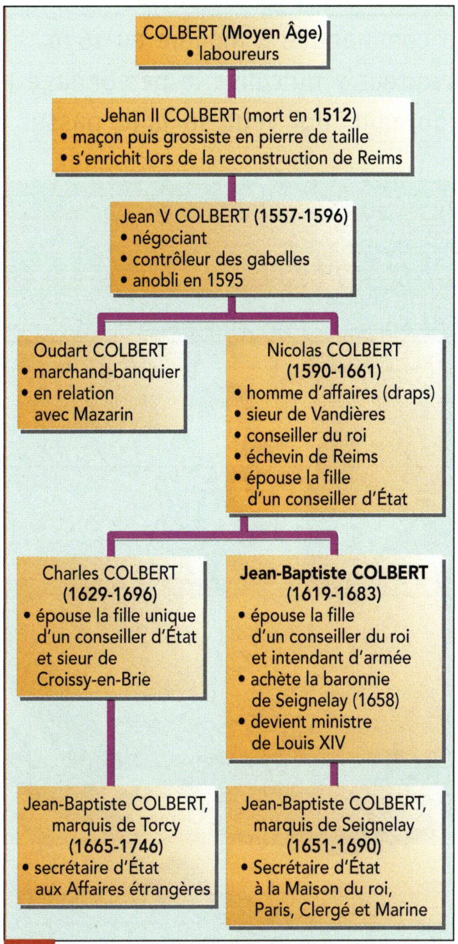

3 **La réussite sociale d'une famille : les Colbert.**

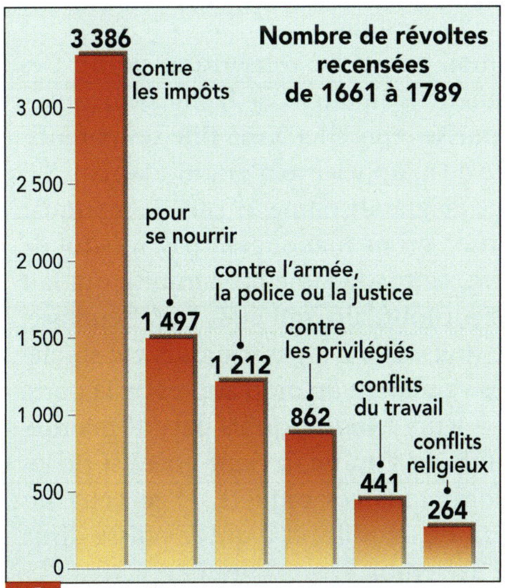

4 **Les principales causes de révoltes de 1661 à 1789.**

5 Une société inégalitaire

Chacun des trois ordres est encore divisé à l'intérieur, à l'exemple de la hiérarchie céleste. Dans le clergé, il y a le prêtre, l'évêque et le cardinal. La noblesse a la simple noblesse, la haute noblesse et les princes. Le tiers état est le plus ample. Il y a les gens de lettres, de finances, de commerce. Mais aussi les métiers de labours ou de fermiers, métiers interdits à la noblesse, comme celui de faire du commerce. Il y a les artisans qui exercent les métiers manuels, qui sont communément appelés vils ou abjects. Et au-dessous encore ceux qui gagnent leur vie uniquement avec la force de leurs bras, qui sont tous les plus vils du bas peuple.

D'après Ch. Loyseau, *Traité des ordres et simples dignités*, 1613.

1. **Relevez des termes montrant le mépris de l'auteur pour le tiers état.**
2. Doc. 1, 2, 3 et 5 : **Quelles sont les divisions de la société française sous l'Ancien Régime ?**
3. Doc. 2, 4 et 5 : **Quelles sont les injustices qui frappent la majorité de la population ?**

Le Bourgeois gentilhomme de Molière

›› Objectif

Découvrir ce qui distingue la noblesse de la bourgeoisie.

Le Bourgeois gentilhomme est une pièce que Louis XIV a commandée à Molière en 1670.
L'auteur y ridiculise le personnage principal, Monsieur Jourdain, qui veut se faire passer pour gentilhomme (noble) alors qu'il n'est qu'un bourgeois. Molière montre ainsi la vanité des bourgeois qui veulent s'élever au rang de noble, mais aussi l'incroyable mépris de la vraie noblesse par rapport à eux.

1 Jean-Baptiste Poquelin, dit Molière (1622-1673).
N. Mignard, *Portrait de Molière en acteur*, (vers 1660). Musée Carnavalet, Paris.

Molière est né dans une famille bourgeoise de marchands drapiers parisiens. Jeune, il refuse de reprendre les affaires de son père et monte une troupe de théâtre qui parcourt tout le sud de la France. Rentré à Paris, il est remarqué par Louis XIV en 1658. À la fois auteur et acteur, il travaille pour le roi qui lui commande des pièces pour les spectacles de la cour. Dans son œuvre, Molière décrit la société de son temps et attaque la bourgeoisie, la noblesse, les médecins et les dévots, c'est-à-dire ceux qui pratiquent une religion catholique intolérante. Ni bourgeois ni noble, il a vécu en marge de la société de son temps, tout en l'observant.

2 Faut-il s'élever au-dessus de sa condition ?

Cléonte, jeune homme issu de la bourgeoisie veut épouser Lucile, la fille de Monsieur Jourdain. Il fait à ce dernier sa demande en mariage en présence de Madame Jourdain et de Nicole, sa servante.

MONSIEUR JOURDAIN : Avant que de vous rendre réponse, Monsieur, je vous prie de me dire si vous êtes gentilhomme.

CLÉONTE : Monsieur, je ne suis point gentilhomme.

MONSIEUR JOURDAIN : Vous n'êtes point gentilhomme, vous n'aurez pas ma fille.

MADAME JOURDAIN : Que voulez-vous donc dire avec votre gentilhomme ? Est-ce que nous sommes, nous autres, de la côte de Saint Louis ?

MONSIEUR JOURDAIN : Taisez-vous, ma femme : je vous vois venir.

MADAME JOURDAIN : Descendons-nous tous deux que de bonne bourgeoisie ? Et votre père n'était-il pas marchand aussi bien que le mien ?

MONSIEUR JOURDAIN : Peste soit de la femme ! Elle n'y a jamais manqué. Si votre père a été marchand, tant pis pour lui ; mais pour le mien, ce sont des malavisés qui disent cela. Tout ce que j'ai à vous dire, moi, c'est que je veux avoir un gendre gentilhomme.

MADAME JOURDAIN : Il faut à votre fille un mari qui lui soit propre, et il vaut mieux pour elle un honnête homme riche et bien fait, qu'un gentilhomme gueux et mal bâti.

NICOLE : Cela est vrai. Nous avons le fils du gentilhomme de notre village, qui est le plus grand malitorne et le plus sot dadais que je n'ai jamais vu.

MONSIEUR JOURDAIN : Taisez-vous, impertinente. Vous vous fourrez toujours dans la conversation. J'ai du bien assez pour ma fille, je n'ai besoin que d'honneur, et je la veux faire marquise.

MADAME JOURDAIN : Hélas ! Dieu m'en garde !

MONSIEUR JOURDAIN : C'est une chose que j'ai résolue.

MADAME JOURDAIN : C'est une chose, moi, où je ne consentirai point. Les alliances avec plus grand que soi sont sujettes toujours à de fâcheux inconvénients. Je ne veux point qu'un gendre puisse reprocher à ma fille ses parents, et qu'elle ait des enfants qui aient honte de m'appeler leur grand-maman. S'il fallait qu'elle me vînt visiter en équipage de grande dame, et qu'elle manquât par mégarde à saluer quelqu'un du quartier, on ne manquerait pas aussitôt de dire cent sottises. « Voyez-vous, dirait-on, cette Madame la Marquise qui fait tant la glorieuse ? C'est la fille de Monsieur Jourdain, qui était trop heureuse, étant petite, de jouer à la Madame avec nous. Elle n'a pas toujours été si relevée que la voilà, et ses deux grands-pères vendaient du drap auprès de la porte Saint-Innocent. Ils ont amassé du bien à leurs enfants, qu'ils payent maintenant peut-être bien cher en l'autre monde, et l'on ne devient guère si riches à être honnêtes gens. » Je ne veux point tous ces caquets, et je veux un homme, en un mot, qui m'ait obligation de ma fille, et à qui je puisse dire : « Mettez-vous là, mon gendre, et dînez avec moi. »

D'après la scène 12 de l'acte III.

3 L'une des premières éditions du *Bourgeois gentilhomme* (1682). Bibliothèque municipale, Versailles.

La leçon d'armes de Monsieur Jourdain. 4
Gravure du XIXe siècle. Bibliothèque de l'Arsenal, Paris.

5 Un noble est fils de noble et ne travaille pas

Cléonte, pour ridiculiser Monsieur Jourdain, décide de se faire passer pour le fils du « Grand Turc ». Il envoie son valet Covielle déguisé en Turc annoncer sa venue.

COVIELLE : Oui. J'étais grand ami de feu Monsieur votre père.
MONSIEUR JOURDAIN : De feu Monsieur mon père ?
COVIELLE : Oui. C'était un fort honnête gentilhomme.
MONSIEUR JOURDAIN : Comment dites-vous ?
COVIELLE : Je dis que c'était un fort honnête gentilhomme.
MONSIEUR JOURDAIN : Mon père ?
COVIELLE : Oui.
MONSIEUR JOURDAIN : Vous l'avez bien connu ?
COVIELLE : Assurément.
MONSIEUR JOURDAIN : Et vous l'avez connu comme gentilhomme ?
COVIELLE : Sans doute.
MONSIEUR JOURDAIN : Il y a de sottes gens qui me veulent dire qu'il a été marchand.
COVIELLE : Lui marchand ! C'est pure médisance, il ne l'a jamais été. Tout ce qu'il faisait, c'est qu'il était fort obligeant, fort officieux ; et comme il se connaissait fort bien en étoffes, il en allait choisir de tous les côtés, les faisait apporter chez lui, et en donnait à ses amis pour de l'argent.

D'après la scène 3 de l'acte IV.

QUESTIONS

➤ Trouver des informations dans un document

1. Doc. 2 : Que désire Monsieur Jourdain pour sa fille ?
2. Doc. 2 : D'après Madame Jourdain, quels inconvénients pourraient résulter de ces projets ?
3. Doc. 4 : Pourquoi Monsieur Jourdain s'entraîne-t-il au maniement des armes ?
4. Doc. 5 : Quel métier exerçait le père de Monsieur Jourdain ?
5. Doc. 5 : Comment Covielle tourne-t-il en ridicule le désir de Monsieur Jourdain d'avoir eu des parents nobles ?

➤ Mettre en relation les documents

6. Doc. 2 et 5 : Pourquoi Monsieur Jourdain ne veut-il pas donner sa fille en mariage à Cléonte ? Quelle ruse est utilisée par Cléonte et Covielle pour flatter Monsieur Jourdain ?
7. Doc. 2, 4 et 5 : Quelle ambition de la bourgeoisie est montrée dans cette pièce ? Par quels moyens peut-elle y parvenir ? Quelles réactions cela suscite-t-il dans la noblesse ?

➤ Rédiger

8. Rédigez un petit paragraphe expliquant pourquoi cette pièce de Molière est une représentation fidèle de la société d'Ancien Régime.

1 Connaître les mots de l'histoire

Associez, sur votre cahier, chaque mot de vocabulaire (1 à 6) à sa définition (A à F).

1. Ancien Régime	**A.** Ordre formé de tous ceux qui n'appartiennent ni au clergé ni à la noblesse.
2. Droit divin	**B.** Représentant du roi dans les provinces. Il est à la tête d'une généralité.
3. Intendant	**C.** Système politique dans lequel le roi exerce un pouvoir sans partage.
4. Monarchie absolue	**D.** Catégorie de la société à laquelle on appartient par la naissance (noblesse, tiers état) ou par vocation (clergé).
5. Ordre	**E.** Mot créé en 1789 pour désigner la société française d'avant la Révolution.
6. Tiers état	**F.** Théorie selon laquelle le pouvoir du roi vient de Dieu.

2 Retenir l'essentiel du chapitre

Associez, sur votre cahier, chaque question (1 à 3) à sa réponse (A à C).

1. Comment la France est-elle dirigée aux XVIIe et XVIIIe siècles ?	**A.** La société d'Ancien Régime est divisée en trois ordres : le clergé, la noblesse et le tiers état. Si le tiers état représente 97 % de la population, il n'a pas les privilèges des deux autres ordres de la société. C'est le seul à payer des impôts.
2. Comment la France a-t-elle été modernisée et unifiée par Louis XIV au XVIIe siècle ?	**B.** Le roi s'entoure de conseils et de ministres et envoie des intendants dans les provinces pour le représenter. Le régime est une monarchie absolue de droit divin.
3. De quoi se compose la société française sous l'Ancien Régime ?	**C.** Louis XIV l'a agrandie par les guerres, entourée de fortifications, enrichie par le mercantilisme. Seul le catholicisme y est admis depuis la révocation de l'édit de Nantes.

3 Se repérer dans le temps

1. Construisez une frise chronologique en prenant une échelle de deux centimètres pour dix ans.

2. Graduez cette frise de dix ans en dix ans à partir de 1630 et jusqu'en 1720.

3. Placez, sur cette frise ainsi construite, les événements suivants :
Louis XIV devient roi ; début du règne personnel ; révocation de l'édit de Nantes ; mort de Louis XIV ; la cour à Versailles.

4 Se repérer dans l'espace

(vous pouvez vous aider du doc. 1 p. 28 et de la leçon 2 p. 36-37)

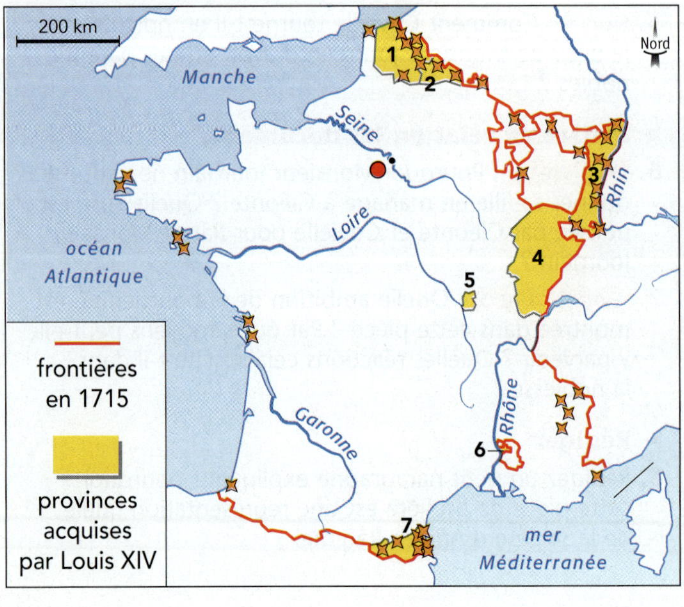

1. Retrouvez le nom des principales conquêtes de Louis XIV repérées par des chiffres allant de 1 à 7 sur la carte. Vous pouvez vous aidez de la liste suivante : Alsace, Artois, Charolais, Flandre, Franche-Comté, principauté d'Orange, Roussillon.

2. Que représente le rond rouge sur la carte ?

3. Que signifie le symbole ✶ sur la carte ?

4. Quelle région de l'est de la France n'était pas française à cette époque ?

5. Quel a été le but principal des conquêtes de Louis XIV ?

5 Comprendre et analyser un texte

(vous pouvez vous aider de la leçon 3 p. 38-39)

1 La société française vue par Louis XIV

Chaque profession contribue à sa manière, au soutien de la monarchie. Le laboureur fournit par son travail la nourriture. L'artisan donne par son industrie toutes les choses qui servent à la commodité du public. Le négociant vend tout ce que le monde produit d'utile ou d'agréable. Les prêtres, en instruisant les peuples à la religion, attirent les bénédictions du Ciel. C'est pourquoi, bien loin de mépriser aucune de ces conditions, ou d'en favoriser l'une aux dépens de l'autre, nous devons être le père commun de tous.

D'après Louis XIV, *Mémoires pour l'instruction du Dauphin*, année 1666.

1. Qui est l'auteur de ce texte ?
2. À qui ce texte est-il destiné ? Pourquoi ?
3. Quels sont les deux ordres de la société évoqués par ce texte ? À quel ordre appartiennent les trois professions citées ? Quelle est la particularité de cet ordre ?
4. Quel est l'ordre qui n'est pas mentionné dans ce document ?
5. Rédigez un petit paragraphe expliquant comment est organisée la société d'Ancien Régime et pourquoi elle est inégalitaire.

6 Étudier un document

(vous pouvez vous aider de la leçon 1 p. 30-31)

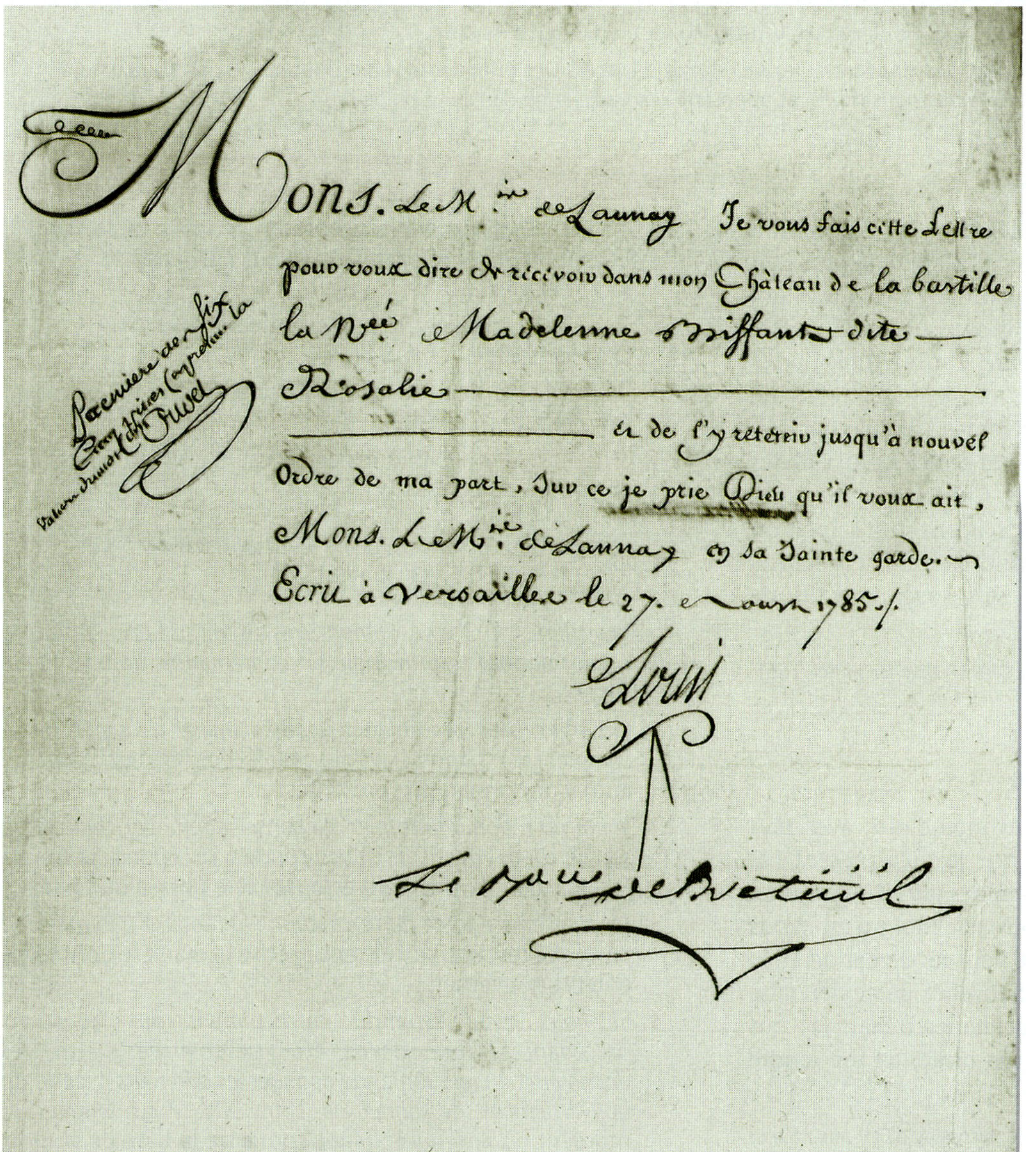
Mons. Le M.is de Launay Je vous fais cette Lettre pour vous dire de recevoir dans mon Château de la Bastille la Nee Madelenne Briffant dite Rosalie
et de l'y retenir jusqu'à nouvel Ordre de ma part, Sur ce je prie Dieu qu'il vous ait, Mons. Le M.is de Launay en sa Sainte garde.
Ecrit à Versailles le 27. [illegible] 1785.
Louis

1 Une lettre de cachet. BNF, Paris.

1. Qui a signé ce document ?
2. Où a-t-il été écrit ? Pourquoi ?
3. De quelle année date ce document ?
4. Quelle est la fonction du château de la Bastille à cette époque ?
5. Quel ordre concernant la dénommée « Rosalie » doit exécuter le gouverneur de la Bastille M. de Launay ?
6. Quel aspect du régime politique que connaît la France aux XVIIe et XVIIIe siècles illustre ce document ? Justifiez votre réponse.

Sujet guidé Le gouvernement personnel de Louis XIV

1 Le roi en son conseil. Tableau anonyme du XVIIe siècle, détail. Musée du château, Versailles.

1. Louis XIV. 2. Le chancelier, le surintendant des Finances et les secrétaires d'État. 3. Des intendants. 4. Le Dauphin, fils de Louis XIV. 5. Les secrétaires qui consignent par écrit les décisions du roi et apposent le sceau, rangé dans une boîte.

2 Gouverner selon Louis XIV

Toute puissance, toute autorité réside dans la main du roi. Je commandai aux quatre secrétaires d'État de ne plus rien signer du tout sans m'en parler. Quant aux personnes qui devaient seconder mon travail, je résolus sur toutes choses de ne pas prendre de Premier ministre. Il m'a semblé nécessaire de vous indiquer, mon fils, de peur que vous ne confondiez deux choses fort différentes : gouverner soi-même et n'écouter aucun conseil. Les gens les plus habiles prennent conseil auprès des autres. Car les rois ont entre les mains l'intérêt public et leurs décisions font le mal ou le bien de toute la terre. Mais quand tous nos conseillers nous ont tous donné leur avis, c'est à nous, mon fils, de choisir ce qu'il faut faire.

D'après Louis XIV, *Mémoires pour l'instruction du Dauphin*, année 1661.

3 Après la mort de Mazarin

Je vous ai fait assembler, vous mes intendants, avec mes secrétaires d'État pour vous dire que jusqu'à présent j'ai bien voulu laisser gouverner mes affaires par M. le cardinal Mazarin. Il est temps que je les gouverne moi-même. Vous m'aiderez de vos conseils quand je vous les demanderai. Je vous prie et vous ordonne, M. le chancelier, de ne rien faire sans mes ordres. Et vous, mes secrétaires d'État, je vous défends de ne rien signer sans mon ordre, de me rendre compte chaque jour à moi-même.

D'après Loménie, comte de Brienne, secrétaire d'État aux Affaires étrangères de Louis XIV, *Mémoires*, 1664.

Questions

1. **Doc. 1 :** Quelle scène est représentée sur le tableau ? Comment le roi est-il mis en valeur ? Qui assiste à ce conseil ?
2. **Doc. 2 :** Qui détient le pouvoir d'après Louis XIV ? Que conseille-t-il à son fils ?
3. **Doc. 3 :** Que décide Louis XIV après la mort de Mazarin, son Premier ministre ?
4. **Doc. 1, 2 et 3 :** Expliquez ce qu'est le gouvernement personnel de Louis XIV.

Méthode

Les questions 1 à 3 vous demandent, en fait, de résumer la (ou les) information(s) principale(s) contenue(s) dans chaque document.

1. *Observez bien ce tableau. Repérez où se trouve le roi et comment il est habillé.* À l'aide de la légende, identifiez les autres personnages représentés.
2. *Faites attention à la totalité du conseil donné par Louis XIV à son fils car ce conseil est en deux parties.* La réponse se trouve à la fois dans la première et la dernière phrase du texte.
3. *La deuxième phrase du texte donne la réponse à la question posée.* Le reste du document précise la manière dont le roi entend gouverner.
4. *Si vous avez répondu correctement aux questions précédentes, vous devez être capable de mettre les documents en relation et de dégager les différents aspects du gouvernement personnel de Louis XIV.* Pour trouver le moment où il débute, il faut connaître la date de la mort de Mazarin.

Mettre en relation des documents

Sujet d'entraînement La politique économique de Louis XIV

1 Fondation par Louis XIV de la Compagnie des Indes orientales. Gravure d'Adam Van der Meulen, XVIIe siècle, BNF, Paris. À droite, on aperçoit le roi sur son trône ; au centre, les fondateurs de la compagnie et, à gauche, les peuples des Indes orientales (Asie).

2 Le règlement de la Compagnie des Indes orientales (extrait)

3. Les biens de la compagnie ne pourront être saisis par le roi.
18. Sa Majesté accordera à la compagnie d'être la seule à pouvoir naviguer et négocier, depuis le cap de Bonne-Espérance jusque dans toutes les Indes et mers orientales, pour cinquante années.
19. Sa Majesté accordera à la compagnie la propriété de toutes les terres et îles qu'elle pourra conquérir.

Signé par Louis XIV, le dernier jour de mai 1664.

3 Lettres de privilèges accordées par Louis XIV à Josse Van Robais, protestant hollandais en 1665

Voulant favorablement traiter le sieur Van Robais et attirer par son exemple ceux qui excellent parmi les étrangers dans quelques sortes de manufacture, nous lui permettons de venir s'installer dans la ville d'Abbeville pour établir une manufacture de draps. Nous voulons que lui et ses ouvriers étrangers soient réputés français ; nous les exemptons[1] de tout impôt. Nous leur permettons de continuer à faire profession de la religion réformée[2]. Nous ordonnons qu'il soit payé comptant 12 000 livres audit entrepreneur. Nous avons interdit à toute autre personne d'établir dans ladite ville et à dix lieues aux environs pareille manufacture.

1. Dispenser d'une obligation, ici de payer des impôts.
2. Le protestantisme.

Questions

1. **Doc. 1 :** Quelle action est en train d'accomplir Louis XIV ?
2. **Doc. 2 :** Quels sont les buts de la Compagnie des Indes orientales ?
3. **Doc. 3 :** Quels privilèges Louis XIV accorde-t-il à Josse Van Robais ? Que doit faire en échange Josse Van Robais ?
4. **Doc. 1, 2 et 3 :** Quels sont les objectifs recherchés par Louis XIV ?

Conseils pour réussir

- Relisez la leçon 2 portant sur l'organisation du royaume (p. 36-37) et recherchez éventuellement la définition du mot « compagnie » (dans le chapitre 1 ou dans le lexique à la fin du manuel).
- Lisez et observez attentivement les documents. Dans chacun d'entre eux, relevez tous les éléments qui définissent la politique économique de Louis XIV : fondation de compagnies de commerce maritime ; privilèges donnés à ces compagnies ; accueil d'entrepreneurs étrangers en France ; mercantilisme.
- Utilisez les informations trouvées dans les questions 1, 2 et 3 pour répondre à la question 4.
- Rédigez à chaque fois une ou deux phrases correctement écrites puis vérifiez votre grammaire et votre orthographe.

Chapitre 3

La remise en cause de l'absolutisme

→ Comment l'idéal démocratique est-il né et s'est-il développé ?

1 Les régimes politiques en Europe vers 1780.

1. Quel est le régime politique le plus répandu en Europe au XVIIIe siècle ?

2 Un débat à la Chambre des communes en Angleterre. P. Tillemans, huile sur toile, XVIIIe siècle. The Houses of Parliament, Londres.
Ce pays est la première monarchie parlementaire d'Europe. A. Le gouvernement et les députés de la majorité. B. Les députés de l'opposition. C. Le président (speaker) dirigeant les débats. D. Le public qui assiste aux débats.

1. Comment sont placés le speaker, le gouvernement et les députés ?
2. Pourquoi cette disposition est-elle favorable aux débats ?
3. Montrez que les séances sont publiques.

La monarchie anglaise

→ **Comment la monarchie anglaise est-elle devenue parlementaire ?**

A La lutte contre l'absolutisme

Depuis le Moyen Âge, le pouvoir des rois d'Angleterre est limité par un **Parlement** qui, par exemple, vote l'impôt. Or, au XVIIe siècle, la dynastie des Stuarts tente de régner de manière absolue **(doc. 2)**. Ainsi Jacques Ier puis Charles Ier « oublient » de convoquer le Parlement. Les Stuarts veulent aussi imposer l'Église anglicane à tous leurs sujets.

Les autres protestants (puritains) et les catholiques sont mécontents. Une guerre civile éclate en 1642 **(doc. 3)**. L'armée des parlementaires, dirigée par Cromwell, est victorieuse à Naseby (1645). Charles Ier est jugé pour **tyrannie** et décapité **(doc. 1)**. La république est proclamée.

B La « Glorieuse » révolution

Olivier Cromwell dirige le pays de façon autoritaire et fait du nouveau régime une dictature. Après sa mort, un nouveau Parlement restaure la monarchie en 1660. Charles II, est appelé au pouvoir. Mais, par prudence, ce Parlement vote l'***Habeas Corpus*** (1679) qui interdit au roi toute arrestation arbitraire et garantit la liberté individuelle **(doc. 4)**.

Charles II et son successeur, Jacques II, tentent à nouveau de gouverner seuls. À l'époque, les députés sont partagés entre les whigs, partisans d'un Parlement fort, et les tories attachés au pouvoir du roi. De plus, Jacques II est catholique. Au cours de la « Glorieuse » révolution, les parlementaires font appel au gendre de Jacques II, Guillaume d'Orange, prince protestant. Il devient roi après avoir juré de respecter la Déclaration des droits (*Bill of Rights*) en 1689 **(doc. 6)**.

C Une monarchie parlementaire

Dès 1707, l'Écosse est rattachée de force au royaume d'Angleterre pour former le Royaume-Uni. Le *Bill of Rights* limite les pouvoirs du roi et garantit ceux du Parlement. Ainsi l'application des lois, la levée des impôts ou d'une armée ne peuvent se faire sans l'accord de cette assemblée **(doc. 7)**.

Au cours du XVIIIe siècle, la liberté de presse et d'opinion se renforce tandis que l'autorité du Parlement devient incontestée. La **monarchie parlementaire** anglaise constitue ainsi un modèle politique plus démocratique que celui de la monarchie absolue. Elle suscite l'admiration des philosophes français, tel Voltaire **(doc. 5)**.

VOCABULAIRE

Habeas Corpus : loi anglaise empêchant l'État d'emprisonner quelqu'un sans jugement.

monarchie parlementaire (une) : monarchie dans laquelle le roi partage le pouvoir avec le Parlement.

Parlement (un) : en Angleterre, assemblée représentant l'ensemble de la nation et partageant le pouvoir avec le roi.

tyrannie (une) : gouvernement absolu et oppressif, considéré comme arbitraire et cruel.

1 L'exécution de Charles Ier (30 janvier 1649).
Gravure publiée en France en 1649.

2 Charles Ier est accusé de tyrannie

« Le tyran est celui qui ne considère que son avantage particulier et non celui du peuple » dit Aristote. Lorsque les revenus de la couronne ne pouvaient suffire aux dépenses de la cour, Charles Ier a surchargé le peuple d'impôts. Comme il faisait tout cela en dehors de toute loi et que le Parlement pouvait seul être un frein, il s'est efforcé de le détruire en ne le convoquant pas. Il mit des cavaliers et des fantassins irlandais dans les villes alors que l'on n'était pas en guerre. En même temps, tyrannisant la conscience des hommes pieux, il contraignit tout le monde à un culte emprunté au papisme[1]. Ceux qui refusaient étaient exilés ou emprisonnés. Le roi Charles a été condamné comme tyran, traître et meurtrier.

J. Milton, *Défense du peuple anglais*, 1651.

1. Nom donné par les protestants à la religion catholique.

1. Quels reproches sont adressés au roi d'Angleterre ?

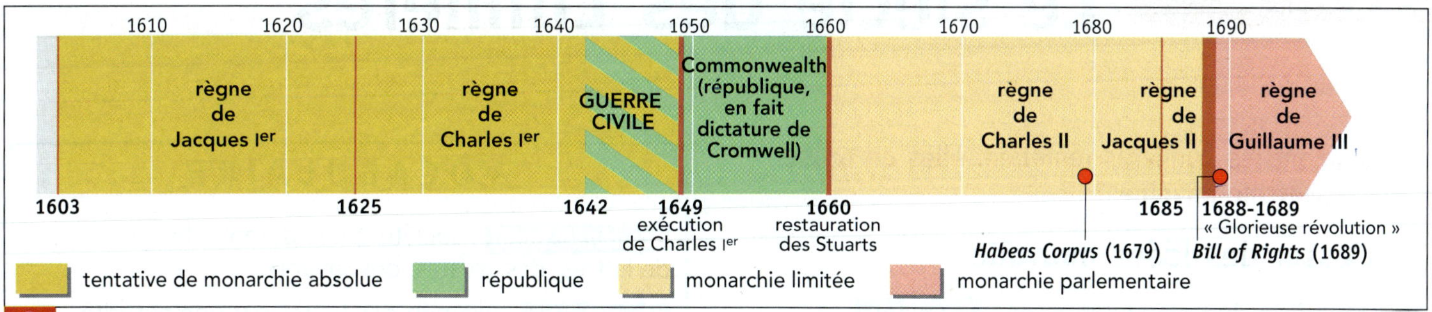

3 Les révolutions anglaises au XVIIe siècle.

1. Quels rois ont tenté de gouverner en monarques absolus ?

2. Doc. 1, 2 et 3 : Comment a réagi le peuple anglais aux tentatives absolutistes de ses souverains ?

4 L'*Habeas Corpus* (1679)

Que chaque fois qu'un prisonnier présente une demande d'*Habeas Corpus*, il soit conduit, dans les trois jours, devant les juges pour qu'on lui explique pourquoi il est enfermé. Après quoi, dans les deux jours qui suivent, les juges devront libérer le prisonnier en échange d'une caution sauf pour certains crimes où la liberté sous caution est interdite. Cette caution sert à garantir le fait que le prisonnier se rende bien devant ses juges le jour de son procès.

1. Qu'arrive-t-il à un prisonnier qui présente une demande d'*Habeas Corpus* ?

6 Le *Bill of Rights* (« Déclaration des droits ») de 1689

Afin que la religion, les lois et les libertés ne puissent plus désormais être renversées, la Chambre des lords et la Chambre des communes, constituant ensemble la représentation pleine et libre de la nation déclarent :

1. Le prétendu pouvoir de l'autorité royale de suspendre les lois ou l'exécution des lois sans le consentement du Parlement est illégal. [...]

4. Toute levée d'impôt destinée à la royauté, sans le consentement du Parlement, est illégale.

5. C'est un droit des sujets que de présenter des pétitions au roi ; tout emprisonnement et toute poursuite au sujet de ces pétitions sont illégaux.

6. La levée et l'entretien d'une armée dans le royaume, en temps de paix, sans le consentement du Parlement, est contraire à la loi. [...]

8. La liberté de parole dans l'enceinte du Parlement ne peut être interdite.

9. Les élections des membres du Parlement doivent être libres. [...]

13. Le Parlement devra être fréquemment réuni. Tout ce qui a été écrit dans ce texte doit devenir des droits et des libertés incontestables.

1. Quel article limite le pouvoir financier du roi ?
2. Quel article limite son pouvoir militaire ?

5 L'Angleterre comparée à la France

La France est d'un tout autre goût que l'Angleterre. Peut-être qu'un jour, en France, la mode sera aussi de pouvoir penser et s'exprimer. En France, le roi n'a qu'à vouloir. Il fait de la nation française tout ce qu'il veut.

En Angleterre, les gens peuvent penser et s'exprimer. Cette façon de faire est la conséquence logique de leur forme de gouvernement. Il y a, au Parlement de Londres, environ huit cents personnes qui ont le droit de parler en public et de discuter des intérêts de leur nation. Des milliers d'autres personnes sont d'ailleurs prêtes à prendre leur place en étant candidates au Parlement au moment des élections. Tout le reste du pays peut juger de leurs actes. Chacun peut faire imprimer ce qu'il pense sur les affaires publiques. En conséquence, toute l'Angleterre est dans la nécessité de savoir lire et écrire pour participer au débat politique.

D'après Voltaire, « Sur les seigneurs qui cultivent les belles-lettres », dans *Lettres philosophiques*, 1734.

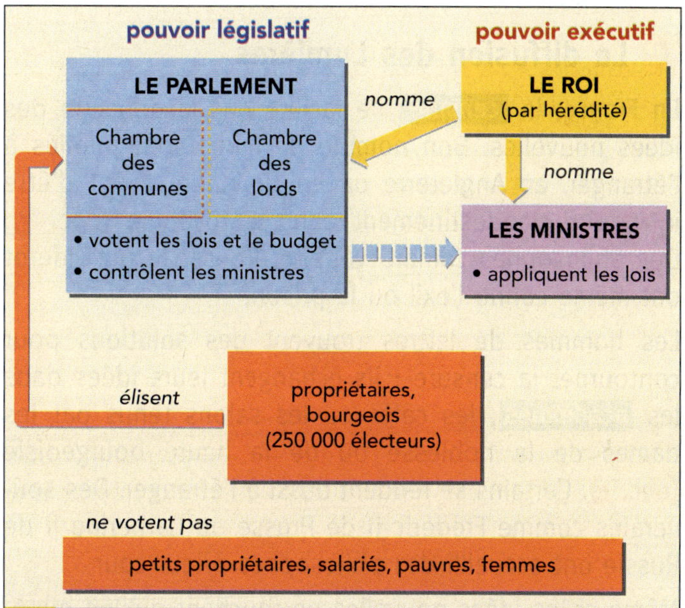

7 Le régime politique anglais après 1689.

1. Qui élit les députés de la Chambre des communes ?

2. Doc. 4, 5, 6 et 7 : Montrez que l'Angleterre n'est plus une monarchie absolue à la fin du XVIIe siècle.

Leçon 2 Le siècle des Lumières

→ Comment les Lumières remettent-elles en cause la monarchie absolue ?

A L'essor des idées nouvelles

Au XVIIIe siècle, les philosophes des **Lumières** **(doc. 1, 2 et 3)** veulent « éclairer » les hommes : ils rejettent les idées établies pour tout réexaminer en s'aidant de la raison et de la science. Ils critiquent les institutions, c'est-à-dire la monarchie, l'Église et la société qui, selon eux, ne respectent pas les droits naturels de l'homme.

Les philosophes réclament l'égalité des droits et la liberté individuelle, y compris sur le plan religieux. Ils sont favorables à la **tolérance** **(doc. 8)**. La monarchie parlementaire anglaise constitue pour eux un modèle politique face à l'absolutisme. Ils s'inspirent aussi de l'écrivain et philosophe anglais John Locke (1632-1704).

B Contre la monarchie absolue

Les philosophes critiquent et rejettent la monarchie absolue. Selon Montesquieu, il faut séparer les pouvoirs pour obtenir une monarchie tempérée, et non les laisser entre les mains d'une seule personne comme c'est le cas en France **(doc. 5)**.

Pour Rousseau, la **souveraineté** revient au peuple et non au roi. Il revendique donc la **démocratie** **(doc. 6)**. Voltaire préconise plutôt un despotisme éclairé, c'est-à-dire un régime où le roi gouverne au nom du bonheur de ses sujets.

C La diffusion des Lumières

En France, la **censure** ne facilite pas la diffusion des idées nouvelles. Bon nombre de livres sont publiés à l'étranger, en Angleterre ou en Hollande, avant d'être introduits clandestinement dans le royaume **(doc. 7)**. Des philosophes comme Voltaire, Rousseau ou Diderot ont même connu l'exil ou la prison.

Les hommes de lettres trouvent des solutions pour contourner la censure : ils échangent leurs idées dans les **académies**, les cafés ou les salons tenus par les dames de la noblesse ou de la haute bourgeoisie **(doc. 4)**. Certains se rendent aussi à l'étranger. Des souverains comme Frédéric II de Prusse ou Catherine II de Russie ont accueilli des philosophes à leur cour.

Même si les idées nouvelles ne touchent qu'une minorité « éclairée », le siècle des Lumières contribue à un véritable débat sur les droits de l'homme et mine irrémédiablement la monarchie absolue.

VOCABULAIRE

académie (une) : société qui rassemble des gens de lettres, des artistes, des savants.

censure (la) : examen des textes par une autorité qui décide s'ils seront publiés ou interdits.

démocratie (la) : régime politique dans lequel le pouvoir est exercé par le peuple ou par ses représentants.

Lumières (les) : courant de pensée européen du XVIIIe siècle pour lequel le progrès est lié à la raison, à la liberté et à l'instruction.

souveraineté (la) : autorité suprême.

tolérance (la) : respect des pensées, des opinions, des croyances différentes des siennes.

1 Montesquieu (1689-1755)

Fils d'un magistrat noble, il devient lui-même président du parlement de Bordeaux en 1716. Il se rend célèbre avec la publication des *Lettres persanes*, fine critique de la société française. Il voyage et découvre la monarchie parlementaire anglaise avec intérêt. Il analyse le fonctionnement du pouvoir politique. Il définit dans l'*Esprit des lois* les trois pouvoirs (exécutif, législatif et judiciaire) et prône leur séparation. Il participe à l'*Encyclopédie*.

2 Voltaire (1694-1778)

Fils d'un notaire parisien, François Marie Arouet, dit Voltaire, se fait vite connaître par ses écrits. Il critique dans ses textes la noblesse et l'Église. Ses impertinences lui valent deux séjours à la Bastille et de nombreux exils (Angleterre). Il est reçu à Berlin à la cour de Frédéric II. Il s'engage pour la liberté, la tolérance et contre la justice arbitraire (affaire Calas). Il a laissé une œuvre considérable (poésie, contes philosophiques, correspondance, etc.).

3 Rousseau (1712-1778)

Fils d'un horloger de Genève, il arrive à Paris en 1742 où il se lie avec Diderot. Sa pensée repose sur l'idée que la société corrompt les hommes. Il influence la pensée politique moderne en prônant la souveraineté du peuple et la démocratie. Mais ses critiques de l'absolutisme l'obligent à faire de nombreux séjours à l'étranger pour éviter d'être incarcéré.

4 Le café Manoury à Paris. Dessin de Vaujuas, XVIIIe siècle. Musée Carnavalet, Paris.
« Si j'étais souverain, je fermerais les cafés, car ceux qui fréquentent ces endroits s'y échauffent fâcheusement la cervelle. » (Montesquieu, *Les Lettres persanes*, 1721).

5 Montesquieu critique la monarchie absolue

Il y a dans chaque État trois sortes de pouvoirs : la puissance législative, la puissance exécutrice et la puissance de juger. Lorsque dans la même personne, la puissance législative est réunie à la puissance exécutrice, il n'y a point de liberté, parce que l'on peut craindre que le même monarque fasse des lois tyranniques pour les exécuter tyranniquement. Il n'y a point encore de liberté si la puissance de juger n'est pas séparée de la puissance législative et de l'exécutrice. Chez les Turcs, où ces trois pouvoirs sont réunis sur la tête du sultan, il règne un affreux despotisme.

D'après Montesquieu, *De l'esprit des lois*, 1748.

1. Quels sont les trois pouvoirs définis par Montesquieu ?
2. Pourquoi doivent-ils être séparés selon l'auteur ?

7 Un ennemi des philosophes

Les philosophes se sont élevés en précepteurs du genre humain. Liberté de penser, voilà leur cri, et ce cri s'est fait entendre d'une extrémité du monde à l'autre. D'une main, ils ont tenté d'ébranler le Trône ; de l'autre, ils ont voulu renverser les autels. La révolution s'est pour ainsi dire opérée. Histoire, romans, jusqu'aux dictionnaires, tout a été infecté par le venin philosophique. À peine ces écrits sont-ils devenus publics dans la capitale qu'ils se répandent comme un torrent dans les provinces ; la contagion a pénétré tous les ateliers et toutes les chaumières.

D'après un discours de Séguier, avocat général au Parlement de Paris, 1770.

1. Qu'est-ce que l'auteur reproche aux philosophes ?
2. Quels termes emploie-t-il pour exprimer son désaccord avec les Lumières ?
3. Doc. 4 et 7 : Comment les Lumières se diffusent-elles ?

6 Rousseau défend la souveraineté populaire

La puissance législative appartient au peuple et ne peut appartenir qu'à lui. La loi est la déclaration de sa volonté générale. Toute loi que le peuple n'a pas ratifiée est nulle. Pour assurer les lois, il faut un gouvernement, mais le gouvernement n'est que le représentant du peuple souverain.

D'après Rousseau, *Du contrat social*, 1762.

1. À qui revient le pouvoir législatif selon Rousseau ?
2. Doc. 5 et 6 : Montrez que ces deux textes s'opposent à la monarchie absolue.

8 Voltaire pour la tolérance et contre la société d'Ancien Régime

La fureur qu'inspire l'abus de la religion chrétienne mal entendue a répandu autant de sang, a produit autant de désastres en Allemagne, en Angleterre et même en Hollande qu'en France. La religion est instituée pour nous rendre heureux dans cette vie et dans l'autre. Que faut-il pour être heureux dans la vie à venir ? Être juste. Pour être heureux dans celle-ci, que faut-il ? Être indulgent.

D'après Voltaire, *Traité sur la tolérance*, 1763.

En France, un noble méprise souverainement un négociant. Je ne sais pourtant lequel est plus utile à l'État, ou un seigneur bien poudré qui sait précisément à quelle heure le roi se lève ou un négociant qui enrichit son pays, donne de son cabinet des ordres à Surate[1] et au Caire et contribue au bonheur du monde.

D'après Voltaire, *Lettres philosophiques*, 1734.

1. Port du nord de l'Inde.

1. Pourquoi la tolérance religieuse est-elle nécessaire selon Voltaire ?
2. Pourquoi Voltaire prend-il la défense des marchands contre les nobles ?

L'*Encyclopédie*

›› Objectif

Comprendre le rôle de l'*Encyclopédie* dans la diffusion des Lumières.

Publiée de 1751 à 1772, l'*Encyclopédie* est un ouvrage collectif dirigé par Diderot et d'Alembert. Elle a rassemblé près de 150 auteurs dont de nombreux philosophes des Lumières. Elle se compose de 28 volumes dont 17 de textes et 11 de dessins. Elle fait l'inventaire des connaissances et des réalisations humaines dans les domaines de l'agriculture, de l'industrie, des arts et métiers. Mais, parallèlement, les auteurs se livrent à une critique ouverte des institutions politiques et religieuses, ce qui valut à l'ouvrage oppositions et censure. Pourtant l'*Encyclopédie* a été un véritable outil de diffusion des Lumières.

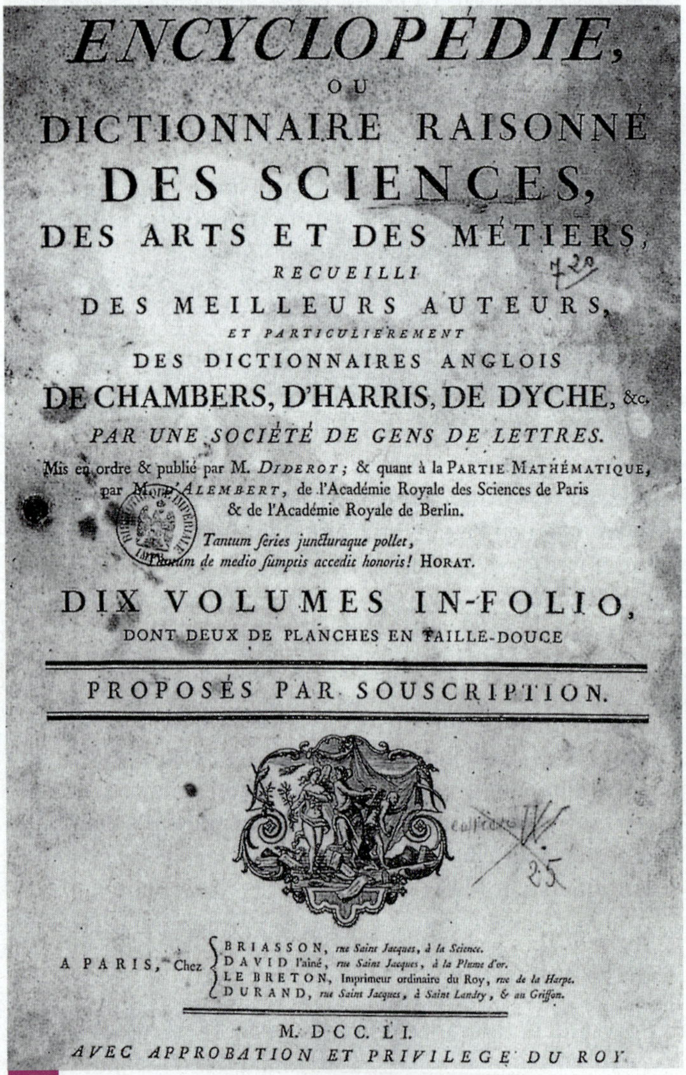
ENCYCLOPÉDIE,
OU
DICTIONNAIRE RAISONNÉ
DES SCIENCES,
DES ARTS ET DES MÉTIERS,
RECUEILLI
DES MEILLEURS AUTEURS,
ET PARTICULIÈREMENT
DES DICTIONNAIRES ANGLOIS
DE CHAMBERS, D'HARRIS, DE DYCHE, &c.
PAR UNE SOCIÉTÉ DE GENS DE LETTRES.
Mis en ordre & publié par M. *Diderot*; & quant à la Partie Mathématique, par M. *d'Alembert*, de l'Académie Royale des Sciences de Paris & de l'Académie Royale de Berlin.
Tantum series juncturaque pollet,
Tantum de medio sumptis accedit honoris! Horat.
DIX VOLUMES IN-FOLIO,
DONT DEUX DE PLANCHES EN TAILLE-DOUCE
PROPOSÉS PAR SOUSCRIPTION.
A PARIS, Chez BRIASSON, *rue Saint Jacques, à la Science.* DAVID l'aîné, *rue Saint Jacques, à la Plume d'or.* LE BRETON, Imprimeur ordinaire du Roy, *rue de la Harpe.* DURAND, *rue Saint Jacques, à Saint Landry, & au Griffon.*
M. DCC. LI.
AVEC APPROBATION ET PRIVILEGE DU ROY.

2 Page de titre de la première édition de l'*Encyclopédie* (1751).

1 Les buts de l'*Encyclopédie*

L'*Encyclopédie*. Ce mot signifie : enchaînement de connaissances. En effet, l'objectif d'une encyclopédie est de rassembler les connaissances dispersées sur la surface de la terre, d'en exposer le système général aux hommes avec qui nous vivons, et de les transmettre aux hommes qui viendront après nous. Il faut que les travaux des siècles passés ne soient pas des travaux inutiles pour les siècles qui succèderont. Il faut que nos neveux devenant plus instruits, deviennent en même temps plus vertueux et plus heureux, et que nous ne mourions pas sans avoir bien mérité du genre humain.

Il eût été difficile de proposer un objet plus étendu que celui de traiter de tout ce qui a rapport à la curiosité de l'homme, à ses devoirs, à ses besoins et à ses plaisirs. Aussi quelques esprits malveillants ont affirmé que nous n'achèverions jamais notre entreprise. À toutes ces personnes nous répondrons simplement : les choses qui paraissent impossibles peuvent toujours être réalisées. Il suffit de réunir des hommes compétents et de leur laisser le temps de les faire.

D'après Diderot, l'*Encyclopédie*, article « Encyclopédie ».

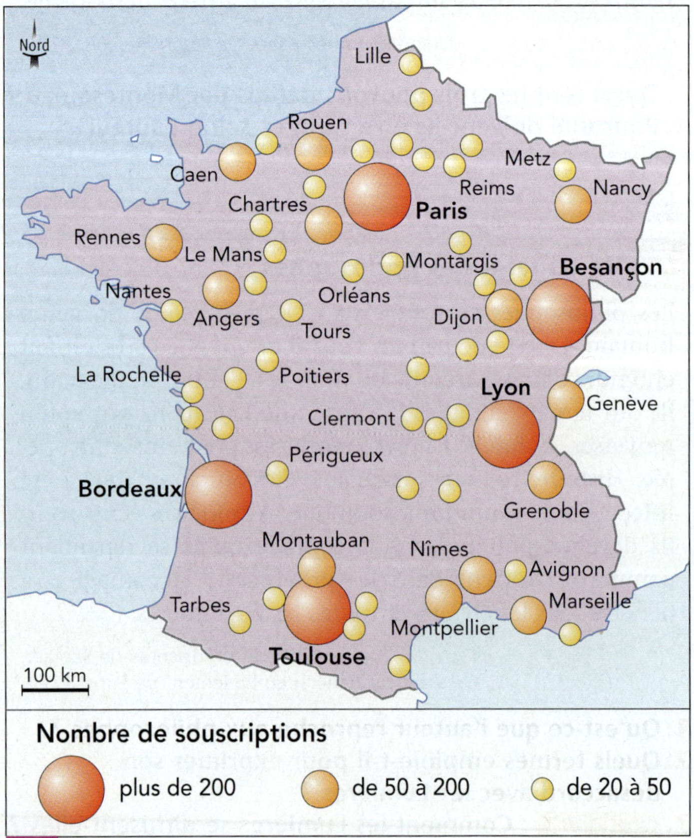

3 La diffusion de l'*Encyclopédie*.

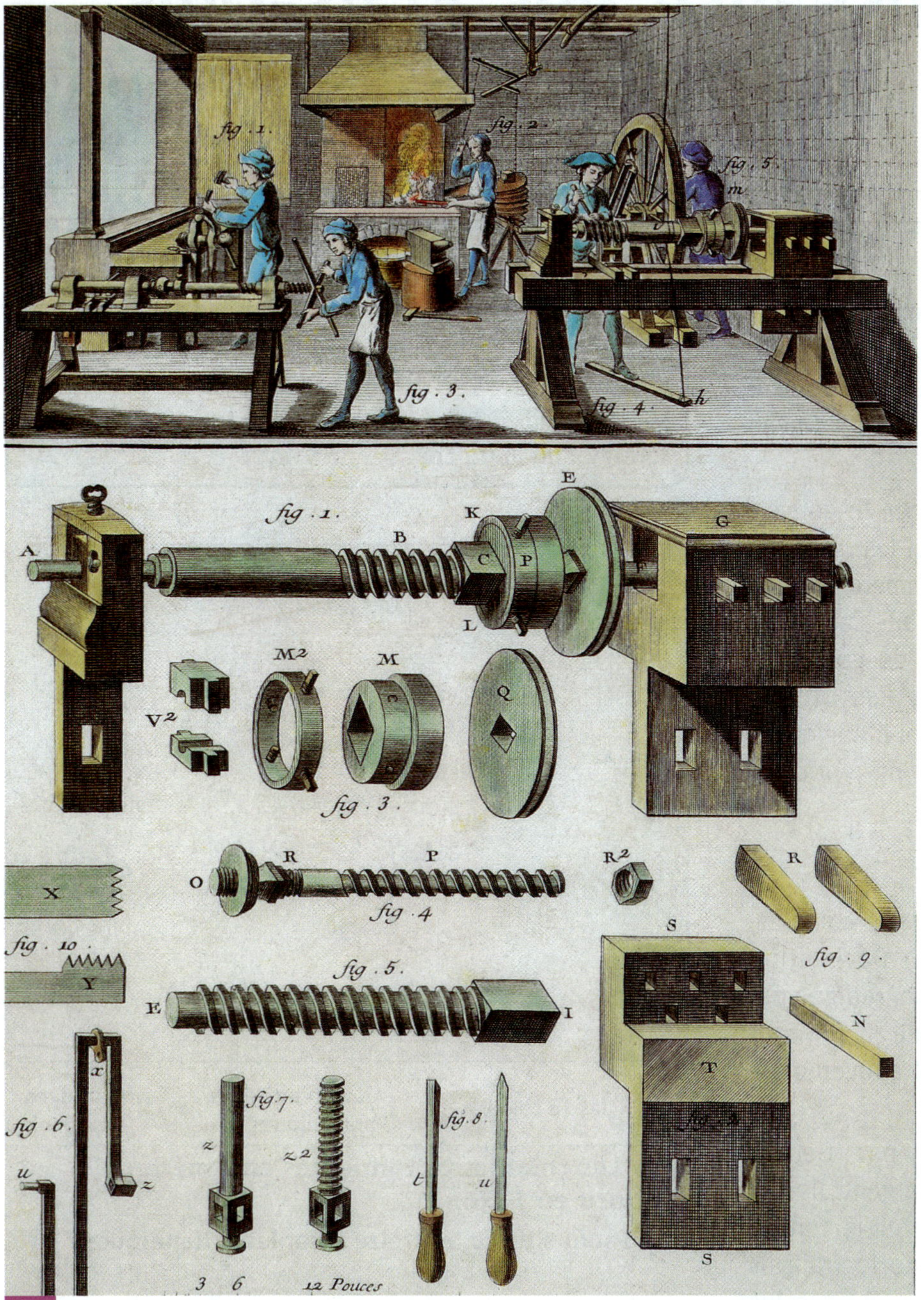

4 **Une planche de l'*Encyclopédie*.** La taillanderie ou la fabrique d'outils en métal. Collection particulière.

5 Article « Commerce »

Ce mot s'applique plus particulièrement à la communication que les hommes se font entre eux des productions de leurs terres et de leur industrie. Les denrées d'un pays en général, sont les productions naturelles de ses terres, de ses rivières, de ses mers, et de son industrie. Les productions de la terre appartiennent à l'agriculture. *Voyez agriculture.* Lorsque l'industrie s'applique à transformer et à améliorer les productions de la terre, elle s'appelle manufacture. *Voyez manufacture.* Chaque chose qui peut être communiquée à un homme par un autre est la matière du commerce. Telle est l'essence du commerce, qui consiste dans un échange ; son objet général est d'établir l'abondance. Les peuples commerçants vont chercher chez d'autres peuples les denrées qui leur manquent, pour les distribuer à ceux qui les consomment.

D'après François Véron Duverger de Forbonnais, l'*Encyclopédie*, article « Commerce ».

6 Article « Autorité politique »

Aucun homme n'a reçu de la nature le droit de commander aux autres. La liberté est un présent du ciel, et chaque individu de la même espèce a le droit d'en jouir aussitôt qu'il jouit de la raison. La puissance qui s'acquiert par la violence ne dure que le temps où la force de celui qui commande l'emporte sur celle de ceux qui obéissent. La même loi qui a fait l'autorité, la défait alors : c'est la loi du plus fort.

Le prince tient de ses sujets l'autorité qu'il a sur eux ; et cette autorité est bornée par les lois de la nature et de l'État. Le prince ne peut donc pas disposer de son pouvoir et de ses sujets sans le consentement de la nation.

D'après Denis Diderot, l'*Encyclopédie*, article « Autorité politique ».

QUESTIONS

➤ Trouver des informations dans un document

1. Doc. 1 : Quels sont les buts de l'*Encyclopédie* ?
2. Doc. 2 : Quels sont les différents domaines de la connaissance qui sont traités dans l'*Encyclopédie* ?
3. Doc. 3 : Montrez que l'*Encyclopédie* a eu une diffusion importante à son époque.
4. Doc. 4 : Quelles sont les différentes activités représentées sur cette planche ?
5. Doc. 5 : Quelles sont les deux activités humaines qui fournissent les produits du commerce ?
6. Doc. 6 : En quoi cet article s'oppose-t-il à la monarchie absolue ?

➤ Mettre en relation les documents

7. Doc. 2, 4 et 5 : Montrez que l'*Encyclopédie* présente les connaissances de son époque.

➤ Rédiger

8. Doc. 1 à 6 : Rédigez un paragraphe d'une dizaine de lignes expliquant en quoi l'*Encyclopédie* illustre bien les principales idées des Lumières.

Leçon 3 La naissance des États-Unis

→ **Comment est née la république des États-Unis d'Amérique ?**

A Treize colonies

Au XVIIIe siècle, l'Angleterre possède treize colonies sur la côte est de l'Amérique du Nord **(doc. 1)**. Ces colonies doivent leur prospérité au grand commerce atlantique et à l'économie de plantation, rendue possible par le travail des esclaves noirs.

La guerre de Sept Ans ayant coûté très cher, le gouvernement britannique augmente les impôts et les taxes sur ses colonies et tente de contrôler leur commerce. Or les colons, qui ne sont pas représentés au Parlement anglais, se sentent victimes de l'arbitraire du gouvernement de Londres **(doc. 2)**. La *Boston Tea Party* (1773) marque le début de leur révolte contre le roi d'Angleterre qu'ils accusent de tyrannie. Les affrontements entre les deux camps commencent en 1775.

B La guerre d'Indépendance

Le 4 juillet 1776, les représentants des treize colonies, réunis à Philadelphie, proclament la Déclaration d'**indépendance** des États-Unis d'Amérique, rédigée par Thomas Jefferson. Les grands principes de la philosophie des Lumières y sont repris : liberté et souveraineté du peuple **(doc. 4)**.

Les insurgés américains, commandés par George Washington, sont peu nombreux et sans argent. Ils ont cependant l'aide matérielle de la France et le renfort d'officiers « patriotes » volontaires comme le Français La Fayette. Après de durs combats, les Américains obtiennent, en 1781, la reddition de l'armée anglaise à Yorktown **(doc. 3)**. L'Angleterre accorde aux treize colonies leur indépendance par le traité de Versailles (1783).

C La république américaine

Les États-Unis adoptent en 1787 la première **Constitution** écrite de l'histoire. Directement inspirée des Lumières, elle établit un **État fédéral** républicain reposant sur la souveraineté de la nation et la séparation des trois pouvoirs. Le pouvoir exécutif est confié à un président élu. Le premier est George Washington en 1789. Le pouvoir législatif revient à deux assemblées. Les Noirs, les femmes et les pauvres n'ont pas le droit de vote **(doc. 5)**.

La Déclaration d'indépendance des États-Unis et la Constitution qui en découle ont un grand retentissement en Europe et en particulier en France.

VOCABULAIRE

Constitution (une) : ensemble des lois qui organisent les institutions d'un pays.

État fédéral (un) : État formé de plusieurs États qui acceptent l'autorité d'un pouvoir central en conservant une liberté de décisions dans certains domaines.

indépendance (une) : situation d'un État qui n'est plus soumis à un autre État.

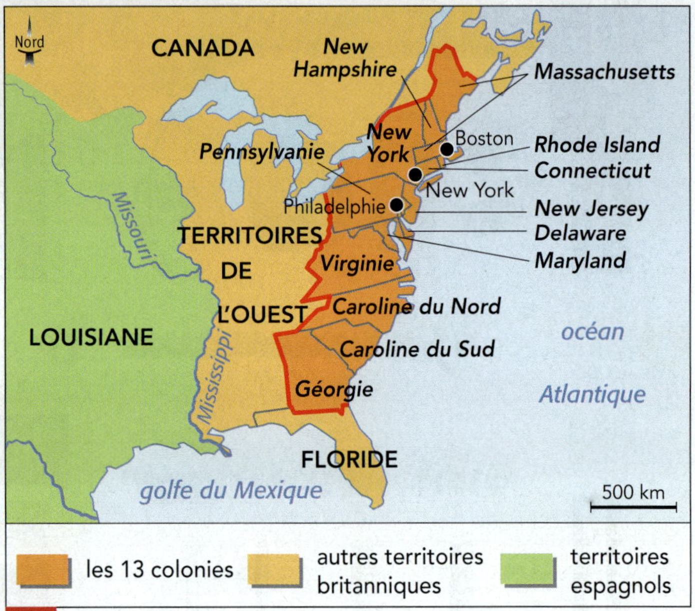

1 Les colonies britanniques en Amérique du Nord en 1776.

1. Où sont situées les treize colonies britanniques ?

2 « *No taxation without representation* »[1] !

3. La liberté d'un peuple et le droit reconnu des Anglais sont fondés sur le fait qu'aucun impôt ne peut être décidé sans leur consentement ou celui de leurs représentants.
4. Le peuple des colonies n'est pas représenté à la Chambre des communes. [...]
8. La dernière loi du Parlement (le droit de timbre[2]) veut détruire les droits et les libertés des colons.
9. La Grande-Bretagne tire des colonies des revenus commerciaux. En payant pour les produits qu'elles doivent acheter là-bas, les colonies contribuent largement aux revenus de la couronne.

Déclaration du *Stamp Act Congress* qui réunit en octobre 1765 des représentants de neuf colonies protestant contre l'impôt du timbre.

1. « Pas d'impôt nouveau sans représentation parlementaire ».
2. Impôt sur tous les usages publics du papier : journaux, actes de vente.

1. Pourquoi les colons refusent-ils de payer un impôt sur le timbre ?

3 La capitulation des Anglais devant les armées américaines et françaises, le 19 octobre 1781.
J. Trumbull, *La Victoire de Yorktown*, huile sur toile (30,5 cm x 45,7 cm). Yale University Art Gallery, New York.

4 Déclaration d'indépendance des États-Unis (extraits), 4 juillet 1776

Nous tenons ces vérités pour évidentes par elles-mêmes : que tous les hommes naissent égaux ; que leur Créateur les a dotés de certains droits inaliénables, parmi lesquels la vie, la liberté et la recherche du bonheur ; que pour garantir ces droits, les hommes instituent parmi eux des gouvernements dont le juste pouvoir émane du consentement des gouvernés ; que si un gouvernement, quelle qu'en soit la forme, vient à méconnaître ces fins, le peuple a le droit de le modifier ou de l'abolir et d'instituer un nouveau gouvernement qu'il fondera sur de tels principes. L'histoire du présent roi de Grande-Bretagne est une suite d'injustices et d'usurpations visant à établir une tyrannie absolue sur ces États. En conséquence, nous, les représentants des États-Unis d'Amérique, assemblés en Congrès général, prenant le Juge de l'univers à témoin de la droiture de nos intentions, publions et déclarons solennellement que ces colonies unies sont des États libres et indépendants ; qu'elles sont relevées de toute allégeance à la couronne d'Angleterre ; qu'elles ont plein pouvoir de faire la guerre, de conclure la paix, de contracter des alliances.

1. Comment les colons justifient-ils leur révolte ?
2. Que proclament-ils ?
3. Doc. 2 et 4 : Montrez que les colons s'opposent à l'absolutisme.

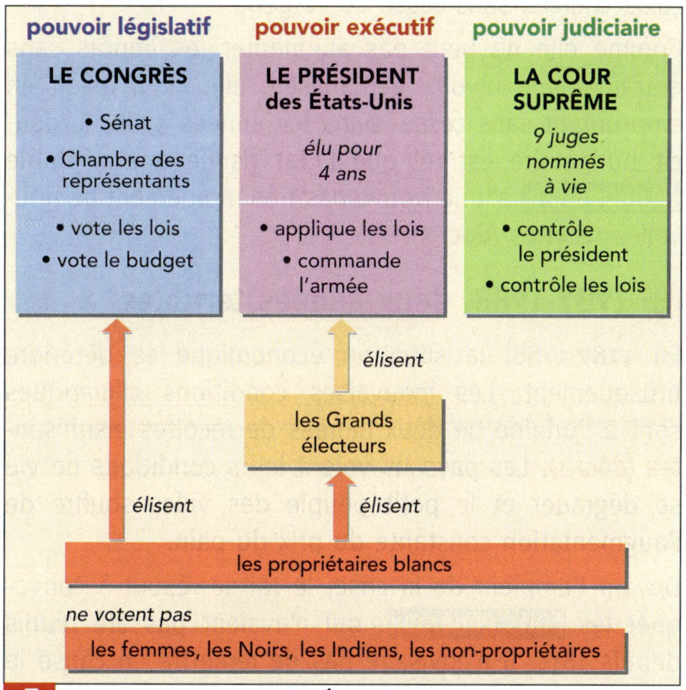

5 La Constitution des États-Unis (1787).

1. Qui vote les lois et qui les fait exécuter ?
2. Comment s'appelle le régime politique mis en place aux États-Unis ?
3. Quelles sont les limites de la démocratie américaine ?
4. Doc. 4 et 5 : Quelles idées des Lumières sont développées ici ?

Leçon 4

La crise de la monarchie absolue française

→ Quelles sont les causes de la crise du pouvoir royal au XVIIIe siècle ?

A Une société incapable de se réformer

Depuis le début du XVIIIe siècle, la société d'Ancien Régime est de plus en plus contestée. La bourgeoisie est très sensible à l'esprit des Lumières. Elle s'est enrichie et joue un rôle économique très important. Elle voudrait aussi jouer un véritable rôle politique **(doc. 5)**. La paysannerie accepte de plus en plus mal de supporter presque seule tout le poids des impôts **(doc. 4)**.

La quasi-totalité des réformes entreprises jusque-là ont échoué **(doc. 2)** en grande partie parce que la noblesse et le clergé refusent de remettre en cause leurs privilèges **(doc. 5)**.

B Une longue crise financière

Depuis le milieu du XVIIIe siècle, les charges de l'État ont beaucoup augmenté, plus particulièrement à cause de la guerre d'Amérique où la France a soutenu les révoltés américains contre l'Angleterre. La monarchie française cherche sans cesse de l'argent.

Comme elle ne peut pas augmenter les impôts sans entraîner une révolte généralisée, elle vit à crédit en empruntant sans cesse. Dans les années 1780, le déficit budgétaire est tel que l'État risque une véritable **banqueroute** s'il ne trouve pas très rapidement de nouvelles recettes **(doc. 3)**.

C 1787-1788, deux années terribles

En 1787-1788, la situation économique se détériore brusquement. Les mauvaises conditions climatiques sont à l'origine de deux années de récoltes insuffisantes **(doc. 1)**. Les paysans voient leurs conditions de vie se dégrader et le petit peuple des villes souffre de l'augmentation constante du prix du pain.

Devant l'ampleur de la crise, le roi se résout à convoquer les **états généraux**, qui n'avaient pas été réunis depuis 1614. Il n'envisage pas de remettre en cause le système de la monarchie absolue mais seulement de demander l'autorisation de mettre en place de nouveaux impôts. Mais les Français des trois ordres, et plus particulièrement le tiers état, espèrent profiter de cette circonstance pour exprimer leurs revendications. Pour cela, ils rédigent des **cahiers de doléances** **(voir dossier p. 58-59)**.

VOCABULAIRE

banqueroute (une) : impossibilité de payer ses dettes en raison de fautes commises dans la gestion de ses affaires.

cahier de doléances (un) : cahier destiné au roi où sont consignées les plaintes des Français.

états généraux : assemblée des trois ordres (clergé, noblesse, tiers état) convoquée par le roi pour débattre des problèmes du pays.

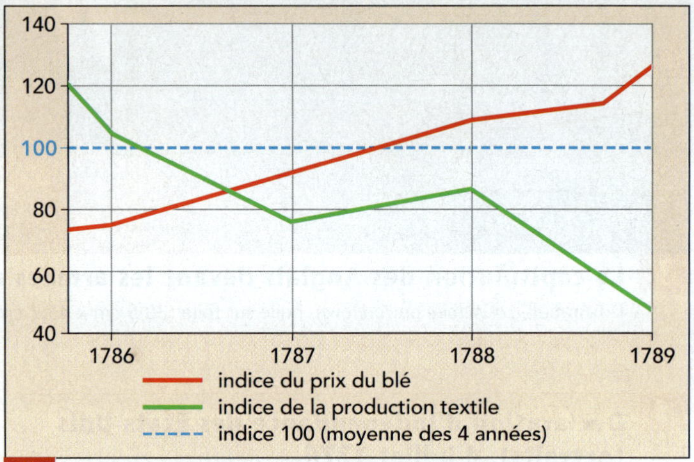

1 Une situation économique difficile.

1. **Comment évolue le prix du blé ? Comment évolue la production textile ?**

2 La réforme de Turgot bloquée par le Parlement de Paris

a. Turgot veut supprimer la corvée royale

Il ne sera plus exigé de nos sujets aucun travail gratuit ni forcé, sous le nom de corvée pour la construction des chemins. Ces ouvrages seront faits à l'avenir au moyen d'une contribution de tous les propriétaires.

Édit de février 1776.

b. La réplique du Parlement de Paris

Il n'est plus de différence entre vos sujets : le noble, l'ecclésiastique deviennent tous contribuables à l'impôt qui doit tenir lieu de corvée. Assujettir les nobles à un impôt pour rachat de la corvée, c'est les rendre corvéables comme le reste de la population. Tout système qui tendrait à établir entre les hommes une égalité de devoirs et à détruire les distinctions nécessaires amènerait le désordre.

D'après une remontrance du Parlement de Paris, mars 1776.

1. **Qui s'oppose à une réforme des impôts et pourquoi ?**

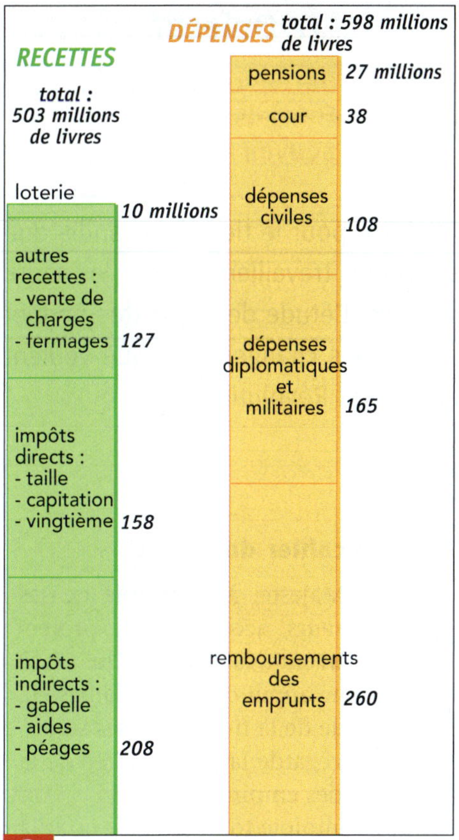

3 Le déficit budgétaire de la France en 1788.

1. Présentez les recettes et les dépenses de l'État en 1788 et comparez-les.
2. Doc. 1 et 3 : Montrez que la situation économique et financière de la France est très difficile à la fin des années 1780.

4 Une société d'ordres contestée. *Le tiers état écrasé par les impôts et les privilégiés*, gravure de 1787. Musée Carnavalet, Paris.

1. Décrivez le document.

5 Une bourgeoisie puissante mais méprisée

La France avait fondé des colonies en Amérique, établi un commerce maritime, créé des manufactures. Les richesses immenses ne s'étaient répandues que sur les bourgeois, les préjugés de la noblesse excluant cette dernière du commerce et de l'industrie. À Paris et dans les grandes villes, la bourgeoisie était supérieure en richesses, en talents et en mérite personnel. Elle avait dans les villes de province la même supériorité sur la noblesse des campagnes. Elle ressentait cette supériorité ; cependant elle était partout humiliée. Elle se voyait exclue par les règlements militaires des emplois dans l'armée ; elle l'était du haut clergé par le choix des évêques parmi la haute noblesse. La haute magistrature la rejetait également, et la plupart des cours de justice n'admettaient que des nobles pour magistrats.

D'après le marquis de Bouillé, *Mémoires*, 1801.

1. Expliquez, à la lecture du texte, le titre qui lui a été donné.

6 L'agitation à Paris en 1787

Une opinion prévalait. On était à l'aurore d'une grande révolution dans le gouvernement. Tout le montrait : la grande confusion dans les finances, avec un déficit impossible à combler sans les états généraux du royaume. Aucun ministre qui n'ait des talents assez marqués pour trouver d'autres remèdes que des palliatifs insuffisants. Sur le trône, un roi animé d'excellentes intentions, mais n'ayant pas des ressources d'intelligence suffisantes pour gouverner à un tel moment sans ministre. Il y avait une cour ensevelie dans le plaisir et la dissipation et aggravant la détresse des finances. Une grande fermentation se levait dans tous les rangs de la société, un grand levain de liberté croissait à chaque heure depuis la révolution américaine. Le tout annonçant une grande agitation.

D'après Arthur Young, *Voyage en France*, 1787.

1. Comment Arthur Young décrit-il la situation à Paris en 1787 ?
2. Doc. 2, 4, 5 et 6 : Pourquoi la société d'Ancien Régime est-elle contestée par le tiers état ?

Les cahiers de doléances

›› Objectif

Découvrir ce que les Français pensent du pouvoir royal en 1789.

En 1788, Louis XVI convoque les états généraux et demande aux Français d'exprimer par écrit leurs doléances. Entre janvier et mai 1789, tous les hommes âgés d'au moins 25 ans, payant l'impôt, élisent leurs représentants à cette assemblée et rédigent parallèlement leurs cahiers de doléances. Chaque paroisse prépare son texte pour le tiers état tandis que la noblesse et le clergé travaillent dans le cadre d'assemblées provinciales. L'étude de ces textes permet de connaître précisément les changements que veulent les Français à la veille de la Révolution.

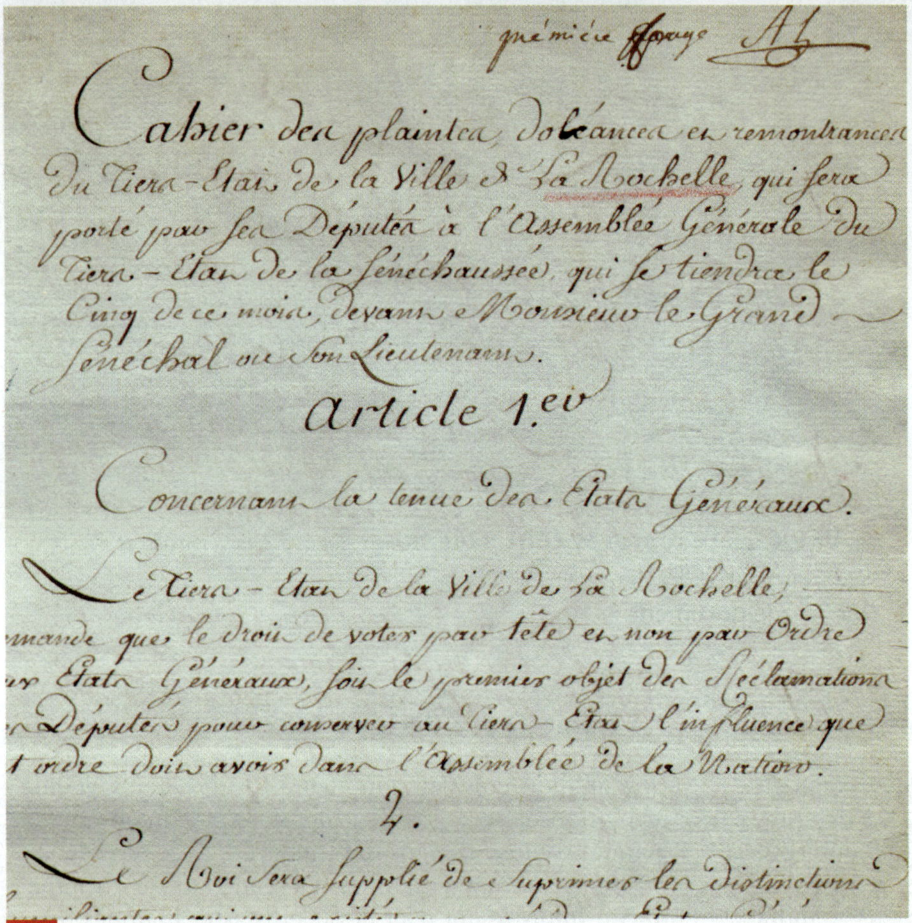
première page A1

Cahier des plaintes doléances et remontrances du Tiers-Etat de la Ville de La Rochelle, qui sera porté par ses Députés à l'Assemblée Générale du Tiers-Etat de la Sénéchaussée, qui se tiendra le Cinq de ce mois, devant Monsieur le Grand Sénéchal ou son Lieutenant.

Article 1.er

Concernant la tenue des Etats Généraux.

Le Tiers-Etat de la Ville de La Rochelle, mande que le droit de voter par tête et non par Ordre ux Etats Généraux, soit le premier objet des Réclamations Députés pour conserver au Tiers Etat l'influence que t ordre doit avoir dans l'Assemblée de la Nation.

2.

Le Roi sera supplié de supprimer les distinctions

1 Première page d'un cahier de doléances du tiers état de La Rochelle. Extrait, 1789. Archives départementales de la Charente-Maritime.

2 Un cahier du clergé

Que sa Majesté, à l'exemple de ses prédécesseurs, accorde toute protection en faveur à la religion, qui est le plus ferme appui du trône, la base la plus solide de la fidélité de ses sujets, et la sauvegarde la plus assurée de la stabilité des empires.

Qu'elle emploie tout son zèle pour la faire refleurir dans ses États, et son autorité pour la défendre des attaques multipliées de l'impiété et de la philosophie moderne.

Qu'elle réprime par des lois sévères la liberté effrénée de la presse, qui inonde la capitale et les provinces d'écrits scandaleux de toute espèce ; que les auteurs qui les composent, les imprimeurs qui les publient, les libraires qui les débitent, les colporteurs qui les distribuent soient poursuivis selon la rigueur des ordonnances.

Que la foi catholique, apostolique et romaine, qui depuis Clovis a toujours été la foi du royaume très chrétien, y soit la seule permise et autorisée, sans mélange d'aucun autre culte public.

Extraits du cahier de doléances du clergé d'Orléans, 31 mars 1789.

3 Un cahier de la noblesse

La noblesse du bailliage de Montargis déclare qu'elle est invariablement attachée au gouvernement monarchique, mais tempéré par des lois reçues et consenties librement par la nation et le monarque. Considérant donc que toute propriété est sacrée et inviolable, nous déclarons ne jamais consentir à l'extinction des droits qui jusqu'ici ont caractérisé l'ordre noble, et que nous tenons de nos ancêtres. Nous prescrivons formellement à notre député de s'opposer à tout ce qui pourrait porter atteinte aux propriétés utiles et honorifiques de nos terres. Qu'aucun impôt ou contribution, direct ou indirect, ne puisse être établi, levé ou perçu dans aucun lieu du royaume, qu'en vertu du consentement libre et volontaire de la nation assemblée. Toute personne, de quelque qualité et condition qu'elle soit, doit payer en raison de sa propriété.

Extraits du cahier de doléances de la noblesse du bailliage de Montargis, arrêté le 22 mars 1789.

4 Les revendications du tiers état, gravures du XVIIIe siècle. BNF, Paris.

a. « Des barrières[1], délivrez-nous Seigneur », **b.** « Des capitaineries et gardes de chasses, délivrez-nous Seigneur », **c.** « De la milice[2], délivrez-nous Seigneur », **d.** « Des suppôts de la chicane[3], délivrez-nous Seigneur ».

1. Des péages. 2. Du service militaire par tirage au sort. 3. De ceux qui ont rendu une mauvaise justice.

5 Un cahier du tiers état des campagnes

Depuis nombre d'années, nous nous trouvons surchargés d'impôts, tant par la taille que par les corvées, droits d'aides et autres subsides qui absorbent en grande partie notre peu de revenus tandis que nous voyons avec peine que les ecclésiastiques et les gentilshommes, qui possèdent la majeure partie du domaine de la paroisse, ne payent ni taille ni corvée. Il est pourtant constant qu'ils se servent plus que nous des grands chemins, tant pour leurs voitures que pour le transport de leurs denrées qui sont en grand nombre.

Dans de telles circonstances, nous sommes d'avis qu'il y a nécessité de supprimer à l'avenir la taille, corvée et autres subsides, pour ne former qu'une seule et même imposition qui sera répartie sur tous les domaines indistinctement et en proportion de ce que chacun possèdera, imposition réglée par une assemblée d'états provinciaux.

Il est également essentiel de supprimer les intendants qui ne tendent qu'à ruiner les provinces, ainsi que les fermiers généraux, les régisseurs et tous les financiers. Il faut former un seul et même receveur auquel chaque paroisse ou chaque province versera le montant des charges auxquelles elle sera imposée.

Il est nécessaire aussi de supprimer les ingénieurs des ponts et chaussées comme gens inutiles et à charge des provinces. Sous prétexte de rétablir les chemins, ils font des fortunes immenses aux dépens des malheureux.

À l'effet de quoi, nous dits habitants avons nommé hautement et à la pluralité des voix pour nos deux députés, les sieurs Jean Pruzeau et Louis Boisdon qui se rendront à l'assemblée particulière qui se tiendra à La Rochelle le dit jour 5 mars prochain. Avons signé sauf ceux qui ne le savent.

Extraits du cahier de doléances de la paroisse de Lhoumeau, généralité de La Rochelle, 23 février 1789.

6 Un cahier du tiers état des villes

Les sujets du royaume de France sont libres et propriétaires, de manière qu'aucune autorité ne peut attenter à leur liberté, même sous prétexte d'impôt, sans que lesdits impôts n'aient été consentis par les députés des états généraux. Les personnes du tiers état payant des impôts, domiciliées et âgées de 25 ans doivent pouvoir voter et être élues. Il faut supprimer les exemptions et les privilèges ainsi que les lettres de cachet. Il faut révoquer les intendants.

Extraits du cahier de doléances du tiers état de la ville de Douai, généralité de Lille, mars 1789.

QUESTIONS

➤ Trouver des informations dans un document

1. **Doc. 2 :** Que souhaite le clergé en ce qui concerne la liberté de la presse et la religion ?
2. **Doc. 2 :** En quoi les idées de ce texte s'opposent-elles aux idées des Lumières ?
3. **Doc. 3 :** À quoi la noblesse reste-t-elle attachée et quels changements est-elle prête à accepter ?
4. **Doc. 4 :** De quoi se plaint le tiers état dans ces quatre gravures ?
5. **Doc. 5 :** Quelle est la principale exigence des habitants de Lhoumeau ?
6. **Doc. 6 :** Quelles sont les revendications politiques et financières du tiers état de Douai ?

➤ Mettre en relation les documents

7. **Doc. 2, 3, 4, 5 et 6 :** Montrez qu'aucun des trois ordres ne demande la fin de la monarchie.

➤ Rédiger

8. **Doc. 1 à 6 :** Rédigez un petit paragraphe d'une dizaine de lignes expliquant quelles sont les revendications exprimées par les trois ordres dans les cahiers de doléances.

EXERCICES

1 Connaître les mots de l'histoire

Associez, sur votre cahier, chaque mot de vocabulaire (1 à 10) à sa définition (A à J).

1. Censure	**A.** Autorité suprême.
2. Constitution	**B.** État formé de plusieurs États qui acceptent l'autorité d'un pouvoir central tout en conservant une autonomie de décisions dans plusieurs domaines.
3. Démocratie	**C.** Monarchie dans laquelle le roi partage le pouvoir avec le Parlement.
4. État fédéral	**D.** Assemblée des trois ordres (clergé, noblesse, tiers état) convoquée par le roi pour débattre des problèmes du pays.
5. États généraux	**E.** Régime politique dans lequel le pouvoir est exercé par le peuple ou par ses représentants.
6. Lumières	**F.** Respect des pensées, des opinions, des croyances différentes des siennes.
7. Monarchie parlementaire	**G.** Gouvernement absolu et oppressif, considéré comme arbitraire et cruel.
8. Souveraineté	**H.** Examen des textes par une autorité qui décide s'ils seront publiés ou interdits.
9. Tolérance	**I.** Courant de pensée européen du XVIIIe siècle pour lequel le progrès est lié à la raison, la liberté et l'instruction.
10. Tyrannie	**J.** Ensemble des lois qui organisent les institutions d'un pays.

2 Retenir l'essentiel du chapitre

Associez, sur votre cahier, chaque question (1 à 3) à sa réponse (A à C).

1. Quel régime politique s'instaure au XVIIe siècle en Angleterre après les révolutions ?	**A.** Une république fédérale.
2. Quel régime politique Rousseau revendique-t-il ?	**B.** Une monarchie parlementaire.
3. Quel régime politique s'instaure aux États-Unis après l'indépendance ?	**C.** Une véritable démocratie dans laquelle le peuple tout entier est souverain.

3 Se repérer dans le temps

1. **Recopiez la frise chronologique, puis placez sous les flèches les événements suivants à leur date exacte : Constitution des États-Unis ; *Bill of Rights* ; Déclaration d'indépendance des États-Unis ; publication de l'*Encyclopédie* ; *Habeas Corpus*.**

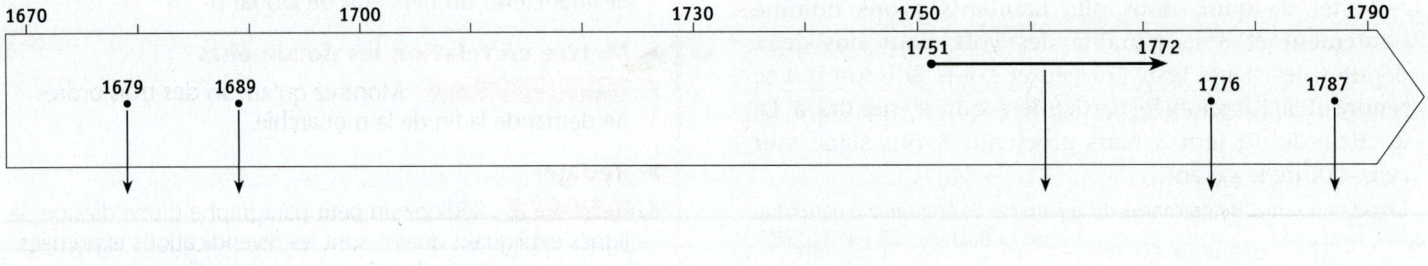

EXERCICES

4 Étudier une caricature

(vous pouvez vous aider de la leçon 4 p. 56-57 et du dossier p. 58-59)

1 « Il faut espérer que cela finira bientôt. »
Caricature anonyme, 1789, BNF, Paris.

1. Présentez ce document.
2. Quels ordres de la société d'Ancien Régime sont représentés par les personnages repérés par les numéros 1 et 2 sur le dessin ? Justifiez à chaque fois votre réponse.
3. Quelles sont les caractéristiques de ces deux ordres ?
4. Quel ordre est représenté par le personnage repéré par le numéro 3 ? Dans quelle position est-il ? Qu'est-ce que cela signifie ?
5. Que veut dire la phrase qui sert de titre au document et qui est prononcée par le personnage n° 3 ?
6. Observez la date de création de ce document. Cette phrase ne prend-elle pas une signification particulière à ce moment ? Laquelle ?

5 Comparer des régimes politiques

1. Après avoir recopié ce tableau, complétez-le à l'aide notamment des documents 7 p. 49 et 5 p. 55.

	Angleterre après 1689	États-Unis après 1787	France avant 1789
régime politique (nom)			
pouvoir exécutif détenu	par	par	par
pouvoir législatif détenu	par	par	par
souveraineté revient	au	au	au

6 Étudier l'évolution d'un symbole politique

(vous pouvez vous aider de la leçon 3 p. 54-55)

1 Les transformations du drapeau américain.

1. Combien de bandes compte le drapeau des colonies anglaises en 1776 ? Pourquoi ?
2. Quel petit drapeau est représenté en haut à gauche de ce drapeau ? Pourquoi ?
3. Quels changements apparaissent sur le drapeau américain en 1783 ? Pourquoi ?
4. Pourquoi y a-t-il de nos jours 50 étoiles sur le drapeau américain ?

Sujet guidé Les objectifs de l'*Encyclopédie*

1 La forge des ancres, planche d'illustration de l'*Encyclopédie*.

2 Article « Autorité politique », extrait de l'*Encyclopédie*

Aucun homme n'a reçu de la nature le droit de commander aux autres. Le roi tient de ses sujets même l'autorité qu'il a sur eux ; et cette autorité est bornée par les lois de la nature et de l'État. Le prince ne peut donc pas disposer de son pouvoir et de ses sujets sans le consentement de la nation.

D'après Diderot, L'*Encyclopédie*, article « Autorité politique ».

3 Article « Liberté », extrait de l'*Encyclopédie*

Le premier état que l'homme acquiert par la nature, et qu'on estime le plus précieux de tous les biens qu'il puisse posséder, est l'état de liberté. Car naturellement tous les hommes naissent libres et égaux, c'est-à-dire qu'ils ne sont pas soumis à la puissance d'un maître, et que personne n'a sur eux un droit de propriété. En vertu de cet état, tous les hommes tiennent de la nature même de pouvoir faire ce que bon leur semble, et de disposer à leur gré de leurs actions et de leurs biens, pourvu qu'ils n'agissent pas contre les lois du gouvernement auquel ils sont soumis.

D'après le chevalier de Jaucourt, l'*Encyclopédie*, article « Liberté ».

Questions

1. **Doc. 1 :** Quel est le but de cette planche de l'*Encyclopédie* ?
2. **Doc. 2 :** En quoi cet article s'oppose-t-il à la monarchie absolue ?
3. **Doc. 3 :** Montrez que cet extrait de l'*Encyclopédie* critique la société de l'Ancien Régime.
4. **Doc. 1, 2 et 3 :** Quels sont les objectifs recherchés par les encyclopédistes ?

Méthode

Il s'agit de trouver l'information principale contenue dans chaque document puis de relier entre elles les informations obtenues afin de répondre au sujet.

1. *L'observation attentive de ce document montre qu'il s'agit d'une planche « technique » qui illustre comment s'organise le travail de forge d'une ancre.* L'atelier est représenté avec précision : on peut voir quels sont les outils utilisés et en quoi consiste la tâche de chacun.
2. *La lecture attentive du texte donne la réponse à la question posée, particulièrement dans le 2e phrase où Diderot définit le pouvoir du roi.*
3. *La 2e phrase du texte précise la notion de liberté.* Elle est en contradiction avec la façon dont s'organise la société d'Ancien Régime où certains hommes, par leur naissance, ont pouvoir sur d'autres.
4. *Les trois documents montrent des aspects différents de l'*Encyclopédie*. Si vous avez correctement répondu aux questions précédentes, vous devez être capable de mettre les documents en relation et de dégager les différents objectifs recherchés par les rédacteurs de l'*Encyclopédie* :*
   – instruire les hommes sur les connaissances et les techniques nouvelles ;
   – « éclairer » le peuple laissé dans l'ignorance en critiquant la monarchie absolue ;
   – défendre les droits des hommes face à une société d'Ancien Régime inégalitaire.

Mettre en relation des documents

Sujet d'entraînement Les causes de la Révolution française

1 L'agitation à Paris en 1787

Une opinion prévalait. On était à l'aurore d'une grande révolution dans le gouvernement. Tout le montrait : la grande confusion dans les finances, avec un déficit impossible à combler sans les états généraux du royaume. Aucun ministre qui n'ait des talents assez marqués pour trouver d'autres remèdes que des palliatifs insuffisants. Sur le trône, un roi animé d'excellentes intentions, mais n'ayant pas des ressources d'intelligence suffisantes pour gouverner à un tel moment sans ministre. Il y avait une cour ensevelie dans le plaisir et la dissipation et aggravant la détresse des finances. Une grande fermentation se levait dans tous les rangs de la société, un grand levain de liberté croissait à chaque heure depuis la révolution américaine. Le tout annonçant une grande agitation.

D'après Arthur Young, *Voyage en France*, 1787.

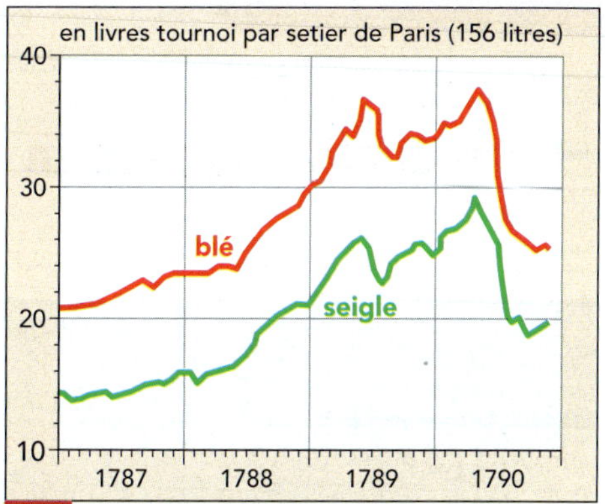

2 L'évolution du prix des céréales à la fin de l'Ancien Régime.

3 « À bas les impôts et les privilèges ! », caricature anonyme, fin XVIIIe siècle. BNF, Paris.

Questions

1. **Doc. 1 :** Faites la liste des problèmes économiques et politiques que connaît la France en 1787 selon Arthur Young.
2. **Doc. 2 :** Comment évolue le prix des céréales à la fin des années 1780 et quelles en sont les conséquences pour la population ?
3. **Doc. 3 :** À quel ordre de la société d'Ancien Régime appartiennent les deux personnages représentés sur cette gravure ? Que dénoncent-ils ?
4. **Doc. 1, 2 et 3 :** En vous aidant des trois documents, trouvez les principales causes de la Révolution française.

Conseils pour réussir

- Relisez la leçon portant sur la crise de la monarchie française (p. 56-57) et éventuellement le dossier sur les cahiers de doléances (p. 58-59).
- Lisez et observez attentivement les documents. Dans chacun d'entre eux, relevez tous les éléments qui sont à l'origine d'une remise en cause de la monarchie absolue en France :
  - situation financière,
  - affaiblissement du pouvoir royal,
  - influence des Lumières et de la révolution américaine,
  - fiscalité lourde et injuste,
  - persistance d'une société d'ordres.
- Utilisez toutes les informations trouvées dans les questions 1, 2 et 3 pour répondre à la question 4.
- Répondez en rédigeant à chaque fois une ou deux phrases correctement écrites puis vérifiez l'expression écrite (grammaire, orthographe).

Chapitre

4 La Révolution (1789-1799)

→ De quelle manière la France s'est-elle transformée entre 1789 et 1799 ?

1 ***La prise de la Bastille, 14 juillet 1789.*** J.-B. Lallemand, huile sur toile (63 cm x 80 cm). Musée de la Révolution, Vizille.

1. Présentez puis décrivez ce document.
2. À quoi sert la Bastille sous l'Ancien Régime ?
3. Pourquoi le peuple parisien s'empare-t-il de cette forteresse ?

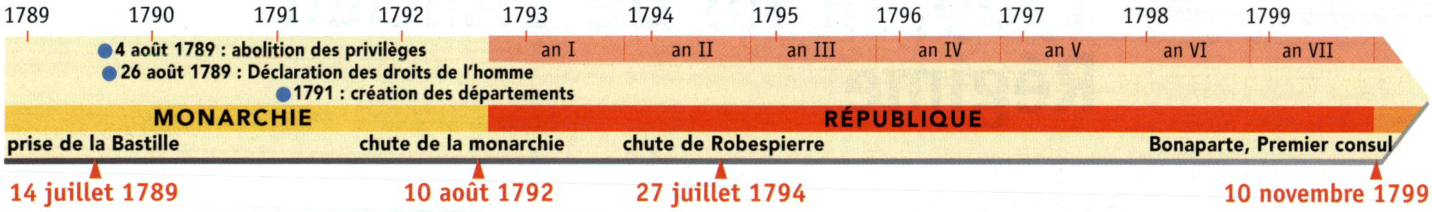

2 L'exécution du roi Louis XVI, le 21 janvier 1793. Estampe (détail), fin XVIIIe siècle. Musée Carnavalet, Paris.

1. Décrivez cette scène.

2. Pourquoi cet événement marque-t-il un tournant majeur dans l'histoire de la Révolution ?

Leçon 1

1789, la fin de l'Ancien Régime

→ **Comment l'Ancien Régime s'effondre-t-il au cours de l'été 1789 ?**

A Des états généraux à la Constituante

Les états généraux s'ouvrent à Versailles le 5 mai 1789. Déçus par l'attitude de Louis XVI, les députés du tiers état se proclament Assemblée nationale le 17 juin. Ils affirment ainsi la souveraineté de la nation face au roi. Le 20 juin, réunis dans la salle du Jeu de paume, ils jurent de ne pas se séparer sans avoir donné une Constitution à la France **(doc. 3)**.

Le roi résiste, mais en vain. Quelques jours plus tard, il ordonne aux députés des autres ordres de se joindre à ceux de l'Assemblée nationale. Le 9 juillet, elle devient l'**Assemblée nationale constituante** : c'est la fin de la monarchie absolue.

B L'été 1789

Louis XVI n'a cédé qu'en apparence. Le 11 juillet, il renvoie Necker, son ministre des Finances, partisan des réformes, et concentre des troupes autour de Paris. Les Parisiens, exaspérés par la hausse du prix du pain, créent une municipalité et, pour défendre Paris, forment la Garde nationale **(doc. 1)** dont le commandement est confié à La Fayette **(voir dossier p. 76-77)**. À l'exemple de Paris, les villes du royaume se dotent d'une municipalité et d'une garde nationale. Le 14 juillet, pour se procurer des armes, les Parisiens s'emparent de la forteresse de la Bastille, symbole de l'arbitraire royal **(doc. 1 p. 64)**.

Née de rumeurs qui annoncent la venue de brigands dirigés par les nobles, une « Grande Peur » se propage dans les campagnes **(doc. 4)**. Les paysans s'affolent, s'arment et pillent les châteaux.

C La fin des privilèges

Dans la nuit du 4 août, afin de rétablir le calme dans les campagnes, les députés abolissent les privilèges, les droits seigneuriaux et la dîme : c'est la fin de la société d'ordres **(doc. 5)**. Les opposants à la Révolution, les **émigrés** fuient à l'étranger **(doc. 2)**.

Le 26 août 1789 est adoptée la Déclaration des droits de l'homme et du citoyen **(voir dossier p. 68-69)**. L'égalité civile, juridique et politique qu'elle proclame marque la fin de l'Ancien Régime. En octobre 1789, sous la pression des femmes parisiennes, le roi est obligé de regagner la capitale. Il s'installe aux Tuileries.

VOCABULAIRE

Assemblée nationale constituante (une) : assemblée des députés qui représente la nation pour établir une Constitution.

émigré (un) : opposant à la Révolution qui a trouvé refuge à l'étranger.

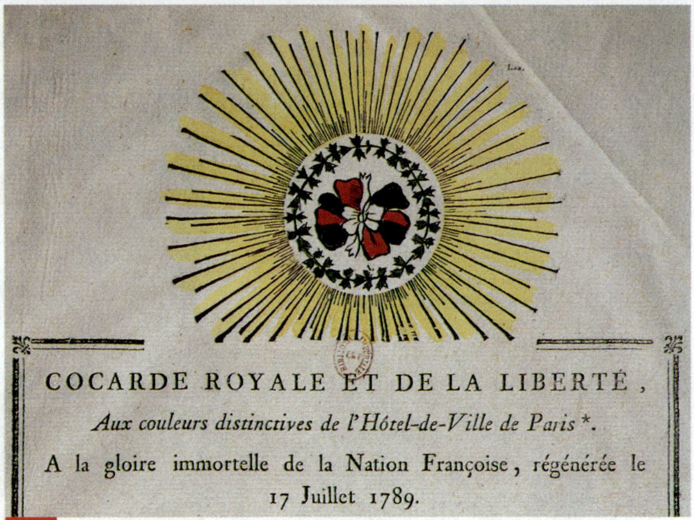

1 La cocarde tricolore de la Garde nationale parisienne. La couleur de la monarchie (blanc) est entourée par celles de la ville de Paris (bleu et rouge). Le pouvoir absolu du roi est désormais limité par le principe de la souveraineté nationale. Acceptée par le roi le 17 juillet 1789, cette cocarde devient le symbole de la Révolution française. Elle est à l'origine du drapeau national français.

1. Quelle est la signification de cette cocarde ?

2 Les émigrés quittent la France. Gravure, fin du XVIIIe siècle. BNF, Paris.

3 ***Le Serment du Jeu de paume (20 juin 1789).*** D'après Jacques-Louis David, vers 1791. Musée Carnavalet, Paris. De nombreux députés des états généraux décident de mettre fin pacifiquement à l'Ancien Régime en donnant une Constitution à la France.

1. Quel moment le peintre a-t-il choisi de représenter ?
2. Comment se manifeste l'entente entre les députés ?

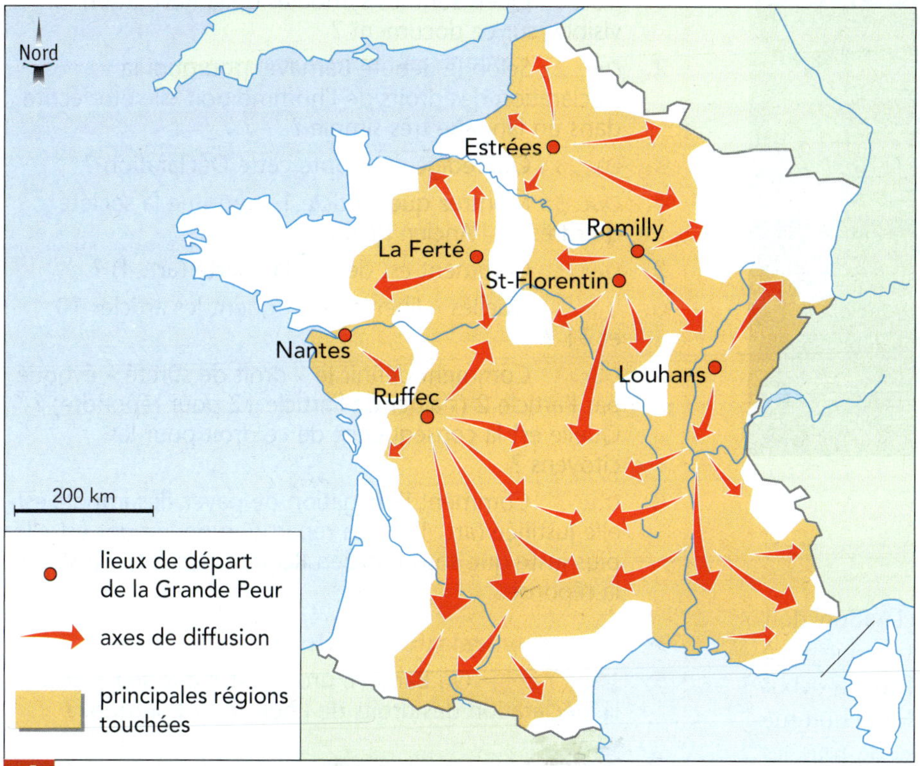

4 **La Grande Peur de l'été 1789.** Des paysans s'attaquent aux châteaux des nobles pour brûler les registres des droits seigneuriaux.

1. Combien y a-t-il de lieux de départ de cette révolte ?
2. Y a-t-il beaucoup de régions épargnées ? Justifiez votre réponse.

5 La nuit du 4 août 1789

La séance du mardi soir 4 août est la plus mémorable qui se soit jamais tenue dans une nation. Les ducs d'Aiguillon et du Châtelet proposèrent que la noblesse et le clergé prononcent le sacrifice de leurs privilèges. L'insurrection générale élevée de toute part contre la noblesse, tout nous prescrivait la conduite que nous devions tenir. Le clergé, la noblesse se levèrent et adoptèrent toutes les motions proposées. Il eût été inutile, dangereux même, de s'opposer au vœu général de la nation.

D'après le marquis de Ferrières, député de la noblesse aux états généraux, *Mémoires*, 1821.

1. À quel ordre de l'Ancien Régime appartient l'auteur ?
2. Que décident la noblesse et le clergé pendant la nuit du 4 août ?
3. Doc. 2, 4 et 5 : Quelles sont, pour les ordres privilégiés, les conséquences de la Grande Peur ?

La Déclaration des droits de l'homme et du citoyen

›› Objectif

Étudier un texte fondateur des valeurs démocratiques contemporaines.

En attendant la rédaction de la Constitution, les députés décident de proclamer les nouveaux principes qui doivent fonder une France nouvelle. Ils rédigent la Déclaration des droits de l'homme et du citoyen. Ce texte a été voté par l'Assemblée constituante le 26 août 1789 après six jours de discussions et l'examen de quinze propositions différentes. Le texte final montre la volonté des députés de construire une société nouvelle en rupture avec les valeurs de l'Ancien Régime. Dès 1789, cette déclaration prend une dimension universelle.

1 La Déclaration des droits de l'homme et du citoyen. Peinture sur bois, 1791. Musée Carnavalet, Paris.

1. La France libérée de ses chaînes.
2. L'œil de la raison dans le triangle de l'égalité.
3. La liberté.
4. Le bonnet phrygien.
5. Le faisceau, symbole de l'unité de la nation.

2 Un « catéchisme national »

Il faut une déclaration des droits. Cette déclaration doit fixer l'esprit de la législation, afin qu'on ne la change pas à l'avenir. Je crois qu'il est indispensable de mettre au début de la Constitution une déclaration des droits dont l'homme doit jouir. Il faut qu'elle soit simple, à portée de tous les esprits, et qu'elle devienne le catéchisme national.

Déclaration du député Barnave à l'Assemblée nationale constituante, 1er août 1789.

QUESTIONS

➤ Trouver des informations dans un document

1. Doc. 1 : Quels sont les symboles de la Révolution visibles sur ce document ?
2. Doc. 2 : Selon le député Barnave, pourquoi la Déclaration des droits de l'homme doit-elle être écrite dans un langage très simple ?
3. Doc. 3 : Qui rédige et adopte cette Déclaration ?
4. Doc. 3 : Montrez que l'article 1 supprime la société d'ordres de l'Ancien Régime.
5. Doc. 3 : Comment est définie la liberté (art. 4) ?
6. Doc. 3 : Quelles « libertés » évoquent les articles 10 et 11 ?
7. Doc. 3 : Comment définir le « droit de sûreté » évoqué par l'article 2 (s'aider de l'article 12 pour répondre) ? Quelle est la conséquence de ce droit pour les citoyens ?
8. Doc. 3 : Comment l'obligation de payer des impôts est-elle justifiée (art. 13) ? La répartition de l'impôt est-elle plus juste que sous l'Ancien Régime (art. 14) ? Justifiez la réponse.

➤ Mettre en relation les documents

9. Doc. 2 et 3 : Où Barnave propose-t-il que soit placée la Déclaration des droits de l'homme ? Pourquoi ?

➤ Rédiger

10. Rédigez un petit paragraphe qui explique pourquoi la Déclaration des droits de l'homme est considérée comme l'un des textes essentiels de la Révolution française.

3 Déclaration des droits de l'homme et du citoyen (26 août 1789)

Le texte sera placé, par la suite, en tête de la Constitution du 3 septembre 1791.

Préambule

Les représentants du peuple français, constitués en Assemblée nationale, considérant que l'ignorance, l'oubli ou le mépris des droits de l'homme sont les seules causes des malheurs publics et de la corruption des gouvernements, ont résolu d'exposer, dans une déclaration solennelle, les droits naturels, inaliénables[1] et sacrés de l'homme, afin que cette déclaration, constamment présente à tous les membres du corps social, leur rappelle sans cesse leurs droits et leurs devoirs ; afin que les actes du pouvoir législatif et ceux du pouvoir exécutif, pouvant être à chaque instant comparés avec le but de toute institution politique, en soient plus respectés ; afin que les réclamations des citoyens, fondées désormais sur des principes simples et incontestables, tournent toujours au maintien de la Constitution et au bonheur de tous.

En conséquence, l'Assemblée nationale reconnaît et déclare, en présence et sous les auspices de l'Être suprême[2], les droits suivants de l'homme et du citoyen.

Article 1. Les hommes naissent et demeurent libres et égaux en droits ; les distinctions sociales ne peuvent être fondées que sur l'utilité commune.

Art. 2. Le but de toute association politique est la conservation des droits naturels et imprescriptibles[3] de l'homme ; ces droits sont la liberté, la propriété, la sûreté et la résistance à l'oppression.

Art. 3. Le principe de toute souveraineté réside essentiellement dans la nation. Nul corps, nul individu, ne peut exercer d'autorité qui n'en émane[4] expressément.

Art. 4. La liberté consiste à faire tout ce qui ne nuit pas à autrui. Ainsi l'exercice des droits naturels de chaque homme n'a de bornes que celles qui assurent aux autres membres de la société la jouissance de ces mêmes droits ; ces bornes ne peuvent être déterminées que par la loi.

Art. 5. La loi n'a le droit que de défendre les actions nuisibles[5] à la société. Tout ce qui n'est pas défendu par la loi ne peut être empêché, et nul ne peut être contraint à faire ce qu'elle n'ordonne pas.

Art. 6. La loi est l'expression de la volonté générale. Tous les citoyens ont droit de concourir[6] personnellement ou par leurs représentants à sa formation. Elle doit être la même pour tous, soit qu'elle protège, soit qu'elle punisse. Tous les citoyens étant égaux à ses yeux, sont également admissibles à toutes dignités, places et emplois publics, selon leur capacité, et sans autre distinction que celle de leurs vertus et de leurs talents.

Art. 7. Nul homme ne peut être accusé, arrêté ni détenu que dans les cas déterminés par la loi, et selon les formes qu'elle a prescrites[7]. Ceux qui sollicitent, expédient, exécutent ou font exécuter des ordres arbitraires, doivent être punis ; mais tout citoyen appelé ou saisi en vertu de la loi, doit obéir à l'instant ; il se rend coupable par la résistance.

Art. 8. La loi ne doit établir que des peines strictement et évidemment nécessaires, et nul ne peut être puni qu'en vertu d'une loi établie et promulguée antérieurement au délit, et légalement appliquée.

Art. 9. Tout homme étant présumé innocent jusqu'à ce qu'il ait été déclaré coupable ; s'il est jugé indispensable de l'arrêter, toute rigueur qui ne serait pas nécessaire pour s'assurer de sa personne doit être sévèrement réprimée par la loi.

Art. 10. Nul ne doit être inquiété pour ses opinions, même religieuses, pourvu que leur manifestation ne trouble pas l'ordre public établi par la loi.

Art. 11. La libre communication des pensées et des opinions est un des droits les plus précieux de l'homme ; tout citoyen peut donc parler, écrire, imprimer librement, sauf à répondre de l'abus de cette liberté dans les cas déterminés par la loi.

Art. 12. La garantie des droits de l'homme et du citoyen nécessite une force publique ; cette force est donc instituée pour l'avantage de tous, et non pour l'utilité particulière de ceux auxquels elle est confiée.

Art. 13. Pour l'entretien de la force publique, et pour les dépenses d'administration, une contribution commune est indispensable : elle doit être également répartie entre tous les citoyens, en raison de leurs facultés[8].

Art. 14. Tous les citoyens ont le droit de constater, par eux-mêmes ou par leurs représentants, la nécessité de la contribution publique[9], de la consentir librement, d'en suivre l'emploi, et d'en déterminer la quotité[10], l'assiette[11], le recouvrement[12] et la durée.

Art. 15. La société a le droit de demander compte à tout agent public de son administration.

Art. 16. Toute société, dans laquelle la garantie des droits n'est pas assurée, ni la séparation des pouvoirs déterminée, n'a point de Constitution.

Art. 17. La propriété étant un droit inviolable et sacré nul ne peut en être privé, si ce n'est lorsque la nécessité publique, légalement constatée, l'exige évidemment, et sous la condition d'une juste et préalable indemnité.

1. Qu'on ne peut supprimer ; 2. Avec la protection de Dieu ; 3. Qu'on ne peut supprimer ; 4. Provienne ; 5. Qui font du mal à ; 6. Participer à ; 7. Qui sont contenues dans la loi ; 8. En fonction de leur richesse ; 9. L'impôt ; 10. Le niveau ; 11. La répartition ; 12. Le paiement.

Leçon 2 La monarchie constitutionnelle (1789-1792)

→ **Quelles sont les causes de l'échec de la monarchie constitutionnelle ?**

A Un compromis fragile

La fête de la Fédération, le 14 juillet 1790, célèbre l'unité de la nation. La Révolution semble terminée **(doc. 1)**. Pour consolider le nouvel ordre politique, les députés rédigent une Constitution qui n'est adoptée que le 3 septembre 1791. Louis XVI, « roi des Français », nomme les ministres, dirige la politique étrangère et peut grâce au veto s'opposer aux décisions de l'assemblée législative qui vote les lois **(doc. 2)**.

Mais le nouveau régime fonctionne mal. La tentative de fuite à l'étranger de Louis XVI, le 20 juin 1791, montre qu'en réalité, le roi n'a pas accepté la Révolution **(doc. 6)**. Louis XVI perd alors la confiance des Français. Certains demandent même sa déchéance et souhaitent une République.

B La montée des oppositions

Pour résoudre la crise financière, l'Assemblée prend possession des biens du clergé. Devenus **biens nationaux**, ils sont vendus par l'État **(doc. 5)**. Le 12 juillet 1790, la Constitution civile du clergé réorganise l'Église.

Les prêtres et les évêques sont élus et payés par l'État. Une partie du clergé accepte le nouveau régime, mais de nombreux **prêtres réfractaires** refusent de prêter serment et restent fidèles à Rome. Cette question divise profondément la population.

C La guerre et la chute de la monarchie

La France déclare la guerre à l'Autriche, le 20 avril 1792. Devant l'échec des premiers combats, l'Assemblée proclame la « patrie en danger ». Les **patriotes** affluent pour défendre les frontières **(doc. 4)**. Le 10 août 1792, ils prennent d'assaut le palais des Tuileries. Le roi et sa famille sont arrêtés **(doc. 3)**.

Le 20 septembre 1792, les armées de la Révolution remportent une victoire inespérée à Valmy et arrêtent l'invasion des troupes autrichiennes et prussiennes. Ce même jour se réunit une nouvelle assemblée constituante, la Convention, élue au suffrage universel. Le 22 septembre, elle proclame la République.

VOCABULAIRE

biens nationaux : biens du clergé vendus au profit de l'État.

patriote (un) : qui aime sa patrie.

prêtre réfractaire (un) : prêtre qui combat la Révolution.

1 La fête de la Fédération (14 juillet 1790)

Plus de trois cent mille hommes et femmes attendaient sur le Champ-de-Mars. On avait élevé un vaste amphithéâtre pour le roi et la famille royale. Trois cents prêtres vêtus d'aubes blanches, coupées de larges ceintures tricolores se rangent aux quatre coins de l'autel. Alors le roi se lève et prononce d'une voix forte : « Moi, roi des Français, je jure de respecter la Constitution décrétée par l'Assemblée nationale et acceptée par moi. » La reine prend le dauphin dans ses bras, le présente au peuple et dit : « Voilà mon fils, il se réunit ainsi que moi, dans les mêmes sentiments. » Ce mouvement inattendu fut payé par mille cris de : « Vive le roi ! Vive la reine ! Vive le Dauphin ! »

D'après le marquis de Ferrières, *Mémoires*, 1821.

1. **Pourquoi la fête a-t-elle lieu le 14 juillet 1790 ?**
2. **Quelle atmosphère règne sur le Champ-de-Mars ? Que promet le roi ?**

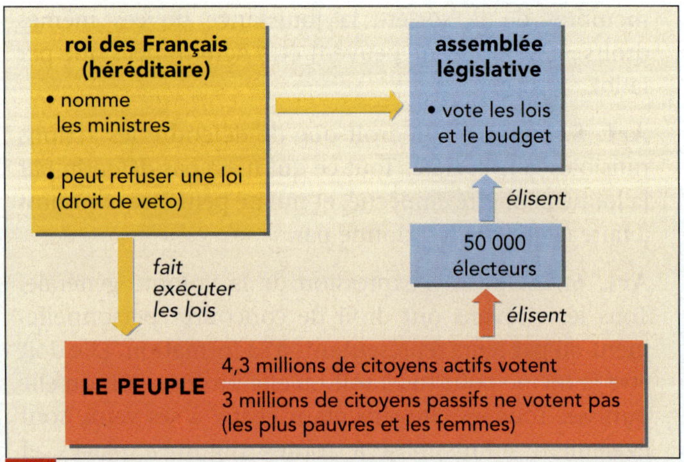

2 La Constitution de 1791.

1. **Quelles personnes peuvent voter ?**
2. Doc. 1 et 2 : **Montrez qu'à ses débuts la monarchie constitutionnelle semble un régime solide.**

3 **La prise des Tuileries et la fin de la monarchie (10 août 1792).**
Jacques Bertaux, huile sur toile (124 cm x 192 cm), 1793. Musée national du château de Versailles.

1. Comment le peintre montre-t-il la violence de la scène ?

4 **Des patriotes s'engageant dans l'armée révolutionnaire.** Gouache de Le Sueur, fin du XVIIIe siècle. Musée Carnavalet, Paris.

1. Décrivez la scène.

5 **La nationalisation des biens du clergé (2 novembre 1789).** Gravure anonyme, 1790. BNF, Paris.

6 Le roi contre la Révolution

La seule récompense des sacrifices du roi est la destruction de la royauté ; cédant à la foule, il est venu s'établir à Paris. Qu'a-t-il eu en échange, si ce n'est un semblant de royauté ? L'Assemblée s'occupe de tout et tient tous les pouvoirs. On veut obliger le roi à approuver une autre religion que celle de ses pères. Français, revenez vers votre roi, il sera toujours votre ami dès que la vraie religion sera respectée et la liberté établie.

D'après la lettre de Louis XVI adressée aux Français le 20 juin 1791.

1. Doc. 3, 5 et 6 : Quelles sont les causes de l'effondrement de la monarchie constitutionnelle ?

La naissance d'une nouvelle France

›› Objectif

Comprendre les changements apportés par la Révolution.

Entre 1789 et 1791, l'Assemblée constituante réorganise entièrement le royaume. Cette nouvelle France repose sur trois valeurs essentielles : l'unité, l'égalité et la liberté. Ces réformes traduisent en effet la volonté de simplification et d'uniformisation que demandait la population à la veille de la Révolution. Cependant, les Français n'ont que lentement changé leurs habitudes. Ainsi l'usage des anciennes mesures qui variaient d'une région à l'autre continue bien au-delà de la Révolution.

1 **La création des 83 départements français (1791).**

2 L'unification des poids et des mesures. Gravure, 1790. Musée Carnavalet, Paris.

3 La liberté de presse. Gravure anonyme, fin du XVIIIe siècle, BNF, Paris. Inscrite dans l'article 11 de la Déclaration des droits de l'homme et du citoyen, elle suscite une extraordinaire floraison de journaux de toutes opinions politiques.

4 Un mariage civil. Gravure anonyme, fin du XVIIIe siècle. Musée Carnavalet, Paris.

5 La loi Le Chapelier (14 juin 1791)

Cette loi défend la liberté économique au détriment des ouvriers et des artisans. Elle leur interdit de créer des syndicats, de manifester et de faire grève.
Il doit être permis à tous les citoyens de s'assembler ; mais il ne doit pas être permis aux citoyens de certaines professions de s'assembler pour défendre en commun leurs intérêts. Les rassemblements d'artisans, ouvriers, compagnons, contre le libre exercice de l'industrie et du travail, seront tenus pour illégaux et réprimés par la police.

D'après les archives parlementaires de 1791.

QUESTIONS

➤ Trouver des informations dans un document

1. **Doc. 1 :** En combien de départements la France est-elle divisée ?
2. **Doc. 2 :** Quelles sont les principales unités de mesures adoptées en 1790 ?
3. **Doc. 3 :** Comment cette gravure montre-t-elle l'enthousiasme créé par le droit de s'exprimer librement dans la presse ?
4. **Doc. 4 :** Qu'est-ce qui indique que ce mariage ne se déroule pas dans une église ?
5. **Doc. 5 :** Qu'est-ce qui est déclaré « illégal » par la loi Le Chapelier ?

➤ Mettre en relation les documents

6. **Doc. 1 et 2 :** Qu'apportent la création des départements et l'adoption du système métrique à l'administration de la France ?

➤ Rédiger

7. **Doc. 1 à 4 :** Rédigez un paragraphe montrant que la France d'aujourd'hui est l'héritière de la Révolution.

Leçon 3

La République des sans-culottes (1792-1794)

→ **Comment la République fait-elle face aux dangers qui la menacent ?**

A Les dangers intérieurs et extérieurs

La Convention est d'abord dominée par les **Girondins**, députés de province et défenseurs de l'égalité et de la propriété. Puis elle est dirigée par les **Montagnards** qui agissent sous la pression des **sans-culottes** parisiens **(doc. 1)**, favorables à une république égalitaire et sociale.

Le 21 janvier 1793, le roi est guillotiné **(doc. 2 p. 65)**, entraînant une nouvelle alliance des monarchies européennes contre la France. La Convention décrète alors une levée de 300 000 soldats, ce qui provoque une insurrection en Vendée fortement royaliste et catholique **(doc. 4)**.

B La Terreur

Pour faire face à cette situation, les Montagnards (parmi lesquels Danton, Marat, Robespierre et Saint-Just) suspendent les libertés individuelles et votent la loi des suspects qui permet d'arrêter toute personne sur simple soupçon d'opposition. Le 2 juin 1793, sous la pression des sans-culottes, la Convention accepte l'arrestation des députés girondins. Elle instaure un **Comité de salut public** dominé par Robespierre qui impose une dictature et organise la Terreur politique et économique.

Des milliers de suspects sont traduits devant le tribunal révolutionnaire et guillotinés. La « loi du maximum » fixe le prix des produits de première nécessité et des salaires **(doc. 3)**. Les sans-culottes imposent une politique de **déchristianisation** qui doit effacer les dernières traces de l'Ancien Régime **(doc. 2)**.

C La chute de Robespierre

Grâce à la nouvelle armée (les soldats de l'an II), et aux talents de jeunes généraux (Bonaparte, Jourdan, Hoche), l'invasion étrangère est repoussée et la révolte vendéenne est écrasée **(doc. 4)**.

La fin des menaces qui pesaient sur la République provoque une division entre les chefs montagnards. Certains, les Enragés, souhaitent une intensification de la Terreur, d'autres comme Danton veulent y mettre fin. Robespierre élimine ces deux oppositions. Mais sa position est fragile et sa dictature devient insupportable. Robespierre est arrêté à l'Hôtel de Ville le 9 thermidor an II (27 juillet 1794). Il est exécuté le lendemain.

VOCABULAIRE

Comité de salut public : comité composé de 12 membres chargés par la Convention d'appliquer rapidement des mesures autoritaires.

déchristianisation (la) : attitude qui consiste à supprimer toute référence chrétienne dans la vie quotidienne.

Girondins : députés révolutionnaires fédéralistes et modérés dont plusieurs chefs sont des élus du département de la Gironde.

Montagnards : groupe de députés qui siègent en haut de l'assemblée. Il domine la Convention de juin 1793 à juillet 1794.

sans-culotte (un) : révolutionnaire (souvent ouvrier, artisan ou boutiquier) portant un pantalon, signe distinctif du peuple.

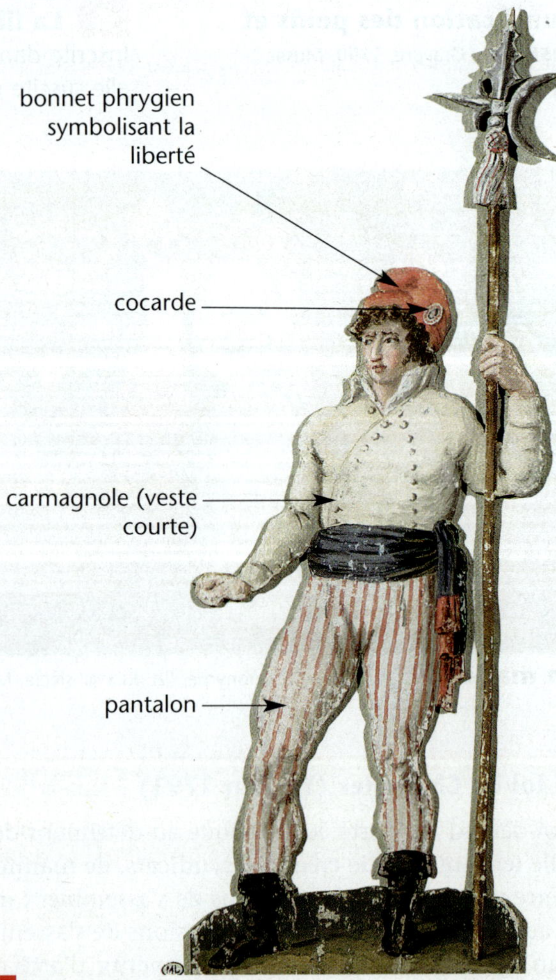

1 Un sans-culotte. Gouache de Le Sueur père, fin du XVIIIe siècle. Musée Carnavalet, Paris.

1. Comment le personnage montre-t-il ses convictions politiques ?

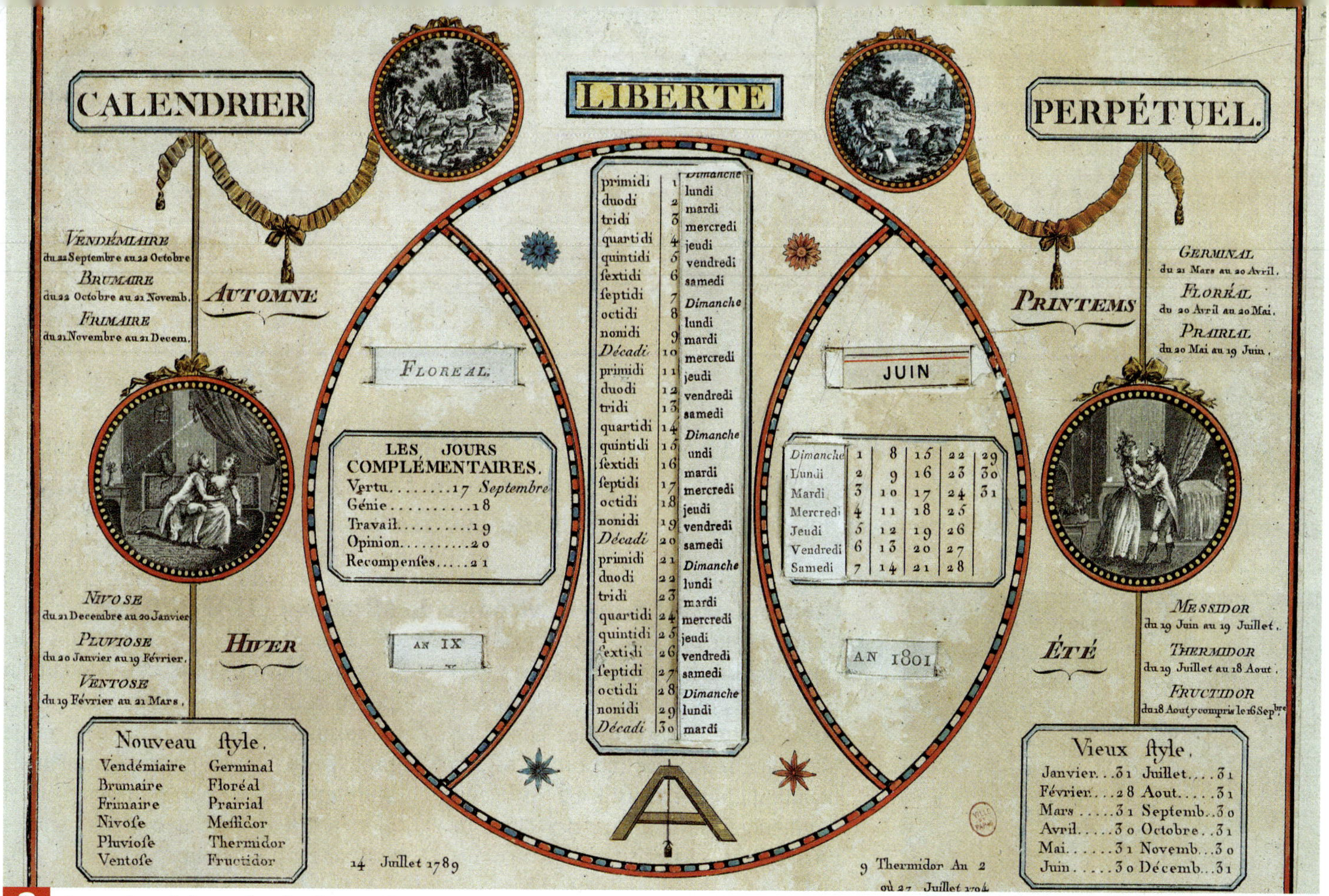

2 Le calendrier révolutionnaire. Gravure, 1801. Musée Carnavalet, Paris.
Il est créé pour accélérer la déchristianisation en supprimant tout ce qui rappelle la religion catholique.

3 Deux lois d'exception

a. La loi des suspects (17 septembre 1793)

1. Tous les gens suspects seront mis en état d'arrestation.
2. Sont réputés suspects : ceux qui se sont montrés partisans des royalistes ou des Girondins ; les fonctionnaires destitués de leurs fonctions ; les nobles qui n'ont pas constamment manifesté leur attachement à la Révolution.

b. La loi du maximum (29 septembre 1793)

Les objets que la Convention nationale a jugés de première nécessité et dont elle a cru devoir fixer le maximum[1] sont : le pain, la viande, le vin, les grains, les farines, les légumes, les fruits, le beurre, le vinaigre, le cidre, l'eau-de-vie, le charbon, l'huile, le savon, le sel, les viandes et poissons, le miel, le sucre, le papier, les laines, les cuirs, le fer et l'acier, le cuivre, les draps, la toile et toutes les étoffes, les soieries exceptées.

1. Prix maximum de vente.

1. Comment se manifeste la Terreur ?

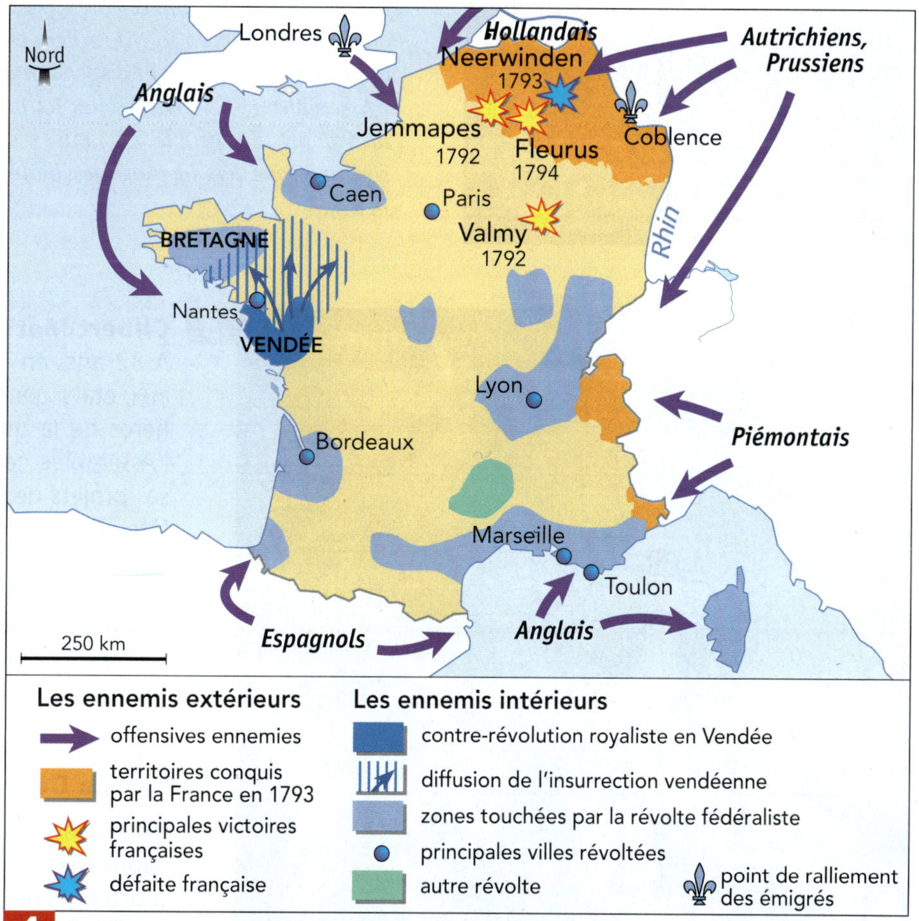

4 La France en guerre contre l'Europe des rois (1792-1794).

1. Quels sont les dangers qui menacent la France ?

Dossier

Mirabeau, La Fayette, Danton, Robespierre, quatre acteurs de la Révolution

›› Objectif

Découvrir quatre figures marquantes de la Révolution.

La Révolution a été conduite par de grandes personnalités, souvent membres des différentes assemblées, et qui ont toutes déployé des qualités d'orateurs ou d'organisateurs. Mais elles n'auraient pu réussir sans le soutien de citoyens anonymes prêts à se mobiliser dès que la situation l'exigeait.

1 Honoré-Gabriel Riqueti, vicomte de Mirabeau (1749-1791). Avant la Révolution, Mirabeau est connu pour sa vie mouvementée et ses séjours en prison, mais aussi pour ses écrits contre l'absolutisme. En 1789, Mirabeau, rejeté par son ordre, est élu député du tiers état. Grâce à ses talents d'orateur, il devient l'un des chefs de l'Assemblée. Sa disparition brutale, le 2 avril 1791, attriste tous les révolutionnaires. Mais, au lendemain du 10 août 1792, la découverte de sa correspondance avec la famille royale prouve qu'il entretenait des relations secrètes avec la cour. Son cercueil est alors retiré du Panthéon et ses cendres sont jetées aux égouts.

2 Les talents d'orateur de Mirabeau

On prête à Mirabeau beaucoup de petites phrases, dont la célèbre réponse adressée, le 23 juin 1789, à l'envoyé du roi venu demander la dispersion de l'Assemblée : « Nous sommes ici par la volonté du peuple et nous n'en sortirons que par la force des baïonnettes. »

La voix de Mirabeau était pleine, virile, sonore. Elle remplissait l'oreille. Il pouvait parcourir toutes les notes, et prononçait les mots avec tant de soin, qu'on ne perdait jamais le fil de son discours.

D'après le témoignage d'un observateur en 1791.

3 Gilbert Motier, marquis de La Fayette (1757-1834). À 32 ans, en 1789, lorsqu'il devient député de la noblesse aux états généraux, La Fayette est surtout connu comme héros de la guerre d'Indépendance américaine. Partisan de l'Assemblée constituante, il s'illustre pendant l'été 1789 par ses projets de Déclaration des droits de l'homme. Lors de la fête de la Fédération, le 14 juillet 1790, il prête le fameux serment : « Nous jurons d'être à jamais fidèles à la nation, à la loi et au roi, de maintenir de tout notre pouvoir la Constitution décrétée par l'Assemblée nationale et acceptée par le roi. » Soupçonné de visées contre-révolutionnaires, La Fayette ne joue plus un grand rôle politique après 1792.

4 La Déclaration des droits de l'homme

La nature a fait les hommes libres et égaux : les distinctions nécessaires à l'ordre social ne sont fondées que sur l'utilité générale.

Extrait du projet de La Fayette, 11 juillet 1789.

5 **Georges Jacques Danton (1759-1794).** Avocat, membre du club des Cordeliers, il fut l'un des organisateurs de la journée du 10 août 1792. Il vote la mort du roi. Membre de la Convention, il fut l'un des artisans de la Terreur dont il dénonce les excès en mars 1794. Arrêté, il est guillotiné le 5 avril 1794, à 35 ans.

6 Danton jugé par un historien contemporain

C'est un homme politique opportuniste, peu délicat sur les moyens, en même temps qu'un orateur souvent génial dans l'improvisation. C'est aussi un vrai tempérament politique dans les grandes occasions : lors de la « Patrie en danger » ou de la levée en masse, au Comité de salut public et même pendant son procès.

D'après F. Furet, *La Révolution 1770-1880*, Hachette, 1998.

7 De l'audace, toujours de l'audace !

Tout s'émeut, tout s'ébranle, tout brûle de combattre. Une partie du peuple va se porter aux frontières ; une autre va creuser des retranchements, et la troisième, avec des piques, défendra l'intérieur de nos villes. Le tocsin qu'on va sonner n'est point un signal d'alarme, c'est la charge sur les ennemis de la patrie. Pour les vaincre, Messieurs, il nous faut de l'audace, encore de l'audace, toujours de l'audace et la France sera sauvée.

Danton, discours du 2 septembre 1792.

8 **Maximilien de Robespierre (1758-1794).**
Avocat, il est élu député du tiers état en 1789. Il devient à 32 ans président du club des Jacobins.
En 1792, il fait partie des opposants à la guerre. Élu député de Paris à la Convention, il siège comme Danton parmi les Montagnards. Il se fait rapidement connaître pour son honnêteté et la fermeté de ses convictions.
Membre du Comité de salut public en juillet 1793, il est le principal instigateur de la Terreur.
Arrêté le 9 thermidor, il est guillotiné le lendemain (28 juillet 1794).

9 Les idées politiques de Robespierre

Il faut étouffer les ennemis intérieurs et extérieurs de la République ou périr avec elle. Le gouvernement de la Révolution est le despotisme de la liberté contre la tyrannie.
Le ressort du gouvernement populaire en révolution est à la fois la vertu et la terreur ; la vertu sans laquelle la terreur est funeste ; la terreur sans laquelle la vertu est impuissante.

Discours à la Convention, 5 février 1794.

10 Robespierre vu par Victor Hugo

Il y a chez Robespierre un extraordinaire talent de tacticien politique. C'est ce qui explique le succès du personnage, tout entier investi dans l'idéologie de la régénération de l'homme, mais capable de calculer avec réalisme l'élimination de ses adversaires et les étapes de sa conquête du pouvoir.

D'après Victor Hugo cité par F. Furet, *La Révolution 1770-1880*, Hachette, 1998.

QUESTIONS

➤ Mettre en relation des documents

1. Doc. 1 et 2 : Quel rôle Mirabeau joue-t-il pendant la Révolution ?
2. Doc. 1 et 2 : Pourquoi le cercueil de Mirabeau est-il retiré du Panthéon ?
3. Doc. 3 et 4 : Pourquoi La Fayette est-il si célèbre en 1789 ?
4. Doc. 3 et 4 : Montrez que La Fayette est partisan d'une monarchie constitutionnelle.
5. Doc. 5 à 7 : Que demande Danton aux Français pour faire face à l'ennemi ?
6. Doc. 5 à 7 : Montrez que Danton est un vrai tempérament politique dans les grandes occasions.
7. Doc. 8 à 10 : Comment Robespierre définit-il la Terreur ?
8. Doc. 8 à 10 : Comment Robespierre se comporte-t-il avec ses ennemis ?

➤ Rédiger

9. Rédigez un petit paragraphe expliquant quels sont les points communs entre ces différents acteurs de la Révolution.

Les femmes et la Révolution

>> Objectif

Découvrir la place des femmes dans la Révolution.

Les femmes ont participé activement aux grands moments de la Révolution. En 1789, elles assistent aux débats de l'Assemblée et prennent la parole dans les clubs. Certaines combattent pour la Révolution, tandis que d'autres s'y opposent. À l'image des hommes, elles fondent des clubs. Cependant, elles sont progressivement exclues de la vie politique. Le 30 octobre 1793, tous les clubs féminins sont fermés par décision de la Convention.

1 Club patriotique de femmes. Le Sueur, gouache, fin du XVIIIe siècle. Musée Carnavalet, Paris.

2 Les droits des femmes

a. Pétition des femmes du tiers état au roi

Sire, nous demandons à être instruites afin de posséder des emplois, non pour enlever l'autorité des hommes, mais pour être plus estimées, pour que nous ayons les moyens de vivre à l'abri de la misère.

b. La position de Condorcet

Les femmes ayant les mêmes qualités que les hommes, elles ont nécessairement des droits égaux.

c. La position de Marat

Les femmes et les enfants ne doivent prendre aucune part aux affaires politiques.

3 Trois destins de femmes sous la Révolution.

3a. Marie-Antoinette (1755-1793), peinte en 1792.

Fille de l'empereur d'Autriche, reine de France à 20 ans, elle est détestée de ses sujets qui l'appellent « l'Autrichienne ». Dans l'espoir de sauver le trône, elle se lance avec le roi dans un double jeu qui contribue à la chute de la monarchie le 10 août 1792. Incarcérée à la Conciergerie, elle est guillotinée après un simulacre de procès.

3b. Olympe de Gouges (1748-1793) vers 1789.

Après avoir quitté à 20 ans le domicile conjugal, elle se jette dans la Révolution et réagit très violemment à l'exclusion des femmes du droit de vote en publiant en septembre 1791 la Déclaration des droits de la femme et de la citoyenne. Refusé par la Convention, ce texte reste à l'état de projet. Accusée de desseins contre-révolutionnaires, Olympe de Gouges est guillotinée le 3 novembre 1793.

3c. Charlotte Corday (1768-1793) après avoir assassiné Marat.

Arrière-petite-fille du dramaturge Corneille, elle s'enthousiasme pour les idées nouvelles de la Révolution mais refuse la Terreur.

Le 13 juillet 1793, elle assassine Marat, qu'elle considère comme le responsable de la mort des Girondins. Elle est guillotinée quatre jours plus tard.

4 Le départ des femmes pour Versailles, le 5 octobre 1789. Gravure coloriée du XVIIIe siècle. Musée Carnavalet, Paris.
C'est le seul événement exclusivement féminin de la Révolution. Les Parisiennes envahissent Versailles pour réclamer du pain et obligent le roi à revenir avec elles à Paris.

5 La Déclaration des droits de la femme et de la citoyenne par Olympe de Gouges, septembre 1791 (extraits)

Préambule
Les mères, les filles, les sœurs, représentantes de la nation, demandent d'être constituées en Assemblée nationale. Considérant que l'ignorance, l'oubli ou le mépris des droits de la femme sont les seules causes des malheurs publics et de la corruption des gouvernements, elles ont résolu d'exposer dans une déclaration solennelle, les droits naturels, inaliénables et sacrés de la femme. En conséquence, le sexe supérieur en beauté, en courage, dans les souffrances maternelles, reconnaît et déclare, en présence et sous les auspices de l'Être suprême, les droits suivants de la femme et de la citoyenne.
Article 1. La femme naît libre et demeure égale à l'homme en droits. Les distinctions sociales ne peuvent être fondées que sur l'utilité commune. [...]
Art. 3. Le principe de toute souveraineté réside essentiellement dans la nation, qui n'est que la réunion de la femme et de l'homme. [...]
Art. 6. La loi doit être l'expression de la volonté générale. Toutes les citoyennes et tous les citoyens doivent concourir personnellement, ou par leurs représentants, à sa formation ; elle doit être la même pour tous. Toutes les citoyennes et tous les citoyens, étant égaux à ses yeux, doivent être également admissibles aux dignités, places et emplois publics, selon leurs capacités, et sans autres distinctions que celles de leurs vertus et de leurs talents. [...]
Art. 10. Nul ne doit être inquiété pour ses opinions. La femme a le droit de monter sur l'échafaud. Elle doit avoir également celui de monter à la tribune, pourvu que ses manifestations ne troublent pas l'ordre public établi par la loi. [...]
Art. 13. Les contributions de la femme et de l'homme sont égales ; elle a part à toutes les corvées, à toutes les tâches pénibles. Elle doit donc avoir de même part à la distribution des places, des emplois, des charges et des dignités.

QUESTIONS

➤ Trouver des informations dans un document

1. Doc. 1 : Quel rôle souhaitent jouer les femmes pendant la Révolution ?
2. Doc. 2 : Quelle est la principale revendication des femmes ? Comment ce rôle est-il accepté par les hommes ?
3. Doc. 3 : Quel est le point commun entre ces trois femmes ?
4. Doc. 4 : Pourquoi les Parisiennes se rendent-elles à Versailles en 1789 ?
5. Doc. 5 : Pourquoi Olympe de Gouges rédige-t-elle cette Déclaration ?
6. Doc. 5 : Quels sont les arguments qui justifient l'égalité entre les hommes et les femmes ?

➤ Mettre en relation les documents

7. Doc. 2, 3 et 5 : Montrez que la Révolution n'a pas beaucoup profité aux femmes.

➤ Rédiger

8. Rédigez un petit paragraphe expliquant comment les femmes ont été actrices de la Révolution.

Leçon 4 L'échec de la République bourgeoise (1794-1799)

→ **Comment sortir de la Révolution ?**

A La Convention thermidorienne

Après l'exécution de Robespierre, les députés modérés appelés « thermidoriens », reviennent au pouvoir. Ils mettent fin au régime de la Terreur, ouvrent les prisons, abolissent le maximum des prix et rétablissent la liberté économique ainsi que la liberté de culte. Issus de la bourgeoisie, ils souhaitent un retour aux principes de 1789.

Les sans-culottes et les **jacobins** sont désarmés. Cette répression donne espoir aux royalistes qui, à Lyon et dans le sud-est de la France, font régner la **Terreur blanche**. À Paris, ils tentent un **coup d'État** que le général Bonaparte fait échouer **(doc. 3)**.

B La fragilité du Directoire

La Constitution de l'an III (octobre 1795) fonde un nouveau régime, le Directoire, qui favorise la bourgeoisie **(doc. 1)**. Pour éviter la dictature d'une assemblée ou d'un individu, les pouvoirs sont partagés. Ainsi le pouvoir exécutif est confié à cinq directeurs. Mais le Directoire ne peut résoudre les problèmes économiques hérités des régimes précédents.

La monnaie (l'assignat) a perdu toute sa valeur. Les prix augmentent et les denrées sont rares. Les petits épargnants sont ruinés. Tandis qu'une grande misère règne dans le peuple **(doc. 2)**, la bourgeoisie n'hésite pas à étaler ses richesses **(doc. 4)**. Pour mettre fin à ces excès sociaux, Gracchus Babeuf propose d'abolir la propriété privée, mais sa conspiration échoue en 1796 **(doc. 5a)**.

C Le rôle grandissant de Bonaparte

Les difficultés économiques et financières poussent le Directoire à développer une politique de conquêtes et d'annexions. Bonaparte se couvre de gloire en Italie. En 1799, inquiète de cette politique, l'Angleterre déclare la guerre à la France. À l'extérieur comme à l'intérieur, le pouvoir semble dépendre des généraux.

Certains dirigeants souhaitent modifier la Constitution pour renforcer le pouvoir exécutif. Ils font appel à Bonaparte qui, de retour d'Égypte, met fin au régime du Directoire **(doc. 5b)**. C'est le coup d'État du 18 brumaire an VIII (9 novembre 1799).

VOCABULAIRE

coup d'État (un) : prise du pouvoir par la force.

jacobin (un) : qui est favorable à la révolution populaire de 1793.

Terreur blanche (la) : violences commises par les royalistes contre les partisans de la Révolution.

1 Une Constitution faite pour la bourgeoisie

Nous devons être gouvernés par les meilleurs. Les meilleurs sont les plus instruits et les plus intéressés au maintien des lois. Or, à bien peu d'exception près, vous ne trouverez de pareils hommes que parmi ceux qui, possédant une propriété, sont attachés au pays qui la contient, aux lois qui la protègent. Un pays gouverné par les propriétaires garantit l'ordre social. Celui où les non-propriétaires gouvernent nous précipitera dans ces convulsions violentes dont nous sortons à peine.

D'après un discours de Boissy d'Anglas à la Convention, 23 juin 1795.

1. **À quelle époque fait allusion l'expression « ces convulsions violentes dont nous sortons à peine » ?**
2. **Pour quelles raisons Boissy d'Anglas souhaite-t-il une république des propriétaires ?**

2 Une soupe populaire. Le Sueur, gouache, 1796. Musée Carnavalet, Paris.

1. **Comment le peintre montre-t-il les souffrances du peuple parisien ?**

3 Le général Bonaparte écrase la tentative de coup d'État royaliste du 13 vendémiaire an IV (5 octobre 1795). Gravure anonyme, fin du XVIIIe siècle.

1. Qui est à l'origine du coup d'État ? Qui est chargé d'écraser la rébellion ?

4 Une nouvelle société souvent composée de bourgeois enrichis, reprend goût à la vie aristocratique. P. Debucourt (d'après J.-F. Bosio), huile sur toile, 1798. Musée Marmottan, Paris.

1. Relevez les éléments qui indiquent la richesse des personnages.
2. Doc. 1, 4 et 5 : Montrez que c'est surtout la bourgeoisie qui profite du régime du Directoire.

5 Un régime en difficulté

a. La conspiration des Égaux

Disparaissez, révoltantes distinctions des riches et des pauvres, grands et petits, maîtres et valets, gouvernants et gouvernés. L'instant est venu de fonder la République des Égaux. La Révolution n'est pas finie !

Manifeste de Gracchus Babeuf, 6 novembre 1795.

b. Un régime corrompu

Le peuple muselé était soumis aux infâmes spéculations des ministres brigands, aux actes arbitraires et frauduleux des tyranneaux du Directoire. Tandis que Bonaparte guidait à l'étranger le courage des guerriers de la République, le vol devenait un système de gouvernement et à son retour, il trouva une république où l'honneur et les richesses se vendaient au plus offrant. Alors il brave tous les périls pour sauver, encore une fois, la patrie tout entière.

D'après Collignon, *Causes secrètes du 18 brumaire*, 1799.

L'ascension de Bonaparte

›› Objectif

Découvrir comment Bonaparte devient un homme essentiel de la Révolution.

Né à Ajaccio le 15 août 1769, dans une famille de la petite noblesse corse, Napoléon Bonaparte se consacre à la carrière militaire. Capitaine en 1792, il se lie avec les Montagnards. Il devient général à 24 ans. Il entre au service du Directoire et met fin à l'insurrection royaliste de Vendémiaire (octobre 1795). Lors de la campagne d'Italie (1796-1797), il se montre à la fois un général victorieux et un administrateur hors pair. Pour abattre l'Angleterre, il décide le Directoire à monter une expédition contre l'Égypte afin de ruiner le commerce britannique avec l'Inde. Profitant de l'agonie du Directoire, il y met fin par un coup d'État le 18 brumaire an VIII (9 novembre 1799).

1 Bonaparte, élève au collège militaire de Brienne (1783).

Sculpture de Louis Rochet, 1854. Musée des Beaux-Arts, Troyes.

C'est un petit jeune homme brun, triste, renfermé, sévère et cependant raisonneur et grand parleur. D'après le témoignage de l'un de ses professeurs.

2 *Bonaparte au pont d'Arcole*, 17 novembre 1796.

Antoine-Jean Gros (1771-1835), huile sur toile (détail). Musée du château, Versailles.

Je me regardais non pas comme un simple général, mais comme un homme appelé à influer sur le sort d'un peuple. Il me vint l'idée que je pourrais bien devenir un acteur décisif sur notre scène politique. D'après le témoignage de Bonaparte au lendemain de la campagne d'Italie en 1797.

3 ***La Bataille des Pyramides*** **(21 juillet 1798) où Bonaparte anéantit l'armée des mamelouks égyptiens.**
François-André Vincent (1747-1816), huile sur toile (détail). Château de Grosbois (Val-de-Marne).

4 ***Le Coup d'État du 18 brumaire an VIII*** **(9 novembre 1799).**
F. Bouchot (1800-1842), huile sur toile (détail). Musée du château, Versailles.

QUESTIONS

➤ Trouver des informations dans un document

1. Doc. 1 : Où Bonaparte fait-il ses études ? De quels traits de caractère son professeur se souvient-il ?

2. Doc. 2 : Décrivez les vêtements et la posture de Bonaparte. Comment est-il représenté ?

3. Doc. 3 : Comment le peintre montre-t-il la défaite des Égyptiens ?

4. Doc. 4 : Qu'est-ce qui indique que le coup d'État rencontre des difficultés ?

➤ Mettre en relation les documents

5. Doc. 2, 3 et doc. 5b p. 81 : Pourquoi, à la veille du coup d'État de 1799, Bonaparte est-il très populaire ?

➤ Rédiger

6. Rédigez un petit paragraphe expliquant comment Bonaparte s'est emparé du pouvoir.

EXERCICES

1 Connaître les mots de l'histoire

Associez, sur votre cahier, chaque mot de vocabulaire (1 à 6) à sa définition (A à F).

1. Biens nationaux	**A.** Prêtre qui combat la Révolution.
2. Coup d'État	**B.** Biens du clergé vendus au profit de l'État.
3. Émigré	**C.** Opposant à la Révolution qui a trouvé refuge à l'étranger.
4. Jacobin	**D.** L'autorité suprême appartient à la nation.
5. Réfractaire	**E.** Favorable à la révolution populaire de 1793.
6. Souveraineté nationale	**F.** Prise du pouvoir par la force.

2 Retenir l'essentiel du chapitre

Associez, sur votre cahier, chaque question (1 à 3) à sa réponse (A à C).

1. Comment, en 1789, les députés mettent-ils fin à l'Ancien Régime ?	**A.** En imposant la Terreur économique et politique, et en mettant sur pied une nouvelle armée.
2. Comment Robespierre et les Montagnards combattent-ils les dangers qui menacent la France en 1793 ?	**B.** Par un coup d'État organisé par le général Bonaparte.
3. Comment se termine le régime du Directoire ?	**C.** En abolissant les privilèges et en formant une Assemblée nationale constituante.

3 Se repérer dans l'espace et le temps

1. En vous aidant du plan de Paris et des leçons du manuel, associez chaque événement au lieu ou à la date qui lui correspond en remplissant le tableau ci-dessous. Vous pouvez vous aider des listes suivantes :
lieu : Place de la Bastille ; Champ-de-Mars ; Hôtel de Ville ; Tuileries ;
date : 14 juillet 1789 ; 14 juillet 1790 ; 10 août 1792 ; 21 janvier 1793 ; 27 juillet 1794.

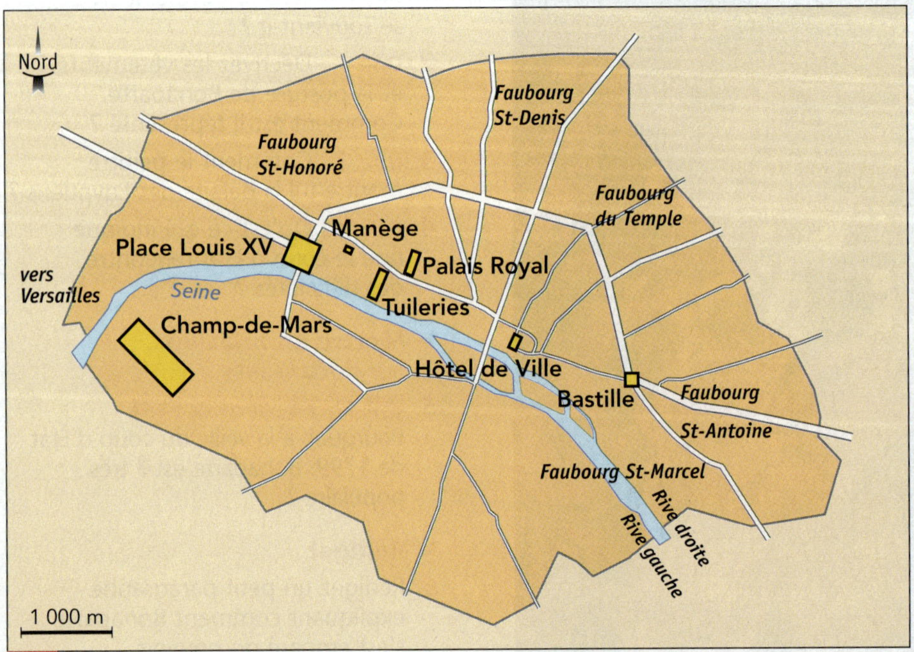

1 Les principaux lieux de la Révolution à Paris.

2. Complétez le tableau ci-dessous.

Événement	Lieu	Date
Exécution de Louis XVI	Place Louis XV (rebaptisée place de la Révolution)	
Fête de la Fédération		
Arrestation de Robespierre		
Prise de la Bastille		
Fin de la monarchie		

4 Retrouver des citations historiques

Identifiez les auteurs de quelques petites phrases prononcées pendant la période 1789-1799.

1. Associez, sur votre cahier, chaque phrase (1 à 4) à son auteur (A à D). Toutes les citations de cet exercice se trouvent dans ce chapitre.

1. « Nous sommes ici par la volonté du peuple, nous n'en sortirons que par la force des baïonnettes. »	A. Olympe de Gouges.
2. « Un pays gouverné par des propriétaires garantit l'ordre social. »	B. Danton.
3. « La femme naît libre et demeure égale à l'homme en droits. »	C. Mirabeau.
4. « De l'audace, encore de l'audace, toujours de l'audace et la France sera sauvée »	D. Boissy d'Anglas, lors de la rédaction de la Constitution du Directoire.

5 Analyser et mettre en relation des documents

1 ***La Liberté ou la Mort !***

Jean-Baptiste Regnault, huile sur toile (60 cm x 49 cm), 1793-1795. Kunsthalle, Hambourg.

2 La France face à l'Europe

Disons à l'Europe en guerre contre nous que si, malgré son courage, le peuple français était vaincu dans son combat pour la liberté, ses ennemis ne règneraient que sur des cadavres. Mais dix millions de Français unis, animés du feu de la liberté pourraient renverser tous les tyrans de leurs trônes d'argile.

D'après un discours de Maximin Isnard à l'Assemblée législative, 29 novembre 1791.

1. Doc. 1 : Quelles sont les trois couleurs visibles sur les ailes du personnage n° 4 ? Que symbolisent-elles ? Quel est donc ce personnage ?
2. Doc. 1 : À quels numéros correspondent la Liberté et la Mort ?
3. Doc. 1 : Complétez le tableau. Pour remplir la colonne de droite, aidez-vous de la liste suivante : égalité, liberté, une et indivisible.

Symbole	Numéro	Signification
Bonnet phrygien		
Triangle		
Faisceau		

4. Doc. 2 : Quelle est la situation de la France face aux autres pays européens ?
5. Doc. 1 et 2 : Rédigez un petit paragraphe qui justifie le titre donné au document 1.

Sujet guidé La Terreur (1793-1794)

1 Robespierre justifie la Terreur

Il ne peut y avoir en France que des républicains. Les royalistes vendéens, les conspirateurs ne sont, pour notre pays, que des ennemis. Dans cette guerre terrible que nous entreprenons pour la liberté contre la tyrannie, les ennemis du dedans sont les alliés de nos ennemis du dehors. Les assassins qui déchirent notre patrie de l'intérieur sont aussi coupables et aussi dangereux que les rois étrangers qu'ils servent.

D'après un discours de Robespierre, 7 février 1794.

2 Extraits de la loi du 10 juin 1794 (22 prairial an II)

Le tribunal révolutionnaire est institué pour punir les ennemis du peuple. Sont réputés ennemis du peuple : ceux qui auront cherché à rétablir la royauté ; ceux qui auront cherché à dissoudre la Convention nationale ; ceux qui auront cherché à affamer les citoyens en empêchant les approvisionnements en nourriture. S'il existe des preuves, il n'est pas besoin d'entendre de témoins. La peine portée contre tous ces délits est la mort.

3 Robespierre guillotinant le bourreau après avoir fait guillotiner tous les Français.

Caricature anonyme, fin du XVIIIe siècle. Musée Carnavalet, Paris.

Questions

1. **Doc. 1 :** Selon Robespierre, quels sont les dangers extérieurs et intérieurs qui menacent la France ?
2. **Doc. 2 :** Comment la République réagit-elle face aux dangers qui pèsent sur elle ?
3. **Doc. 3 :** Quels excès de la Terreur dénonce cette caricature ?
4. **Doc. 1 à 3 :** À l'aide des documents proposés, expliquez comment s'est déroulée la Terreur en 1793 et 1794.

Méthode

Il s'agit de trouver la (ou les) information(s) principale(s) contenue(s) dans chaque document puis de les relier entre elles afin de répondre au sujet.

1. La lecture attentive du texte donne la réponse à la question posée, particulièrement dans la deuxième phrase (ennemis intérieurs) et la dernière phrase (ennemis extérieurs).
2. La première phrase du texte précise le rôle du tribunal révolutionnaire et la dernière la peine encourue.
3. L'observation d'une caricature doit toujours être minutieuse car ce type de document ne cherche pas à refléter la réalité mais à en donner une interprétation, souvent exagérée. Ici, la caricature dénonce les excès (les nombreuses condamnations à mort) de la Terreur et ses contradictions (les grands principes révolutionnaires foulés aux pieds par Robespierre).
4. *Si vous avez correctement répondu aux questions précédentes, vous devez être capable de mettre les documents en relation et de dégager les différents aspects de la Terreur :*
   - les causes et leurs justifications ;
   - les moyens utilisés ;
   - les excès.

Mettre en relation des documents

Sujet d'entraînement Le roi et la Révolution

1 Le roi Louis XVI après sa fuite à Varennes. Caricature de 1791. BNF, Paris.

2 La fuite du roi vue par le marquis de Ferrières

Toute cette entreprise est le comble de la folie, et dénote, malheureusement dans le roi le projet coupable de porter avec les troupes étrangères la guerre à l'intérieur même de sa patrie. La déclaration écrite de la main du roi achève de le perdre. Il y proteste contre tous les décrets de l'Assemblée et se déclare par conséquent l'ennemi de la Constitution.

D'après une lettre du marquis de Ferrières à sa femme, 24 juin 1791.

3 Manifeste du duc de Brunswick, commandant les troupes prussiennes et autrichiennes, 25 juillet 1792

La ville de Paris et tous ses habitants seront tenus de se soumettre sur-le-champ et sans délai au roi. Si le château des Tuileries est attaqué, s'il est fait la moindre violence, le moindre outrage à Leurs Majestés, le roi, la reine et la famille royale, les armées autrichiennes en tireront une vengeance exemplaire en livrant la ville de Paris à une exécution militaire totale.

Questions

1. **Doc. 1 :** Comment le roi est-il représenté en 1791 ?
2. **Doc. 2 :** Selon le marquis de Ferrières, quel est le projet du roi en quittant la France ?
3. **Doc. 3 :** Pourquoi le manifeste de Brunswick est-il très maladroit et ne peut qu'exciter la colère des Parisiens ?
4. **Doc. 1 à 3 :** Montrez que le roi n'accepte pas la Révolution et que la guerre précipite la chute de la monarchie.

Conseils pour réussir

- Relisez la leçon portant sur la monarchie constitutionnelle (p. 70-71).
- Lisez et observez attentivement les documents. Dans chacun d'entre eux, relevez tous les éléments qui montrent qu'il existe une opposition entre le roi et la Révolution : surveillance du roi par les révolutionnaires depuis qu'il a essayé de s'enfuir à l'étranger ; volonté du roi de reconquérir un pouvoir absolu (refus de la Constitution) grâce aux armées ennemies, tentative des armées ennemies de dicter sa conduite au peuple parisien.
- Utilisez toutes les informations trouvées dans les questions 1, 2 et 3 pour répondre à la question 4.
- Répondez en rédigeant à chaque fois une ou deux phrases correctement écrites puis vérifiez l'expression écrite (grammaire, orthographe).

Chapitre 5

Le Consulat et l'Empire (1799-1815)

→ **Comment Napoléon Bonaparte termine-t-il la Révolution française ?**

1 ***Napoléon, couronné par le Temps, écrit le Code civil.*** Jean-Baptiste Mauzaisse, huile sur toile (131 cm x 160 cm), 1832. Musée du château, Malmaison.

1. Que rédige Napoléon ? Pourquoi est-il couronné par le Temps ?

2. Quel est le drapeau visible à gauche ? Que signifie-t-il ?

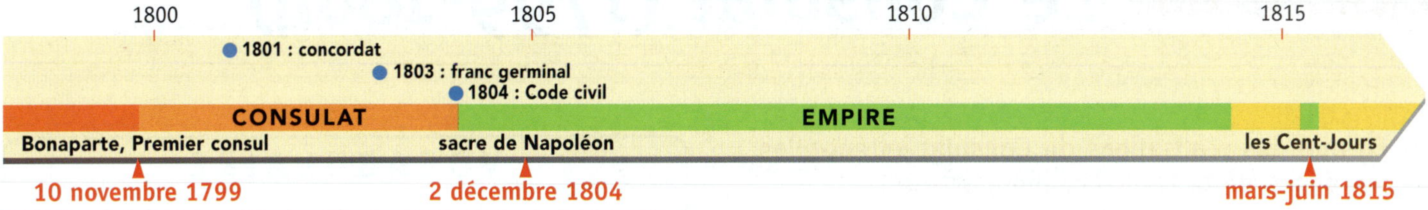

2 ***Napoléon prisonnier des Anglais sur l'île de Sainte-Hélène.*** Oscar Rex, huile sur toile (détail), milieu XIXe siècle. Musée du château, Malmaison.

1. Décrivez ce document.
2. À quoi reconnaît-on Napoléon ?
3. Quelle impression se dégage de ce tableau ?

Leçon 1 Le Consulat (1799-1804)

➜ En quoi les réalisations du Consulat jettent-elles les bases de la France contemporaine ?

A Un nouveau régime

Imposée par Bonaparte, la Constitution de l'an VIII (décembre 1799) est en apparence républicaine. Elle rétablit le suffrage universel mais supprime en fait le pouvoir de décision des citoyens **(doc. 1)**.

Le pouvoir exécutif est confié à trois consuls, mais en réalité Bonaparte, Premier consul, dirige seul. Le pouvoir législatif est affaibli car l'initiative des lois appartient au Premier consul, assisté du Conseil d'État. Cette Constitution est massivement approuvée par un **plébiscite**. En 1802, Bonaparte devient consul à vie.

B Les « masses de granit »

Le Consulat poursuit l'œuvre de la Révolution en accentuant la centralisation du pays. Le Premier consul nomme un **préfet** dans chaque département **(doc. 2)** ainsi que les juges et les maires des villes de plus de 5 000 habitants. Bonaparte veut aussi réorganiser la société en lui donnant des bases solides.

Les lycées qui doivent fournir les élites sont organisés selon une discipline militaire **(doc. 4)**. La **Légion d'honneur** récompense les meilleurs serviteurs du régime **(doc. 3)**. En 1804, le **Code civil** est promulgué. Il maintient les grands principes de 1789, réaffirme le droit de propriété et donne au père de famille une autorité considérable. Ces créations constituent les **« masses de granit »** de la France nouvelle.

C La réconciliation entre les Français

Bonaparte veut réconcilier les républicains et les royalistes qui acceptent de servir le régime. Ainsi, il conserve le calendrier révolutionnaire, autorise le retour des émigrés et négocie avec les royalistes de Vendée. Le **concordat**, signé entre Bonaparte et le pape Pie VII, règle la question religieuse qui divise les Français depuis 1790. Le catholicisme est proclamé religion « de la majorité des Français » tandis que la vente des biens nationaux est acceptée par Rome. Le clergé, rétribué par l'État, doit prêter serment de fidélité au Premier consul **(doc. 5)**.

En 1802, Bonaparte signe la paix avec l'Angleterre. Pour la première fois depuis 1792, la France n'est plus en guerre. Cette situation permet le retour de la prospérité économique, favorisée par la création en 1803 d'une monnaie stable, le **franc germinal**.

VOCABULAIRE

Code civil (le) : recueil des lois qui organisent la vie des individus dans la société.

concordat (un) : accord passé entre le pape et un État.

franc germinal (le) : monnaie stable créée en 1803.

Légion d'honneur (la) : décoration récompensant un fait militaire ou civil exceptionnel.

« masses de granit » : expression de Bonaparte désignant les institutions qui doivent bâtir l'avenir de la France.

plébiscite (un) : vote (par oui ou par non) du peuple au suffrage universel sur une question posée par le gouvernement.

préfet (un) : représentant de l'État dans le département.

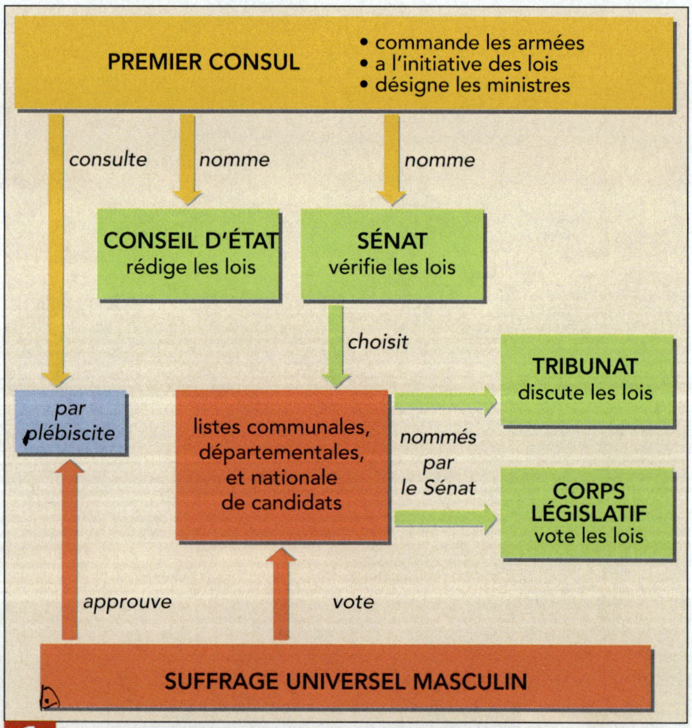

1 La Constitution de l'an VIII (1799).

« Une Constitution vous est présentée. Elle est fondée sur les vrais principes du gouvernement représentatif, sur les droits sacrés de la propriété, de l'égalité, de la liberté. Les pouvoirs qu'elle institue seront forts et stables, tels qu'ils doivent être pour garantir les droits des citoyens et les intérêts de l'État. Citoyens, nous venons de fixer définitivement les principes de 1789. La Révolution est finie. »

D'après la *Déclaration au peuple français des trois consuls de la République*, 24 frimaire an VIII (15 décembre 1799).

1. Pourquoi les consuls affirment-ils que la Révolution est finie ?

2 Le rôle des préfets

J'ai été nommé à Bordeaux le 2 mars 1800. Le Premier consul voulait que les préfets vivent richement, qu'ils donnent des repas, des bals, des fêtes, pour procurer de la considération à l'autorité, de la dignité au gouvernement et lui rallier les partis. Les préfets devaient avoir le même pouvoir que les anciens intendants, seul le nom était changé. Pour mes collaborateurs, je donnais la préférence aux amis de la Révolution. Mais je pris aussi des citoyens honnêtes. J'admis des citoyens capables et animés du désir d'être utiles, afin d'en rattacher peu à peu un plus grand nombre au gouvernement.

D'après les *Mémoires* du préfet A. C. Thibaudeau, 1799-1815.

1. Pourquoi les préfets doivent-ils vivre richement ?
2. Doc. 1 et 3 : Comment se renforce le pouvoir du Premier consul ?

3a

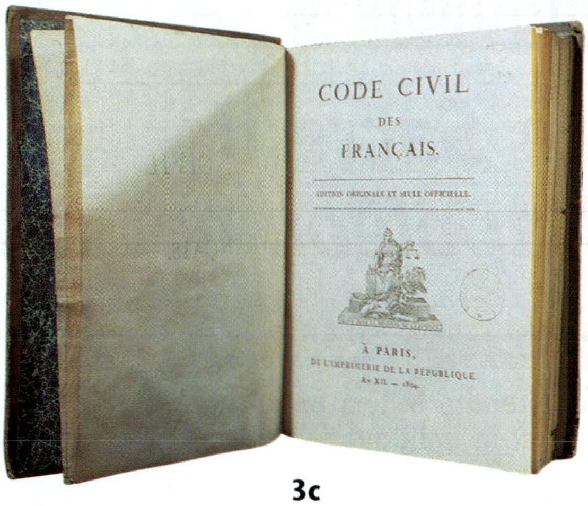

3c

3b

3 Trois « masses de granit » : (3a) la Légion d'honneur (1802), (3b) le franc germinal (1803) et (3c) le Code civil (1804).

1. Comment est matérialisée la Légion d'honneur ?
2. Décrivez les deux faces de la pièce de monnaie.
3. Quel est le nom exact de l'ouvrage qui recueille toutes les lois civiles ?

4 La vie dans un lycée impérial

Chaque lycée, limité au chiffre de deux cents élèves en moyenne, n'aura que six professeurs : trois pour les lettres françaises et latines ; trois pour les mathématiques. Passé douze ans, les élèves apprennent l'exercice militaire sous la direction d'un adjudant. Les punitions sont la prison, la table de pénitence ou les arrêts.

Chaque lycée aura une bibliothèque de 1 500 volumes. Le catalogue de ces bibliothèques sera identique partout : aucun livre nouveau ne devra être introduit sans l'autorisation spéciale du ministre de l'Intérieur. Deux commissions désignées par le gouvernement choisiront les manuels scolaires.

D'après la lettre de l'envoyé de Prusse à Paris, 17 décembre 1802.

Un lycéen en uniforme scolaire.

1. Qu'est-ce qui montre que les lycées sont contrôlés par l'État ?
2. Quelles sont les trois disciplines les plus importantes ?
3. Doc. 2, 3 et 4 : Quelles créations du Consulat se sont maintenues jusqu'à nos jours ?

5 Le concordat signé entre la France et le pape Pie VII

Le gouvernement de la République reconnaît que la religion catholique, est la religion de la grande majorité des citoyens français.

Art. 4. Le Premier consul de la République nommera aux archevêchés et évêchés.

Art. 6. Les évêques, avant d'entrer en fonctions, prêteront serment de fidélité au Premier consul.

Art. 14. Le gouvernement assurera un traitement convenable aux évêques et aux curés.

1. Qui nomme les évêques et les archevêques ? Comment est rémunéré le clergé ?
2. Doc. 3 et 5 : Comment se traduit la politique de réconciliation nationale menée par le Premier consul ?

Le Sacre de Napoléon par David

›› Objectif

Comprendre le lien entre l'art et la politique.

Napoléon a très rapidement compris l'importance d'un art officiel qui le glorifierait. Pour témoigner des grands événements de son règne, il passe de nombreuses commandes aux artistes. Ainsi, David devient l'un des peintres privilégiés du régime. En peignant le sacre de l'Empereur, il cherche à glorifier Napoléon et à montrer qu'il est supérieur à tous ceux qui l'entourent, y compris le pape.

1 Jacques-Louis David (1748-1825)

À partir de 1789, David s'engage aux côtés des révolutionnaires et devient le peintre officiel de la Révolution. En 1791, il réalise une étude pour le *Serment du Jeu de paume* (voir doc. 3 p. 67). En 1793, il peint *Marat assassiné*. À partir de 1799, le ralliement de David à Bonaparte est rapide et définitif. Enthousiaste, l'artiste témoigne des grands événements du règne.

Autoportrait (81 cm x 64 cm). Musée du Louvre, Paris.

2 *Napoléon se couronnant lui-même.* Étude de David pour *Le Sacre de Napoléon*, dessin (29 cm x 25 cm). Musée du Louvre, Paris.

3 ***Le Sacre de Napoléon Ier*, 2 décembre 1804.**

J.-L. David, huile sur toile (621 cm x 979 cm), 1805-1808. Musée du Louvre, Paris.

Disposition des personnages dans la cathédrale Notre-Dame de Paris.

1. Napoléon portant la couronne de lauriers ;
2. Joséphine (impératrice) ; 3. Le pape Pie VII ;
4. Lebrun (ancien consul) tenant le sceptre ;
5. Cambacérès (ancien consul) tenant la main de justice ;
6. Berthier tenant le globe surmonté de la croix chrétienne ;
7. Talleyrand ; 8. Murat ; 9. Hortense de Beauharnais ;
10. Le jeune Napoléon Charles, fils aîné d'Hortense ;
11 et 12. Louis et Joseph, frères de Napoléon ;
13. La mère de Napoléon (qui, en réalité, n'assiste pas à la cérémonie) ; 14. David.

QUESTIONS

➤ Trouver des informations dans un document

1. Doc. 3 : Retrouvez les insignes du pouvoir impérial.

2. Doc. 3 : Qui est le personnage assis derrière l'Empereur ? Son attitude est-elle conforme à la tradition du sacre ?

➤ Mettre en relation les documents

3. Doc. 2 et 3 : Quel est le moment de la cérémonie représenté sur le doc. 3 ? David a-t-il toujours eu l'intention de peindre ce moment-là ? Justifiez la réponse.

➤ Rédiger

4. Rédigez un petit paragraphe montrant que ce tableau est une glorification de Napoléon.

Leçon 2 L'Empire (1804-1815)

➜ Comment l'Empire devient-il un régime autoritaire ?

A Un retour déguisé à la monarchie

En mai 1803, l'Angleterre reprend les hostilités contre la France. Le renforcement du pouvoir de Bonaparte apparaît alors comme nécessaire. La Constitution de l'an XII (18 mai 1804) transforme le Consulat en Empire. Pour asseoir sa légitimité, Napoléon décide d'être sacré à Notre-Dame de Paris en présence du pape Pie VII (2 décembre 1804).

Devenu empereur, Napoléon s'entoure d'une cour et d'une noblesse nouvelle, la **noblesse d'Empire**. Le faste et l'étiquette rappellent l'Ancien Régime **(doc. 3)**. Napoléon distribue les trônes d'Europe à sa famille. En 1810, après avoir répudié Joséphine, il épouse Marie-Louise, une archiduchesse autrichienne. La naissance d'un fils (appelé le roi de Rome) semble assurer la succession.

B Une société étroitement surveillée

Napoléon exerce un pouvoir absolu, les assemblées perdent toute influence. Au service de ce régime autoritaire, la police, réorganisée par Fouché, surveille tout et arrête les opposants éventuels **(doc. 1)**.

La censure s'abat sur les journaux, les théâtres et les écrivains. La justice est aux ordres de l'Empereur. Les ouvriers sont surveillés par la mise en place du **livret** **(doc. 2)**. En revanche, Napoléon, qui souhaite faire de Paris la ville phare de l'Europe, se veut le protecteur des arts qui peuvent servir sa gloire.

C Un mécontentement grandissant

En 1811, la France a atteint sa plus grande extension. Les victoires procurent des ressources au pays. Les bourgeois et les paysans s'enrichissent. Mais si l'Empereur protège les industries en interdisant les produits anglais, les grands ports sont ruinés.

À partir de 1812, les difficultés économiques et les guerres incessantes lassent le pays. Les paysans sont de plus en plus hostiles à la **conscription** **(doc. 4)**. En 1813, toute l'Europe se dresse contre la France. L'Empereur doit abdiquer en 1814 **(doc. 5)**. Le 8 juin 1815, après avoir tenté de revenir au pouvoir (les Cent-Jours), Napoléon est vaincu militairement à Waterloo. L'Empire s'effondre définitivement. Exilé par les Anglais sur l'île de Sainte-Hélène **(doc. 2 p. 89)**, Napoléon meurt le 5 mai 1821.

VOCABULAIRE

conscription (la) : enregistrement des jeunes hommes aptes au service militaire.

livret ouvrier (un) : sorte de passeport permettant à la police de surveiller le comportement et les déplacements des ouvriers.

noblesse d'Empire (la) : noblesse créée par Napoléon pour récompenser ses partisans. Elle ne dispose pas de privilèges.

1 La surveillance de l'opinion publique

a. Le rôle du ministre de la Police

La surveillance était, pour moi, une mesure de police très supportable. Elle servait surtout à protéger des innocents car mes indicateurs me fournissaient sans cesse des noms de conspirateurs mais souvent sans l'ombre d'une preuve.

D'après les *Mémoires* de Fouché, 1824.

b. Le rôle de la presse

Remuez-vous donc un peu plus pour soutenir l'opinion. Dites aux journalistes que, bien que loin de la France, je lis les journaux. Et s'ils continuent sur ce ton, je les interdirai. Déjà en 1800, je les ai réduits à quatorze. Dites-leur que je ne les jugerai point sur le mal qu'ils auront dit, mais sur le bien qu'ils n'auront pas dit. Je les réduirai de quatorze à sept, et je ne conserverai que ceux qui montreront un véritable attachement à moi.

D'après une lettre de Napoléon à Fouché, 24 avril 1805.

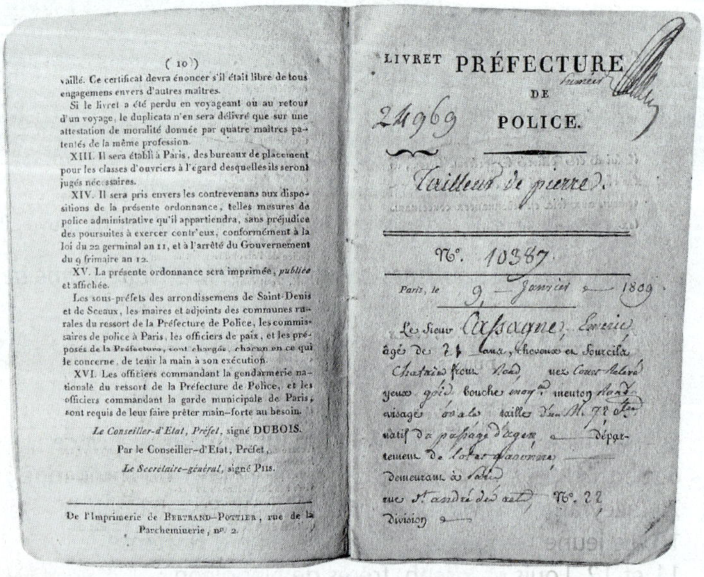
(10)
vaillé. Ce certificat devra énoncer s'il était libre de tous engagemens envers d'autres maîtres.

Si le livret a été perdu en voyageant ou au retour d'un voyage, le duplicata n'en sera délivré que sur une attestation de moralité donnée par quatre maîtres patentés de la même profession.

XIII. Il sera établi à Paris, des bureaux de placement pour les classes d'ouvriers à l'égard desquelles ils seront jugés nécessaires.

XIV. Il sera pris envers les contrevenans aux dispositions de la présente ordonnance, telles mesures de police administrative qu'il appartiendra, sans préjudice des poursuites à exercer contr'eux, conformément à la loi du 22 germinal an 11, et à l'arrêté du Gouvernement du 9 frimaire an 12.

XV. La présente ordonnance sera imprimée, *publiée* et affichée.

Les sous-préfets des arrondissemens de Saint-Denis et de Sceaux, les maires et adjoints des communes rurales du ressort de la Préfecture de Police, les commissaires de police à Paris, les officiers de paix, et les préposés de la Préfecture, sont chargés, chacun en ce qui le concerne, de tenir la main à son exécution.

XVI. Les officiers commandant la gendarmerie nationale du ressort de la Préfecture de Police, et les officiers commandant la garde municipale de Paris, sont requis de leur faire prêter main-forte au besoin.

Le Conseiller-d'Etat, Préfet, signé DUBOIS.

Par le Conseiller-d'Etat, Préfet,

Le Secrétaire-général, signé PIIS.

De l'Imprimerie de BERTRAND-POTTIER, rue de la Parcheminerie, n°. 2.

LIVRET PRÉFECTURE DE POLICE.

24969

Tailleur de pierre.

N°. 10387

Paris, le 9 Janvier 1809

2 Un livret ouvrier sous l'Empire. Musée de la préfecture de police, Paris.

1. Qui fournit le livret à l'ouvrier ?

3 La noblesse d'Empire au bal de l'Opéra. J.-F. Bosio, gravure, 1810. Musée Carnavalet, Paris.

1. **Quels sont les principaux déguisements visibles sur ce document ?**
2. **Relevez les éléments de cette gravure qui montrent que cette scène pourrait se passer sous l'Ancien Régime.**

4 Un paysan essaie d'échapper à la conscription

J'ai bien reçu le rapport indiquant l'accident dont a été victime le dénommé Nève. La coïncidence de cet événement avec son appel à la conscription de 1812 pour la Russie laisse à penser qu'il s'est mutilé lui-même. Veuillez donner les ordres nécessaires pour que ce conscrit soit transporté à Lille le 26 de ce mois et envoyé quand même au conseil de recrutement.

D'après une lettre du préfet de Lille au sous-préfet de Douai, le 21 décembre 1812, *Archives Flandre, Hainaut, Artois, 1800-1815.*

1. **Qu'a fait Nève ? Pourquoi ?**
2. **Quelle est la décision du préfet ?**
3. **Doc. 1, 2 et 4 : Comment le gouvernement contrôle-t-il la population ?**

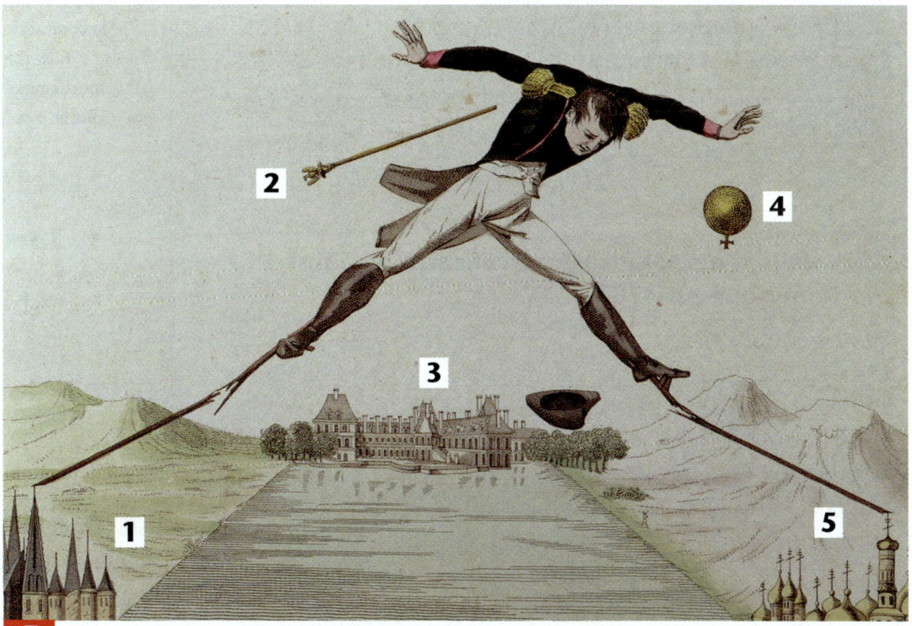

5 La guerre d'Espagne et la guerre de Russie font chuter Napoléon.
Caricature de 1814. Musée Carnavalet, Paris.

1. Madrid 2. Sceptre (pouvoir). 3. Fontainebleau. 4. Globe (Empire). 5. Moscou.

1. **Selon le caricaturiste, qu'est-ce qui a contribué à faire chuter le régime de Napoléon ?**
2. **Doc. 4 et 5 : Quels sont les sentiments des Français à la fin de l'Empire ?**

Dossier

La Révolution et l'Empire face à l'esclavage

›› Objectif

Comprendre pourquoi l'abolition de l'esclavage a été aussi difficile.

À la veille de la Révolution est créée la Société des amis des Noirs qui, sous l'influence des idées des philosophes, réclame l'abolition de l'esclavage dans les colonies françaises. Mais en 1789, pour satisfaire les intérêts économiques des colons, l'Assemblée constituante maintient l'esclavage. Les révoltes d'esclaves sont tout d'abord cruellement réprimées. En 1794, la Convention dominée par les jacobins, « partisans de l'égalité et de l'universalité », abolit enfin l'esclavage. Pour des raisons économiques, il est rétabli par Bonaparte dès 1802.

1 Depuis 1685, les esclaves des Antilles sont soumis au « Code noir »

Art. 2. Tous les esclaves qui seront dans nos îles seront baptisés et instruits dans la religion catholique.
Art. 9. Les hommes libres qui auront eu un ou plusieurs enfants de leurs concubinages avec leurs esclaves seront chacun condamnés en une amende de deux mille livres de sucre.
Art. 12. Les enfants qui naîtront de mariages entre esclaves seront esclaves et appartiendront aux maîtres des femmes esclaves.
Art. 18. Défendons aux esclaves de vendre des cannes de sucre pour quelque cause et occasion que ce soit, même avec la permission de leur maîtres.
Art. 38. L'esclave fugitif[1] aura les oreilles coupées et sera marqué d'une fleur de lys sur l'épaule. S'il récidive, il aura la jambe coupée et sera marqué d'une fleur de lys sur l'autre épaule. La troisième fois, il sera puni de mort.

1. Appelé « marron » selon le mot espagnol « cimarrón » signifiant le retour à l'état sauvage.

2 Valeur d'une plantation française de Saint-Domingue en 1787

39 nègres qui valent	86 650 F
18 négrillons (garçons) qui valent	14 650 F
40 négresses qui valent	55 220 F
6 négrittes (filles) qui valent	4 050 F
70 animaux de ferme qui valent	11 400 F
Outils et bâtiments pour l'exploitation du café qui valent	25 000 F
125 hectares de terres qui valent	110 000 F
Autres biens qui valent	12 440 F
L'exploitation vaut en tout	319 410 F

D'après un acte notarié enregistré à La Rochelle.

DECRET N° 2262

DE LA

CONVENTION NATIONALE

Du 16° jour de Pluviose, an fecond de la République Françaife, une & indivifible

Qui abolit l' Efclavage des Nègres dans les Colonies.

LA CONVENTION NATIONALE déclare que l'efclavage des Nègres dans toutes les Colonies eft aboli; en conféquence elle décrète que tous les hommes, fans diftinction de couleur, domiciliès dans les colonies, font citoyens Français, & jouiront de tous les droits affurés par la conftitution.

Elle renvoie au comité de falut public, pour lui faire inceffamment un rapport fur les mefures à prendre pour affurer l'exécution du préfent décret.

Vifé par les infpecteurs. Signés AUGER, CORDIER & S.E MONNEL.

Collationné à l'original, par nous président & fecrétaires de la Convention nationale. A Paris, le 22 Germinal, an fecond de la République Françaife, une & indivifible. Signé AMAR, préfident, A. M. BAUDOT, MONNOT, CH. POTTIER & PEYSSARD, fecrétaires.

Au NOM DE LA REPUBLIQUE, le Confeil exécutif provifoire.

Décret de la convention nationale abolissant l'esclavage. 16 Pluviôse An II (14 février 1794)

3 Décret de la Convention nationale abolissant l'esclavage le 16 pluviôse an II (4 février 1794).

Ce décret mécontente les propriétaires des grandes plantations des Antilles qui emploient, en 1792, plus de 640 000 esclaves. La France occupe alors le premier rang mondial dans le domaine du sucre mais aussi du café.

4 **« Moi libre ».** Gravure anonyme de 1794 provenant des Antilles, musée des Arts décoratifs, Paris.
L'ancien esclave porte le bonnet phrygien, symbole de la liberté retrouvée.

5 **Décret rétablissant l'esclavage des Noirs dans les colonies (20 mai 1802)**

Au nom du peuple français, Bonaparte, Premier consul, proclame loi de la République le décret suivant :
Art. 1. Dans les colonies restituées à la France en exécution du traité d'Amiens, du 6 germinal an X (1802), l'esclavage sera maintenu conformément aux lois et règlements antérieurs à 1789.
Art. 2. Il en sera de même dans les autres colonies françaises au-delà du cap de Bonne-Espérance.
Art. 3. La traite des Noirs et leur importation dans les dites colonies, auront lieu, conformément aux lois et règlements existant avant 1789.
Art. 4. En dépit de toutes les lois antérieures, le régime des colonies est soumis, pendant dix ans aux règlements qui seront faits par le gouvernement.

Signé par Abrial, ministre de la Justice.

1788 : À Paris, fondation de la Société des amis des Noirs.
1789 : À la Martinique, première insurrection d'esclaves (31 août).
1791 : Débats à l'Assemblée constituante sur l'égalité des droits « des hommes de couleur et des Noirs libres ». Déclenchement de l'insurrection des esclaves dans la partie nord de Saint-Domingue (août).
1793 : Début de la guerre franco-anglaise. Abolition de l'esclavage à Saint-Domingue par les commissaires civils Sonthonax et Polverel.
1794 (4 février) : La Convention ratifie l'abolition à Saint-Domingue et la généralise à toutes les colonies françaises.
1802 (20 mai) : Loi de rétablissement de l'esclavage et de la traite.
1848 : Abolition de l'esclavage dans toutes les colonies françaises par la IIe République, grâce à l'action de Victor Schœlcher.

6 **Cinquante ans pour abolir définitivement l'esclavage.**

QUESTIONS

➤ Trouver des informations dans un document

1. Doc. 1 : Que risquaient les esclaves fugitifs ?
2. Doc. 2 : Selon cet inventaire, comment sont considérées les populations noires de la plantation ?
3. Doc. 3 : Que décide la Convention le 16 pluviôse an II ?
4. Doc. 4 : Décrivez le costume du personnage. Que signifie le choix des couleurs ?
5. Doc. 5 : Que décide le décret du 20 mai 1802 ?

➤ Mettre en relation les documents

6. Doc. 1 et 3 : En quoi le statut de l'esclave est-il contradictoire avec la Déclaration des droits de l'homme et du citoyen ?

➤ Rédiger

7. Doc. 1 à 6 : Rédigez un petit paragraphe montrant que l'abolition de l'esclavage a été un long combat dans les colonies françaises.

Dossier

La France en 1815

›› Objectif

Faire un bilan de la Révolution et de l'Empire.

La Révolution et l'Empire ont créé de nouvelles conceptions politiques et des pratiques de gouvernement très différentes de celles du passé. Les principes de 1789 (liberté, égalité devant la loi) sont définitivement acquis. L'État peut désormais s'appuyer sur une administration efficace. La bourgeoisie est devenue la classe sociale dominante.

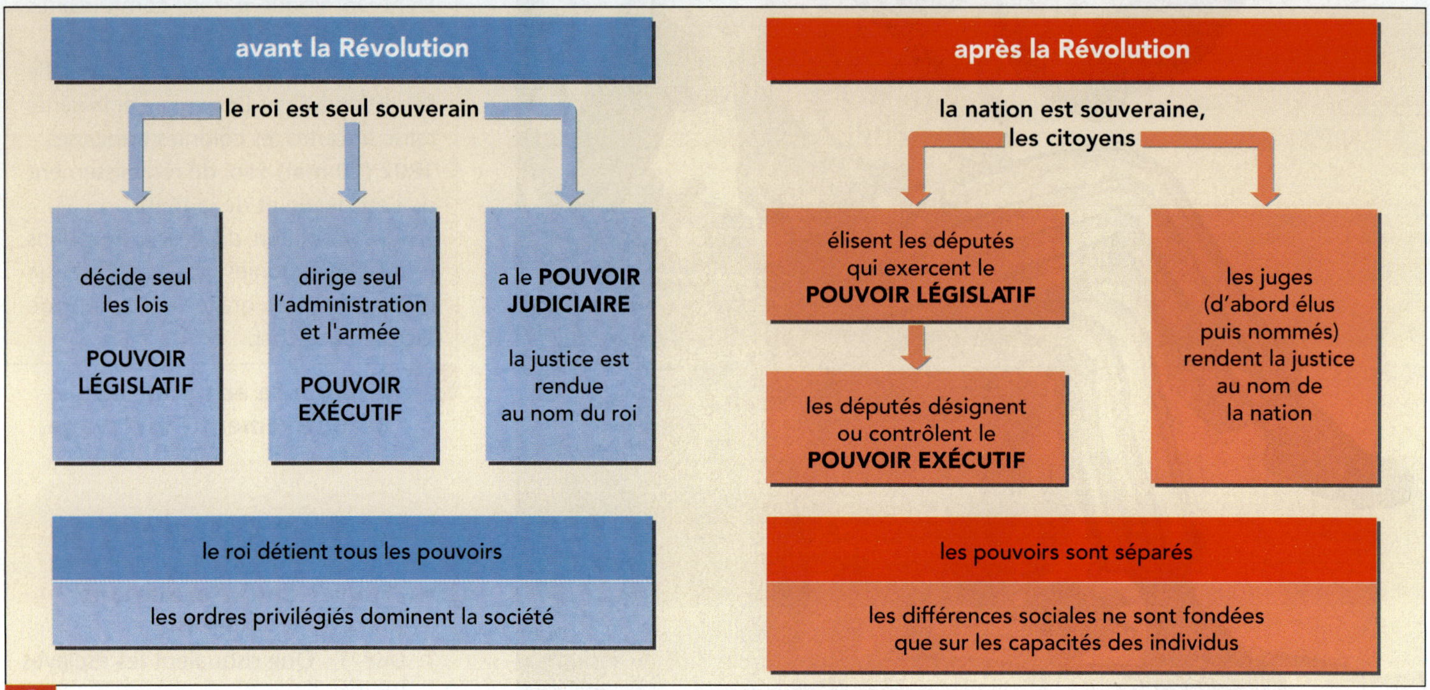

1 Un bouleversement politique et social.

2 Les grands principes révolutionnaires.
Cartes à jouer révolutionnaires, 1793.

3 Les changements dans la société

Les actes de décès de mes parents marquent parfaitement les changements entre l'avant 1789 et l'après 1789.

Extrait du registre de la paroisse de Combourg pour 1786. Le puissant sire René de Chateaubriand, comte de Combourg, époux de haute et puissante dame Apolline-Jeanne-Suzanne de Bédée de la Bouëtardais, comtesse de Combourg, est mort dans son château de Combourg le 6 septembre. Il a été inhumé le 8 dans le caveau de notre église de Combourg en présence de messieurs les gentils-hommes et messieurs les officiers de la juridiction.

Extrait du registre de décès de la ville de Saint-Servan, département d'Ille-et-Vilaine. Le 30 prairial de l'an VI (31 mai 1798), de la République française, devant moi, Jacques Bourdasse, fonctionnaire municipal sont comparus Jean Baslé, jardinier, et Joseph Boulin, ouvrier agricole, qui m'ont déclaré qu'Apolline-Jeanne-Suzanne de Bédée, veuve de René-Auguste de Chateaubriand est décédée au domicile de la citoyenne Guyon. J'ai rédigé l'acte de décès.

D'après F.-R. Chateaubriand, *Mémoires d'outre-tombe*, 1803-1846.

4 Napoléon rétablit le culte israélite, le 30 mai 1806.

Gravure. Bibliothèque Thiers, Paris.

5 Une ascension sociale

Monsieur Grandet, était, en 1789, un tonnelier fort à son aise, sachant lire, écrire et compter. Dès que la République française mit en vente les biens du clergé, Grandet alla, muni de sa fortune, au district où il eut pour un morceau de pain, les plus beaux vignobles de l'arrondissement et quelques métairies. Les habitants de Saumur étant peu révolutionnaires, Grandet passa pour un républicain, un patriote. Sous le Consulat, Grandet devint maire, administra sagement, vendangea mieux encore ; sous l'Empire, il fut monsieur Grandet. Il aurait pu demander la croix de la Légion d'honneur. Cet événement eut lieu en 1806.

D'après Balzac, *Eugénie Grandet*, 1833.

6 *La Marseillaise*, texte de Rouget de Lisle

Rouget de Lisle a composé un chant de guerre pour l'armée du Rhin en 1792. Repris par les fédérés marseillais qui participent à la prise des Tuileries le 10 août 1792, cet hymne devient très rapidement un symbole de la République. Depuis la loi du 14 février 1879, ce chant est devenu l'hymne national de la France.

1. Allons, enfants de la patrie,
Le jour de gloire est arrivé !
Contre nous de la tyrannie
L'étendard sanglant est levé ! (*bis*)
Entendez-vous dans les campagnes
Mugir ces féroces soldats ?
Ils viennent jusque dans nos bras
Égorger nos fils, nos compagnes.
Refrain
Aux armes, citoyens, formez vos bataillons !
Marchons ! Marchons !
Qu'un sang impur abreuve nos sillons !

2. Que veut cette horde d'esclaves,
De traîtres, de rois conjurés ?
Pour qui ces ignobles entraves,
Ces fers dès longtemps préparés ? (*bis*)
Français ! Pour nous, ah ! Quel outrage !
Quels transports il doit exciter !
C'est nous qu'on ose méditer
De rendre à l'antique esclavage !
(Refrain) [...]

5. Amour sacré de la Patrie,
Conduis, soutiens nos bras vengeurs !
Liberté, Liberté chérie,
Combats avec tes défenseurs ! (*bis*)
Sous nos drapeaux, que la victoire
Accoure à tes mâles accents !
Que tes ennemis expirants
Voient ton triomphe et notre gloire !
(Refrain).

Gravure coloriée, début du XIXe siècle. BNF, Paris.

QUESTIONS

➤ Trouver des informations dans un document

1. Doc. 1 : À quels principaux changements assiste-t-on dans le domaine politique ?

2. Doc. 2 : Quels sont les grands principes révolutionnaires rappelés par ces deux cartes à jouer ?

3. Doc. 3 : Comparez la façon dont est nommée la mère de Chateaubriand dans les deux actes. Expliquez cette évolution.

4. Doc. 4 : Quel grand principe révolutionnaire rappelle cette gravure ?

5. Doc. 5 : Quelle est, à l'origine, la profession du père Grandet ? Comment devient-il un homme très riche ? Montrez que son ascension est aussi politique.

6. Doc. 6 : Que représente *La Marseillaise* aujourd'hui ?

➤ Mettre en relation les documents

7. Doc. 1 et 5 : Montrez que la bourgeoisie est la grande gagnante de la Révolution et de l'Empire.

➤ Rédiger

8. Rédigez un petit paragraphe expliquant comment la vie d'un Français est transformée après la Révolution et l'Empire. Utilisez les mots : liberté de culte, égalité civile, droit de vote.

1 Retenir l'essentiel du chapitre

1. **Recopiez et complétez le texte en vous aidant de la liste de mots de vocabulaire suivante : Code civil ; concordat ; conscription ; franc germinal ; Légion d'honneur ; livret ; « masses de granit » ; noblesse d'Empire ; plébiscite ; préfet.**

La Constitution de 1799 qui fonde le Consulat est approuvée par .... Elle n'est qu'en apparence démocratique. Le Consulat accentue la centralisation du pays. Le Premier consul nomme un............ dans chaque département.
Bonaparte réorganise la société en lui donnant des bases solides qu'il nomme les .... La........................ permet de récompenser les fidèles du régime. En 1804, le .... est promulgué. Le ...., signé en 1801 avec le pape, règle la question religieuse. En 1803, le Premier consul crée une monnaie stable, le................. ......
Devenu Empereur, Napoléon s'entoure d'un véritable cour et crée la......... .... Il exerce alors un pouvoir absolu. Les ouvriers sont surveillés par la mise en place du .... À partir de 1812, les guerres incessantes lassent le pays. Les paysans essaient d'échapper à la .... Vaincu militairement, l'Empire s'effondre définitivement en 1815.

2 Mettre en relation des documents

1 Première distribution de la Légion d'honneur, en l'église des Invalides, 14 juillet 1804.
J.-B. Debret, huile sur toile. Musée du château, Versailles.

2 Un franc germinal de 1807.

3 Extraits du Code civil (1804)

De bonnes lois civiles sont la garantie de la paix publique. Ce sont les bons pères, les bons maris, les bons fils qui font les bons citoyens.
Art. 212 : Les époux se doivent mutuellement fidélité, secours et assistance.
Art. 345 : Nul ne peut être contraint de céder sa propriété sauf pour une cause d'utilité publique et en recevant une juste et préalable indemnité.
Art. 371 : L'enfant, à tout âge, doit honneur et respect à ses parents.
Art. 372 : L'enfant reste sous l'autorité de ses parents jusqu'à sa majorité.

1. Présentez les trois documents.
2. Doc. 1 : Dans quel but la Légion d'honneur a-t-elle été créée ?
3. Doc. 2 : Décrivez les deux faces de la monnaie. Quelle contradiction apparaît entre ces deux faces ?
4. Doc. 2 : Pourquoi faut-il mettre en place une nouvelle monnaie à cette époque ?
5. Doc. 3 : Quel est le but premier du Code civil ? D'après ce texte, qui détient l'autorité dans la famille ?
6. Doc. 1 à 3 : Quel nom donne-t-on à ces trois créations napoléoniennes ? Pourquoi ?

3 Savoir lire et interpréter un portrait officiel (vous pouvez vous aider du dossier p. 92-93)

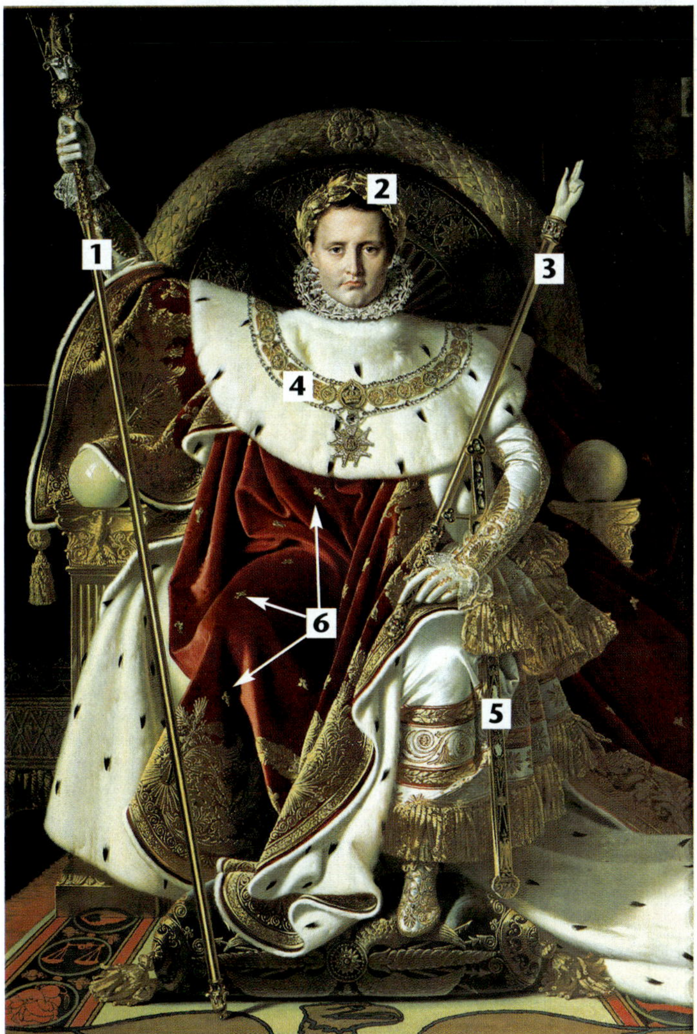

1 ***Napoléon sur le trône impérial.*** Jean-Auguste-Dominique Ingres, huile sur toile (259 cm x 162 cm), 1806. Musée de l'Armée, Paris.

1. Quelles sont les deux couleurs qui dominent le tableau ?
2. Dans quel autre tableau peut-on voir le costume dont est revêtu Napoléon ? Quel est donc ce costume ?
3. Faites correspondre chacun des éléments numérotés de 1 à 5 à l'une des propositions suivantes : sceptre dit « de l'Empereur d'Occident », main de justice, épée, couronne de laurier, collier de la Légion d'honneur.
4. Parmi ces cinq symboles du pouvoir, quels sont les trois qui rappellent Charlemagne ? Quel est celui qui évoque l'Empire romain ?
5. Choisissez, pour l'élément n° 6, une des deux propositions suivantes : fleur de lys, abeille.
6. Recopiez le tableau suivant et classez les six symboles du pouvoir (numérotés de 1 à 6 sur la peinture) :

Symbole rappelant l'Empire romain	
Symboles rappelant Charlemagne	
Symboles propres au Consulat et à l'Empire	

7. Pourquoi n'y a-t-il pas dans ce portrait de Napoléon de symboles rappelant directement les rois de l'Ancien Régime ? Justifiez votre réponse.

4 Faire le bilan d'une époque

1. Recopiez le tableau ci-contre.
2. Complétez la deuxième ligne en choisissant les réponses parmi les propositions suivantes : biens nationaux, création des lycées ; nuit du 4 août ; loi Le Chapelier.
3. Complétez la troisième ligne en choisissant les réponses parmi les propositions suivantes : accès à tous les emplois ; souveraineté nationale ; acquisition de diplômes ; acquisition de terres.

La bourgeoisie demande	Une nouvelle définition de la souveraineté	La fin des privilèges	La disparition des biens du clergé	La libération de l'économie	Le droit à l'enseignement
Elle l'obtient par	*Déclaration des droits de l'homme et du citoyen*				
Conséquence				*Libre entreprise*	

Chapitre 6 Les transformations de l'Europe (1789-1815)

→ **Comment la Révolution française et l'Empire ont-ils modifié l'Europe ?**

1 L'Europe en 1811, au moment de la plus grande extension de l'empire napoléonien.

1. Citez deux pays étrangers qui ont été englobés directement dans l'empire napoléonien.
2. Quels sont les royaumes gouvernés par les membres de la famille impériale ?
3. Donnez les noms des principaux ennemis de la France en 1811.

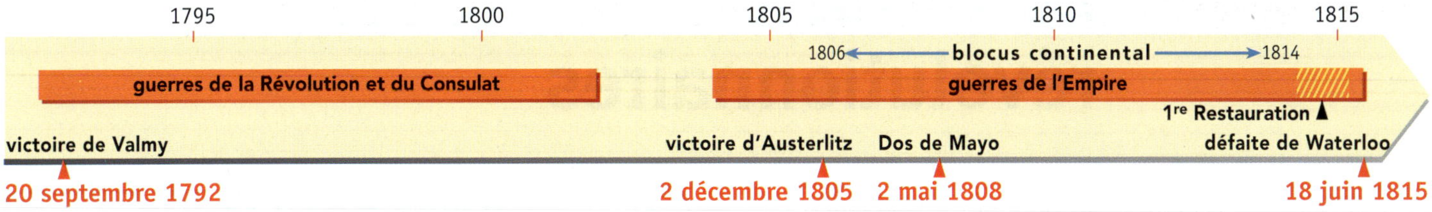

2 La plantation d'un arbre de la liberté. Le peuple de Sondrio en Valteline, dans le nord de l'Italie, plante un arbre de la liberté, le 14 juin 1797. Gravure, détail, fin XVIIIe siècle. Fondation Dosne-Thiers, Paris.

1. Où se déroule cette scène ?
2. Repérez les principaux symboles de la Révolution.
3. Qui sont les deux personnages représentés à droite du document. Pourquoi détournent-ils les yeux de la scène centrale ?

Leçon 1

La diffusion des idées révolutionnaires

➜ **Pourquoi et comment la Révolution française se propage-t-elle en Europe ?**

A L'enthousiasme des peuples européens

Les événements de 1789 ont été favorablement accueillis en Europe. Dès 1790, l'Assemblée nationale constituante proclame par décret sa volonté de paix : « La nation française renonce à entreprendre aucune guerre dans le but de faire des conquêtes ». Les habitants d'Avignon, sujets du pape, demandent leur rattachement à la France au nom de la mesure adoptée par l'Assemblée constituante « du droit des peuples à disposer d'eux-mêmes ».

La victoire de Valmy, le 20 septembre 1792, est ressentie par les peuples voisins comme le début d'une ère nouvelle. Les armées françaises abolissent les droits féodaux et la dîme dans les pays occupés et proclament les grands principes issus de la Déclaration des droits de l'homme et du citoyen **(doc. 1)**. En Italie et en Allemagne, de nombreux intellectuels, comme Goethe, s'enflamment pour les idées révolutionnaires **(doc. 2)**.

B Des guerres de conquêtes

À partir de 1793, la guerre de libération contre les « tyrans » européens **(doc. 3)** se transforme en guerre de conquêtes. La Convention justifie cette guerre par le désir de la France d'avoir des « frontières naturelles ». Elle reprend là un des objectifs de l'Ancien Régime.

L'exécution de Louis XVI (21 janvier 1793) et l'annexion de la Belgique provoquent la première **coalition** des souverains européens contre la France. En 1794, les soldats de l'an II repoussent les ennemis et occupent de nouvelles régions. Les territoires hollandais et italiens deviennent des **républiques sœurs**. En Italie, le général Bonaparte obtient de brillants succès.

C De l'enthousiasme à la déception

Très vite, les armées de libération se transforment en armées d'occupation. Les contributions forcées en hommes et en ressources **(doc. 5)**, le pillage des œuvres d'art **(doc. 4)** provoquent rapidement l'hostilité des populations et contribuent à la naissance d'un **sentiment national**.

Ces occupations déclenchent en 1799 une seconde coalition des grandes puissances européennes contre la France.

VOCABULAIRE

coalition (une) : alliance politique et militaire de plusieurs pays contre un ennemi commun.

république sœur (une) : territoire contrôlé par la France de 1795 à 1799 qui a adopté une Constitution basée sur le modèle français.

sentiment national (le) : sentiment d'appartenir à un groupe qui partage un territoire, des intérêts communs et une volonté de vivre ensemble.

1 Décret du 15 décembre 1792

La Convention nationale décrète :
1. Dans les pays qui sont ou seront occupés par les armées de la République, les généraux proclameront sur-le-champ, au nom de la nation française, la souveraineté du peuple, l'abolition de la dîme, de la féodalité, des droits seigneuriaux et de tous les privilèges.
2. Ils annonceront au peuple qu'ils lui apportent paix, secours, fraternité, liberté et égalité.

1. **Montrez que l'article 1 est influencé par les décisions prises lors de la nuit du 4 août 1789.**

2 « Passants, cette terre est libre » !
Aquarelle de Goethe (1749-1832) glorifiant la Révolution française.

3 ***La Liberté, fille de la Révolution, faisant le tour du monde.*** Jacques Réattu, huile sur toile, 1798. Musée Réattu, Arles.

1. Où se trouve la Liberté ? Qu'est-ce qui permet de l'identifier à la France ?
2. Doc. 1, 2 et 3 : Quelles sont les valeurs que la Révolution diffuse à travers le monde ?

4 **Les Français emportant chez eux les œuvres d'art des pays conquis.** Détail d'un vase de porcelaine, XIXe siècle, manufacture de Sèvres.

1. Décrivez le document.
2. Qui porte la statue ?
3. Doc. 4 et 5 : Comment la France se comporte-t-elle dans les pays conquis ?

5 **Bonaparte en Italie**

Une armée républicaine, forcée de faire la guerre à mort aux rois qu'elle combat, voue amitié aux peuples que ses victoires affranchissent de la tyrannie. Pour assurer la marche des troupes, des approvisionnements, qu'elles ne peuvent faire venir de France d'où elles sont si éloignées, leur sont nécessaires. Elles doivent les trouver en Italie où les conquêtes les ont amenées. Le droit à la guerre les leur assure, l'amitié doit s'empresser de les leur offrir. Vingt millions de francs seront prélevés dans les différentes provinces italiennes. C'est bien faible demande pour des régions aussi riches, si on réfléchit à l'avantage qui doit en résulter pour elles.

D'après la *Proclamation de Bonaparte aux Milanais*, le 19 mai 1796.

1. Que demande Bonaparte aux Italiens ?

Leçon 2 L'Europe napoléonienne

→ **Comment se créé et s'organise l'Europe napoléonienne ?**

A Les conquêtes de la Grande Armée

À Amiens, en 1802, Napoléon signe la paix avec l'Angleterre, mais dès 1803, la guerre reprend. Après la destruction de la flotte française à Trafalgar (1805), l'Empereur renonce à envahir le Royaume-Uni et doit affronter la coalition des puissances européennes. Jusqu'en 1807, les victoires françaises sont sans appel.

Le 2 décembre 1805, Napoléon remporte la victoire d'Austerlitz contre les troupes austro-russes **(doc. 1)**. En 1807, battu à Eylau **(doc. 3)**, le tsar de Russie doit conclure une alliance avec la France. Les conquêtes impériales ont été rendues possibles grâce à l'ingénieuse stratégie militaire de Napoléon et à la puissance de la **Grande Armée** (500 000 hommes).

B Une nouvelle Europe

La France compte alors 130 départements. Elle est le cœur du Grand Empire qui atteint son extension maximale en 1811. L'Empereur attribue les trônes des pays conquis aux membres de sa famille. Il crée aussi de nouveaux États dépendants de la France comme la Confédération du Rhin ou le Grand-Duché de Varsovie.

Dans les pays qu'elle domine, la France diffuse le Code civil **(doc. 4)** et abolit les droits féodaux. Contre le Royaume-Uni, elle met en place le **blocus continental** **(doc. 2)**. Son succès est limité car la contrebande est très active.

C Une domination fragile

À partir de 1808, les armées impériales doivent faire face à la guérilla espagnole **(voir dossier p. 108-109)**. Les soldats mal payés sont contraints d'exploiter les ressources des pays occupés et, pour maintenir ses effectifs, l'armée doit incorporer des troupes étrangères. Les Français et l'Empereur deviennent très impopulaires **(doc. 5)**.

En 1812, Napoléon lance une offensive contre la Russie qui se termine par un désastre (passage de la Bérézina). Les puissances étrangères forment une nouvelle coalition et envahissent la France en janvier 1814. Napoléon est contraint de s'exiler. Le Sénat proclame alors roi de France Louis XVIII, le frère de Louis XVI. En 1815, à Vienne, l'Europe est reconstruite par les vainqueurs selon les principes de l'Ancien Régime, sans tenir compte des désirs des peuples **(voir dossier p. 110-111)**.

VOCABULAIRE

blocus continental (le) : nom donné aux mesures prises par la France entre 1806 et 1814 pour empêcher tout commerce avec l'Angleterre.

Grande Armée (la) : nom donné de 1805 à 1814 à l'ensemble des soldats français et étrangers placés sous les ordres de Napoléon.

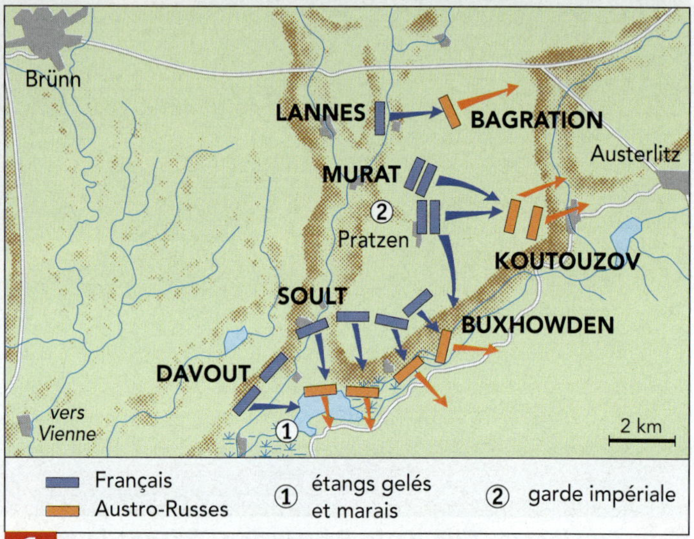

1 Plan de la bataille d'Austerlitz.
Soldats ! Il vous suffira de dire : « j'étais à la bataille d'Austerlitz », pour que l'on vous réponde : « voilà un brave ! » Proclamation de Napoléon à ses troupes, 2 décembre 1805.

1. Quels sont les pays battus par la France à Austerlitz ?

2 Marchandises anglaises brûlées à Amsterdam à cause du blocus continental. Gravure de 1810.

1. Pourquoi brûle-t-on les marchandises anglaises ?

3 ***Napoléon visitant le champ de bataille au lendemain de la bataille d'Eylau, le 9 février 1807.*** Charles Meynier, huile sur toile (93 cm x 146 cm), 1807. Musée du château, Versailles.

À Eylau, les morts occupaient la même place, mais les blessés, qui n'avaient pu rejoindre la ville, s'étaient entassés les uns sur les autres, pour éviter le froid, au nombre de trente à quarante, sur les bords des chemins. Nous entrâmes dans la ville. Toutes les maisons étaient remplies de morts et de blessés russes et français confondus, de sorte que, pour trouver un abri, les vivants étaient obligés de prendre leur place aux morts. D'après Octave Levasseur, ancien officier de l'armée napoléonienne, *Souvenirs militaires*, 1914.

1. Quel moment de la bataille le peintre a-t-il choisi de représenter ?
2. Contre quel ennemi l'armée française se bat-elle à Eylau ?
3. Trouvez un mot pour qualifier ce que l'auteur découvre dans cette ville.

4 ***Napoléon abolit le régime féodal et remet le Code civil à la ville de Rome.*** Huile sur toile (détail). Musée Napoléon, Rome.

1. Que fait Napoléon ?
2. Comment est symbolisée la ville de Rome ?
3. Doc. 1, 2, 3 et 4 : Comment Napoléon parvient-il à dominer une grande partie de l'Europe ?

5 Napoléon, tyran de l'Europe

Mme de Staël, favorable à la Révolution, est exilée en 1803 par Napoléon et se réfugie en Suisse.

Napoléon ne faisait rien en Allemagne que dans le but d'y établir son pouvoir et celui de sa famille. L'Espagne aussi devait repousser avec horreur les perfides moyens que Napoléon employa pour l'asservir. Qu'offrait-il donc aux pays qu'il voulait subjuguer ? Était-ce la liberté ? Était-ce la force ? Était-ce de la richesse ? Non ; c'était lui, toujours lui. Les Italiens, par l'espoir confus d'être enfin réunis en un seul État, les infortunés Polonais qui demandent à l'enfer aussi bien qu'au ciel de redevenir une nation étaient les seuls qui servaient volontairement l'Empereur.

D'après Mme de Staël (1766-1817), *Considérations sur la Révolution française*, 1818.

1. Quels sont, d'après Mme de Staël, les buts poursuivis par Napoléon ?
2. Doc. 3 et 5 : Pourquoi cette Europe sous domination française ne pouvait-elle pas durer ?

Les patriotes espagnols, vus par Goya

›› Objectif

Étudier la peinture d'un artiste engagé.

En 1808, Napoléon fait occuper l'Espagne et contraint son roi à partir en exil. Une insurrection contre les Français éclate. La répression est cruelle : à Madrid, les 2 et 3 mai 1808, environ 700 Espagnols sont fusillés. Joseph, frère de Napoléon, reçoit la couronne d'Espagne malgré l'hostilité de la population. L'Empereur est contraint de maintenir de nombreux soldats en Espagne, ce qui affaiblit ses armées engagées contre les autres puissances européennes.

1 ***Dos de Mayo (Deux Mai 1808)*, 1814.** Francisco Goya, 1814, huile sur toile (266 cm x 345 cm). Musée du Prado, Madrid.

2 Madrid se soulève contre les Français

L'émeute commença. L'alarme se répandit aussitôt dans tout Madrid, et une demi-heure ne s'était pas écoulée, qu'on tirait des coups de fusils dans toutes les rues. Les Français isolés furent partout attaqués et un grand nombre fut assassiné. Mais l'avantage ne resta pas longtemps aux insurgés. Les Français balayèrent les rues avec leur artillerie. La cavalerie de la garde impériale chargea la foule. Le combat cessa. Une grande partie des personnes qui avaient été arrêtées furent relâchées. Cependant il y en eut qui ne furent point remis en liberté mais livrés à une commission militaire. Le lendemain, ce tribunal, avec une grande barbarie, condamna tous les prisonniers sans les avoir entendus et sans qu'ils aient pu se défendre. Après la chute du jour, on les envoya par pelotons au Prado où ils furent fusillés. On annonça 104 morts, 35 disparus et 54 blessés. Mais cette évaluation était en dessous de la vérité car, pour calmer la douleur de la foule, on choisit de dissimuler une partie de la réalité.

D'après Joseph Lavallée, *Histoire et description de l'Espagne depuis l'expulsion des Maures jusqu'à 1847*, 1847.

3 ***Ce n'est pas supportable.*** Goya, gravure à l'encre de Chine (20 cm x 14,2 cm) extraite des *Désastres de la Guerre*, 1810-1820.

4 ***Tres de Mayo (Trois Mai 1808)*, 1814.** Francisco Goya, huile sur toile (266 cm x 345 cm). Musée du Prado, Madrid.

5 Francisco Goya (1746-1828)

En 1808, lorsque les Français envahissent l'Espagne, Goya est le peintre officiel de la cour. Atteint de surdité en 1792, il peint un monde angoissant et tourmenté.

Acquis aux idées libérales de la Révolution française, il est profondément bouleversé par la cruauté des soldats français. Il en témoigne dans un ensemble de gravures intitulées *Les Désastres de la Guerre*.

Après le départ des Français en 1814, il obtient un soutien financier du gouvernement espagnol pour immortaliser les exploits les plus héroïques de l'insurrection contre la France.

Autoportrait, 1783. Musée des Beaux-Arts, Agen.

QUESTIONS

➤ Trouver des informations dans un document

1. Doc. 1 : Décrivez cette scène.
2. Doc. 2 : Comment l'auteur qualifie-t-il l'attitude du tribunal ? Pourquoi ?
3. Doc. 3 : Que dénonce Goya dans cette gravure ?
4. Doc. 4 : Comment le peintre suggère-t-il la cruauté des soldats français ? Comment exprime-t-il l'innocence des Espagnols ?

➤ Mettre en relation les documents

5. Doc. 1, 2 et 4 : Trouvez une phrase du texte (doc. 2) qui correspond au doc. 1 et une autre phrase qui correspond au doc. 4.

➤ Rédiger

6. Doc. 1 à 5 : Rédigez un petit paragraphe expliquant pourquoi Goya est un peintre engagé au service de sa patrie.

>> Objectif

Comprendre comment le congrès de Vienne tente d'effacer les traces de la Révolution française en Europe.

L'Europe du congrès de Vienne

De septembre 1814 à juin 1815, les représentants des grandes puissances se réunissent à Vienne en congrès pour redessiner la carte politique de l'Europe après la défaite de Napoléon. Le 9 juin 1815, l'acte final découpe l'Europe selon le droit des princes et rétablit l'ordre ancien. Les acquis de la Révolution et de l'Empire risquent de disparaître. Les revendications nationales nées de l'occupation française sont bâillonnées. Dès novembre 1815, les quatre grandes puissances européennes instaurent une Quadruple Alliance chargée d'empêcher tout mouvement révolutionnaire. Une répression sévère s'abat sur tout le continent.

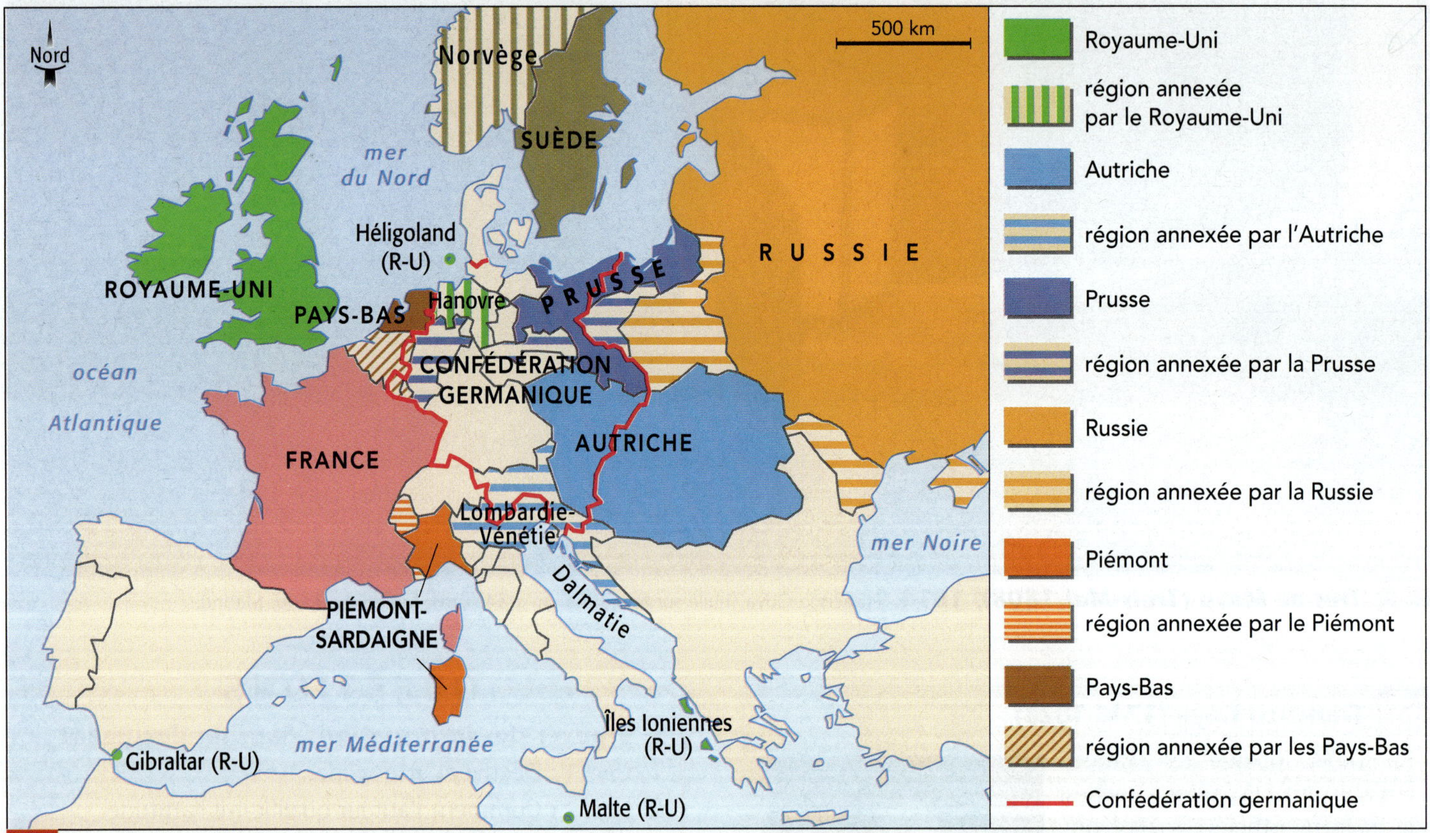

1 Les pays vainqueurs de Napoléon se partagent l'Europe en 1815.

2 Deux visions de l'Europe au moment du congrès de Vienne

a. Étouffer les révolutionnaires

La grande affaire des nations, c'est la permanence de l'ordre ancien, pas son changement. Que les gouvernements soient justes mais forts. Qu'ils maintiennent la religion. Qu'ils étouffent les révolutionnaires, cette gangrène de la société. Que les grands monarques resserrent leur union, car cette union assure la paix politique de l'Europe.

D'après les *Mémoires* du Premier ministre autrichien Metternich (1775-1859).

b. Un officier russe condamne le congrès de Vienne

Les peuples, après avoir connu les douceurs de la connaissance et de la liberté, s'efforcent de les conserver et les gouvernements entourés de millions de baïonnettes font des efforts pour rejeter ces peuples dans les profondeurs de l'ignorance. C'est pour cela que les prisons d'Italie et des autres pays sont pleines de citoyens enchaînés.

D'après Pierre Kakhovski, début XIXe siècle.

3 **« On s'amuse avec l'Europe au congrès de Vienne ».** Caricature. BNF, Paris.

1. Roi d'Espagne. 2. Roi de Prusse. 3. Empereur d'Autriche. 4. Louis XVIII, roi de France. 5. Tsar de Russie. 6. Napoléon. 7. Castlereagh, ministre anglais. 8. Murat. 9, 10 et 11 : Talleyrand entouré de la délégation française.

4 **La Sainte-Alliance.** Gravure de 1815.

A. La religion. B. Texte de la Sainte-Alliance. C. Russie. D. Prusse. E. Autriche.

QUESTIONS

➤ Trouver des informations dans un document

1. Doc. 1 : Comparez la carte de l'Europe en 1815 avec celle de 1811 (p. 102). Quelles sont les puissances qui gagnent des territoires ? Quels territoires la France a-t-elle perdus ?

2. Doc. 2a : Quelle vision de l'Europe défend Metternich au congrès de Vienne ?

3. Doc. 2b : Pourquoi les princes ont-ils emprisonné de nombreuses personnes à la suite du congrès de Vienne ?

4. Doc. 3 : Qui sont les souverains représentés sur cette caricature ? Comment semblent-ils régler le sort de l'Europe ?

5. Doc. 4 : Qu'est-ce qui unit les signataires de cette alliance ?

➤ Mettre en relation les documents

6. Doc. 1 à 4 : Montrez que l'Europe du congrès de Vienne met fin à l'Europe issue de la Révolution et de l'Empire.

➤ Rédiger

7. Rédigez un paragraphe où vous présentez les arguments de quelqu'un qui défend le congrès de Vienne (Metternich) et de quelqu'un qui le condamne (Kakhovski).

1 Connaître les mots de l'histoire

Associez, sur votre cahier, chaque mot de vocabulaire (1 à 5) à sa définition (A à E).

1. Blocus continental	**A.** Alliance politique et militaire conclue par plusieurs pays contre un adversaire commun.
2. Coalition	**B.** Sentiment d'appartenir à un groupe humain qui partage un territoire, des intérêts communs et une volonté de vivre ensemble.
3. Grande Armée	**C.** Mesures prises par la France entre 1806 et 1814 pour empêcher tout commerce avec l'Angleterre.
4. République sœur	**D.** Ensemble des soldats français et étrangers placés sous les ordres de Napoléon entre 1805 et 1814.
5. Sentiment national	**E.** Territoire contrôlé par la France de 1795 à 1799 qui a adopté une Constitution basée sur le modèle français.

2 Retenir l'essentiel du chapitre

Associez, sur votre cahier, chaque question (1 à 3) à sa réponse (A à C).

1. Comment les soldats français diffusent-ils les idées révolutionnaires à partir de 1792 ?	**A.** En rétablissant l'ordre ancien sans tenir compte des aspirations nationales.
2. Comment Napoléon parvient-il à dominer militairement une grande partie de l'Europe ?	**B.** En proclamant les grands principes issus de la Déclaration des droits de l'homme et du citoyen, en abolissant les droits féodaux et la dîme.
3. Comment le congrès de Vienne réorganise-t-il l'Europe ?	**C.** Grâce à une ingénieuse stratégie et à la puissance de la Grande Armée.

3 Comprendre une bataille napoléonienne grâce à un récit

1 La stratégie militaire de Napoléon

1. Les brigades de cavalerie légère, se montrent d'abord à l'ennemi, pour le forcer à se préparer au combat. Les colonnes d'infanterie[1] arrivent vers la fin de la journée et préparent la bataille en s'emparant du village, de la colline ou du bois sur lesquels s'appuyait l'armée ennemie. L'Empereur observe alors la position pour en tirer le meilleur avantage.
2. Si l'ennemi offre une occasion d'attaque imprévue, les colonnes d'infanterie s'avancent immédiatement sous la protection du feu d'artillerie. Ces tirs couvrent partout le mouvement des colonnes d'infanterie.
3. Quelquefois, la cavalerie précède l'infanterie et facilite son action. Dans tous les cas, elle la suit, prête à la soutenir et à profiter de la moindre occasion pour se jeter sur l'infanterie ennemie.
4. Si l'infanterie ennemie oppose une résistance trop forte, les troupes françaises se déploient en entier et, après une courte fusillade, attaquent à la baïonnette pour un combat au corps à corps.

D'après le témoignage du capitaine Grivet, XIXe siècle.

1. Soldats à pied.

1. **Paragraphe 1 : Présentez le document.**
2. **Paragraphe 1 : Qui sont les premiers soldats français qui se montrent à l'ennemi ? Pourquoi ?**
3. **Paragraphe 1 : Qui choisit le lieu où va se dérouler le combat. Pour quelle raison ?**
4. **Paragraphe 2 : Dans quelles circonstances l'infanterie s'avance-t-elle tout de suite ?**
5. **Paragraphe 2 : Qu'est-ce que l'artillerie ? Quel est son rôle en cas d'attaque immédiate de l'infanterie ?**
6. **Paragraphe 3 : Qu'est-ce que la cavalerie ?**
7. **Paragraphe 3 : Quels sont les rôles que peut jouer la cavalerie dans une bataille ?**
8. **Paragraphe 4 : À quel moment l'armée française se déploie-t-elle en entier ?**
9. **Paragraphe 4 : Que se passe-t-il alors ?**
10. **D'après ce texte, la stratégie napoléonienne est-elle offensive ou défensive ? Justifiez la réponse.**

4 Analyser une image

(vous pouvez vous aider de la carte p. 102 et de la leçon 1 p. 104-105)

1 La Rhénanie accueille les idées révolutionnaires : la plantation d'un arbre de la liberté. Tableau allemand de la fin du XVIIIe siècle.

1. Où se situe la Rhénanie ?
2. Qu'y a-t-il d'écrit sur la banderole à gauche du tableau ? Qu'est-ce que ces deux mots rappellent ?
3. À quels ordres de la société d'Ancien Régime appartiennent les personnages numérotés de 1 à 3 ? Comment sont-ils représentés ?
4. À quoi correspond le chiffre 4 ?
5. Pourquoi tous les personnages du tableau semblent-ils si enthousiastes ?
6. À quelle date correspond ce tableau : 1785, 1792 ou 1799 ? Justifiez votre réponse.

5 Lire et interpréter des cartes

(vous pouvez également vous aider des cartes p. 102 et 110)

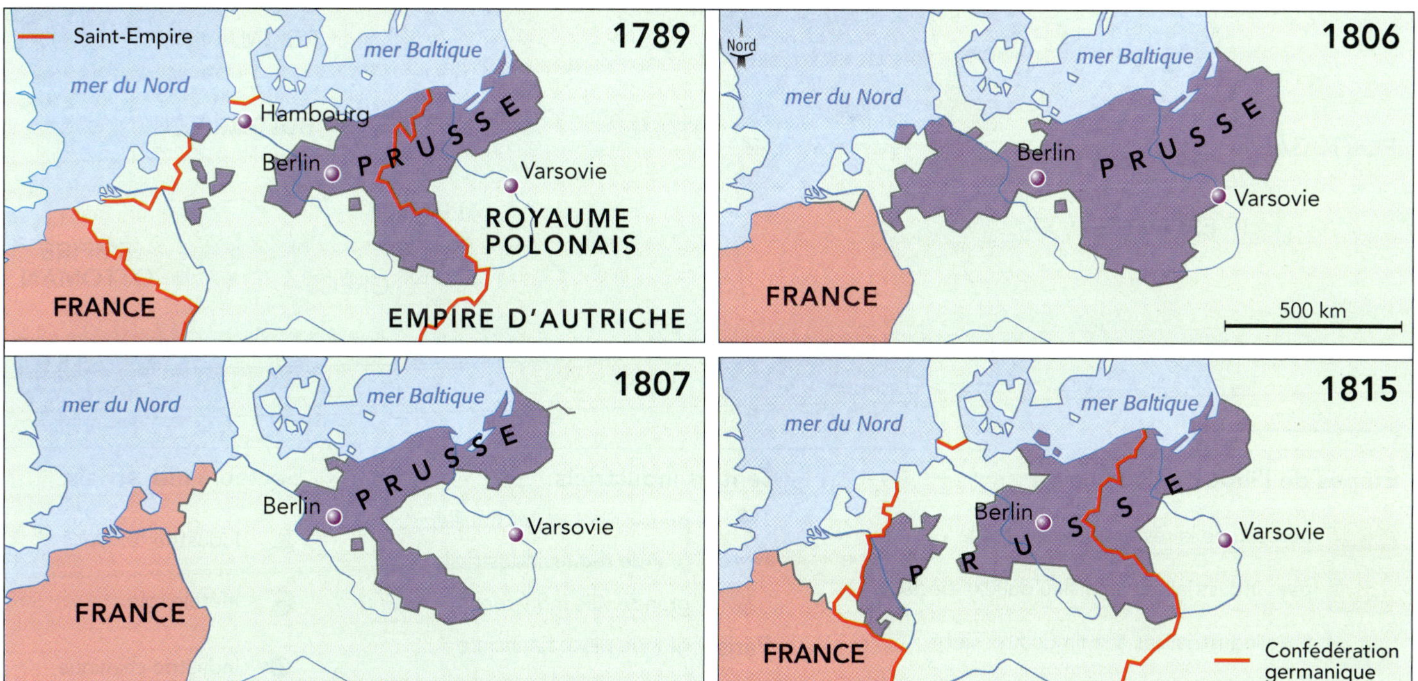

1 L'évolution territoriale de la Prusse entre 1789 et 1815.

1. De quel empire la Prusse fait-elle partie en 1789 ? Quel pays a-t-elle partiellement annexé ?
2. À quelle période le territoire de la Prusse est-il le plus petit ?
3. À quel congrès la mise en place des frontières de 1815 a-t-elle été décidée ?
4. Comment a évolué le territoire de la Prusse entre 1789 et 1815 ?
5. À quel nouvel ensemble territorial la Prusse appartient-elle en 1815 ? À l'est, quel pays voisin occupe-t-elle en partie ?

Chapitre 7

L'âge industriel

→ **Comment le développement industriel a-t-il bouleversé l'économie et la société du XIXe siècle ?**

1 L'Europe industrielle à la fin du XIXe siècle.

1. Dans quel pays a commencé la révolution industrielle ? Où se diffuse-t-elle au milieu du XIXe siècle ?
2. Sur quelles productions repose le développement industriel ?
3. Quelle partie de l'Europe semble la plus faiblement industrialisée à la fin du XIXe siècle ?

1800 — 1850 — 1900

PREMIÈRE RÉVOLUTION INDUSTRIELLE — **SECONDE RÉVOLUTION INDUSTRIELLE**

- **1769** machine à vapeur de Watt
- **1814** locomotive à vapeur
- **1848** K. Marx *Manifeste du parti communiste*
- **1869** inauguration du canal de Suez
- **1885** Pasteur découvre le vaccin contre la rage
- **1900** Exposition universelle de Paris
- **1908** Ford T

2 ***Au pays noir.*** Gravure présentant une ville ouvrière charbonnière du pays de Galles (Royaume-Uni) à la fin du XIXe siècle.
Bibliothèque nationale, Rome.

1. **Décrivez rapidement le document.**
2. **Quelle ressource naturelle est exploitée ici ?**
3. **Justifiez le nom de « pays noir » que l'on donne à ce type de paysage.**

Leçon 1 La naissance de l'industrie moderne

→ Comment évoluent les méthodes de production au XIXe siècle ?

A La première révolution industrielle

Au cours de la seconde moitié du XVIIIe siècle, l'augmentation de la population et du niveau de vie en Angleterre incite les artisans du textile à utiliser des outils de production toujours plus performants. Le progrès décisif vient de la diffusion de la **machine à vapeur**, mise au point par James Watt **(doc. 1)**. Elle permet d'actionner beaucoup plus rapidement les autres machines. Elle accroît ainsi la **productivité** **(doc. 2)**.

Les besoins en houille entraînent la mise en exploitation de nombreuses mines de charbon, tandis que la fabrication des machines provoque l'essor de l'industrie métallurgique et mécanique. En 1855, l'invention du convertisseur Bessemer (procédé consistant à faire passer un courant d'air froid sur de la fonte liquide) permet de produire l'acier en grande quantité et à faible coût, favorisant ainsi l'essor de la **sidérurgie**.

B De nouvelles méthodes de travail

Coûteuses et encombrantes, ces nouvelles machines sont regroupées dans de vastes bâtiments **(doc. 3)**. Les premières usines apparaissent, attirant vers les villes ou les régions minières une main-d'œuvre toujours plus abondante.

Cette concentration de l'activité industrielle donne naissance aux « pays noirs », caractérisés par la présence de vastes bâtiments de briques surmontés de hautes cheminées et enveloppés de fumées **(doc. 2 p. 115)**. Partie d'Angleterre, la première **révolution industrielle** s'étend, au milieu du XIXe siècle, à d'autres pays d'Europe occidentale (France, Belgique).

C La deuxième révolution industrielle

Dans les années 1880, s'amorce la deuxième révolution industrielle, fondée sur le pétrole, l'électricité **(doc. 5)** et de nouveaux secteurs de production, notamment la chimie et l'automobile. À cette époque, la plupart des pays d'Europe occidentale ont déjà fait leur entrée dans l'« ère industrielle ».

L'Allemagne apparaît alors comme le pays le plus dynamique d'Europe, tandis que les États-Unis deviennent de redoutables concurrents à l'échelle mondiale **(doc. 4)**.

VOCABULAIRE

machine à vapeur (une) : machine permettant d'entraîner d'autres machines grâce à l'utilisation de la vapeur.

productivité (la) : rapport entre une quantité obtenue et les moyens de production mis en œuvre (énergie, matière première, temps de travail dépensé, etc.).

révolution industrielle (une) : période de forte croissance industrielle due à la mise au point de nouvelles techniques et de nouveaux produits.

sidérurgie (la) : industrie produisant de la fonte et de l'acier à partir du minerai de fer et du charbon.

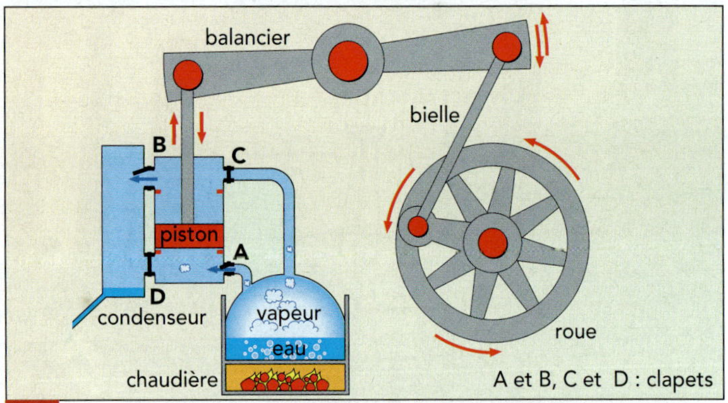

1 La machine à vapeur de James Watt (1769).
Le piston monte ou descend sous l'action de la vapeur selon que l'on ouvre les clapets A et B ou C et D. Ce mouvement actionne le balancier qui entraîne la roue.

1. Quelle source d'énergie la machine à vapeur utilise-t-elle ?

2 La naissance de la grande industrie

La grande industrie concentre et multiplie les moyens de production, de manière à accélérer et augmenter le rendement. Elle emploie les machines, qui exécutent les ouvrages les plus compliqués ou les plus rudes. Pour les actionner, elle remplace la force musculaire de l'animal ou de l'homme par des forces motrices, comme la vapeur. Pour diriger le fonctionnement des machines, elle rassemble en grand nombre des ouvriers, hommes, femmes et enfants.

D'après P. Mantoux, *La Révolution industrielle au XVIIIe siècle*, 1906.

1. Quelles sont les modifications apportées par l'industrie ?
2. Quel est le but recherché ?
3. Par quelle nouvelle forme d'énergie la force humaine est-elle remplacée ?

3 Une usine textile anglaise en 1835. Gravure anonyme, 1835. Stapleton Collection.

1. Comment sont actionnés les métiers à tisser ?
2. Doc. 1, 2 et 3 : Qu'est-ce qui caractérise la première révolution industrielle ?

Année	Grande-Bretagne	France	Allemagne	États-Unis
1800	0,2	0,06	0,4	-
1820	0,4	0,14	0,9	0,02
1840	1,4	0,35	0,17	0,18
1860	3,8	0,9	0,5	0,9
1880	7,8	1,7	2,4	3,9
1900	9,1	2,7	7,5	14
1913	10,4	5,2	16,7	31,4
Production en millions de tonnes				

4 Les principaux producteurs de fonte entre 1800 et 1913.

1. Comment évolue la production de fonte entre 1800 et 1913 ? Quel est le premier producteur européen en 1913 ?
2. Quel pays apparaît comme un sérieux concurrent pour les pays européens ? À partir de quelle date ?
3. Doc. 4 et 5 : Donnez les caractéristiques de la deuxième révolution industrielle.

5 La tour Eiffel éclairée lors de l'Exposition universelle de Paris de 1900. Gravure, collection privée.

1. Décrivez le document.
2. Pourquoi la tour Eiffel est-elle considérée comme un symbole de la modernité en 1900 ?
3. Quelle énergie permet d'illuminer la tour Eiffel ?

Le Creusot, une ville industrielle

>> Objectif

Découvrir une ville industrielle du XIXe siècle.

Le Creusot n'est qu'un gros bourg rural de Saône-et-Loire lorsque Eugène Schneider et son frère y rachètent, en 1836, une ancienne fonderie royale. En quelques années, cette ville devient l'un des tout premiers centres métallurgiques du monde où travaillent plus de 16 000 personnes. Pendant plus d'un siècle, la dynastie Schneider marque de son empreinte la cité où elle construit des logements, des écoles et des hôpitaux pour les ouvriers dont on attend reconnaissance et travail.

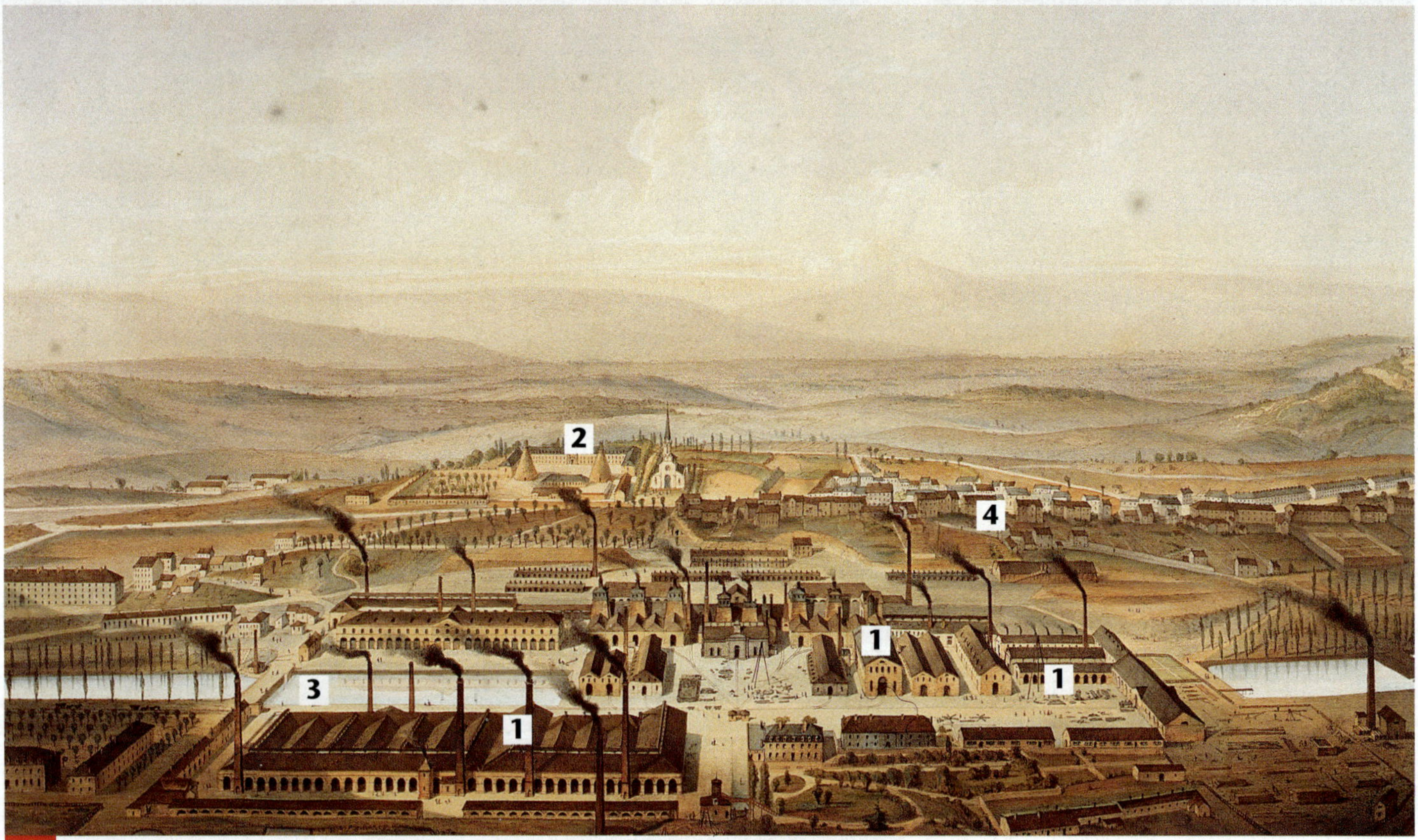

1 La ville du Creusot en 1847. Aquarelle et gouache de Trémeaux. Écomusée de la communauté urbaine Le Creusot-Montceau-les-Mines.
1. Usines. 2. Château de la Verrerie. 3. Cours d'eau. 4. Logements ouvriers.

2 Une visite au Creusot

Là-bas, on dirait un grand incendie. Dans le silence de la nuit, on entendait comme des sifflements, des plaintes haletantes, des grondements formidables. Nous sommes en face du Creusot, la plus grande usine de France et peut-être d'Europe. Il y a ici quantité de machines et de fourneaux, et plus de seize mille ouvriers qui travaillent nuit et jour pour donner à la France une partie du fer qu'elle emploie. C'est de ces machines et de ces énormes fourneaux que partent les lueurs et les grondements qui nous arrivent. Il y a trois grandes usines distinctes dans l'établissement du Creusot : fonderie, ateliers de construction et mines ; chacune des parties de l'usine est reliée à l'autre par des chemins de fer ; c'est un va-et-vient perpétuel.
Voici une des merveilles de l'industrie : c'est ce qu'on appelle le marteau-pilon à vapeur ; ce marteau pèse de 3 000 à 5 000 kg. Au même moment, comme poussée par une force invisible, l'énorme masse se soulève. L'ouvrier vient de placer sur l'enclume un bloc de fer rouge. Il fait un signe et le marteau-pilon, s'abaissant d'un seul coup, aplatit le fer en en faisant jaillir une nuée d'étincelles éblouissantes.

D'après G. Bruno, *Le Tour de la France par deux enfants*, 1877.

3 Le marteau-pilon à vapeur du Creusot (1876). Tableau de J. Layraud (1889), Écomusée de la Communauté Le Creusot-Montceau-les-Mines.

4 Lettre du président de la République à Eugène Schneider

Paris, palais de l'Élysée, 20 avril 1873.

Mon cher Monsieur Schneider,

J'ai reçu votre lettre du 15 qui m'a causé une vive satisfaction en m'apprenant que vous aviez enfin trouvé le véritable acier à canon, au point de pouvoir espérer pour la France une vraie supériorité sur les autres puissances européennes dans la fabrication de son matériel. Pour moi, je n'avais pas espéré moins de vos lumières personnelles et de l'habileté de vos collaborateurs. [...] La qualité de vos aciers ayant paru certaine et surtout permanente dans sa composition, il ne reste plus qu'à les éprouver une fois transformés en canons et à rechercher ce qu'il faudrait faire pour en retirer les plus grands avantages possibles quant à la sûreté de l'arme et quant à la portée et à la précision du tir. [...] L'artillerie vous prêtera son concours, comme elle l'a déjà fait, et comme elle devra le faire davantage encore. [...] Le temps nous importe autant que l'argent, et j'espère que grâce à votre zèle, nous obtiendrons les résultats les plus prompts. Je serai du reste bien heureux de vous revoir, ainsi que vous me le faites espérer, et je vous renouvelle l'assurance de mon attachement, et de ma parfaite considération.

Adolphe Thiers, président de la République.

QUESTIONS

➤ Trouver des informations dans un document

1. Doc. 1 : Relevez les éléments qui montrent que Le Creusot est une ville industrielle.
2. Doc. 2 : Combien y a-t-il d'ouvriers employés dans les usines du Creusot ?
3. Doc. 2 : Qu'est-ce qui facilite les échanges entre les différents bâtiments de l'usine ?
4. Doc. 4 : Qui écrit à Eugène Schneider ? Pour quelles raisons les usines du Creusot intéressent-elles le gouvernement ?

➤ Mettre en relation les documents

5. Doc. 2 et 3 : Quelles phrases du doc. 2 sont illustrées par le doc. 3 ?
6. Doc. 1 à 4 : Quelle est la principale activité de la ville du Creusot ? Pourquoi peut-on dire qu'elle fait partie des « pays noirs » ?

➤ Rédiger

7. Doc. 1 à 4 : Rédigez un petit paragraphe d'une dizaine de lignes décrivant la ville industrielle du Creusot au XIXe siècle. Vous utiliserez les mots ou expressions suivants : fer, marteau-pilon, ouvrier, pays noir, sidérurgie, usine.

Le triomphe du capitalisme

>> Objectif

Comprendre les mécanismes du système capitaliste.

Les progrès techniques rendent la création d'usines de plus en plus coûteuse et la fortune personnelle des industriels ne suffit plus. Certains font appel aux banques. D'autres choisissent de constituer le **capital** de l'entreprise avec les sommes investies par des actionnaires, dans le cadre d'une société par **actions**. Ainsi, l'argent devient l'élément central du système économique. Ceux qui le détiennent exercent le pouvoir de décision.

1 Le principe du libéralisme économique

L'État ne doit jamais s'immiscer dans les questions de salaires des ouvriers. Le taux de salaire exprime toujours et nécessairement le rapport qui existe entre l'offre et la demande. Le prix de la main-d'œuvre hausse lorsque l'industrie est active, parce qu'alors il y a une grande demande de bras ; il baisse quand l'industrie se ralentit, parce qu'il y a moins d'emplois proposés que de demandes.

D'après la circulaire du ministre de l'Intérieur L. Faucher aux préfets, 2 février 1849.

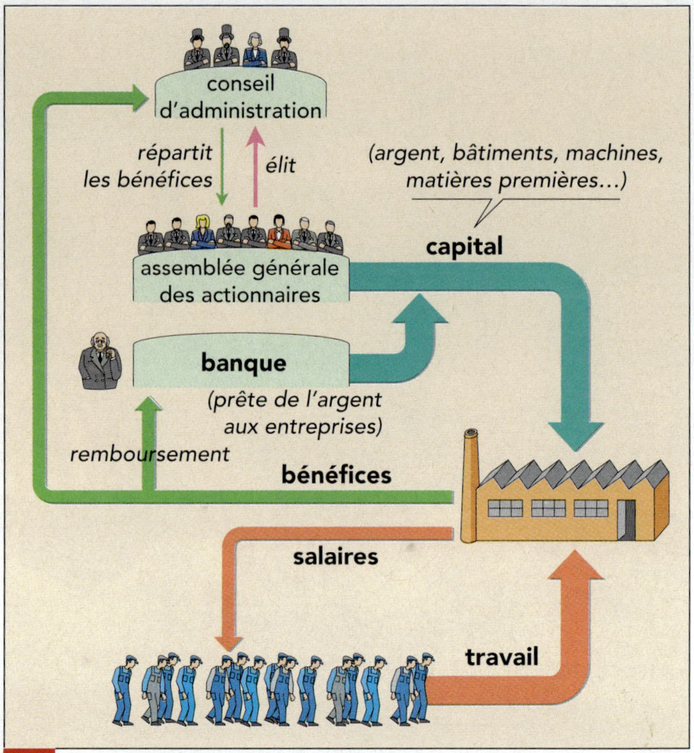

2 Le fonctionnement d'une entreprise capitaliste.

3 Les agents de change autour de la « corbeille », à la Bourse de Paris, au milieu du XIXe siècle.
Gravure de 1859.

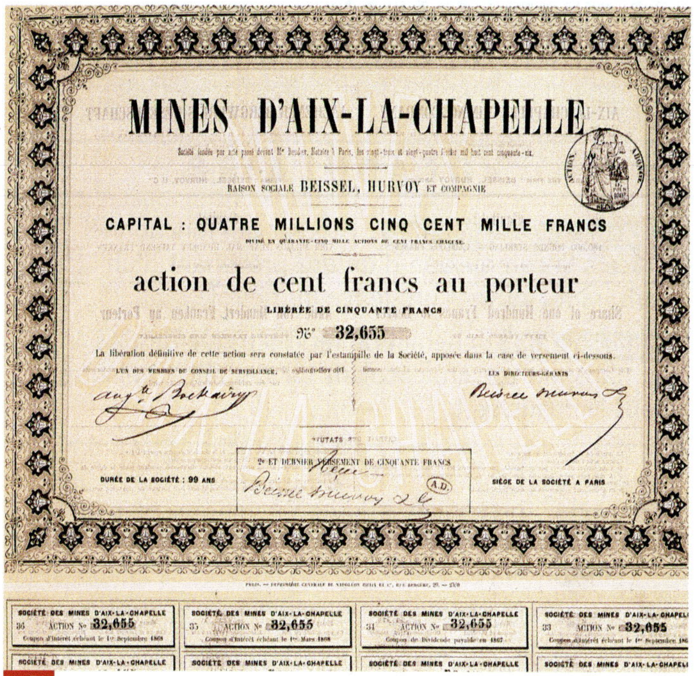

4 Une action des Mines d'Aix-la-Chapelle. Bibliothèque des Arts décoratifs, Paris. En échange d'un coupon (rectangles de papier détachables au bas de l'action), l'actionnaire reçoit un dividende annuel selon les bénéfices faits par l'entreprise.

6 *Le Banquier.* Caricature d'Honoré Daumier. Lithographie, 1835. BNF, Paris.

5 Les banques et l'argent

Pour persuader le public de confier son épargne à une caisse qui pouvait en faire un mauvais emploi et qui ne la rendrait peut-être pas à la première demande, il fallait de grands efforts d'habileté.
Le petit public n'aurait pas compris qu'il valût mieux avoir son argent dans une banque que chez soi, et qu'on payât tout aussi facilement les achats de chaque jour avec un bon sur cette banque qu'avec des espèces métalliques. Aussi pour répandre l'emploi du chèque et pour introduire peu à peu l'usage des dépôts, a-t-il fallu promettre au public monts et merveilles. D'abord lui donner de gros intérêts. Se faire ensuite son serviteur gratuit, non seulement encaisser son argent, mais garder ses titres, en toucher les coupons et lui payer un intérêt des semestres encaissés, le tout à si peu de frais que le sacrifice est toujours pour la banque et non pour le client.

D'après la *Revue des Deux Mondes*, 15 novembre 1872.

VOCABULAIRE

action (une) : partie du capital d'une entreprise ; elle rapporte un intérêt variable : le dividende.

bourse (une) : lieu où s'échangent les actions d'une entreprise.

capital (un) : argent et matériel nécessaires à la création d'une entreprise.

libéralisme économique (le) : système dans lequel la liberté des entreprises n'est pas limitée par l'État.

QUESTIONS

➤ Trouver des informations dans un document

1. **Doc. 1 :** D'après ce texte, qu'est-ce qui fait varier le montant du salaire des ouvriers ?
2. **Doc. 2 :** Quel est le rôle du conseil d'administration ?
3. **Doc. 3 :** Que font les personnages qui s'agitent autour de la « corbeille » ?
4. **Doc. 4 :** En combien d'actions le capital des Mines d'Aix-la-Chapelle a-t-il été divisé ?
5. **Doc. 5 :** Que doit faire la banque pour attirer l'argent des particuliers ?
6. **Doc. 6 :** Quelle image cette caricature cherche-t-elle à donner du banquier ?

➤ Mettre en relation les documents

7. **Doc. 2, 3 et 4 :** Pourquoi la bourse est-elle indispensable au développement des entreprises capitalistes ?

➤ Rédiger

8. Rédigez un petit paragraphe expliquant comment fonctionne une entreprise capitaliste au XIXe siècle. Vous utiliserez les mots suivants : action ; actionnaire ; banque ; bourse ; capital ; dividende ; libéralisme.

Leçon 2 L'essor des transports

➜ **Quelles sont les conséquences de la révolution industrielle sur les transports ?**

A Les transports à vapeur

En adaptant la machine à vapeur aux transports terrestres, l'Anglais George Stephenson met au point la première locomotive, capable de tracter en un seul convoi un grand nombre de voyageurs ou de marchandises. La construction d'ouvrages d'art (ponts, viaducs ou tunnels) permet de surmonter les obstacles naturels. La longueur du réseau ferré s'étend rapidement en Europe **(voir dossier p. 124-125)**, ainsi qu'aux États-Unis où les premiers trains transcontinentaux favorisent une meilleure maîtrise du territoire.

À partir de 1850, les navires à vapeur **(doc. 3)** viennent concurrencer les voiliers. Actionnés d'abord par des roues à aube, ils sont ensuite équipés d'hélices et de coques en acier plus résistantes.

B Une intensification des échanges

Ces nouveaux modes de transport mettent désormais en relation des régions éloignées ou isolées, ce qui contribue à augmenter les échanges internationaux **(doc. 1)**. En 1869, l'ouverture du canal de Suez, à l'initiative du Français Ferdinand de Lesseps, favorise les liaisons commerciales entre l'Europe et l'Asie, en évitant le contournement de l'Afrique **(doc. 2)**.

Des lignes transatlantiques régulières entre l'Europe et l'Amérique sont mises en service. En 1914, l'inauguration du canal de Panamá, en Amérique centrale, ouvre une voie directe entre l'Atlantique et le Pacifique. Grâce à la mise en place progressive d'un réseau de câbles sous-marins, les informations circulent de plus en plus rapidement, particulièrement entre l'Europe et le reste du monde.

C La naissance des transports modernes

À la fin du XIXe siècle, la découverte du **moteur à explosion**, fonctionnant au pétrole, donne naissance à l'automobile. La Ford T est, en 1908, la première voiture produite en série **(doc. 4)**.

Les grandes villes s'équipent de lignes de **tramway** **(doc. 5)** ou de métro fonctionnant à l'électricité. Londres inaugure sa première ligne de métro en 1863 et Paris en 1900, au moment de l'Exposition universelle.

L'aviation n'en est encore qu'à ses débuts, même si Blériot parvient à traverser la Manche en avion en 1909.

VOCABULAIRE

moteur à explosion (un) : moteur qui fonctionne grâce à la combustion d'un gaz provenant d'un carburant (souvent un dérivé du pétrole).

tramway (un) : chemin de fer électrique destiné au transport urbain, circulant sur des rails implantés dans la chaussée.

1 L'Angleterre, au centre des échanges mondiaux

Les plaines de l'Amérique du Nord, la Russie, voilà nos champs de blé. Le Canada et les pays baltiques, ce sont nos forêts. L'Australie entretient nos troupeaux de moutons. Le Pérou nous expédie son argent, la Californie et l'Australie leur or.
La Chine cultive du thé pour nous, les Indes orientales du café, du sucre, des épices. La Méditerranée est notre verger. Notre coton, nous le tirons des États-Unis.

D'après S. Jevons, *The Coal Question*, 1866.

1. **Avec quels pays l'Angleterre est-elle mise en relation ?**
2. **Quel est le principal mode de transport utilisé pour ce commerce ?**
3. **Citez trois productions agricoles que l'Angleterre importe des pays avec lesquels elle commerce.**

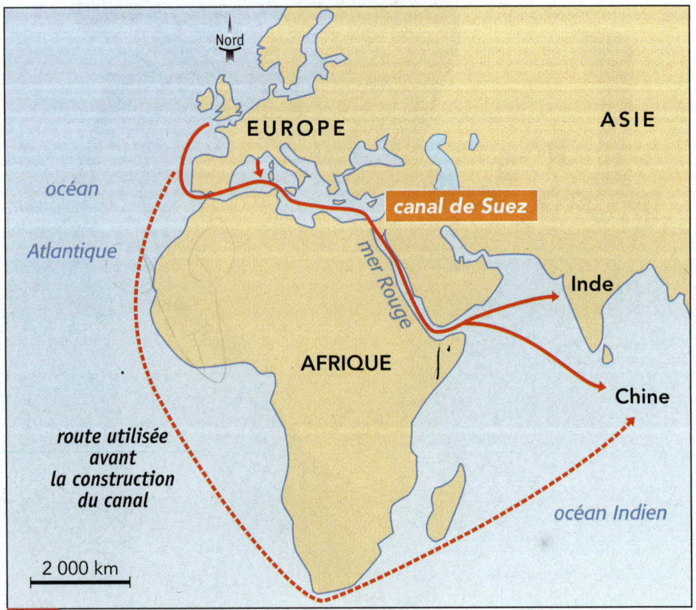

2 Le canal de Suez.

1. **Où se trouve le canal de Suez ? Quelles mers et quels océans met-il en relation ?**
2. **Quel est le principal intérêt de ce canal pour les pays européens ?**

3 ***Voyage autour du monde.*** Lithographie de A. Schindeler (135 cm x 100 cm), vers 1890.

1. Quels sont les modes de transport figurant sur cette affiche ?
2. Avec quelle énergie fonctionnent-ils ?
3. Doc. 1, 2 et 3 : Quelles sont les conséquences de l'essor des transports au niveau mondial ?

4 **Des Ford T produites en série.** Photographie prise dans l'usine de Detroit, États-Unis, début du XXe siècle.

1. Qu'est-ce qu'une fabrication en série ?
2. Quel est l'intérêt de ce mode de production ?
3. Doc. 4 et 5 : Quelles nouvelles énergies utilisent les moyens de transports qui se développent à la fin du XIXe siècle ?

5 **Le tramway de Limoges, au début du XXe siècle.**

1. Où circule le tramway ?

Le chemin de fer

>> Objectif

Découvrir les conséquences du développement du chemin de fer au XIXe siècle.

Dès le XVIIIe siècle, des wagons sur rails tirés par des chevaux transportent le charbon dans les mines. Grâce à l'invention de la locomotive à vapeur par l'Anglais George Stephenson et le Français Marc Seguin, les premières lignes de chemin de fer sont inaugurées en Angleterre et en France dans les années 1820-1830. Ce nouveau moyen de transport devient alors un moteur essentiel du développement économique.

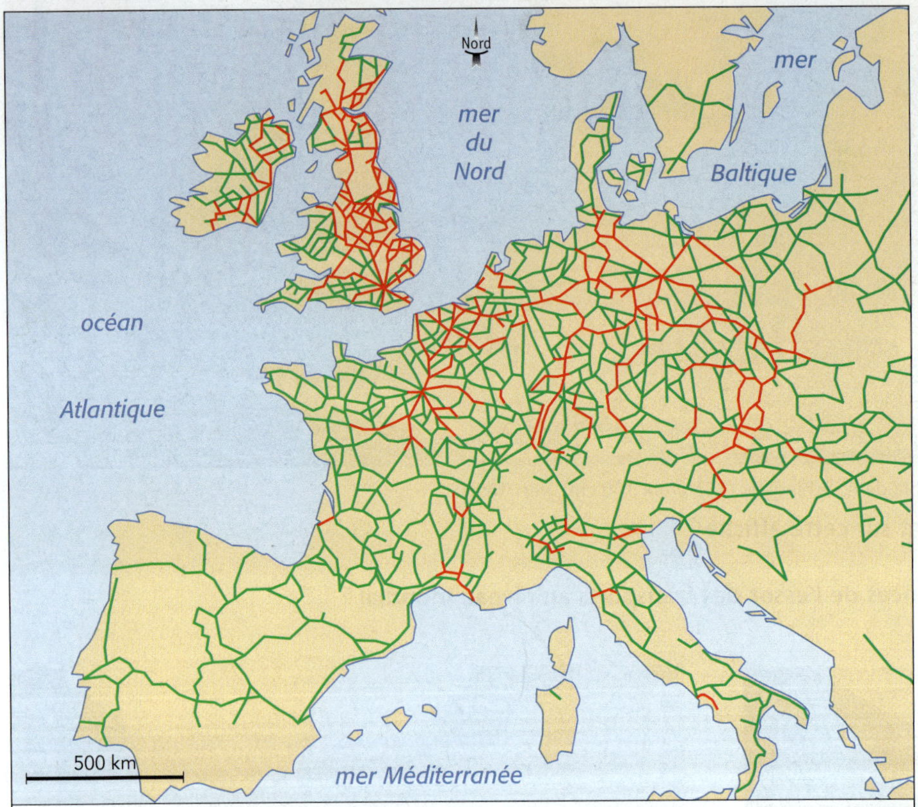

1 Le réseau ferroviaire européen à la fin du XIXe siècle.

De Paris à :	1834 (diligence)	1887 (train)
Lille	22 h	3 h 50
Strasbourg	47 h	8 h 50
Marseille	80 h	14 h
Brest	72 h	15 h
Traversée des États-Unis :	1830 (chariot) 180 jours	1869 (train) 7 jours
Prix des transports ferroviaires en France (centimes)		
	1 tonne/km	1 voyageur/km
1841	12	7
1850	7,70	6,6
1870	6,14	4,95

2 Évolution des temps de parcours et du prix des transports ferroviaires.

3 Locomotive à vapeur de la compagnie d'Orléans en 1880.

Collection particulière.

4 Chemin de fer et développement économique

La ligne de chemin de fer du Grand-Central s'étend sur sept départements de Lyon à Bordeaux et de Clermont-Ferrand à Toulouse. Elle traverse des zones qui regorgent de richesses minérales : charbon à Saint-Étienne ou Brassac ; fer et charbon à Aubin ou dans le Périgord ; kaolin (argile), cuivre, plomb argentifère dans le Limousin. C'est toute cette richesse que le Grand-Central doit desservir. Tout paraît combiné pour un brillant avenir : développement économique et transports assurés. Depuis cette ligne, marchandises et voyageurs pourront rayonner dans les quatre grandes directions : vers Bordeaux ou Lyon, vers Paris ou l'Espagne.

D'après *L'Illustration*, 14 mai 1852.

5 **Inauguration du chemin de fer à Reims, le 4 juin 1854.**

6 ***Fleurs, fruits et primeurs à destination de Londres.*** Affiche publicitaire, vers 1895.

QUESTIONS

➤ Trouver des informations dans un document

1. Doc. 1 : Dans quels pays le réseau ferré est-il le plus dense ?

2. Doc. 2 : Montrez que les chemins de fer révolutionnent les transports au XIXe siècle.

3. Doc. 3 : Comment fonctionne cette locomotive ? À quoi sert la plate-forme attelée à l'arrière ?

4. Doc. 4 : Relevez des éléments qui montrent l'importance économique de cette ligne de chemin de fer pour le Massif central.

5. Doc. 5 : Montrez que l'inauguration du chemin de fer est un grand événement pour la ville de Reims.

6. Doc. 6 : Quels avantages le chemin de fer apporte-t-il à certaines régions agricoles ?

➤ Mettre en relation les documents

7. Doc. 2, 4 et 6 : Comment le chemin de fer aide-t-il au développement des autres activités économiques ?

➤ Rédiger

8. Rédigez un petit paragraphe expliquant l'importance du chemin de fer dans la révolution industrielle du XIXe siècle.

Leçon 3

Les transformations des sociétés européennes

→ **Quelles sont les conséquences de la révolution industrielle sur la société ?**

A Une forte croissance de la population

Amorcée au XVIIIe siècle, l'augmentation de la population européenne s'accélère au XIXe siècle **(doc. 1)**. C'est le résultat de la baisse de la mortalité, liée à la disparition des famines et au recul des épidémies. Les progrès de l'agriculture, de l'hygiène, de la médecine, avec la mise au point du vaccin contre la rage par Pasteur en 1885 **(doc. 2)**, améliorent l'espérance de vie des hommes.

Cette croissance démographique fournit à l'industrie un réservoir de main-d'œuvre et de consommateurs. L'exode rural accélère le mouvement d'urbanisation **(doc. 4)**. Les villes qui offrent des possibilités d'emploi deviennent des espaces attractifs.

B Le triomphe de la bourgeoisie

Enrichie par l'essor industriel, la bourgeoisie devient la classe dominante **(voir dossier p. 128-129)**. Sa réussite découle largement de son goût pour l'effort individuel, pour l'épargne et pour l'ordre.

Plus modestes, la moyenne et la petite bourgeoisie rassemblent les petits patrons de l'artisanat et du commerce, les membres des professions libérales (médecins, avocats), ainsi que les employés de bureau, les instituteurs et les journalistes. Ces classes moyennes, de plus en plus nombreuses, se distinguent du monde ouvrier par leurs vêtements **(doc. 3)**, leur langage, et leur souci de s'élever dans la société.

C La vie difficile des ouvriers

Les ouvriers connaissent des conditions de travail difficiles. Ils effectuent des journées de 12 à 15 heures, 6 jours sur 7, dans des locaux sombres, bruyants, mal aérés, soumis à une stricte discipline **(doc. 5)**. Les salaires sont faibles, surtout pour les femmes et les enfants. En cas de maladie, d'accident ou de chômage, l'ouvrier ne bénéficie d'aucune protection sociale.

Les conditions de vie des ouvriers sont très pénibles. Une nourriture insuffisante, des logements insalubres, des conditions d'hygiène déplorables favorisent les épidémies ou l'alcoolisme **(doc. 6)**. Leur espérance de vie est faible. Ce n'est qu'à la fin du XIXe siècle que la situation des ouvriers commence à s'améliorer.

VOCABULAIRE

classe moyenne (une) : catégorie sociale (petits patrons, artisans, fonctionnaires) située entre la bourgeoisie et les ouvriers.

exode rural (un) : départ massif et définitif des habitants des campagnes vers les villes.

urbanisation (une) : concentration de la population dans les villes.

Croissance démographique (en millions d'hommes)	1800	1900
Total de l'Europe	187	401
France	27	39
Royaume-Uni	15	38
Allemagne	23	56
Autriche-Hongrie	28	49
Italie	18	32
Russie d'Europe	36	103

1 La croissance de la population européenne au XIXe siècle.

1. **Quel est le pays le plus peuplé d'Europe en 1900 ?**
2. **Quels sont les pays dont la population a plus que doublé au cours du siècle ?**

2 Louis Pasteur met au point le vaccin contre la rage dans son laboratoire. Albert Edelfelt, huile sur toile, 1885. Musée Pasteur, Paris.

Chimiste français, Louis Pasteur (1822-1895) découvre les microbes, responsables des maladies contagieuses, et les bactéries. Il met au point la pasteurisation qui empêche le développement des micro-organismes dans certains aliments. En 1885, il invente le vaccin contre la rage.

1. **Quelle est la conséquence des découvertes de Pasteur pour la population ?**

3 ***Le Théâtre du Vaudeville, sur les grands boulevards, à Paris,* vers 1889.**

Tableau de Jean Béraud (1849-1935), collection particulière.

1. À quoi voit-on qu'il s'agit d'une grande ville ?
2. Quelles sont les différentes catégories de gens que l'on peut observer sur le trottoir ?

Évolution de la répartition de la population (en %)	1851	1851	1911	1911
	Population rurale	Population urbaine	Population rurale	Population urbaine
Royaume-Uni	52	48	27	73
France	74	26	56	44
Allemagne	64	36	40	60
Russie	93	7	80	20

4 Exode rural et urbanisation au XIXᵉ siècle.

1. Dans quels pays la population urbaine est-elle supérieure à la population rurale en 1911 ?
2. Doc. 1 et 4 : De quelle manière la population européenne évolue-t-elle au XIXᵉ siècle ?

5 Le comportement des ouvriers

Beaucoup de bourgeois disent que la population ouvrière n'a une si triste apparence que parce qu'elle est mauvaise et corrompue. Ils la jugent en effet sur le moment où elle est la plus choquante, c'est-à-dire quand elle sort de la manufacture après le travail. Les hommes parlent haut, les filles s'appellent d'une voix criarde, les enfants se battent et se jettent des pierres. Mais il faut entrer dans une manufacture, quand elle est au travail, pour comprendre que les ouvriers y sont en captivité pendant de longues heures. C'est pour cela que le simple rétablissement de leur équilibre vital commande qu'ils poussent des cris et fassent du bruit à la sortie.

D'après Jules Michelet, *Le Peuple*, 1846.

1. De quelle manière Michelet explique-t-il le comportement de ces ouvriers ?

6 Les transformations sociales dans les villes

Les circonstances qui forcent les ouvriers à s'éloigner du centre de Paris ont des conséquences fâcheuses sur leur conduite et leur moralité. Autrefois, ils habitaient en général les étages du haut des maisons qu'occupaient, aux étages inférieurs, les familles aisées. Une sorte de solidarité s'établissait entre les différents habitants d'une même maison. On se rendait quelques services réciproques. En se transportant en dehors des barrières de la ville, les ouvriers se trouvent privés du soutien et de la modération que leur apportait leur voisinage.

D'après le rapport du secrétaire de la Chambre de commerce de Paris, Horace Say, 15 juin 1855.

1. Où les ouvriers étaient-ils logés autrefois ? Où vont-ils habiter désormais ?
2. Quels étaient les avantages de leur ancien mode de vie ?
3. Doc. 3, 5 et 6 : Qu'est-ce qui différencie les habitants des villes au XIXᵉ siècle ?

›› Objectif

Connaître la classe sociale dominante du XIXe siècle.

Le siècle de la bourgeoisie

La bourgeoisie rassemble des gens différents par la fortune, mais unis par le mode de vie et le respect de certaines valeurs, comme le travail, l'épargne, la famille. Au XIXe siècle, elle parvient à dominer à la fois le pouvoir politique et économique.

1 Un quartier bourgeois à Paris. *Les Tuileries*, peinture de Guéraud. Musée Carnavalet, Paris.

2 La vie d'un grand bourgeois de province

J.-B. Curmer, né en 1782, a été maire, conseiller général et député.

Je m'occupais d'affaires de commerce du mardi au samedi, passant le reste du temps à Bardouville, où je trouvais un magnifique pays, une chasse comme on n'en rencontre guère, une vie de château délicieuse qui permettait de recevoir des gens aimables.
Je ne remplis pendant sept années qu'une seule fonction publique, celle d'adjudant-major de bataillon dans la Garde nationale de Rouen. Je fus pourtant chargé par le tribunal de commerce d'arbitrages assez importants qui m'ont fort occupé depuis et dont j'ai encore une lourde part à supporter.
Nous allions, ma femme et moi, assez souvent à Paris. Nous aimions les arts et jamais nous ne manquions une exposition de peinture.

D'après le témoignage cité par P. Chaline, *Deux Bourgeois en leur temps : documents sur la société rouennaise du XIXe siècle*, Rouen, 1977.

3 Les conseils d'un industriel à ses enfants

Vous savez que la devise de notre maison est : « Toujours monter, jamais descendre ». Vous trouverez peut-être que votre père est ambitieux. Eh bien, dans notre profession, si nous ne produisons pas de bonnes pièces, nous ne sommes plus les meilleurs. Ce que je suis obligé de faire pour être le premier teinturier du pays, vous le ferez pour être les premiers de vos classes respectives, l'un en 3e, l'autre en 5e.

D'après une lettre d'Alfred Motte-Gimonprez, industriel à Roubaix, à ses enfants, 11 octobre 1873.

4 **Une réception dans une maison bourgeoise au milieu du XIXᵉ siècle.** Gravure d'après Eugène Lami. Collection Debuisson.

5 **La petite bourgeoisie**

Si l'on considère le chiffre total des patrons de la petite industrie et du petit commerce, on voit que de 1 176 140 en 1852, il est passé à 1 477 851 en 1899. Cette classe forme donc un élément considérable de la société française. Elle est en proie, en France comme ailleurs, à un réel malaise. La concurrence croissante des grandes usines fait souffrir les petits fabricants, beaucoup tombent dans la dépendance de la grande industrie. Les petits commerçants sont gênés par le développement prodigieux des grands magasins. Pourtant, la petite bourgeoisie est fière d'être libre et indépendante. Ses membres se distinguent le plus souvent des ouvriers par le costume, par l'éducation et par les habitudes d'épargne. Beaucoup d'entre eux emploient des salariés vis-à-vis desquels ils adoptent la même attitude que les grands patrons.

D'après G. Weill, *Histoire du mouvement social en France*, 1905.

6 **Une famille de petits commerçants.** Un marchand de cartes postales, boulevard Saint-Martin à Paris, vers 1900.

QUESTIONS

➤ Trouver des informations dans un document

1. Doc. 1 : À quoi voit-on que la scène se passe dans un quartier bourgeois ?
2. Doc. 2 : Quelles sont les deux sortes d'activités professionnelles de ce grand bourgeois ?
3. Doc. 3 : Quelle valeur la bourgeoisie cherche-t-elle à transmettre à ses enfants ?
4. Doc. 4 : À quoi ressemble un appartement bourgeois ? Décrivez les occupations des groupes de personnages notés de 1 à 3.
5. Doc. 5 : Qu'est-ce qui distingue la petite bourgeoisie des classes populaires ?
6. Doc. 6 : Décrivez le document (aspect du magasin, attitudes et vêtements des personnages).

➤ Mettre en relation les documents

7. Doc. 2, 5 et 6 : Qu'est-ce qui différencie les classes moyennes de la grande bourgeoisie ?

➤ Rédiger

8. Rédigez un petit paragraphe expliquant les principales caractéristiques de la bourgeoisie au XIXᵉ siècle.

Dossier

L'évolution des campagnes

>> Objectif

Comprendre comment le monde rural se transforme au XIXe siècle.

Au XIXe siècle, les sociétés européennes demeurent majoritairement rurales. De nombreux paysans pratiquent toujours une agriculture de subsistance à faible rendement. En Europe occidentale, le progrès technique gagne cependant certaines campagnes.

1 ***La Paie des moissonneurs.*** Tableau de L. L'Hermite, 1882. Musée d'Orsay, Paris.

2 L'attachement du paysan pour sa terre

Au XIXe siècle, les paysans français rêvent de devenir propriétaires de la terre qu'ils cultivent, même s'ils doivent se contenter d'une toute petite superficie. Cette situation freine la constitution de vastes exploitations plus rentables.

Après l'acquisition de la maison, vient celle du champ voisin. Si ce même attachement au sol n'existait pas chez les propriétaires, leur nombre augmenterait encore plus vite. La plupart des propriétaires de leurs exploitations ont hérité de leurs parents et préfèreraient vivre dans la misère plutôt que de vendre leurs terres. La propriété du sol ne change de main que par succession. Mais malgré le nombre considérable de petits propriétaires fonciers, l'immense majorité des paysans doit quand même louer des terres pour vivre décemment.

D'après un rapport du préfet du Nord, 1873.

3 La transformation des campagnes françaises

En 1835, j'ai pris possession de la grande ferme de Créteil. L'étendue des terres était de 235 hectares divisés en 348 parcelles. La récolte à cette époque était de 15 hectolitres de blé et de 12 000 kg de betteraves à l'hectare. J'avais 13 chevaux, 5 vaches, 300 moutons et 2 porcs.

Aujourd'hui, je récolte 25 hectolitres de blé et 23 000 kg de betteraves à l'hectare et j'ai 30 chevaux, 30 vaches, 500 moutons et 40 porcs. Le personnel se composait de 7 domestiques et de 8 à 10 ouvriers agricoles. Aujourd'hui, il est de 11 domestiques et de 30 à 40 ouvriers agricoles. J'ai augmenté l'épaisseur du sol cultivable par des labours aussi profonds que possible. Les 248 hectares environ dont se composent mes terres ne se divisent plus qu'en 70 parcelles.

D'après J.-C. Potel-Lecoutieux, *Autobiographie*, 1867.

4 La mécanisation des campagnes. Affiche publicitaire pour du matériel agricole (1889). Bibliothèque Forney, Paris.

5 Les bienfaits des engrais. Affiche publicitaire dessinée par H. Gerbault, fin XIXe siècle.

6 Une culture commerciale, les fraises du Vaucluse

Plus de quatre millions de kilos de fraises partent chaque année des gares de chemin de fer du Vaucluse. La France n'est plus capable d'absorber une production qui s'accroît sans cesse. C'est à l'étranger que les « fraisiculteurs » cherchent des débouchés. En Angleterre et en Allemagne, les fraises d'Avignon ont fait irruption. Les terrains irrigués des plaines du Vaucluse, cultivés en fraises, valent 7 000 francs l'hectare et leur culture assure la prospérité de tout un groupe de population. Les terrains voisins non irrigués ne valent pas 1 500 francs.

D'après *L'Illustration*, 29 juin 1901.

QUESTIONS

➤ Trouver des informations dans un document

1. Doc. 1 : Quels sont les outils agricoles visibles sur ce document ?
2. Doc. 2 : Comment expliquer le morcellement des terres agricoles au XIXe siècle ?
3. Doc. 3 : Par quels moyens l'agriculteur a-t-il pu transformer son exploitation ?
4. Doc. 4 : Qu'est-ce qui montre, sur cette affiche, que l'agriculture profite de la révolution industrielle ?
5. Doc. 5 : Quelle est la conséquence de l'utilisation d'engrais ?
6. Doc. 6 : Quels moyens techniques favorisent le développement de l'agriculture commerciale ?

➤ Mettre en relation les documents

7. Doc. 3, 4, 5 et 6 : Montrez que l'industrie permet une modernisation des campagnes.

➤ Rédiger

8. Rédigez un petit paragraphe expliquant comment le monde des campagnes évolue au XIXe siècle.

La condition ouvrière au XIXe siècle

›› Objectif

Connaître la vie du monde ouvrier au XIXe siècle.

Le développement de l'industrie au XIXe siècle fait naître un nouveau type de travailleurs, les ouvriers d'usines et des mines. Issus des campagnes, ils constituent une main-d'œuvre non qualifiée, mal payée, soumise à des conditions de travail et d'existence très difficiles qui concernent également les femmes et les enfants. Leur sort s'améliore progressivement dans la seconde moitié du XIXe siècle.

1 Le travail des enfants dans une mine de charbon anglaise. Gravure du milieu du XIXe siècle.

2 Règlement d'une filature de l'Essonne (1828)

Article 7. La journée de travail se compose de treize heures ; dans aucun cas les ouvriers ne pourront refuser un excédent de travail, sous peine de deux francs d'amende.
Article 8. Tout ouvrier en retard de dix minutes sera mis à l'amende.
Article 16. Toute ouvrière qui laverait ses mains ou ses vêtements avec le savon de la fabrique paiera trois francs d'amende. Si elle vole du savon, elle sera renvoyée et sa paie confisquée.
Article 17. Il est défendu aux ouvriers de jouer, jurer, crier, chanter ou se battre dans les ateliers, manger ou dormir pendant les heures de travail, sous peine d'amende.
Article 22. Il est interdit d'aller plus de trois fois par jour aux toilettes et de s'y trouver à plusieurs en même temps, sous peine d'amende.

3 Descente dans la mine (fin XIXe siècle)

Une brusque secousse et ce fut la chute vertigineuse dans le gouffre ténébreux et rempli de mystère. Une bouffée d'air humide me suffoqua, j'eus l'impression que mes boyaux remontaient dans ma poitrine. Je sentis que nous nous posions sur quelque chose de solide. Une injonction me secoua : « Allez sortez tous de là !... » Mes yeux agrandis voyaient des voûtes immenses piquées de lumières clignotantes qui éclairaient des gestes de fantômes. Le bruit était infernal. Des trains roulaient en ébranlant les voûtes de leur sonorité de ferraille. Des chevaux manœuvraient pour se placer en tête des convois. Les mineurs étaient vêtus d'un pantalon de toile, le dos brillant et noir, la sueur ruisselant sur leur poitrine.

D'après le témoignage de G. Dumoulin, *Carnets de route. Quarante ans de vie militante*, 1938.

4 **Le logement d'une famille ouvrière allemande vers 1900.**

5 Les conditions de vie des ouvriers du textile à Lille en 1835

Le quartier de Lille où il y a le plus d'ouvriers pauvres et de mauvaise conduite est celui de la rue des Étaques, et des allées, des cours étroites et tortueuses, profondes qui communiquent avec elle. Les plus pauvres habitent les caves et les greniers. Ces caves s'ouvrent directement sur les rues ou les cours, et on y descend par un escalier qui sert à la fois de porte et fenêtre. Le mobilier se compose d'une sorte d'armoire ou d'une planche pour déposer les aliments, d'un poêle, d'un réchaud en terre cuite, de quelques poteries, d'une petite table, de deux ou trois vieilles chaises et d'un sale grabat. La nourriture habituelle se compose de pommes de terre, de quelques légumes, de soupes maigres, d'un peu de beurre, de fromage ou de charcuterie. Ils ne mangent ordinairement qu'un seul de ces aliments avec leur pain.

D'après M. Villermé, *Tableau de l'état physique et moral des ouvriers*, 1840.

(en % du total des dépenses)	Famille ouvrière en 1856	Famille ouvrière en 1905	Comparaison avec une famille bourgeoise en 1905
Dépenses alimentaires :	70,7	63,6	23
dont Céréales	21,6	12,1	
dont Viandes	11,6	14	
dont Œufs et produits laitiers	10,4	12,4	
Logement et chauffage	15,2	17,1	27,1 (+ domestiques)
Habillement	12,2	10,5	13
Divers (hygiène, santé, transports, loisirs, éducation)	1,9	8,8	36,9
Total	100	100	100

6 **Les dépenses d'une famille ouvrière en France.**

QUESTIONS

➤ Trouver des informations dans un document

1. Doc. 1 : Qu'est-ce qui rend le travail de ces enfants si pénible ?
2. Doc. 2 : Quelles sanctions le patron peut-il prendre contre ses ouvriers ?
3. Doc. 3 : Pourquoi le travail des mineurs est-il difficile ?
4. Doc. 4 : Décrivez ce logement (taille de la pièce, mobilier, équipement ménager).
5. Doc. 5 : Quelles sont les conditions de logement des ouvriers les plus pauvres de Lille en 1835 ?
6. Doc. 6 : Montrez que la vie des ouvriers s'améliore un peu dans la seconde moitié du XIXe siècle. Quelles sont cependant les principales différences qui subsistent par rapport à la bourgeoisie ?

➤ Mettre en relation les documents

7. Doc. 1, 2 et 3 : Décrivez les conditions de travail des ouvriers au XIXe siècle.

➤ Rédiger

8. Doc. 4, 5 et 6 : Rédigez un petit paragraphe résumant les conditions de vie des ouvriers au XIXe siècle.

Leçon 4

Socialisme, syndicalisme et luttes ouvrières

→ **Comment les ouvriers essaient-ils de défendre leurs intérêts au XIXe siècle ?**

A Le socialisme

Dès la première moitié du XIXe siècle, certains penseurs condamnent le libéralisme économique et cherchent des solutions pour améliorer le sort des ouvriers. C'est la naissance du **socialisme**. Dans le *Manifeste du parti communiste*, Karl Marx envisage la révolution sociale qui permettra au prolétariat de s'emparer des moyens de production et de se partager les profits **(voir dossier p. 136-137)**.

À partir de 1860, plusieurs partis socialistes se créent en Europe. La Ire Internationale, fondée en 1864, cherche à réunir les **prolétaires** de tous les pays dans une lutte commune. En 1905, sous l'impulsion de Jean Jaurès **(doc. 2)** naît la Section française de l'Internationale ouvrière (SFIO). Elle devient rapidement un parti politique important. En 1914, il y a 125 députés socialistes en France.

B Le syndicalisme

Au milieu du XIXe siècle, les ouvriers, toujours plus nombreux, cherchent à s'organiser. Certains d'entre eux décident de se regrouper en **syndicats** **(doc. 5)** afin de lutter plus efficacement contre le patronat. D'abord interdits, ces syndicats sont progressivement autorisés **(doc. 6)**.

En 1895, les différents syndicats français créent la CGT (Confédération générale du travail). Très influencée par les idées **anarchistes**, la CGT se déclare, par la Charte d'Amiens, indépendante de tout parti politique **(doc. 3)**.

C Les luttes ouvrières

Les ouvriers réclament avant tout une amélioration de leurs conditions d'existence : hausse des salaires et diminution du temps de travail **(doc. 4)**. Pour se faire entendre, ils ne disposent que d'une seule arme efficace, la grève **(doc. 1)**. Mais elle n'est pas sans danger car elle est souvent réprimée avec violence.

Cependant, sous la pression de ces divers mouvements, les gouvernements des pays industrialisés mettent peu à peu en place une législation sociale plus favorable aux ouvriers **(doc. 6)**. Le sort de la classe ouvrière s'améliore rapidement au Royaume-Uni et en Allemagne et plus lentement en France.

VOCABULAIRE

anarchiste (un) : personne qui rejette toute forme d'autorité, notamment celle de l'État.

prolétaire (un) : ouvrier qui n'a que sa force de travail pour obtenir un salaire.

socialisme (le) : mouvement politique qui lutte contre l'exploitation économique des ouvriers et les inégalités sociales.

syndicat (un) : association de personnes exerçant la même profession en vue de défendre leurs intérêts communs.

1 Mineurs en grève interdisant l'accès à la mine de Silkstorne dans le Yorkshire (Angleterre) en 1912.

1. Comment ces mineurs font-ils pression sur leur patron ?

2 Jean Jaurès (1859-1914).

Professeur de philosophie à la faculté de Toulouse, Jaurès côtoie la misère ouvrière lors de la grève des mineurs de Carmaux de 1892 et se rallie aux idées socialistes. Élu député en 1893, il devient l'un des principaux chefs du mouvement socialiste français. Fondateur du quotidien *L'Humanité*, en 1904, il contribue à la naissance de la SFIO en 1905. Farouche partisan de la paix, il est assassiné par un militant nationaliste quelques jours avant le début de la Première Guerre mondiale.

1. Quel rôle Jaurès a-t-il joué dans le mouvement socialiste français ?

3 La Charte du congrès d'Amiens, 1906 (extraits)

Le congrès d'Amiens confirme que la CGT regroupe, en dehors de toute école politique, tous les travailleurs conscients de la lutte à mener pour la disparition du salariat et du patronat. Cette déclaration est une reconnaissance de la lutte des classes qui oppose, sur le terrain économique, les travailleurs en révolte contre toutes les formes d'exploitation et d'oppression, tant matérielles que morales, mises en œuvre par la classe capitaliste contre la classe ouvrière.
Le syndicalisme poursuit aussi la coordination des efforts ouvriers, l'accroissement du mieux-être des travailleurs par la réalisation d'améliorations immédiates, telles que la diminution des heures de travail, l'augmentation des salaires. Son moyen d'action est la grève générale.

1. Quel est l'objectif de la CGT ?
2. Doc. 1, 2, 3 et 5 : Par quels moyens les ouvriers tentent-ils de faire entendre leurs revendications ?

4 Les revendications ouvrières. Affiche de la CGT en 1905.

1. Quelles sont les revendications exprimées sur cette affiche ?

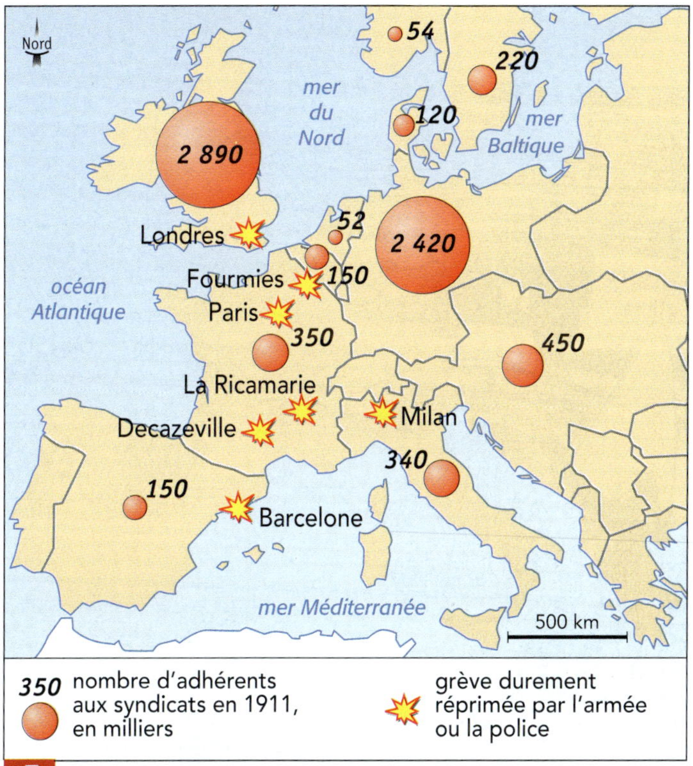

5 L'implantation des syndicats en Europe en 1911.

1. Quels sont les pays où les syndicats ont le plus grand nombre d'adhérents ?
2. Quelle est la particularité de la France ?

1825	Droit syndical reconnu en Angleterre
1841	Interdiction du travail des enfants de moins de 8 ans en France
1864	Tolérance des grèves et suppression du livret ouvrier en France
1869-1871	Droit syndical et droit de grève reconnus en Allemagne
1874-1875	Journée de travail limitée à 10 heures par jour et reconnaissance officielle du droit de grève en Angleterre
1883	Réglementation du travail des enfants de moins de 16 ans en Angleterre
1884	Droit syndical reconnu en France
1884-1889	Lois sociales (protection contre les accidents du travail, retraites pour les ouvriers) en Allemagne
1892	Réglementation du travail des enfants de 13 à 18 ans (10 heures par jour) et des femmes (11 heures par jour) en France
1898	Loi (très incomplète) sur les accidents du travail (France)
1900	Journée de travail limitée à 10 heures par jour en France
1910	Loi (très incomplète) sur les retraites ouvrières en France
1911	Création d'un système d'assurance chômage et d'assurance maladie en Angleterre

6 Quelques étapes du progrès social en Europe.

1. À quelles dates le droit de se syndiquer est-il reconnu en Angleterre, en Allemagne et en France ?
2. Doc. 4 et 6 : Quels sont les résultats obtenus grâce aux luttes ouvrières ?

Le *Manifeste* du parti communiste

›› Objectif

Découvrir un texte fondateur du socialisme.

En 1848, Karl Marx et Friedrich Engels, deux socialistes allemands, publient à Londres le *Manifeste du parti communiste*. C'est un petit livre de 23 pages, dans lequel ils dénoncent l'exploitation des ouvriers par la bourgeoisie. Le texte annonce la défaite du capitalisme et encourage les prolétaires à se lancer dans l'action révolutionnaire. Traduit en plusieurs langues, le *Manifeste* devient, dès la fin du XIXe siècle, le texte de référence pour la plupart des socialistes du monde entier.

1 Karl Marx (1818-1883).

1818 : naît à Trèves, en Allemagne, dans une famille bourgeoise.
1836 : commence ses études de droit et de philosophie.
1842 : devient journaliste.
1843 : émigre à Paris
1845 : se rend à Bruxelles où il rédige, avec Engels, le *Manifeste du parti communiste.*
1849 : expulsé de Belgique, il s'installe à Londres, où il écrit plusieurs ouvrages, dont *Le Capital* (1867), et fonde la Première Internationale (1864) qui regroupe des socialistes de plusieurs pays d'Europe.
1883 : meurt à Londres.

2 *La Terre promise du marxisme.* Gravure parue dans le *Glühlichter* de Vienne, 1892.

3 La lutte des classes

L'histoire de toute société jusqu'à nos jours est l'histoire de la lutte des classes. Homme libre et esclave, seigneur et serf, maître et compagnon, en un mot, oppresseurs et opprimés en perpétuelle opposition ont mené une lutte ininterrompue, tantôt secrète, tantôt ouverte [...]. Notre époque, l'époque de la bourgeoisie, se distingue par la simplification des oppositions de classe. La société se divise en deux camps ennemis : la bourgeoisie et le prolétariat.

D'après Karl Marx et Friedrich Engels, *Manifeste du parti communiste*, 1848.

6 Friedrich Engels (1820-1895). Fils d'un riche industriel allemand, Friedrich Engels découvre la misère ouvrière dans une usine de son père en Angleterre. En 1844, il se lie d'amitié avec Karl Marx et rédige avec lui le *Manifeste du parti communiste.* Après la mort de Marx, auquel il apportait un précieux soutien financier, il assure la publication, à titre posthume, du deuxième et du troisième tomes du *Capital* rédigés par son ami. En 1889, son influence permet la création, à Paris, de la IIe Internationale destinée à prendre la relève de la Ire, fondée par Marx en 1864 et disparue à la suite d'oppositions internes.

4 Qu'est-ce que le prolétariat ?

La bourgeoisie a soumis la campagne à la ville [...]. Elle a aggloméré la population, centralisé les moyens de productions et concentré la propriété dans un petit nombre de mains [...]. Le travail des prolétaires a perdu tout attrait avec le développement du machinisme. Le travailleur devient un simple accessoire de la machine ; on n'exige de lui que l'opération la plus simple, la plus monotone, la plus vite apprise. Par conséquent, le coût du travailleur se limite à peu près à ce qu'il lui faut pour vivre et perpétuer sa descendance.
Des masses d'ouvriers sont placées sous la domination de la machine, du contremaître, du bourgeois industriel lui-même. Cette tyrannie est d'autant plus odieuse qu'elle proclame ouvertement que son but unique est le profit [...]. Les petits industriels, marchands, artisans et paysans tombent dans le prolétariat parce que leurs faibles capitaux ne leur permettent pas d'employer les procédés de la grande industrie et parce qu'ils succombent devant la concurrence des grands capitalistes. Ainsi, le prolétariat se recrute dans toutes les classes de la population.

D'après Karl Marx et Friedrich Engels, *Manifeste du parti communiste*, 1848.

5 La révolution communiste est en marche

Les communistes sont la partie la plus résolue des partis ouvriers de tous les pays [...]. Le but immédiat des communistes est le renversement de la domination bourgeoise, la conquête du pouvoir politique par le prolétariat [...]. Les communistes peuvent résumer leur théorie dans cette formule unique : abolition de la propriété privée.
Le prolétariat se servira de son pouvoir politique pour arracher tout le capital à la bourgeoisie et mettre tous les instruments de production entre les mains de l'État, c'est-à-dire du prolétariat organisé en classe dominante [...].
Les mesures suivantes pourront être appliquées :
– expropriation des terres dont les revenus iront à l'État ;
– impôt progressif ;
– abolition de l'héritage ;
- création d'une banque unique d'État ;
- centralisation entre les mains de l'État des moyens de transport ;
- multiplication des usines nationales ;
- travail obligatoire pour tous ;
- éducation publique et gratuite de tous les enfants [...].
En somme, les communistes appuient dans tous les pays tout mouvement révolutionnaire contre l'ordre social et politique existant. Puissent les classes dirigeantes trembler à l'idée d'une révolution communiste ! Les prolétaires n'ont rien à perdre que leurs chaînes. Ils ont un monde à gagner.
PROLÉTAIRES DE TOUS LES PAYS,
UNISSEZ-VOUS !

D'après Karl Marx et Friedrich Engels, *Manifeste du parti communiste*, 1848.

QUESTIONS

➤ Trouver des informations dans un document

1. Doc. 2 : Expliquez le titre du document.
2. Doc. 3 : Selon Marx et Engels, la lutte des classes est-elle un phénomène récent ? Justifiez la réponse.
3. Doc. 4 : Quels changements l'industrialisation a-t-elle apportés ?
4. Doc. 5 : Quel est l'objectif des communistes ? Sur quels moyens comptent-ils pour parvenir à leurs fins ?
5. Doc. 6 : Quel rôle joue Engels aux côtés de Marx et après sa mort ?

➤ Mettre en relation les documents

6. Doc. 3, 4 et 5 : Selon Marx et Engels, pourquoi le prolétariat et la bourgeoisie sont-ils opposés ?

➤ Rédiger

7. Rédigez un petit paragraphe expliquant pourquoi Karl Marx tient une place importante dans l'histoire du mouvement ouvrier.

1 Connaître les mots de l'histoire

Associez, sur votre cahier, chaque mot de vocabulaire (1 à 8) à sa définition (A à H).

1. Action	**A.** Industrie produisant de la fonte et de l'acier à partir du minerai de fer et du charbon.
2. Bourse	**B.** Ouvrier qui n'a que sa force de travail pour obtenir un salaire.
3. Exode rural	**C.** Association de personnes exerçant la même profession en vue de défendre leurs intérêts communs.
4. Libéralisme économique	**D.** Mouvement politique qui lutte contre l'exploitation économique des ouvriers et les inégalités sociales.
5. Prolétaire	**E.** Partie du capital d'une entreprise.
6. Sidérurgie	**F.** Départ massif et définitif des habitants des campagnes vers les villes.
7. Socialisme	**G.** Lieu où s'échangent les actions.
8. Syndicat	**H.** Système économique dans lequel la liberté des entreprises n'est pas limitée par des lois.

2 Retenir l'essentiel du chapitre

Associez, sur votre cahier, chaque question (1 à 4) à sa réponse (A à D).

1. Comment se manifeste la révolution industrielle ?	**A.** Le prolétariat se regroupe en syndicats et recourt à la grève.
2. Qu'est-ce qui favorise les échanges au XIXe siècle ?	**B.** La bourgeoisie détient la richesse et le pouvoir de décision. Les ouvriers assurent la production par leur travail.
3. Comment s'organise la société industrielle au XIXe siècle ?	**C.** Grâce à l'utilisation de la vapeur, les transports deviennent plus rapides.
4. Comment les ouvriers tentent-ils d'améliorer leur condition ?	**D.** La mécanisation du travail permet d'augmenter la productivité.

3 Se repérer dans le temps

1. **Quel événement se rattache à chacun des personnages suivants ?**
Stephenson ;
Jaurès ;
Watt ;
Ford ;
Marx ;
Pasteur.

2. **À quelles dates correspondent les événements suivants ?**
Exposition universelle de Paris ;
inauguration du canal de Suez.

EXERCICES

4 Comprendre un texte

(vous pouvez vous aider des dossiers p. 118-119 et p. 132-133)

1 Le paternalisme des patrons des mines du nord de la France

1. Les directeurs des mines du nord de la France veillent avec une attitude toute paternelle sur le sort de leurs ouvriers. Pour cela, ils ont créé des caisses pour aider les ouvriers. Les patrons y contribuent par leurs dons. Les ouvriers y contribuent aussi puisque l'argent des amendes qui leur sont infligées quand ils ne respectent pas le règlement est mis dans ces caisses.
2. Ces caisses permettent de donner des soins à l'ouvrier malade, de lui verser une pension s'il a eu un accident dans la mine qui ne lui permet plus de travailler ou de verser une pension à sa veuve s'il est mort dans un accident du travail. Pour les ouvriers âgés, ces caisses se transforment souvent en caisses de retraite.
3. Les patrons ont aussi songé à développer l'esprit des ouvriers. Le travail, c'est eux qui le font mais ce sont les patrons qui doivent guider leurs esprits. Les patrons ont fait construire des églises et des écoles (cours gratuits pour enfants et adultes) et même des bibliothèques.
4. Les compagnies ont même fait construire des logements, composés de maisons, avec une cour et un jardin. J'en ai vu beaucoup dans le département de Saône-et-Loire. Que d'appartements parisiens si petits et si sombres envieraient ces maisons d'ouvriers !

D'après Louis-Laurent Simonin, *La Vie souterraine*, 1867.

1. Quelle est la nature de ce document ? Quand a-t-il été écrit ?
2. Paragraphe 1 : Comment sont financées les caisses d'aide aux ouvriers ?
3. Paragraphe 2 : D'après l'auteur, à quoi servent les caisses d'aide ?
4. Paragraphe 3 : D'après l'auteur, comment les patrons essaient-ils de développer l'esprit des ouvriers ?
5. Paragraphe 4 : Dans quelle ville de Saône-et-Loire l'auteur a-t-il pu voir ces maisons ouvrières ?
6. Identifiez la phrase du texte qui définit ce qu'est le paternalisme.
7. En vous aidant de vos connaissances et du texte, essayez de trouver des raisons expliquant l'attitude des patrons paternalistes.

5 Analyser des statistiques

(vous pouvez vous aider des dossiers p. 128-129 et p. 132-133)

Dépenses d'une famille bourgeoise de 2 personnes en Seine-et-Oise (revenu annuel très supérieur à 30 000 francs)	En francs	En %
Alimentation	7 000 F	23,6 %
Frais d'entretien de la maison (éclairage, chauffage, blanchissage, repassage)	6 000 F	20 %
Salaires des 8 domestiques	5 000 F	16,6 %
Cadeaux et charité	3 000 F	10 %
Chevaux et voitures	2 000 F	6,6 %
Bibliothèque	500 F	1,6 %
Divers, dont habillement	6 500 F	21,6 %
Total	30 000 F	100

1 Un budget bourgeois vers 1885.

Dépenses d'une famille ouvrière parisienne de 4 personnes (revenu annuel de la famille : 2 350 francs)	En francs	En %
Alimentation	1 800 F	76,8 %
Blanchissage	62 F	2,6 %
Linge et vêtements	200 F	8,6 %
Chauffage, éclairage	80 F	3,4 %
Loyer	200 F	8,6 %
Total	2 342 F	100

2 Un budget ouvrier vers 1885.

1. Combien de familles ouvrières pourraient vivre avec le budget de la famille bourgeoise ?
2. Quelles dépenses, inexistantes chez les ouvriers, trouve-t-on chez les bourgeois ? En quoi reflètent-elles le mode de vie bourgeois ?
3. La famille ouvrière peut-elle mettre de l'argent de côté pour constituer une épargne ? Pourquoi ?
4. Comparez, en pourcentages, les dépenses alimentaires de chaque famille. Pour quelle famille cela constitue-t-il le poste de dépenses le plus lourd ?
5. Comparez, en chiffres réels (sommes payées) les dépenses d'alimentation de chaque famille. Quel renseignement cela nous donne-t-il sur leurs habitudes alimentaires ?
6. Pourquoi n'y a-t-il pas de dépenses de loyer pour la famille bourgeoise ?
7. Que peut-on en déduire sur la situation économique et le mode de vie des bourgeois et des ouvriers ?

6 Analyser une image

(vous pouvez vous aider de la leçon p. 126-127 et du dossier p. 128-129)

1 Un immeuble parisien. Gravure de Lavieille, vers 1850, collection particulière.

1. Réalisez un tableau d'après le modèle fourni.
Après avoir observé les appartements portant un numéro, complétez chaque rubrique du tableau.
Déduisez, dans la dernière ligne, la classe sociale à laquelle appartient chaque famille, en choisissant parmi les propositions suivantes : prolétariat, classe moyenne (artisans, fonctionnaires), grande bourgeoisie d'affaires, moyenne bourgeoisie.

	Appartement n° 3	Appartement n° 4	Appartement n° 5	Appartement n° 7
Taille du logement				
Mobilier				
Vêtements				
Attitude des gens				
Classe sociale				

2. Y a-t-il un ou plusieurs étages qui correspondent à la « classe moyenne » ?
Justifiez la réponse.

3. Est-ce que la composition sociale de cet immeuble serait la même à la fin du XIXe siècle ?
Quelle classe ne trouverait-on plus ?
Pourquoi ?

4. À partir de cette analyse, rédigez un petit paragraphe décrivant les différentes classes de la société urbaine au XIXe siècle.

7 Mettre en relation des documents *(vous pouvez vous aider de la leçon p. 134-135 et du dossier p. 136-137)*

CONFÉDÉRATION GÉNÉRALE DU TRAVAIL
Fédération nationale des travailleurs de l'Industrie du bâtiment

Syndicat Général des Travailleurs du Bâtiment
DE TOULOUSE
SECTION DES MENUISIERS

GRÈVE À PARTIR DU LUNDI 22 AVRIL 1912

Aux Syndicats, aux Syndiqués,
Deux cent cinquante camarades, ouvriers menuisiers en bâtiment, sont en grève à Toulouse. Nous vous demandons de les soutenir de votre pleine solidarité matérielle.
À Toulouse, où, comme partout ailleurs, la vie est très chère, on ne peut assurer son existence, et tout juste, que moyennant un salaire de **six francs soixante-quinze centimes par jour et sans chômage.**
Les grévistes réclament : le prix de l'heure à **soixante centimes**, la suppression du travail aux pièces[1], la fourniture par les patrons des outils de travail.
Vous remarquerez que ces revendications sont en conformité avec les décisions prises dans tous les Congrès du Bâtiment et de la CGT.

1. Plus l'ouvrier produit, plus il est payé.

1 Un appel à la grève. Affiche de la CGT, Toulouse, avril 1912.

2 Le recours à la grève

Les premières nouvelles de la grève m'avaient comblé de joie : les mineurs paraissaient disposés à renoncer enfin aux grèves pacifiques et inutiles. La grève s'éternisa, les mineurs firent une plus intense connaissance avec la faim, leur compagne habituelle, ils mangèrent les fonds de réserve de leur syndicat et celui des autres corporations qui leur vinrent en aide, puis au bout de deux mois, l'oreille basse, ils retournèrent à leur fosse, plus misérables qu'auparavant. Il eût été si simple, dès le début, d'attaquer la compagnie dans son seul endroit sensible, l'argent, de brûler le stock de charbon, de briser les machines d'extraction, de démolir les pompes d'épuisement.

D'après la déclaration de l'anarchiste Émile Henry devant la cour d'assises de la Seine,

3 La répression. Couverture du journal satirique *L'Assiette au beurre*, 6 mai 1905.

1. Doc. 1 : À qui s'adresse cet appel à la grève ? Quelle est la raison de cette grève ? Quel est son but ?
2. Doc. 2 : Combien de temps dure la grève ? À quelle difficulté les grévistes sont-ils confrontés ?
3. Doc. 3 : Quels sont les deux groupes face à face ? Quels sont les bâtiments que l'on aperçoit au fond ?
4. Doc. 3 : Que brandissent les personnages à l'arrière-plan ? Que tiennent dans leurs mains les personnes qui leur font face ?
5. Doc. 1 et 2 : Dans quels secteurs d'activités les grèves éclatent-elles ? Pourquoi ?
6. Doc. 1 et 2 : Comment se déroule une grève ?
7. Doc. 2 et 3 : Comment la grève prend-elle fin ?
8. Doc. 1, 2 et 3 : Quelles sont les conséquences de la grève pour les ouvriers ?

Sujet guidé L'importance du chemin de fer au XIXe siècle

1 Affiche des chemins de fer de la compagnie d'Orléans, fin du XIXe siècle.

3 Construction d'une locomotive dans une usine. France, fin du XIXe siècle.

2 Les fraises du Vaucluse

Plus de quatre millions de kilos de fraises partent chaque année des gares de chemin de fer du Vaucluse. La France n'est plus capable d'absorber une production qui s'accroît sans cesse. C'est à l'étranger que les « fraisiculteurs » cherchent des débouchés. En Angleterre et en Allemagne, les fraises d'Avignon ont fait irruption. Les terrains irrigués des plaines du Vaucluse, cultivés en fraises, valent 7 000 francs l'hectare et leur culture assure la prospérité de tout un groupe de population. Les terrains voisins non irrigués ne valent pas 1 500 francs.

D'après *L'Illustration*, 29 juin 1901.

Questions

1. **Doc. 1 :** Quels sont les avantages du chemin de fer ?
2. **Doc. 2 :** Quelles perspectives nouvelles le chemin de fer offre-t-il aux agriculteurs ?
3. **Doc. 3 :** De quel secteur industriel dépend le chemin de fer ?
4. **Doc. 1, 2 et 3 :** À partir des informations contenues dans les documents et de vos connaissances personnelles, rédigez un paragraphe d'une quinzaine de lignes expliquant l'importance du chemin de fer au XIXe siècle.

Méthode

Les questions 1 à 3 vous demandent, en fait, de résumer l'information principale apportée par chaque document.

1. *Observez le document. La réponse se trouve dans le texte de l'affiche (transports rapides et réguliers).*
2. *La première phrase du texte explique le lien entre les agriculteurs du Vaucluse et le chemin de fer. La suite du texte montre comment le chemin de fer a permis la mise en valeur de certaines terres agricoles.*
3. *Cette photographie montre des ouvriers construisant une locomotive. Le transport ferroviaire procure ainsi du travail à de nombreuses entreprises.*
4. *Présentez le sujet (introduction) puis reliez les informations données par les trois documents par des mots de liaison :*
   - le chemin de fer permet de se déplacer plus rapidement ;
   - le chemin de fer aide les régions éloignées à sortir de leur isolement, ce qui offre de nouveaux débouchés aux campagnes et intensifie les échanges ;
   - la construction du réseau ferré et du matériel ferroviaire donne beaucoup de travail aux industries métallurgiques et mécaniques.

   Faites une rapide phrase de conclusion.

Rédiger un paragraphe argumenté

Sujet d'entraînement Le travail des enfants au XIXᵉ siècle.

1 Enfants au travail dans des mines de charbon anglaises. Lithographie, 1844.

2 Le témoignage d'un enfant

J'avais sept ans quand je commençais à travailler. Les heures de travail étaient de cinq heures du matin à huit heures du soir, avec une pause de trente minutes à midi pour se reposer et manger. Nous devions prendre nos repas comme nous pouvions. J'avais quatorze heures et demie de travail effectif à sept ans. Dans cette manufacture, il y avait environ cinquante enfants de mon âge. Beaucoup étaient malades à cause du travail excessif. C'est à coups de lanières de cuir que le contremaître tenait les enfants au travail.

3 Loi du 22 mars 1841 en France

Art. 2 : Les enfants qui travaillent devront avoir au moins huit ans. De huit à douze ans, ils ne pourront être employés au travail plus de huit heures divisées par un repos. De douze à seize ans, ils ne pourront être employés plus de douze heures divisées par des repos. Ce travail ne pourra avoir lieu que de cinq heures du matin à neuf heures du soir.

Art. 4 : Les enfants de moins de seize ans ne pourront être employés le dimanche et les jours de fêtes.

Questions

1. **Doc. 1 :** Que font les enfants sur cette image ?
2. **Doc. 2 :** Pourquoi les enfants sont-ils régulièrement malades ? Comment les oblige-t-on à travailler ?
3. **Doc. 3 :** Pourquoi la loi de 1841 constitue-t-elle un léger progrès pour la condition des enfants au travail ?
4. **Doc. 1, 2 et 3 :** À partir des informations contenues dans les documents et de vos connaissances personnelles, rédigez un paragraphe d'une quinzaine de lignes expliquant quelle est la condition des enfants de familles ouvrières au XIXᵉ siècle.

Conseils pour réussir

- Relisez le dossier p. 132-133 ainsi que la leçon p. 134-135 (plus particulièrement le doc. 6).
- Observez attentivement les documents. Cherchez dans les documents la façon dont les enfants étaient exploités au XIXᵉ siècle et les éléments montrant combien leur sort était difficile. Bien comprendre que cette situation évolue au cours du siècle grâce à l'intervention de l'État.
- Répondez en rédigeant des phrases correctement écrites. Utilisez des mots de liaison entre chaque phrase.
- Vérifiez l'expression écrite (grammaire, orthographe des mots).

Chapitre 8

Les bouleversements culturels

→ **Comment l'art et la culture accompagnent-ils les grands bouleversements du XIXe siècle ?**

1 **Une peinture académique : *L'Apothéose d'Homère*.** Jean-Auguste-Dominique Ingres (1780-1867). Huile sur toile (5,12 m x 3,86 m), 1827. Musée du Louvre, Paris.

1. Où se situe Homère sur cette peinture ?
2. À quelles périodes le décor, les personnages et le thème du tableau font-ils référence ?
3. Expliquez le titre du tableau.

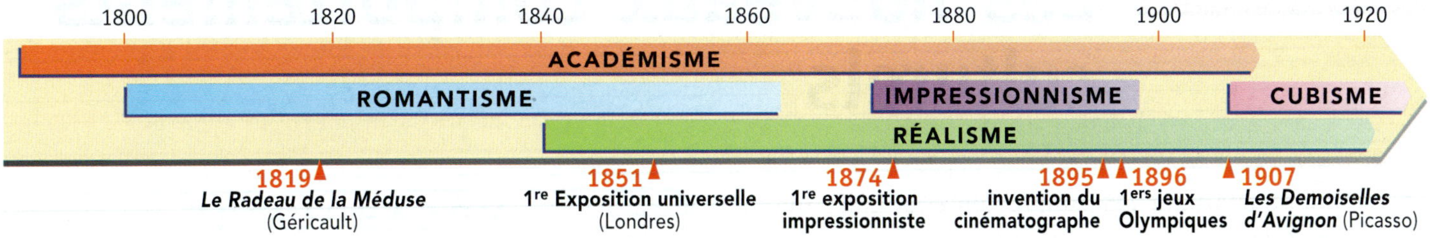

2 Une peinture impressionniste : *Impression, soleil levant.* Claude Monet (1840-1926). Huile sur toile (48 cm x 63 cm), 1872. Musée Marmottan, Paris.

1. Quel est le thème du tableau ?
2. Qu'est-ce que l'artiste cherche à traduire en priorité ?
3. Doc. 1 et 2 : Quelles sont les différences dans la façon dont les deux artistes ont peint leurs tableaux ?

Leçon 1

Les nouveaux comportements culturels

→ **Comment évoluent les comportements culturels au XIXe siècle ?**

A Religion et science

Au XIXe siècle, une **culture** populaire traditionnelle, généralement orale, teintée de superstitions et marquée par différents **rites**, survit dans les régions rurales. La croyance religieuse y reste vive et les pèlerinages se multiplient, comme à Lourdes, à partir de 1858 **(doc. 1)**. En revanche, la pratique religieuse régresse dans les régions en voie d'industrialisation, car beaucoup d'ouvriers se détachent de la religion.

L'Église ne répond pas assez aux problèmes posés par le monde moderne, alors que l'avancée de la science ébranle les esprits. Le **positivisme** veut donner à chaque chose une explication raisonnée **(doc. 2)**. Le public se passionne pour les découvertes qui débouchent sur des apports pratiques (la vaccination ou la photographie).

B Vers une culture de masse

À partir des années 1900, le développement d'une **culture de masse** gomme progressivement les différences entre les Français. La fréquentation des stations balnéaires ou des théâtres reste encore le fait de la bourgeoisie, mais les milieux populaires commencent à accéder aux loisirs **(doc. 3)**.

Les exploits sportifs (cyclisme) attirent les foules. En 1896, le baron Pierre de Coubertin relance les jeux Olympiques. La pratique sportive devient, pour les milieux populaires, un moyen de promotion. Inventé en 1895 par les frères Lumière, le cinématographe s'annonce rapidement comme le support privilégié de cette nouvelle culture de masse **(doc. 4)**.

C L'accès à l'information

L'accès gratuit et obligatoire à l'instruction primaire réduit l'analphabétisme **(doc. 5)**. Le brassage humain et géographique, favorisé par les années de service militaire obligatoire, élargit l'horizon culturel des jeunes hommes.

De nouvelles techniques facilitent la diffusion des idées. La lecture régulière des journaux se généralise. Le recours à la **presse rotative**, aux petites annonces et à la publicité permet de réduire les coûts et d'augmenter les tirages. Le développement des romans-feuilletons fidélise les lecteurs **(doc. 6)**.

VOCABULAIRE

culture (la) : ensemble des idées, des croyances et des connaissances.

culture de masse (la) : culture destinée à un large public, issu de divers milieux sociaux.

positivisme (le) : système de pensée qui veut tout expliquer par le raisonnement scientifique.

presse rotative (une) : machine à imprimer constituée de cylindres tournant en continu permettant une grande vitesse d'impression.

rite (un) : cérémonie accompagnant une croyance.

1 Un pèlerinage dédié à la Vierge (Lourdes, Hautes-Pyrénées). Gravure de T. de Seguin, fin du XIXe siècle. Musée des Arts et Traditions populaires, Paris.

1. **À qui ce culte est-il rendu ?**
2. **Qu'est-ce qui montre qu'il s'agit d'un lieu de pèlerinage important ?**

2 La science gouvernera-t-elle le monde ?

Jusqu'ici, ce n'est pas la raison qui a mené le monde : c'est le caprice, c'est la passion. Un jour viendra où la raison, éclairée par l'expérience, reprendra son pouvoir légitime et conduira le monde non plus au hasard, mais avec la vue claire du but à atteindre. Organiser scientifiquement l'humanité, tel est donc le premier mot de la science moderne, telle est sa légitime prétention.

D'après Ernest Renan, *L'Avenir de la science, pensées de 1848*, 1890.

1. **D'après Ernest Renan, qu'est-ce qui a mené le monde jusqu'alors ?**
2. **Selon l'auteur, quelle sera la place de la science à l'avenir ?**

3 ***Un dimanche après-midi sur l'île de la Grande Jatte.*** Peinture de Georges Seurat (1859-1891). Huile sur toile (205,7 cm x 305,8 cm), 1884-1886. Art Institute, Chicago.

1. **À quels milieux sociaux appartiennent les différents personnages ?**

4 **La naissance du cinématographe.** Affiche du film muet des frères Lumière, *L'Arroseur arrosé*, 1895.

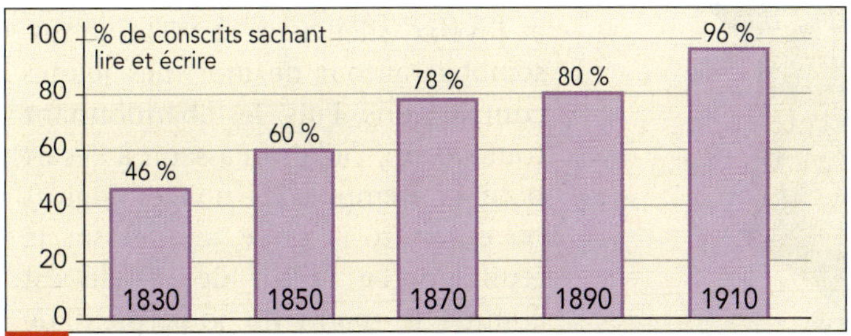

5 **L'évolution de l'alphabétisation en France.**

1. Comment évolue le nombre des illettrés en France ?

2. Doc. 3, 4, 5 et 6 : Expliquez comment se met en place une culture de masse à la fin du XIXe siècle.

6 **Un roman-feuilleton au début du XXe siècle.**

1. Quel est le sujet de ce roman-feuilleton ?

>> Objectif

Le romantisme

Comprendre un mouvement artistique.

Le romantisme est un nouveau courant culturel et artistique qui se développe en Europe dans la première moitié du XIXe siècle. Écrivains et artistes romantiques prennent parti pour les grandes causes de leur époque et s'enthousiasment pour les idées de liberté, de révolution, de progrès. Ils donnent la priorité à la sensibilité, à l'émotion, aux sentiments extrêmes, comme la passion ou le désespoir. Ils recourent à l'imagination et subissent l'influence de l'Orient. Le mouvement touche aussi bien la littérature (Hugo, Lamartine), que la peinture (Géricault, Delacroix, Friedrich) la sculpture (Rude) et la musique (Beethoven, Berlioz, Wagner).

1 Une sculpture romantique exaltant l'héroïsme des soldats français : *Le Départ des volontaires de 1792.* François Rude (1784-1855). Haut-relief de l'Arc de Triomphe (1833-1836). Place de l'Étoile, Paris.

2 Un écrivain romantique

Mon humeur était impétueuse, mon caractère inégal, tour à tour bruyant et joyeux, silencieux et triste, je rassemblais autour de moi mes jeunes compagnons. Puis, les abandonnant tout à coup, j'allais m'asseoir à l'écart pour contempler les nuages fugitifs ou entendre la pluie tomber sur le feuillage. Le matin de la vie est comme le matin du jour, plein de pureté, d'images et d'harmonies.

D'après François-René de Chateaubriand (1768-1848), *René*, 1802.

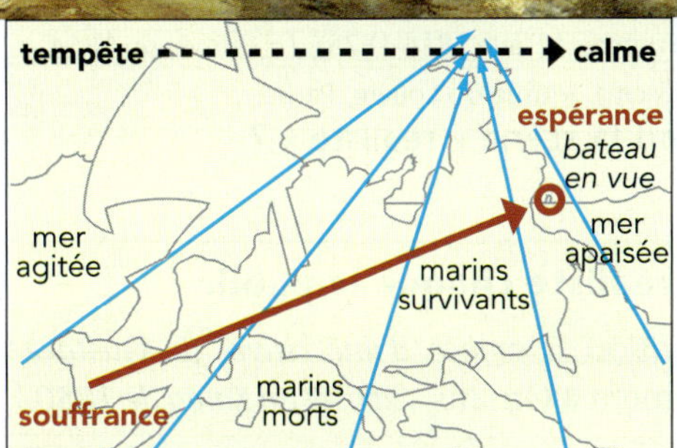

3 **Une peinture de la souffrance et de l'espoir : *Le Radeau de la Méduse*.**

Théodore Géricault (1791-1824). Huile sur toile (4,91 m x 7,16 m), 1819. Musée du Louvre, Paris.

QUESTIONS

➤ Trouver des informations dans un document

1. Doc. 1 : Comment est souligné l'héroïsme des soldats ?
2. Doc. 2 : Quel est le caractère de Chateaubriand ?
3. Doc. 3 : Quel est le thème du tableau ? Par quels moyens le peintre oppose-t-il la souffrance et l'espoir ?

➤ Mettre en relation les documents

4. Doc. 1 et 3 : Retrouvez des points communs dans l'attitude des personnages des deux œuvres d'art.

➤ Rédiger

5. Rédigez un petit paragraphe indiquant les thèmes qui inspirent les romantiques.

Leçon 2

De nouvelles formes artistiques

➜ **Comment la création artistique évolue-t-elle dans la seconde moitié du XIXe siècle ?**

A La persistance du courant académique

L'Académie des beaux-arts se veut la gardienne de l'art officiel et du « bon goût ». Elle organise des Salons, sélectionne les œuvres qui seront exposées et récompense les meilleures. L'art académique privilégie les thèmes mythologiques et religieux, recherche la précision du trait, le respect des formes et de la perspective.

Certains critiques reprochent à l'**académisme** **(doc. 1 p. 144)** la froideur de son style et le manque d'originalité des sujets représentés.

B L'apparition de nouveaux courants

Dans la première moitié du XIXe siècle, le romantisme est le premier courant à rejeter les règles établies **(voir dossier p. 148-149)**.

Au milieu du siècle, les peintres **réalistes**, comme Jean-François Millet ou Gustave Courbet, s'attachent à décrire les scènes simples et banales de la vie quotidienne **(doc. 1)**. Cette peinture attaque à la fois les normes de l'Académie et la respectabilité bourgeoise. Elle choque le public **(doc. 2)**.

C La naissance de la peinture moderne

Dans les années 1860, le développement de la photographie libère la peinture de son rôle descriptif. En 1874, un groupe d'artistes, parmi lesquels Claude Monet, Auguste Renoir et Edgar Degas, exposent des œuvres qui font scandale.

Parmi elles figure le tableau de Monet *Impression, soleil levant*. Cette toile vaut à ces peintres le qualificatif péjoratif d'**impressionnistes**, terme qu'ils adoptent par défi. Délaissant leur atelier, les impressionnistes peignent en plein air, sur le vif, et cherchent à saisir les vibrations de l'air et la mobilité de la lumière **(doc. 4)**. Ils renoncent aux contours bien nets, à la perspective, au clair-obscur **(doc. 5)**. Ils juxtaposent les touches de couleur au lieu de les mélanger.

À la fin du XIXe siècle, l'art éclate en plusieurs tendances. Les pointillistes, comme Seurat ou Signac, décomposent la couleur en de multiples points multicolores **(voir doc. 3 p. 147)**. Les formes tourmentées de Van Gogh traduisent les angoisses de l'artiste **(doc. 3)**.

VOCABULAIRE

académisme (un) : mouvement artistique enseigné à l'Académie des beaux-arts qui respecte les traditions et les règles héritées de la Renaissance.

impressionnisme (un) : mouvement artistique dans lequel l'artiste cherche à représenter l'impression qu'il a éprouvée.

réalisme (le) : mouvement artistique et littéraire qui veut rendre compte des réalités sociales de son temps.

1 La peinture réaliste s'attache à montrer la vie quotidienne. Jean-François Millet (1814-1875), *La Lessiveuse*, 1854. Huile sur bois (44 cm x 33 cm). Musée du Louvre, Paris.

1. Qu'est-ce qui rend la scène « réaliste » ?

2 La peinture réaliste choque le public

Critique de L'Illustration *à propos d'une œuvre de Gustave Courbet,* Un enterrement à Ornans, *exposée au Salon de 1850.*

Oh ! Les gens laids ! Et quel peuple ! Et quand on est fait comme cela, l'on devrait au moins avoir le droit de ne pas se faire peindre ! Imaginez-vous la copie la plus vraie et la plus impitoyable de toutes les médiocrités de figures, d'attitudes, de costumes, de physionomies qu'on puisse glaner à chaque pas dans la vie privée, et particulièrement en province. Ce n'est pas la restauration du laid, c'est la poursuite et la recherche de l'ignoble.

3 Une peinture qui exprime ce que voit et ressent l'artiste. Vincent Van Gogh (1853-1890), *Chaumes à Cordeville*, 1890. Huile sur toile (72 cm x 91 cm). Musée d'Orsay, Paris.

1. Décrivez les lignes et les couleurs de ce tableau.

4 L'impressionnisme révolutionne la peinture

C'était réellement l'impression que les choses faisaient sur son œil que l'artiste voulait rendre, des sensations de mouvement et de lumière qu'il voulait donner et il ne pouvait y parvenir qu'en laissant sur sa toile les lignes indéfinies et les contours flottants. Le public se trouvait donc déconcerté devant les œuvres des impressionnistes. Elles ne lui présentaient plus ces sites choisis, ces motifs arrangés auxquels il était accoutumé. Elles lui faisaient l'effet de choses grossières, monstrueuses, de simples esquisses ou ébauches sans formes.

Théodore Duret, *Les peintres impressionnistes*, 1906.

1. Pourquoi les peintres impressionnistes suppriment-ils les contours précis des formes ?

5 L'impressionnisme veut saisir « l'instant du bonheur ». Pierre-Auguste Renoir (1841-1919), *La Balançoire*, 1876. Huile sur toile (92 cm x 73 cm). Musée d'Orsay, Paris.

1. Quelles sont les couleurs dominantes du tableau ?
2. Doc. 3, 4 et 5 **: Quels sont les éléments qui caractérisent la peinture impressionniste ?**

Les Demoiselles d'Avignon de Picasso

>> Objectif

Découvrir un moment de rupture dans l'histoire de la peinture.

Pablo Picasso en 1904.

D'origine espagnole, le peintre Pablo Picasso (1881-1973) s'installe définitivement en France en 1904. Son tableau *Les Demoiselles d'Avignon* (1907) est considéré comme la première toile cubiste. L'audace du tableau ne réside pas tant dans le sujet, des prostituées de la rue d'Avignon à Barcelone, que dans la manière dont il a été traité. Le peintre utilise des formes géométriques et remet en cause la perspective.

1 ***Les Demoiselles d'Avignon*, 1907.** Pablo Picasso, huile sur toile (244 cm x 234 cm). Museum of Modern Art, New York.

2 **Jean-Auguste-Dominique Ingres, *Le Bain turc*, 1862.** Huile sur toile (diam. : 108 cm). Musée du Louvre, Paris.

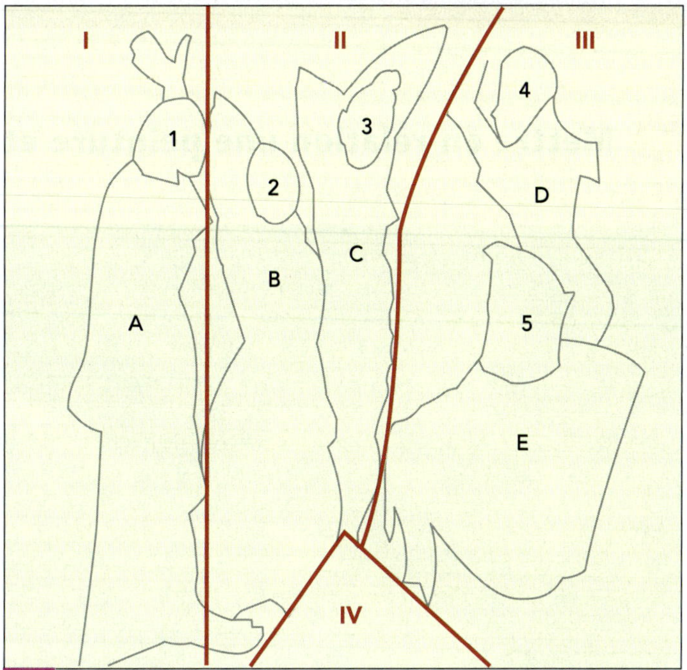

3 **Schéma de la composition des *Demoiselles d'Avignon*.**

a

b

c

4 **Diverses sources d'influence pour *Les Demoiselles d'Avignon*.**
a. Paul Cézanne, *Quatre baigneuses*, 1888-1890. Huile sur toile (72 cm x 92 cm). Ny Carlsberg Glyptotek, Copenhague. **b.** *La Dame d'Elche*, sculpture ibérique, IVe siècle avant J.-C. Musée d'archéologie, Madrid. **c.** Masque Lwalwa. Bois (hauteur 35 cm), Zaïre.

5 Un avis sur le cubisme

Depuis quelques années, sous prétexte de rénover l'art, certains artistes se sont livrés aux plus folles surenchères d'extravagances et d'excentricités. Je ne puis admettre que notre administration des Beaux-Arts se prête à ces plaisanteries de très mauvais goût et livre gracieusement nos palais nationaux pour des manifestations qui risquent de compromettre notre merveilleux patrimoine artistique. Et cela d'autant plus que ce sont pour la plupart des étrangers qui viennent ainsi chez nous jeter consciemment ou inconsciemment le discrédit sur l'art français. Il est, messieurs, absolument inadmissible que nos palais nationaux puissent servir à des manifestations d'un caractère aussi nettement antiartistique et antinational.

Discours du député Jules-Louis Breton à la Chambre des députés, 3 décembre 1912.

QUESTIONS

➤ Trouver des informations dans un document

1. Doc. 1 : Que représente ce tableau ?

➤ Mettre en relation les documents

2. Doc. 1 et 2 : Montrez que *Le Bain turc* a influencé le tableau de Picasso dans le choix du sujet et des couleurs.
3. Doc. 1, 3 et 4 : Quelles sont les deux têtes de femmes qui s'inspirent directement des sculptures ibériques de l'Antiquité ? Et les deux autres qui s'inspirent directement des masques africains ? Quels sont les deux corps de femmes qui rappellent le tableau de Cézanne ?
4. Doc. 1 et 5 : Comment ce tableau a-t-il été accueilli par une partie de l'opinion publique à sa création ?

➤ Rédiger

5. Rédigez un petit paragraphe expliquant ce qui fait l'originalité du tableau de Picasso.

1 Mettre en relation une peinture et un texte *(vous pouvez vous aidez de la leçon p. 150-151)*

1 Claude Monet (1840-1926), *La Gare Saint-Lazare à Paris*, 1877. Huile sur toile (75 cm x 104 cm). Musée d'Orsay, Paris.

2 Je crois qu'il faut entendre par peintre impressionniste un peintre qui peint la réalité. Il ne s'agit pas de donner des détails véridiques mais seulement une impression d'ensemble de vérité. À vingt pas d'un tableau, on ne distingue pas nettement les contours mais on ressent la vie, l'air vibrant. Monsieur Claude Monet est la personnalité la plus importante du groupe impressionniste. Il a exposé cette année des intérieurs de gare superbes. On y entend le grondement des trains qui s'engouffrent, on y voit des débordements de fumée qui roulent sous les vastes hangars. Là est aujourd'hui la peinture, dans ces cadres modernes d'une si belle largeur. Nos artistes doivent trouver la poésie des gares, comme leurs pères ont trouvé celle des forêts et des fleuves.

D'après Émile Zola, *Le Sémaphore de Marseille*, 1877.

1. Présentez les documents. De quel peintre est-il question dans ces deux documents ?
2. **Doc. 1 :** Quel est le thème du tableau ?
3. **Doc. 1 :** Qu'est-ce qui montre que l'artiste est influencé par la révolution industrielle et le monde qui l'entoure ?
4. **Doc. 2 :** Qu'est-ce qu'un peintre impressionniste pour Émile Zola ?
5. **Doc. 2 :** Comment Émile Zola définit-il la technique picturale utilisée par les impressionnistes ?
6. **Doc. 1 et 2 :** Retrouvez la phrase du texte qui fait précisément référence au tableau.
7. **Doc. 1 et 2 :** À partir de l'observation du tableau, expliquez la phrase du texte : « nos artistes doivent trouver la poésie des gares ».
8. Donnez un titre au texte.

2 Associer un tableau à une école de peinture

(vous pouvez vous aider des p. 144-153)

1 Jean-François Millet, *Les Glaneuses*, 1857, huile sur toile (85,5 cm x 111 cm). Musée d'Orsay, Paris.

2 Claude Monet, *Les Bains de la Grenouillère*, 1869, huile sur toile (73 cm x 92 cm). The Trustees of the National Gallery, Londres.

3 Jean-Auguste-Dominique Ingres, *Œdipe explique l'énigme du Sphinx*, 1808, huile sur toile (189 cm x 144 cm). Musée du Louvre, Paris.

4 Eugène Delacroix, *Scènes des massacres de Scio*, 1824, huile sur toile (417 cm x 354 cm). Musée du Louvre, Paris.

5 Georges Braque, *Femme à la guitare*, 1913, huile sur toile (130 cm x 73 cm). Musée national d'art moderne, Paris.

1. Reproduisez le tableau ci-dessous puis analysez chacune des œuvres proposées afin de pouvoir en déduire le courant artistique auquel elle appartient. Vous pouvez utiliser la liste suivante : académisme, cubisme, impressionnisme, réalisme, romantisme.

Nom et date de l'œuvre	Nom de l'artiste	Sujet du tableau	Description du tableau (précision du dessin, couleurs utilisées, etc.)	Courant artistique (en justifiant la réponse)

Chapitre 9

Les mouvements libéraux et nationaux

→ Comment les sentiments libéraux et nationaux se manifestent-ils en Europe au XIXe siècle ?

1 États et nationalités dans l'Europe de 1815.

1. Citez trois États actuels qui n'existent pas en 1815.
2. Quels pays rassemblent des peuples de nationalités différentes ?
3. Quels peuples sont dispersés sur plusieurs États ?

1800 — 1850 — 1900

UNITÉ ITALIENNE 1858-1870

UNITÉ ALLEMANDE 1866-1871

- **1815** congrès de Vienne
- **1830** révolutions en Europe
- **1848** « printemps des peuples »
- **1870** Rome, capitale de l'Italie
- **1871** proclamation de l'Empire allemand
- **1914** attentat de Sarajevo

2 La République universelle, démocratique et sociale : « Peuples, formez une Sainte Alliance et donnez-vous la main ». Lithographie gouachée de Frédéric Sorrieu, 1848. Musée Carnavalet, Paris.

1. Que représentent les personnages de cette image ? Que font-ils ?
2. Que signifient les couronnes brisées au premier plan ?
3. Quel pays mène cet immense défilé ? Pourquoi ?

Leçon 1

Les peuples contre leurs rois (1815-1848)

→ **Comment les peuples européens luttent-ils pour leur liberté entre 1815 et 1848 ?**

A Les aspirations des peuples européens

Lors du congrès de Vienne de 1815, les grands pays européens se partagent les territoires issus de l'ancien empire napoléonien. Ils ne tiennent pas compte des volontés des populations. La Pologne disparaît, partagée entre plusieurs États, la Belgique est intégrée aux Pays-Bas **(doc. 1)**, l'Allemagne et l'Italie restent divisées. Partout, le pouvoir absolu des souverains est rétabli.

Les guerres menées contre les armées françaises ont développé les sentiments patriotiques des peuples. Elles sont à l'origine des **mouvements libéraux** et **nationaux**. Ils veulent créer des **États-nations**, soit en se libérant du contrôle d'une grande puissance, soit en réalisant l'unité de territoires dispersés. Ils revendiquent également le respect des libertés fondamentales.

B Les révolutions de 1830 et de 1848

En 1830, une première vague révolutionnaire éclate en France, puis en Belgique, dans les territoires allemands, polonais et italiens, mais l'Autriche, la Prusse et la Russie y mettent fin par la répression. Seules la Grèce et la Belgique obtiennent leur indépendance **(doc. 1)**.

En 1848, la révolution qui éclate à Paris en février, provoque une onde de choc dans toute l'Europe **(doc. 3)**. À Venise, Florence, Rome, Naples, Vienne **(doc. 2)**, Berlin, Budapest, les populations se révoltent contre leurs dirigeants **(doc. 4)**.

C'est le « printemps des peuples ». Dans plusieurs États, ils obtiennent des Constitutions qui garantissent les libertés.

C Le « retour à l'ordre »

Ces mouvements spontanés et inorganisés échouent, victimes de la répression militaire. Partout, la réaction des gouvernements autoritaires entraîne le retour à l'ordre ancien **(doc. 5)**.

Même s'ils ne se manifestent plus aussi ouvertement, les sentiments nationaux restent vifs tout au long du XIXe siècle. C'est le cas notamment dans l'empire autrichien, État multinational, ou dans les Balkans où les peuples supportent de plus en plus mal la domination ottomane.

VOCABULAIRE

État-nation (un) : territoire souverain délimité par des frontières, qui correspond à une nation.

mouvement libéral (un) : mouvement luttant contre l'absolutisme et pour le respect des libertés.

mouvement national (un) : mouvement luttant pour libérer une nation d'une domination étrangère ou pour réaliser une unité nationale.

1 La révolution de 1830 en Belgique

Dans la nuit du 25 au 26 août 1830, ce cri retentit dans les rues de Bruxelles : « Faisons comme les Parisiens ! »[1]. Le mouvement n'a alors qu'un caractère d'émeute. On pille la maison du ministre de la Justice, on déploie le drapeau tricolore. Là semble s'arrêter la vengeance de la nation belge contre la Hollande. Mais le lendemain, les événements prennent une tournure difficile à arrêter. L'insurrection se répand à Liège et Namur. L'arrivée du prince d'Orange[2] fait redoubler les cris de guerre : « Vive la Liberté ! » crie la voix du peuple. Le 4 septembre, le prince quitte la Belgique pour ne plus jamais y revenir.

D'après Louis Blanc, *Histoire de dix ans 1830-1840*, 1842.

1. Une révolution vient d'éclater à Paris et a renversé le roi Charles X.
2. Souverain de Hollande.

1. Sous l'autorité de quel pays la Belgique est-elle gouvernée en 1830 ?

2 Vienne sous les barricades (mai 1848).
Tableau d'A. Ziegler. Musée historique, Vienne.

3 Les révolutions de 1848 en Europe.

1. D'où part le mouvement révolutionnaire ? Quels pays gagne-t-il ?

2. Quels pays mènent la répression ?

4 L'agitation révolutionnaire à Prague, en 1848

Le contrecoup des événements de Paris amena à Prague une agitation extraordinaire. Le 11 mars, à la veille de la révolution de Vienne, il y eut une assemblée publique. La salle pleine, un certain Faster, un cafetier, donna lecture, en langue tchèque, de la pétition :

– égalité des deux races à l'école, devant la justice et devant l'autorité ;

– obligation pour tout employé de parler les deux langues, liberté de la presse absolue ;

– une assemblée responsable siégeant à Prague ;

– armement du peuple et service militaire obligatoire pour tous ;

– suppression des droits féodaux, des corvées, des justices privilégiées ;

– liberté personnelle assurée ; égalité de toutes les religions.

L'auditoire applaudissait à tout rompre, Allemands et Tchèques confondus en un même enthousiasme.

D'après E. de Langsdorff, *Revue des Deux Mondes*, 1848.

1. De quel État la ville de Prague fait-elle alors partie ?

2. Quels sont les deux types de revendications des Tchèques ?

3. Doc. 1, 2, 3 et 4 : Quelles sont les causes des soulèvements qui éclatent en Europe en 1830 et 1848 ?

5 L'ordre règne à nouveau à Naples. Lithographie d'Honoré Daumier, 1848. BNF, Paris.

1. Pourquoi le roi de Naples semble-t-il si satisfait ?

2. Doc. 3 et 5 : Comment s'achèvent les mouvements révolutionnaires de 1848 ?

Leçon 2 La difficile unité italienne

➜ **Comment l'unité du territoire italien s'est-elle réalisée ?**

A Un territoire morcelé

À partir de 1815, l'Italie est divisée en huit États **(doc. 3a)**. Au nord, l'Autriche a annexé la Lombardie-Vénétie et contrôle les petits duchés de Parme, de Lucques, de Modène et de Toscane. Le Centre est occupé par les États du pape et le Sud subit le régime autoritaire du roi de Naples. Seul, au nord, le royaume de Piémont-Sardaigne, en voie d'industrialisation, fait figure d'État libéral et puissant.

Déçus par l'échec de la révolution de 1848, de nombreux patriotes italiens du **Risorgimento** décident de confier la réalisation de l'unité de leur **nation** au roi de Piémont-Sardaigne, Victor-Emmanuel II, et à son ministre Cavour **(doc. 1)**. Pour mener à bien ce projet, il faut libérer tout le nord de l'Italie de la tutelle de l'Autriche **(doc. 2)**. Pour cela, Cavour obtient le soutien de la France de Napoléon III **(doc. 4)**.

B Les étapes de l'unification

En 1859, les armées franco-piémontaises battent les Autrichiens à Magenta et à Solferino, ce qui libère la Lombardie. En remerciement, la France reçoit Nice et la Savoie. La même année, les quatre petits duchés du centre de l'Italie demandent leur rattachement au Piémont.

En 1860, le républicain Garibaldi **(doc. 3b)**, à la tête d'un millier de volontaires, les Chemises rouges, conquiert la Sicile et Naples, et se rallie à la cause de Victor-Emmanuel II.

En 1861, le premier parlement italien se réunit à Turin. Victor-Emmanuel II est proclamé roi d'Italie. Alliée à la Prusse contre l'Autriche, l'Italie obtient la Vénétie en 1866. Seuls les États du pape font obstacle à l'accomplissement de l'unité.

C L'achèvement de l'unité

Soucieux de ne pas mécontenter les catholiques, l'empereur Napoléon III se pose en protecteur du Saint-Siège. Ce n'est donc qu'en septembre 1870, après la chute de l'empire français, que l'unité italienne peut enfin se réaliser. Rome devient la capitale du nouvel État **(doc. 5)**.

Tous les Italiens sont enfin rassemblés sur un unique territoire, mais restent encore divisés économiquement et socialement. L'Italie du Nord, riche et dynamique, s'oppose à l'Italie du Sud pauvre et rurale.

VOCABULAIRE

nation (une) : groupe de personnes partageant la même langue, la même histoire, la même culture et ayant le désir de vivre ensemble.

Risorgimento (le) : « renaissance » ou « résurrection » de la grandeur italienne.

1 Le principal artisan de l'unité italienne, Camillo Benso, comte de Cavour (1810-1861).

Né en 1810 dans une famille noble piémontaise, Cavour commence une carrière militaire. Partisan des idées libérales, il doit quitter l'armée et se retire sur ses terres en 1831. En 1847, il devient directeur de la revue patriotique et libérale *Il Risorgimento*. Élu député en 1848, il devient ministre de l'Agriculture, puis des Finances en 1850, avant d'être nommé Premier ministre du Piémont en 1852. Il prend alors une part très active à la réalisation de l'unité italienne. Celle-ci n'est pas totalement achevée lorsqu'il meurt en 1861.

1. Quelles sont les idées défendues par Cavour ?

2 Les revendications de la nation italienne

Nous sommes un peuple de 21 à 22 millions d'habitants désignés depuis un temps immémorial sous un même nom, celui de peuple italien, renfermé entre les limites naturelles les plus précises que Dieu ait jamais tracées – la mer et les montagnes les plus hautes d'Europe – parlant la même langue, ayant les mêmes croyances, les mêmes mœurs, les mêmes habitudes, fiers du plus glorieux passé politique, scientifique, artistique, qui soit connu dans l'histoire européenne. Nous n'avons pas de drapeau, pas de nom politique, pas de capitale, pas de Constitution, pas de marché commun. Nous sommes divisés en huit États indépendants les uns des autres. Il n'existe pas de liberté de presse, d'association, de parole, de pétitions collectives, d'éducation : rien. Un de ces États comprenant le quart de la péninsule appartient à l'Autriche. Les autres en subissent aveuglément l'influence.

D'après Giuseppe Mazzini, 1845.

1. Quelle est la situation territoriale de l'Italie en 1845 ? Quelles sont ses « limites naturelles » ?
2. Pourquoi les Italiens forment-ils une nation ?
3. Quels sont les différents types de revendications des Italiens ?

3 **La réalisation de l'unité italienne.**

1. Doc. 3a : Quels sont les différents États qui composent l'Italie au milieu du XIXe siècle ?
2. Doc. 3b : Quelles sont les étapes de l'unification du pays ?
3. Doc. 3b : Quel a été le dernier État intégré ?

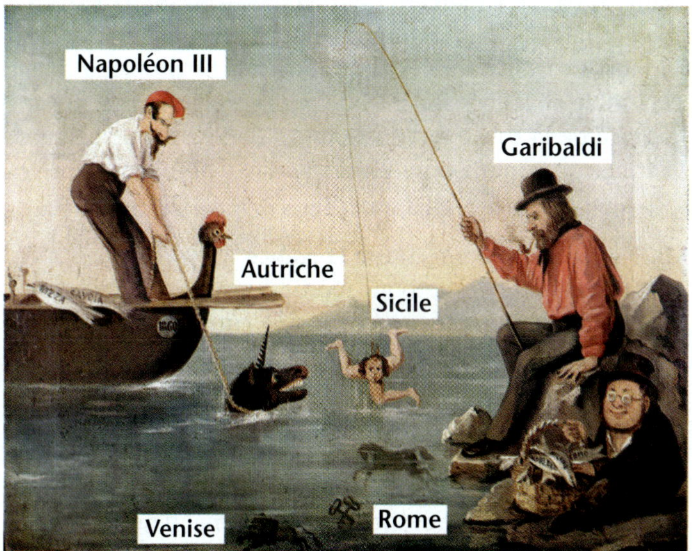

4 **La pêche à l'unité italienne.** Caricature, vers 1865. Musée du Risorgimento, Turin.

1. Qui sont les trois personnages représentés ? Que font-ils ?
2. Quels sont les pays qui ont déjà été pêchés ? Quels États sont encore au fond de l'eau ?
3. Doc. 3 et 4 : De quelle puissance les Italiens doivent-ils se libérer avant de pouvoir réaliser l'unité de leur pays ? Qui les aide à y parvenir ?

5 **Les rapports entre l'Italie et le pape en 1870**

L'Italie avait sa capitale, le drapeau national flottait sur le Capitole. Au moment où les troupes pontificales quittaient la cité, le pape Pie IX, pâle, défait, s'arrêta pour les bénir une dernière fois et les délier de leur serment. Le pape se considéra comme prisonnier ; il aspirait au martyre. Il remit des protestations aux ambassadeurs dans lesquelles il évoquait : « la sacrilège invasion opérée contre toutes les lois avec une audace et une perfidie incroyable ». Les déclarations du pape furent affichées à la porte des basiliques sous les yeux des autorités italiennes, qui avaient ordre d'éviter tout conflit. On tenait à prouver à l'Europe que la révolution italienne n'avait pas le caractère anticatholique qu'on lui attribuait souvent.
Toutes les puissances européennes avaient cru de leur devoir d'offrir un asile au pape. Mais si Pie IX aspirait au martyre, il tenait peu à l'exil. L'Italie lui était chère, malgré les douleurs qu'elle lui causait.

D'après G. Rothan, *Souvenirs diplomatiques*, 1870-1871.

1. Que signifie le départ des troupes du pape ?
2. Quelle est l'attitude adoptée par le pape ? Comment poursuit-il la lutte ?
3. Pourquoi les autorités italiennes ne réagissent-elles pas ?

Leçon 3

La naissance de l'Allemagne

→ **Comment l'Allemagne s'est-elle unifiée autour de la Prusse ?**

A Une mosaïque d'États

En 1815, le territoire allemand est constitué de 39 États souverains, de taille très inégale. Ils forment la **Confédération germanique**, présidée par l'Autriche. Le plus grand de ces États est le royaume de Prusse. En 1828, la Prusse fonde une grande union douanière, dont elle exclut l'Autriche, le **Zollverein**. Cette union stimule les échanges et le développement industriel des pays qui y participent.

En 1848, les mouvements populaires, favorables à une unification, échouent face à la répression autrichienne. Les espoirs se tournent alors vers la Prusse, seule capable de tenir tête à l'Autriche **(doc. 2)**.

B L'affirmation de la Prusse

En 1862, le roi de Prusse, Guillaume Ier, nomme Otto von Bismarck au poste de **chancelier** **(doc. 1)**. Cet aristocrate conservateur souhaite étendre la domination prussienne en Allemagne, « par le fer et par le sang » **(doc. 2)**.

En 1866, les troupes prussiennes battent les Autrichiens à Sadowa. L'Autriche accepte la dissolution de la Confédération germanique et se retire définitivement des affaires allemandes.

Par différentes annexions, la Prusse reconstitue à son profit une vaste Confédération d'Allemagne du Nord **(doc. 4)**, dirigée par Guillaume Ier. Mais les États du Sud, catholiques et libéraux, ne souhaitent pas leur rattachement à la Prusse protestante et conservatrice.

C La création de l'empire allemand

Bismarck décide d'unir tous les Allemands dans un même élan patriotique en les engageant contre un ennemi commun. Il amène habilement Napoléon III à déclarer la guerre à la Prusse en 1870.

Les Français sont écrasés par les troupes allemandes. Paris est assiégée, la France, vaincue, doit céder aux Allemands l'Alsace et le nord de la Lorraine (traité de Francfort).

Le 18 janvier 1871, l'empire allemand est proclamé dans la galerie des Glaces du château de Versailles **(doc. 3)**. Guillaume Ier devient l'empereur du IIe Reich (empire) allemand.

VOCABULAIRE

chancelier (un) : Premier ministre allemand.

Confédération germanique (la) : union des États allemands présidée par l'Autriche.

Zollverein (le) : union douanière des États allemands établie entre 1828 et 1867.

1 Otto von Bismarck (1815-1898).

Né en 1815 dans une famille de la noblesse prussienne protestante, Bismarck fait un bref passage dans l'armée avant de mener une vie de propriétaire terrien. Nommé chancelier du roi de Prusse en 1862, il utilise le nationalisme allemand et les aspirations à l'unité allemande pour renforcer l'influence de la Prusse. Il devient alors le grand artisan de l'unité allemande qu'il achève en 1871.

2 Bismarck et l'unité de l'Allemagne

a. « Il faut trancher par l'épée »

La clé de la politique allemande se trouve chez les souverains et pas au Parlement, dans la presse ou sur les barricades. Nous devons renforcer notre position contre les attaques et les duperies de l'Autriche. Le problème allemand ne peut être tranché que par l'épée. Il faut gagner au service de la cause nationale le roi de Prusse et, avec lui, l'armée prussienne pour établir l'unité de l'Allemagne.

D'après O. Bismarck, *Discours au Parlement prussien*, 1862.

b. L'inévitable guerre contre la France

J'étais convaincu que pour réunir le nord et le sud de la patrie, il fallait une guerre nationale contre le peuple voisin français qui était notre agresseur de toujours. L'unification de l'Allemagne n'était plus qu'une question de temps. La Confédération de l'Allemagne du Nord était la première étape, mais il ne fallait pas provoquer trop tôt l'hostilité de la France et peut-être de la Russie, ne pas donner prise à la soif de revanche de l'Autriche. Il ne fallait pas faire une guerre franco-allemande avant que l'unité de l'Allemagne soit prête à être réalisée. Il fallait retarder cette guerre jusqu'au moment où nos effectifs seraient au complet. Chaque année de délai renforçait notre armée de plus de 100 000 soldats.

D'après Otto von Bismarck, *Pensées et souvenirs*, 1899.

1. **Doc. 2a : Expliquez le titre du document.**
2. **Doc. 2b : Pourquoi Bismarck envisage-t-il une guerre contre la France ?**

3 La création de l'empire allemand. *La Proclamation de l'empire allemand dans la galerie des Glaces du château de Versailles* (18 janvier 1871). Détail, tableau de A. von Werner (1885), Bismarck-Museum, Friedrichsruh. « Je me demandais si nous étions bien à Versailles pour assister au rétablissement de l'empire d'Allemagne, tellement tout cela me semblait irréel. Le roi Guillaume se rendit, suivi de nous tous, à l'estrade sur laquelle étaient déjà placés les sous-officiers portant des drapeaux et des étendards. Le grand-duc de Bade s'écria : " Vive Sa Majesté impériale, l'empereur Guillaume Ier ! ". Cet instant fut bouleversant, d'une merveilleuse beauté. » D'après le récit du prince héritier Frédéric.

1. Pourquoi Guillaume Ier est-il au centre de l'estrade ? Qui sont tous les personnages en uniforme autour de lui ?

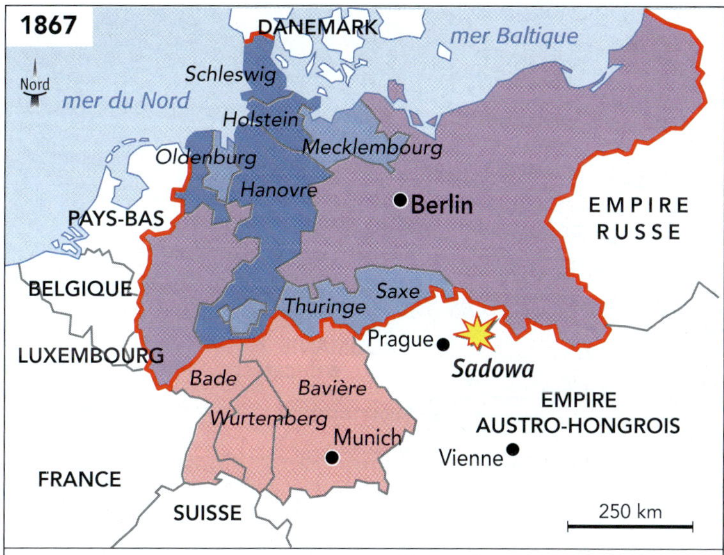

- victoire de la Prusse sur l'Autriche (1866)
- royaume de Prusse au début de 1866
- États allemands annexés par la Prusse en 1866-1867
- États allemands indépendants appartenant à la Confédération d'Allemagne du Nord
- limites de la Confédération d'Allemagne du Nord
- États allemands indépendants ayant refusé d'appartenir à la Confédération d'Allemagne du Nord

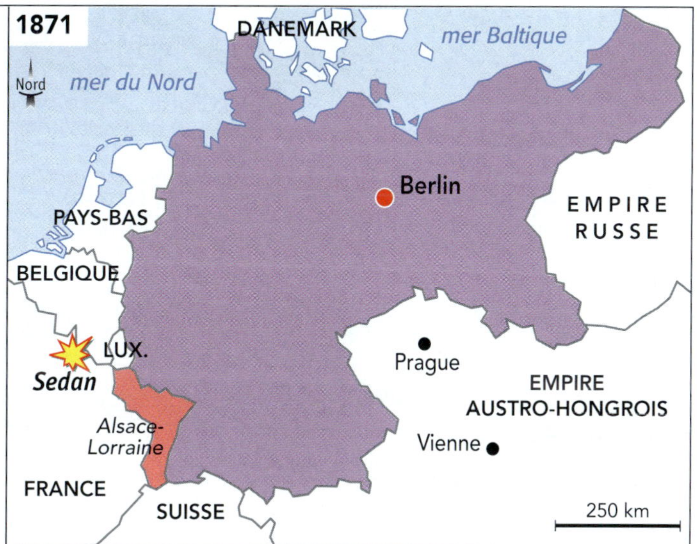

- victoire de la Prusse sur la France (1870)
- empire allemand en janvier 1871
- territoires français rattachés à l'empire allemand en mai 1871
- capitale du nouvel empire allemand

4 La construction de l'unité allemande.

1. Quel pays réalise l'unité allemande à son profit ? Comment ?

2. Doc. 2, 3 et 4 : Quels sont les pays qui subissent les conséquences de la politique étrangère de Bismarck ?

Le problème des nationalités dans l'Europe de 1914

›› Objectif

Étudier une des causes de la Première Guerre mondiale.

La question des nationalités est loin d'être résolue en Europe en 1914. Plusieurs peuples se sentent encore opprimés. C'est le cas des Irlandais, des Polonais, des Baltes et des nombreux peuples slaves de l'Empire austro-hongrois.

L'empire ottoman qui n'a cessé de s'affaiblir, est contraint d'accorder progressivement leur indépendance aux peuples des Balkans. Cette situation attise les convoitises des Autrichiens et des Russes sur la région, transformant celle-ci en une poudrière. Les États cherchent alors à nouer des alliances pour se protéger. À l'Allemagne, l'Autriche-Hongrie et l'Italie qui forment la Triple-Alliance, la France, la Russie et l'Angleterre opposent la Triple-Entente.

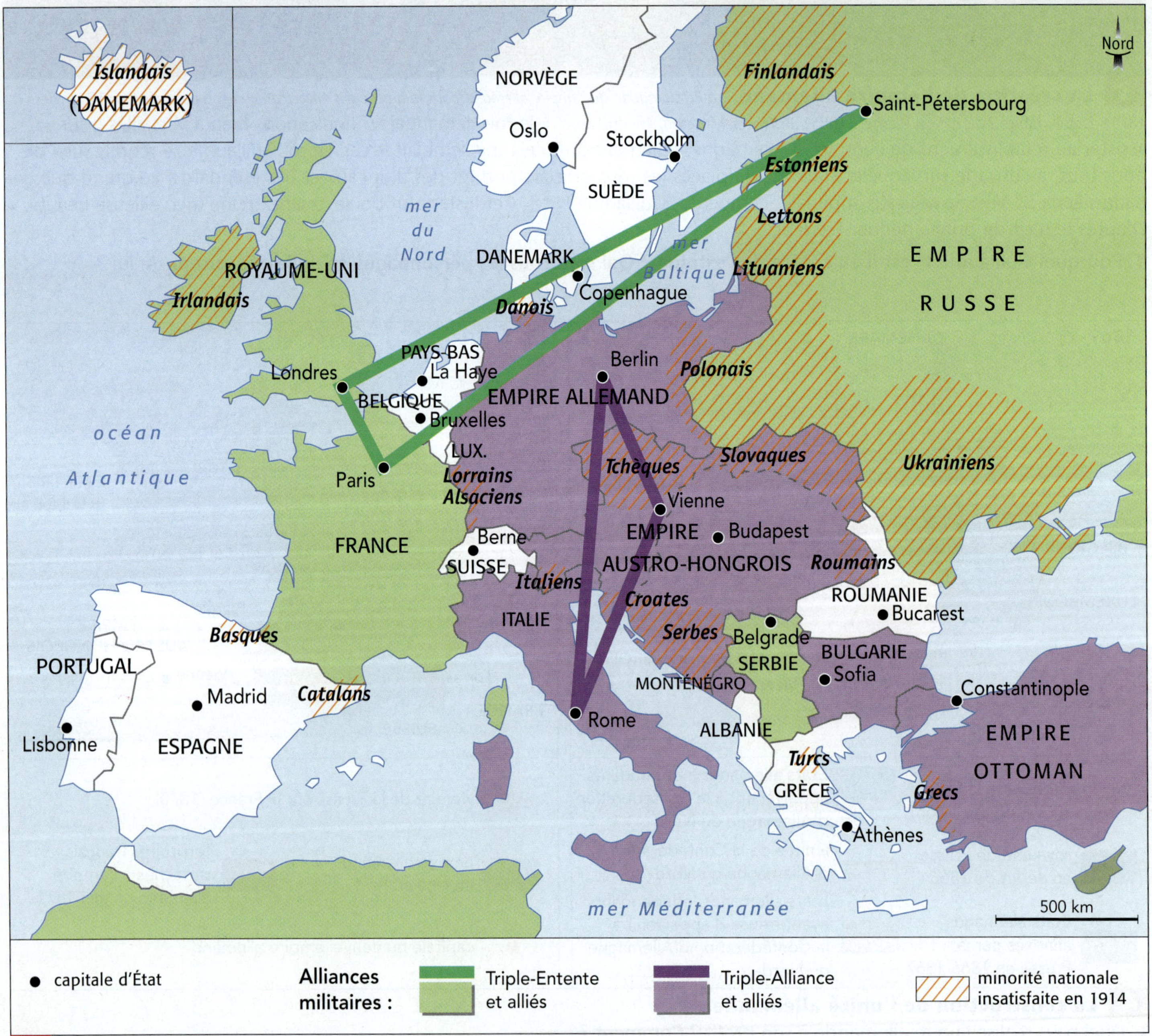

1 États, nationalités et alliances dans l'Europe de 1914.

2 L'Alsace suppliant la France. « Ne nous oubliez pas ! », Image d'Épinal de la série *La France n'oublie pas*. Imprimerie Pellerin, fin du XIXe siècle.

4 Les Balkans déchirés. Caricature britannique, 1912.

Un Turc et un habitant des Balkans se battent sous le regard des grandes puissances européennes : à gauche, l'Allemagne, l'Autriche et l'Italie ; à droite, la Russie, la France et le Royaume-Uni.

3 Les minorités nationales en Europe

a. Le combat des Irlandais

Nous devons nous habituer à l'emploi des armes. Nous fusillerons peut-être des innocents par erreur. Mais il y a des choses plus terribles que le sang versé, et l'esclavage est l'une d'elles.

D'après Patrick Pearse, patriote irlandais, 1913.

b. Les Serbes et les Croates

Les Serbes et les Croates parlent la même langue et ont au cœur la même haine du tyran hongrois. Mais ils sont profondément divisés sur les questions de la religion et de l'alphabet. Les Croates sont catholiques et utilisent l'alphabet latin. Les Serbes sont orthodoxes et ont conservé l'alphabet cyrillique.

D'après *Le Correspondant*, 1896.

c. Appel à l'aide du peuple bulgare

Le peuple bulgare s'adresse aux gouvernements chrétiens de l'Europe civilisée pour leur demander de les aider à vivre, non pas en troupeaux d'animaux bons à être massacrés par leurs maîtres turcs, mais en hommes jouissant des droits imprescriptibles et nécessaires pour leur développement intellectuel, moral et social.

D'après l'Appel du peuple bulgare aux grandes puissances, 14 août 1876.

QUESTIONS

➤ Trouver des informations dans un document

1. **Doc. 1 :** Dans quelle partie de l'Europe trouve-t-on le plus grand nombre de minorités nationales ?
2. **Doc. 2 :** Expliquez le titre du document.
3. **Doc. 3a :** Qu'est-ce qui montre la détermination des Irlandais ?
4. **Doc. 3b :** Qu'est-ce qui unit les Serbes et les Croates ? Qu'est-ce qui les oppose ?
5. **Doc. 3c :** Sous la domination de quel pays les Bulgares vivent-ils ?

➤ Mettre en relation les documents

6. **Doc. 3 et 4 :** Quelles phrases du doc. 3, le doc. 4 illustre-t-il ?
7. **Doc. 1 à 4 :** Par quels moyens s'affirment les minorités nationales en Europe au début du XXe siècle ?

➤ Rédiger

8. Rédigez un petit paragraphe expliquant pourquoi les tensions entre les différentes nationalités sont une menace pour la paix européenne au début du XXe siècle. Vous utiliserez les mots ou expressions suivants : Balkans, empire ottoman, minorités, Triple-Alliance, Triple-Entente.

EXERCICES

1 Connaître les mots de l'histoire

Associez, sur votre cahier, chaque mot de vocabulaire (1 à 6) à sa définition (A à F).

1. Chancelier	**A.** Union douanière des États allemands établie entre 1828 et 1867.
2. Mouvement libéral	**B.** Groupe de personnes partageant la même langue, la même histoire, la même culture et ayant le désir de vivre ensemble.
3. Mouvement national	**C.** Mouvement luttant contre l'absolutisme et pour le respect des libertés.
4. Nation	**D.** Mouvement luttant pour libérer une nation d'une domination étrangère ou pour réaliser une unité nationale.
5. Risorgimento	**E.** « Renaissance » ou « résurrection » de la grandeur italienne.
6. Zollverein	**F.** Premier ministre allemand.

2 Retenir l'essentiel du chapitre

Associez, sur votre cahier, chaque question (1 à 3) à sa réponse (A à C).

1. Qu'est-ce que le « printemps des peuples » ?	**A.** C'est Cavour, Premier ministre du royaume du Piémont.
2. Qui est le principal artisan de l'unité italienne ?	**B.** C'est Bismarck, chancelier de Prusse.
3. Qui est le principal artisan de l'unité allemande ?	**C.** C'est la diffusion des idées révolutionnaires en Europe en 1848.

3 Mettre en relation une carte et un texte

(vous pouvez vous aider de la leçon p. 160-161)

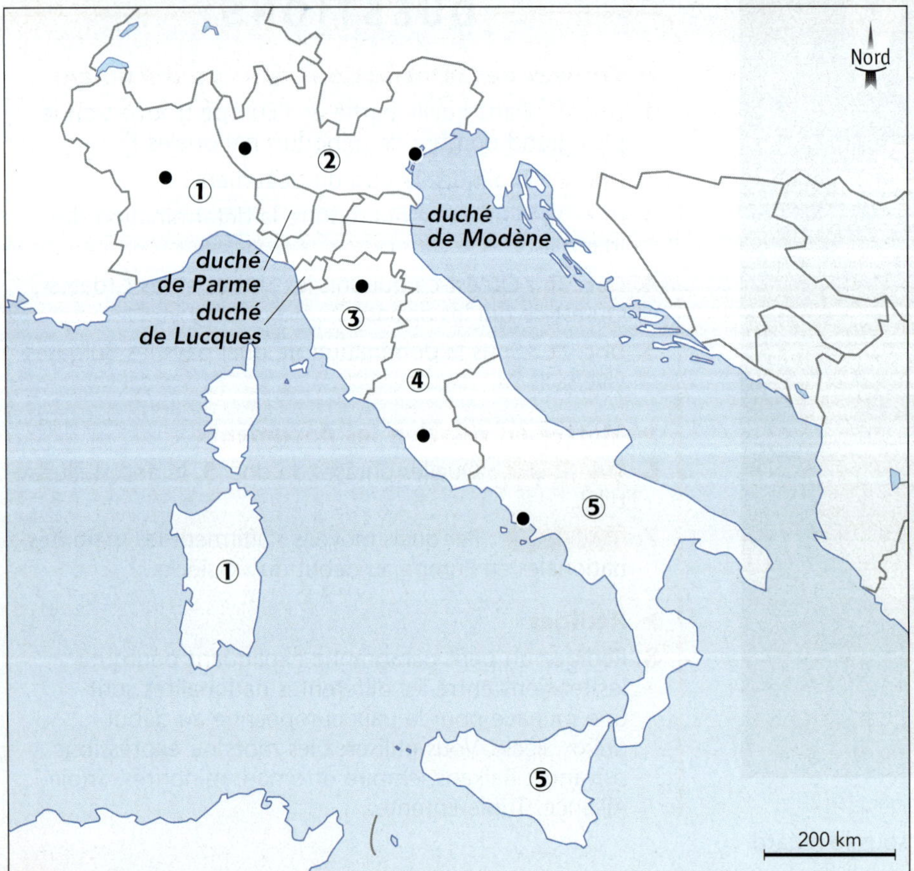

1 **L'Italie en 1848.**

2 L'unité italienne

Nous sommes un peuple de vingt et un à vingt-deux millions d'hommes, désignés, depuis un temps immémorial sous un même nom, celui de peuple italien. Nous sommes divisés en huit États : Lombardie-Vénétie, Parme, Toscane, Modène, Lucques, États du pape, Piémont-Sardaigne, royaume de Naples-Sicile, tous indépendants les uns des autres.

D'après Giuseppe Mazzini, *L'Italie, l'Autriche et le pape*, 1845.

1. Associez le nom de chaque État souligné dans le texte, avec le chiffre correspondant sur le fond de carte. Précisez entre parenthèses les noms des villes principales de l'État lorsque celles-ci sont représentées par un point. Vous pouvez vous aider de la liste suivante : Florence ; Milan ; Naples ; Rome ; Turin ; Venise.
2. Quelle est, vers 1850, la situation de l'État repéré par le numéro 2 sur la carte ?
3. Quel est le dernier État à être intégré dans le royaume d'Italie ?

4 Établir un tableau comparatif

(vous pouvez vous aider des leçons p. 160-161 et 162-163)

1. Reproduisez un tableau sur le modèle suivant, puis complétez-le.

	Unité italienne	Unité allemande
Acteurs de l'unité (État, roi, ministre)		
État peu disposé à s'intégrer dans cette unité		
Puissance étrangère aidant cette unité		
Puissance étrangère refusant cette unité		
Moyens utilisés pour réaliser l'unité		
Achèvement de l'unité (date et circonstances)		

5 Lire et analyser une caricature

(vous pouvez vous aider du dossier p. 164-165)

1 Les rivalités en Europe à la veille de 1914. « Alerte ! Les chiens aboient ! », carte humoristique britannique.

1. Présentez le document. Qu'est-ce qu'une caricature ?
2. Comment les différents pays européens sont-ils représentés ? À quoi les reconnaît-on ?
3. Quel territoire est un enjeu entre le chien français et le chien allemand ?
4. Sur quel territoire le chien autrichien cherche-t-il à poser la patte ? Pourquoi ?
5. Pourquoi l'empire russe est-il représenté sous la forme d'un rouleau compresseur ? Pour quel État apparaît-il menaçant ?
6. Que fait le sultan de l'empire ottoman ? Quel pays cela va-t-il gêner ?
7. Qu'est-ce qui fait la force du Royaume-Uni ?
8. Que signifie le titre : « Alerte ! Les chiens aboient ! » ? Quelle peut être la conséquence de cette situation ?

Sujet guidé Les Balkans au début du XXe siècle : une poudrière en Europe.

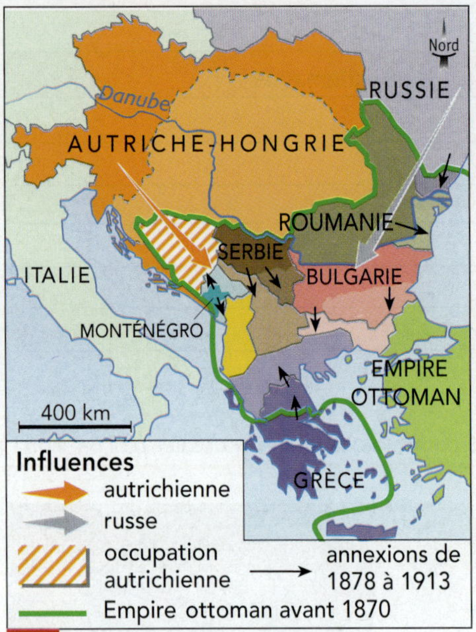

1 Les Balkans au début du XXe siècle.

2 Les « appétits » des puissances dans les Balkans. Gravure satirique d'un journal britannique, début XXe siècle.
Le mot anglais *Turkey* signifie à la fois « Turquie » et « dinde ».

3 La naissance d'une Yougoslavie ?

Les incidents de cet été ont révélé le mécontentement qui, depuis longtemps, grandit en Bosnie. Les Slaves de Bosnie et ceux de Serbie luttant au même moment, pour la même cause, contre la volonté de domination de Vienne, ont pris conscience plus que jamais de leur solidarité. L'idée d'une union des « peuples yougoslaves[1] » contre la poussée du Nord a fait des progrès dans les esprits. Les Slaves de Bosnie ne veulent pas n'avoir échappé à la domination des Turcs que pour tomber sous celle des Autrichiens. Ils revendiquent leur droit à la liberté.

D'après la *Revue des Deux Mondes*, 1906.

1. Terme signifiant « Slaves du Sud ».

Questions

1. **Doc. 1 :** Décrivez cette carte en une phrase.
2. **Doc. 2 :** À quel jeu de mots ce caricaturiste a-t-il recours ?
3. **Doc. 3 :** Que voudraient faire les Slaves du Sud ? Quelle puissance européenne risque de les en empêcher ?
4. **Doc. 1, 2 et 3 :** À partir des informations contenues dans les documents et de vos connaissances personnelles, rédigez un paragraphe d'une quinzaine de lignes expliquant pourquoi les Balkans constituent une poudrière au début du XXe siècle.

Méthode

Les questions 1 à 3 vous demandent, en fait, de résumer l'information principale apportée par chaque document.

● Question 1

L'observation, même rapide, de la carte suffit pour trouver la réponse. On voit une multitude d'États dont beaucoup essaient de s'étendre au-delà de leurs frontières.

● Question 2

Une caricature est souvent assez facile à analyser car elle veut se moquer de quelque chose. Pour cela, elle n'hésite pas à exagérer ou à simplifier la réalité. On comprend facilement que les puissances européennes (vous pouvez vous amuser à les reconnaître) sont en train de découper la « *Turkey* ».

● Question 3

La deuxième et la troisième phrase du texte donnent la réponse à cette question en deux parties. Il suffit de repérer quelle puissance européenne (indiquée par sa capitale et aussi par son nom, un peu plus loin dans le texte) veut dominer cette région et « l'idée » qui se développe chez les Slaves de Bosnie et de Serbie.

● Question 4

Présentez le sujet (introduction) puis reliez les informations données par les trois documents par des mots de liaison :
- les Balkans sont divisés en de nombreux États ;
- les puissances européennes veulent toutes participer au dépeçage de ce qui reste de l'empire ottoman ;
- certains peuples des Balkans envisagent de s'unir ou de lutter contre des puissances européennes.

Faites une rapide phrase de conclusion.

Rédiger un paragraphe argumenté

Sujet d'entraînement La Pologne, une nation sans État au XIXe siècle.

1 **« L'ordre règne à Varsovie. »** Caricature réalisée après l'écrasement par les Russes de l'insurrection polonaise de 1830. Lithographie de Grandville, 1831. BNF, Paris.

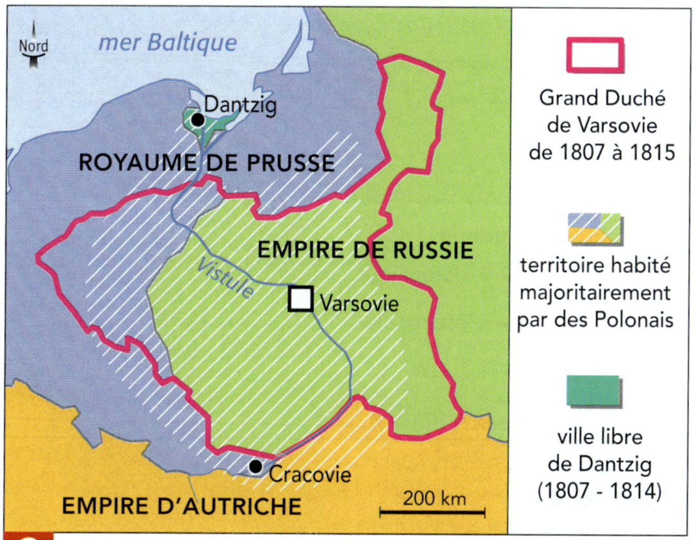

2 **La Pologne, un territoire dépecé en 1815.**

3 La russification des Polonais

Notre langue est bannie de toutes les institutions publiques et de beaucoup d'institutions privées. Elle est exclue en tant qu'enseignement obligatoire de toutes nos écoles et interdite dans les couloirs et sous les préaux des établissements scolaires. Aucune fonction supérieure, influente, bien payée, n'est accessible aux Polonais. Fonctionnaires et magistrats n'ont pour but que de russifier. Ils veulent détruire notre Église catholique, les institutions sociales, les enfants, les paysans, les bourgeois. La politique russe en Pologne vise à nous faire oublier notre passé commun de Polonais. Il entretient une haine qui pénètre partout.

D'après l'*Appel polonais à tous les gouvernements, partis et cercles politiques, hommes d'État, journaux et associations*, 1905.

Questions

1. Doc. 1 : Qu'ont cherché à faire les Polonais en 1830 ? Comment les Russes ont-ils réagi ?

2. Doc. 2 : Que devient le territoire polonais en 1815 ? Où se trouve désormais Varsovie ?

3. Doc. 3 : Quelle est l'attitude des Russes envers les Polonais ? Comment ces derniers réagissent-ils ?

4. Doc. 1, 2 et 3 : À partir des informations contenues dans les documents et de vos connaissances personnelles, rédigez un paragraphe d'une quinzaine de lignes expliquant pourquoi la Pologne est une nation sans État au XIXe siècle.

Conseils pour réussir

- *Relisez la leçon p. 158-159. Vous pouvez aussi vous servir des cartes de l'exercice 5 p. 113. Vérifiez que vous connaissez bien le sens des mots nation et État.*
- Observez attentivement les documents. Cherchez dans ces documents ce qui montre à la fois que :
  – la Pologne est une nation (langue, religion, passé commun) ;
  – la Pologne n'est plus un État (le Grand Duché de Varsovie est occupé par des puissances étrangères depuis 1815, et plus particulièrement par la Russie) ;
  – cette situation de la Pologne dure jusqu'au début du XXe siècle.
- Répondez en rédigeant des phrases correctement écrites. Utilisez des mots de liaison entre chaque phrase.
- Vérifiez l'expression écrite (grammaire, orthographe des mots).

Chapitre **10**

Le partage du monde

→ Pourquoi et comment les puissances européennes se lancent-elles à la conquête du monde ? Quelles en sont les conséquences ?

1 **L'Europe et le monde en 1815.**

1. Quelles sont les parties du monde inconnues des Européens en 1815 ?
2. Où sont situées les possessions françaises ?
3. Quel pays européen est déjà présent sur tous les continents ?

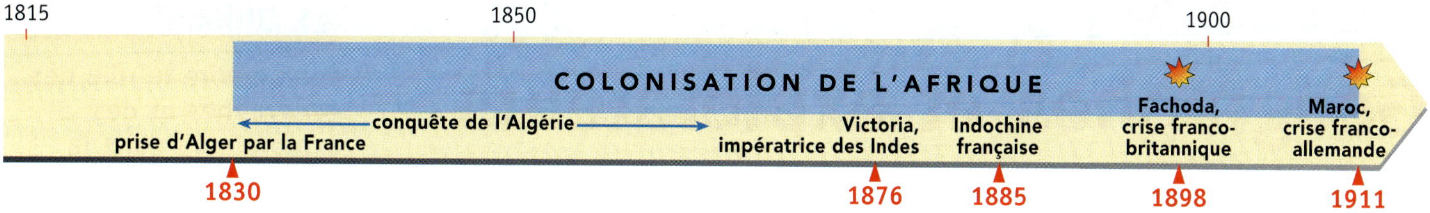

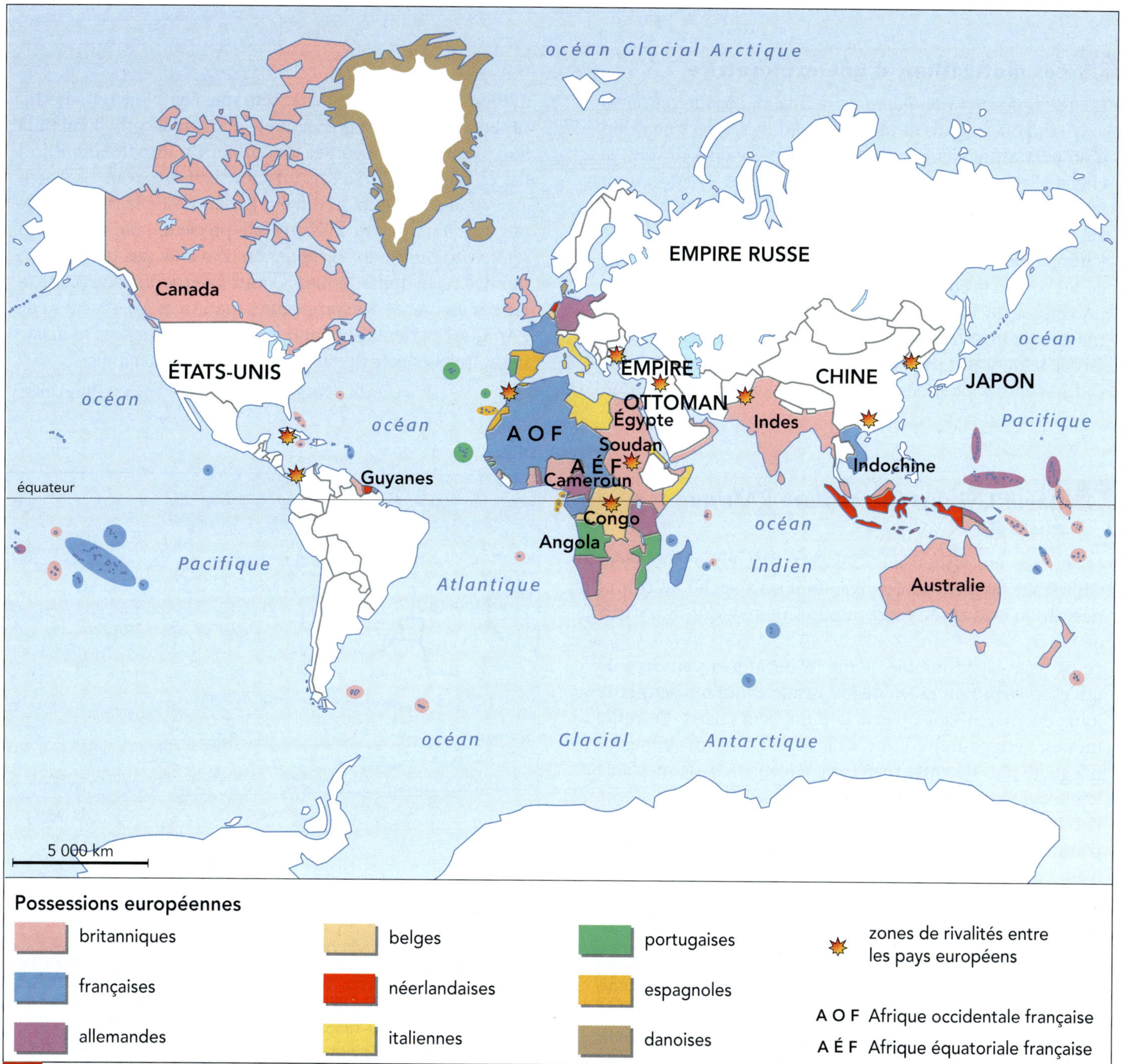

2 Les empires coloniaux en 1914.

1. Quel État européen possède le plus vaste empire colonial en 1914 ?
2. Citez un autre État européen dont l'empire colonial est important.
3. Quel continent est presque entièrement dominé par les Européens ?

Dossier

Géographes et explorateurs

>> Objectif

Comprendre le rôle des géographes et des explorateurs dans la conquête coloniale.

Au début du XIXe siècle, certaines parties du monde sont encore inconnues des Européens. Les géographes sont curieux de découvrir l'intérieur des continents qu'ils devaient jusque-là imaginer. Ce désir de connaître et de maîtriser le monde pousse les explorateurs, les scientifiques, les militaires et les **missionnaires** à s'engager dans des expéditions. Ils arpentent l'intérieur des continents africain et asiatique, repèrent la géographie des lieux et passionnent par leurs comptes rendus les classes dirigeantes européennes. Ils sont souvent encouragés par leurs pays, conscients de l'intérêt politique et économique de ces expéditions.

1 Les motivations d'une exploratrice

En 1893, pour la première fois de ma vie, je me retrouvai avec cinq ou six mois de liberté devant moi. Avec l'émotion d'un enfant qui vient de recevoir une pièce de cent sous, je cherchai ce que j'allais bien pouvoir en faire. « Va découvrir les tropiques », me soufflait la Science. Mais où diable aller ? Les tropiques, où qu'ils soient, restent les tropiques. J'attrapai donc un atlas : la Malaisie me parut trop éloignée, et le voyage trop coûteux. Il me restait à choisir entre l'Amérique du Sud et l'Afrique occidentale. Bien que je fusse tombée sur un article alléchant consacré à l'Éthiopie, je résistai à la tentation et jetai mon dévolu sur l'Afrique de l'Ouest. [...] Je collectionnai dès avant mon départ des tas d'informations curieuses. C'est à dessein que j'emploie cet adjectif, car bon nombre des gens à qui je demandai conseil virent là l'occasion de me raconter absolument n'importe quoi. [...] Par chance, je connaissais un monsieur qui avait vécu sept ans sur la côte : quoiqu'il n'eût jamais résidé là où je comptais me rendre, son avis m'était précieux, car malgré un séjour prolongé dans cette région, il n'était pas trop mal en point. [...] Je quittai Londres pour Liverpool, peu réconfortée par les usages des compagnies maritimes à destination de l'Afrique occidentale, quand elles m'apprirent sans ménagement qu'elles ne délivraient pas de billets de retour.

Mary Kingsley (1862-1900), *Travels in West Africa.*

2 David Livingstone explore l'Afrique australe

Le 17, j'ai été visiter avec Sékélétou les chutes appelées Chongoué ou Mosi-oa-Tounya, dont on aperçoit les colonnes vaporeuses après vingt minutes de navigation à partir de Calaï.

Le paysage est admirable. Je me fis débarquer dans une île qui est presque au milieu de la cascade et qui me permit de jouir du magnifique spectacle d'un fleuve large de mille mètres, s'engouffrant d'une seule masse dans un abîme qui n'a guère plus de vingt mètres de largeur. C'est le spectacle le plus saisissant que j'aie contemplé en Afrique.

J'ai donné à ces chutes le nom de Victoria[1] et, après avoir planté dans l'île une centaine de noyaux de pêche et d'abricot et une quantité de grains de café, pour y former un jardin qu'un indigène promit de soigner et d'entourer d'une haie, je gravai sur un arbre mes initiales, et au-dessous 1855.

D'après David Livingstone, *Explorations dans l'Afrique australe* (1840-1861).

1. Du nom de Victoria Ire, reine de Grande-Bretagne et d'Irlande, entre 1837 et 1901.

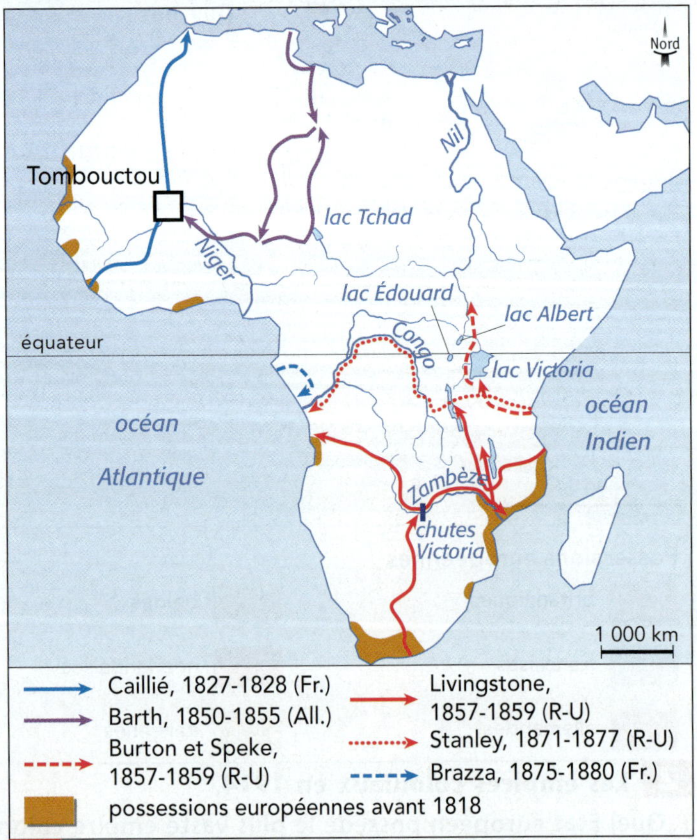

3 Les grandes explorations en Afrique au XIXe siècle.

4 Les populations locales au service des explorateurs. « L'expédition du lieutenant Mizon au Haut-Congo », gravure du *Petit Journal*, juillet 1892.

5 La délimitation des nouvelles frontières entre le Congo français et le Cameroun allemand.
Gravure du *Petit Journal*, 9 novembre 1913.

En 1885, la conférence de Berlin avait instauré un « code de bonne conduite » entre les puissances coloniales. Cet accord n'évite pas les crises, particulièrement entre la France et l'Allemagne au Maroc (1911). Cependant, en 1913, ces deux pays parviennent à s'entendre pacifiquement sur la délimitation de la frontière entre le Cameroun et le Congo.

6 Le roi des Belges et les géographes

Ouvrir à la civilisation la seule partie de notre globe où elle n'ait point encore pénétré, percer les ténèbres qui enveloppent des populations entières, c'est, j'ose le dire, une croisade digne de ce siècle de progrès. Et je suis heureux de constater combien le sentiment public est favorable à son accomplissement.
Messieurs, parmi ceux qui ont le plus étudié l'Afrique, bon nombre ont été amenés à penser qu'il y aurait avantage à ce que l'on se réunisse pour coordonner nos efforts. Il m'a paru que la Belgique, État central et neutre, serait un terrain bien choisi pour une semblable réunion et que Bruxelles pourrait devenir, en quelque sorte, le quartier général de ce mouvement civilisateur. Ainsi vous pourriez préciser, avec l'autorité qui vous appartient, les voies à suivre, les moyens à employer pour planter définitivement l'étendard de la civilisation sur le sol de l'Afrique centrale. Vous sauriez aussi faire ce qu'il faut pour intéresser le public à votre noble entreprise et pour l'amener à y verser son obole.

D'après Léopold II, *Discours d'ouverture de la Conférence géographique internationale de Bruxelles*, 12 septembre 1876.

VOCABULAIRE

missionnaire (un) : personne qui a la mission de propager sa religion.

QUESTIONS

➤ Trouver des informations dans un document

1. Doc. 1 : Pourquoi cette Anglaise décide-t-elle d'explorer l'Afrique de l'Ouest ?
2. Doc. 2 : Pourquoi Livingstone donne-t-il un nouveau nom aux chutes qu'il vient de découvrir ?
3. Doc. 3 : De quelle nationalité sont la majorité des explorateurs de l'Afrique ?
4. Doc. 4 : À quoi sont employées les populations locales dans les expéditions ?
5. Doc. 5 : Que font les deux Européens ?
6. Doc. 6 : Quel est, d'après Léopold II, le rôle des géographes en ce qui concerne l'Afrique ?

➤ Mettre en relation les documents

7. Doc. 2 et 3 : Quelles voies de passage sont empruntées pour explorer l'Afrique ?

➤ Rédiger

8. Rédigez un petit paragraphe expliquant pourquoi les États soutiennent les géographes et les explorateurs dans leur volonté de mieux connaître l'Afrique.

Leçon 1

L'Europe à la conquête du monde

➜ Pourquoi et comment l'Europe se lance-t-elle à la conquête du monde ?

A Un intérêt nouveau

Des explorateurs lancent des expéditions à l'intérieur des continents africain et asiatique **(voir dossier p. 172-173)**. Ils arpentent les régions mal connues des Européens, repèrent la géographie des lieux et entrent en contact avec les populations.

Cette période coïncide avec une intense activité des missionnaires catholiques ou protestants qui cherchent à christianiser les peuples rencontrés **(doc. 2)**. C'est ainsi qu'explorateurs et missionnaires ouvrent la voie aux actions militaires des États. À partir de 1870, on assiste à une véritable « course aux colonies ».

B À l'assaut du monde

Au XIXe siècle, les puissances européennes et, plus particulièrement la France et le Royaume-Uni, se lancent à la conquête de vastes territoires coloniaux en Afrique et en Asie **(doc. 4)**. La puissance de leurs armées et les découvertes technologiques de l'âge industriel leur donnent en effet les moyens de s'imposer aux quatre coins de la planète.

Cet **impérialisme** aboutit aussi à la constitution de vastes zones d'influences dans d'anciens États autrefois très puissants et en déclin au XIXe siècle. C'est le cas de la Chine qui excite la convoitise de nombreux pays **(doc. 6)**.

C Les raisons de la colonisation

Pour les États européens, les colonies représentent un débouché à leurs produits industriels et à leurs capitaux, ainsi qu'une zone d'exploitation des matières premières. Politiquement, la possession de colonies est l'expression de la puissance d'un État. Les pays européens justifient aussi leurs conquêtes par la nécessité de « civiliser » des peuples présentés comme inférieurs **(doc. 3)**.

L'idée de la supériorité de « l'homme blanc » s'appuie sur la théorie de la « hiérarchie des **races** » largement diffusée par la presse, les manuels scolaires **(doc. 1)**, les expositions avec leurs spectacles « **indigènes** » et les zoos humains. Le colonisé est représenté comme un sauvage à peine humain qu'il faut éduquer. Les voix qui s'élèvent contre la **colonisation** et le racisme qui la justifie sont très peu nombreuses en Europe **(doc. 5)**.

VOCABULAIRE

colonisation (la) : système de domination politique et économique d'un pays par un autre.

impérialisme (un) : ensemble des pratiques politiques, économiques, culturelles qui permettent à un État d'en dominer d'autres.

indigène (un) : terme employé par les colonisateurs pour désigner un habitant d'origine du pays occupé.

race (une) : ce terme a été employé au XIXe siècle pour classer les groupes humains selon certains critères, comme la couleur de la peau. Le concept de race est aujourd'hui totalement rejeté par les scientifiques.

1 Racisme et colonisation. « Les quatre races d'hommes. La race blanche, la plus parfaite des races humaines ». Illustration et commentaire du manuel scolaire *Le Tour de la France par deux enfants*, 1877.

2 Un missionnaire catholique en Afrique en 1912.

1. **Décrivez le document. Quels éléments indiquent qu'il s'agit d'une image de propagande voulant montrer les bienfaits de la mission civilisatrice des Européens ?**
2. **Doc. 2 et 3 : Avec quelle phrase du discours de Jules Ferry cette photographie peut-elle être mise en rapport ?**

3 La justification de la colonisation

On peut rattacher le système de l'expansion coloniale à trois ordres d'idées : à des idées économiques, à des idées de civilisation, à des idées d'ordre politique et patriotique. Ce qui manque à notre grande industrie, ce sont les débouchés pour ses productions, or ce problème est intimement lié à la politique coloniale.
Il y a un second point que je dois aborder c'est le côté humanitaire et civilisateur de la question. Les races supérieures ont un droit vis-à-vis des races inférieures. Je dis qu'il y a pour elles un droit parce qu'il y a un devoir pour elles. Elles ont le devoir de civiliser les races inférieures.
La politique d'expansion coloniale de la France s'inspire d'une autre vérité : notre marine ne peut se passer, sur la surface des mers, d'abris solides, de centres de ravitaillement. Regardez la carte du monde et dites-moi si ces étapes de l'Indochine, de Madagascar, de la Tunisie ne sont pas des étapes nécessaires pour la sécurité de notre navigation ?
Rayonner sans agir, sans se mêler des affaires du monde c'est abdiquer sa puissance, et, dans un temps plus court que vous ne pouvez le croire, c'est descendre du premier rang au troisième et au quatrième.

D'après un discours de Jules Ferry à la Chambre (1885).

1. Quelle est la justification économique de la colonisation ?
2. Quel est le devoir des « races supérieures » selon Jules Ferry ?
3. D'après l'auteur, qu'arrivera-t-il à la France si elle n'entreprend pas une politique d'expansion coloniale ?
4. Doc. 2, 3, 4 et 6 : Comment se manifeste l'impérialisme européen au XIXe siècle ?

4 L'Europe à la conquête de l'Asie. Couverture d'un livre d'aventures publié en 1901.

1. Quelle est la nationalité des personnages représentés ?
2. Quel élément visible sur le globe terrestre évoque les liens entre colonisation et christianisation ?

5 « La conquête, c'est l'abus de la force »

Les races supérieures ont, sur les races inférieures, un droit qu'elles exercent. Et ce droit, par une transformation particulière, est en même temps un devoir de civilisation. Voilà la thèse du gouvernement français : exercer son droit sur les races inférieures en allant guerroyer contre elles et en les convertissant de force aux bienfaits de la civilisation. Races supérieures, races inférieures ! Pour ma part, je suis moins affirmatif depuis que j'ai vu des savants allemands démontrer scientifiquement que le Français est d'une race inférieure à l'Allemand. Non, il n'y a pas de droit des nations dites « supérieures » contre les nations dites « inférieures ». N'essayons pas de revêtir la violence du nom hypocrite de civilisation.
La conquête que vous préconisez, c'est l'abus pur et simple de la force que donne la civilisation scientifique sur les civilisations rudimentaires pour s'approprier l'homme, le torturer, en extraire toute la force qui est en lui au profit du prétendu civilisateur.

D'après un discours de Georges Clemenceau à la Chambre (1885).

1. Par quel argument Clemenceau conteste-t-il la notion de race inférieure ?
2. Doc. 3 et 5 : Montrez que ce discours de Clemenceau est une réponse à celui de Jules Ferry.

6 Le partage de la Chine. Illustration du *Petit Journal*, 1898.

1. Quels sont les pays européens qui se partagent la Chine ?

Leçon 2 Les grands empires coloniaux

→ **Quelles sont les conséquences de l'expansion coloniale européenne ?**

A Une domination par la force

En 1914, le Royaume-Uni possède le plus vaste empire (29 millions de km²), suivi par la France (12 millions de km²). Les autres pays européens (Allemagne, Italie) n'ont que des territoires plus modestes.

La conquête a été très violente. Les résistances des populations locales ont été réelles mais la supériorité de l'armement des Européens leur a permis d'en venir à bout au prix de nombreux massacres, comme celui des Hereros du Sud-Ouest africain par les Allemands **(doc. 1)**.

B La gestion des colonies

Certaines colonies, comme l'Algérie, sont administrées par un personnel européen **(doc. 4)**. D'autres voient les « indigènes » associés à l'administration de la colonie. C'est le cas en Inde où le Royaume-Uni se sert de princes locaux pour contrôler le territoire **(doc. 3)**.

Les **colonies de peuplement** sont moins nombreuses que les **colonies d'exploitation** mais, quel que soit le statut, la population locale est toujours encadrée par l'administration coloniale. Leurs productions (thé, cacao, huile de palme, bois, richesses minières), souvent aux mains des **colons**, sont destinées à l'exportation vers l'Europe **(doc. 2)**.

Les colonies reçoivent les produits manufacturés des **métropoles**, ce qui ruine l'artisanat local et empêche la naissance d'une industrie. Les Européens réalisent les infrastructures nécessaires à ce commerce (chemins de fer, routes, ports). Ces chantiers, financés par les impôts des populations colonisées, utilisent la main-d'œuvre locale dans le cadre du travail forcé **(voir dossier p. 178-179)**.

C Les rivalités coloniales

La colonisation s'accompagne d'une domination culturelle. Par le biais de l'école, les pays européens imposent leur langue, leur histoire et leur religion.

Cette politique impérialiste entraîne des rivalités entre les États colonisateurs qui veulent contrôler le plus grand nombre de territoires **(doc. 5)**. Plusieurs crises, au Soudan entre la France et le Royaume-Uni (Fachoda en 1898), au Maroc entre la France et l'Allemagne en 1905 et 1911, menacent de tourner à l'affrontement entre Européens.

VOCABULAIRE

colon (un) : personne originaire d'une métropole et installée dans une colonie.

colonie d'exploitation (une) : pays dont les richesses sont exploitées au profit de la métropole.

colonie de peuplement (une) : pays dans lequel la métropole favorise l'installation de nombreux colons.

métropole (une) : pays qui possède une colonie.

1 Combat entre soldats allemands et Hereros dans le Sud-Ouest africain. Illustration du *Petit Journal*, 1904.

1. Quels sont les deux peuples qui s'opposent ?
2. Qui paraît le mieux armé pour l'emporter ? Justifiez la réponse.

2 ***Les Richesses des colonies.*** Tableau de Michel Géo, première partie du XXe siècle. Musée des Arts africains et océaniens, Paris.

1. Citez les principales ressources minières que peuvent fournir les colonies.
2. Quelle image ce tableau donne-t-il des colonies ?

3 **Le gouvernement de l'Inde anglaise.**

1. Décrivez la photographie.
2. Que signifie la présence d'un maharaja indien à côté du vice-roi anglais ?
3. Doc. 1, 2, 3 et 4 : De quelle manière les Européens gouvernent-ils et exploitent-ils leurs colonies ?

4 **L'administration de l'Algérie française**

L'Assemblée nationale a rendu aujourd'hui le décret suivant pour l'établissement des colonies agricoles en Algérie :
[...] Article 3. Les colonies seront fondées par des citoyens français. Les colons cultivateurs recevront de l'État, à titre gratuit, des concessions de terre d'une étendue de 2 à 10 hectares par famille et les subventions nécessaires à leur établissement. Les colons ouvriers d'art exécuteront tous les travaux d'installation des familles. Lorsque les colons ouvriers d'art voudront se fixer, ils recevront un lot à bâtir, un lot de terre et les prestations nécessaires pour faciliter leur établissement.

Décret du 20 septembre 1848.

1. De quelle nationalité doivent être les colons ?
2. De quelles aides bénéficient les colons installés en Algérie ?

5 **« La course au Maroc ».** Caricature d'Assus, 1906. BNF, Paris.

1. Quels sont les différents pays qui convoitent le Maroc ? Comment les reconnaît-on ?
2. Doc. 2 et 5 : Pourquoi la colonisation provoque-t-elle des tensions entre Européens ?

Le choc de la colonisation

›› Objectif

Comment la colonisation a-t-elle été vécue par les peuples colonisés ?

La colonisation est un système d'exploitation que les populations dominées ont durement subi dans leur vie quotidienne. Il a profondément bouleversé et marqué les sociétés colonisées. L'écart entre les justifications et la réalité de la colonisation a souvent entraîné des contestations et des révoltes sévèrement réprimées par les métropoles. Même une fois la conquête achevée, certains colonisés ne cesseront de réfléchir aux moyens de lutter contre la domination européenne.

1 Le travail forcé. Des indigènes du Kenya construisent une ligne de chemin de fer à la fin du XIXe s. sous la surveillance des autorités anglaises. Les puissances coloniales font construire des chemins de fer, des routes et des ports afin de pouvoir exporter les produits coloniaux vers les métropoles et ouvrir les colonies aux marchandises importées d'Europe. Les chantiers, commandés par les colons, utilisent la main-d'œuvre « indigène » dans le cadre du travail forcé. Ces chantiers ont fait des milliers de morts.

2 Les Vietnamiens et la présence française

Lentement, les Blancs nous écorchent et nous avalent à petites bouchées au moyen d'impôts de toute sorte. Tu es entre les mains de l'étranger. Les titres réservés aux indigènes sont ceux de boys, de porteurs, d'interprètes, de troupiers perpétuels. Cependant, les impôts augmentent tous les jours. Ô, pays d'Annam[1], que tu es à plaindre ! Ô, âmes engourdies, réveillez-vous de votre torpeur ! Quant aux autres études, telles la physique, les sciences naturelles, la chimie, les sciences politiques, militaires, elles ne sont pas enseignées aux Vietnamiens pour les maintenir dans une ignorance complète.

D'après les *Cahiers annamites*, 1906-1913.

1. Région du Viêtnam.

3 La répression menée par la France en Indochine après les révoltes de 1908.

4 Les zoos humains. Exposition au Jardin d'Acclimatation, vers 1900.
En 1877, le directeur du Jardin d'Acclimatation de Paris décide d'organiser des spectacles présentant, à côté des animaux exotiques, des hommes, des femmes et des enfants provenant des colonies.

5 Une réflexion contre le colonialisme

En analysant la société coloniale du début du XXe siècle, le poète martiniquais Aimé Césaire dresse un sévère réquisitoire contre la présence européenne. Cette réflexion et celle d'autres intellectuels colonisés a nourri la contestation dans les pays africains et caribéens.

Il faudrait d'abord étudier comment la colonisation travaille à déciviliser le colonisateur, à le réveiller aux instincts enfouis, à la convoitise, à la violence, à la haine raciale.

Entre colonisateur et colonisé, il n'y a de place que pour le travail forcé, l'intimidation, la pression, la police, le vol, le viol, les cultures obligatoires, le mépris, la méfiance. Aucun contact humain, mais des rapports de domination et de soumission. On me parle de progrès, de « réalisations », de maladies guéries, de niveaux de vie élevés au-dessus d'eux-mêmes. Moi, je parle de sociétés vidées d'elles-mêmes, de cultures piétinées, de terres confisquées, de religions assassinées. On me lance à la tête des faits, des statistiques, des kilométrages de routes, de canaux, de chemin de fer. Moi, je parle de milliers d'hommes sacrifiés au Congo. Je parle de millions d'hommes arrachés à leurs dieux, à leur terre, à leurs habitudes, à leur vie, à la danse, à la sagesse. Je parle de millions d'hommes à qui on a inculqué savamment la peur, le complexe d'infériorité, le tremblement, l'agenouillement, le désespoir. On m'en donne plein la vue de tonnage de coton ou de cacao exporté. Moi, je parle d'économies naturelles à la mesure de l'homme indigène désorganisées, de cultures vivrières détruites, de sous-alimentation installée.

D'après Aimé Césaire, *Discours sur le colonialisme*, Éditions Réclame, 1950.

QUESTIONS

➤ Trouver des informations dans un document

1. Doc. 1 : Qui constitue la main-d'œuvre travaillant sur le chantier ?
2. Doc. 1 : Avec quels outils travaille cette main-d'œuvre ? Cela paraît-il suffisant pour construire une voie ferrée ?
3. Doc. 2 : Expliquez les deux premières phrases du texte. Pourquoi, d'après ce document, certaines disciplines scolaires sont-elles interdites aux Vietnamiens ?
4. Doc. 3 : Comment les autorités coloniales françaises réagissent-elles aux oppositions en Indochine ?
5. Doc. 4 : À quoi sont assimilés cette femme et cet enfant exposés derrière des grilles ? Pourquoi un garde se tient-il à côté des grilles ?
6. Doc. 5 : Comment Aimé Césaire montre-t-il que la colonisation a déstabilisé les sociétés dominées ? Donnez deux exemples.

➤ Mettre en relation les documents

7. Doc. 1 et 5 : Quelle phrase du texte d'Aimé Césaire (doc. 5) peut être illustrée par la photographie (doc. 1) ?

➤ Rédiger

8. Rédigez un petit paragraphe expliquant quelles ont été les conséquences de la colonisation pour les sociétés colonisées.
Vous pouvez utiliser les mots et expressions suivants : apprentissage d'une nouvelle langue, impôt, répression, travail forcé.

1 Retenir l'essentiel du chapitre

1. Recopiez et complétez le texte en vous aidant de la liste de mots suivants :
colonisation ; colonie d'exploitation ; colonie de peuplement ; indigène ; impérialisme ; métropole ; missionnaire.

La .... a d'abord eu pour but de servir les intérêts économiques et politiques de l'Europe. Mais les pays européens justifient aussi leur.......... par la nécessité de civiliser les .... À cette époque, des............... catholiques et protestants cherchent à christianiser les peuples rencontrés.

Les .... , comme l'Algérie, sont totalement administrées par un personnel européen et par de nombreux colons. Les ...., comme l'Inde, comptent moins de colons et utilisent les colonisés eux-mêmes pour former l'administration locale. Mais, dans les deux cas, les productions coloniales sont exploitées au profit de la ....

2 Mettre en relation deux documents

(vous pouvez vous aider des p. 176-177 et 178-179)

1 Le travail dans les colonies françaises

Dans ce roman, l'auteur décrit la mise en place de la société coloniale française en Afrique noire à la fin du XIXe siècle.

Regardez bien ce drapeau. Aimez-le, retenez bien ses trois couleurs. Jamais plus il ne vous sera permis de les ignorer. Sur les terres et les mers où flotte le drapeau français, il n'y a pas d'esclavage ; pas un esclave dans un pays conquis par la France.

Le lieutenant et l'infirmier procédèrent à un tri parmi les adolescents. L'interprète expliqua que les triés étaient désignés pour les travaux forcés.

Les travaux forcés étaient la deuxième besogne qui permettait aux Noirs d'entrer dans la civilisation. Les réquisitionnés iraient travailler pendant six mois dans les mines, les exploitations forestières et agricoles des Blancs. Les travaux forcés n'étaient pas l'esclavage : les travailleurs forcés seraient nourris, logés, vêtus et rémunérés. À leur départ, ils avaient un couvre-pieds. À leur retour, ils recevraient un pécule, c'est-à-dire de l'argent, qui leur permettrait de payer l'impôt et d'acheter des miroirs et des aiguilles. Autant de choses qui civilisent.

D'après l'écrivain ivoirien Ahmadou Kourouma, *Monné, Outrages et défis*, Le Seuil, 1990.

2 ***Les Bienfaits de la France dans les colonies.***
Caricature parue dans *L'Assiette au beurre*, 1911.

1. **Présentez les deux documents.**
2. **Doc. 1 : Que rappelle la première phrase du texte ? Vous pouvez vous aider du dossier p. 96-97.**
3. **Doc. 1 : À quoi sont destinés les adolescents qui ont été choisis par le lieutenant et l'infirmier ?**
4. **Doc. 2 : Quelle est la signification des scènes notées de 1 à 3. Vous pouvez vous aider des propositions suivantes : travail forcé ; alcoolisme ; paiement de l'impôt.**
5. **Doc. 2 : Que fait l'Européen dans la scène n° 4 ?**
6. **Doc. 1 et 2 : Quelles scènes du doc. 2 sont évoquées dans le texte (doc. 1) ?**
7. **Doc. 1 et 2 : Montrez que ces deux documents dénoncent de manière ironique la colonisation française.**

3 Étudier une photographie

(vous pouvez vous aider des p. 174-175 et 176-177)

1 Une école en Algérie vers 1860.

1. Présentez le document.
2. Où a été prise cette photographie ?
3. En quelle langue se fait l'enseignement ? Pour quelle raison ?
4. Expliquez le message écrit sur le tableau noir.
5. Quel aspect de la colonisation ce document illustre-t-il ?

4 Comprendre une image de propagande

(vous pouvez vous aider des p. 176-177)

LA FRANCE VA POUVOIR PORTER LIBREMENT AU MAROC LA CIVILISATION LA RICHESSE ET LA PAIX

1 Illustration du *Petit Journal*, 19 novembre 1911.

1. Présentez le document.
2. Qui est le personnage central de cette illustration ? Justifiez votre réponse.
3. Qu'est-ce que ce personnage tient dans sa main gauche ?
4. Quelle est l'attitude des hommes qui entourent ce personnage ?
5. En observant bien les activités de ces hommes, dressez la liste des richesses que le personnage central est censé apporter au Maroc. Justifiez à chaque fois la réponse.
6. Que voit-on en arrière-plan ? Pourquoi ?
7. Cette illustration correspond-elle à la réalité ? Justifiez votre affirmation.
8. À partir des réponses précédentes, définissez ce qu'est une image de propagande.

Chapitre 11 La France de 1815 à 1914

→ Comment la France devient-elle progressivement une République ?

a

b

c

d

1 De Louis XVIII à Thiers : cinq chefs d'État français de 1814 à 1873.

a. Louis XVIII, roi de France (1814-1824), en costume de sacre. Tableau de Jean-Baptiste Guérin-Paulin (détail). Musée du château, Versailles.

b. Charles X, roi de France (1824-1830), en costume de sacre. Tableau de François Gérard, 1825 (détail). Musée Carnavalet, Paris.

c. Louis-Philippe Ier, roi des Français (1830-1848). Tableau d'Horace Vernet, 1830. Musée du château, Versailles.

d. Napoléon III, président de la République française (1848-1852), puis empereur (1852-1870). Tableau de François-Xavier Winterhalter (240 cm x 155 cm), 1852. Musée du château, Versailles.

e. Adolphe Thiers, président de la République française (1871-1873). Image d'Épinal. BNF, Paris.

1. **Repérez et nommez, sur les quatre premiers portraits, les symboles du pouvoir.**

2. **Quelle limite au pouvoir royal est visible sur le portrait de Louis-Philippe Ier ?**

3. **Trouvez les éléments qui différencient l'image d'Adolphe Thiers des autres portraits. Quelle évolution politique ces différences indiquent-elles ?**

e

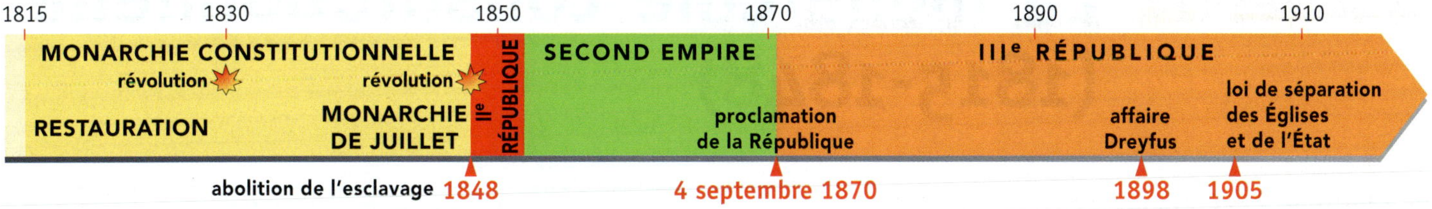

2 ***La République triomphante.*** Gravure allégorique, 1875. Musée Carnavalet, Paris.

1. Décrivez la figure centrale du document.
2. Par quoi et par qui est-elle entourée ?
3. Sur quoi marche-t-elle ? Que renverse-t-elle ?

Leçon 1 La monarchie constitutionnelle (1815-1848)

➜ **Pourquoi l'expérience de la monarchie constitutionnelle est-elle un échec ?**

A La Restauration (1815-1830)

En 1815, après la défaite définitive de Napoléon, la monarchie est rétablie. Louis XVIII, frère de Louis XVI, prend le titre de roi de France. Cependant, il accepte une **Charte** garantissant certaines conquêtes de la Révolution **(doc. 2)**. Ce texte fixe les cadres de la monarchie constitutionnelle **(doc. 1)** : les lois sont votées par la Chambre des pairs (nommée par le roi) et la Chambre des députés (élue par les Français les plus riches). Le droit de vote n'est accordé qu'à un très petit nombre d'électeurs : c'est le **suffrage censitaire**.

En 1824, Charles X, frère de Louis XVIII, devient roi. Il est sacré roi à Reims comme un monarque de droit divin. Nostalgique de l'Ancien Régime, il prend des mesures qui profitent aux nobles et au clergé.

B La Révolution de 1830

En juillet 1830, Charles X décide de suspendre la liberté de la presse **(doc. 4)**, de diminuer le nombre d'électeurs et de gouverner par **ordonnances**, c'est-à-dire sans tenir compte de l'avis des chambres. Intellectuels et journalistes mobilisent la population. Les 27, 28 et 29 juillet (les Trois Glorieuses, **voir dossier p. 186-187**), une révolution parisienne oblige Charles X à s'exiler.

Le mouvement populaire, divisé, ne parvient pas à imposer la République. Le duc d'Orléans, cousin de Charles X, est appelé sur le trône. Il devient Louis-Philippe Ier, roi des Français. C'est le début de la monarchie de Juillet.

C La monarchie de Juillet (1830-1848)

Louis-Philippe Ier prête serment à la Charte et adopte le drapeau tricolore, symbole de la Révolution française. Mais ce régime, au départ libéral, prend un tour de plus en plus conservateur. Dès 1835, la presse est muselée et les libertés réduites.

À partir de 1846, la crise économique (mauvaises récoltes, difficultés de l'industrie) provoque des révoltes. Refusant tout élargissement du nombre des électeurs, le Premier ministre Guizot fait interdire, en février 1848, un banquet républicain à Paris **(doc. 5)**. Une fusillade éclate, des barricades sont dressées. Paris se soulève. Louis-Philippe doit abdiquer. La République est proclamée **(doc. 3)**.

VOCABULAIRE

Charte (la) : Constitution accordée par le roi.

ordonnance (une) : texte ayant force de loi qui n'a pas besoin d'être approuvé par les assemblées législatives.

suffrage censitaire (le) : pour pouvoir voter ou pour être éligible, il faut payer un montant d'impôt minimum, le cens.

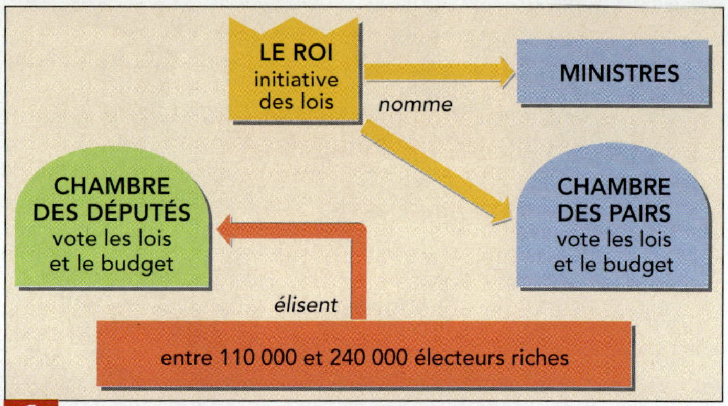

1 La monarchie constitutionnelle.

1. **Quel type de pouvoir le roi doit-il partager avec les deux assemblées ? Qui peut voter ?**

2 La Charte de 1814

Article premier. Les Français sont égaux devant la loi, quels que soient leurs titres et leurs rangs.
Art. 2. Ils contribuent indistinctement, dans la proportion de leur fortune, aux charges de l'État.
Art. 3. Ils sont tous également admissibles aux emplois civils et militaires.
Art. 5. Chacun professe sa religion avec une égale liberté.
Art. 6. Cependant, la religion catholique est la religion de l'État.
Art. 8. Les Français ont le droit de publier et de faire imprimer leurs opinions, en se conformant aux lois qui doivent réprimer les abus de cette liberté.
Art. 14. Le roi est le chef suprême, il commande les forces de terre et de mer, déclare la guerre, fait les traités, nomme à tous les emplois d'administration publique, et fait les règlements et ordonnances nécessaires pour l'exécution des lois et la sûreté de l'État.
Art. 15. La puissance législative est exercée collectivement par le roi, la Chambre des pairs et la Chambre des députés.

1. **Quel principe majeur de 1789 l'article 1 reprend-il ?**
2. **Quelle liberté l'article 8 garantit-il ?**
3. **Doc. 1 et 2 : Montrez que la monarchie constitutionnelle n'est pas un retour à l'Ancien Régime.**

3 **La révolution de février 1848 : Lamartine devant le drapeau tricolore sur les marches de l'Hôtel de Ville de Paris.** Tableau d'Henri Philippoteaux (détail), 1848. Musée du Petit Palais, Paris.

1. Comment le peintre met-il en valeur Lamartine ?

4 **Charles X attaque les droits et les libertés des Français.**
Caricature, XIXe siècle. Musée Carnavalet, Paris.

1. À qui est assimilé Charles X dans cette caricature ?
2. À quoi s'attaque-t-il ?

5 La contestation de la monarchie de Juillet

Depuis plusieurs jours on n'entend que des gémissements : « Tout cela ne peut finir que par une révolution ! » Puis les philosophes reprennent : « Les ultra-bougeois perdront la monarchie de Juillet, comme les ultraroyalistes ont perdu la Restauration. »
Ces ministres attardés ne comprennent rien aux revendications politiques qui se développent dans ce pays. On n'ose plus écrire dans les journaux. On a peur de faire de la politique sans le savoir. Pour contester le gouvernement, on préfère se réunir dans des banquets. Un banquet portant sur la nécessité de la réforme électorale a eu lieu hier. Ce banquet sera suivi de beaucoup d'autres.

D'après Delphine de Girardin, *Chroniques parisiennes*, 1836-1848.

1. Comment la population manifeste-t-elle son opposition au régime ?
2. Doc. 3, 4 et 5 : Pourquoi la monarchie constitutionnelle est-elle un échec ?

La Liberté guidant le peuple de Delacroix

›› Objectif

Étudier un tableau qui est devenu le symbole de la lutte pour la liberté.

Eugène Delacroix est considéré comme le plus grand peintre romantique de son époque. Lors de la révolution des Trois Glorieuses en 1830, il assiste aux combats. L'événement lui inspire un tableau qui devient rapidement célèbre.

1 Eugène Delacroix (1798-1863).

2 Une œuvre d'abord critiquée

« Votre Liberté semble une femme de mauvaise vie. Dieu ! Qu'elle est sale ! » (*L'Avenir*).
« Une femme ignoble ! » (*Journal des Artistes et des Amateurs*).
« La plus ignoble courtisane des plus sales rues de Paris ! » (*La Tribune*).

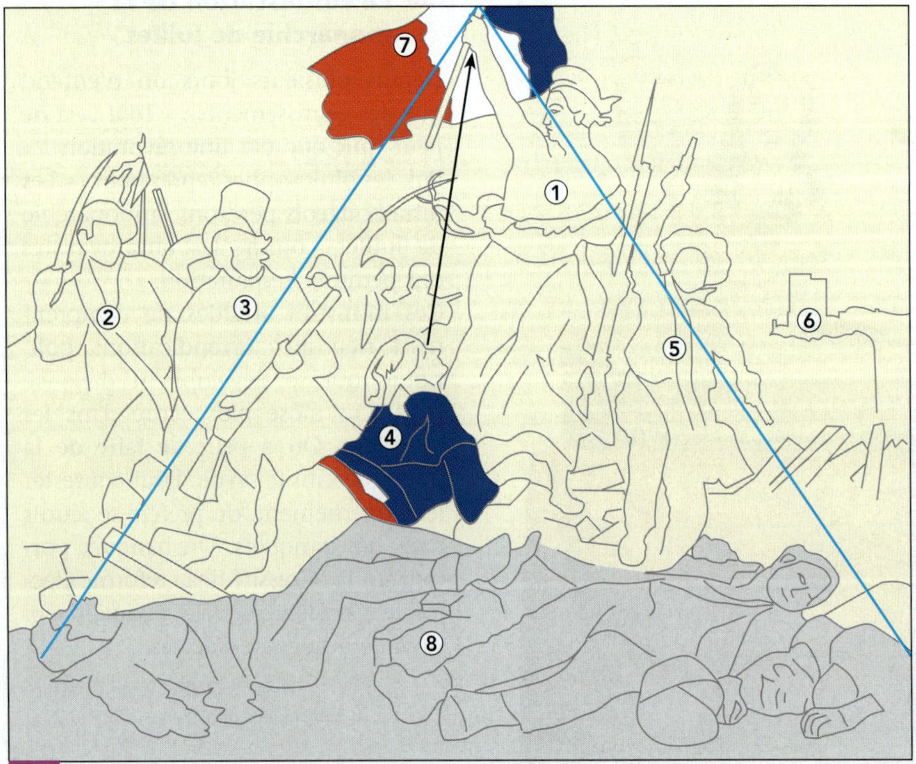

3 Schéma de la composition du tableau.

1. Jeune femme du peuple symbolisant la Liberté. 2. Ouvrier. 3. Étudiant. 4. Jeune ouvrier blessé. 5. Jeune garçon des rues de Paris. 6. Tours de la cathédrale Notre-Dame. 7. Drapeau bleu, blanc et rouge qui redevient le drapeau français en 1830. 8. Soldats morts au combat.

4 *La Liberté guidant le peuple,* E. Delacroix, huile sur toile (260 cm x 325 cm), 1830. Musée du Louvre, Paris.

Delacroix s'implique totalement dans la composition de *La Liberté guidant le peuple*, à tel point qu'il se peint lui-même sur son tableau (l'étudiant situé à gauche, avec un chapeau haut-de-forme). Il symbolise aussi la force de la jeunesse parisienne sous les traits d'un jeune garçon dont Victor Hugo s'inspirera pour son Gavroche des *Misérables* **(voir dossier p. 192-193)**.

QUESTIONS

➤ Trouver des informations dans un document

1. Doc. 2 : Que reproche-t-on au tableau lorsqu'il est exposé en 1831 ?

➤ Mettre en relation les documents

2. Doc. 3 et 4 : Autour de quelle figure géométrique est composé le tableau ?

3. Doc. 3 et 4 : Qu'est-ce qui en forme la base ? Et le sommet ?

4. Doc. 3 et 4 : Quels symboles révolutionnaires sont visibles sur le tableau ?

5. Doc. 3 et 4 : Quelles catégories de la population peut-on identifier dans cette œuvre ?

6. Doc. 3 et 4 : À quel mouvement artistique cette œuvre appartient-elle ? Justifiez votre réponse.

➤ Rédiger

7. Doc. 1 à 4 : Rédigez un petit paragraphe expliquant les intentions de Delacroix lorsqu'il peint ce tableau. Utilisez les mots et expressions suivants : combat pour la liberté ; drapeau tricolore ; peuple de Paris ; Révolution de 1789 ; révolution de 1830.

Leçon 2 La IIe République (1848-1851)

➜ **Quelle est l'œuvre de la IIe République ? Pourquoi a-t-elle échoué ?**

A L'espoir de février 1848

Le 25 février 1848, la IIe République est proclamée. Dans un climat d'espoir, le gouvernement provisoire, constitué de personnalités comme le poète Lamartine, Ledru-Rollin ou le socialiste Louis Blanc, prend des mesures destinées à résoudre la crise économique et politique.

Le gouvernement provisoire met en place une république démocratique et sociale offrant plus d'égalité entre les citoyens : rétablissement des libertés fondamentales, institution du suffrage universel masculin **(doc. 1)**, abolition de l'esclavage **(doc. 3)**, création des **ateliers nationaux** **(doc. 2)**.

Au travers de journaux, de pétitions ou dans des clubs, des femmes prennent la parole pour réclamer des droits. Cette liberté de parole, même limitée, symbolise l'esprit de février 1848.

B Le tournant de juin 1848

Les élections d'avril 1848 amènent à l'Assemblée constituante une majorité de républicains modérés, traduisant les inquiétudes d'une grande partie de la population rurale face à la politique du gouvernement provisoire.

En juin 1848, la décision de fermer les ateliers nationaux, jugés trop coûteux, entraîne une réaction de colère spontanée du peuple parisien. La répression, menée par le général Cavaignac nouveau président du Conseil des ministres, est sanglante **(doc. 4)**. Paris semble plongé dans une guerre civile. Cette date marque la fin de la République sociale.

Une Constitution est votée en novembre 1848 : le président de le République est élu au suffrage universel masculin et il n'est pas rééligible.

C La fin de la République

En décembre 1848, Louis-Napoléon Bonaparte, neveu de l'empereur Napoléon Ier, remporte les élections à la présidence de la République. L'Assemblée adopte des lois qui réduisent les libertés comme celle de mai 1850 qui restreint le suffrage universel masculin.

Louis-Napoléon Bonaparte entre en conflit avec l'Assemblée qui lui refuse la révision constitutionnelle lui permettant d'être rééligible. Profitant des mécontentements de la population, il organise un coup d'État le 2 décembre 1851 **(doc. 5)**.

VOCABULAIRE

atelier national (un) : chantier organisé par l'État pour donner du travail aux chômeurs

1 Le suffrage universel. Gravure, milieu du XIXe siècle.

1. Qu'y a-t-il d'écrit sur l'urne ? Qu'est-ce que cela signifie ?

2 Les ateliers nationaux

Le 25 février, le gouvernement provisoire prenait un décret par lequel il garantissait l'existence de l'ouvrier par le travail. Le décret qui instituait les ateliers nationaux fut rendu le 27 ; le 28, le ministre des Travaux publics annonçait à tous les travailleurs sans emploi (ils étaient très nombreux à ce moment) que des travaux importants allaient être entrepris, et que les maires des douze arrondissements de Paris seraient chargés de recevoir les demandes d'ouvrage et de diriger les ouvriers vers les chantiers. Les mairies furent assiégées de demandes. Le gouvernement, averti de l'embarras où se trouvaient les directeurs d'atelier et de l'agitation qui commençait à fermenter dans le peuple, crut y porter remède en faisant faire des distributions d'argent aux ouvriers sans travail.

Daniel Stern (pseudonyme de Marie d'Agoult), *Histoire de la révolution de 1848*.

1. Pourquoi les ateliers nationaux sont-ils créés ?

3 **Victor Schœlcher et l'abolition de l'esclavage.** Tableau de F.-A. Biard, 1848. Musée du château, Versailles.

1. Où se situe la scène ?

2. Doc. 1, 2 et 3 : Montrez qu'à ses débuts la IIe République est démocratique et sociale.

4 **La révolte de juin 1848.** Ernest Meissonier, *La Barricade, rue de la Mortellerie, Juin 1848*, dit aussi *Souvenir de la guerre civile*. Huile sur toile (29 cm x 22 cm). Musée du Louvre, Paris.

1. Comment l'auteur a-t-il rendu la violence de l'affrontement ?

2. Pourquoi est-ce un tournant par rapport à l'esprit de février 1848 ?

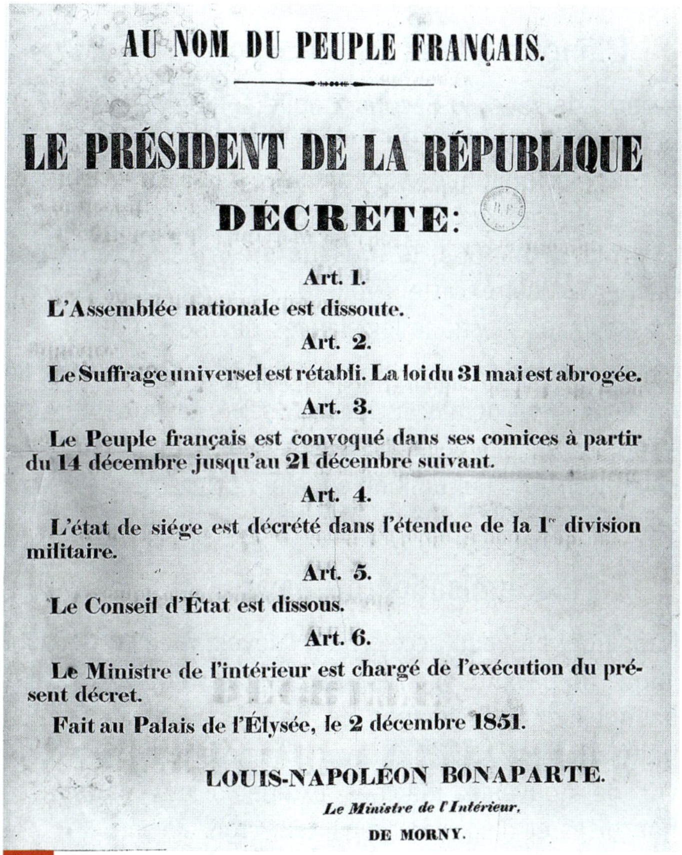

AU NOM DU PEUPLE FRANÇAIS.

LE PRÉSIDENT DE LA RÉPUBLIQUE

DÉCRÈTE :

Art. 1.

L'Assemblée nationale est dissoute.

Art. 2.

Le Suffrage universel est rétabli. La loi du 31 mai est abrogée.

Art. 3.

Le Peuple français est convoqué dans ses comices à partir du 14 décembre jusqu'au 21 décembre suivant.

Art. 4.

L'état de siége est décrété dans l'étendue de la 1re division militaire.

Art. 5.

Le Conseil d'État est dissous.

Art. 6.

Le Ministre de l'intérieur est chargé de l'exécution du présent décret.

Fait au Palais de l'Élysée, le 2 décembre 1851.

LOUIS-NAPOLÉON BONAPARTE.

Le Ministre de l'Intérieur,

DE MORNY.

5 **Le coup d'État de Louis-Napoléon Bonaparte.** Affiche. BNF, Paris.

1. Qu'est-ce qu'un coup d'État ?

2. Par quel moyen les Français apprennent-ils la nouvelle du coup d'État ?

3. Doc. 4 et 5 : Comment évolue la IIe République à partir de juin 1848 ?

Leçon 3 Le Second Empire (1852-1870)

→ **Comment le régime autoritaire instauré par Napoléon III se libéralise-t-il progressivement ?**

A L'Empire autoritaire (1852-1860)

Après le coup d'État de décembre 1851, Louis-Napoléon Bonaparte met en place une nouvelle Constitution **(doc. 2)** qui lui donne l'essentiel du pouvoir. Bénéficiant d'une incontestable popularité **(doc. 1)**, il parvient à faire largement approuver le nouveau régime par la population grâce à un plébiscite. Le 2 décembre 1852, il fonde le Second Empire et devient Napoléon III, empereur des Français.

Jusqu'en 1860, le Second Empire est un régime autoritaire : la presse est contrôlée, les opposants sont surveillés. Victor Hugo, opposant farouche de l'Empire, doit ainsi quitter le pays.

Si le suffrage universel masculin est conservé, les préfets favorisent les candidats de l'empereur et les élections sont fréquemment manipulées.

B L'Empire libéral (1860-1870)

À partir de 1860, le Second Empire se libéralise **(doc. 5)**. L'Empereur accepte de nombreuses réformes : les condamnés politiques sont amnistiés, la loi sur la presse est assouplie, les élections sont de moins en moins contrôlées. En 1864, le droit de grève est accordé aux ouvriers. Malgré cette évolution, les républicains progressent aux élections législatives de 1863 et 1869.

C'est cependant la politique extérieure qui entraîne la fin du régime. La défaite à Sedan **(doc. 6)** et la capture de Napoléon III par les Prussiens provoquent la chute de l'Empire. La IIIe République est alors proclamée le 4 septembre 1870.

C La modernisation du pays

Napoléon III veut accélérer le développement économique du pays **(doc. 4)**. Il favorise le développement des banques et des chemins de fer. En 1860, il signe un traité de **libre-échange** avec l'Angleterre en vue d'ouvrir de nouveaux marchés extérieurs aux entreprises françaises et d'accélérer ainsi leur croissance.

Napoléon III confie au baron Haussmann la modernisation de Paris **(doc. 3)**. En quelques années, la capitale est entièrement transformée (construction d'édifices publics et de gares, création de larges avenues, tout-à-l'égout). D'autres grandes villes (Lyon, Marseille, Lille) suivent rapidement l'exemple parisien.

VOCABULAIRE

libre-échange (le) : suppression des droits de douane entre deux pays.

1 Napoléon Ier soutient Napoléon III. Gravure, milieu du XIXe siècle. BNF, Paris.

1. Qui sont les deux personnages centraux ?
2. Quel sentiment produisent-ils sur les visages tournés vers eux ?

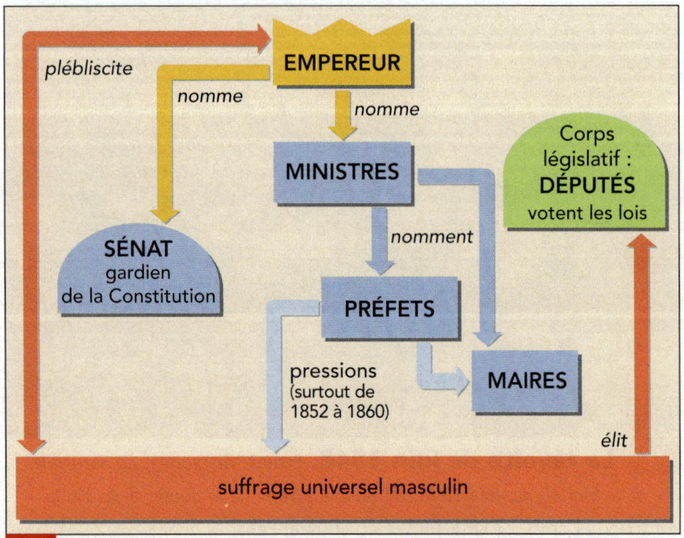

2 La Constitution du Second Empire.

1. Qui détient le pouvoir ?
2. Doc. 1 et 2 : Quelles sont les caractéristiques de l'Empire autoritaire ?

3 **Le percement de nouveaux boulevards autour de la place de l'Étoile (Paris).** Gravure, vers 1860.

1. Quel est le monument visible au second plan ?
2. Que sont en train de faire les ouvriers travaillant sur ce chantier ?

4 La politique économique de Napoléon III

Il faut améliorer notre agriculture : défricher les forêts situées dans les plaines, reboiser les montagnes, assécher les marais. Pour faciliter les transports et encourager la production industrielle, il faut créer des routes, des canaux, des voies de chemin de fer. Par ces mesures, l'agriculture vendra plus facilement ses produits, l'industrie luttera avantageusement contre les produits étrangers, et notre commerce prendra un nouvel essor.
Ce n'est qu'en créant de la richesse nationale que l'on pourra répandre l'aisance dans la classe ouvrière. En résumé : suppression des droits de douane sur la laine et le coton ; amélioration énergique de nos voies de transport ; travaux considérables d'utilité publique ; prêts à l'agriculture et à l'industrie ; traités de commerce avec les pays étrangers.

D'après une lettre de Napoléon III au ministre Achille Fould, 15 janvier 1860.

1. Pourquoi Napoléon III veut-il créer de nouvelles voies de communication ?
2. Doc. 3 et 4 : Comment Napoléon III veut-il moderniser la France ?

5 L'Empire libéral

Depuis 1860, on se demande si de nouvelles améliorations doivent être réalisées dans nos institutions. Aujourd'hui, je crois qu'il est possible de donner aux libertés publiques une extension nouvelle sans compromettre le pouvoir que la nation m'a confié. Ainsi il faut supprimer le pouvoir du gouvernement en ce qui concerne la liberté de la presse. Il faut associer plus directement les assemblées législatives au travail du gouvernement. Il faut autoriser les réunions publiques dans les limites qu'exige la sûreté publique. J'ai déjà dit que je voulais un gouvernement capable d'associer le pouvoir avec la liberté.

D'après une lettre de Napoléon III au ministre Eugène Rouher, 20 janvier 1867.

1. Quelles mesures veut prendre Napoléon III pour « associer le pouvoir avec la liberté » ?

6 **La défaite de Sedan (2 septembre 1870).** Gravure colorée. Musée Carnavalet, Paris.

1. De quelle manière l'auteur a-t-il illustré la défaite française ?
2. Doc. 5 et 6 : Comment évolue le régime à partir de 1860 ?

›› Objectif

Comprendre comment Victor Hugo symbolise les luttes politiques et sociales du XIXe siècle.

Hugo, *Les Châtiments* et *Les Misérables*

Né en 1802 et mort en 1885, Victor Hugo est un écrivain qui symbolise à lui tout seul le XIXe siècle. D'abord monarchiste par tradition, il devient libéral puis républicain. En 1851, il s'oppose au coup d'État de Louis-Napoléon Bonaparte et doit s'exiler dans les îles anglaises de Jersey et Guernesey. Il devient un ennemi farouche du Second Empire (*Les Châtiments*). En 1859, il déclare : « Fidèle à l'engagement que j'ai pris vis-à-vis de ma conscience, je partagerai jusqu'au bout l'exil de la liberté. Quand la liberté rentrera, je rentrerai. » Il ne sera de retour en France qu'en septembre 1870.

Pour lui, l'écriture est aussi une arme pour dénoncer la violence de la société envers les plus faibles, pour rugir contre les injustices, pour combattre les inégalités. Il dit ainsi des *Misérables* : « Tant qu'il y aura sur la terre ignorance et misère, des livres de la nature de celui-ci pourront ne pas être inutiles. »

1 « Souvenir de la nuit du 4 »

Victor Hugo évoque ici la répression qui a suivi le coup d'État du 2 décembre 1851 et la mort insupportable d'enfants lors des tirs de la troupe.

L'enfant avait reçu deux balles dans la tête.
Le logis était propre, humble, paisible, honnête ;
On voyait un rameau bénit sur un portrait.
Une vieille grand'mère était là qui pleurait.
Nous le déshabillions en silence. Sa bouche,
Pâle, s'ouvrait ; la mort noyait son œil farouche ;
Ses bras pendants semblaient demander des appuis.
Il avait dans sa poche une toupie en buis.
On pouvait mettre un doigt dans les trous de ses plaies.
Avez-vous vu saigner la mûre dans les haies ?
Son crâne était ouvert comme un bois qui se fend.
L'aïeule regarda déshabiller l'enfant,
Disant : – Comme il est blanc ! Approchez donc la lampe.
Dieu ! Ses pauvres cheveux sont collés sur sa tempe ! –
Et quand ce fut fini, le prit sur ses genoux.
La nuit était lugubre ; on entendait des coups
De fusil dans la rue où l'on en tuait d'autres.
– Il faut ensevelir l'enfant, dirent les nôtres.
Et l'on prit un drap blanc dans l'armoire en noyer.
L'aïeule cependant l'approchait du foyer
Comme pour réchauffer ses membres déjà roides.
Hélas ! Ce que la mort touche de ses mains froides
Ne se réchauffe plus aux foyers d'ici-bas !
Elle pencha la tête et lui tira ses bas,
Et dans ses vieilles mains prit les pieds du cadavre.
– Est-ce que ce n'est pas une chose qui navre !
Cria-t-elle ; monsieur, il n'avait pas huit ans !
Ses maîtres, il allait en classe, étaient contents. [...]
Pourquoi l'a-t-on tué ? Je veux qu'on me l'explique.
L'enfant n'a pas crié vive la République.

Nous nous taisions, debout et graves, chapeau bas,
Tremblant devant ce deuil qu'on ne console pas.

Vous ne compreniez point, mère, la politique.
Monsieur Napoléon, c'est son nom authentique,
Est pauvre, et même prince ; il aime les palais ;
Il lui convient d'avoir ses chevaux, des valets,
De l'argent pour son jeu, sa table, son alcôve,
Ses chasses ; par la même occasion, il sauve
La famille, l'Église et la société ;
Il veut avoir Saint-Cloud, plein de roses l'été,
Où viendront l'adorer les préfets et les maires ;
C'est pour cela qu'il faut que les vieilles grand'mères,
De leurs pauvres doigts gris que fait trembler le temps,
Cousent dans le linceul des enfants de sept ans.

Victor Hugo, *Les Châtiments*, 1853.

2 *Les Châtiments* écrasent l'aigle impérial.
Caricature de Daumier, milieu du XIXe siècle. Maison de Victor Hugo, Paris.

3 La mort de Gavroche

Gavroche est un gamin de Paris. Lors d'une émeute en 1832 contre le roi Louis-Philippe, il est sur les barricades bravant le danger et la mort.

Il rampait à plat ventre, galopait à quatre pattes, prenait son panier aux dents. [...] Au moment où Gavroche débarrassait de ses cartouches un sergent gisant près d'une borne, une balle frappa le cadavre.

Une deuxième balle fit étinceler le pavé à côté de lui. Une troisième renversa son panier. [...] Il se dressa tout droit, debout, les cheveux au vent, les mains sur les hanches, l'œil fixé sur les gardes nationaux qui tiraient, et il chanta :

On est laid à Nanterre,
C'est la faute à Voltaire,
Et bête à Palaiseau,
C'est la faute à Rousseau.

Puis il ramassa son panier [...] et, avançant vers la fusillade, alla dépouiller une autre giberne. Là une quatrième balle le manqua encore. Gavroche chanta :

Je ne suis pas notaire,
C'est la faute à Voltaire,
Je suis petit oiseau,
C'est la faute à Rousseau.

Une cinquième balle ne réussit qu'à tirer de lui un troisième couplet :

Joie est mon caractère,
C'est la faute à Voltaire,
Misère est mon trousseau,
C'est la faute à Rousseau.

Le spectacle était épouvantable et charmant. Gavroche, fusillé, taquinait la fusillade. Il avait l'air de s'amuser beaucoup. C'était le moineau becquetant les chasseurs. Une balle pourtant, mieux ajustée ou plus traître que les autres, finit par atteindre l'enfant feu follet. On vit Gavroche chanceler, puis il s'affaissa. Toute la barricade poussa un cri [...]. Gavroche [...] éleva ses deux bras en l'air, regarda du côté d'où était venu le coup, et se mit à chanter :

Je suis tombé par terre,
C'est la faute à Voltaire,
Le nez dans le ruisseau,
C'est la faute à ...

Il n'acheva point. Une seconde balle du même tireur l'arrêta court. Cette fois, il s'abattit la face contre le pavé, et ne remua plus. Cette petite grande âme venait de s'envoler.

Victor Hugo, *Les Misérables*, partie V, 15, 1862.

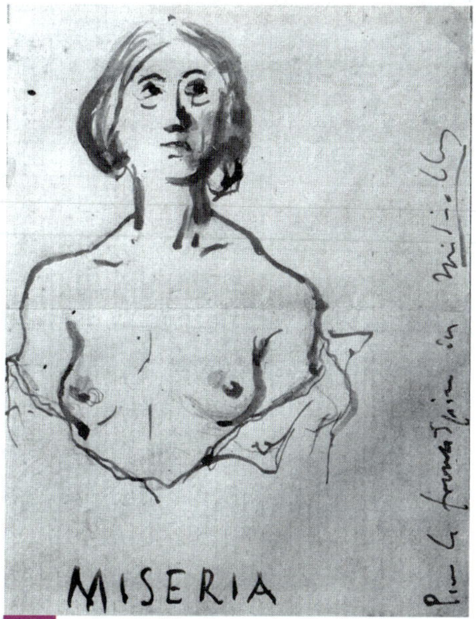

4 ***Miseria.*** Dessin de Victor Hugo pour *Les Misérables*. Maison de Victor Hugo, Paris.

5 La misère des femmes

Fantine était restée seule. Le père de son enfant parti, elle se trouva absolument isolée [...]. À vingt-deux ans, par une belle matinée de printemps, elle quitta Paris, emportant son enfant sur le dos [...].

La porte de la fabrique de M. Madeleine était comme un visage ami. Elle s'y présenta, et fut admise dans l'atelier des femmes. Elle s'était bien gardée de parler de sa petite fille. On observa Fantine, on sut que Fantine avait un enfant. Tout cela prit du temps. Fantine était depuis plus d'un an à la fabrique, lorsqu'un matin la surveillante de l'atelier lui remit, de la part de M. le maire, cinquante francs en lui disant qu'elle ne faisait plus partie de l'atelier et en l'engageant, de la part de M. le maire, à quitter le pays. Fantine s'offrit comme servante dans le pays ; elle alla d'une maison à l'autre. Personne ne voulut d'elle [...]. Le soir elle entra chez un barbier qui habitait le coin de la rue, et défit son peigne. Ses admirables cheveux blonds lui tombèrent jusqu'aux reins.

– Les beaux cheveux ! s'écria le barbier.

– Combien m'en donneriez-vous ? dit-elle.

– Dix francs.

– Coupez-les.

Victor Hugo, *Les Misérables*, première partie, IV et V, 1862.

QUESTIONS

➤ Trouver des informations dans un document

1. Doc. 1 : Dans quelles circonstances l'enfant a-t-il été tué ?
2. Doc. 2 : Comment l'auteur de la caricature a-t-il montré la puissance de l'écriture ? Que symbolise l'aigle ?
3. Doc. 3 : Où se trouve Gavroche au moment où il meurt ? Comment trouve-t-il la mort ?
4. Doc. 4 : Comment Victor Hugo a-t-il symbolisé la misère ?
5. Doc. 5 : Relevez des adjectifs qui décrivent la misère de Fantine. Pourquoi Fantine perd-elle son travail ? À quoi est-elle réduite alors ?

➤ Mettre en relation les documents

6. Doc. 1 et 3 : Quels sont les points communs entre les deux textes ?

➤ Rédiger

7. Rédigez un petit paragraphe montrant que Victor Hugo est un écrivain qui prend la défense des plus faibles.

La Commune de Paris (mars-mai 1871)

›› Objectif

Comprendre pourquoi le peuple parisien s'est révolté en 1871.

Après la proclamation de la République, le peuple de Paris, épuisé par quatre mois de siège prussien, refuse l'armistice considéré comme une capitulation de la nouvelle assemblée à majorité monarchiste. Les mesures prises par celle-ci (désarmement des casernes, obligation de payer les loyers en retard, fermeture des clubs) provoquent la révolte. Le gouvernement quitte Paris et s'installe à Versailles. Le peuple s'empare alors de l'Hôtel de Ville. Des élections sont organisées et la Commune est proclamée le 28 mars 1871. Son programme traduit la volonté d'une République démocratique et sociale. La répression menée par Adolphe Thiers, chef de l'exécutif, est terrible : c'est la « semaine sanglante » (21-28 mai 1871).

1 Les canons de la Garde nationale de Paris à Montmartre. Photographie d'époque. BNF, Paris.
La décision de l'Assemblée, le 18 mars 1871, de reprendre les canons de la Garde nationale déclenche l'émeute.

2 Le programme de la Commune

La Commune a le devoir d'affirmer les aspirations et les vœux de la population de Paris ; de préciser le caractère du mouvement du 18 mars, incompris, inconnu et calomnié par les hommes politiques qui siègent à Versailles.
Cette fois encore, Paris travaille et souffre pour la France entière. Que demande-t-il ? La reconnaissance et la consolidation de la République, seule forme de gouvernement compatible avec les droits du peuple.
L'autonomie absolue de la Commune étendue à toutes les localités de la France, et assurant à chacune l'intégralité de ses droits, et à tout Français le plein exercice de ses facultés et de ses aptitudes, comme homme, citoyen et travailleur.
Nos ennemis se trompent ou trompent le pays quand ils accusent Paris de vouloir imposer sa volonté ou sa suprématie au reste de la nation, et de prétendre à une dictature qui serait un véritable attentat contre l'indépendance et la souveraineté des autres communes.
L'unité politique, telle que la veut Paris, c'est l'association volontaire de toutes les initiatives locales, le concours spontané et libre de toutes les énergies individuelles.
La révolution communale, commencée par l'initiative populaire du 18 mars, inaugure une ère nouvelle de politique expérimentale, positive, scientifique.
C'est la fin du vieux monde gouvernemental et clérical, du militarisme, du fonctionnarisme, de l'exploitation, des trafics en tout genre, des monopoles, des privilèges, auxquels le prolétariat doit son servage, la patrie ses malheurs et ses désastres.

D'après la *Déclaration au peuple français*, 19 avril 1871.

3 Barricade de la place Blanche à Paris défendue par des femmes. Dessin de Moloch, 1871, BNF, Paris.
Les femmes ont pris une part importante dans la révolte parisienne et beaucoup d'entre elles payèrent de leur vie cette participation. Le plus souvent femmes du peuple, elles ont exprimé leur désir d'une République sociale.

4 Les exécutions de communards au mur des Fédérés. Victor Darjou (1804-1877), dessin, 1871. Musée Carnavalet, Paris.

Durant la « semaine sanglante » de mai 1871, les troupes versaillaises exécutent sommairement un grand nombre de communards. Le nombre de victimes s'élève au moins à 20 000. Beaucoup sont fusillés contre un mur du cimetière du Père-Lachaise qui porte, depuis cette époque, le nom de mur des Fédérés.

QUESTIONS

➤ Trouver des informations dans un document

1. Doc. 1 : Où sont situés les canons de la Garde nationale ?
2. Doc. 1 : Qui décide de reprendre ces canons, le 18 mars 1871 ?
3. Doc. 2 : Quel type de gouvernement défend la Commune ? D'après ce texte, quelles sont les accusations formulées contre la Commune par ses ennemis ?
4. Doc. 2 : Quel vieux monde veut faire disparaître la Commune ?
5. Doc. 3 : Quelle place occupent les femmes dans le combat ?
6. Doc. 3 : À quelle catégorie sociale ces femmes appartiennent-elles ?
7. Doc. 4 : Quelle scène se déroule devant le mur des Fédérés en mai 1871 ?
8. Doc. 4 : Que symbolise ce mur depuis ?

➤ Mettre en relation les documents

9. Doc. 1 et 2 : Quelles sont les causes de la Commune ?

➤ Rédiger

10. Rédigez un petit paragraphe résumant l'histoire de la Commune.

Leçon 4

Les débuts de la IIIe République (1870-1914)

→ **Comment la République s'est-elle définitivement imposée ?**

A Une naissance difficile

La République est proclamée le 4 septembre 1870, mais la guerre contre la Prusse se poursuit et l'Assemblée élue en février 1871 est composée d'une majorité de députés royalistes, faisant craindre un retour de la monarchie.

Adolphe Thiers, qui apparaît comme un compromis entre monarchie et République, devient le chef de l'État **(doc. 1)**. Refusant la défaite et craignant la restauration de la monarchie, le peuple de Paris se soulève en mars 1871 et élit une Commune révolutionnaire **(voir dossier p. 194-195)**. Thiers écrase cette révolte parisienne.

Le 10 mai 1871, la paix avec l'Allemagne est signée (traité de Francfort). La France perd l'Alsace et une partie de la Lorraine. Les députés royalistes, divisés, ne parviennent pas à restaurer la monarchie. En 1875, des lois constitutionnelles mettent en place un **régime parlementaire** **(doc. 2)**.

B Un enracinement progressif

À partir de 1876, les républicains gagnent les élections au suffrage universel masculin **(doc. 5)**. Ils prennent des décisions symboliques : le 14 juillet devient fête nationale **(doc. 3)**, le buste de Marianne est installé dans de nombreux villages.

Les députés votent aussi de nombreuses lois qui permettent à la République de s'enraciner dans le pays : liberté de la presse, de réunion et d'association syndicale, obligation du service militaire pour tous les jeunes Français. Jules Ferry organise une école primaire gratuite, obligatoire et **laïque** qui doit former des citoyens républicains **(doc. 4)**.

C Une République consolidée

Une fois installée, la République surmonte plusieurs crises politiques graves. En 1889, le général Boulanger parvient à rallier autour de lui de nombreux mécontents et envisage un moment de faire un coup d'État. De 1894 à 1899, l'affaire Dreyfus met en péril le régime **(voir dossier p. 198-199)**.

En 1905, les républicains décident de séparer les Églises de l'État **(voir dossier p. 200-201)**. En 1914, les opposants à la République ne représentent plus qu'une minorité.

VOCABULAIRE

laïcité (la) : indépendance de l'État vis-à-vis de la religion.

régime parlementaire (un) : système politique dans lequel les ministres sont responsables de leurs actes devant le Parlement.

1 Thiers entre la République et la monarchie.
Illustration du journal satirique britannique *Punch*, 1872.

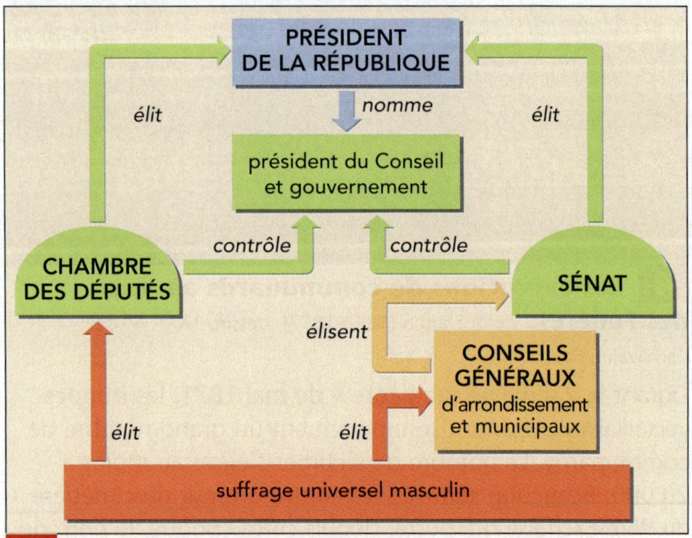

2 Le fonctionnement de la IIIe République.

3 Le 14 juillet devient fête nationale. *Le 14 juillet 1880, place de la République à Paris*, gravure. Musée Carnavalet, Paris.

1. Que fête-t-on le 14 juillet ?
2. Décrivez les personnages qui participent au défilé.

4 Les lois républicaines

a. 1881, la liberté de la presse

Article premier. L'imprimerie et la librairie sont libres.

Art. 5. Tout journal peut être publié sans autorisation préalable et sans dépôt de cautionnement.

b. 1881, l'école gratuite

Article premier. Il ne sera plus perçu de rétribution scolaire dans les écoles primaires publiques.

c. 1882, l'école obligatoire et laïque

Article premier. L'article 13 de la loi du 13 mars 1850 dite Loi Falloux (« l'enseignement primaire comprend l'instruction religieuse ») est abrogé.

Art. 4. L'instruction primaire est obligatoire pour tous les enfants de 6 ans à 13 ans révolus.

d. 1884, la liberté syndicale

Article premier. Les syndicats ou associations professionnelles pourront se constituer librement sans autorisation du gouvernement.

5 Un bureau de vote à la fin du XIXe siècle. Tableau d'A. Bramtot, 1889. Musée du Petit Palais, Paris.

1. À quelles catégories sociales appartiennent les personnes représentées ?
2. Quel symbole de la République est visible ?
3. Doc. 3, 4 et 5 : Comment la République parvient-elle à être acceptée par la majorité des Français ?

Dossier

L'affaire Dreyfus

>> Objectif

Étudier une crise majeure de la IIIe République.

En 1894, le capitaine Alfred Dreyfus est accusé d'avoir livré des renseignements militaires à l'Allemagne. Seul officier de religion juive de l'état-major, il est immédiatement soupçonné. Au terme d'une enquête bâclée et dans laquelle de faux documents ont été fabriqués, il est condamné à la dégradation militaire et à la déportation à perpétuité sur l'île du Diable, en Guyane. C'est le début d'un énorme scandale qui voit s'affronter deux conceptions de la France, et qui met en péril l'idée d'une nation de citoyens égaux indépendamment de leur religion. Des intellectuels, comme Émile Zola, se mobilisent. Ils dénoncent l'**antisémitisme** et l'injustice subis par Alfred Dreyfus qui ne sera réhabilité qu'en 1906.

1 La dégradation du capitaine Dreyfus, 5 janvier 1895. Illustration du *Petit Journal*, 13 janvier 1895.

Derrière les grilles des Invalides, une foule hurle contre celui qui est présenté comme un traître. Dreyfus clame son innocence mais il est quand même déporté en Guyane.

2 Dreyfus insulté par la presse antisémite.

V. Lenepven, caricature, fin XIXe siècle.

Le capitaine Dreyfus (innocent).

Le capitaine Esterhazy (coupable).

3 L'innocent et le coupable.

Le commandant Picquart, supérieur de Dreyfus, découvre un document provenant de l'ambassade d'Allemagne et destiné à Esterhazy. Il comprend que c'est ce dernier qui est le coupable et avertit les autorités militaires. Picquart est sanctionné et envoyé en Tunisie. Esterhazy, soutenu par les autorités militaires, gagne le procès qui lui est intenté en janvier 1898.

4 « J'accuse ! »

Émile Zola, grand écrivain du XIXe siècle, prend la défense du capitaine Dreyfus en interpellant le président de la République Félix Faure. Pour cet article de presse, Zola est condamné à un an de prison. Par son courage, il devient le symbole des intellectuels se mobilisant pour la justice et la recherche de la vérité.

Émile Zola (1840-1902).

Monsieur le Président,
La vérité, je la dirai, car j'ai promis de la dire, si la justice, régulièrement saisie, ne la faisait pas, pleine et entière. Mon devoir est de parler.
J'accuse le lieutenant-colonel du Paty de Clam d'avoir été l'ouvrier diabolique de l'erreur judiciaire.
J'accuse le général Mercier de s'être rendu complice.
J'accuse le général Billot d'avoir eu entre les mains les preuves certaines de l'innocence de Dreyfus et de les avoir étouffées.
J'accuse les trois experts en écriture, les sieurs Belhomme, Varinard et Couard, d'avoir fait des rapports mensongers et frauduleux, à moins qu'un examen médical ne les déclare atteints d'une maladie de la vue et du jugement.
J'accuse les bureaux de la guerre d'avoir mené dans la presse, particulièrement dans *L'Éclair* et dans *L'Écho de Paris*, une campagne abominable, pour égarer l'opinion et couvrir leur faute.
J'accuse enfin le premier conseil de guerre d'avoir violé le droit, en condamnant un accusé sur une pièce restée secrète, et j'accuse le deuxième conseil de guerre d'avoir couvert cette illégalité, par ordre, en commettant à son tour le crime juridique d'acquitter sciemment un coupable.
En portant ces accusations, je n'ignore pas que je me mets sous le coup des articles 30 et 31 de la loi sur la presse du 29 juillet 1881, qui punit les délits de diffamation. Et c'est volontairement que je m'expose. L'acte que j'accomplis ici n'est qu'un moyen révolutionnaire pour hâter l'explosion de la vérité et de la justice.
Je n'ai qu'une passion, celle de la lumière, au nom de l'humanité qui a tant souffert et qui a droit au bonheur. Ma protestation enflammée n'est que le cri de mon âme. Qu'on ose donc me traduire en cours d'assises et que l'enquête ait lieu au grand jour ! J'attends.

Lettre d'Émile Zola parue dans *L'Aurore*, 13 janvier 1898.

5 L'affaire Dreyfus divise la société française.

Caricature de Pépin parue dans *Le Grelot*, 30 janvier 1898.

L'affaire Dreyfus réveille des tensions très fortes dans la société française. Ce dessin humoristique cherche à illustrer son impact au sein du couple et des familles.

VOCABULAIRE

antisémitisme (un) : comportement raciste fondé sur la haine des juifs.

QUESTIONS

➤ Trouver des informations dans un document

1. **Doc. 1 :** Pourquoi le capitaine Dreyfus est-il dégradé ?
2. **Doc. 2 :** Que veulent faire croire les antisémites en publiant ce type d'image ?
3. **Doc. 3 :** Qui est le vrai coupable ? Pourquoi les autorités militaires envoient-elles le commandant Picquart en Tunisie ?
4. **Doc. 4 :** Que dénonce Émile Zola ?
5. **Doc. 5 :** Comment le dessinateur a-t-il montré l'opposition des deux camps et la violence du désaccord ?

➤ Mettre en relation les documents

6. **Doc. 2, 3, 4 et 5 :** Montrez que l'affaire Dreyfus est une crise majeure dans l'histoire de la IIIe République.

➤ Rédiger

7. Rédigez un petit paragraphe résumant le déroulement de l'affaire Dreyfus (causes, rôle joué par Émile Zola, conséquences).

>> Objectif

Comprendre ce qu'est la laïcité.

1905, la séparation des Églises et de l'État

Depuis le début du XIXe siècle, la France vivait sous le régime du Concordat. Les représentants des Églises catholiques, protestantes et israélites étaient payés par l'État, le catéchisme enseigné à l'école. Mais l'opposition entre les républicains et l'Église catholique s'amplifie pendant tout le siècle. La République reproche à cette institution de maintenir la population dans l'obscurantisme et de vouloir le retour de la monarchie. Après plusieurs lois entamant le pouvoir de l'Église sur la société (loi sur la laïcité de l'école, loi de 1901 sur les associations), l'Assemblée vote, en 1905, la loi de séparation des Églises et de l'État. La France devient laïque et la religion est dès lors une affaire privée.

1 Des manifestants bretons s'opposent à l'expulsion des congrégations religieuses. Illustration du *Petit Journal*, 17 août 1902. En 1902, un décret du gouvernement d'Émile Combes ordonne la fermeture des écoles congréganistes (religieuses) non autorisées par l'État. Pour vaincre les oppositions, les autorités n'hésitent pas à recourir à la force.

2 L'école tiraillée entre l'Église et la République.

Caricature de Bertall (1820-1882).

3 La laïcité à l'école

La loi du 28 mars 1882 met en dehors du programme obligatoire l'enseignement de tout dogme particulier ; elle y place au premier rang l'enseignement moral et civique. L'instruction religieuse appartient aux familles et à l'Église, l'instruction morale à l'école. Notre volonté a été de séparer l'école de l'Église, d'assurer la liberté de conscience des maîtres et des élèves, de distinguer deux domaines trop souvent confondus. Celui des croyances qui sont personnelles, libres et variables, et celui des connaissances qui sont communes et indispensables à tous.

Lettre de Jules Ferry aux instituteurs du 17 novembre 1883.

4 La loi de séparation des Églises et de l'État, 1905

Préambule

Article premier. La République assure la liberté de conscience. Elle garantit le libre exercice des cultes.
Art. 2. La République ne reconnaît, ne salarie ni ne subventionne aucun culte.
Art. 3. Dès la promulgation de la présente loi, il sera procédé par les agents de l'administration des domaines à l'inventaire :
1. Des biens mobiliers et immobiliers desdits établissements.
2. Des biens de l'État, des départements et des communes dont les mêmes établissements ont la jouissance.
Art. 30. L'enseignement religieux ne peut être donné aux enfants âgés de 6 à 13 ans, inscrits dans les écoles publiques, qu'en dehors des heures de classe.

1877	1906
Julien, dit-il, cette maison est celle d'Étienne le sabotier, un vieil ami de notre père : nous ne devons pas craindre de lui demander un service. Prions Dieu afin qu'il permette qu'on nous fasse bon accueil. Et les deux enfants, frappant un coup timide, murmurèrent en leur cœur : Notre Père, qui êtes aux cieux, donnez-nous aujourd'hui notre pain quotidien. (p. 6)	Julien, dit-il, cette maison est celle d'Étienne le sabotier, un vieil ami de notre père : nous ne devons pas craindre de lui demander un service. Et les deux enfants frappèrent un coup timide.
Mon Dieu ! Qu'y a-t-il mes enfants ? (p. 7)	Hélas ! Qu'y a-t-il mes pauvres enfants ?
Le père est au ciel, dit-il. (p. 8)	Le père est mort, dit-il.
Il semblait vouloir à présent ne plus songer qu'à Dieu. Son âme s'élevait vers lui dans une ardente et dernière prière, remettant à sa garde suprême les deux orphelins agenouillés auprès du lit. (p. 10)	Il semblait chercher par-delà l'horizon cette frontière reculée de la chère patrie où il n'irait pas ; mais où ses fils, sans appui désormais, lui promettaient de se rendre.
Juste Dieu, murmura-t-il, bénis et protège cette jeunesse innocente et sans appui ! (p. 15)	Courage, quand même, se dit-il. L'espoir seul rend l'avenir fécond.
En attendant, il faut se reposer, afin d'avoir bien des forces pour le voyage. La nuit venue, avant de s'endormir, Julien dit à André : — Nous allons remercier Dieu de tout notre cœur. — Et aussi, ajouta André, lui demander la persévérance, afin de ne plus nous décourager à chaque traverse nouvelle, afin d'apprendre à être toujours contents de notre sort. Et, joignant les mains en face du ciel étoilé que reflétait la mer, les deux orphelins firent à haute voix la prière du soir. (p. 186)	En attendant, il faut se reposer, afin d'avoir bien des forces pour le voyage qui n'est pas achevé, hélas ! — Ne t'inquiète pas, André. Je comprends combien notre entreprise était plus difficile que je ne l'imaginais ; mais j'ai pris la grande résolution de devenir persévérant, de ne plus me décourager à chaque traverse nouvelle et d'être toujours content de mon sort. D'ailleurs, nous rencontrons de l'aide partout. Comment oserions-nous nous plaindre !

5 L'influence de la loi de 1905 sur les manuels scolaires.
Comparaison entre l'édition de 1877 et de 1906 du manuel de l'école primaire *Le Tour de la France par deux enfants*.

6 En 1882, les emblèmes religieux sont retirés des écoles publiques. Musée national de l'éducation, Rouen.

QUESTIONS

➤ Trouver des informations dans un document

1. Doc. 1 : À quoi s'opposent les manifestants ? À qui s'attaquent-ils ?
2. Doc. 2 : Pourquoi l'État et l'Église attachent-ils tant d'importance à l'école ?
3. Doc. 3 : Qu'est-ce qui est exclu des programmes scolaires en 1882 ?
4. Doc. 4 : Que reconnaît l'article premier ?
5. Doc. 4 : Quels sont les changements introduits par cette loi par rapport au Concordat de 1801 (voir page 91) ?
6. Doc. 5 : Relevez par quels termes ou quelles expressions le mot « Dieu » est remplacé dans l'édition de 1906.

➤ Mettre en relation les documents

7. Doc. 3 et 6 : Pourquoi la loi de 1882 implique-t-elle la suppression des emblèmes religieux des écoles publiques ?

➤ Rédiger

8. Rédigez un petit paragraphe expliquant pourquoi la loi de 1905 est encore importante aujourd'hui.

EXERCICES

1 Retenir l'essentiel du chapitre

Recopiez et complétez le texte en vous aidant de la liste de mots suivante : ateliers nationaux ; Charte ; Empire autoritaire ; Empire libéral ; laïque ; libre-échange ; monarchie constitutionnelle ; ordonnances ; régime parlementaire ; suffrage censitaire.

En 1814, Louis XVIII prend le titre de roi de France. Il accorde une................. qui garantit les principaux acquis de la Révolution française. Mais le droit de vote n'est accordé qu'à un petit nombre d'électeurs : c'est le .... En 1830, Charles X essaie d'imposer des.................. qui remettent en cause les principes de 1789. Il est renversé par la révolution des Trois Glorieuses. Le nouveau roi, Louis-Philippe, est d'abord un libéral. Mais son régime devient de plus en plus conservateur. En février 1848, il est chassé du pouvoir par une révolution. C'est la fin de la ....

La IIe République dure de 1848 à 1851. Au début, c'est une régime généreux : abolition de l'esclavage, création des.......... .... pour essayer de résorber le chômage des ouvriers. À partir de juin 1848, le régime devient très conservateur. Louis-Napoléon Bonaparte, élu président de la République en novembre 1848, profite des mécontentements. Il renverse la République en décembre 1851. En décembre 1852, il fonde le Second Empire.

De 1852 à 1860, c'est l'époque de l'....................... À partir de 1860, le régime évolue vers l'........................ L'Empereur se soucie aussi du développement économique de la France. Pour cela, il signe, en 1860, un traité de .... avec l'Angleterre.

Le 4 septembre 1870, la IIIe République est proclamée après la défaite de Sedan. En 1875, les lois constitutionnelles mettent en place un .... De 1881 à 1889, de grandes lois sont votées : liberté de la presse ; reconnaissance du droit syndical. Jules Ferry organise une école primaire gratuite, obligatoire et .... qui doit former des citoyens républicains.

2 Se repérer dans le temps

1. **À quelles dates correspondent les régimes suivants ?**
IIe République ; monarchie de Juillet ; Restauration ; Second Empire.

2. **À quels événements correspondent les dates suivantes ?**
juillet 1830 ; février 1848 ; 4 septembre 1870 ; 1898 ; 1905.

3 Analyser l'évolution des forces politiques

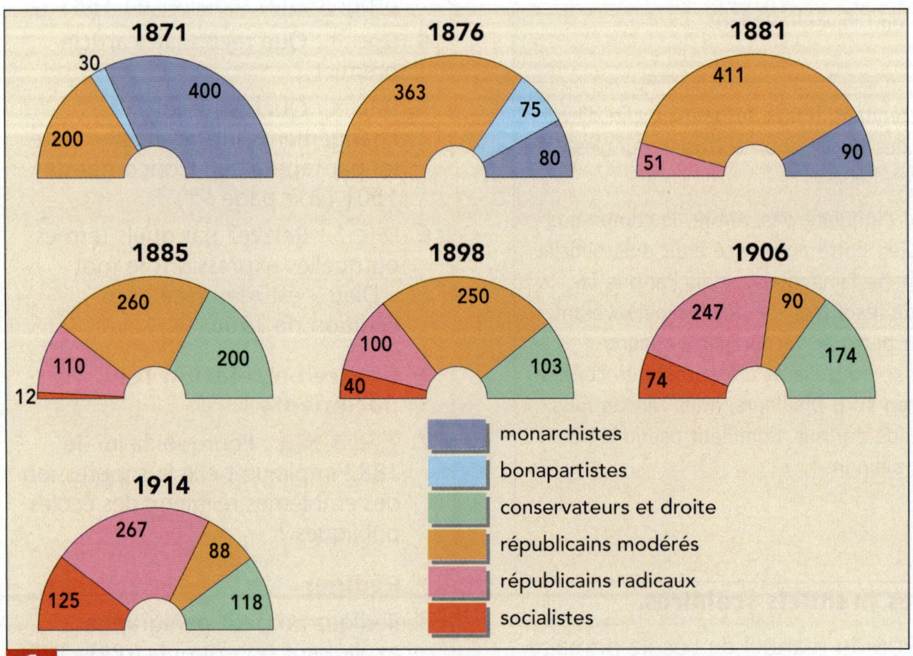

1 **Les résultats aux élections législatives de 1871 à 1914.**

1. **Quel est le régime politique en place durant la période 1871-1914 ?**

2. **Quelle force politique menace la République en 1871 ?**

3. **Montrez que les résultats de l'élection de 1885 traduisent l'enracinement de la République dans la population française.**

4. **Quel est le parti politique français le plus important en 1906 et en 1914 ?**

5. **Quel est le parti politique qui gagne le plus de voix entre 1906 et 1914 ?**

6. **Citez une loi importante adoptée pendant la période 1898-1914.**

4 Comparer deux documents sur le même thème

1 Le suffrage universel.
Lithographie de F. Sorrieu, 1850.

2 Des « suffragettes » réclamant le suffrage universel envahissent un bureau de vote à Paris. Illustration parue dans *Le Petit Journal*, 1908.

1. Doc. 1 : Décrivez les deux personnages situés au centre du document et les objets qui les entourent.
2. Doc. 1 : À quelles catégories sociales appartiennent les personnages représentés à gauche et à droite ?
3. Doc. 1 : Où se dirigent les personnages ? Quelle idée cette scène suggère-t-elle ?
4. Doc. 2 : Que font ces femmes dans le bureau de vote ?
5. Doc. 2 : Que réclament-elles ?
6. Doc. 1 et 2 : Comparez ces deux documents. Quelle est l'atmosphère qui règne dans chacun d'entre eux ?
7. Doc. 1 et 2 : Quelle contradiction dans l'application du suffrage universel ces femmes mettent-elles en évidence ?

L'Europe

AMÉRIQUE
1 Jamaïque
2 Haïti
3 République Dominicaine
4 Antigua et Barbuda
5 Dominique
6 Saint-Vincent et les Grenadines
7 Trinité-et-Tobago

AFRIQUE
8 Ghana
9 Togo
10 Bénin
11 Guinée équatoriale
12 Rwanda
13 Burundi
14 Swaziland
15 Lesotho
16 Djibouti

EUROPE
17 Danemark
18 Pays-Bas
19 Belgique
20 Luxembourg
21 Suisse
22 Estonie
23 Lettonie
24 Lituanie
25 Pologne
26 République tchèque
27 Slovaquie
28 Autriche
29 Hongrie
30 Slovénie
31 Croatie
32 Bosnie-Herzégovine
33 Serbie-et-Monténégro
34 Albanie
35 Macédoine
36 Bulgarie
37 Moldavie

ASIE
38 Chypre
39 Liban
40 Israël
41 Territoires autonomes de Palestine
42 Géorgie
43 Arménie
44 Azerbaïdjan
45 Koweït
46 Bahreïn
47 Qatar
48 Émirats Arabes Unis
49 Tadjikistan
50 Bangladesh

1 L'Europe et les États européens dans le monde.

Repères spatiaux

Mers

mer Baltique, mer Méditerranée
mer Noire, mer du Nord.

Grands fleuves

Danube, Rhin, Volga.

États d'Europe

Albanie, Allemagne, Autriche, Belgique, Biélorussie, Bosnie-Herzégovine, Bulgarie, Chypre, Croatie, Danemark, Espagne, Estonie, Finlande, France, Grèce, Hongrie, Irlande, Islande, Italie, Lettonie, Lituanie, Luxembourg, Macédoine, Malte, Moldavie, Norvège, Pays-Bas, Pologne, Portugal, Serbie-et-Monténégro, République tchèque, Roumanie, Royaume-Uni, Russie, Slovaquie, Slovénie, Suède, Suisse, Turquie, Ukraine.

États membres de l'Union européenne et leurs capitales

Allemagne (Berlin)
Autriche (Vienne)
Belgique (Bruxelles)
Chypre (Nicosie)
Danemark (Copenhague)
Espagne (Madrid)
Estonie (Tallinn)
Finlande (Helsinki)
France (Paris)
Grèce (Athènes)
Hongrie (Budapest)
Irlande (Dublin)
Italie (Rome)
Lettonie (Riga)
Lituanie (Vilnius)
Luxembourg (Luxembourg)
Malte (La Valette)
Pays-Bas (Amsterdam)
Pologne (Varsovie)
Portugal (Lisbonne)
Rép. tchèque (Prague)
Royaume-Uni (Londres)
Slovaquie (Bratislava)
Slovénie (Ljubljana)
Suède (Stockholm).

2 Les repères spatiaux du programme de 4e à connaître pour le Brevet des collèges.

Chapitre 12 L'Europe

→ Comment peut-on définir le continent européen ?

1 Les grands ensembles physiques de l'Europe.

1. « L'Europe est la péninsule de l'Asie ». Expliquez cette expression.

2 L'Europe, la nuit, vue de l'espace.

1. Où se situent principalement les régions les plus densément éclairées ?

Les grands domaines naturels

›› Objectif

Découvrir la diversité des domaines naturels de l'Europe.

L'Europe, située aux latitudes moyennes ou tempérées, connaît une grande variété de climats. Les températures s'échelonnent des plus froides, dans la zone polaire, au nord, aux plus élevées dans la zone méditerranéenne, au sud. D'ouest en est, l'**amplitude thermique** s'accentue.

Les paysages européens sont très variés. Ils s'expliquent par les climats et les reliefs mais aussi par l'action des hommes.

VOCABULAIRE

amplitude thermique (une) : différence entre la température la plus haute et la température la plus basse.

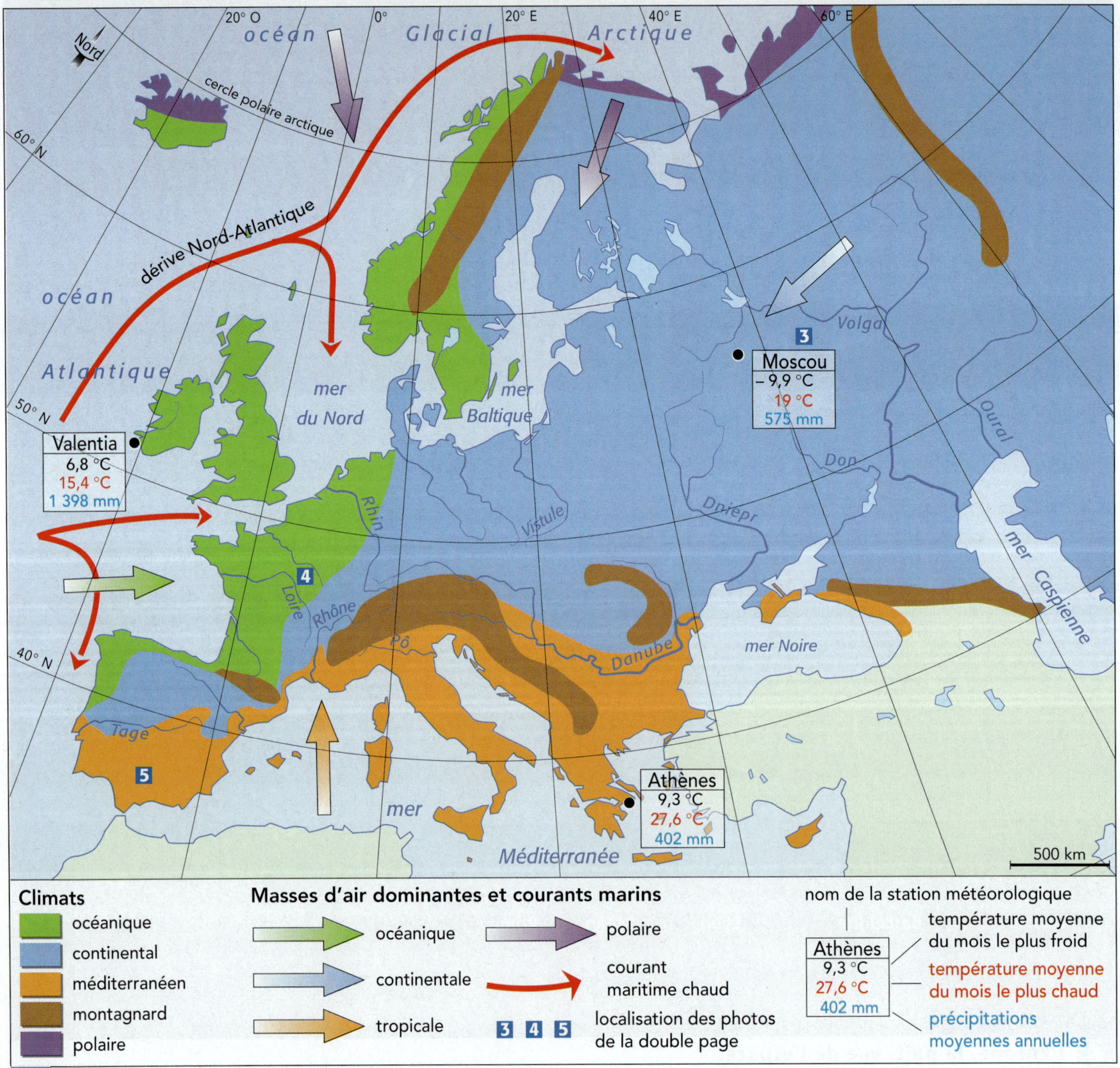

1 Les grands domaines climatiques de l'Europe.

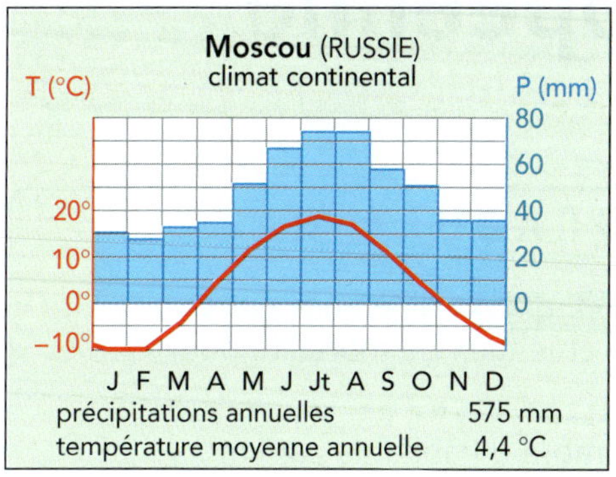

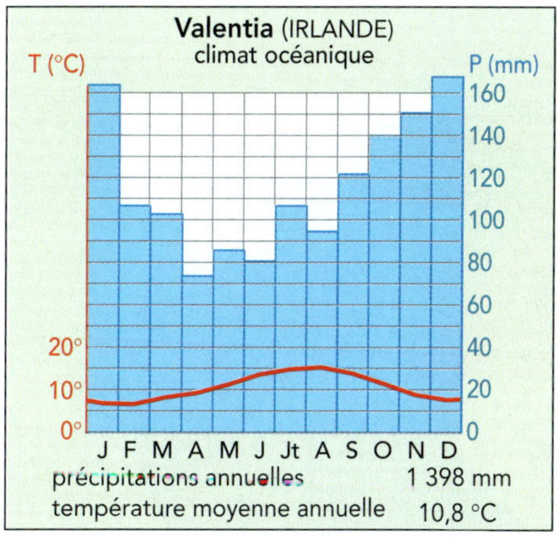

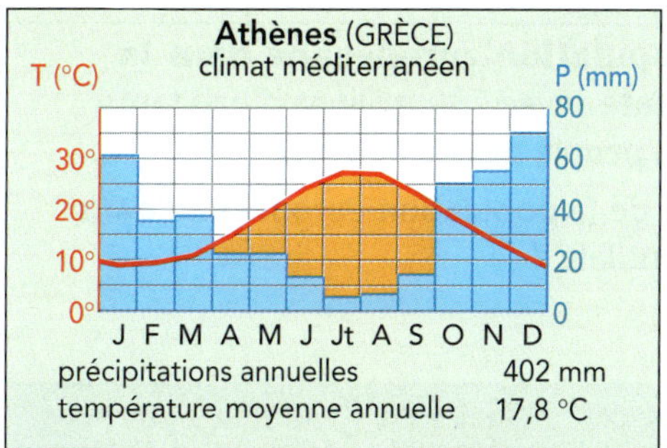

2 **Trois climats européens.**

3 **La grande plaine russe près de Moscou.**

4 **Champs cultivés dans le Bassin parisien près de Sens (France).**

5 **Champs d'oliviers et maquis en Andalousie (Espagne).**

QUESTIONS

➤ Trouver des informations dans un document

1. Doc. 1 : Quels sont les trois principaux climats européens ? Quel est le domaine climatique le plus étendu ?

2. Doc. 1 : Quels sont les deux autres climats présents en Europe ?

3. Doc. 2 : Quel est le climat qui possède la plus forte amplitude thermique ?

➤ Mettre en relation les documents

4. Doc. 1 à 5 : Pour chaque photographie, donnez les caractéristiques du domaine naturel (climat et type de paysage).

5. Doc. 1 à 5 : Quels sont les domaines naturels les plus défavorables à l'homme ?

➤ Rédiger

6. Rédigez un petit paragraphe résumant les caractéristiques des trois grands domaines naturels de l'Europe.

Leçon 1

La population européenne

→ **Quelles sont les caractéristiques de la population européenne ?**

A Un continent inégalement peuplé

L'Europe compte 730 millions d'habitants, soit plus de 11 % de la population mondiale **(doc. 1)**. Les cinq pays les plus peuplés d'Europe (Russie, Allemagne, France, Royaume-Uni, Italie) regroupent environ 54 % de la population totale de l'Europe.

Les **densités** varient fortement d'un pays à l'autre **(doc. 3)**. Malte a le plus grand nombre d'habitants au kilomètre carré (1 265 hab./km²), suivi des Pays-Bas (481 hab./km²) et de la Belgique (339 hab./km²). Parmi les pays de plus de 50 millions d'habitants, seuls le Royaume-Uni et l'Allemagne ont des densités relativement fortes.

Dans le nord et l'est de l'Europe, l'Islande, la Norvège, la Finlande et la fédération de Russie se caractérisent par de très faibles densités de population. Les variations au sein d'un même pays peuvent aussi être très importantes.

B Une population qui stagne

Dans un grand nombre de pays, l'**accroissement naturel** est très faible, ce qui entraîne une stagnation voire une diminution du nombre d'habitants **(doc. 4)**. En 2005, la population de l'Europe a globalement baissé de 1 ‰. La **fécondité** des femmes européennes est peu élevée (1,5 enfant par femme) et tardive (26 ans en moyenne pour le premier enfant) **(doc. 2)**.

Si les taux de mortalité ont tendance à diminuer, ils varient beaucoup selon les États. Liés aux conditions de vie, ils reflètent les inégalités entre l'Est et l'Ouest. Globalement, l'espérance de vie des Européens augmente, sauf dans certains pays de l'Est (Russie, Ukraine, Biélorussie).

C Une population qui vieillit

Le vieillissement de la population est l'une des caractéristiques les plus frappantes de la démographie européenne **(doc. 5)**. L'Europe est de loin le continent où le nombre de personnes âgées est le plus important. Sept pays ont une population de plus de 65 ans supérieure à 16 %.

Ce vieillissement a d'importantes conséquences économiques (appel à l'immigration) et sociales (remise en cause du système des retraites).

VOCABULAIRE

accroissement naturel (un) : différence entre le taux de natalité et le taux de mortalité pour 1 000 habitants.

densité (une) : nombre d'habitants par km².

fécondité (la) : nombre d'enfants par femme en âge d'avoir des enfants.

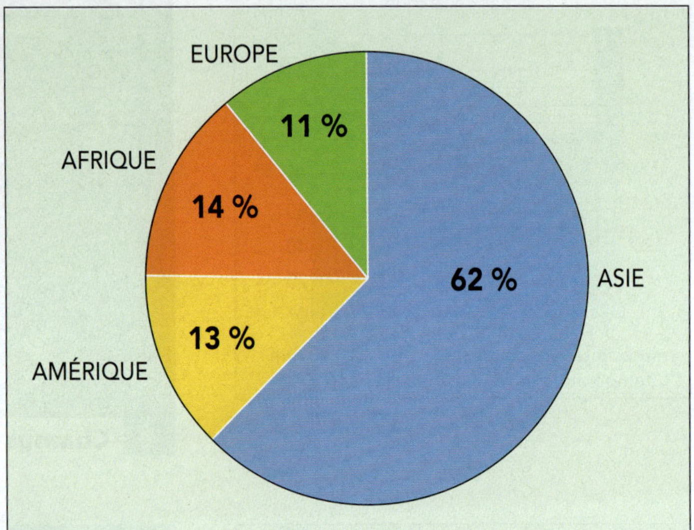

1 Part de la population européenne dans la population mondiale. Avec 730 millions d'habitants, l'Europe est le moins peuplé des continents.

1. Quelle est la part de la population européenne dans la population mondiale ?

	Taux de mortalité infantile pour 1 000 naissances	Indice de fécondité	Part des moins de 15 ans	Part des 65 ans et plus
Allemagne	4	1,3	15	18
France métropolitaine	4	1,9	19	16
Grèce	5	1,3	15	18
Hongrie	7	1,3	16	16
Pologne	8	1,3	18	13
Portugal	4	1,4	16	17
Royaume-Uni	5	1,7	18	16
Russie	12	1,4	16	13

2 Une démographie contrastée.

1. Quels sont les trois pays dont le taux de mortalité infantile est le plus élevé ?

2. Quels sont les deux pays dont les indices de fécondité sont les plus forts ?

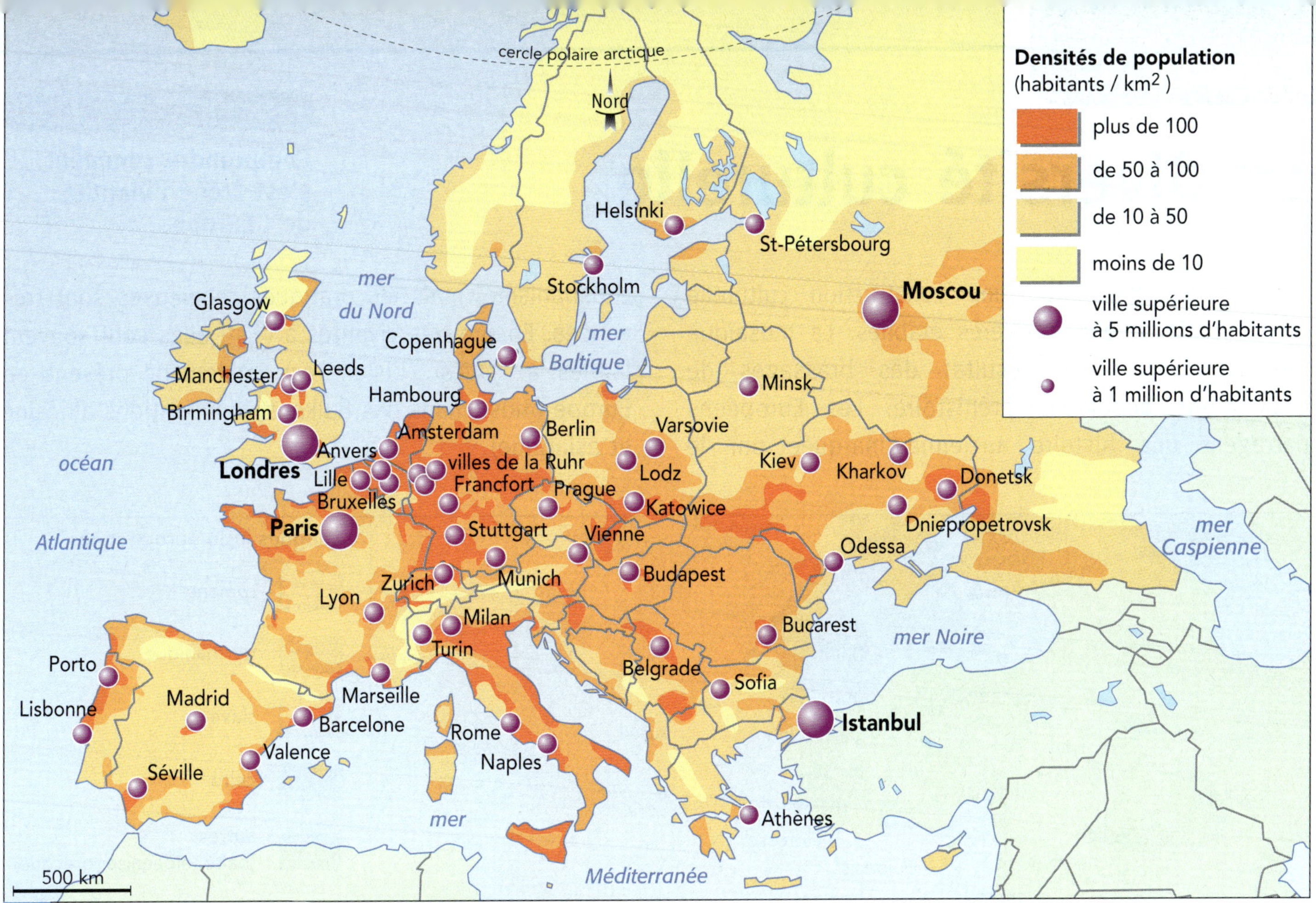

3 **L'inégale répartition de la population en Europe.**

1. Où se situent principalement les densités inférieures à 10 hab./km² ?

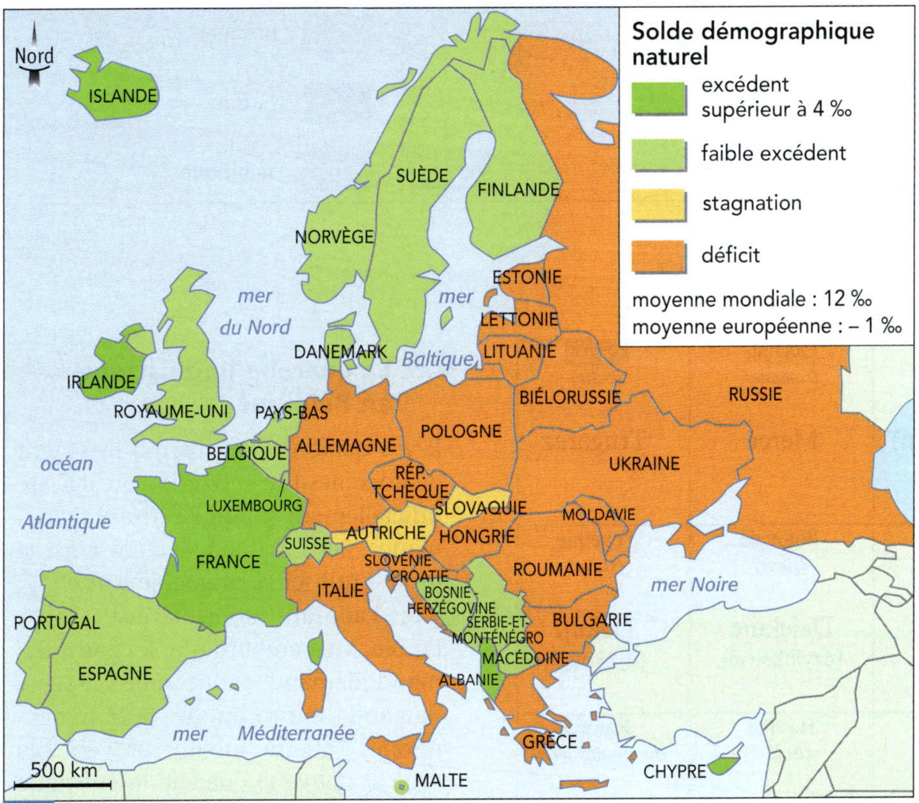

4 **L'accroissement naturel des pays européens (2005).**

1. Quels sont les pays dont l'accroissement naturel est supérieur à 4 ‰ ?
2. Où se situent les pays dont la population diminue ?
3. Doc. 2 et 4 : Montrez que la population européenne stagne de nos jours.

5 **Une population vieillissante**

L'Europe est aujourd'hui la région du monde la plus âgée. La baisse de la fécondité et de la mortalité est la cause profonde du vieillissement de la population. Et rien ne laisse présager des changements majeurs dans ces domaines. Les femmes européennes ont à l'heure actuelle 1,5 enfant en moyenne, soit une diminution par rapport au chiffre de 1,8 enregistré en 1990. Les taux de mortalité varient fortement à travers l'Europe, les conditions étant généralement moins favorables en Europe centrale et orientale. Les conséquences de ce vieillissement vont être de plus en plus graves dans les années à venir. La population active va diminuer. Les retraités risquent de voir leurs revenus diminuer. Les dépenses de santé vont augmenter. La protection sociale est donc à repenser entièrement.

D'après le Conseil de l'Europe, *Évolution démographique récente en Europe*, 2005.

1. Doc. 2, 4 et 5 : Montrez que la population européenne vieillit.

La diversité culturelle

›› Objectif

Comprendre comment s'est créée l'identité de l'Europe.

L'Europe est davantage une construction culturelle qu'un continent aux frontières établies. La mosaïque des langues est le résultat des brassages de populations depuis la préhistoire. Les Européens partagent une histoire ancienne marquée par le christianisme, mais les pratiques religieuses sont très variées. Encore très vivantes à l'Est, elles sont souvent faibles à l'Ouest. L'islam est également présent en Europe (musulmans des Balkans, immigrations africaine et asiatique).

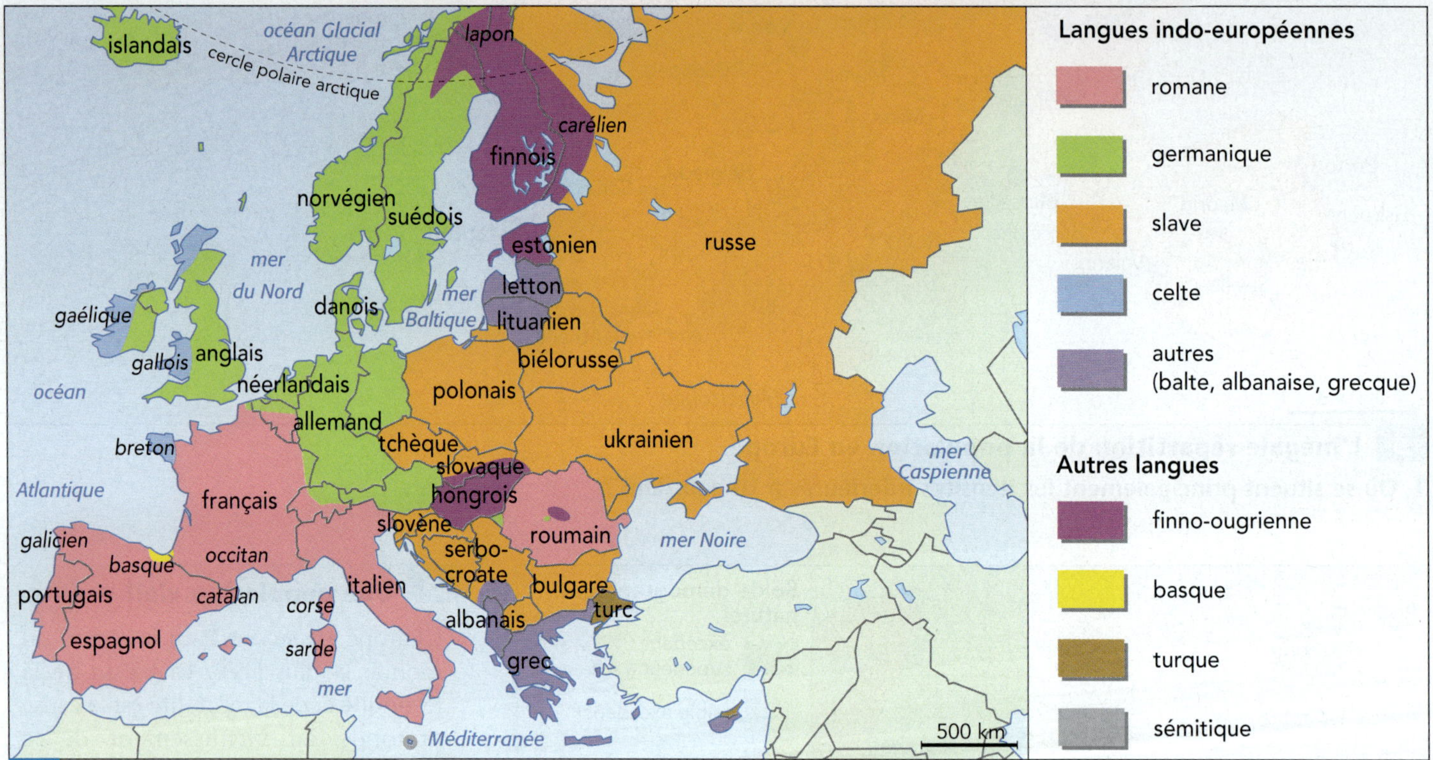

1 Les langues en Europe.

Espagnol *(romane)* Gracias	**Italien** *(romane)* Grazie	**Portugais** *(romane)* Obrigado (a)	**Occitan** *(romane)* Mercé	**Breton** *(celte)* Trugarez
Allemand *(germanique)* Danke	**Anglais** *(germanique)* Thanks	**Suédois** *(germanique)* Tack	**Polonais** *(slave)* Dziękuję [dzyinkouyè]	**Tchèque** *(slave)* Děkuji [dyèkouyi]
Bulgare *(slave)* Благодаря [blagodarya]	**Lituanien** *(balte)* Ačiū [atchyou]	**Grec** *(grecque)* Ευχαριστώ [efkharisto]	**Basque** *(isolée)* Esker	**Finnois** *(finno-ougrienne)* Kiitos

2 Comment dire « merci » en Europe.

3 La querelle linguistique en Belgique

Il y a quarante ans, l'arrondissement de Bruxelles-Hal-Vilvorde a été déclaré officiellement bilingue (français/flamand). Ses habitants avaient ainsi le droit d'utiliser la langue de leur choix dans l'administration, la justice ou à l'école. Mais aujourd'hui, les partis flamands demandent que seule la langue flamande soit reconnue. Côté francophone, l'affaire suscite un véritable tollé et ravive la querelle linguistique qui dure depuis trente ans.

D'après *L'Humanité*, 13 mai 2005.

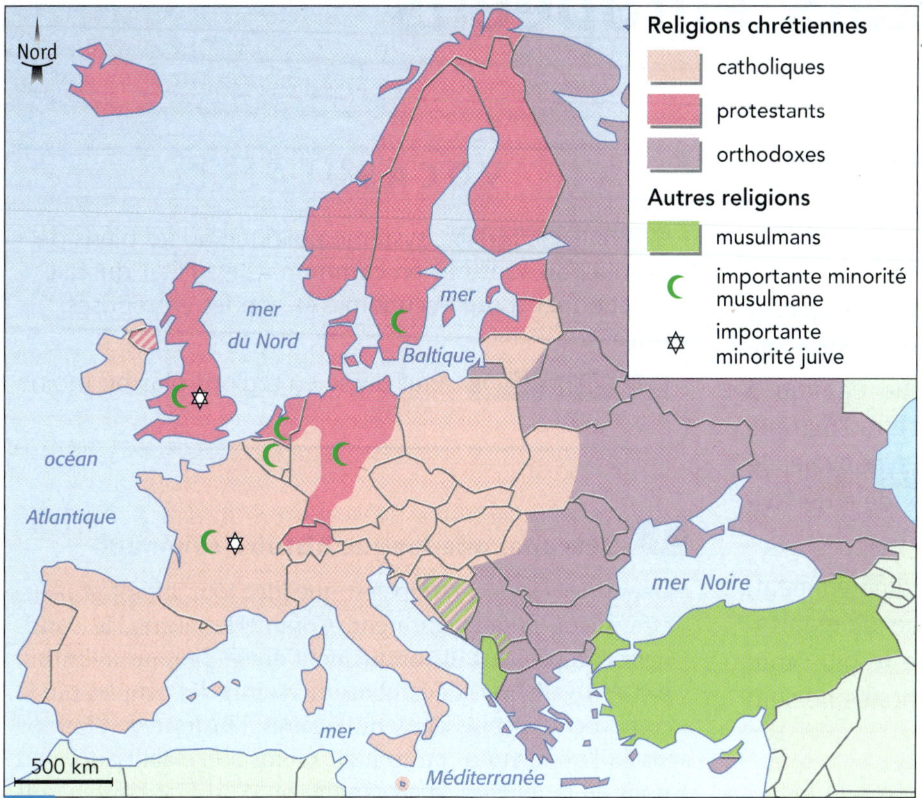

4 **La diversité religieuse de l'Europe.**

5 L'État et les Églises en Europe

Les pays européens ont des relations différentes avec la religion. La France s'est séparée brutalement de l'Église en 1905. L'Allemagne a opté pour un système de séparation-partenariat. L'Espagne, l'Italie, l'Autriche et la Pologne ont conservé un concordat, c'est-à-dire un accord avec Rome. Dans la pratique, ces approches finissent par se ressembler. Le modèle français s'est assoupli. Les autres pays ont instauré une sorte de neutralité plus ou moins bienveillante, non sans difficulté. En Grèce, il a fallu de fortes pressions de Bruxelles pour supprimer la mention obligatoire de la religion sur la carte d'identité. L'Église orthodoxe n'en demeure pas moins « dominante » selon la Constitution grecque et garde son droit de veto sur toute nouvelle construction d'un lieu de culte.

D'après *Libération*, 9 décembre 2005.

6 **Le mur d'Hadrien (IIe siècle) séparait l'Empire romain de l'Écosse.**

QUESTIONS

➤ Trouver des informations dans un document

1. Doc. 1 : Quelle est l'origine de la majorité des langues parlées en Europe ?
2. Doc. 1 : À quelle famille linguistique appartient le français ?
3. Doc. 3 : Pourquoi la querelle linguistique entre flamands et francophones est-elle ravivée ?
4. Doc. 4 : Quelle est la principale religion en Europe ?
5. Doc. 5 : Montrez qu'il existe plusieurs sortes de relations entre l'Église et l'État en Europe.

➤ Mettre en relation les documents

6. Doc. 1, 2, 4 et 6 : Quels sont les héritages de l'Empire romain qui se sont maintenus dans la plupart des pays d'Europe occidentale ?

➤ Rédiger

7. Rédigez un petit paragraphe expliquant ce qui fait l'unité et la diversité culturelle de l'Europe.

Leçon 2

Les États européens

→ **Pourquoi l'Europe est-elle morcelée politiquement ? Comment tente-t-elle de s'unifier ?**

A Le morcellement politique

L'Europe est constituée de 47 États qui apparaissent comme un ensemble extrêmement morcelé à l'échelle mondiale **(voir dossier p. 216-217)**. Chaque époque a donné son interprétation de ce que devait être l'Europe. Ainsi pendant longtemps, l'Europe a été synonyme de chrétienté et s'est considérée comme un modèle de civilisation avancée **(doc. 1)**.

Aujourd'hui, l'Europe politique se définit différemment. L'État-nation est la forme la plus répandue d'organisation politique. La démocratie est le régime le plus courant, même si, à l'Est, les libertés fondamentales ne sont pas toujours respectées **(doc. 3)**.

B Un héritage de l'histoire des peuples

Si la République est l'organisation du pouvoir la plus courante en Europe, certains pays ont conservé une monarchie parlementaire. C'est le cas du Royaume-Uni, de l'Espagne, de la Belgique ou des Pays-Bas.

Au sein des États-nation s'expriment des revendications régionales plus ou moins prises en compte. Les traditions propres à chaque pays expliquent ces différences : forte autonomie des régions en Espagne, **fédération** en Allemagne, décentralisation récente dans un État comme la France **(doc. 4)**.

C Des frontières et des identités mouvantes

Depuis l'éclatement de l'URSS et la disparition du **communisme**, la question des frontières est réapparue en Europe. De nouveaux pays sont nés depuis 1989. La Tchécoslovaquie s'est partagée en deux États (République tchèque et Slovaquie) en 1992. Les guerres qui ont ravagé l'ex-Yougoslavie **(doc. 2)** ont donné naissance à de nombreux petits pays (Slovénie, Croatie, Bosnie-Herzégovine, etc.).

Dans le même temps, l'Union européenne s'élargit et tend de plus en plus à se confondre avec les limites traditionnelles du continent. Sa prospérité et sa stabilité politique attirent les pays d'Europe centrale et de l'Est **(doc. 5)**. Dix nouveaux pays ont rejoint l'Union européenne en 2004. La Bulgarie et la Roumanie le feront en 2007.

Le problème de l'adhésion de la Turquie se pose depuis 1987. Il est encore en débat aujourd'hui.

VOCABULAIRE

communisme (le) : système politique où les biens de production sont mis en commun. C'est l'État qui fait fonctionner toute l'économie et non les entreprises privées.

fédération (une) : État divisé en régions plus ou moins autonomes.

1 L'Europe, une longue histoire commune

Depuis les Grecs, l'Europe est une idée tout autant et peut-être mieux qu'un continent. Comme les autres, le continent européen est historiquement divisé, presque à l'infini, par les rivalités et les combats incessants des peuples qui le composent. Depuis deux millénaires, l'histoire de l'Europe vise à l'unification, ou tout au moins à la stabilisation, au nom de la religion, d'un empire ou d'un État conquérant selon les époques. Des périodes de crises et de déchirements succèdent à des moments de stabilité relative.

Après les tragédies des deux guerres mondiales au XXe siècle, quarante ans de paix armée se sont déroulés. L'effondrement du mur de Berlin en 1989, qui marque la fin de cette période stable, et la fin du communisme, ouvrent une autre ère, aux horizons du XXIe siècle. L'idée d'Europe est maintenant associée à la démocratie, au progrès matériel pour le profit du plus grand nombre dans le cadre de l'État de droit.

La division politique du continent européen est le résultat de son histoire et de sa géographie.

D'après Armand Frémont, *Europe entre Maastricht et Sarajevo*, Reclus, 1996.

1. Quelles sont les causes des divisions européennes ?
2. Doc. 1, 2 et 4 : Expliquez la dernière phrase du texte.

2 Le Kosovo déchiré entre Albanais et Serbes

Six ans après la guerre de 1999, le Kosovo, région de Serbie-Monténégro, est toujours le principal foyer de tension des Balkans. Les Albanais, musulmans, sont majoritaires et veulent l'indépendance. Cette perspective est inacceptable pour les Serbes, chrétiens orthodoxes. Les périodes de domination d'un peuple sur l'autre alternent : prédominance serbe de 1918 à 1941, prédominance albanaise de 1941 à 1945, prédominance serbe au début de la Yougoslavie communiste. Puis un certain équilibre est obtenu entre les deux peuples. Mais de 1989 à sa chute en 1999, le régime serbe de M. Milosevic fait peser une main de fer sur le Kosovo. Aujourd'hui, si la communauté internationale reconnaît l'indépendance du Kosovo, un nouvel exode des quelque 100 000 Serbes est fort probable.

D'après *Le Monde diplomatique*, juillet 2005.

3 Manifestation pour la défense des droits de l'homme à Moscou (16 janvier 2005). Sur les pancartes, on peut lire : « libérez les prisonniers politiques », « nous ne voulons pas vivre dans la peur et les mensonges » et « bonne année 1937 » (allusion aux procès truqués organisés par Staline à cette époque).

1. Pourquoi ces personnes manifestent-elles ? Que fait le policier situé au premier plan ?

4 Les types d'États en Europe.

5 La force de l'Europe occidentale

Il existe un modèle de société propre à l'Europe occidentale : un niveau de justice sociale unique au monde lié à l'État providence[1], une protection absolue des libertés comme en témoigne symboliquement l'interdiction généralisée de la peine de mort, un attachement profond aux institutions démocratiques. Cette Europe refuse la guerre et les rapports de force. Elle croit avant tout à la négociation pour régler pacifiquement les conflits.

Le plus grand succès de l'Europe, c'est l'adhésion de nouveaux pays à l'Union européenne. L'entrée dans l'Union assure la pacification immédiate des nouveaux membres, leur stabilisation politique ainsi que leur rattrapage économique rapide. L'Irlande, l'Espagne, le Portugal l'ont démontré autrefois. Les pays de l'Est suivent la même voie aujourd'hui. Dans ce scénario, la logique européenne est un élargissement toujours plus important. Et c'est cette logique que l'on retrouve à l'œuvre dans la construction européenne depuis 1957.

D'après *Libération*, 21 octobre 2005.

1. L'État intervient massivement dans la vie des gens pour améliorer leur existence.

1. Quels grands principes partagent les États d'Europe occidentale ?

2. Doc. 1 et 5 : Comment l'Europe essaie-t-elle de s'unifier ?

>> Objectif

Connaître la nouvelle carte politique de l'Europe.

La construction d'une nouvelle Europe

À l'Ouest, la construction européenne s'est mise en place après la Seconde Guerre mondiale pour éviter de nouvelles guerres et renforcer la puissance économique du Vieux Continent. La création d'un espace de libre circulation des biens et des personnes, puis l'instauration d'une monnaie unique, l'euro, en 2002, et l'adhésion de dix nouveaux pays en 2004 renforcent aujourd'hui le poids de l'Union en Europe et dans le monde. À l'Est, l'effondrement du bloc communiste en 1991 a entraîné la multiplication des frontières et des zones d'instabilité.

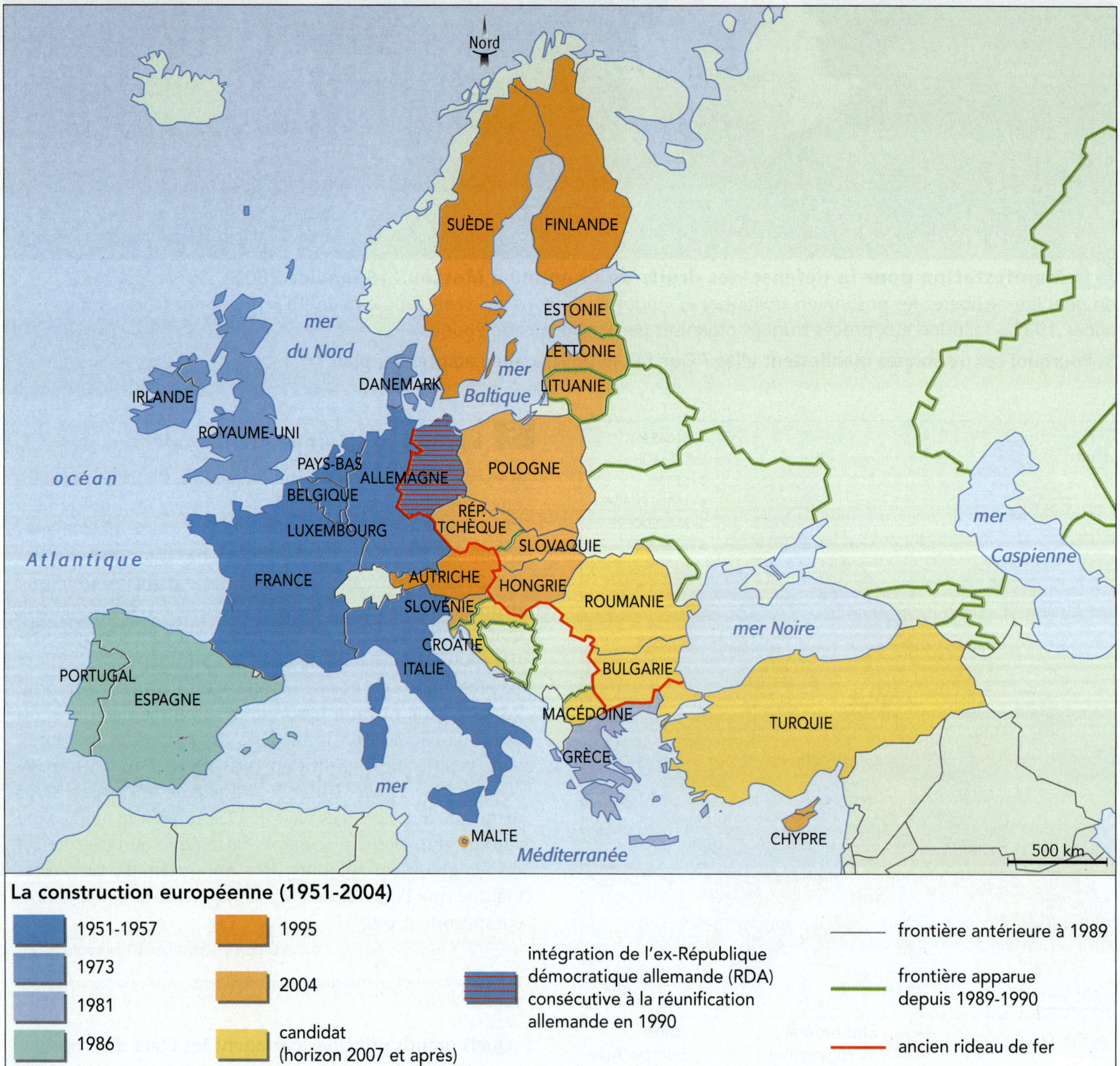

1 Les étapes de la construction de l'Union européenne et les nouvelles frontières de l'Europe.

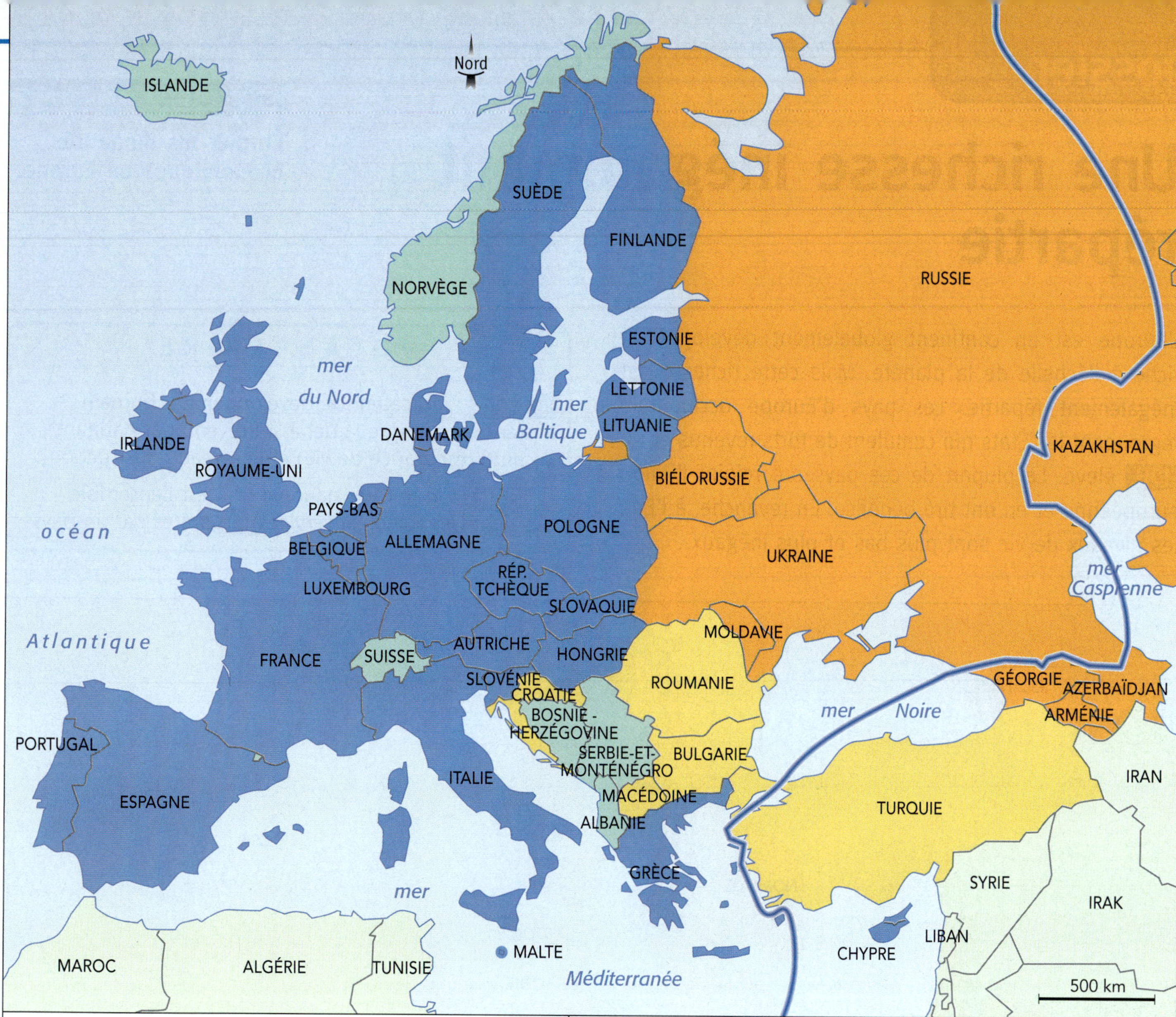

Les groupements d'États

- Union européenne
- candidat à l'entrée dans l'Union européenne
- Communauté des États indépendants (CEI)
- autre État européen

Les frontières

- frontière
- limite conventionnelle entre l'Europe et l'Asie

2 **Les États européens.**

QUESTIONS

➤ Trouver des informations dans un document

1. Doc. 1 : Quels sont les six États fondateurs de l'Union européenne dans les années 1950 ? Quels sont les pays qui ont adhéré à l'Union européenne dans les années 1970 et 1980 ?

2. Doc. 1 : Quels sont les États entrés dans l'Union européenne en 2004 ? Où se situent-ils ?

3. Doc. 2 : Quelle région d'Europe est la plus morcelée politiquement ?

➤ Mettre en relation les documents

4. Doc. 1 et 2 : Comment a évolué le territoire de l'Union européenne depuis 1957 ?

➤ Rédiger

5. Rédigez un petit paragraphe montrant que l'Union européenne se confond de plus en plus avec les limites géographiques du continent européen.

Une richesse inégalement répartie

>> Objectif

Étudier les disparités économiques en Europe.

L'Europe est un continent globalement développé et riche à l'échelle de la planète. Mais cette richesse est inégalement répartie. Les pays d'Europe occidentale regroupent les États qui cumulent de forts revenus et un IDH élevé. La plupart de ces pays ont rejoint l'Union européenne et en ont tiré bénéfice. En revanche, à l'Est, les niveaux de vie sont plus bas et plus inégaux.

VOCABULAIRE

IDH (un) : indicateur de développement humain. Il prend en compte la richesse (revenu par habitant), la santé (espérance de vie) et le niveau d'instruction.

PNB (un) : le produit national brut est l'ensemble des richesses (biens et services) produites par un pays.

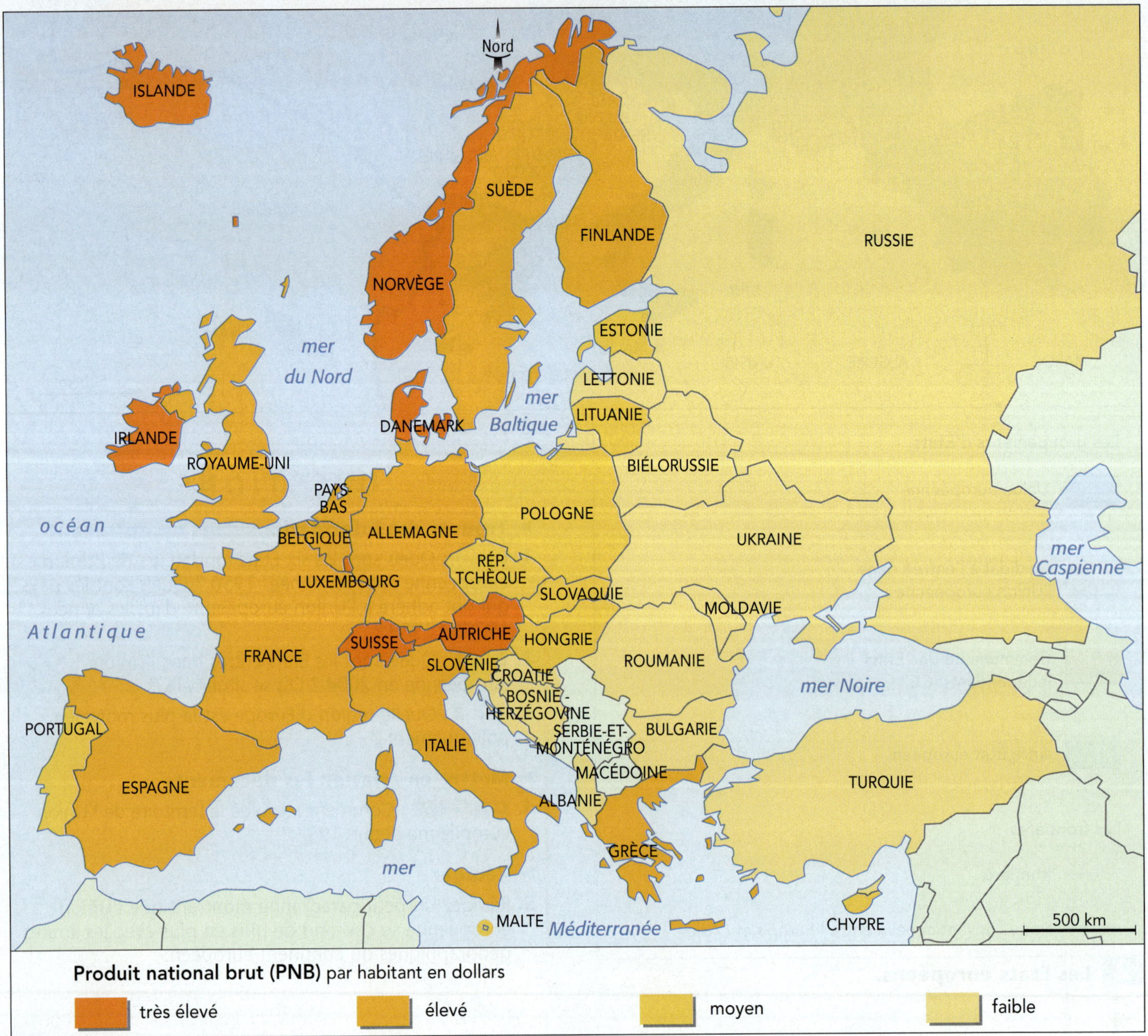

1 **Une richesse inégalement répartie en Europe** (PNB par habitant en dollars, 2004).

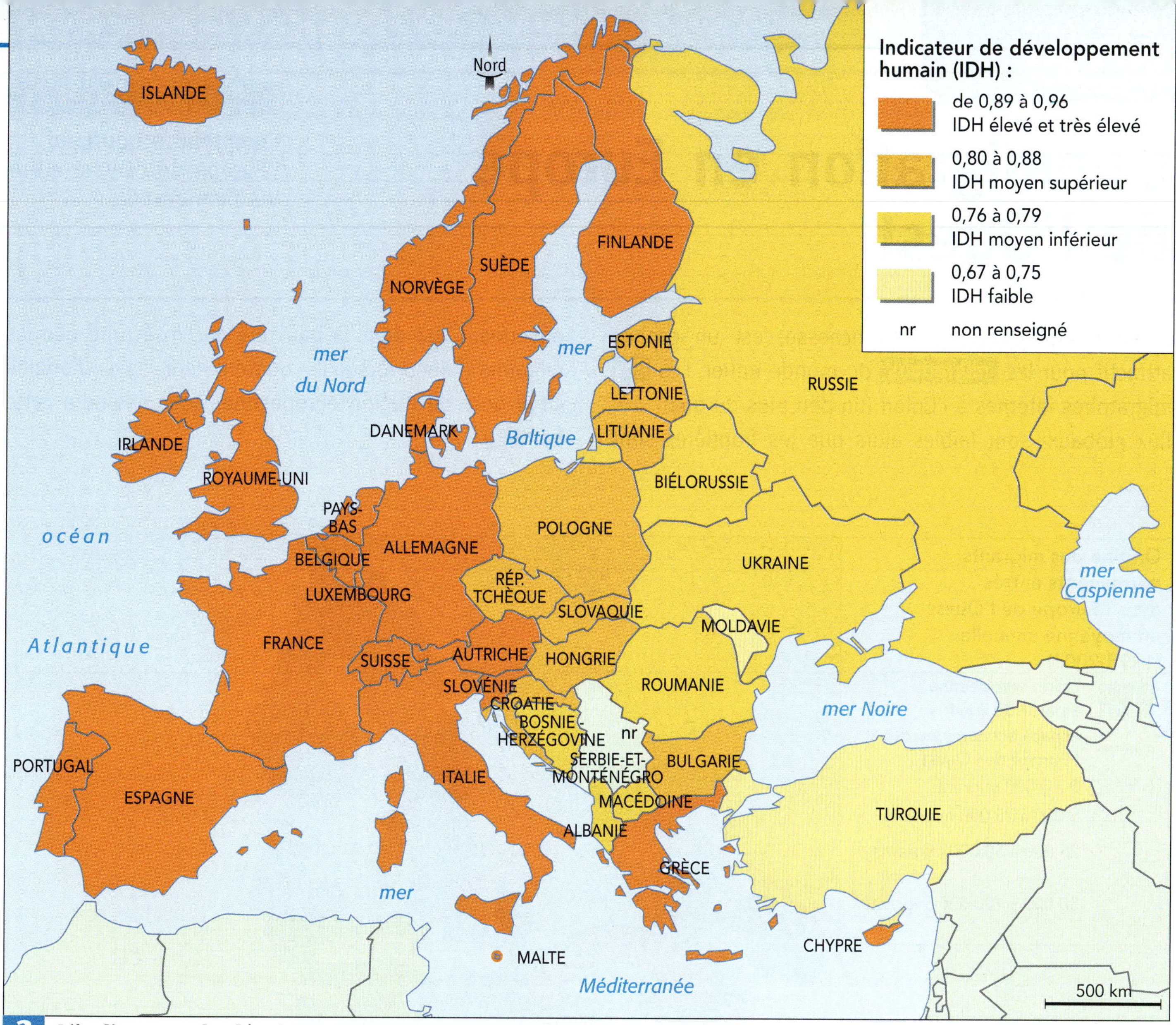

2 **L'indicateur de développement humain (IDH) en Europe en 2004.**

3 **Un marché populaire à Budapest (Hongrie).**

QUESTIONS

➤ Trouver des informations dans un document

1. Doc. 1 : Où se situent les pays les plus riches ? les pays les plus pauvres ?
2. Doc. 2 : Quel est le niveau de développement des habitants de l'Europe de l'Ouest ?
3. Doc. 3 : Décrivez ce document.

➤ Mettre en relation les documents

4. Doc. 1 et 2 : Parmi les pays d'Europe de l'Ouest, quels sont ceux qui ont à la fois un IDH et un PNB/hab. très élevés ?

➤ Rédiger

5. Rédigez un petit paragraphe montrant qu'il existe une Europe riche, une Europe intermédiaire et une Europe pauvre.

L'immigration en Europe de l'Ouest

›› Objectif

Comprendre pourquoi l'Europe de l'Ouest attire les immigrants.

L'Europe de l'Ouest, par sa richesse, est un espace attractif pour les **migrations** du monde entier. Les **flux** migratoires internes à l'Union (un peu plus du quart des flux globaux) sont faibles alors que les frontières sont ouvertes. C'est donc la pauvreté ou l'insécurité que les migrants fuient lorsqu'ils quittent leur pays d'origine situé hors de l'Union européenne, pour rejoindre cette dernière.

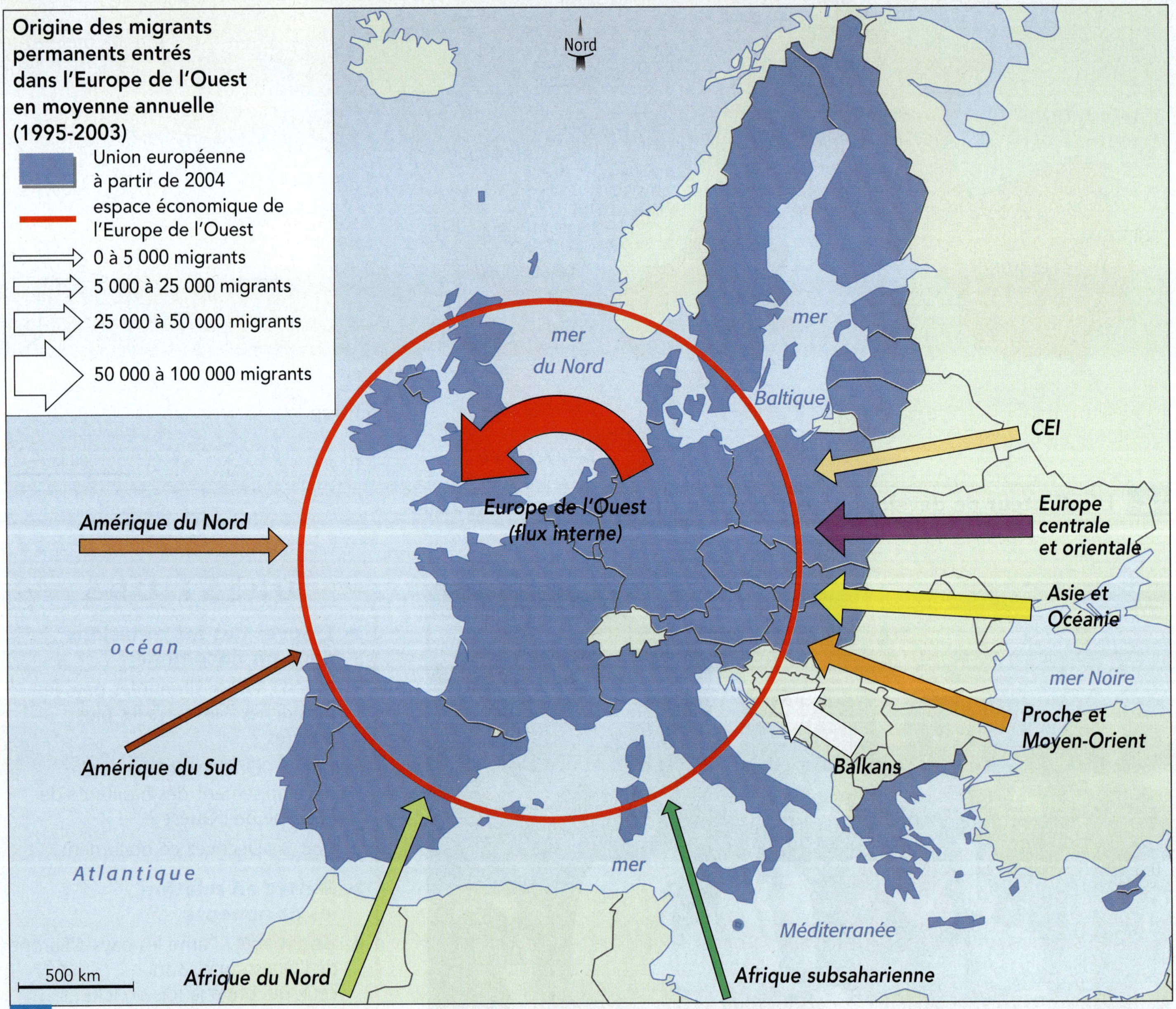

1 Des migrants venus du monde entier mais principalement d'Eurasie.

Les causes des migrations sont multiples :
– pauvreté de certains États, associée à une forte pression démographique ;
– instabilité politique ;
– crise économique durable en Europe centrale et orientale ; proximité géographique qui fait de l'Union un territoire facilement accessible.

2 Des clandestins d'Afrique du Nord arrêtés par la police espagnole à Tarifa sur le détroit de Gibraltar.

3 Des flux migratoires puissants et contrôlés

L'Union européenne souhaite contrôler les flux d'immigration. Elle fait pression sur les États de son voisinage pour qu'ils jouent le rôle de barrière extérieure en filtrant les flux de migrants qui se dirigent vers ses États membres. Les résultats sont déjà sensibles : le nombre d'entrées a baissé dans les années 1990. Cependant, le renforcement des contrôles aux frontières n'a pas fait disparaître l'immigration illégale, difficile à contrôler.

Les migrants du Maghreb se dirigent principalement vers l'Espagne, l'Italie et surtout la France. Ceux des Balkans vont en priorité vers l'Allemagne, mais aussi l'Autriche et l'Italie.

Le Proche et le Moyen-Orient migrent peu vers l'Europe. Seule la Turquie se distingue, avec de puissants courants migratoires en direction de l'Allemagne.

À l'exception de la Pologne, les pays d'Europe centrale et de l'Est envoient peu de migrants vers l'Europe de l'Ouest. La déferlante migratoire, redoutée après la disparition du bloc soviétique, n'a pas eu lieu.

L'Allemagne est de loin le premier État d'accueil des migrants « officiels » entrant dans l'Union européenne.

D'après *L'Atlas d'une nouvelle Europe*, Autrement, 2004.

4 L'Espagne protège sa frontière avec l'Afrique

Débordé par les tragiques avalanches d'immigrés africains aux frontières des enclaves espagnoles au Maroc de Ceuta et de Melilla (environ 4 000 tentatives de passage et 14 morts en dix jours), le gouvernement espagnol a finalement opté pour une solution radicale : le renvoi immédiat vers le Maroc des clandestins qui parviennent à escalader le double grillage autour des deux villes espagnoles de la côte marocaine.

Madrid a confirmé hier la construction d'une troisième barrière pour 26 millions d'euros autour de Ceuta et de Melilla. Elle consiste en un dense maillage de tiges d'acier destiné à freiner le passage des immigrés et donner le temps à la police d'intervenir en cas de tentative d'assaut.

D'après *Libération*, 8 octobre 2005.

VOCABULAIRE

clandestin (un) : personne qui pénètre illégalement dans un pays.

flux (un) : déplacement important de personnes, de marchandises ou d'informations.

migration (une) : déplacement de population.

QUESTIONS

➤ Trouver des informations dans un document

1. Doc. 1 : De quelle partie du monde l'Europe reçoit-elle les flux de migrants les plus importants ?
2. Doc. 2 : À quelle tranche d'âge appartiennent ces migrants ?
3. Doc. 3 : Comment les migrants se répartissent-ils entre les différents pays européens ?
4. Doc. 4 : Par où de nombreux migrants essaient-ils d'entrer en Espagne ?

➤ Mettre en relation les documents

5. Doc. 2 et 4 : Comment l'Espagne réagit-elle à l'afflux d'immigrés clandestins à sa frontière ?

➤ Rédiger

6. Rédigez un petit paragraphe montrant que l'Europe de l'Ouest est un espace attractif pour les migrants du monde entier.

Leçon 3 Villes et réseaux de communication

→ Comment sont organisés les villes et les réseaux de communication en Europe ?

A De nombreuses villes

En 2005, plus de 75 % des Européens vivent en ville. L'espace allant du centre de l'Angleterre au nord de l'Italie regroupe la majorité des grandes agglomérations. Il concentre une part importante des richesses économiques et culturelles du continent **(doc. 3)** : c'est la **mégalopole** européenne.

À l'Ouest, les autres grandes villes forment souvent des **conurbations**. Elles sont reliées entre elles et à la mégalopole par un réseau de communication dense. À l'Est, les villes sont moins nombreuses, moins bien reliées et plus éloignées du « cœur européen ».

B Des villes qui s'étendent toujours plus

La plupart des villes européennes sont de création ancienne (Antiquité, Moyen Âge). D'abord limitées à un centre de petite taille, elles ont peu à peu débordé sur la campagne environnante. À partir de la fin du XIXe siècle, la superficie des villes s'est fortement accrue par la création de vastes banlieues industrielles regroupant usines et habitat ouvrier.

Aujourd'hui, les villes continuent de s'étendre. La **périurbanisation** grignote partout l'espace rural et sépare de plus en plus les lieux d'habitation des lieux de travail. Les banlieues pavillonnaires sont reliées aux centres urbains par d'importantes voies routières et autoroutières **(doc. 2)**.

C Les réseaux de transport européens

Les réseaux de transport européens sont denses mais inégalement répartis **(doc. 4)**. La mégalopole concentre les grands nœuds de communication, les principaux flux de marchandises et de personnes qui circulent principalement sur des axes allant du nord au sud.

Les interconnexions permettent de combiner tous les modes de transports : la voie maritime (Rotterdam est le premier port mondial), la route, le rail ou l'avion **(doc. 1)**.

Si le réseau est bien organisé à l'ouest de l'Europe, il apparaît encore insuffisant à l'Est malgré de nombreuses tentatives de modernisation. Partout, cependant, se pose le problème de la saturation des grands axes de communication et de la pollution qu'ils engendrent.

VOCABULAIRE

conurbation (une) : réunion de plusieurs villes.

mégalopole (une) : réseau de grandes villes qui forment une gigantesque agglomération.

périurbanisation (la) : extension de la banlieue des villes par grignotage des espaces ruraux.

1 L'aéroport de Paris-Roissy-Charles-de-Gaulle.

1. Quels sont les principaux éléments qui composent l'aéroport ?

2 Un nœud autoroutier aux Pays-Bas.

1. Doc. 1, 2 et 4 : Quels sont les principaux moyens de communication en Europe ?

3 **Les grandes villes européennes.**

1. Quelles sont les villes de plus de 7 millions d'habitants ? et celles de plus de 3 millions d'habitants ?

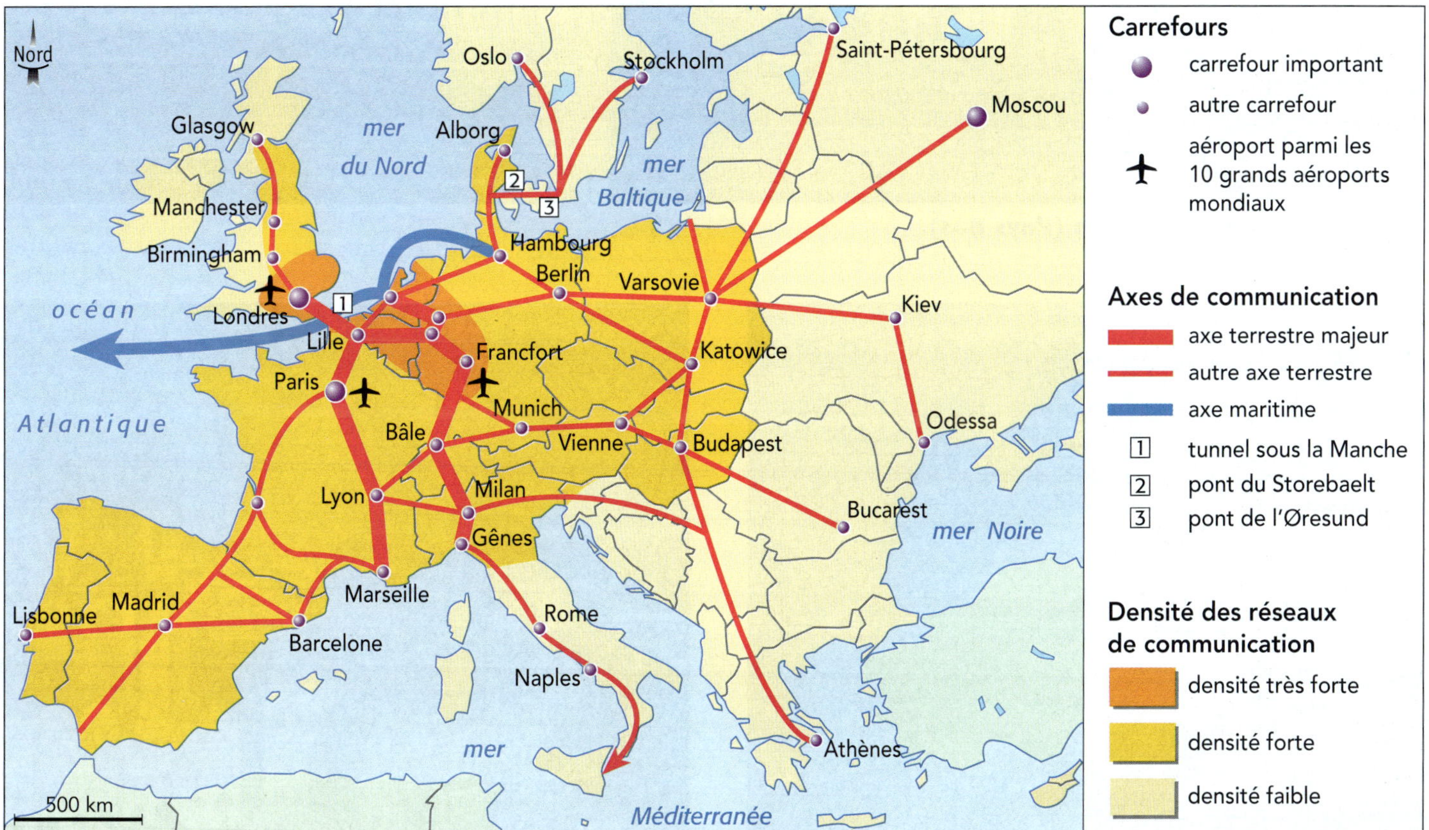

4 **Réseaux, axes et nœuds de communication en Europe.**

1. Dans quelles directions sont orientés les deux axes majeurs du réseau de communication européen ?
2. Doc. 1, 3 et 4 : Où est situé le cœur du réseau européen de communication ?

L'organisation de l'espace européen

›› Objectif

Connaître l'organisation de l'espace européen.

1 **Le port de Rotterdam (Pays-Bas).**

2 **Vignoble en terrasses dans la vallée du Douro, près de Porto (Portugal).**

3 **La place de la vieille ville à Prague (République tchèque).**

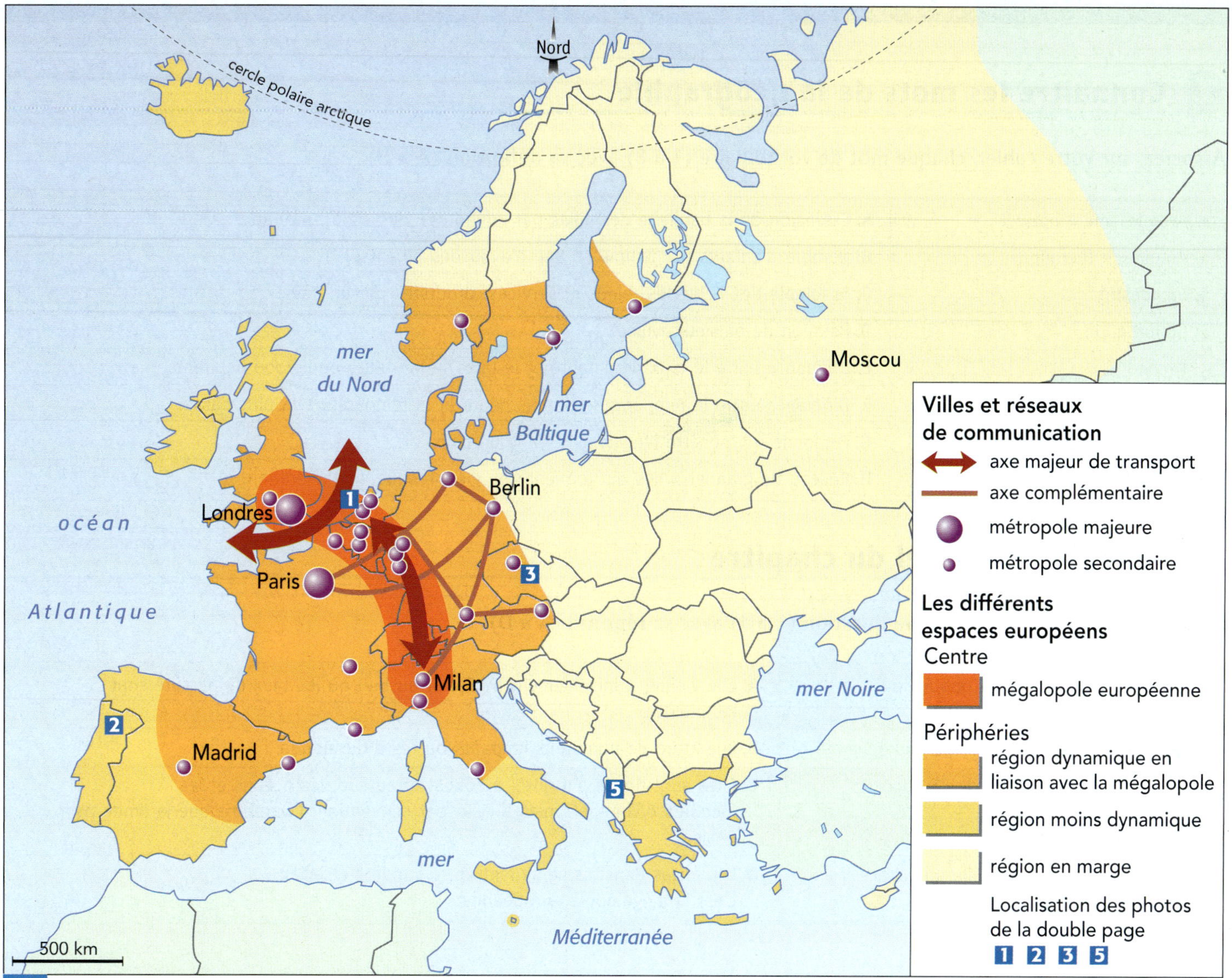

4 **L'organisation de l'espace européen.**

5 **Travail dans un champ en Albanie.**

QUESTIONS

➤ Trouver des informations dans un document

1. Doc. 1 à 5 : Présentez chacun des cinq documents.

➤ Mettre en relation les documents

2. Doc. 1 à 5 : À quel espace régional européen correspond chacune des photographies de cette double page ? Justifiez à chaque fois votre réponse.

➤ Rédiger

3. Rédigez un petit paragraphe donnant les caractéristiques des quatre espaces régionaux qui composent l'Europe.

EXERCICES

1 Connaître les mots de la géographie

Associez, sur votre cahier, chaque mot de vocabulaire (1 à 8) avec sa définition (A à H).

1. Accroissement naturel	**A.** Extension de la banlieue des villes par grignotage des espaces ruraux.
2. Amplitude thermique	**B.** Nombre d'enfants par femme en âge d'avoir des enfants.
3. Clandestin	**C.** Ensemble des richesses (biens et services) produites par un pays.
4. Conurbation	**D.** Réunion de plusieurs villes.
5. Fécondité	**E.** Différence entre le taux de natalité et le taux de mortalité pour 1000 habitants.
6. Mégalopole	**F.** Différence entre la température la plus haute et la température la plus basse.
7. Périurbanisation	**G.** Personne qui pénètre illégalement dans un pays.
8. PNB	**H.** Réseau de grandes villes qui forment une gigantesque agglomération.

2 Retenir l'essentiel du chapitre

Associez, sur votre cahier, chaque question (1 à 4) avec sa réponse (A à D).

1. Comment est répartie la population en Europe ?	**A.** Elle vieillit, principalement à l'Est et au Sud où les taux de natalité sont les plus bas.
2. Comment évolue la population européenne ?	**B.** Elle attire de nombreux migrants du reste du monde.
3. Quelles sont les limites de l'Europe ?	**C.** Elles sont floues. Au nord, à l'ouest et au sud, les océans et les mers les délimitent, mais à l'est, par convention, l'Oural marque la limite avec l'Asie.
4. L'Europe de l'Ouest est-elle un espace attractif ?	**D.** Les fortes densités se situent entre Londres et Milan : c'est la mégalopole européenne.

3 Se repérer dans l'espace

(vous pouvez vous aider du dossier p. 216-217)

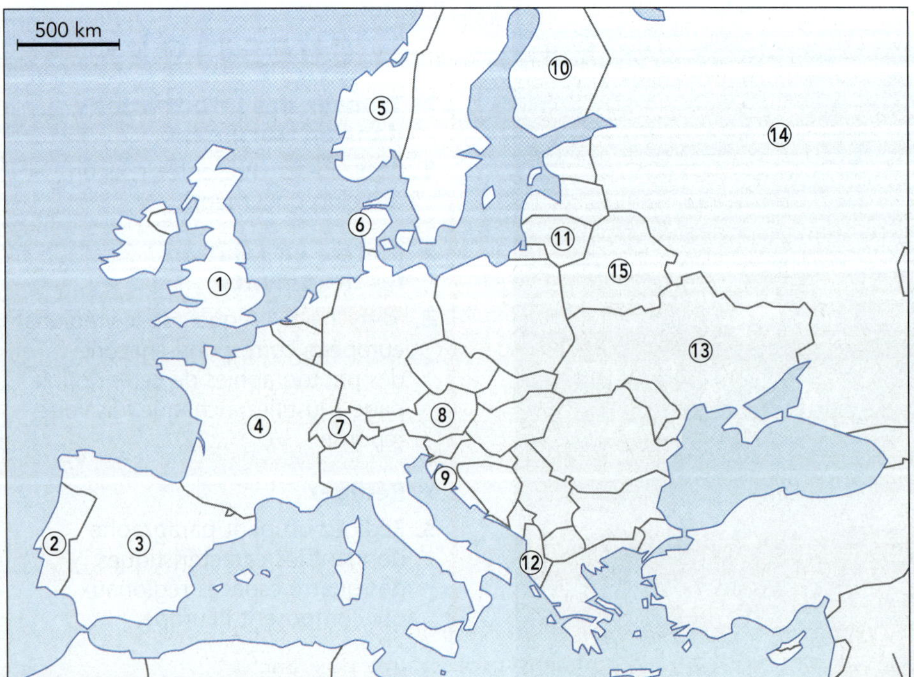

1 **Quelques États d'Europe.**

1. À l'aide de la liste suivante et de la carte ci-contre, indiquez le nom des pays européens correspondant aux chiffres compris entre 1 et 15 : Albanie, Autriche, Biélorussie, Croatie, Danemark, Espagne, Finlande, France, Lituanie, Norvège, Portugal, Royaume-Uni, Russie, Suisse, Ukraine.
2. Parmi ces 15 pays, quels sont ceux qui n'appartiennent pas à l'Union européenne ?

4 Étudier des paysages

(vous pouvez vous aidez de la carte p. 225)

1 Kiev, capitale politique de l'Ukraine.

2 Francfort-sur-le-Main, capitale financière de l'Allemagne.

1. Doc. 1 : À quoi correspondent les unités paysagères 1 à 4 ? Aidez-vous de la liste suivante : fleuve Dniepr, viaduc ferroviaire, monastère orthodoxe des Grottes, cité d'habitat collectif.
2. Doc. 2 : Retrouvez les cinq éléments principaux de ce paysage : vieille ville ; quartier des affaires ; rivière Main ; Banque centrale européenne ; ponts. Faites-les correspondre aux numéros du schéma.
3. Doc. 2 : Dans ce paysage, qu'est-ce qui montre la puissance économique de Francfort ?
4. Doc. 1 et 2 : À quelle Europe appartient chacun de ces deux paysages ?

5 Mettre en relation des documents

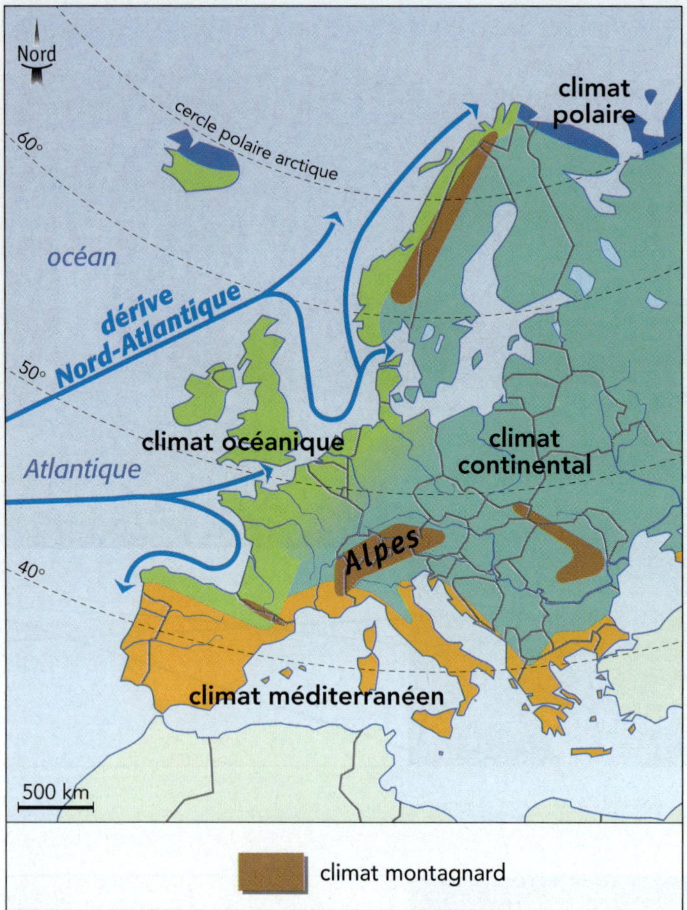

1 Les principaux climats européens.

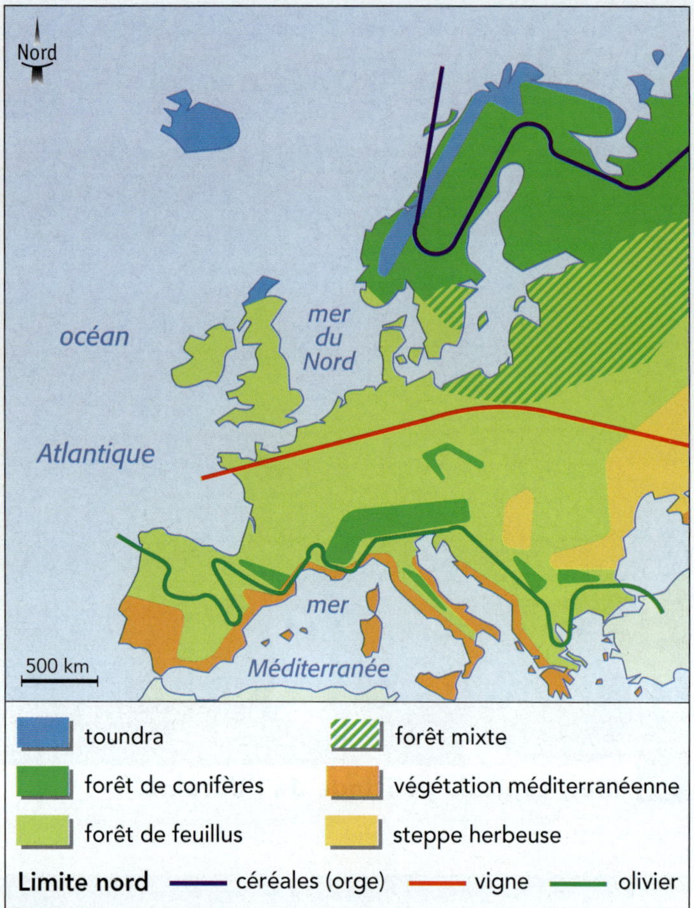

2 La répartition de la végétation en Europe.

Toundra	Végétation basse des régions polaires composée de mousses et de lichens.
Taïga	Immense forêt de conifères et de bouleaux située au sud de la toundra.
Forêt d'altitude	Forêt recouvrant les hautes montagnes européennes, principalement composées de conifères.
Forêt mixte	Forêt où se mélangent les conifères et les feuillus.
Forêt de feuillus	Forêt composée d'arbres à feuilles caduques (chênes, châtaigniers, noisetiers, platanes, etc.), caractéristique des milieux tempérés océaniques.
Steppe herbeuse	Végétation basse réduite à des buissons et des herbes.
Végétation méditerranéenne	Maquis composé de buissons touffus et d'arbres ; garrigue composée de broussailles et de petits arbustes rabougris.

3 Les caractéristiques de la végétation européenne.

1. Doc. 1 : **Quel est le climat de la Grèce ? Rappelez ses caractéristiques.**
2. Doc. 2 : **Quelles sont les régions d'Europe où les céréales ne peuvent pas pousser ?**
3. Doc. 3 : **De quoi se compose principalement la végétation des hautes montagnes européennes ?**
4. Doc. 1, 2 et 3 : **Quels types de végétation peuvent se développer en climat polaire ? en climat continental ? en climat méditerranéen ?**
5. Doc 1, 2 et 3 : **Donnez les principales caractéristiques (climat, végétation) du domaine océanique.**

6 Analyser un article de presse

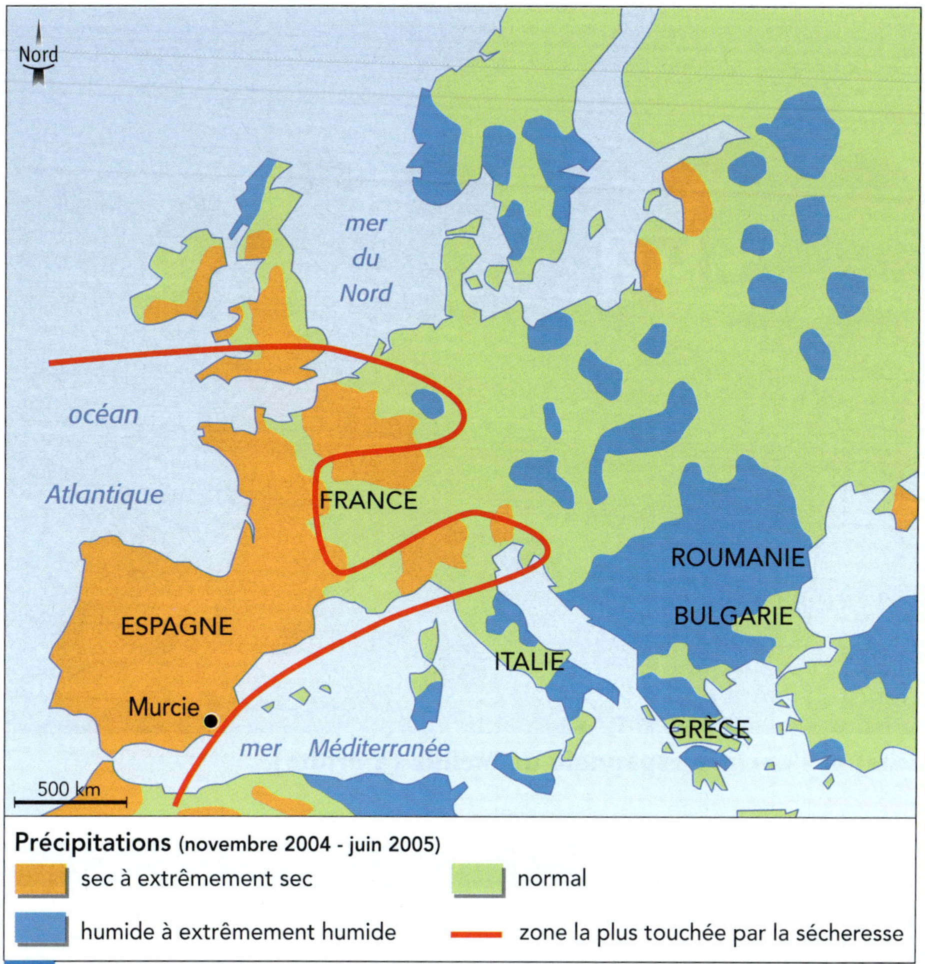

1 Sécheresse à l'Ouest et au Sud, pluies diluviennes à l'Est.

2 L'Europe frappée par une grave sécheresse

L'Europe de l'Ouest et celle du Sud connaissent actuellement une sécheresse importante, particulièrement marquée en Espagne, mais aussi dans l'ouest de la France. Les terres cultivées les plus touchées se trouvent en Espagne, mais aussi au Portugal, en France, en Italie et au centre de la Grèce.

La production de blé en Europe devrait baisser de 24,2 % par rapport à 2004.

D'après *Le Monde*, 20 juillet 2005.

3 La Murcie confrontée à la sécheresse

La Murcie est une région agricole d'Espagne performante, qui exporte massivement vers les autres pays de la communauté européenne. Or, la production agricole de fruits et de légumes a diminué de plus de 50 % par rapport à 2004. Celle des agrumes par exemple est passée de 1,14 million de tonnes à 420 000 tonnes.

Selon le gouvernement régional, 70 000 familles d'agriculteurs seraient menacées de perdre leurs moyens de subsistance en raison du manque d'eau.

D'après *Le Monde*, 20 juillet 2005.

4 La Bulgarie et la Roumanie submergées par un déluge

Un véritable déluge s'est abattu sur la Roumanie et la Bulgarie depuis mi-juin. En Roumanie, les autorités font état de 27 morts et 13 000 personnes évacuées, 10 000 maisons détruites, des centaines de routes défoncées et de ponts effondrés, 95 000 hectares de terres agricoles recouverts par les eaux. La Roumanie et la Bulgarie comptent sur une aide d'urgence de l'Union européenne, qu'elles espèrent intégrer au 1er janvier 2007.

D'après *Le Monde*, 20 juillet 2005.

A. Étudier séparément chaque document composant l'article de presse

1. Doc. 1 : Quelles sont les régions d'Europe touchées par la sécheresse ?
2. Doc. 2 : Quelles sont les conséquences de la sécheresse pour l'agriculture de ces régions ?
3. Doc. 3 : Sur quelles productions agricoles repose l'économie de la Murcie ? Que risque-t-il d'arriver à un grand nombre de ses agriculteurs ?
4. Doc. 4 : Quelles sont les conséquences des inondations pour la Roumanie et la Bulgarie ?
5. Doc. 4 : Auprès de quelle institution ces deux pays espèrent-ils trouver de l'aide ? Pourquoi ?

B. Mettre en relation les informations obtenues

6. Doc. 1 à 4 : Rédigez un petit paragraphe sur les conséquences de la situation climatique de l'été 2005 pour les pays concernés.

Sujet guidé L'immigration clandestine en Europe de l'Ouest

1 La frontière entre le Maroc (à gauche) et l'enclave espagnole de Melilla (à droite).

2 La politique européenne d'immigration

L'Union européenne est la première région d'immigration du monde, avec environ 1,4 million d'entrées par an. Pourtant sa politique d'immigration se résume, depuis des années, à la fermeture des frontières. Or, cette fermeture alimente l'immigration clandestine avec son lot de drames humains. Entre 1999 et 2003, plus de 4 000 migrants sont morts au large de Gibraltar. Et combien y a-t-il de clandestins qui travaillent au noir ?
Nous manquons de main-d'œuvre et nous n'avons pas réussi à enrayer l'immigration clandestine.

D'après un entretien avec Catherine de Wenden, directrice au Centre d'études et de recherches internationales, *L'Express*, 17 janvier 2005.

3 Les immigrés de Milan

Aux portes de la métropole italienne, les immigrés venus de l'Est s'entassent dans des habitations de fortune. Leurs salaires au noir ne leur permettent pas de louer un logement. Ils vont travailler sur les chantiers des gigantesques projets d'extension de la métropole. À Milan, des bidonvilles poussent, habités par des gens qui ne protestent pas et qui acceptent les travaux les plus pénibles et les moins payés. Beaucoup d'entreprises n'attendent que des bras jeunes et vigoureux qui travaillent sans trop se plaindre.

D'après *Courrier International*, 11 mars 2004.

Questions

1. **Doc. 1 :** Décrivez la frontière entre l'Espagne et le Maroc.
2. **Doc. 2 :** Combien d'immigrés entrent en Europe chaque année ? À quoi se résume la politique européenne de l'immigration depuis quelques années ? Quelle en est la conséquence ?
3. **Doc. 3 :** Pourquoi y a-t-il tant d'immigrés à Milan ?
4. **Doc. 1 à 3 :** Pourquoi l'immigration clandestine est-elle si importante en Europe de l'Ouest ?

Méthode

Il s'agit de trouver la (ou les) information(s) principale(s) contenue(s) dans chaque document puis de les relier afin de répondre au sujet.

1. L'observation attentive du document donne la réponse à la question posée. On voit parfaitement de quelle façon la frontière entre les deux pays est matérialisée.
2. Le premier paragraphe du texte fournit une estimation chiffrée. Il précise aussi la politique européenne face à l'immigration et ses conséquences.
3. La 3e phrase indique dans quel secteur travaillent les immigrés. La dernière phrase explique pourquoi ils sont embauchés par les entreprises italiennes.
4. *Si vous avez correctement répondu aux questions précédentes, vous devez être capable de mettre les documents en relation et d'expliquer pourquoi l'immigration clandestine vers l'Europe de l'Ouest est si importante.*

Mettre en relation des documents

Sujet d'entraînement La mégalopole, cœur de l'Europe

1 Rotterdam, premier port mondial pour le trafic des marchandises.

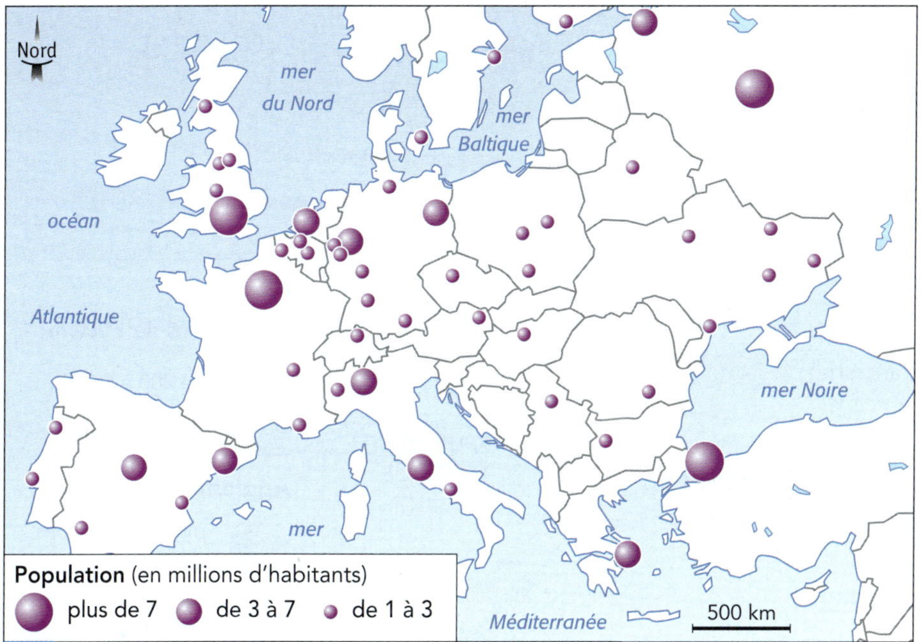

2 Les grandes villes européennes.

3 L'Europe des communications

L'inégalité des densités des réseaux de transports européens vient des inégalités de densité de population. Dans la partie occidentale de l'Europe, c'est la mégalopole, de Londres à la Ruhr et aux métropoles plus au sud, qui est la mieux équipée en réseaux de transport de toute nature.

D'après J. Barrot, B. Ellisalde, G. Roques, *Europe, Europes*, Vuibert, 2002.

Questions

1. Doc. 1 : Quelle est la place de Rotterdam dans le trafic maritime mondial ?
2. Doc. 2 : Où se situe la plus grande concentration urbaine européenne ?
3. Doc. 3 : Quelle est la région d'Europe la mieux équipée en voies de communication ?
4. Doc. 1 à 3 : Montrez que la mégalopole est le cœur de l'Europe.

Conseils pour réussir

- Relisez la leçon p. 222-223, le dossier p. 224-225 et observez les documents. Chacun apporte une information (Rotterdam, premier port mondial, localisation des grandes villes européennes et des réseaux de communication les plus denses) qui servira à la mise en relation de la dernière question.
- Rédigez des phrases correctement construites puis vérifiez votre orthographe.

Chapitre 13 L'Allemagne

→ Quels sont les atouts et les limites de la première puissance économique européenne ?

FICHE D'IDENTITÉ

ALLEMAGNE 2005	FRANCE 2005
◆ 357 000 km² pour 82,5 millions d'habitants, soit 231 hab./km²	◆ 552 000 km² pour 60,5 millions d'habitants, soit 110 hab./km²
◆ PNB de 27 610 dollars par habitant ; 20e rang mondial pour l'IDH (sur 177 pays classés)	◆ PNB de 27 640 dollars par habitant ; 16e rang mondial pour l'IDH (sur 177 pays classés)
◆ 15 % de la population a moins de 15 ans. 18 % de la population a plus de 65 ans.	◆ 19 % de la population a moins de 15 ans. 16 % de la population a plus de 65 ans.

1 Relief et principales agglomérations d'Allemagne.

1. Où sont majoritairement situées les plus grandes agglomérations allemandes ?

2 **Francfort-sur-le-Main, surnommée « Bankfort », est considérée comme la capitale financière de l'Allemagne et de l'Europe.** A. Banque centrale européenne ; B. Commerzbank ; C. Banque fédérale d'Allemagne ; D. Deutsche Bank.

1. Expliquez, d'après ce document, le surnom de « Bankfort ».

3 **Une usine désaffectée à Magdebourg en ex-Allemagne de l'Est (ex-RDA).**

1. Décrivez cette photographie et comparez-la au doc. 2. 2. Quelles sont les différences entre ces documents ?

Leçon 1 La nouvelle Allemagne

➜ **Quelle place occupe l'Allemagne réunifiée en Europe ?**

A Une Allemagne réunifiée

De 1949 à 1990, l'Allemagne a été divisée en deux États distincts. La **RFA** appartenait à l'Europe occidentale et entretenait des liens très forts avec la France et les États-Unis. La **RDA** faisait partie du bloc de l'Est dirigé par l'URSS. En 1961, les autorités de la RDA font construire un mur à Berlin pour séparer la partie communiste de la ville de la partie occidentale appartenant à la RFA. Elles voulaient empêcher les Allemands de l'Est de partir à l'Ouest. La destruction de ce mur, le 9 novembre 1989, est le point de départ de la réunification allemande **(doc. 2)**.

L'effondrement du bloc communiste en 1990 a accéléré les choses et a permis la réunification en un seul pays. L'ex-RDA a adhéré aux institutions démocratiques de la RFA. Berlin est redevenue la capitale unique de l'Allemagne **(doc. 1)**. Les cinq Länder de l'Est se sont ajoutés aux onze de l'Ouest. Mais l'intégration réelle de ces Länder de l'Est est difficile et le niveau de vie de leurs habitants est inférieur à celui du reste du pays **(doc. 3)**.

B Un État fédéral

Depuis sa création en 1871 **(voir chapitre 8)**, l'Allemagne a connu de nombreuses modifications de ses frontières. En 1990, le pays a enfin trouvé une stabilité territoriale **(doc. 1)**. C'est aujourd'hui un État fédéral où chaque **Land** possède de vrais pouvoirs en matière d'éducation, de police et de justice.

Le gouvernement fédéral de Berlin s'occupe surtout des missions nationales ou internationales (défense, relations extérieures, économie). Il est dirigé par un chancelier aidé de deux assemblées : le Bundestag (Chambre des députés) et le Bundesrat (chambre haute, équivalent du Sénat français).

C Un carrefour majeur de la nouvelle Europe

Entourée par 9 pays, l'Allemagne est le point de passage obligé entre l'Europe de l'Ouest très développée et l'Europe centrale en pleine mutation et dont de nombreux États ont déjà rejoint l'Union européenne.

L'État fédéral a voulu tirer profit de cette nouvelle réalité. Il a développé les réseaux de communication Est-Ouest **(doc. 4)**. Il a aussi entrepris de relier par un train à grande vitesse (ICE) les plus grandes villes allemandes entre elles. Ainsi, l'Allemagne apparaît aujourd'hui comme au cœur des principaux nœuds de communication européens.

VOCABULAIRE

Land (pluriel : Länder) (un) : État-région de l'Allemagne, le Land est doté d'importants pouvoirs politiques et économiques.

RDA (la) : République démocratique allemande, nom donné à l'Allemagne orientale communiste, de 1949 à 1990, dont la capitale était Berlin-Est.

RFA (la) : République fédérale d'Allemagne, nom donné à l'Allemagne occidentale capitaliste en 1949, dont la capitale était Bonn.

1 L'évolution du territoire allemand et les 16 Länder de l'Allemagne réunifiée.

1. Comment le territoire de l'Allemagne a-t-il évolué depuis 1937 ?

2 **La rencontre des Allemands de l'Est et des Allemands de l'Ouest sur la Potsdamer Platz juste après la chute du mur de Berlin, le 9 novembre 1989.**

1. Que voulait marquer le mur de Berlin avant 1989 ?
2. Quel est le sentiment qui semble dominer dans la foule ?

3 Une intégration nationale difficile des Länder de l'Est

Quatorze ans après sa spectaculaire unification politique, l'Allemagne est confrontée à une difficile réunification nationale et territoriale. Aujourd'hui, elle est le pays de l'Union européenne où les oppositions entre les régions sont les plus marquées. Au total, l'organisation du territoire laisse apparaître trois Allemagne.

Dans les Länder de l'ex-RFA, une coupure déjà ancienne oppose un Nord en difficulté relative à un grand Sud très dynamique. La réunification vient, à partir de 1990, y superposer une véritable césure économique entre l'Ouest et l'Est, entre les Länder de l'ex-RFA et les nouveaux Länder de l'ex-RDA communiste.

D'après Jean-Claude Boyer, *Entre puissance européenne et intégration nationale*, TDC n° 861, octobre 2003.

1. À quelles difficultés l'Allemagne est-elle confrontée depuis la réunification ?
2. Quelles sont les trois grandes zones économiques allemandes selon l'auteur du texte ?

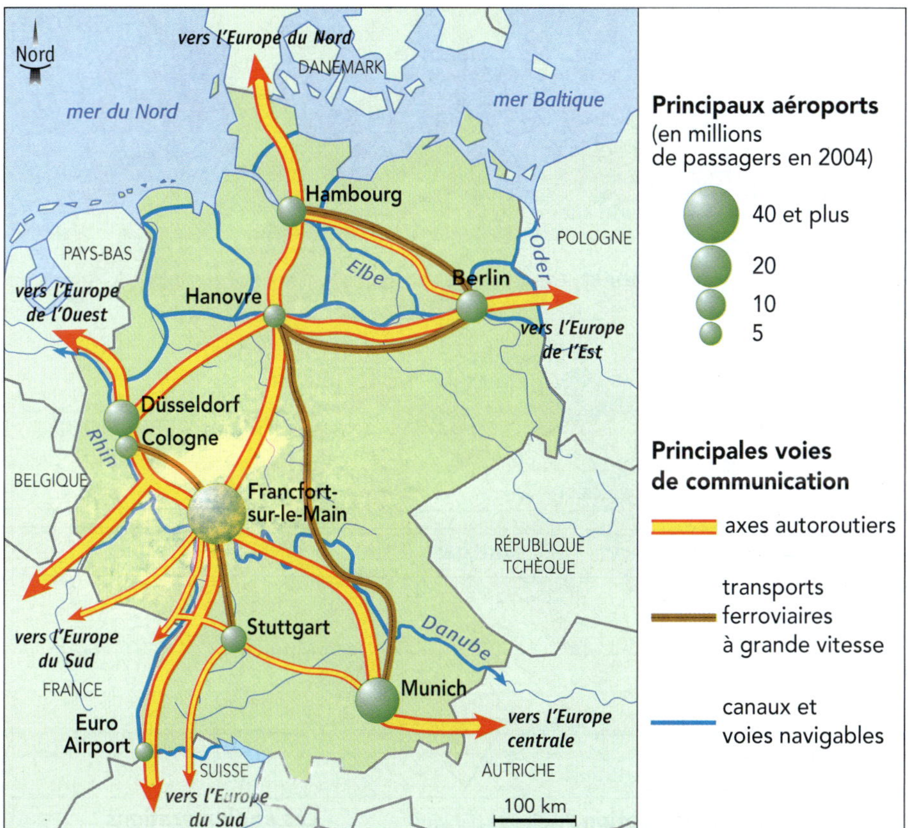

4 **Le réseau des transports de l'Allemagne.**

1. Quelles sont les grandes villes allemandes reliées par un train à grande vitesse ?
2. Vers quels pays européens se dirigent les grands axes autoroutiers allemands ?
3. Doc. 1 à 4 : Quels sont les atouts et les obstacles au développement de la nouvelle Allemagne ?

Une population nombreuse et vieillissante

» Objectif

Comprendre les conséquences du déclin démographique de l'Allemagne.

L'Allemagne compte 82,5 millions d'habitants. Mais il naît dans ce pays de moins en moins d'enfants. Le taux d'accroissement naturel est négatif depuis plusieurs années. Cependant la population se maintient pour le moment grâce à une forte immigration provenant très majoritairement des pays d'Europe centrale. L'Allemagne accueille 7,3 millions d'étrangers (9 % de la population totale) qui sont attirés par le système de protection sociale et des salaires élevés.

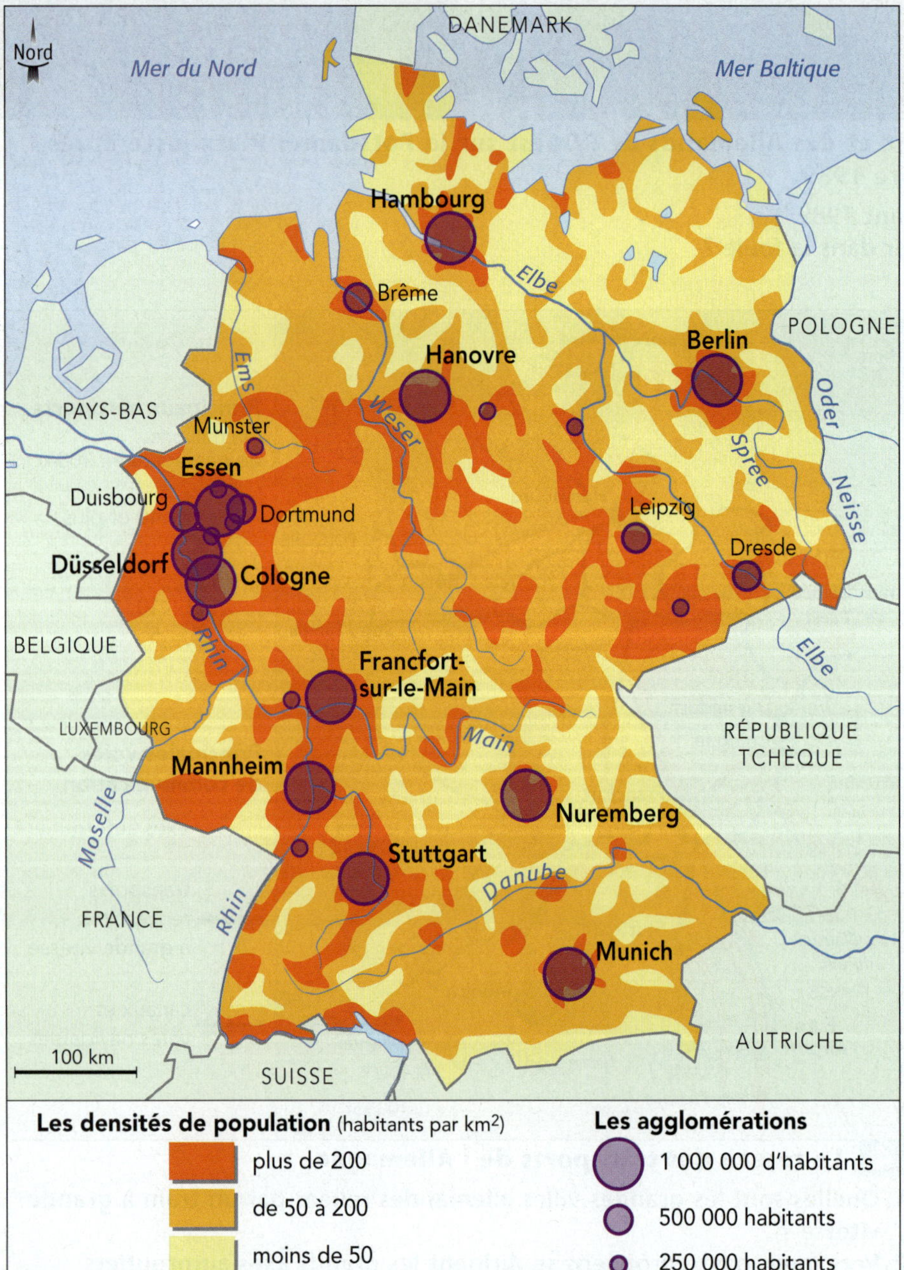

1 La répartition de la population en Allemagne.

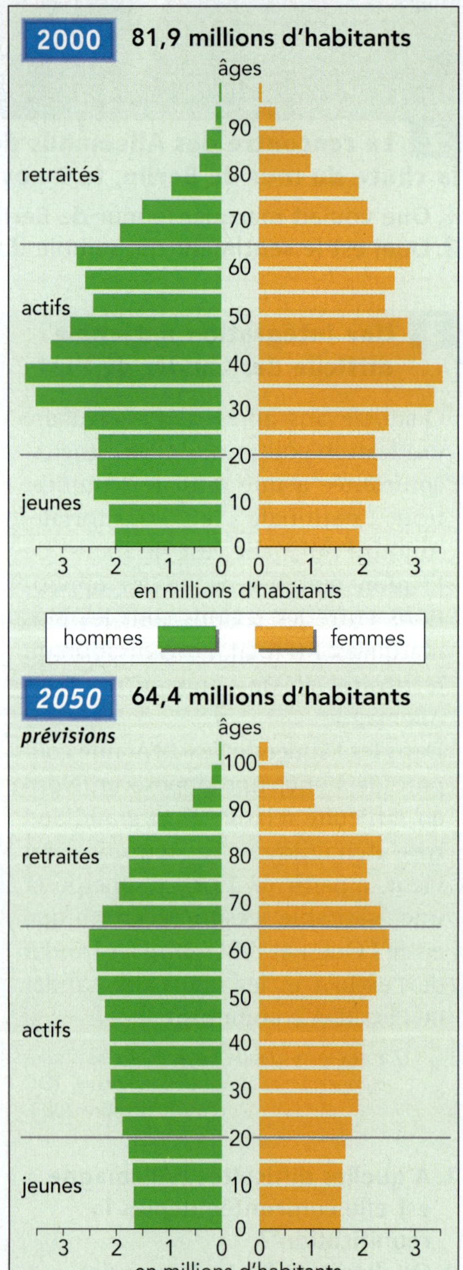

2 La pyramide des âges de l'Allemagne en 2000 et en 2050 (prévisions).

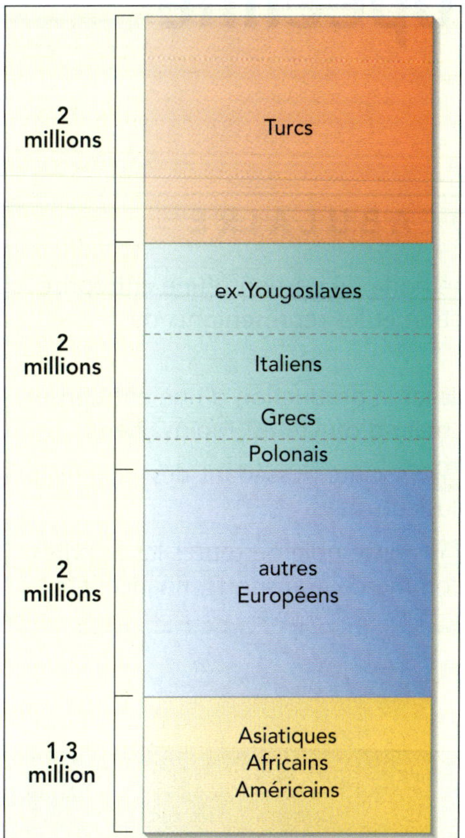

situation au 1er janvier 2005

Source : Office fédéral des statistiques.

3 Les immigrés en Allemagne.

4 Des immigrés à Hambourg attendant un permis de travail.

5 La « panne démographique »

Un tiers des couples sans enfants entre 19 et 49 ans préfèrent rester « indépendants, sans charge familiale ». En raison, expliquent 40 % d'entre eux, des incertitudes professionnelles ; 9 % invoquent le manque de service d'accueil des enfants.

L'Institut fédéral de recherche démographique va plus loin : « L'idéal du vivre sans enfant s'est cristallisé au cours des dernières années. »

Le démographe autrichien Wolfgang Lutz parle de « culture de la basse fertilité ». Pour le ministre Otto Schilly (SPD), « le renoncement aux enfants est un renoncement à la vie ».

Kinderfeindlich (« hostile à l'enfance ») : c'est ainsi que l'Allemagne se dépeint.

« Avoir des enfants, fonder une famille, commente le journal *Berliner Zeitung*, signifie, pour nombre de couples et de femmes, la fin de la joie de vivre, de la spontanéité et de la liberté. [Les enfants] coûtent de l'argent, du temps [...] sont bruyants, contraignants, difficiles et détournent de la carrière [...] et de la société du plaisir des grandes villes. »

D'après un article de Michel Verrier, *Le Monde diplomatique*, septembre 2005.

QUESTIONS

➤ Trouver des informations dans un document

1. Doc. 1 : Où est principalement concentrée la population allemande ? Pourquoi ?

2. Doc. 2 : De combien de millions d'habitants la population allemande risque-t-elle de diminuer entre 2000 et 2050 ? Comment va évoluer la population active sur cette même période ?

3. Doc. 3 : Quelle est la première communauté immigrée en Allemagne ?

4. Doc. 4 : Pourquoi ces étrangers viennent-ils en Allemagne ?

5. Doc. 5 : Pourquoi de nombreux couples allemands ne désirent-ils pas avoir d'enfants ?

6. Doc. 5 : Expliquez la citation du ministre Otto Schilly.

7. Doc. 5 : Comment le journal *Berliner Zeitung* définit-il « l'hostilité à l'enfance » que peuvent ressentir certains Allemands ?

➤ Mettre en relation les documents

8. Doc. 2, 3, 4 et 5 : De quelle manière les Allemands tentent-ils de compenser cette « panne démographique » ?

➤ Rédiger

9. Doc. 1 à 5 : Rédigez un petit paragraphe qui explique comment évolue la population allemande.

Leçon 2

Une puissance européenne et mondiale

➜ **Quels sont les atouts et les limites de la puissance économique de l'Allemagne ?**

A Une grande puissance économique

La force de l'Allemagne réside dans la puissance financière de ses banques et dans son industrie, la première d'Europe **(doc. 1)**. Les secteurs les plus performants restent la chimie et les industries mécaniques, notamment l'automobile. Depuis la fin du XIXe siècle, l'industrie a façonné le visage de la plupart des villes allemandes, dans un pays où le taux d'urbanisation dépasse 90 %. Certaines cités sont liées à une entreprise, comme Wolfsburg (Volkswagen) ou Ludwigshaffen (BASF) **(doc. 2)**.

L'Allemagne est le 2e exportateur et le 3e investisseur mondial. Les **multinationales** y sont très puissantes. Elles ont longtemps privilégié l'Europe. C'est toujours là qu'elles investissent le plus et qu'elles font la majorité de leurs échanges (notamment avec la France). Mais depuis quelques années, elles investissent largement hors d'Europe **(doc. 3)** et essaient de se diversifier en dehors de l'industrie, notamment dans le **secteur tertiaire**.

B Un modèle longtemps original

Depuis 1949, la RFA puis l'Allemagne réunifiée ont développé un modèle original, l'« économie sociale de marché », qui concilie efficacité économique et préoccupations sociales. Les ouvriers ont des salaires élevés, une forte protection sociale et participent à la direction de l'entreprise par la **cogestion** **(doc. 4)**.

Ainsi, la paix sociale est assurée (peu de jours de grèves) et les sociétés disposent d'une main-d'œuvre très qualifiée, soucieuse de l'avenir de son entreprise.

C Un modèle en difficulté aujourd'hui

Les difficultés sont apparues en 1990 en raison de la réunification. Il a fallu moderniser les vieilles industries de l'ex-RDA. L'État et les entreprises se sont endettés et les productions allemandes sont devenues moins compétitives. Les multinationales ont baissé les salaires et **délocalisé** leurs productions, entraînant une hausse du chômage, surtout dans l'est du pays.

Les gouvernements successifs ont peu à peu diminué les avantages sociaux. Ces mesures n'apparaissent pas suffisantes et c'est tout le système allemand d'économie sociale de marché qui semble remis en cause aujourd'hui **(doc. 4)**.

VOCABULAIRE

cogestion (la) : méthode de gestion d'une entreprise qui associe la direction et les représentants du personnel.

délocaliser : déplacer la production d'une entreprise vers un pays où la main-d'œuvre est moins chère.

multinationale (une) : société possédant des entreprises dans plusieurs pays.

secteur tertiaire (le) : ensemble de toutes les activités dites de services (commerce, transports, finance, etc.)

Nom / lieu du siège social (activité principale)	Rang mondial dans son secteur d'activité	Rang européen dans son secteur d'activité	Nombre de salariés
Thyssen-Krupp / Düsseldorf (biens d'équipement)	1er	1er	190 000
Badische Anilin & Soda Fabrik (BASF)/ Ludwigshaffen (chimie)	1er	1er	88 000
Deutsche Bank / Francfort (banque)	2e	1er	68 000
Siemens / Munich (électronique)	2e	1er	417 000
Daimler-Chrysler / Stuttgart (automobile et aérospatiale)	2e	1er	362 000
Adidas / Herzogenaurach (articles de sport)	2e	1er	16 000
Allianz / Munich (assurances)	3e	1er	173 000
Bayer / Leverkusen (pharmacie)	3e	1er	115 000
Metro / Düsseldorf (grande distribution)	4e	2e	242 000
Volkswagen / Wolfsburg (automobile)	5e	1er	280 000
Deutsche Telekom / Bonn (téléphonie)	6e	1er	251 000
BMW / Munich (automobile)	9e	6e	105 000

1 Les grandes entreprises allemandes (2004).

1. **Quels sont les secteurs pour lesquels l'Allemagne est leader mondial ?**
2. **Quel est le secteur industriel pour lequel l'Allemagne compte le plus de grandes entreprises ?**

2 L'entreprise BASF à Ludwigshaffen, près de Mannheim. a. Ville de Mannheim ; b. Port fluvial de BASF ; c. Ateliers de production ; d. Laboratoires de recherche ; e. Ville de Ludwigshaffen.

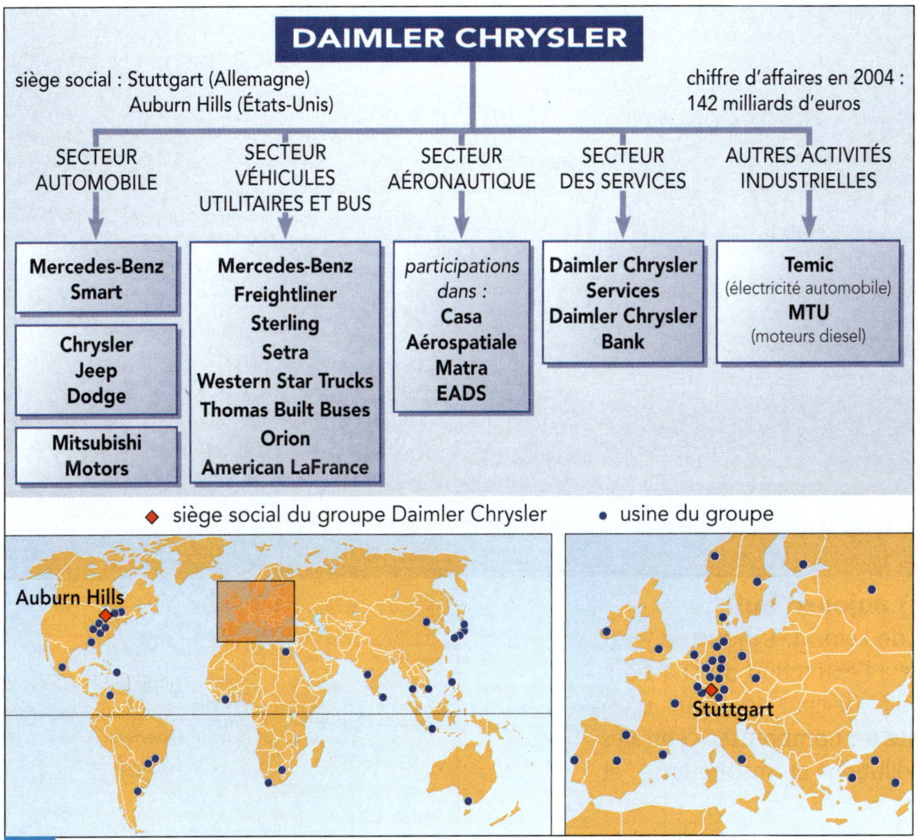

3 Daimler-Chrysler, une entreprise mondiale. En 1998, Daimler-Benz fusionne avec la marque américaine Chrysler.

1. **Montrez que le groupe Daimler-Chrysler est une firme multinationale qui diversifie ses activités.**
2. Doc. 1, 2 et 3 : **Quelles sont les bases de la réussite économique allemande ?**

4 Cogestion et modèle social en panne

« On nous demande de faire de plus en plus d'efforts pour tenir un système qui s'écroule grogne un employé de Volkswagen. » Le premier constructeur automobile européen perd désormais de l'argent. Du coup, au lieu de poursuivre un dialogue social exemplaire, direction et syndicats s'affrontent. La direction a posé un ultimatum : si les coûts de l'entreprise ne sont pas réduits de 30 % d'ici à 2011, 30 000 emplois seront supprimés. Des grèves ont mobilisé des dizaines de milliers de salariés. Du jamais vu ici. L'Allemagne est embourbée depuis de longues années dans une crise économique ; la demande est stagnante et la concurrence acharnée. La direction explique que ces difficultés viennent des salaires trop élevés : si les employés de VW en Allemagne touchaient des salaires équivalant à la France, le groupe ferait 1,5 milliard d'euros d'économie par an.

D'après *L'Express*, 8 novembre 2004.

1. **Quelles difficultés rencontre le groupe Volkswagen ?**

Les difficultés des Länder de l'Est

›› Objectif

Comprendre les problèmes des Länder de l'Est à travers une étude de cas.

En 1990, au moment de la réunification, les cinq Länder de l'ex-RDA ont cru qu'ils allaient rapidement atteindre le niveau de développement de ceux de l'Ouest. Quinze ans après, cet objectif est loin d'être atteint, malgré les aides massives de l'État fédéral et de l'Union européenne.

1 La ville de Bitterfeld (Saxe-Anhalt) aujourd'hui.
Bitterfeld est une ville de Saxe-Anhalt au nord de Leipzig. L'industrie y est née dans la première moitié du XIXe siècle grâce à l'extraction du charbon. Après 1945, sous le régime communiste, elle devient le cœur d'un combinat électrochimique. Le charbon alimente les nombreuses centrales thermiques qui provoquent une grande pollution atmosphérique et environnementale (nombreux terrils).
En 1981, la ville avait 22 000 habitants. Depuis la réunification, ce nombre diminue régulièrement (15 000 habitants en 2005). Le taux de natalité est tombé à 5,8 ‰ et le chômage touche 25 % des actifs. Une grande partie des anciennes activités industrielles a fermé.

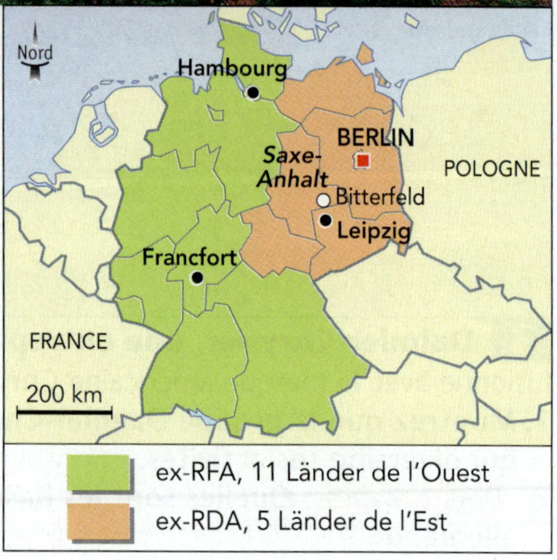

2 Bitterfeld, mirage de la réunification ?

Le voyageur qui traverse la Saxe-Anhalt voit défiler un paysage contrasté : des laboratoires en ruines côtoient des usines rutilantes. Car, ici, à Bitterfeld, où, du temps de la RDA, 33 000 personnes travaillaient dans le plus grand combinat chimique est-allemand, émerge aujourd'hui l'un des sites industriels les plus modernes d'Europe.

Les groupes chimiques Akzo, Montedison et Bayer y sont massivement implantés. 370 entreprises ont créé 10 000 emplois. À ce record s'ajoute celui du nombre de chômeurs : 13 700, soit 25 % de la population active. Un responsable souligne : « Désormais, nous avons un site industriel vraiment moderne. Production maximale, emploi minimal. »

D'après *Courrier international*, janvier 1998.

3 La réhabilitation du centre de Bitterfeld.
Un nouvel hôtel de ville (A) a été construit à côté de l'ancien (B).
De nombreuses façades ont été restaurées et plusieurs rues commerçantes sont devenues piétonnes.

4 À l'Est, « Ostalgie » et désillusions

Syndicaliste de l'IG Metall, M. Schletze cherche encore les « paysages en fleur » promis par la réunification : « L'économie de ma région a été détruite, et, faute de financements, l'école, la santé, la culture ne fonctionnent plus normalement. » À qui ont profité les 1 250 milliards d'euros investis dans les Länder de l'Est, qui proposent en 2004 moins de 6 millions d'emplois, contre 9,7 millions en 1989 ? La journaliste Renate Marshall se souvient de la « blessure » des *Ossis*, persuadés que désormais seuls les « efforts » compteraient : « Nous n'avons plus besoin de vos compétences, leur a-t-on dit, vous êtes inutiles. »

Les *Ossis* regrettent une forme de vie sans compétition, tranquille, conviviale et même familiale. Les autres peuples des pays de l'Est libérés de l'ancien régime communistes ont conservé leur nation. Pas les Allemands de l'Est : la RDA a disparu, et les réunificateurs ont tenté d'en effacer toute trace.

D'après *Le Monde diplomatique*, août 2004.

QUESTIONS

➤ Trouver des informations dans un document

1. Doc. 1 : D'après la vue générale de Bitterfeld, quelle semble être l'activité principale de cette ville d'ex-RDA ? Justifiez votre réponse.
2. Doc. 2 : Comment s'est transformée l'activité industrielle de Bitterfeld après la réunification ? Cette transformation est-elle entièrement positive ?
3. Doc. 4 : D'après le texte, comment définir l'expression « Ostalgie » utilisée dans le titre ?

➤ Mettre en relation les documents

4. Doc. 1 et 3 : Quelle image la ville de Bitterfeld essaie-t-elle de se donner ? Cela correspond-il à l'impression laissée par le paysage du doc. 1 ? Justifiez votre réponse.

➤ Rédiger

5. Doc. 1 à 4 : Rédigez un paragraphe qui montre les difficultés causées par la réunification pour des villes des Länder de l'Est comme Bitterfeld et les solutions envisagées pour les surmonter.

VOCABULAIRE

combinat (un) : entreprise qui regroupe plusieurs activités de nature différente.

Ossis : surnom donné aux habitants de l'ex-RDA. Il provient de *Ost* qui veut dire « Est » en allemand.

terril (un) : colline formée par l'entassement des déblais d'une mine.

L'organisation régionale de l'Allemagne

›› Objectif

Découvrir et analyser les caractéristiques de l'espace allemand.

1 **Le port de Hambourg.**

2 **La grande plaine agricole d'Allemagne du Nord en ex-RDA.**

3 **La vallée du Rhin à Oberwesel (Rhénanie-Palatinat).**

4 **Le technopôle de Munich en Bavière.**

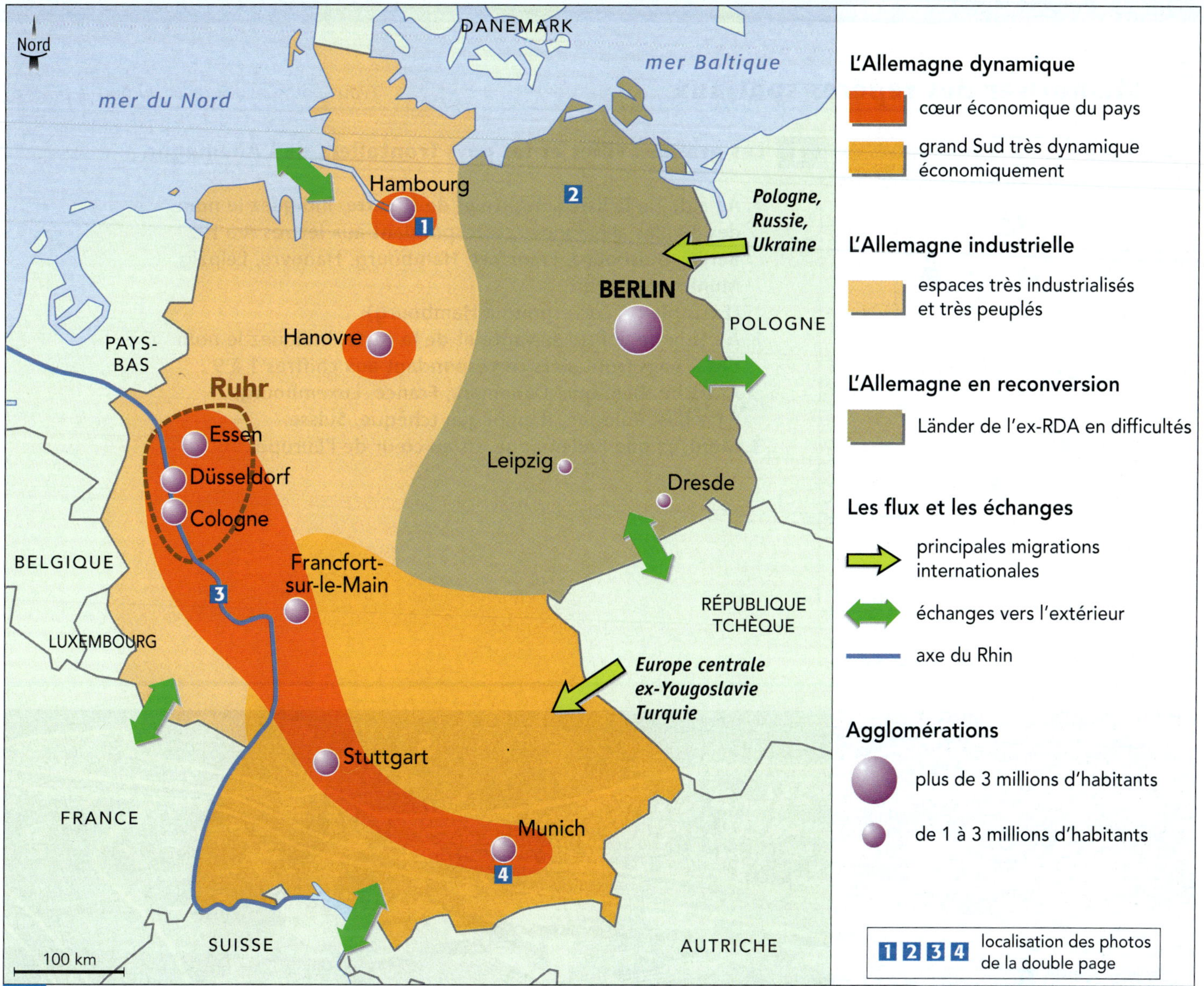

5 **L'organisation régionale de l'Allemagne.**

6 La diversité de l'Allemagne

Avec 20 % de la population et 30 % du territoire, l'Est ne réalise en 2002 que 14,5 % du PIB, 6 % des exportations et 5 % de la production industrielle. Trois Länder y réalisent les deux tiers des activités : la Saxe, Berlin et le Brandebourg. Le marasme des nouveaux Länder ne doit pas masquer le dynamisme exceptionnel du grand Sud (Bavière, Bade-Wurtemberg, Hesse) qui connaît une croissance exceptionnelle. Il regroupe 40 % de la population et il est à l'origine de 60 % de la croissance démographique nationale de ces dix dernières années. Représentant 46 % de l'économie nationale, le grand Sud est en effet dopé par la réussite de ses grands groupes industriels (Siemens, Bayer, BMW). Enfin, l'Allemagne du Nord apparaît comme un ensemble plus contrasté. Alors que Brême parvient tout juste à s'extraire de la crise de reconversion de ses industries traditionnelles, le reste de la région connaît une certaine dynamique autour de Hambourg ou de la Ruhr.

D'après *TDC* n° 861, octobre 2003.

QUESTIONS

➤ Mettre en relation des documents

1. Doc. 1 à 6 : Trouvez à quelle Allemagne appartient chacune des photographies (doc. 1 à 4). Justifiez à chaque fois votre réponse en vous aidant des doc. 5 et 6.

➤ Rédiger

2. Doc. 1 à 6 : Rédigez un petit paragraphe qui donne les principales caractéristiques de chacun des grands ensembles régionaux allemands.

1 Mémoriser des repères spatiaux

(vous pouvez vous aider du doc. 1 p. 236)

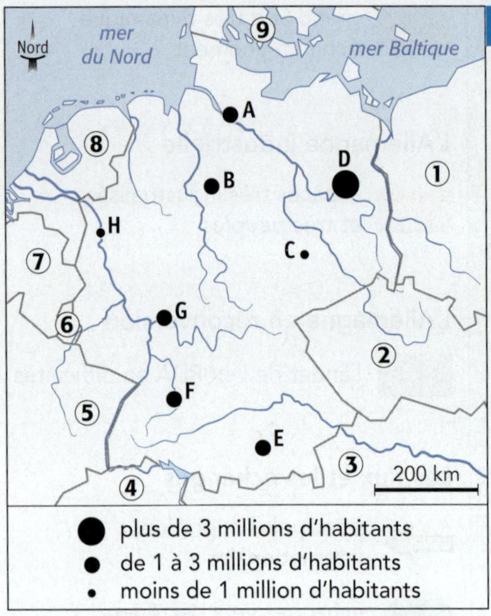

1 Les grandes villes et les pays frontaliers de l'Allemagne

1. À l'aide de la liste suivante et de la carte, indiquez le nom des 8 villes allemandes correspondant aux lettres A à H : Berlin, Duisbourg, Francfort, Hambourg, Hanovre, Leipzig, Munich, Stuttgart.
(Exemple : A correspond à Hambourg).
2. À l'aide de la liste suivante et de la carte, indiquez le nom des 9 pays frontaliers correspondant aux chiffres 1 à 9 : Autriche, Belgique, Danemark, France, Luxembourg, Pays-Bas, Pologne, République tchèque, Suisse.
3. Montrez que l'Allemagne est au cœur de l'Europe.

2 Étudier un paysage

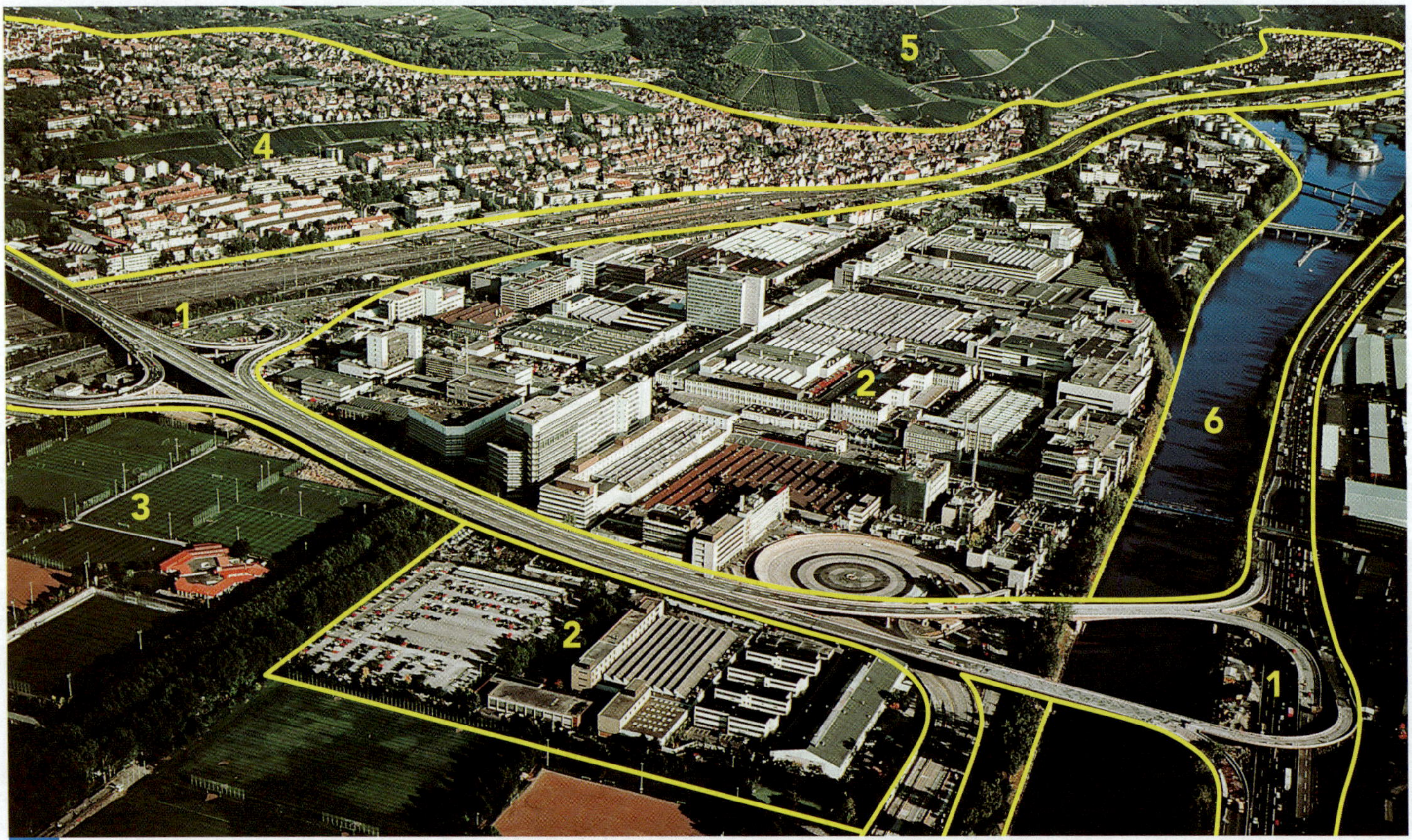

1 Les usines Daimler-Chrysler dans la banlieue de Stuttgart (Bade-Wurtemberg).

1. Décrivez les six unités paysagères qui composent cette photographie.
2. Donnez un nom à chacune des unités paysagères (en justifiant votre réponse). Vous pouvez vous aider de la liste suivante : Neckar (rivière) ; principales voies de communication ; zone industrielle occupée par les usines Daimler-Chrysler ; terrains de sport appartenant à Daimler-Chrysler ; vignes sur les collines ; banlieue de Stuttgart.
3. Quelles sont les grandes voies de communication qui desservent ces usines ?
4. Montrez que cette photographie est représentative de la puissance industrielle allemande.

3 Analyser des statistiques

Land	Chômage (en pourcentage de la pop. active)	Solde migratoire (en milliers d'hab.)	PIB / hab. (en euros)
Bade-Wurtemberg	7,8	+ 31,2	28 747
Basse-Saxe	12,2	+ 27,7	22 630
Bavière	11,1	+ 46,4	29 858
Berlin	21,7	+ 0,4	22 392
Brandebourg	20	+ 1	17 200
Brême	18,5	+ 3,1	33 924
Hambourg	13,4	+ 7,6	42 880
Hesse	9,8	+ 4,5	30 558
Mecklembourg-Poméranie	22,3	- 7,5	16 289
Rhénanie-Palatinat	9,5	+ 10,8	22 748
Rhénanie du Nord-Westphalie	13,6	+ 34,2	25 517
Sarre	11,8	+ 1,6	24 539
Saxe	20,1	- 8,9	16 793
Saxe-Anhalt	21,9	- 13,2	16 175
Schleswig-Holstein	12,6	+ 12,9	22 569
Thuringe	18,5	- 9,4	16 412

1 Les performances économiques des Länder en 2005.

Land	Chômage	Solde migratoire	PIB / hab.	TOTAL
Bade-Wurtemberg	*1*	*3*	*5*	*11*
Basse-Saxe				
Bavière				
Berlin				
Brandebourg				
Brême				
Hambourg				
Hesse				
Mecklembourg-Poméranie				
Rhénanie-Palatinat				
Rhénanie du Nord-Westphalie				
Sarre				
Saxe				
Saxe-Anhalt				
Schleswig-Holstein				
Thuringe				

2 Tableau à recopier et à compléter.

1. **Doc. 1 :** Classez, sur une feuille de brouillon, les 16 Länder du taux de chômage le plus bas au taux de chômage le plus élevé. Attribuez 1 point au Land qui a le plus faible taux de chômage et 16 points à celui qui a le taux le plus élevé.
2. **Doc. 1 :** Recommencez la même opération pour :
   – le solde migratoire (du plus fort – c'est-à-dire la région la plus attractive – au plus faible – c'est-à-dire la région la moins attractive). Attribuez 1 point au Land qui a le plus fort solde migratoire et 16 points à celui qui a le plus faible solde migratoire ;
   – le PIB par habitant (du plus élevé – c'est-à-dire la région la plus riche – au plus faible – c'est-à-dire la région la moins riche). Attribuez 1 point au Land qui a le PIB/hab. le plus élevé et 16 points à celui qui a le PIB/hab. le moins élevé.
3. Recopiez le doc. 2 et complétez-le avec les résultats des questions 1 et 2.
4. **Doc. 2 :** Totalisez les points obtenus par chaque Land (dans la dernière colonne).
5. **Doc. 2 :** Classez, en fonction des résultats obtenus, les Länder en deux groupes : ceux qui ont plus de 30 points (mauvaises performances économiques) et ceux qui ont moins de 30 points (bonnes performances économiques).
6. En vous aidant de la carte 1 p. 234, identifiez la localisation géographique des Länder qui sont dans le groupe « mauvaises performances économiques ». Que pouvez-vous en conclure ?
7. **Doc. 2 :** Dans le groupe « bonnes performances économiques », quels sont les deux Länder qui arrivent en tête ? En vous aidant de l'ensemble de ce chapitre, commentez ce résultat (citez, par exemple, plusieurs grandes entreprises allemandes qui ont leur siège social dans ces deux régions).

Chapitre 14

La Russie

→ Comment expliquer les difficultés actuelles de la Russie ?

FICHE D'IDENTITÉ

RUSSIE 2005	FRANCE 2005
◆ 17 095 000 km² pour 143,25 millions d'habitants, soit 8 hab./km²	◆ 552 000 km² pour 60,5 millions d'habitants, soit 110 hab./km²
◆ PNB de 8 950 dollars par habitant ; 62e rang mondial pour l'IDH (sur 177 pays classés)	◆ PNB de 27 640 dollars par habitant ; 16e rang mondial pour l'IDH (sur 177 pays classés)
◆ 16 % de la population a moins de 15 ans. 13 % de la population a plus de 65 ans.	◆ 19 % de la population a moins de 15 ans. 16 % de la population a plus de 65 ans.

1 La Russie, un pays sur deux continents.

1. Sur combien de kilomètres la Russie s'étend-elle d'est en ouest ?
2. Citez les deux continents auxquels elle appartient.
3. Quels sont les océans qui bordent la Russie ?

2 Moscou, capitale politique et religieuse de la Russie.

1. Place Rouge 2. Kremlin, siège du gouvernement. 3. Cathédrale du Christ-Saint-Sauveur.

1. Après avoir observé ce document, justifiez le titre qui lui a été donné.

3 Bratsk, ville industrielle pionnière de 250 000 habitants en Sibérie orientale.

1. Quels éléments indiquent que Bratsk est une ville industrielle récemment construite ?

Leçon 1 L'immensité russe

➜ **Quelles sont les contraintes du territoire russe ?**

A Un État continent

La Russie est le plus grand État du monde avec 17 095 400 km². Elle représente 11 % des terres émergées soit plus de trente fois la France. Ses dimensions moyennes sont de 10 000 km d'est en ouest et de 3 000 km du nord au sud.

Le pays s'étend de la mer Baltique à l'océan Pacifique. À cheval sur l'Europe et l'Asie, il compte 40 000 km de littoraux. La Russie couvre 11 fuseaux horaires. Quand il est midi à Kaliningrad, il est 23 heures à Provideniya sur le détroit de Béring **(doc. 3)**.

B Un pays nordique

La Russie est largement dominée par le climat continental froid **(doc. 1)**. Le gel y est intense durant le très long hiver que connaît presque tout le pays. On a pu mesurer des températures proches de – 70 °C en Sibérie.

La **toundra** au nord **(doc. 4)**, la **taïga** plus au sud **(doc. 2)** dominent les paysages russes. Une partie du sol est constamment gelée.

Au printemps, la période de dégel pose d'énormes problèmes : inondations dues à la fonte des neiges et des glaces, sols boueux qui deviennent impraticables. Les voies de communication sont ainsi particulièrement difficiles à entretenir.

C Un État relativement fermé

Jusqu'en 1991, la Russie n'était que l'une des républiques qui formaient l'ancienne **URSS** communiste **(doc. 3)**. Mais c'était la plus étendue et la plus peuplée. Depuis 1991 et l'éclatement de l'URSS, de nombreuses républiques sont devenues indépendantes, comme les pays Baltes à l'ouest et l'Ukraine au sud. Elles concentraient une part importante du potentiel industriel, minier et agricole de l'ex-URSS.

Cette évolution territoriale entraîne le rétrécissement des ouvertures maritimes de la Russie aussi bien au nord-ouest sur la mer Baltique qu'au sud sur la mer Noire **(doc. 5)** ou la mer Caspienne. Ces nouvelles frontières sont sources de difficultés et de désorganisation, dans les transports par exemple.

Ces changements territoriaux ont aussi provoqué le retour de nombreux Russes qui vivaient avant hors de Russie : les « pieds-rouges ».

VOCABULAIRE

taïga (la) : forêt essentiellement composée de conifères et de bouleaux, spécifique des climats continentaux froids.

toundra (la) : végétation basse et pauvre composée de lichens et de mousses dans les zones polaires arctiques.

URSS : Union des républiques socialistes soviétiques. Nom donné de 1922 à 1991 à l'État communiste regroupant 14 républiques autour de la Russie.

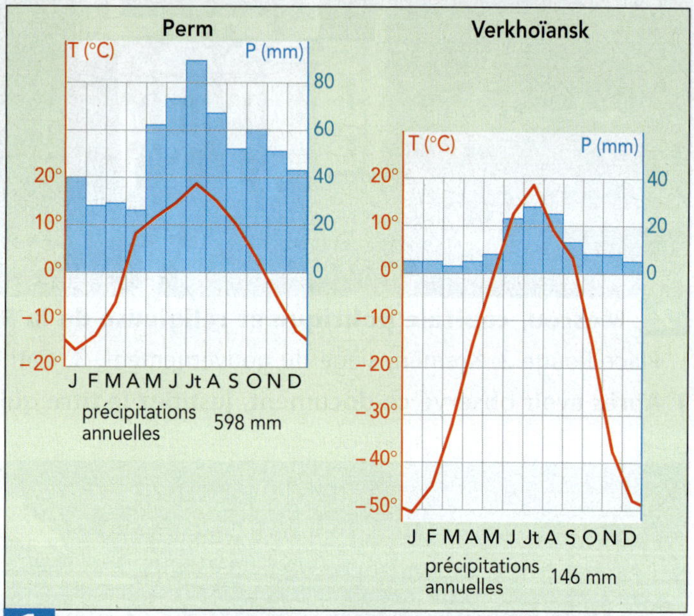

1 Un pays dominé par le climat continental.

1. Quels sont les points communs entre ces deux diagrammes ?

2 La taïga dans l'est de la Sibérie. Elle couvre plus de 40 % du territoire russe.

1. Quelles sont caractéristiques de la taïga ?

3 Un espace immense aux ouvertures maritimes réduites.

1. Quelles étaient les limites de l'URSS ?
2. Montrez qu'aujourd'hui la Russie est un espace « aux ouvertures maritimes réduites ».

4 La toundra au nord de la Russie.

1. Quels sont les éléments majeurs qui forment ce paysage ?
2. Doc. 1, 2, 3 et 4 : Quelles sont les principales contraintes qui pèsent sur l'espace russe ?

5 La mer Noire près de Novorossisk, une ouverture vers les mers chaudes.

1. Quelle est la végétation visible sur cette photographie ?
2. Doc. 2, 3, 4 et 5 : Pourquoi parle-t-on d'immensité à propos de la Russie ?

Leçon 2

Une inégale maîtrise du territoire

→ **Quels problèmes rencontre la Russie dans la maîtrise de son territoire ?**

A Les déséquilibres du peuplement

La Russie compte 143 millions d'habitants avec une densité moyenne de 8 hab./km^2 (110 hab./km^2 en France). 134 **ethnies** composent la population mais les Slaves en représentent 83 %. La population se concentre à 78 % dans la partie européenne de la Russie **(doc. 2)**. Cette concentration s'explique par l'histoire. Moscou, la capitale actuelle, et Saint-Pétersbourg, l'ancienne capitale, forment un axe de peuplement important du fait de l'industrialisation ancienne de cette région. Les terres noires fertiles ont favorisé les fortes densités rurales dans le passé. Aujourd'hui, 73 % de la population est urbaine.

Le froid est un facteur limitant et explique les très faibles densités de la Russie d'Asie. Ces régions ne sont souvent accessibles que par avion.

B Un réseau de transport insuffisant

Le train est encore le moyen de transport le plus utilisé aussi bien pour les marchandises que pour les voyageurs. La Russie ne dispose pas d'un réseau autoroutier performant. La Russie européenne et surtout l'axe Moscou-Saint-Pétersbourg sont privilégiés. Les régions au nord et à l'est (Sibérie) sont isolées **(doc. 1)** sauf le long du **Transsibérien**.

Le matériel est souvent peu performant : les trains sont vétustes, la majorité des avions a plus de 30 ans et de nombreux oléoducs sont hors d'usage.

C Des richesses naturelles mal exploitées

La Russie dispose de nombreuses terres agricoles fertiles, mais le froid limite leur utilisation. La forêt (la taïga essentiellement) couvre 45 % du territoire et représente un quart des réserves mondiales en bois. Les grands fleuves offrent un potentiel hydraulique majeur aussi bien pour la production d'électricité que pour l'irrigation.

Le territoire russe contient d'énormes ressources minérales et énergétiques : **hydrocarbures**, charbon, minéraux (fer, uranium, or, diamants). Mais les trois quarts de ces richesses sont situés en Sibérie **(doc. 3)**. Leur exploitation y est extrêmement difficile en raison des conditions climatiques et de l'éloignement des gisements par rapport aux grands centres urbains et industriels.

VOCABULAIRE

ethnie (une) : groupement d'individus dont l'unité repose sur une structure familiale, économique et sociale commune et sur une même culture.

hydrocarbure (un) : matière première comme le pétrole et le gaz qui sert à la production d'énergie.

Transsibérien (le) : voie ferrée, construite au début du XXe siècle, entre Moscou et Vladivostok.

1 L'océan Arctique russe en hiver.

1. Quels problèmes connaissent les transports russes pendant l'hiver ?

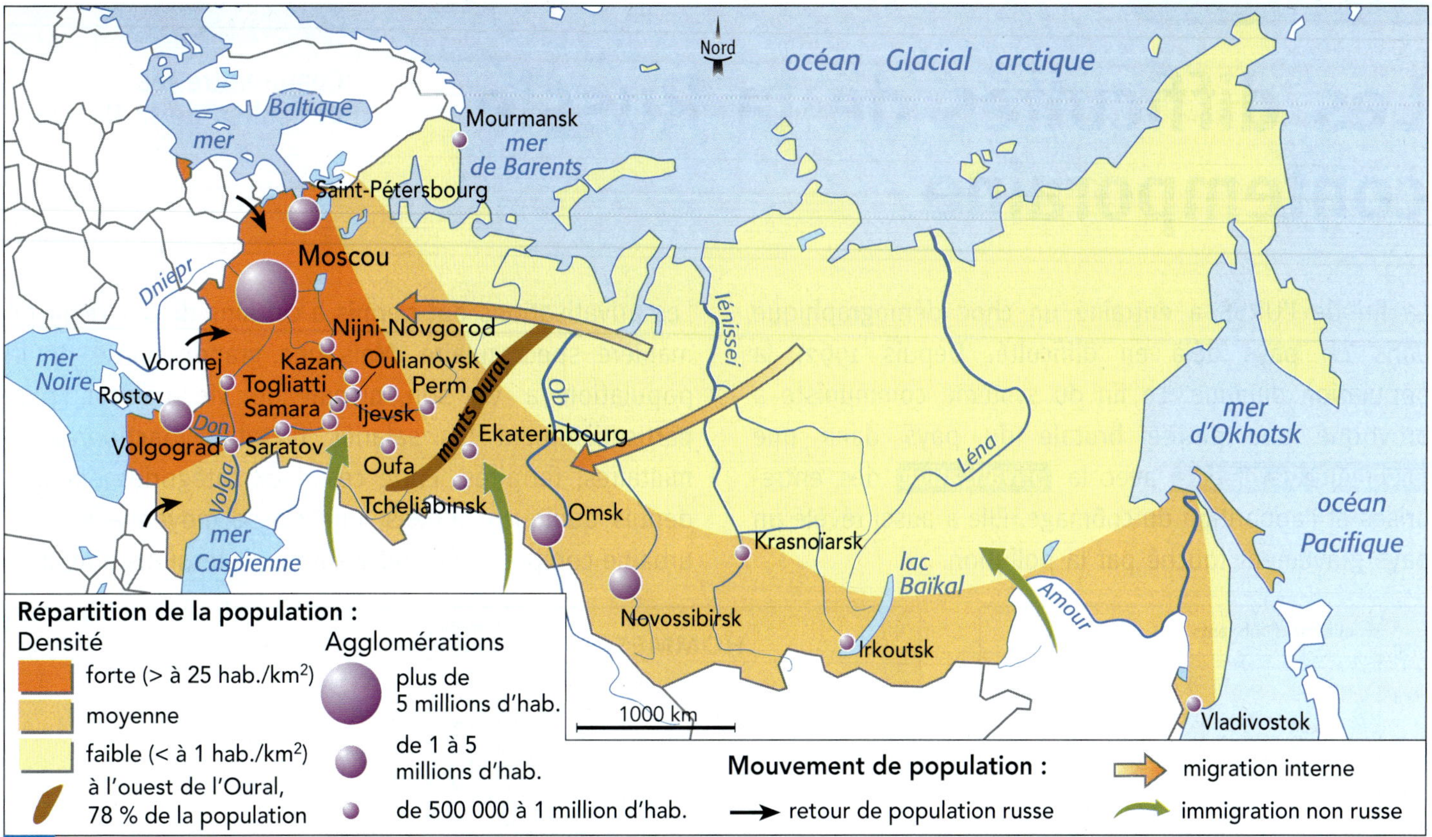

2 Le peuplement du territoire russe.

1. Dans quelle partie de la Russie se concentre la population ?

2. Expliquez la direction des migrations.

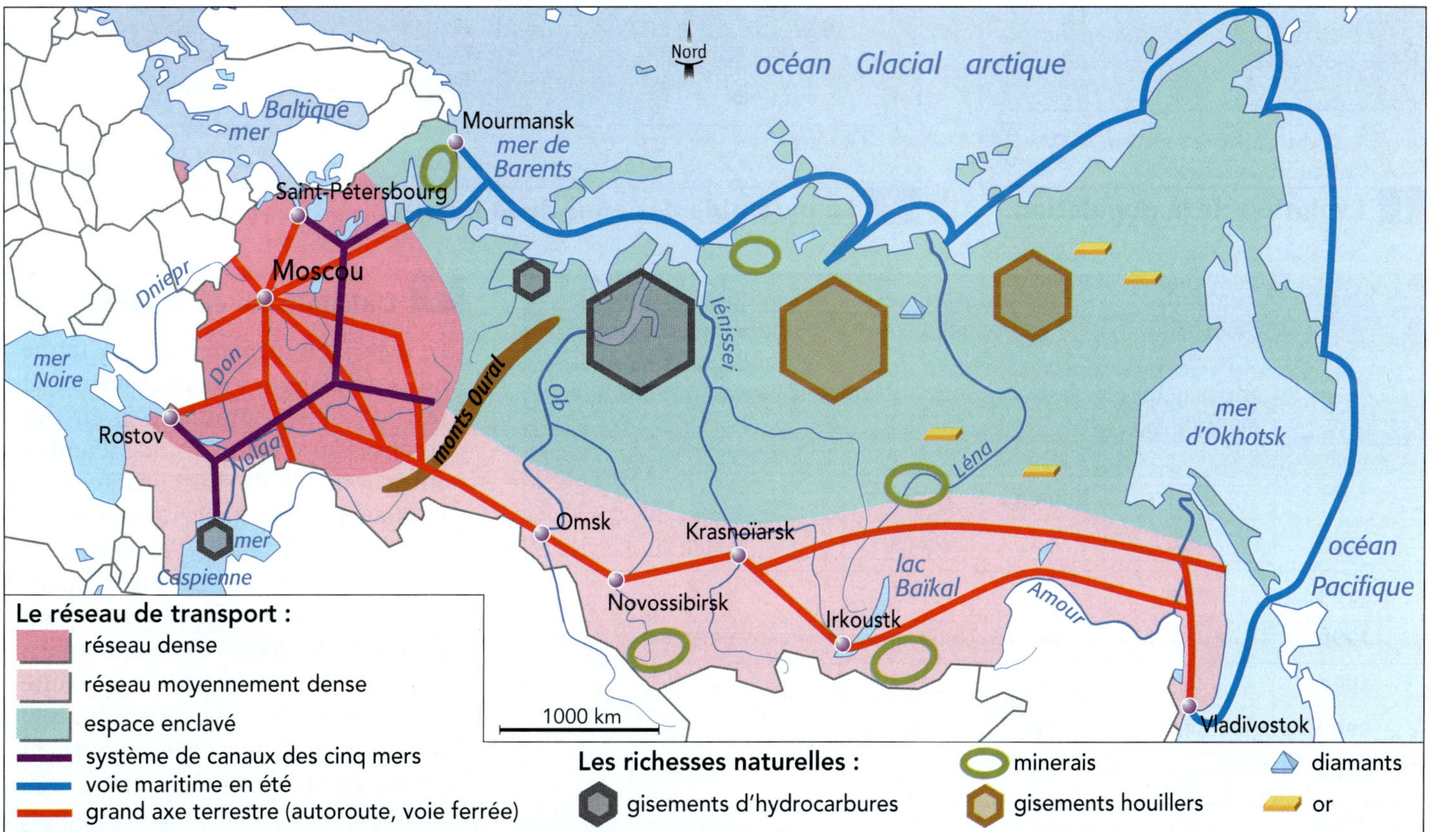

3 Réseau de transports et richesses naturelles en Russie.

1. Où se situe le réseau de transport le plus dense ?

2. Doc. 1, 2 et 3 : Quelles sont les contraintes qui limitent l'exploitation des richesses naturelles ?

Les difficultés de la Russie contemporaine

›› Objectif

Comprendre les difficultés de la Russie.

La fin de l'URSS a entraîné un choc démographique dans un pays déjà en difficulté. Depuis 1992, la population diminue. La fin du système communiste a provoqué une entrée brutale du pays dans une **économie de marché** avec la **privatisation** des entreprises et l'apparition du chômage. Elle a aussi révélé un pays gravement touché par la pollution.

Les privatisations ont permis à certains de s'enrichir de manière spectaculaire. Mais une grande partie de la population a vu son niveau de vie baisser, plus particulièrement les salariés d'État : fonctionnaires, militaires, retraités. Entre ces deux catégories émerge, depuis quelques années, une classe moyenne surtout urbaine composée de cadres et de professions libérales.

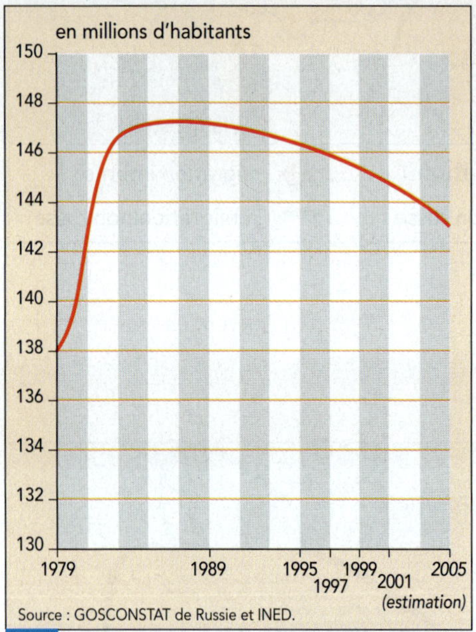

1 Évolution de la population.

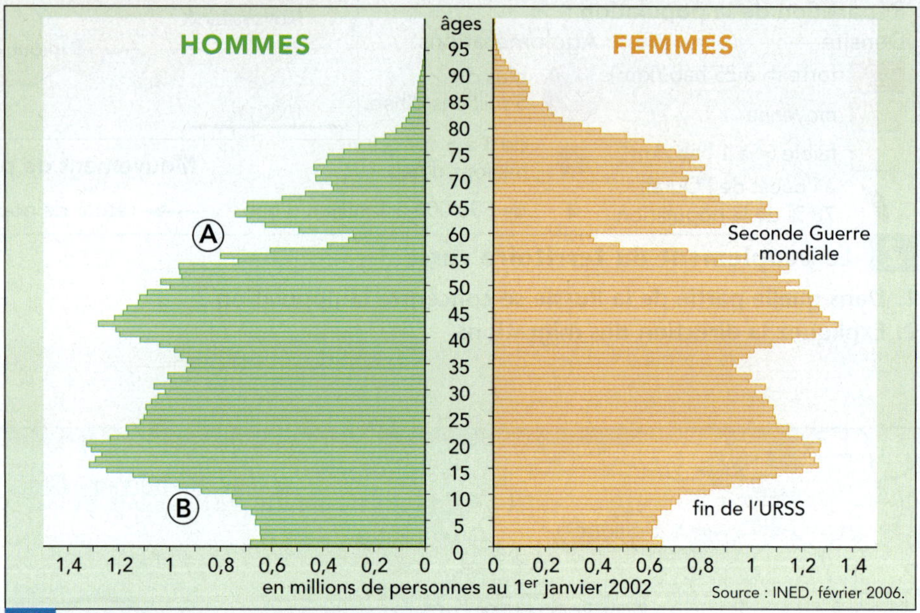

2 La pyramide des âges de la Russie.

Années	Taux de mortalité infantile (pour mille naissances)	Espérance de vie (en années)		Évolution du produit intérieur brut (PIB) en % par rapport à l'année précédente
		Hommes	Femmes	
1992	18	62	73,8	- 14,5 %
1994	18,6	57,3	71,1	- 12,6 %
1996	17,4	59,7	72,4	- 3,4 %
1998	16,5	61,3	73,2	- 4,9 %
2000	15,3	59	72,2	+ 8,3 %
2002	13,3	59	72	+ 4,7 %
2003	–	59	72	+ 7,3 %
2004	–	59	72	+ 6,6 %

3 Une société en régression ?

4 L'alcoolisme en Russie

Le *zapoï*, l'ivrognerie, est un terme qui, en Russie, suscite des sourires : il sert d'excuse commode pour les absences au travail, de code d'amitié entre hommes, de rituel de fête. Mais il est aussi un véritable danger national. À cause du *zapoï*, l'espérance de vie de l'homme russe a brutalement chuté, atteignant des niveaux comparables à celui des Soudanais. L'alcool est au centre de la chute démographique russe, jouant un rôle plus important que la réelle baisse du niveau de vie au moment de l'éclatement de l'URSS ou la détérioration du système de santé.

D'après *Le Monde*, 22 juillet 2005.

5 De nouveaux immeubles à Moscou pour la classe moyenne aisée.
A. Immeubles récents de standing. B. Barres d'habitations collectives datant de l'époque du communisme.

6 La pollution des industries lourdes

Norilsk Nickel est un immense ensemble industriel de la Sibérie occidentale près de l'Ienisseï. Dans une toundra parsemée de déchets, on trouve des mines à ciel ouvert, des terrils, des décharges, des usines, des entrepôts. Il faudrait aujourd'hui traiter ces paysages désolés. Mais c'est presque impossible. Les rares arbustes sont recouverts par des rejets industriels, la nourriture des rennes a disparu, la toundra est entièrement polluée.

D'après Denis Eckert, *Le Monde russe*, Hachette, 2004.

VOCABULAIRE

économie de marché (une) : système économique basé sur la libre concurrence entre les entreprises privées.

industrie lourde (une) : industrie qui transforme les matières premières (sidérurgie par exemple).

privatisation (une) : passage dans le secteur privé d'entreprises gérées par l'État.

QUESTIONS

➤ Trouver des informations dans un document

1. Doc. 1 : Combien y avait-il d'habitants en Russie en 1979 et en 2005 ?
2. Doc. 3 : La croissance économique suffit-elle pour améliorer les conditions de vie des Russes ?
3. Doc. 4 : Quelles sont les conséquences de l'alcoolisme ?
4. Doc. 5 : Quelle évolution de la société russe mettent en évidence ces nouvelles constructions ?
5. Doc. 6 : Comment se manifeste la pollution industrielle ?

➤ Mettre en relation les documents

6. Doc. 1, 3 et 4 : Comment évolue la population russe depuis 2000 ?

➤ Rédiger

7. Rédigez un petit paragraphe résumant les principales difficultés qui touchent la Russie.

L'organisation régionale de la Russie

›› Objectif

Comprendre l'organisation du territoire russe.

1 Saint-Pétersbourg. Au premier plan, le musée de l'Ermitage sur les bords de la Neva.

2 Gisements de pétrole et de gaz au nord du cercle polaire en Sibérie.

3 Les industries lourdes de Nijni Taguil dans l'Oural central.

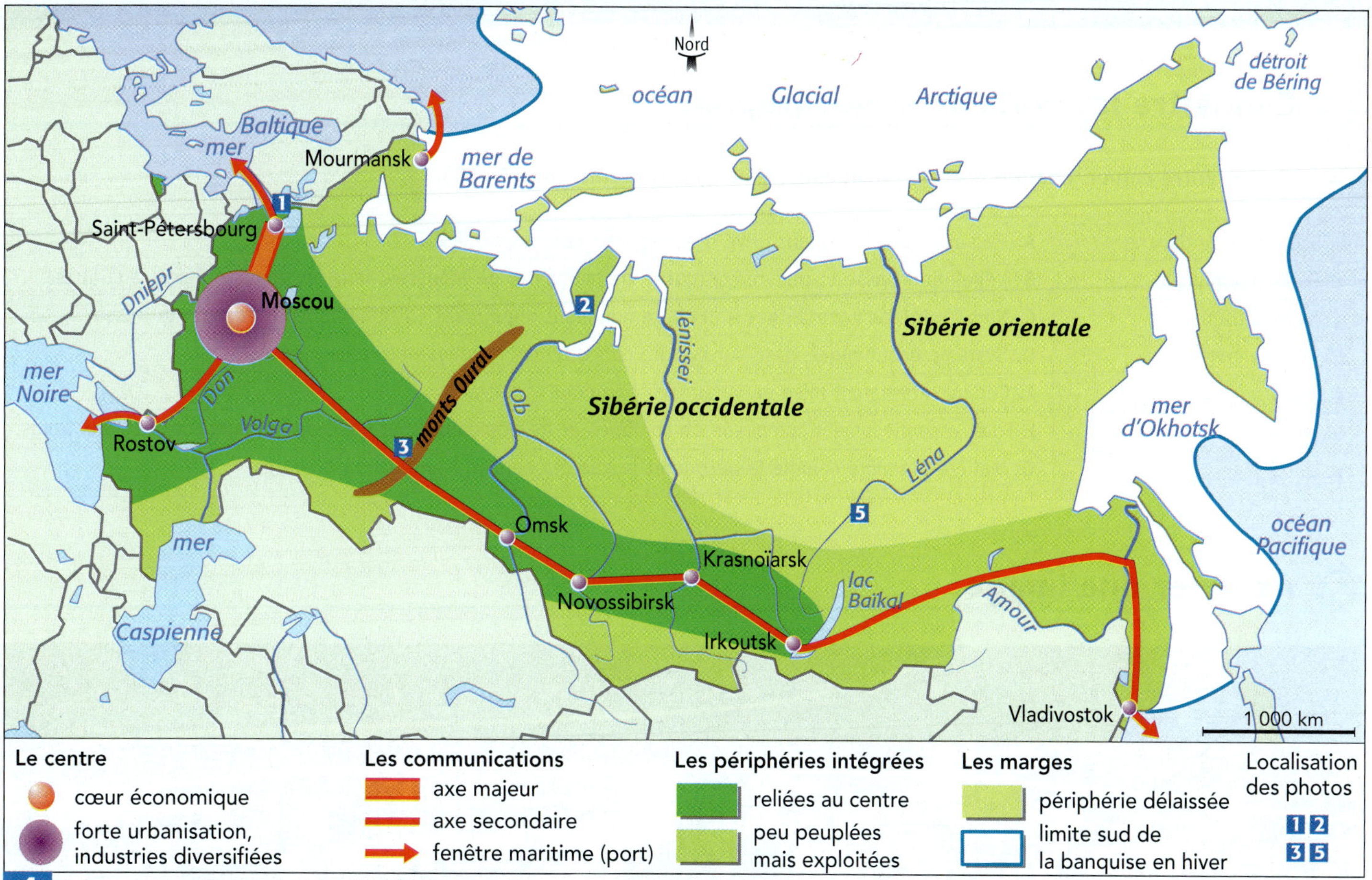

4 **L'organisation régionale de la Russie.**

5 **Un front pionnier en Sibérie : Vanavara sur la Toungouska.**

VOCABULAIRE

front pionnier (un) : région récemment mise en valeur par l'homme.

QUESTIONS

➤ Trouver des informations dans un document

1. **Doc. 1 :** Quelle est l'architecture de ce palais de Saint-Pétersbourg ?
2. **Doc. 2 :** Pourquoi l'exploitation de ces gisements est-elle difficile ?
3. **Doc. 4 :** Où se situe la Russie la plus peuplée et la plus développée ?
4. **Doc. 5 :** Décrivez les deux rives du fleuve.

➤ Mettre en relation les documents

5. **Doc. 2, 4 et 5 :** À quelles difficultés les hommes se heurtent-ils dans la maîtrise du territoire de la Russie ?

➤ Rédiger

6. Rédigez un petit paragraphe expliquant l'organisation du territoire de la Russie.

EXERCICES

1 Connaître les mots de la géographie

Associez, sur votre cahier, chaque mot de vocabulaire (1 à 7) à sa définition (A à G).

1. Économie de marché	A. Passage dans le secteur privé d'entreprises gérées par l'État.
2. Front pionnier	B. Végétation basse et pauvre composée de lichens et de mousses dans les zones polaires arctiques.
3. Hydrocarbure	C. Nom donné de 1922 à 1991 à l'État communiste regroupant 14 républiques autour de la Russie.
4. Privatisation	D. Système économique basé sur la libre concurrence entre les entreprises privées.
5. Taïga	E. Région récemment mise en valeur par l'homme.
6. Toundra	F. Forêt essentiellement composée de conifères et de bouleaux, spécifique des climats continentaux froids.
7. URSS	G. Matière première comme le pétrole et le gaz qui sert à la production d'énergie.

2 Analyser une image

1 Samara, grande ville industrielle du sud de la Russie située sur la Volga.

1. Décrivez rapidement ce paysage.
2. Faites correspondre chaque unité paysagère (1, 2, 3, 4 et 5) à la liste suivante : zone de lotissements pavillonnaires ; voies de communication et parkings ; église orthodoxe ; zone de logements collectifs ; forêt.
3. Quel bâtiment de ce paysage peut donner une indication sur la religion que pratique une partie des habitants de Samara ? Quelle est cette religion ?
4. Quels sont les deux formes d'habitat visibles sur ce document ? Quel est celui qui a été construit avant 1991, à l'époque du communisme ? et celui qui est de construction plus récente ? Lequel des deux symbolise l'apparition d'une nouvelle classe moyenne aisée en Russie ? Justifiez votre réponse.

3 Construire une carte de synthèse

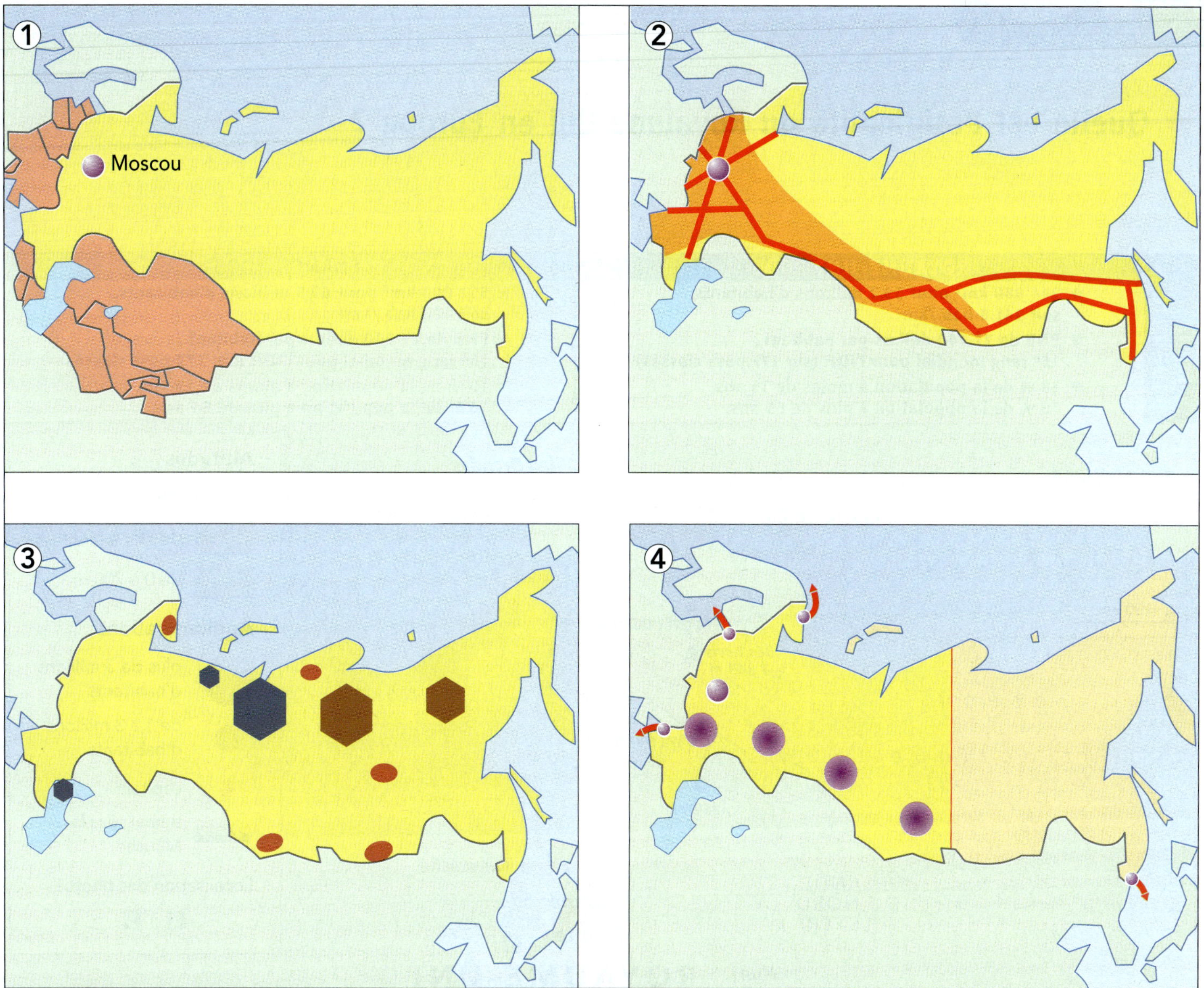

a. gisements de charbon
b. anciennes républiques soviétiques
c. axes de transport
d. centre dirigeant
e. zone peuplée
f. minerais
g. gisements de pétrole
h. ouvertures maritimes
i. anciennes régions industrielles en difficulté
j. espace isolé en dépeuplement

1. Trouver un titre.
Donnez un titre à chaque carte (1 à 4) en vous aidant de la liste suivante :
– axes de transport et zone de peuplement ;
– de l'URSS à la Russie (1991) ;
– de nombreuses ressources naturelles ;
– de nouvelles inégalités régionales.

2. Retrouver les éléments de la légende.
Faites correspondre à chaque carte (1 à 4) les éléments de la légende (a à j) qui lui conviennent.

3. Réaliser une carte de synthèse.
a. Décalquez rapidement les frontières de la Russie actuelle (en vous servant de la carte n° 1).
b. Sur cette carte décalquée, dessinez :
– les principaux axes de transport et les zones peuplées (carte n° 2) ;
– les principaux gisements de charbon et de pétrole (carte n° 3) ;
– les ouvertures maritimes et l'espace isolé en dépeuplement (carte n° 4).

4. Établissez la légende de votre carte et donnez-lui un titre.

Chapitre 15

Le Royaume-Uni

→ Quelle est l'originalité du Royaume-Uni en Europe ?

FICHE D'IDENTITÉ

ROYAUME-UNI 2005	FRANCE 2005
◆ 244 880 km² pour 59,2 millions d'habitants, soit 241,8 hab./km²	◆ 552 000 km² pour 60,5 millions d'habitants, soit 110 hab./km²
◆ PNB de 27 140 dollars par habitant ; 15e rang mondial pour l'IDH (sur 177 pays classés)	◆ PNB de 27 640 dollars par habitant ; 16e rang mondial pour l'IDH (sur 177 pays classés)
◆ 18 % de la population a moins de 15 ans. 16 % de la population a plus de 65 ans.	◆ 19 % de la population a moins de 15 ans. 16 % de la population a plus de 65 ans.

1 **Relief et grandes villes du Royaume-Uni.**

1. Où se situent les principales plaines ?

2 **Londres, capitale du Royaume-Uni.** Au premier plan, le Tower Bridge. Au fond, le quartier d'affaires de la City.

1. Décrivez les différents plans de ce paysage. Qu'est-ce qui différencie la City du reste de la ville ?

3 **Les quartiers ouvriers et la zone industrielle de Middlesbrough (nord de l'Angleterre).**

1. Décrivez les différents plans de ce paysage. Quelles sont les industries visibles ?

Leçon 1 L'archipel britannique

→ Quelle est la place du Royaume-Uni en Europe et dans le monde ?

A Un ensemble d'îles

Le Royaume-Uni est un **archipel** du nord-ouest de l'Europe qui comprend principalement deux grandes îles, la Grande-Bretagne et une partie de l'Irlande. Étiré du nord au sud sur près de 1 000 km, il appartient tout entier au domaine océanique.

Le Royaume-Uni est composé de quatre nations différentes : l'Angleterre, le pays de Galles, l'Écosse et l'Irlande **(doc. 1)**. Chacune d'elles a conservé sa propre langue en plus de l'anglais. Les Irlandais, les Écossais et les Gallois possèdent chacun un gouvernement et un parlement. Ils peuvent faire des lois et ont donc une grande autonomie politique par rapport à Londres.

B Une puissance mondiale

Grâce à une population urbaine importante et un secteur industriel très développé, le Royaume-Uni s'est imposé comme la première puissance économique mondiale, au XIXe siècle. Avec plus de 90 % de la population vivant en ville, il reste encore aujourd'hui l'un des pays les plus urbanisés de la planète **(doc. 4)** et un acteur majeur de l'économie mondiale.

Cette puissance économique a permis aux Britanniques de se constituer un immense empire colonial, et de dominer le commerce mondial jusqu'en 1914. Après 1945, la perte de cet empire a affaibli le rôle international du Royaume-Uni. Il a cependant conservé des relations privilégiées avec ses anciennes colonies grâce au **Commonwealth** **(doc. 3)**.

C Le Royaume-Uni et l'Europe continentale

Jusqu'aux années 1960, le Royaume-Uni était davantage tourné vers les océans et ses lointaines colonies que vers l'Europe continentale. Son déclin international l'a obligé à reconsidérer sa position. Le pays a adhéré à l'Union européenne en 1973. Il effectue aujourd'hui les deux tiers de ses échanges avec elle. En 1996, l'ouverture du tunnel sous la Manche a définitivement rattaché le Royaume-Uni au continent **(doc. 5)**. En TGV, Londres est maintenant à 2 h 40 de Paris.

Pourtant, les Britanniques conservent une attitude ambiguë vis-à-vis de l'Union européenne. Ils n'ont pas adopté l'euro et se déclarent majoritairement méfiants envers elle **(doc. 2)**.

VOCABULAIRE

archipel (un) : ensemble d'îles.

Commonwealth (le) : ensemble des pays qui étaient autrefois des colonies britanniques. Ils entretiennent des relations politiques et culturelles privilégiées avec le Royaume-Uni.

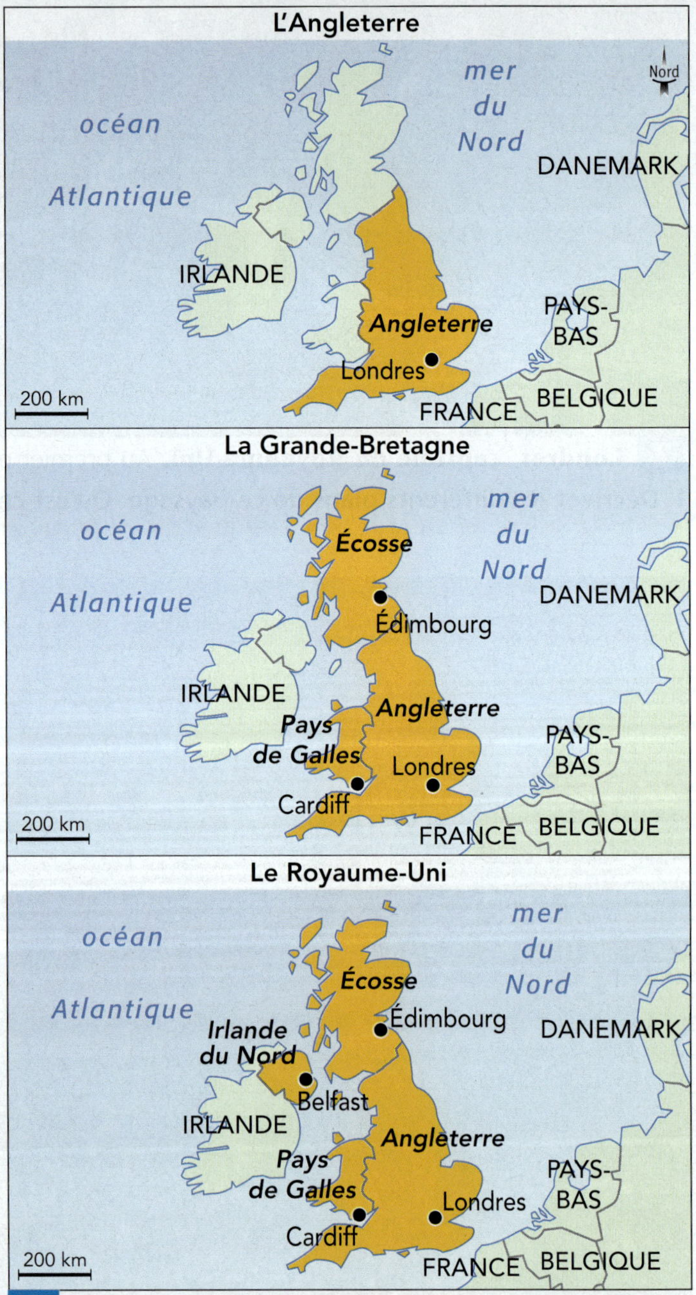

1 Un pays et quatre nations.

1. **Quelles sont les quatre nations qui composent le Royaume-Uni ?**
2. **Doc. 1 et 4 : Où se concentre majoritairement la population britannique ?**

2 Les Britanniques et l'Union européenne

La raison de fond de cette méfiance envers l'Union européenne tient à ce sentiment très profond d'appartenir à une île. Il est tout à fait insupportable pour les Britanniques de se voir dicter des règles venant du continent. Il y a six ans, quand je suis arrivé à Londres, le monde des affaires britannique était encore en majorité en faveur de l'euro. Depuis, s'étant aperçu qu'être en dehors de la zone euro ne représentait pas un handicap, il est devenu plus eurosceptique.

D'après Olivier Fleurot, directeur du *Financial Times*, *Le Monde*, 7 juin 2005.

1. **Pourquoi les Britanniques sont-ils majoritairement opposés à l'Union européenne ?**

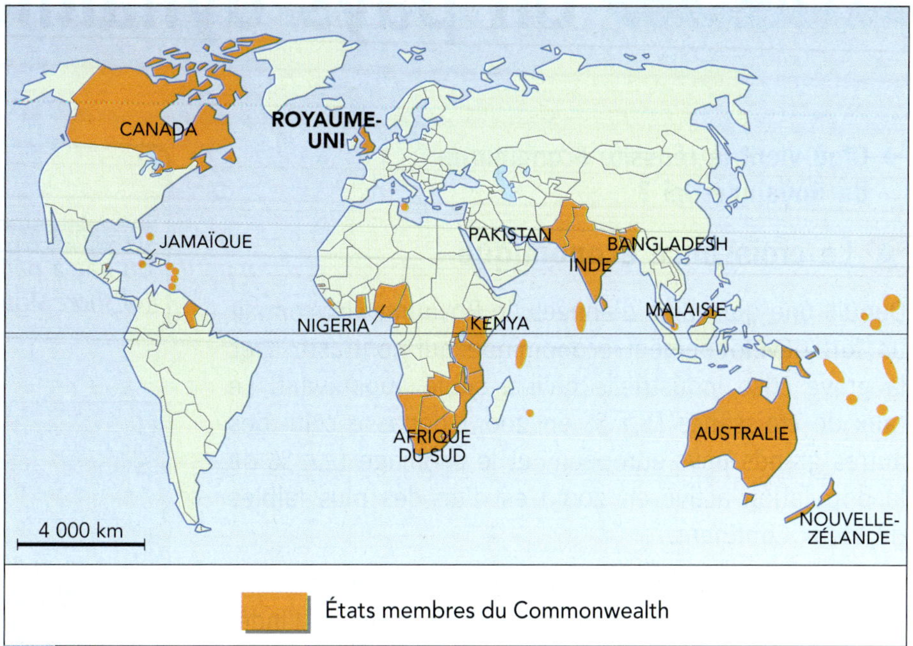

3 Le Commonwealth.

1. Sur quels continents le Commonwealth s'étend-il ?
2. Quel est le pays le plus peuplé du Commonwealth ?

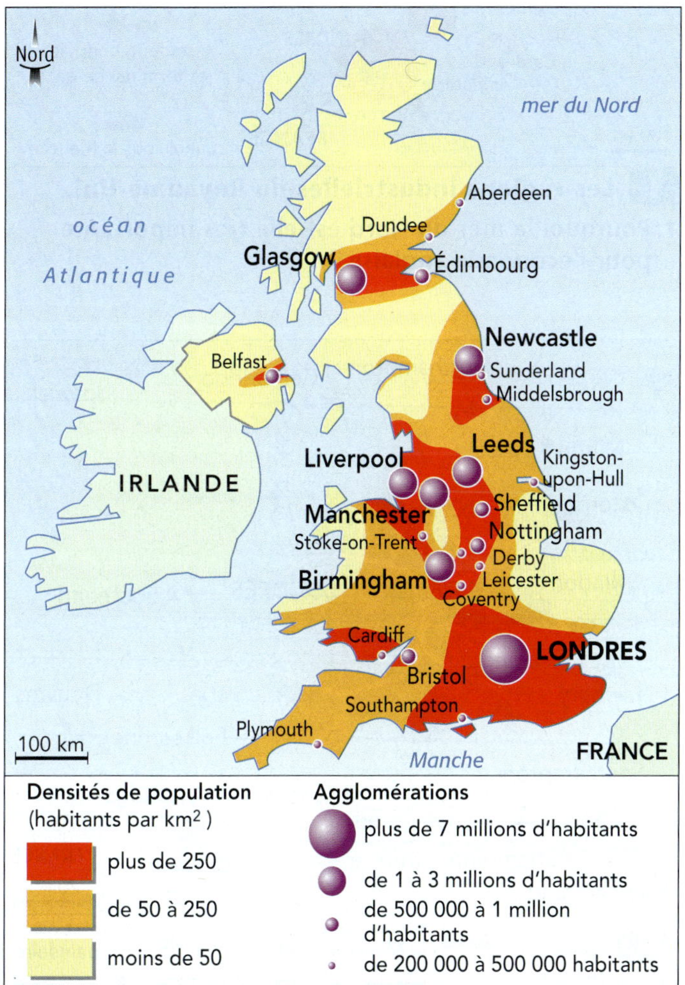

4 La population du Royaume-Uni.

1. Combien d'agglomérations de plus d'un million d'habitants possède le Royaume-Uni ?

5 L'entrée du tunnel sous la Manche du côté anglais à Folkestone.

1. Décrivez le document.
2. Quel pays le tunnel sous la Manche relie-t-il à la Grande-Bretagne ?
3. Doc. 2, 3 et 5 : Quels liens le Royaume-Uni entretient-il avec l'Europe continentale ? avec le reste du monde ?

Leçon 2 Un pays dynamique

→ **D'où vient la réussite économique du Royaume-Uni ?**

A La croissance économique

Depuis une quinzaine d'années, le Royaume-Uni connaît un fort développement économique qui contraste avec la grave crise industrielle qu'il a subie auparavant. Le taux de croissance (2,7 % en 2005) dépasse celui des autres grands pays européens et le chômage (4,5 % de la population active en 2005) est l'un des plus faibles du Vieux Continent.

Ce renouveau provient principalement de trois secteurs. Les hydrocarbures de la mer du Nord assurent l'indépendance énergétique du Royaume-Uni **(doc. 1)** et ont même fait de lui un pays exportateur de pétrole. Les industries de haute technologie, souvent d'origine étrangère, se sont largement implantées. Le secteur des services continue de progresser, notamment dans les télécommunications (British Telecom).

B La domination londonienne

Cœur économique et premier port du pays, Londres est, avec ses huit millions d'habitants, l'une des plus importantes métropoles du monde. Le quartier de la City s'affirme comme la première place financière de l'Union européenne **(doc. 3)**.

La région de Londres connaît aussi un développement très rapide **(doc. 2)**. Ses universités renommées attirent des étudiants et des chercheurs du monde entier **(doc. 4)**. Grâce à sa proximité avec la capitale et un réseau de communications dense, elle a vu s'établir de nombreuses entreprises de haute technologie, particulièrement le long de l'autoroute M4 **(doc. 6)**.

C De nouvelles régions dynamiques

L'exploitation **offshore** en mer du Nord a favorisé le développement du littoral oriental. Le trafic des ports a augmenté grâce au resserrement des liens avec l'Union européenne. En Écosse, près d'Édimbourg, de nombreuses entreprises de haute technologie ont été créées dans la Silicon Glenn.

Au centre du pays, la région de Birmingham connaît un important renouveau industriel et commercial **(doc. 5)**. Au sud, les stations balnéaires situées sur la Manche (la « Riviera anglaise »), attirent des milliers de touristes venus du Grand Londres.

VOCABULAIRE

offshore (une exploitation) : exploitation du pétrole ou du gaz à partir de plateformes installées en pleine mer (*offshore* signifie « au large »).

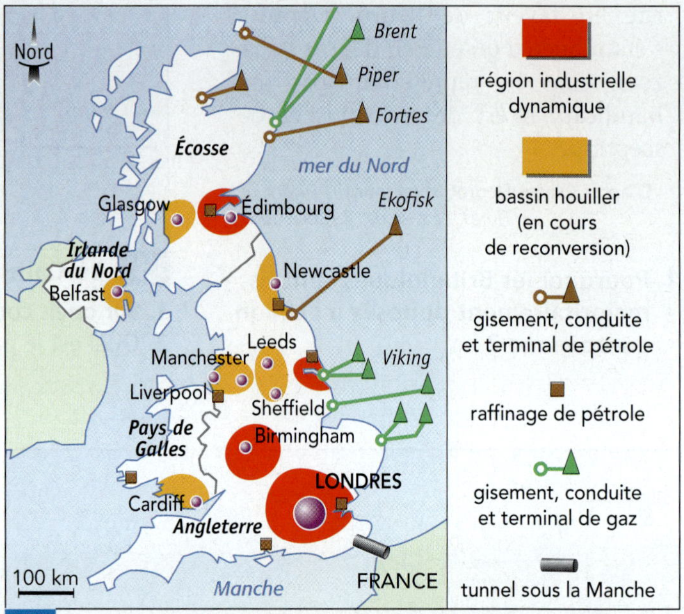

1 Les régions industrielles du Royaume-Uni.

1. **Pourquoi la mer du Nord est-elle très importante pour l'économie anglaise ?**

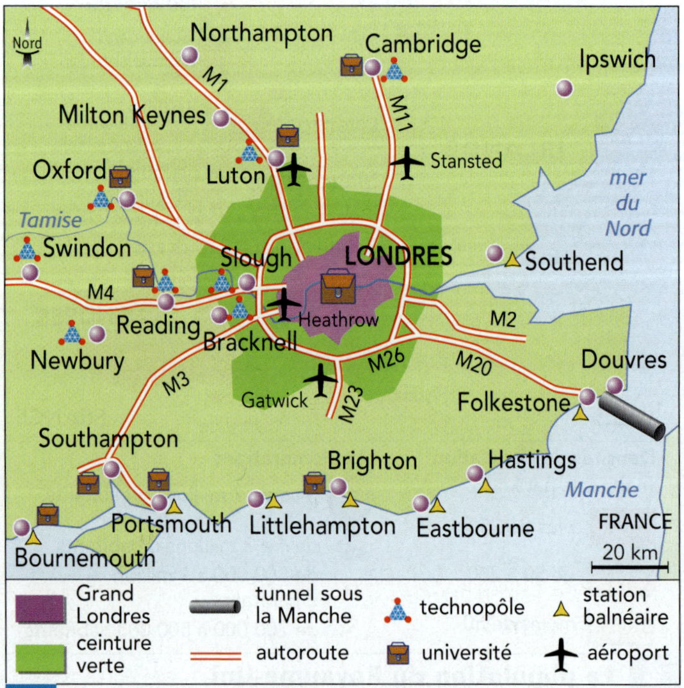

2 La région du Grand Londres.

1. **Quels moyens de transport sont visibles sur ce document ?**

3 La puissance financière de la City

La première place financière européenne se porte mieux que jamais. Selon les chiffres de l'organisme chargé de l'administration de la City, cette dernière emploie directement plus de 300 000 personnes, dont 57 000 dans les activités bancaires internationales. 20 % des prêts bancaires souscrits dans le monde passent par la City. Elle gère 50 % des transactions en actions de l'Union européenne. 50 % du financement du commerce mondial se fait ici. C'est aussi le premier lieu de concentration des compagnies d'assurances européennes. Les assureurs de la City prennent en charge les risques d'un quart du transport maritime et du transport aérien de la planète.

D'après *Le Monde*, 26 avril 2005.

1. Qu'est-ce qui fait de Londres la première place financière européenne ?

4 La ville universitaire d'Oxford. 1. Université de la Sainte-Vierge Marie. 2. Bibliothèque Bodléienne créée en 1602.

1. Qu'est-ce qui fait la célébrité d'Oxford ? Justifiez votre réponse.

5 Le renouveau de Birmingham

Birmingham, la deuxième ville anglaise avec plus de deux millions d'habitants, a été laminée par la crise industrielle dans les années 1980-1990. Mais la région s'est régénérée avec l'industrie pharmaceutique et les nouvelles technologies. La pharmacie, le high-tech, les banques, le commerce et des services de toutes natures recrutent à tour de bras. Pôles et centres commerciaux ultramodernes ont poussé sur les ruines des usines. Les capitaux affluent, alimentés par la City. Trouver un emploi ici ne relève plus de l'exploit. Mais c'est souvent un emploi précaire à peine plus payé que les 67 euros par semaine auxquels ont droit les jeunes inscrits à l'ANPE locale.

D'après *L'Humanité*, 3 mai 2005.

1. Sur quels secteurs économiques s'appuie le renouveau de Birmingham ?

2. Doc. 1 et 5 : Quelles sont, en plus de Londres, les régions dynamiques du Royaume-Uni ?

6 Des entreprises de haute technologie installées le long de l'autoroute M4. Celle-ci relie Londres au sud du pays de Galles.

1. Doc. 1, 2, 3 et 6 : Montrez que la région de Londres est le « cœur » économique du pays.

Des régions en difficulté

›› Objectif

Comprendre les difficultés de certaines régions britanniques.

L'Irlande du Nord (Ulster), les landes montagneuses du pays de Galles et de l'Écosse et les anciens **pays noirs** connaissent d'importants problèmes économiques et sociaux. De nombreuses mines et usines ont fermé dans les pays noirs, faisant place à des **friches industrielles**.

Certaines **reconversions industrielles** ont pourtant eu lieu dans le nord de l'Angleterre et en Écosse. Les régions montagneuses reçoivent des aides de l'Union européenne pour développer le tourisme et les activités de services.

1 Les régions britanniques en difficulté.

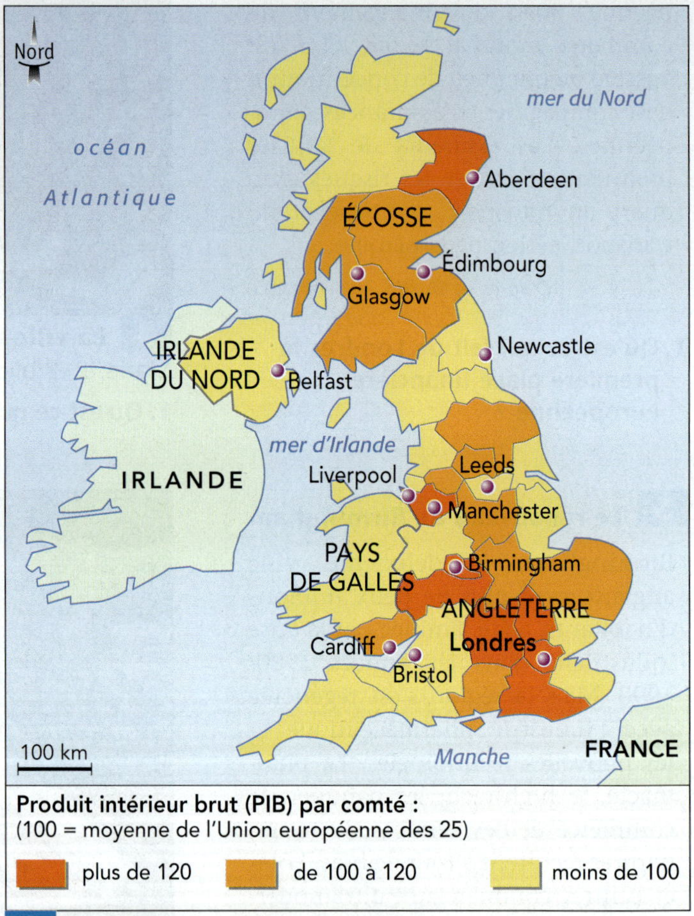

2 Le PIB par comté en 2004.

3 Les retards de l'Irlande du Nord

L'Irlande du Nord a connu trente années d'instabilité politique et de violents conflits. Les entreprises étrangères n'ont pas investi et le tourisme n'a pas pu se développer. Aujourd'hui, les industries restent peu nombreuses et le chômage de longue durée beaucoup plus important que dans le reste du Royaume-Uni. Le processus de paix qui est en train de se mettre en place pourrait permettre à cette région encore très pauvre de se développer. L'Union européenne finance ainsi la réhabilitation des quartiers nord de Belfast, très endommagés par la guerre civile entre catholiques et protestants.

D'après *Inforegio*, février 2005.

4 La reconversion industrielle de Newcastle

Touchée de plein fouet par la fermeture des mines de charbon et le déclin des chantiers navals, Newcastle, berceau de la révolution industrielle anglaise, a mis le cap sur la recherche et les nouvelles technologies. L'université, abondamment soutenue par les fonds publics, est au cœur de ce renouveau. C'est d'ailleurs sur ses bancs que fut créé le géant mondial des logiciels de gestion – 1 milliard d'euros de chiffre d'affaires – et l'un des premiers employeurs de la ville, avec 1 200 salariés. Flirtant avec les 15 % dans les années 1980, le taux de chômage a depuis été divisé par trois.

D'après *L'Express*, 4 juillet 2005.

5 **Des friches industrielles dans la banlieue de Sheffield.**

6 **Les landes du nord de l'Écosse.**
Les densités de population de ces montagnes pluvieuses et ventées ne dépassent pas 10 hab./km². À l'exception de la région d'Aberdeen, dynamisée par l'exploitation pétrolière *offshore*, le niveau de vie de la population est inférieur à la moyenne européenne.

VOCABULAIRE

friche industrielle (une) : terrains et bâtiments d'usines laissés à l'abandon après l'arrêt de l'activité industrielle.

pays noir (un) : région industrielle qui s'est développée au XIXe siècle grâce à l'exploitation du charbon ou du fer.

reconversion industrielle (une) : nouvelles industries remplaçant des industries en crise, le plus souvent avec des aides de l'État.

QUESTIONS

➤ Trouver des informations dans un document

1. Doc. 1 : Quels sont les problèmes qui touchent les régions britanniques en difficulté ?
2. Doc. 2 : Quelles sont les deux nations qui ont un PIB inférieur à la moyenne de l'Union européenne ?
3. Doc. 3 : Quelles difficultés connaît l'Irlande du Nord ?
4. Doc. 4 : Comment s'effectue la reconversion industrielle de Newcastle ?
5. Doc. 5 : À quoi voit-on qu'il s'agit d'une friche industrielle ?
6. Doc. 6 : Décrivez ce paysage (relief, végétation, etc.).

➤ Mettre en relation les documents

7. Doc. 1 et 5 : À quel type de région en difficulté correspond le paysage du doc. 5 ?

➤ Rédiger

8. Rédigez un petit paragraphe expliquant les difficultés de certaines régions anglaises et les moyens mis en œuvre pour les surmonter.

>> Objectif

Comprendre comment s'organise l'espace britannique.

L'organisation régionale du Royaume-Uni

1 Les Docklands de Londres. 1. Millwall : zone d'entreprises. 2. Docks. 3. Canary Wharf : bureaux. 4. Espaces verts.

2 Le centre de Glasgow. 1. La nouvelle gare. 2. Le nouveau centre commercial.

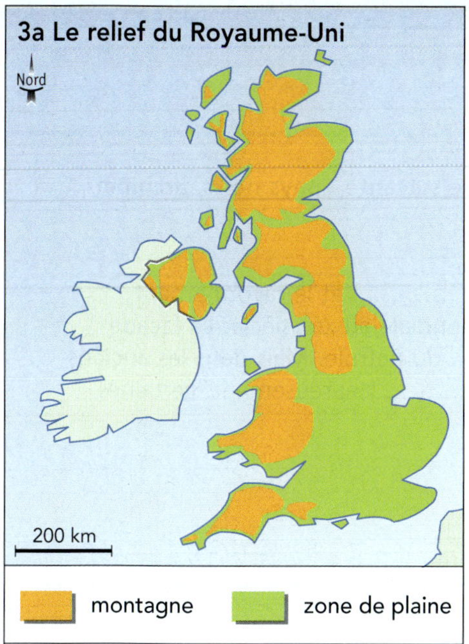

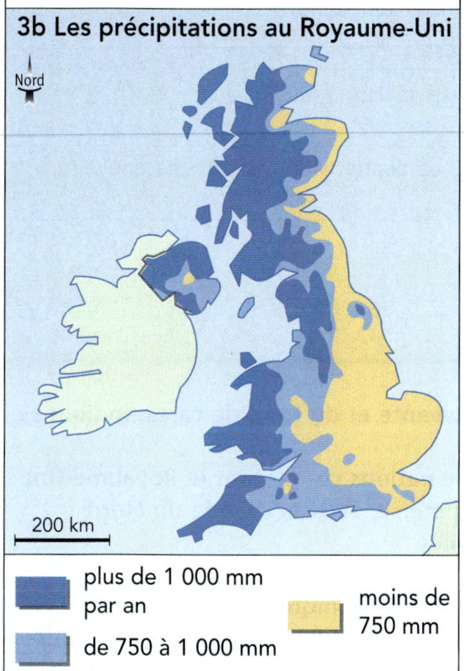

3 Relief et précipitations au Royaume-Uni.

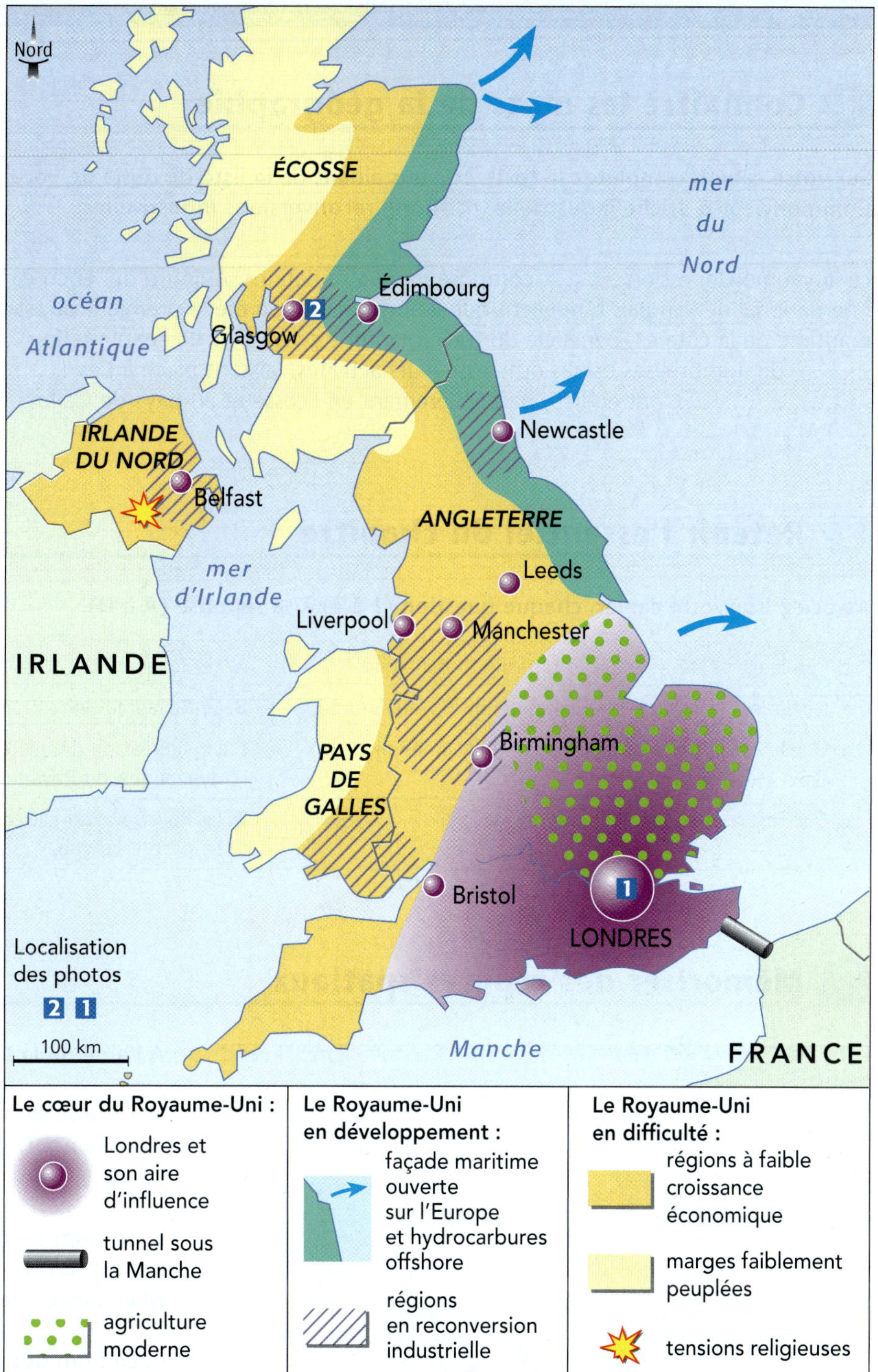

4 L'organisation régionale du Royaume-Uni.

QUESTIONS

➤ Trouver des informations dans un document

1. Doc. 1 : Quelles sont les différentes activités de ce quartier de Londres ?

2. Doc. 2 : Relevez les éléments de ce paysage qui montrent que le centre de Glasgow a été rénové récemment.

3. Doc. 3 : À quel type de relief correspondent les régions où il pleut le plus ?

➤ Mettre en relation les documents

4. Doc. 1, 2 et 4 : À quels espaces régionaux du doc. 4 correspondent les paysages des doc. 1 et 2 ?

➤ Rédiger

5. Rédigez un petit paragraphe résumant les caractéristiques des trois grands ensembles régionaux du Royaume-Uni.

EXERCICES

1 Connaître les mots de la géographie

Sur votre cahier, complétez le texte en vous aidant de la liste de mots de vocabulaire suivante : pays noirs, archipel, Commonwealth, friche industrielle, offshore, reconversions industrielles.

Le Royaume-Uni est un .... composé de quatre nations. Aujourd'hui encore, le .... et le rayonnement international de l'anglais rappellent que le Royaume-Uni a été la première puissance mondiale au XIXe siècle. La façade maritime de la côte est bénéficie du trafic maritime provenant de l'exploitation .... du pétrole. Mais dans les anciens ...., de nombreuses usines ont cessé leurs activités, laissant place à des .... Heureusement, certaines .... ont eu lieu, particulièrement en Écosse et au pays de Galles.

2 Retenir l'essentiel du chapitre

Associez, sur votre cahier, chaque question (1 à 4) à sa réponse (A à D).

1. Comment peut-on définir le territoire britannique ?	**A.** Le Royaume-Uni n'est pas dans la zone euro.
2. Quelle est la particularité culturelle du Royaume-Uni ?	**B.** Le Royaume-Uni est un archipel.
3. Quelle est la place particulière du Royaume-Uni dans l'Union européenne ?	**C.** Le sud-est de l'Angleterre est la région la plus dynamique du Royaume-Uni.
4. Quel est le cœur économique du pays ?	**D.** Le Royaume-Uni est composé de quatre nations ayant chacune sa propre langue.

3 Mémoriser des repères spatiaux

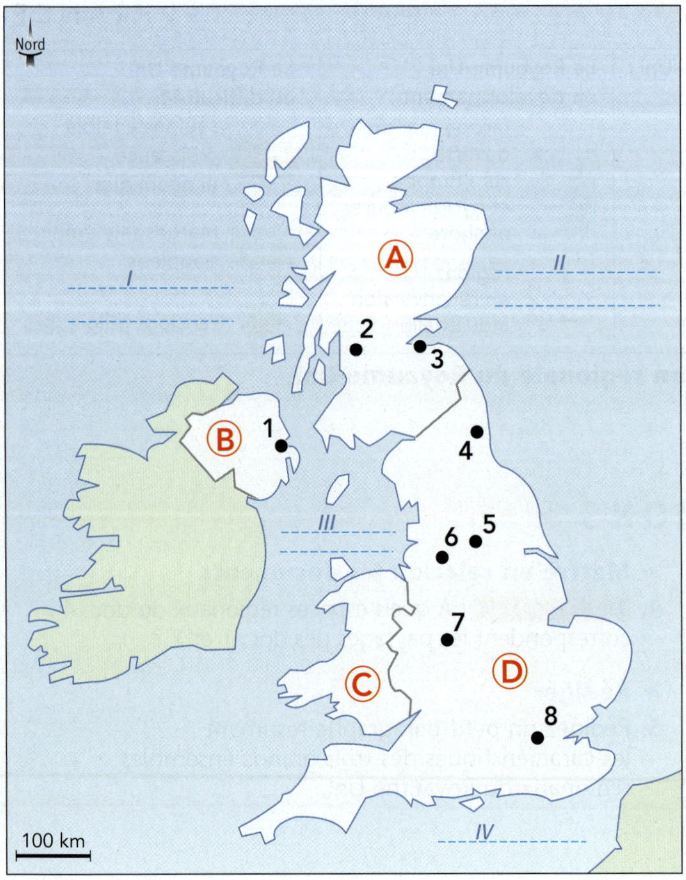

À l'aide de la liste suivante et du fond de carte, indiquez :

a. Le nom des quatre nations composant le Royaume-Uni (lettres A à D) : Angleterre, Écosse, Irlande du Nord (Ulster), pays de Galles.

b. Le nom de huit villes britanniques (chiffres 1 à 8) : Belfast, Birmingham, Édimbourg, Glasgow, Leeds, Londres, Manchester, Newcastle.

c. Le nom des quatre mers ou océans (I à IV) : Manche, mer d'Irlande, mer du Nord, océan Atlantique.

4 Mettre en relation des documents

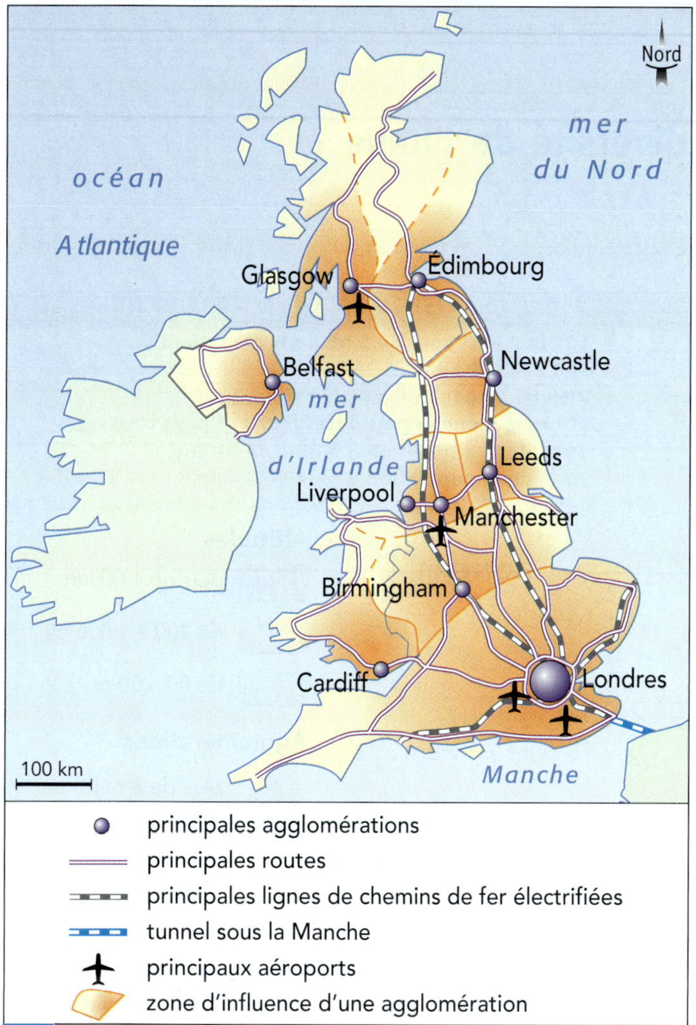

1 Aires urbaines et réseaux de communication du Royaume-Uni.

2 Londres vue depuis la City.

3 La puissance financière de Londres

La City, le quartier des affaires de Londres, n'a son équivalent qu'à New York. On y parle toutes les langues du monde. Sa superficie ne cesse de s'étendre depuis qu'il englobe une partie du quartier des anciens docks.

Londres attire tous les cadres financiers de la planète. Il y a 287 banques étrangères. Les grandes banques françaises emploient ici des milliers de personnes. Qu'est-ce que Londres leur apporte, qui n'existe pas ailleurs ?

Il y a d'abord la loi anglaise, très souple, qui facilite les contrats.

Il y a ensuite des emplois souvent bien payés : on estime qu'il y a 300 000 emplois directs dans la City, et qu'ils créent six fois plus d'emplois indirects dans toute la région autour de Londres.

Il y a enfin tout un environnement professionnel : les avocats, les cabinets de recrutement, les experts commerciaux, les investisseurs internationaux.

« Être installé ici plutôt qu'à Paris coûte peut-être un peu plus cher en loyer ou en salaires, mais nous en retirons des avantages. Nous sommes en contact avec les concurrents, nous voyons immédiatement quels sont les nouveaux produits demandés par le marché » explique un représentant d'une grande banque française.

C'est tout l'argent du continent européen qui vient irriguer l'économie de Londres et de sa région.

D'après *Le Nouvel Observateur*, 28 avril 2005.

1. Présentez les documents.
2. Doc. 1 : Quelle est l'aire urbaine la plus étendue du Royaume-Uni ?
3. Doc. 1 : Comment s'organisent les voies de communication britanniques ?
4. Doc. 2 : Relevez les éléments de ce paysage qui montrent que Londres est une immense agglomération.
5. Doc. 3 : Combien d'emplois sont créés directement par les activités de la City ? et indirectement (donnez un chiffre) ?
6. Doc. 2 et 3 : Quels sont les atouts de la City de Londres ?
7. Doc. 1 et 3 : Montrez que la région de Londres bénéficie du dynamisme de la capitale.
8. Doc. 1, 2 et 3 : En vous aidant de l'ensemble des documents, expliquez les raisons de la puissance économique de Londres.

Chapitre 16

L'Italie

→ Quels sont les facteurs d'unité et de diversité de l'Italie ?

FICHE D'IDENTITÉ	ITALIE 2005	FRANCE 2005
	◆ 301 270 km² pour 57,2 millions d'habitants, soit 190 hab./km²	◆ 552 000 km² pour 60,5 millions d'habitants, soit 110 hab./km²
	◆ PNB de 26 830 dollars par habitant ; 18e rang mondial pour l'IDH (sur 177 pays classés)	◆ PNB de 27 640 dollars par habitant ; 16e rang mondial pour l'IDH (sur 177 pays classés)
	◆ 14 % de la population a moins de 15 ans. 19 % de la population a plus de 65 ans.	◆ 19 % de la population a moins de 15 ans. 16 % de la population a plus de 65 ans.

1 Les reliefs et les principales villes d'Italie.

1. Quel est le relief dominant en Italie ?

2 **Milan, capitale économique de l'Italie.**

1. Quel contraste apparaît entre le premier plan et le second plan de la photographie ? Comment se nomme la chaîne de montagnes que l'on aperçoit en arrière-plan ?

3 **Le village d'Adrano en Sicile.**

1. Décrivez ce paysage. Quelles sont les activités économiques visibles ?

Leçon 1 Un pays, des territoires

→ **Quelles sont les caractéristiques historiques et géographiques de l'Italie ?**

A Une péninsule méditerranéenne

L'Italie est constituée d'une **péninsule** de 1 300 km de long et de deux grandes îles (Sardaigne et Sicile). Son climat est surtout méditerranéen. La sécheresse estivale ainsi que les risques sismiques et volcaniques (tremblements de terre, éruptions du Vésuve ou de l'Etna) en font un pays au milieu naturel contraignant **(doc. 2)**.

Au nord, les Alpes et la plaine du Pô, au climat plus continental, sont largement ouvertes sur l'Europe. Les densités de population y sont élevées **(doc. 4)** et le réseau de communication excellent. Ailleurs, les densités sont plus inégales et les communications sont rendues difficiles par la forme étirée du pays et la présence d'une chaîne de montagnes (les Apennins) en son centre.

B Un passé brillant

L'Italie a un passé prestigieux depuis plus de deux millénaires. Elle a dominé un immense empire pendant l'Antiquité et sa civilisation a rayonné sur tout le bassin méditerranéen. Venise a été l'une des capitales économiques de l'Occident chrétien au Moyen Âge. Florence a été l'un des foyers artistiques majeurs de la Renaissance **(doc. 5)**. L'Italie possède donc un patrimoine architectural et artistique considérable.

Rome, capitale du pays, est le plus remarquable exemple de ce passé brillant. C'est une grande cité touristique **(doc. 3)**. C'est aussi la ville de résidence du pape (Vatican) et le siège des principales institutions de l'Église catholique. Rome attire ainsi chaque année un très grand nombre de pèlerins qui convergent vers la « ville sainte ».

C Un État récent

Ce passé glorieux n'a pas empêché le pays de connaître une histoire politique difficile. Morcelé depuis l'Antiquité en de nombreux petits États, il ne s'unifie définitivement qu'en 1870 **(voir chapitre 9)**.

Cette unification récente de l'Italie explique en partie la survivance des **particularismes régionaux**. La Constitution italienne a également instauré, en 1948, des régions à statut spécial **(doc. 1)** qui ont leurs propres lois dans certains domaines.

VOCABULAIRE

particularisme régional (un) : particularité linguistique ou culturelle d'une région au sein d'un État.

péninsule (une) : avancée de terre dans la mer.

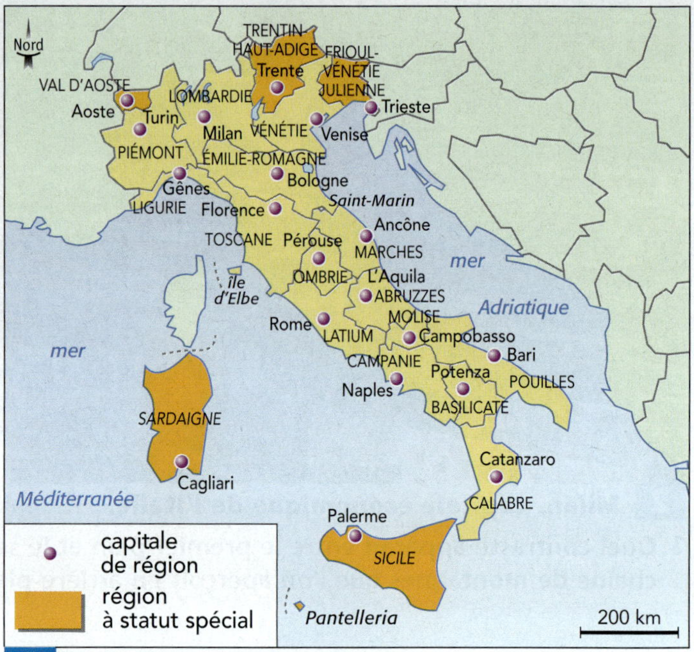

1 Les régions italiennes.

1. Quelles sont les régions dotées d'un statut spécial ?

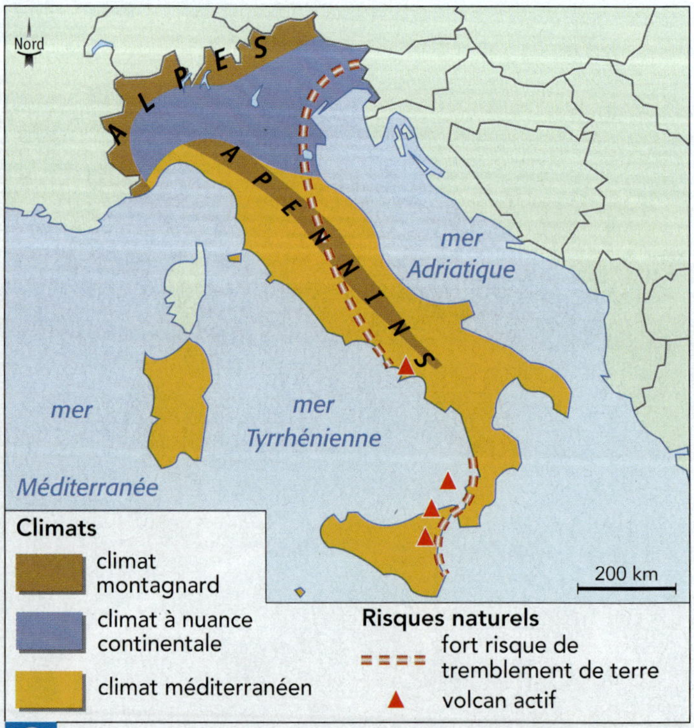

2 Domaines climatiques et risques naturels.

1. Quel est le climat dominant en Italie ?

3 **Vue aérienne de Rome.** 1. Amphithéâtre du Colisée (Ier siècle) 2. Forum impérial (Ier siècle). 3. Escalier et église d'Aracœli (XIIIe-XIVe siècles). 4. Palais sénatorial (XVIe siècle). 5. Monument en l'honneur du roi Victor-Emmanuel II (1911).

1. Quels sont monuments qui datent de l'Antiquité ? du Moyen Âge ? de la Renaissance ? de l'époque contemporaine ?

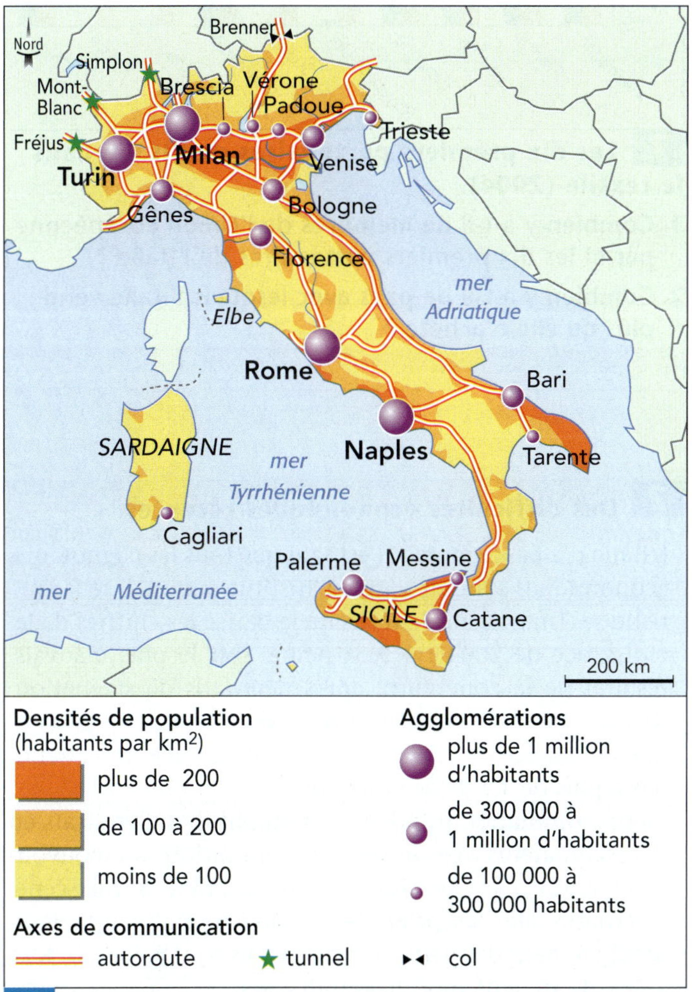

4 **Population, villes et voies de communication.**

1. Doc. 1 et 4 : Quelles sont les régions les plus densément peuplées et les mieux desservies par les voies de communication ?

5 **Florence, un des centres de la Renaissance en Italie.**

Leçon 2 Une grande puissance

→ **Quelles sont les particularités économiques et sociales de l'Italie ?**

A Le développement économique

Depuis les années 1950, l'Italie a connu un fort développement économique. C'est aujourd'hui la cinquième puissance économique mondiale. L'État a d'abord encouragé la création de grands groupes industriels aussi bien dans la sidérurgie, les industries pétrolières et chimiques que dans l'automobile **(doc. 3)**.

Les secteurs du textile et de la confection (Benetton), de l'alimentation (Barilla, Ferrero) ont aussi connu un fort développement. De nombreuses **PME**, aux activités liées parfois à l'**économie souterraine**, ont amplement contribué à ce dynamisme économique **(voir dossier p. 276-277)**.

B Une large ouverture sur l'Europe

L'Italie est un grand acteur du commerce européen. Elle a largement bénéficié de la construction européenne dont elle est un membre fondateur (traité de Rome en 1957). Bien intégrée à la mégalopole européenne, elle exporte plus de 60 % de sa production vers les pays d'Europe occidentale **(doc. 1)**.

L'Italie est aussi l'une des premières destinations touristiques du monde **(doc. 4)**. Elle se situe à la 4e place mondiale. Parmi les 40 millions de touristes étrangers qu'elle reçoit annuellement, plus de 75 % sont européens. Cependant, l'Italie connaît aujourd'hui certaines difficultés **(doc. 2)** : ses entreprises exportent moins et la fréquentation touristique stagne.

C Les évolutions de la société

Pendant longtemps, l'Italie a été un pays fortement catholique. Depuis les années 1950, l'emprise de l'Église sur la société n'a cessé de diminuer, entraînant une forte régression de la pratique religieuse.

La démographie s'est aussi profondément transformée. L'Italie est actuellement confrontée à une grave crise démographique. La natalité s'est effondrée. La fécondité y est une des plus faibles du monde **(doc. 5a)**. Aujourd'hui la population stagne et risque même de diminuer dans les prochaines années **(doc. 5b)**. Ainsi, après avoir été un pays d'émigration, l'Italie est devenue une terre d'accueil pour les immigrants des Balkans ou du Maghreb.

VOCABULAIRE

économie souterraine (une) : partie de l'économie nationale qui échappe au contrôle de l'État (« travail au noir »).

PME (les) : petites et moyennes entreprises (moins de 500 salariés). Beaucoup d'entre elles ont moins de 10 salariés.

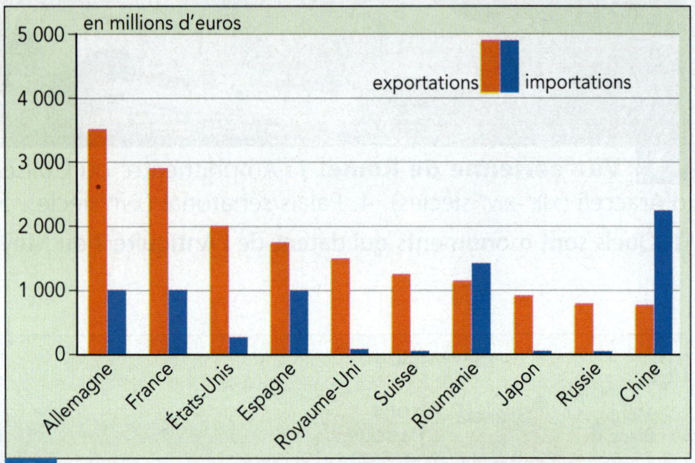

1 Les dix premiers partenaires de l'Italie dans le textile (2004).

1. **Combien y a-t-il de membres de l'Union européenne parmi les dix premiers partenaires de l'Italie ?**
2. **Combien y a-t-il de pays avec lesquels l'Italie vend plus qu'elle n'achète ?**

2 Des difficultés économiques récentes

L'Italie n'a pas le moral. Il est vrai que tous les clignotants économiques sont au rouge. L'Institut national de la statistique (Istat) vient de réviser à la baisse les chiffres de la croissance de 2004 : 1 % à peine, soit le plus mauvais résultat de la zone euro, après deux ans de stagnation (0,4 %). Pour 2005, le ministère de l'Économie prévoit une croissance de 1,5 %, et la Banque d'Italie ne s'attend pas à plus de 1,1 % de croissance.
La consommation intérieure est au plus bas. Syndicats et consommateurs dénoncent la diminution du pouvoir d'achat et l'augmentation du coût de la vie. Sur la scène internationale, les produits « made in Italy » perdent régulièrement des parts de marché : ils sont passés de 4 % à 3 % du marché mondial en dix ans.

D'après *Le Monde*, 1er avril 2005.

1. **Justifiez l'expression « tous les clignotants économiques sont au rouge ».**

3 **Les usines Fiat à Turin.**

1. Doc. 1, 3 et 4 : Quels sont les secteurs qui ont permis le développement économique de l'Italie ?

4 **Le tourisme en Italie.**

1. Citez les différents types de tourisme représentés sur cette carte.

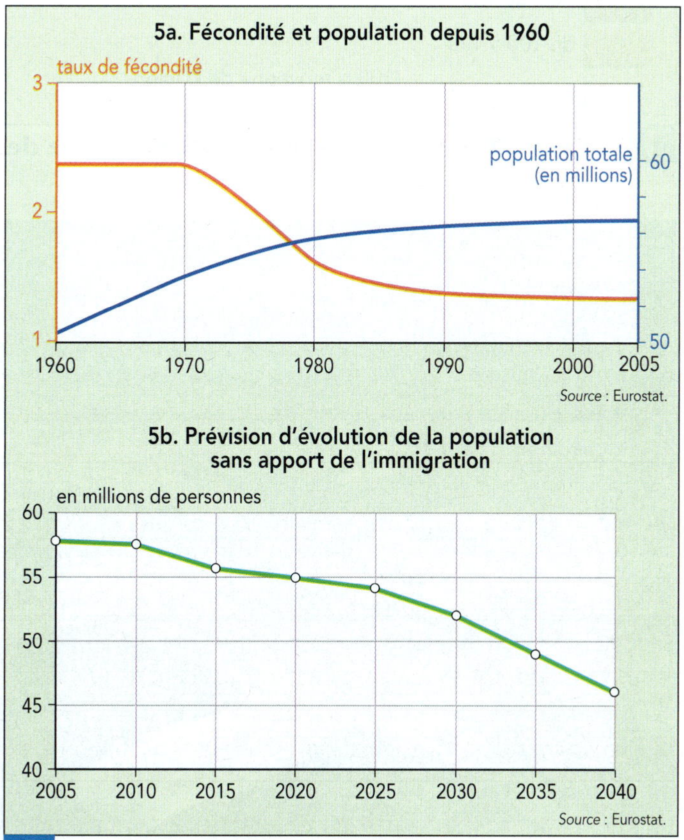

5 **La démographie de l'Italie.**

1. Doc. 5a : À partir de quelle année le taux de fécondité a-t-il beaucoup diminué ?

Les trois Italies

>> Objectif

Découvrir les contrastes régionaux de l'Italie.

La géographie de l'Italie a longtemps été réduite à la coupure nord-sud : une Italie du Nord industrielle et riche, un **Mezzogiorno** agricole, pauvre et victime de la **Mafia**. Les évolutions économiques et des aménagements récents permettent de nuancer cette vision de l'organisation de l'espace italien. Entre ces deux espaces s'intercale une troisième Italie. Sa croissance est avant tout fondée sur l'essor des PME.

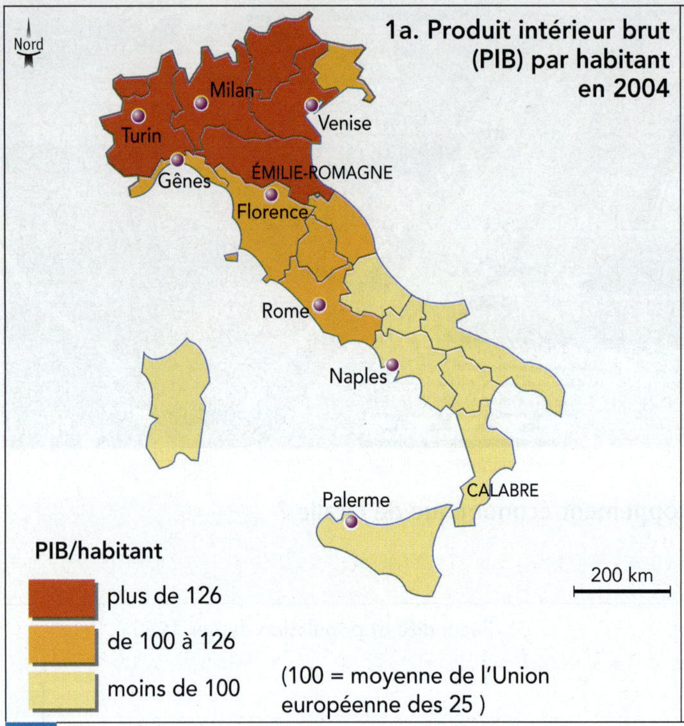

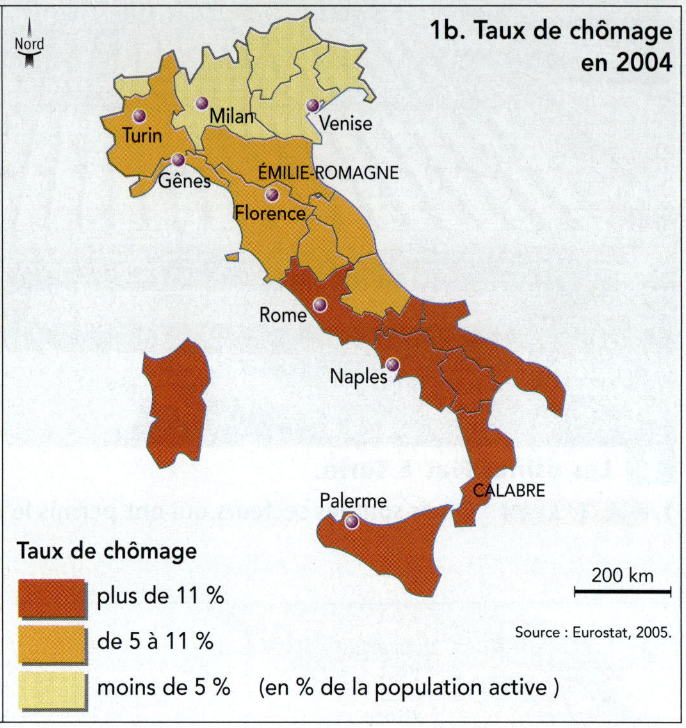

1 **Le PIB par habitant et le taux de chômage des régions italiennes.**

2 **Le port de Gênes.** Grâce à la modernisation de ses installations (terminaux de **conteneurs**), Gênes est devenue le premier port italien de marchandises.

3 **La troisième Italie (Vénétie, Émilie-Romagne, Toscane, Marches, Ombrie)**

La troisième Italie est constituée de milliers de PME ne produisant qu'un seul produit : textile, céramique ou électronique. Ces entreprises sont en relation avec des négociants qui se trouvent en Italie et à l'étranger. Elles sont soutenues par des institutions qui leur fournissent les services dont elles ont besoin : banques pour le financement, écoles spécialisées pour former les techniciens. L'exemple les plus souvent cité est celui de Prato en Toscane qui produit une bonne partie du tweed écossais vendu dans le monde. Un négociant en tweed passe sa commande mais ne sait pas quelle usine la réalisera. Un certain nombre d'entreprises s'en chargent. Les ouvriers travaillent sans autre limitation d'horaire que de tenir le délai, et dans des conditions difficiles. C'est pour cela que l'on appelle Prato « la ville aux doigts coupés » parce que beaucoup d'ouvriers n'ont pas pu respecter les règles de sécurité pour assurer la cadence nécessaire de production.

D'après la *Revue de l'Office français de conjoncture économique*, 2002.

4 Une zone industrielle en Émilie-Romagne.

VOCABULAIRE

conteneur (un) : caisse utilisée pour le transport des marchandises sur des navires, des trains ou des camions.

Mafia (la) : organisation criminelle puissante et secrète.

Mezzogiorno : le « midi », soit le sud de l'Italie.

5 Le village de Bova en Calabre.

QUESTIONS

➤ Trouver des informations dans un document

1. Doc. 1 : Où sont situées les régions ayant le plus fort PIB par habitant ?
2. Doc. 1 : Dans quelle partie de l'Italie trouve-t-on un taux de chômage supérieur à 11 % de la population active ?
3. Doc. 2 : Relevez les éléments de ce paysage qui montrent l'importance du port de Gênes.
4. Doc. 3 : Comment fonctionne le système industriel de la troisième Italie ?
5. Doc. 4 : Quels éléments de ce paysage indiquent le dynamisme de cette région italienne ?
6. Doc. 5 : Décrivez ce document.

➤ Mettre en relation les documents

7. Doc. 1 et 2 : Donnez les principales caractéristiques des régions industrielles de l'Italie du Nord.
8. Doc. 1 et 5 : Citez plusieurs handicaps dont souffre le sud de l'Italie.

➤ Rédiger

9. Doc. 1, 3 et 4 : Rédigez un petit paragraphe résumant les caractéristiques de la troisième Italie. Vous utiliserez les mots et expressions suivants : dynamisme industriel, électronique, PME, textile.

L'organisation régionale de l'Italie

›› Objectif

Comprendre comment est organisé l'espace italien.

1 **Un village dans la région du Trentin-Haut-Adige.**

2 **Venise.** Au premier plan, la vieille ville ; à l'arrière-plan, le port et la zone industrielle de Mestre.

3 **L'organisation de l'espace italien.**

4 **La baie de Naples.**

QUESTIONS

➤ Trouver des informations dans un document

1. Doc. 1 : Décrivez ce paysage. Quelles sont les cultures visibles au premier plan ?

2. Doc. 2 : Quelle est la particularité de la vieille ville de Venise ?

3. Doc. 3 : Quels sont les trois grands espaces régionaux représentés sur cette carte ?

4. Doc. 4 : Décrivez les différents plans de ce paysage.

➤ Mettre en relation les documents

5. Doc. 2 et 3 : À quelle Italie appartient Venise ? Quels sont ses atouts économiques ?

➤ Rédiger

6. Rédigez un petit paragraphe résumant les principales caractéristiques de chacune des trois Italies.

1 Connaître les mots de la géographie

Associez, sur votre cahier, chaque mot de vocabulaire (1 à 5) à sa définition (A à E).

1. Mafia	**A.** Avancée de terre dans la mer.
2. Péninsule	**B.** Organisation criminelle puissante et secrète.
3. Économie souterraine	**C.** Petites et moyennes entreprises (moins de 500 salariés). Beaucoup d'entre elles ont moins de 10 salariés.
4. PME	**D.** Caisse utilisée pour le transport des marchandises sur des navires, des trains ou des camions.
5. Conteneur	**E.** Partie de l'économie nationale qui échappe au contrôle de l'État (« travail au noir »).

2 Retenir l'essentiel du chapitre

Associez, sur votre cahier, chaque question (1 à 4) à sa réponse (A à D).

1. Comment peut-on définir le territoire italien ?	**A.** La troisième Italie a un mode de développement économique particulier, fondé sur un important réseau de PME.
2. Pourquoi dit-on que l'Italie bénéficie d'un riche héritage historique ?	**B.** Certaines régions (ex. Sicile, Aoste) ont un statut spécial.
3. Quelle est la particularité politique de l'organisation régionale de l'Italie ?	**C.** L'Italie a dominé le monde antique et a joué un rôle de premier plan au moment de la Renaissance.
4. Pourquoi ne peut-on résumer les contrastes régionaux à l'opposition entre le Nord et le Sud ?	**D.** L'Italie est constituée d'une péninsule et de deux îles principales.

3 Mémoriser des repères spatiaux

À l'aide de la liste suivante et du fond de carte, indiquez :

a. Le nom de huit villes italiennes (chiffres 1 à 8) : Florence, Gênes, Milan, Naples, Rome, Palerme, Turin, Venise.

b. L'appellation des trois Italies (lettres A, B, C) : Mezzogiorno, Nord industriel riche, troisième Italie.

c. Le nom des deux grandes îles (I et II).

4 Mettre en relation des documents

L'économie de la Toscane

1 Le centre historique de Pise (Toscane).

3 Les industries de Prato (Toscane)

Huang Pinliang se promène dans la zone industrielle de Prato, à 20 kilomètres au nord de Florence. L'histoire de M. Huang résume l'évolution du plus grand district textile d'Europe. Après avoir perdu 4 800 emplois depuis deux ans, Prato a été revivifiée par le dynamisme d'entrepreneurs chinois. La ville compte 32 000 Chinois (dont 10 000 clandestins) pour 180 000 habitants.
Sur les 7 000 entreprises de la province, plus de 1 500 sont chinoises, une concentration sans équivalent en Europe. Tout le monde ferme les yeux sur les conditions de travail. « Grâce à leur rapidité et à leur capacité d'adaptation aux demandes d'un secteur de la mode très évolutif, les entrepeneurs chinois font revenir à Prato les acheteurs européens qui allaient en Grèce ou en Turquie », explique le maire adjoint de Prato.

D'après *Le Monde*, 11 novembre 2005.

2 La région du Chianti (Toscane).

1. Présentez les documents.
2. Doc. 1 : Décrivez cette photographie. Quels atouts économiques représentent ces monuments pour la ville de Pise ?
3. Doc. 2 : Quelle est la principale production de cette région rurale de Toscane ?
4. Doc. 3 : Près de quelle grande ville se situe Prato ? Quelle est la principale production industrielle de Prato ?
5. Doc. 3 : Comment la ville de Prato parvient-elle à conserver ses industries aujourd'hui ?
6. Doc. 1, 2 et 3 : Sur quoi repose le développement économique de la Toscane ?
7. Doc. 1, 2 et 3 : À quelle Italie appartient la Toscane ? Justifiez votre réponse.

Chapitre 17

L'Espagne

→ Comment l'Espagne s'est-elle modernisée ?

FICHE D'IDENTITÉ

ESPAGNE 2005	FRANCE 2005
◆ 505 900 km² pour 43,1 millions d'habitants, soit 85,2 hab./km²	◆ 552 000 km² pour 60,5 millions d'habitants, soit 110 hab./km²
◆ PNB de 22 150 dollars par habitant ; 21e rang mondial pour l'IDH (sur 177 pays classés)	◆ PNB de 27 640 dollars par habitant ; 16e rang mondial pour l'IDH (sur 177 pays classés)
◆ 15 % de la population a moins de 15 ans. 17 % de la population a plus de 65 ans.	◆ 19 % de la population a moins de 15 ans. 16 % de la population a plus de 65 ans.

1 Le relief et les principales villes d'Espagne.

1. Quel est le relief dominant de l'Espagne ?

2 **Vue générale de Madrid.** À droite, la Plaza Mayor.

1. Où se situe le centre historique sur cette photographie ? le quartier des affaires ?

3 **Cultures sous serres à l'ouest d'Almería.**

1. Quelle image de l'agriculture espagnole donne ce paysage ?

Leçon 1 La nouvelle Espagne

→ Comment s'est effectué le renouveau espagnol ?

A Une péninsule du sud-ouest de l'Europe

Souvent considérée comme méditerranéenne, l'Espagne est en fait un carrefour climatique **(doc. 1)**. Elle appartient à la péninsule ibérique qui est l'un des **finisterres** européens. Dans les régions centrales, relativement élevées et éloignées de la mer, il règne un climat souvent rigoureux. L'humidité et la douceur océanique de la Galice au nord-ouest, s'opposent à l'aridité méditerranéenne des régions du Sud.

La péninsule est rattachée au reste de l'Europe par les Pyrénées. La majeure partie de la population vit à proximité des littoraux, y compris dans le Sud. De l'autre côté du détroit de Gibraltar, le Maroc n'est qu'à quelques kilomètres. L'Espagne est donc à la fois ouverte sur l'Atlantique et la Méditerranée.

B Une ancienne puissance mondiale

Au Moyen Âge, l'Espagne a été une riche région du monde musulman, ce qui lui a laissé un important héritage culturel **(doc. 5)**. Après la **Reconquista**, achevée au XVe siècle, l'Espagne s'est constituée un vaste empire colonial en Amérique centrale et en Amérique du Sud. C'est pour cette raison que l'espagnol est aujourd'hui la langue officielle d'une grande partie de l'Amérique latine.

Au début du XVIIe siècle, l'Espagne est une grande puissance mondiale (le « Siècle d'or »). Puis elle entre en décadence politique et économique **(voir dossier p. 108-109)**. Au début du XXe siècle, ce n'est plus qu'un État secondaire.

C Une modernisation rapide

Après la longue dictature du général Franco (1939-1975), l'Espagne devient une monarchie constitutionnelle en 1975. Ce nouvel État démocratique laisse une large initiative aux **communautés autonomes** **(doc. 4)**. Certaines (Catalogne, Pays basque) ont leur propre langue officielle, en plus de l'espagnol.

Depuis les années 1960, le niveau de vie de la population augmente rapidement **(doc. 2)**. L'adhésion à l'Union européenne (1986) a encore accéléré la modernisation du pays, particulièrement en ce qui concerne les infrastructures **(doc. 3)**.

VOCABULAIRE

communauté autonome (une) : région espagnole possédant un parlement et un gouvernement ayant des pouvoirs politiques étendus (éducation, police).

finisterre (un) : lieu où « finit » la terre, extrémité d'un continent.

Reconquista (la) : reconquête de l'Espagne musulmane par les chrétiens du XIe à la fin du XVe siècle.

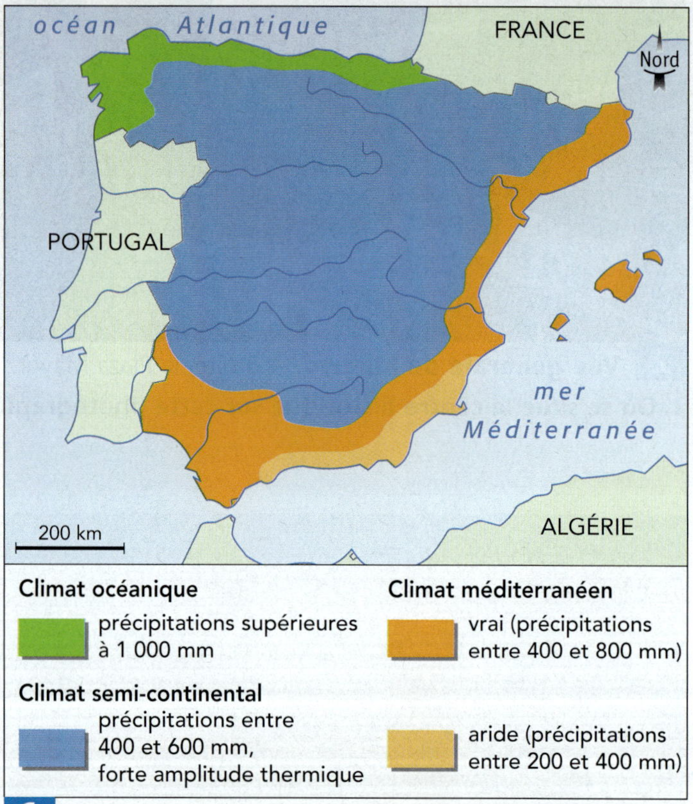

1 Les domaines climatiques de l'Espagne.

1. Quels sont les deux grands domaines climatiques qui dominent la péninsule espagnole ?

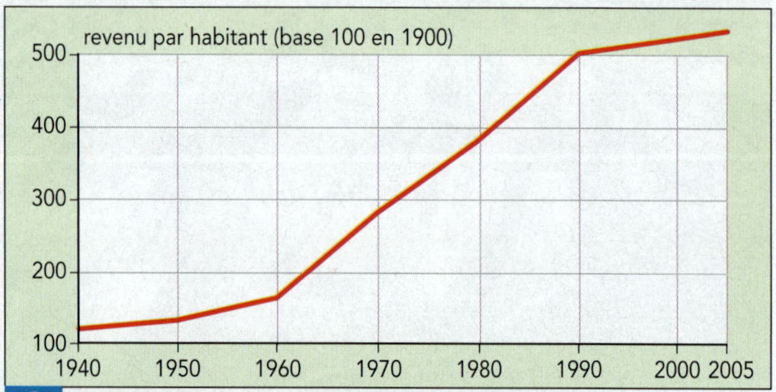

2 L'évolution du revenu par habitant.

1. Au cours de quelle période le revenu par habitant a-t-il le plus fortement progressé ?

3 Le TGV espagnol ou AVE (Alta Velocidad de España) traversant la région de Castille-la Manche.

1. Décrivez ce paysage.

4 Les 17 communautés autonomes d'Espagne.

1. Citez trois noms de communautés autonomes qui possèdent deux langues officielles.

5 La Mezquita de Cordoue. Cette mosquée, dont la construction a débuté en 785, a été transformée en cathédrale au XVIe siècle.

1. Doc. 1 et 5 : Quels sont les atouts touristiques de l'Espagne ?

Leçon 2 Le développement économique de l'Espagne

→ **Comment se caractérise le développement de l'Espagne ?**

A La modernisation de l'économie

Depuis les années 1970, l'agriculture espagnole a profondément évolué. Les productions traditionnelles (vigne, olivier, céréales) ont reculé au profit des cultures irriguées qui exigent de grandes quantités d'eau. Presque toutes les plaines littorales ont été transformées en **huertas** dont les fruits (agrumes, fraises) et les légumes sont exportés dans toute l'Europe **(doc. 5)**.

L'industrie, déjà présente au Pays basque et en Catalogne, s'est développée grâce à l'installation d'entreprises automobiles qui voulaient profiter d'une main-d'œuvre bon marché. Ces dernières emploient plus de 230 000 personnes (11 % des effectifs européens du secteur).

B Le deuxième pays touristique du monde

Dès les années 1960, l'Espagne a su tirer profit de sa réputation de pays ensoleillé et bon marché en développant d'immenses stations balnéaires sur sa côte méditerranéenne **(doc. 3)**. En 2005, l'Espagne est la deuxième destination touristique du monde. Ce secteur est aujourd'hui la première activité économique du pays. Il rapporte 37 milliards d'euros par an (12 % du PIB).

Cette réussite touristique a cependant entraîné de nombreux problèmes. La côte a été souvent défigurée par les constructions d'immeubles en béton et les vacanciers utilisent une part importante des ressources en eau qui sont nécessaires à l'agriculture **(doc. 4)**.

C La persistance des contrastes régionaux

Le récent développement économique de l'Espagne lui a permis de devenir la 9e puissance mondiale, mais il n'a pas gommé les déséquilibres régionaux issus du passé **(doc. 2)**. Les régions du Nord, bien que touchées par une crise industrielle à la fin des années 1980, ont souvent réussi leur reconversion **(doc. 1)**. Le sud du pays, malgré le développement d'une agriculture moderne et du tourisme, reste relativement pauvre.

Deux métropoles dominent le pays. Madrid bénéficie de son rôle de capitale nationale et devient un grand centre de services. Barcelone concentre la richesse industrielle et fournit 20 % du PIB.

VOCABULAIRE

huerta (une) : zone de cultures irriguées produisant d'abondantes quantités de fruits et légumes.

1 Vue générale de Bilbao (Pays basque).
Au premier plan, le musée Guggenheim. Ouvert en 1997, il a été construit sur d'anciennes friches industrielles le long de l'estuaire du Nervión.

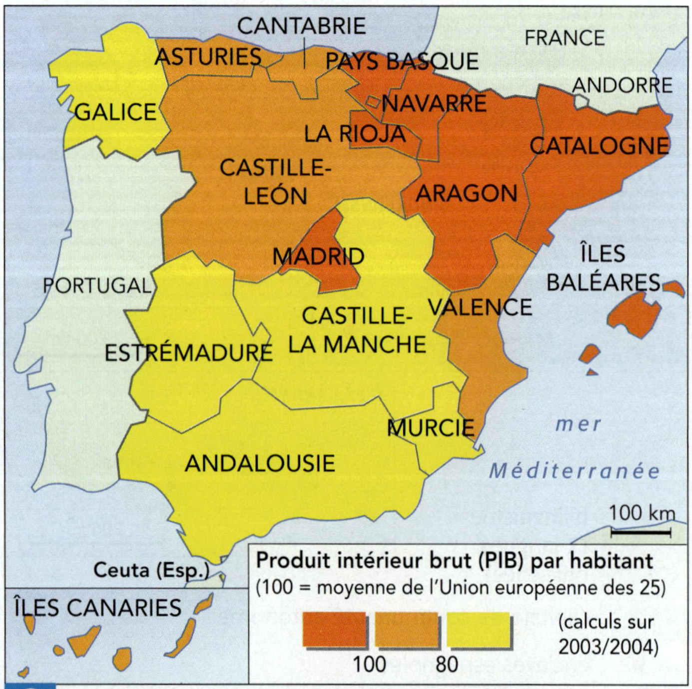

2 Les inégalités de richesse en Espagne.

1. **Doc. 1 et 2** : **Quelles sont les régions espagnoles les plus riches ?**

3 **Le complexe touristique de la Manga del Mar Menor sur la côte méditerranéenne, à côté de Murcie.**

1. Quels sont les aménagements touristiques visibles sur ce paysage ?

2. Doc. 3, 4 et 5 : Quelles sont les régions espagnoles qui ont le plus besoin d'eau ? pourquoi ?

4 Le tourisme et l'eau

Près d'Altea, dans la région d'Alicante, on voit des cultures d'orangers au bas des collines. Plus loin, les montagnes pelées rappellent que nous sommes dans un climat semi-aride. Comme un quart de l'Espagne, cette région est considérée par les autorités « en voie de désertification ». À Murcie, non loin de là, on a baissé la pression des robinets et interdit les douches sur les plages. Des villages sont rationnés. « Depuis vingt-cinq ans, nous connaissons un déficit en eau, ce qui rend d'autant plus absurde la prolifération des golfs » affirme un responsable local. Or, le pays connaît un boom sans précédent, en particulier sur la côte méditerranéenne, où résident des dizaines de milliers de Britanniques, d'Allemands ou de Scandinaves. Les golfs se multiplient : 160 ont vu le jour depuis cinq ans et 300 sont en projet.

D'après *Libération*, 20 juillet 2005.

1. Quelles activités nécessitent beaucoup d'eau ?

5 **L'agriculture et l'eau en Espagne.**

Une société en mutation

>> Objectif

Découvrir les transformations de la société espagnole.

Jusqu'au début des années 1970, l'Espagne était encore une société rurale où l'influence de l'Église catholique était très forte. En moins de trente ans, elle a profondément évolué. Aujourd'hui, la population est urbaine à 77 %, et la natalité s'est effondrée. Le pays, autrefois terre d'émigration, est obligé d'accueillir de nombreux immigrés pour compenser la stagnation de sa population.

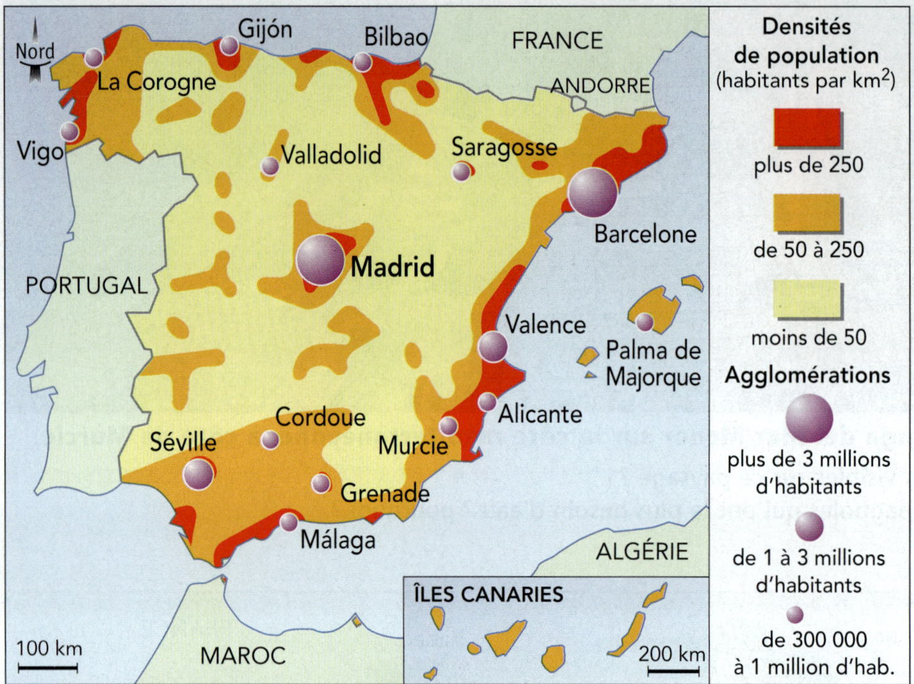

1 La répartition de la population espagnole. Depuis le début des années 1970, l'exode rural a vidé les régions centrales de leurs habitants.

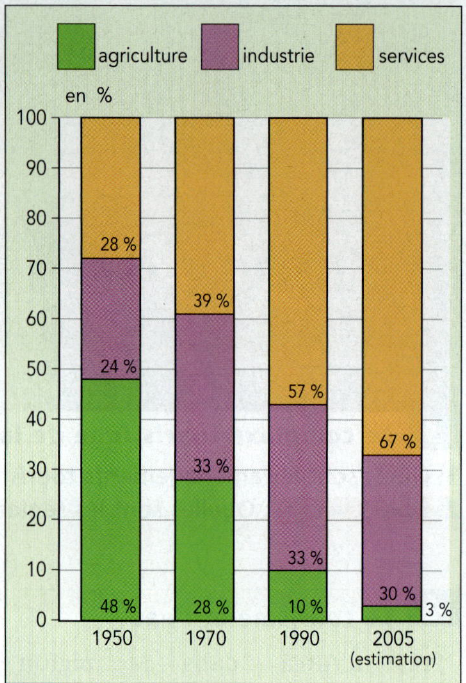

2 L'évolution de la population active depuis 1950.

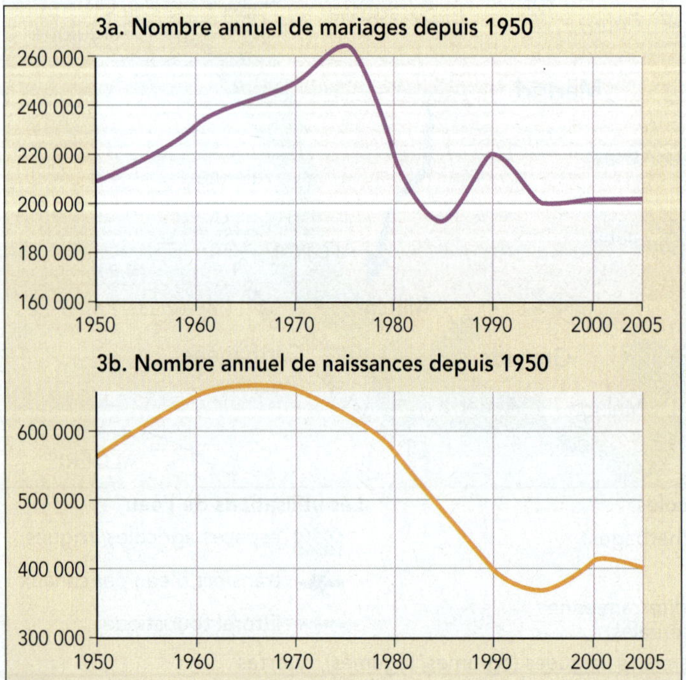

3 Mariages et naissances en Espagne depuis 1950.

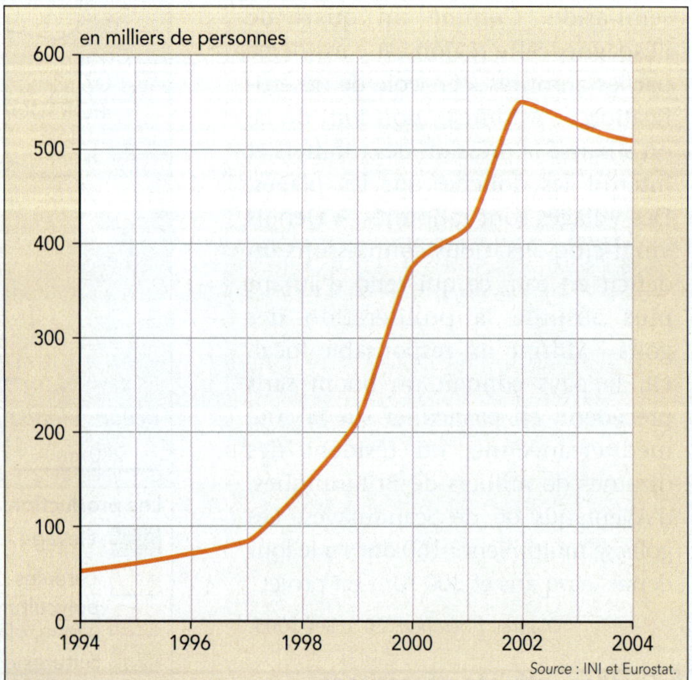

4 L'immigration en Espagne depuis 1994.

5 Un ouvrier agricole travaillant dans des serres à El Ejido, près d'Almería (Andalousie).

Les serres d'El Ejido s'étendent sur une superficie d'envion 35 000 hectares.

Cultures :
aubergines, choux, concombres, courgettes, haricots verts, melons, pastèques, poivrons, tomates.

Production totale annuelle :
2 772 000 tonnes (dont 61 % pour l'exportation).

Valeur de la production :
944 millions d'euros.

Main-d'œuvre employée :
56 000 personnes.

Rémunération moyenne des ouvriers agricoles :
entre 2 et 3,50 euros de l'heure (contre 4,51 euros de l'heure prévus dans les conventions collectives).

6 La régularisation des immigrés clandestins

Le 7 mai dernier, le gouvernement espagnol a clôturé sa quatrième campagne de régularisation massive d'immigrés clandestins depuis 1990.

En deux mois, plus de 600 000 sans-papiers se sont vus attribuer un permis de séjour. Cela afin « de mettre au jour tout un pan de l'économie souterraine et de contrer les mafias » qui exploitent ces travailleurs, a déclaré le gouvernement.

Les pays européens calquent désormais leur politique migratoire sur leurs besoins économiques. L'Allemagne a opté pour une immigration sélective, tournée vers l'emploi très qualifié.

En revanche, l'Espagne, où l'agriculture, le tourisme et la construction connaissent une forte croissance, peut se permettre d'absorber des centaines de milliers de travailleurs de l'ombre.

Ces immigrés ne servent pas seulement à repeupler les villages du centre, ils fournissent aussi, et surtout, une main-d'œuvre indispensable à toutes les immenses exploitations agricoles, de Valence à Murcie et Almería, qui alimentent l'Europe entière en produits maraîchers.

D'après *L'Express*, 16 mai 2005.

QUESTIONS

➤ Trouver des informations dans un document

1. Doc. 1 : Où se situe principalement la population espagnole ?
2. Doc. 2 : Dans quel secteur la population active était-elle la plus nombreuse en 1950 ? Comment a-t-il évolué jusqu'à nos jours ?
3. Doc. 3 : À partir de quelle date le nombre de mariages diminue-t-il de manière importante ? Et le nombre de naissances ? À quoi correspond cette date dans l'histoire espagnole ?
4. Doc. 4 : Combien y a-t-il d'immigrants en moyenne qui entrent en Espagne chaque année depuis 2002 ?
5. Doc. 5 : Dans quelle région d'Espagne vivent ces immigrants ? Quel travail effectuent-ils ?
6. Doc. 6 : Combien d'immigrants clandestins le gouvernement espagnol a-t-il régularisés en 2005 ?

➤ Mettre en relation les documents

7. Doc. 3, 4, 5 et 6 : Pourquoi l'Espagne a-t-elle aujourd'hui besoin de nombreux immigrés ?

➤ Rédiger

8. Rédigez un petit paragraphe résumant l'évolution de la population de l'Espagne (répartition sur le territoire, secteurs d'activité, démographie) depuis les années 1950.

Dossier

L'organisation régionale de l'Espagne

›› Objectif

Comprendre les dynamiques régionales de l'Espagne.

1 **Barcelone, deuxième ville d'Espagne et grand centre économique du pays.**

2 **Le littoral de la Costa del Sol à Port-Banyus près de Marbella.**

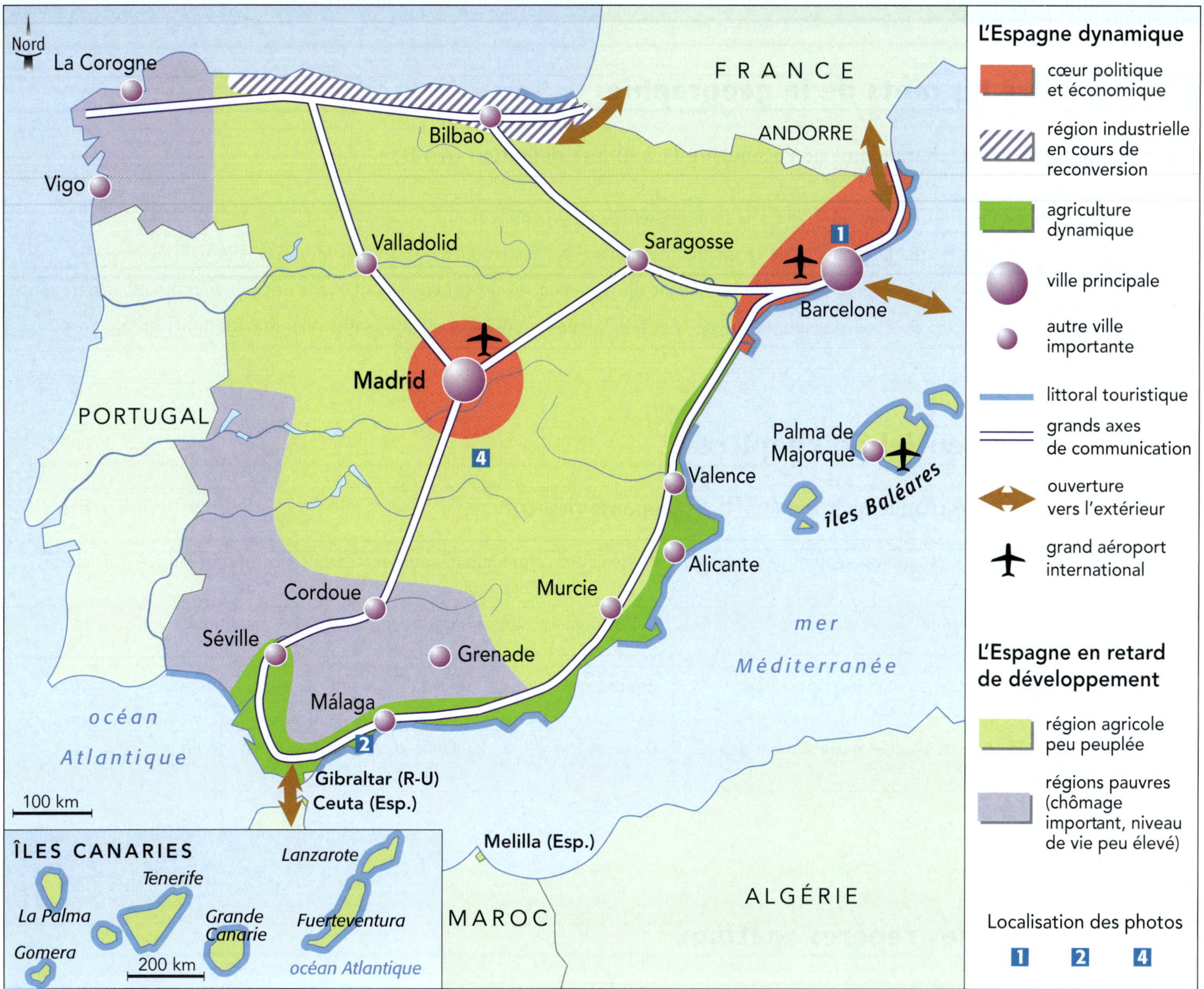

3 **Les espaces régionaux de l'Espagne.**

4 **La Castille-la Manche au sud de Madrid.**

QUESTIONS

➤ Trouver des informations dans un document

1. Doc. 1 : Relevez des éléments de la photographie qui montrent l'importance de Barcelone.
2. Doc. 2 : Quelles sortes d'aménagements touristiques sont visibles sur ce littoral ?
3. Doc. 4 : Décrivez ce paysage (densité, habitat, etc.).

➤ Mettre en relation les documents

4. Doc. 1 à 4 : À quelle Espagne appartient chacun des paysages ?

➤ Rédiger

5. Rédigez un petit paragraphe résumant les caractéristiques de l'Espagne dynamique et de l'Espagne en retard de développement.

EXERCICES

1 Connaître les mots de la géographie

Associez, sur votre cahier, chaque mot de vocabulaire (1 à 4) à sa définition (A à D).

1. Communauté autonome	A. Lieu où « finit » la terre, extrémité d'un continent.
2. Finisterre	B. Reconquête de l'Espagne musulmane par les chrétiens du XIe à la fin du XVe siècle.
3. Huerta	C. Région espagnole possédant un parlement et un gouvernement ayant des pouvoirs politiques étendus.
4. Reconquista	D. Zone de cultures irriguées et très variées produisant d'abondantes quantités de fruits et légumes.

2 Retenir l'essentiel du chapitre

Associez, sur votre cahier, chaque question (1 à 4) à sa réponse (A à D).

1. Comment peut-on définir géographiquement l'Espagne ?	A. Plusieurs communautés autonomes ont leur propre langue officielle, en plus de l'espagnol.
2. Pourquoi peut-on dire que les particularismes régionaux sont respectés ?	B. L'Espagne a connu un effondrement de sa natalité.
3. Comment l'Espagne a-t-elle su valoriser son climat et ses littoraux ?	C. L'Espagne est une péninsule du sud-ouest de l'Europe.
4. Comment a évolué la démographie de l'Espagne depuis une trentaine d'années ?	D. L'Espagne est le deuxième pays touristique du monde.

3 Mémoriser des repères spatiaux

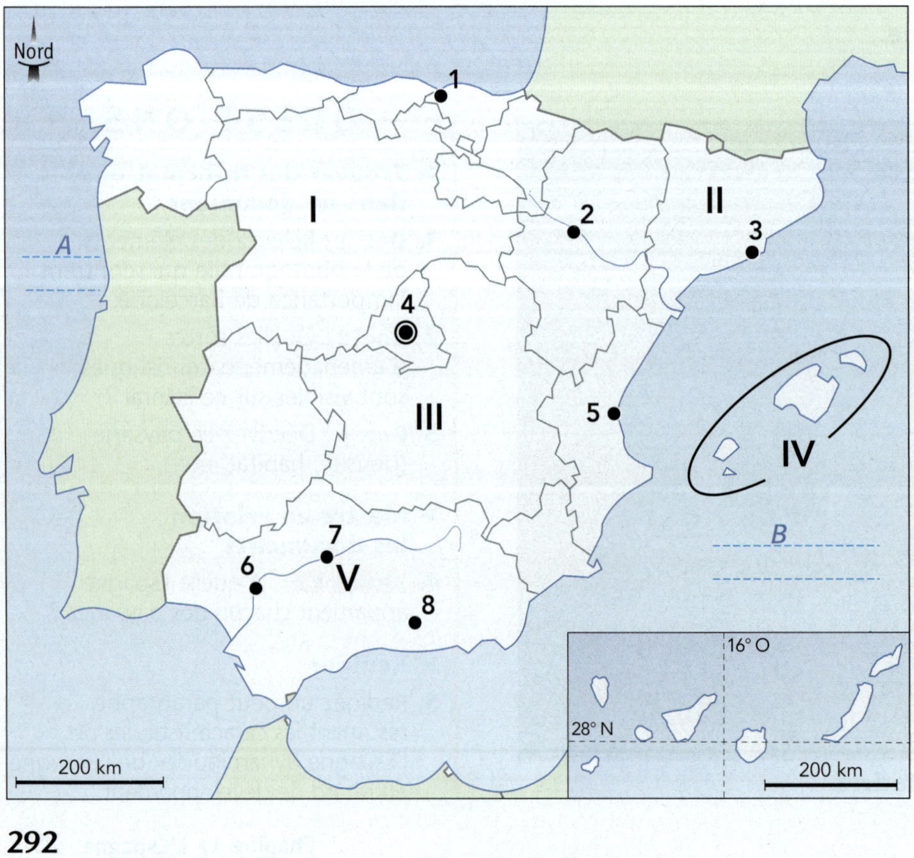

À l'aide des listes suivantes et du fond de carte, indiquez :

a. Le nom de huit villes espagnoles (chiffres 1 à 8) : Barcelone, Bilbao, Cordoue, Grenade, Madrid, Saragosse, Séville, Valence.

b. Le nom de cinq communautés autonomes (I à V) : Andalousie, Baléares, Catalogne, Castille-León, Castille-la Manche.

c. Le nom de la mer et de l'océan (A et B).

4 Mettre en relation des documents

L'industrie du tourisme en Espagne.

1 La station balnéaire de Magaluf sur l'île de Majorque (Baléares).

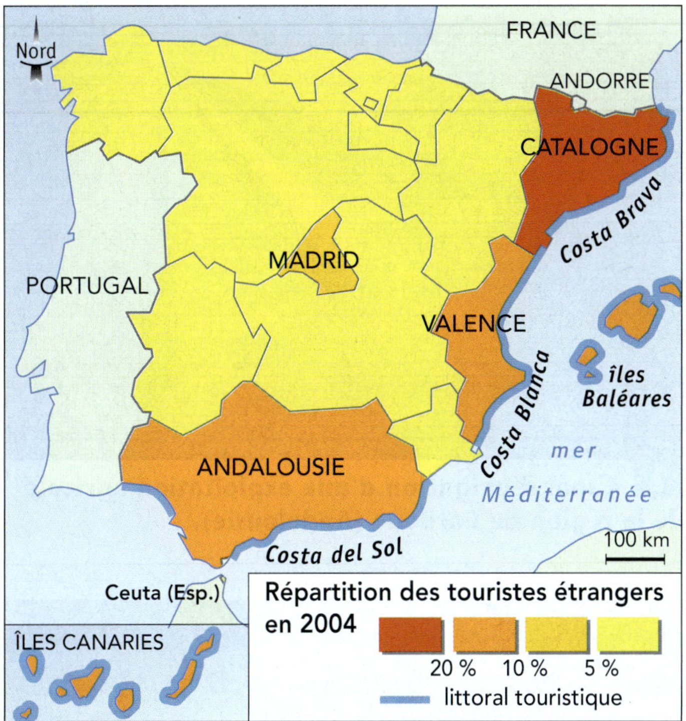

2 La répartion des touristes étrangers en Espagne en 2004.

	2003	2004
Nombre total de touristes étrangers	52,4 millions (3ᵉ destination touristique mondiale)	53,6 millions (2ᵉ destination touristique mondiale)
Importance économique	11,9 % du PIB du pays	12 % du PIB du pays
Principales provenances	Royaume-Uni : 30,7% Allemagne : 18,8 % France : 14,8 % Reste de l'Europe : 27,6 % Reste du monde : 8,1 %	Royaume-Uni : 30,6 % Allemagne : 18,7 % France : 14 % Reste de l'Europe : 28,7 % Reste du monde : 8 %
Moyens de transport	Avion : 71 % Voiture : 23 % Bateau : 5 % Train : 1 %	Avion : 72 % Voiture : 22 % Bateau : 5 % Train : 1 %
Durée moyenne du séjour	4,9 jours	4,9 jours
Types de tourisme	Tourisme balnéaire : 79 % Tourisme culturel : 16 % Tourisme sportif et autres : 5 %	Tourisme balnéaire : 78 % Tourisme culturel : 17 % Tourisme sportif et autres : 5 %

3 Quelques statistiques touristiques.

1. Doc. 1 : Décrivez ce paysage. Quelle est la principale activité économique de Majorque ?
2. Doc. 2 : Vers quelles régions espagnoles se dirigent principalement les touristes ?
3. Doc. 3 : Quels sont les trois principaux pays d'origine des touristes en Espagne ? De quel continent proviennent-ils ? Quelle est leur part dans le total ?
4. Doc. 3 : Quel est le principal moyen de transport des touristes pour venir en Espagne ? Comment pouvez-vous l'expliquer ?
5. Doc. 1 et 3 : Quel est le type de tourisme majoritaire ?
6. Doc. 1, 2 et 3 : Rédigez un petit paragraphe résumant les principales caractéristiques du tourisme en Espagne.

VERS LE BREVET

Sujet guidé Le problème de l'eau en Espagne

1 Canal d'irrigation d'une exploitation agricole de la région de Cordoue (Andalousie).

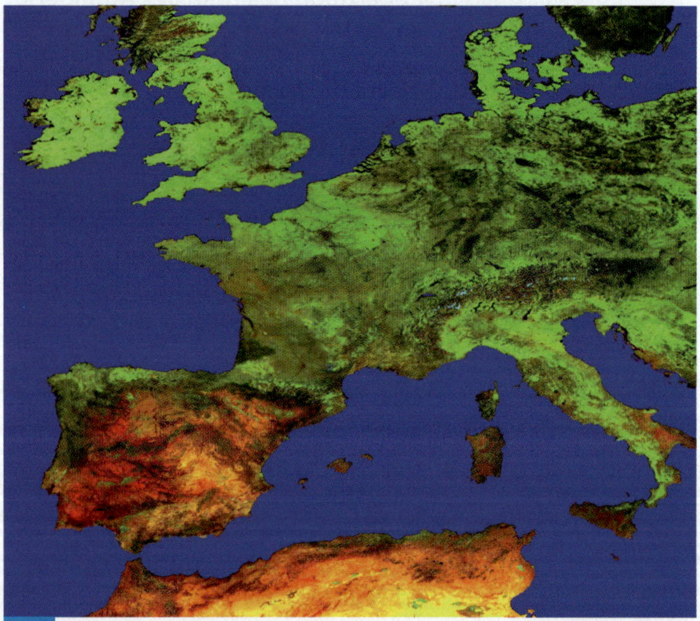

2 Vague de sécheresse dans l'ouest de l'Europe. (image SPOT du 21 juin 2005). Les zones en orange et en jaune correspondent aux régions les plus sèches.

Questions

1. Doc. 1 : Pourquoi l'agriculture espagnole a-t-elle besoin de grandes quantités d'eau ?
2. Doc. 2 : Quel est le pays européen le plus touché par la sécheresse de l'été 2005 ?
3. Doc. 3 : Quelles sont les raisons de l'augmentation de la consommation d'eau en Espagne ?
4. Doc. 1 à 3 : Quels sont les différents aspects du problème de l'eau en Espagne ?

Méthode

Les questions 1 à 3 vous demandent, en fait, de résumer la (ou les) information(s) principale(s) contenue(s) dans chaque document.

1. *L'observation de la photographie ainsi que la lecture de sa légende permettent de répondre à la question.*
2. *La carte ne peut être comprise que si on lui associe son commentaire qui permet de définir les régions européennes les plus touchées par la sècheresse.*
3. *La lecture attentive de cet extrait du journal* Le Monde *donne la réponse à la question.* Au fil du texte, les raisons de l'augmentation incessante des besoins en eau de l'Espagne sont fournies : utilisation traditionnelle pour l'agriculture (souvent mal optimisée) et concurrence de nouvelles utilisations pour le tourisme.
4. *Si vous avez répondu correctement aux questions précédentes, vous devez être capable de mettre les documents en relation et de dégager les différents aspects du problème de l'eau en Espagne :*
   - *un pays aux ressources en eau limitées ;*
   - *une agriculture qui nécessite traditionnellement beaucoup d'eau ;*
   - *de nouveaux besoins en eau.*

3 L'Espagne a besoin de toujours plus d'eau

En Espagne, les incendies se succèdent. Le pays connaît sa pire sécheresse depuis 60 ans. Pourtant, en 2003, la consommation en eau a augmenté de 2 % (167 litres d'eau par habitant et par jour). Les barrages, retenues et lacs artificiels, destinés à accumuler des réserves, ont été édifiés pour la plupart avant les années 1970. Le vieillissement de ces équipements se fait sentir. Une autre modernisation s'impose : celle de l'arrosage des cultures. Dans le Sud (régions de Murcie ou d'Almería), les agriculteurs utilisent des systèmes informatisés qui permettent de doser les arrosages. Mais ces dispositifs ne représentent que 15 % de la consommation totale. Partout ailleurs, les pertes sont énormes. Les régions arides sont les principales productrices de fruits et de légumes, mais aussi celles qui attirent le plus de touristes. Cela se traduit par l'éclosion de nouvelles villes touristiques où les piscines, les golfs et les jardins exotiques, gros consommateurs d'eau, sont la plus belle vitrine.

D'après *Le Monde*, 10 août 2005.

Mettre en relation des documents

Sujet d'entraînement Berlin est-elle une grande métropole européenne ?

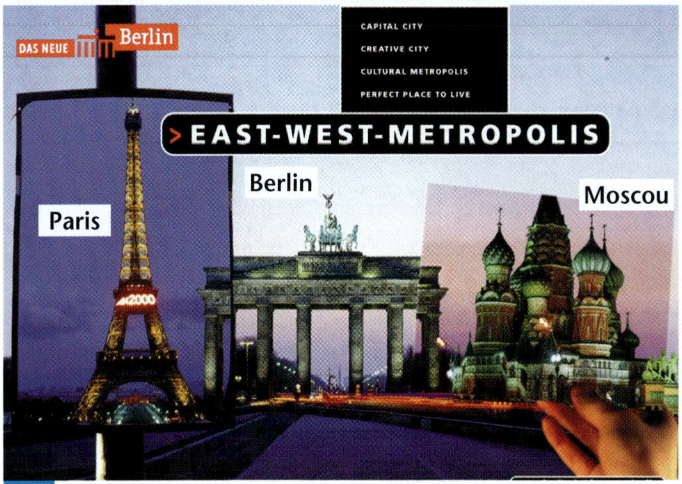

1 Berlin veut être une grande métropole européenne. « Métropole Est-Ouest », affiche de la ville de Berlin.

Questions

1. **Doc. 1 :** Que signifie le titre de cette affiche « Berlin, métropole Est-Ouest » ?
2. **Doc. 2 :** Décrivez le document. Que symbolise-t-il ?
3. **Doc. 3a :** Qu'est-ce qui fait de Berlin une grande ville européenne ?
4. **Doc. 3b :** Quels sont les freins à son développement ?
5. **Doc. 1 à 3 :** Berlin est-elle une grande métropole européenne ?

2 Berlin, une ville en transformations constantes.

Conseils pour réussir

- Relisez la leçon 1 p. 234-235 ainsi que le dossier p. 240-241 en n'oubliant pas que Berlin se trouvait en RDA avant 1990.
- Observez attentivement les documents. Dans chacun d'entre eux, relevez tous les éléments qui font de Berlin une grand métropole européenne (siège du pouvoir fédéral du plus puissant pays d'Europe, situation géographique entre l'Est et l'Ouest) mais aussi une ville en reconstruction permanente qui connaît des difficultés.
- Utilisez les informations trouvées dans les questions 1, 2, 3 et 4 pour répondre à la question 5.
- Rédigez à chaque fois une ou deux phrases correctement écrites puis vérifiez votre grammaire et votre orthographe.

3 Berlin, une ville de contrastes

a. Longtemps très méfiants à l'égard de Berlin, les organes fédéraux (Parlement et chancellerie), installés pendant cinquante ans dans la petite ville de Bonn, semblent avoir pris la mesure de l'enjeu berlinois. Par sa position géographique à la croisée des deux Europe. Berlin peut fonctionner comme plaque tournante, carrefour culturel.

D'après Boris Grésillon, « Berlin métropole culturelle », *TDC*, 1er octobre 2003.

b. « De quel boom parle-t-on ? » ironise Petra Bohnsack, analyste économique de la Berliner Bank. « À Berlin, la croissance se situe nettement au-dessous de la moyenne allemande. À terme, il ne faut s'attendre à aucune amélioration. Le pouvoir d'achat est faible, le chômage élevé et, au cours des six derniers mois, même le tourisme a reculé. » Berlin compte plus de 17 % de chômeurs, et seulement 41 % des habitants de la ville vivent du fruit de leur travail. Urbanistes et architectes préparent déjà une version « allégée » du nouveau Berlin. Leur verdict sur l'avenir de la ville est sévère. « Berlin ne sera jamais une métropole. C'est une ville pauvre, avec des caisses vides, des bureaux vides, des maisons vides. » À Berlin, on représente, on ne produit pas. Les dettes de la ville s'élèvent à 42 milliards d'euros, et la municipalité doit consacrer 10 % de son budget annuel au seul paiement des intérêts.

D'après Sascha Lehnartz, *Courrier international*, 12 septembre 2002.

Chapitre

18 La France : unité, diversité et aménagement du territoire

➜ **Quelles sont les caractéristiques de la France par rapport aux autres pays européens ?**

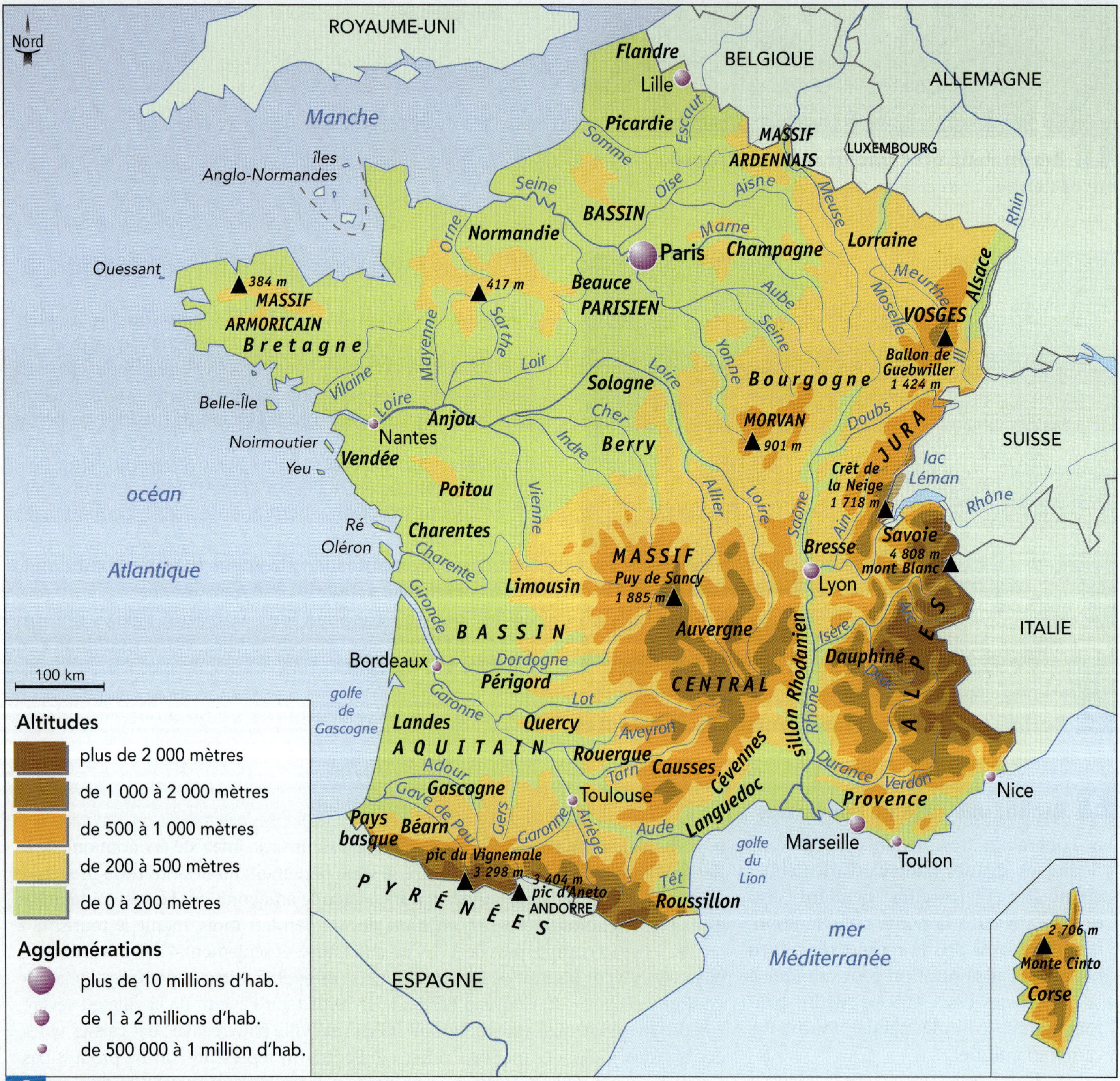

1 Le relief de la France.

1. Quelles sont les deux grandes plaines françaises ?

2. Repérez et nommez les principales chaînes de montagnes ainsi que leurs points culminants.

FICHE D'IDENTITÉ

FRANCE 2005

- 552 000 km² (672 400 km² avec les DOM-COM) pour 60,5 millions d'habitants, (62,9 millions avec les DOM-COM) soit 110 hab./km²
- PNB de 27 640 dollars par habitant ; 16e rang mondial pour l'IDH (sur 177 pays classés)
- 19 % de la population a moins de 15 ans. 16 % de la population a plus de 65 ans.

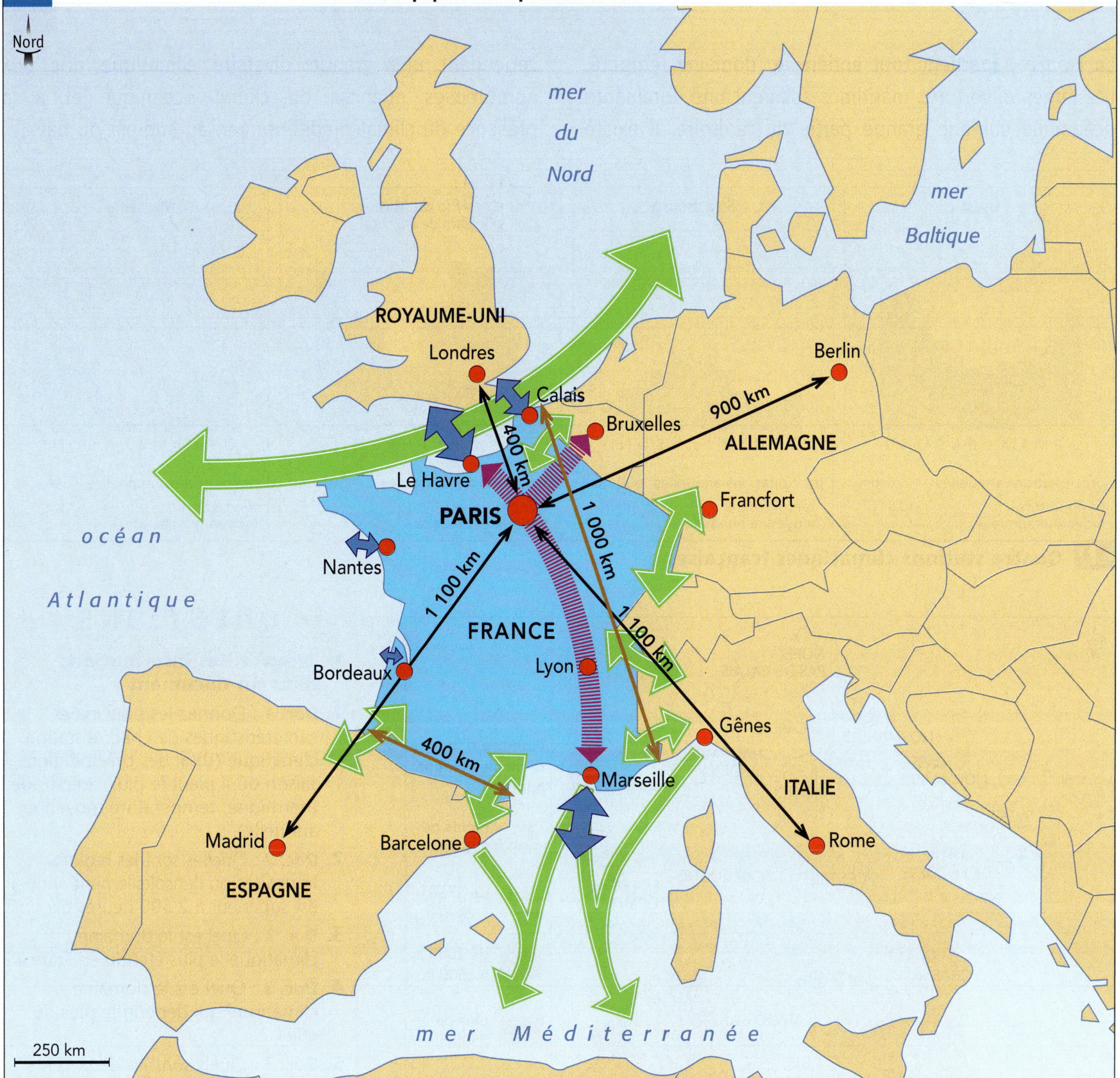

La France, isthme de l'Europe

- principal axe français de circulation
- 400 km : distances entre deux mers ou océans
- 400 km : distances entre Paris et les grandes capitales d'Europe

La France, un carrefour européen

- principaux axes de circulation internationaux
- principaux ports français

2 La France en Europe.

1. Quels sont les grands axes terrestres et maritimes de circulation de la France ?
2. Quels espaces mettent-ils en relation ?

Climats et domaines climatiques

›› Objectif

Découvrir les grands domaines climatiques français.

La France appartient tout entière au domaine tempéré. Les larges ouvertures maritimes assurent une dominante océanique sur une grande partie du territoire. Il existe cependant une grande diversité climatique due aux nombreuses nuances du climat océanique et à la présence du climat méditerranéen au sud-est du pays.

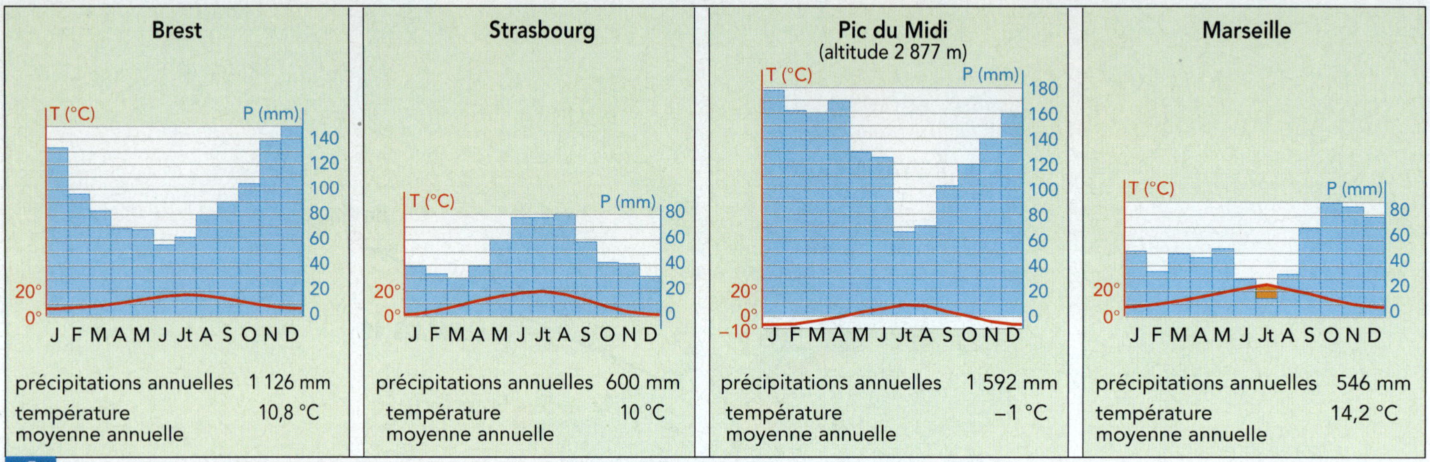

1 Quatre stations climatiques françaises.

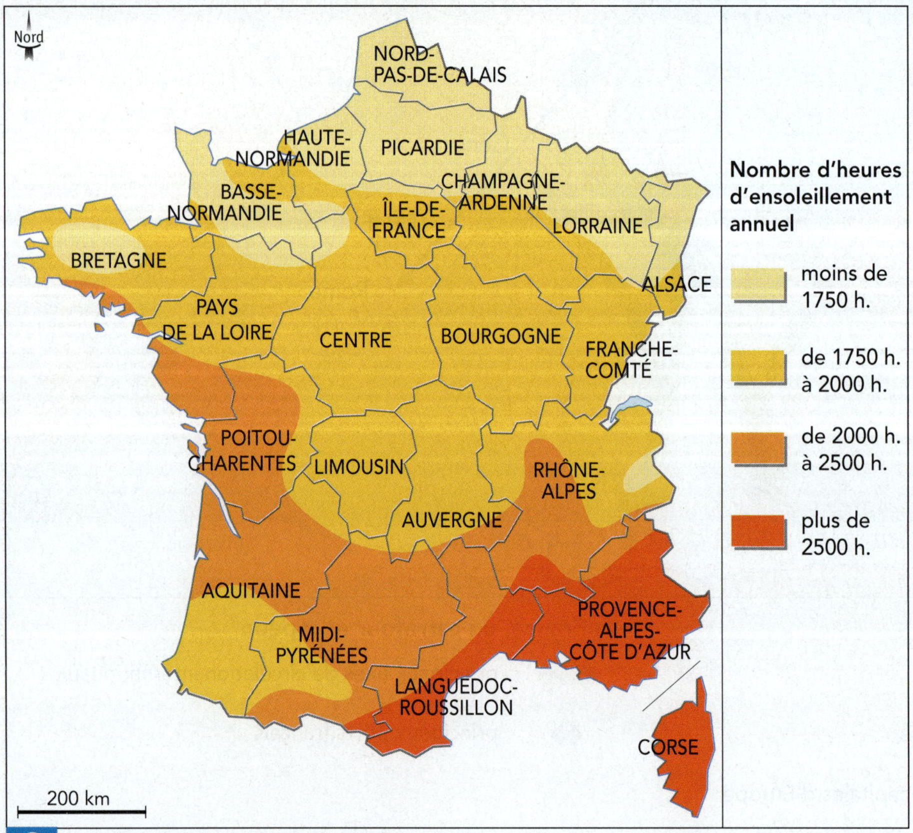

2 L'ensoleillement en France.

QUESTIONS

➤ Trouver des informations dans un document

1. **Doc. 1 :** Donnez les principales caractéristiques de chaque station climatique (total des précipitations, saison où il pleut le plus, amplitude thermique, température moyenne annuelle).
2. **Doc. 2 :** Quelles sont les régions françaises où l'ensoleillement annuel est supérieur à 2 500 heures par an ?
3. **Doc. 3 :** Quel est le domaine climatique le plus étendu en France ?
4. **Doc. 3 :** Quel est le domaine climatique qui dépend le plus du relief ?
5. **Doc. 3 :** Quels sont les deux vents qui soufflent régulièrement dans le domaine méditerranéen ?

➤ Mettre en relation les documents

6. **Doc. 1 et 3 :** Trouvez à quel climat correspond chaque station climatique.

➤ Rédiger

7. **Doc. 1 à 3 :** Rédigez un petit paragraphe présentant les grands domaines climatiques de la France.

3 Les grands domaines climatiques.

Leçon 1 Le territoire français

→ **Quelles sont les caractéristiques géographiques et historiques du territoire français ?**

A La France en Europe et dans le monde

La France se trouve à l'extrémité ouest de l'Europe **(doc. 4)**. Cette position offre un double avantage : une large façade maritime et une situation d'**isthme** entre l'océan Atlantique, la Manche et la mer Méditerranée. Elle est ainsi un territoire charnière entre l'Europe, l'Amérique et l'Afrique et un carrefour d'échanges économiques et humains.

La France métropolitaine a une superficie d'environ 550 000 km^2. Elle est le troisième plus vaste État d'Europe après la Russie et l'Ukraine. Sa forme évoque un hexagone **(doc. 2)**. Environ 1 000 km séparent les extrémités nord et sud du pays et 900 km les extrémités ouest et est.

La France est aussi largement ouverte sur le reste du monde grâce à ses territoires situés hors d'Europe (départements et collectivités d'outre-mer). Ce sont des héritages de ses conquêtes coloniales **(doc. 5)**. Ils permettent à la France de maintenir une présence, notamment militaire et culturelle, sur tous les océans et sous toutes les latitudes.

B La construction et l'unité du territoire

Le territoire français s'est construit progressivement au cours des siècles. À partir d'un noyau central constitué autour de Paris dès le xe siècle, il s'étend progressivement vers l'est et le sud **(doc. 1)**. Il prend pratiquement sa forme actuelle au xviie siècle, sous le règne de Louis XIV. Cependant, les frontières définitives ne datent que de 1919.

Depuis le Moyen Âge, l'État français a poursuivi sans relâche une politique d'unification du pays. Ce **centralisme**, qui s'est accéléré au xixe siècle, a permis la création d'une véritable nation. Les Français partagent une histoire commune et parlent tous une même langue **(doc. 3)**.

Les identités régionales, bien qu'affaiblies, se sont en partie maintenues. Des coutumes locales demeurent vivaces, et les langues régionales n'ont pas entièrement disparu. Certaines restent importantes (alsacien, corse), d'autres renaissent progressivement (catalan, basque, breton, occitan).

VOCABULAIRE

centralisme (le) : organisation d'un État où les décisions sont prises par le pouvoir central.

isthme (un) : espace terrestre entre deux mers.

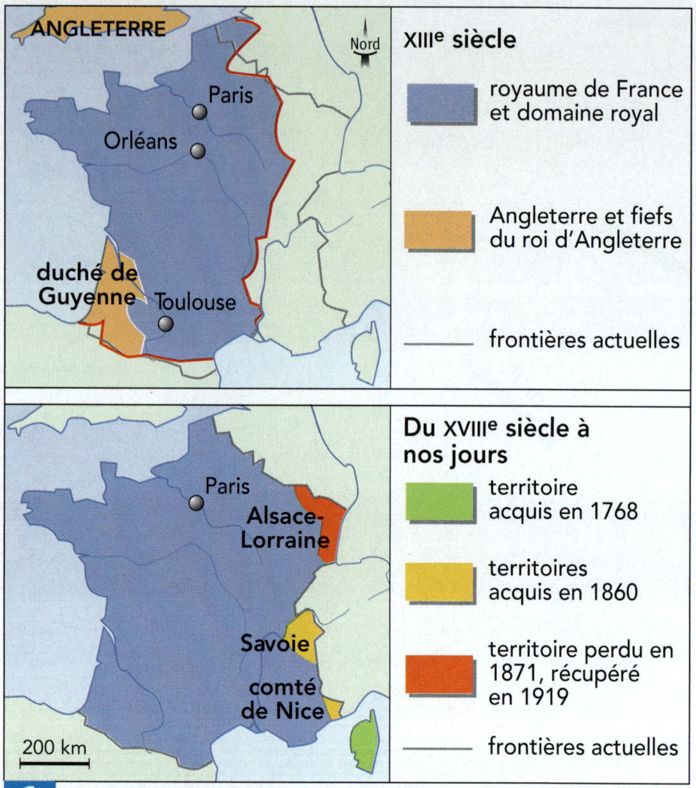

1 La construction du territoire français.

1. Quelles sont les régions françaises acquises définitivement aux xixe et xxe siècles ?

2. Doc. 1 et 3 : Montrez l'importance du xixe siècle dans la construction de l'unité française.

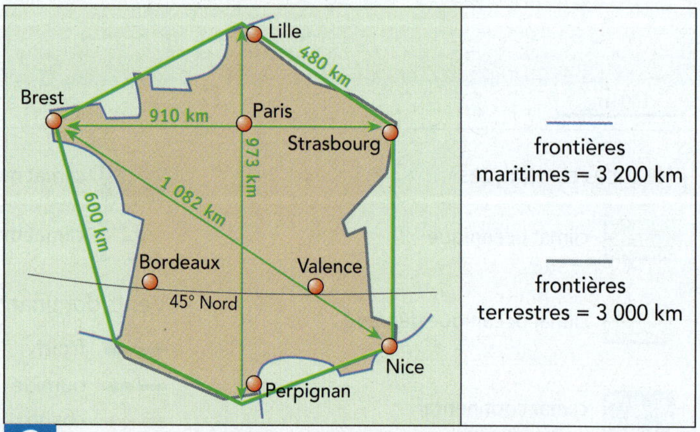

2 La France s'inscrit dans un hexagone.

3 L'unification linguistique

On a parfois accusé l'école du XIXe siècle d'avoir tué les langues et les cultures régionales. Ce que l'on oublie de dire, c'est que les parents étaient en accord avec l'instituteur et punissaient également leur enfant à son retour de l'école, sachant bien que la réussite scolaire était la condition de l'avenir professionnel. L'unification linguistique est le fait de la IIIe République, non pas par la force, mais parce que le français était porté par un consensus national. La preuve inverse en est donnée par l'Alsace qui a échappé en partie à cette unification qui s'est faite quand elle était allemande entre 1870 et 1914. Dans le reste du pays, les langues régionales ont subi l'érosion du monde rural et leur déclin est celui de la société rurale à laquelle elles étaient liées.

D'après F. Damette et J. Scheibling, *Le Territoire français*, Hachette, 2003.

4 L'île d'Ouessant (Finistère). Cette île est l'une des terres les plus à l'ouest de l'Europe continentale.

1. Décrivez ce paysage.

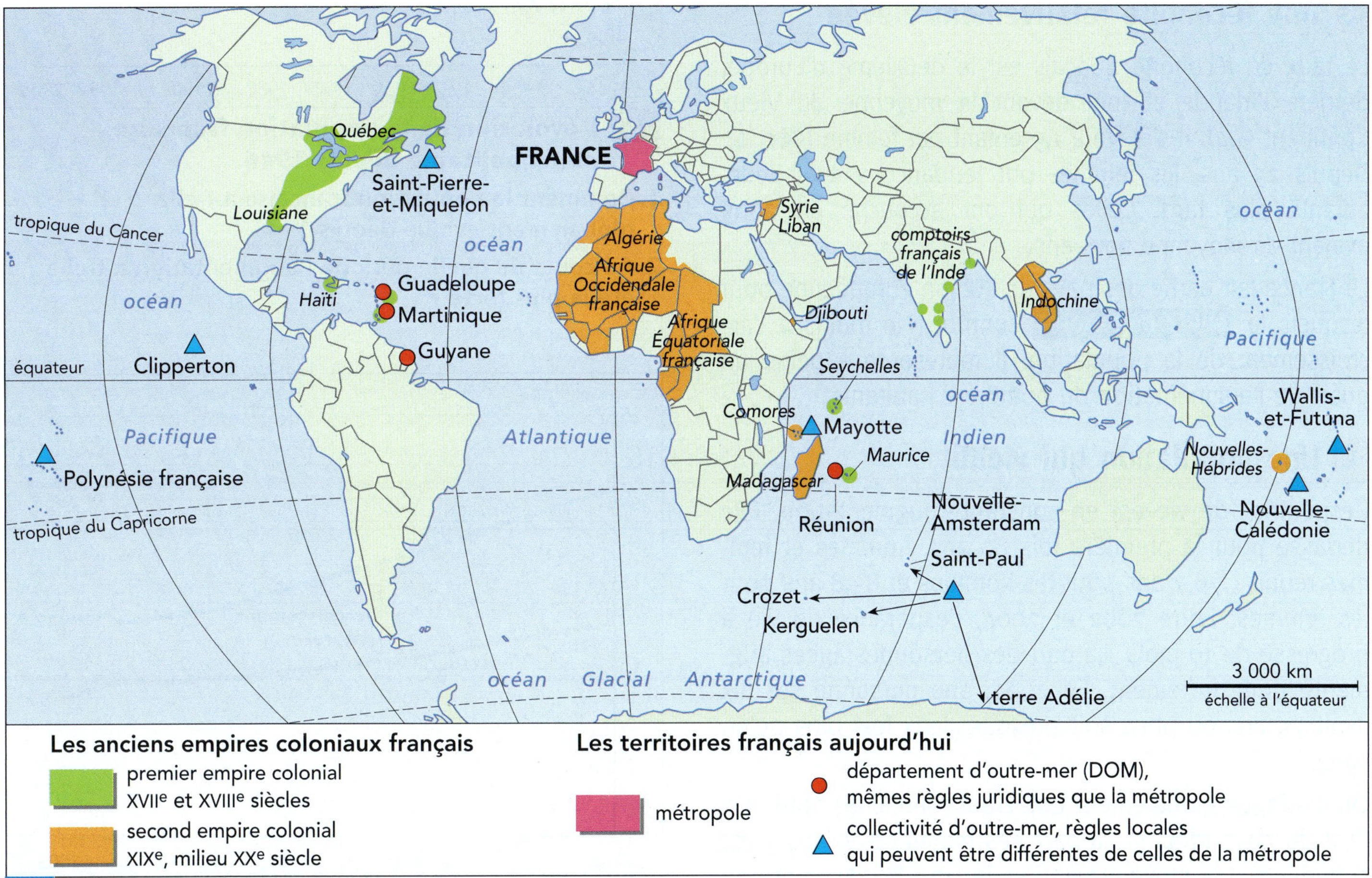

5 La France dans le monde.

1. Dans quels océans se situent les territoires français d'outre-mer ?

2. Doc. 2, 4 et 5 : Montrez que la France est un isthme européen largement ouvert sur le reste du monde.

Leçon 2 Le dynamisme démographique de la France

→ **Quelles sont les caractéristiques de la population française en Europe ?**

A Le deuxième rang européen

La population totale de la France (métropole et DOM-COM) est estimée à 62,9 millions en 2005 contre 40,4 millions en 1946 **(doc. 1)**. Elle représente aujourd'hui 13,1 % de la population de l'Europe des 25 (deuxième rang derrière l'Allemagne).

Les naissances restent nombreuses alors que les décès sont en net recul. La mortalité infantile est devenue très faible (4 ‰). Seules la Finlande et l'Espagne ont des taux encore plus bas (2,8 ‰ et 3,2 ‰). L'accroissement naturel atteint ainsi un niveau jamais observé depuis vingt ans **(doc. 2)**. La pyramide des âges **(doc. 3)** montre la reprise de la natalité depuis 2000, après une baisse depuis les années 1970. La génération du **baby-boom**, encore peu touchée par la mortalité, donne à cette pyramide sa forme caractéristique.

B Une fécondité relativement élevée

Le taux de fécondité français est le deuxième d'Europe, derrière l'Irlande et loin devant la moyenne du Vieux Continent (1,4). Il s'élève à 1,9 enfant par femme **(doc. 4)**. Depuis 25 ans, les femmes ont tendance à avoir leurs enfants plus tard. Celles qui ont accouché en 2005 avaient en moyenne 29,6 ans.

La France fait partie des pays de l'Union européenne pour lesquels le **solde migratoire** contribue le moins à l'accroissement de la population. Il représente à peine un quart de l'augmentation du nombre d'habitants.

C Une population qui vieillit

L'espérance de vie est en constante augmentation. Elle dépasse pour la première fois 80 ans, hommes et femmes réunis : 76,7 ans pour les hommes et 83,8 ans pour les femmes. Entre 2002 et 2004, l'espérance de vie a progressé de 10 mois. La part des personnes âgées augmente donc fortement. En 2004, une personne sur dix avait 75 ans ou plus, soit presque deux fois plus qu'en 1962.

On distingue globalement une France jeune au nord et à l'est du pays **(doc. 5)**, la part des moins de 10 ans y est supérieure à la moyenne nationale (12,1 %). Au centre, à l'ouest et au sud, la part des plus de 60 ans dépasse 20,8 %, ce qui en fait des régions plus âgées.

VOCABULAIRE

baby-boom (le) : période de forte augmentation du nombre des naissances entre le milieu des années 1940 et le milieu des années 1960.

solde migratoire (un) : différence entre le nombre d'entrées et de sorties sur un territoire donné.

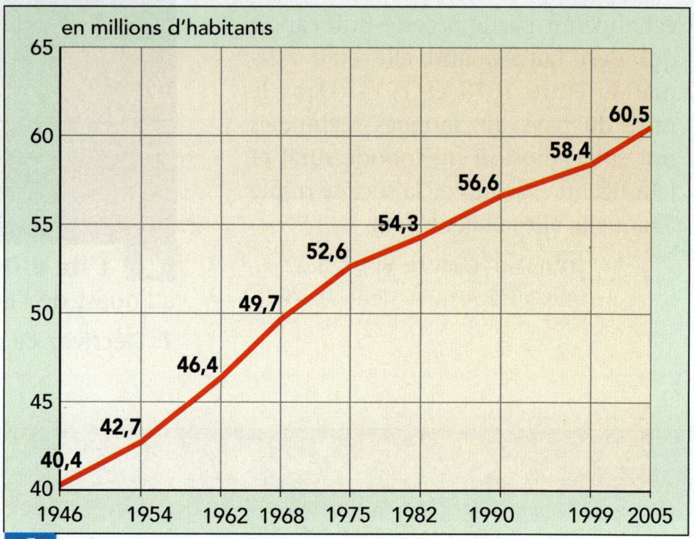

1 L'évolution de la population française métropolitaine depuis 1946.

1. Comment la population française a-t-elle globalement évolué depuis 1946 ?

2. Au cours de quelle période l'augmentation a-t-elle été la plus forte ?

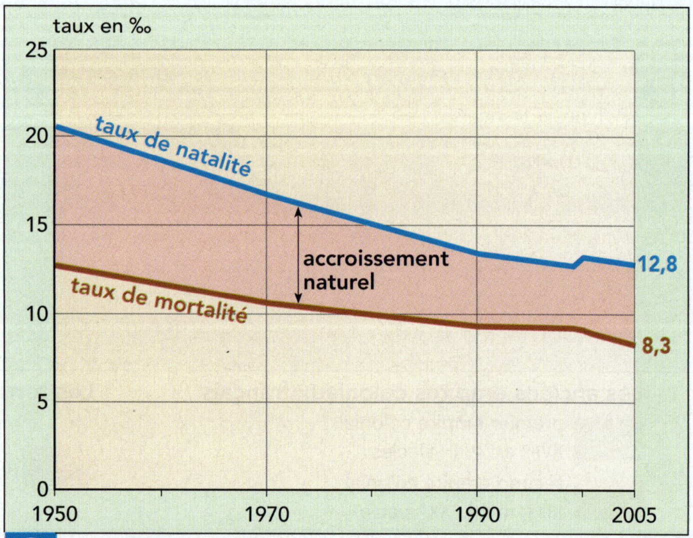

2 L'évolution des taux de natalité et de mortalité.

1. Décrivez l'évolution des courbes depuis 1950.

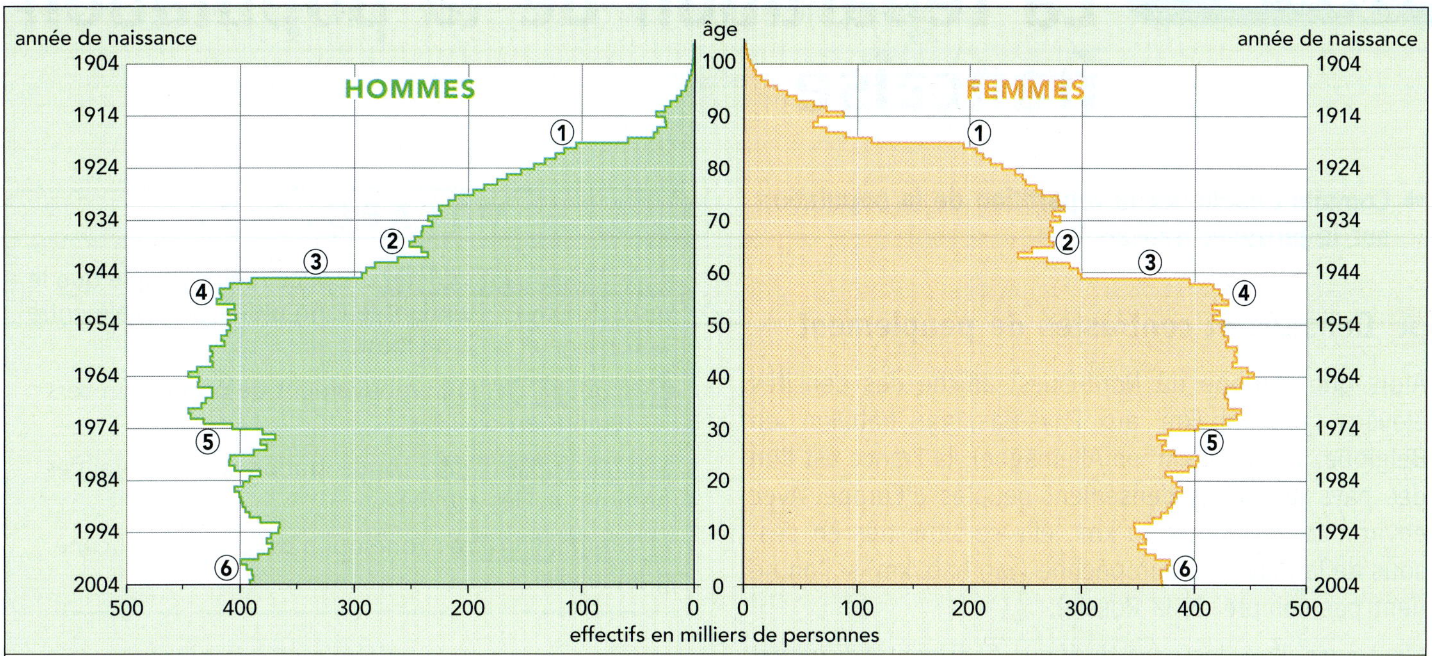

① déficit des naissances dû à la guerre 1914-1918 (classes creuses)
② passage des classes creuses à l'âge de la fécondité
③ déficit des naissances dû à la guerre 1939-1945
④ baby-boom
⑤ fin du baby-boom
⑥ reprise de la natalité

Source : INED, 2005.

3 La pyramide des âges de la France (1er janvier 2005).

1. Dans quelle période se situe le baby-boom sur cette pyramide ?

2. Doc. 1, 2, 3 et 4 : Comment s'explique surtout l'augmentation de la population française depuis 1946 ?

4 L'exception française

En Europe, la France fait figure d'exception par ses « performances » démographiques. Avec une moyenne de 1,9 enfant par femme, elle se classe parmi les nations les plus fécondes, à quasi-égalité avec l'Irlande et l'Islande (2 enfants) et loin devant l'Allemagne, l'Espagne, l'Italie ou la Grèce (1,3 enfant chacune). Plus significatif encore, la France est le seul des grands pays européens à présenter un net excédent des naissances par rapport aux décès, d'environ 200 000 par an. Les analystes attribuent ce dynamisme au succès de la politique familiale française. Un système d'allocations familiales unique en Europe et une scolarisation précoce (100 % des enfants à trois ans, 35 % dès deux ans) expliqueraient la bonne tenue des naissances en France. Mais les démographes ne s'expliquent pas pourquoi les indices de fécondité français étaient beaucoup moins favorables au début des années 1990 et qu'ils se sont inversés à partir de 2000.

D'après *Le Monde*, 22 juillet 2005.

1. Pourquoi parle-t-on d'exception française en matière de fécondité ?

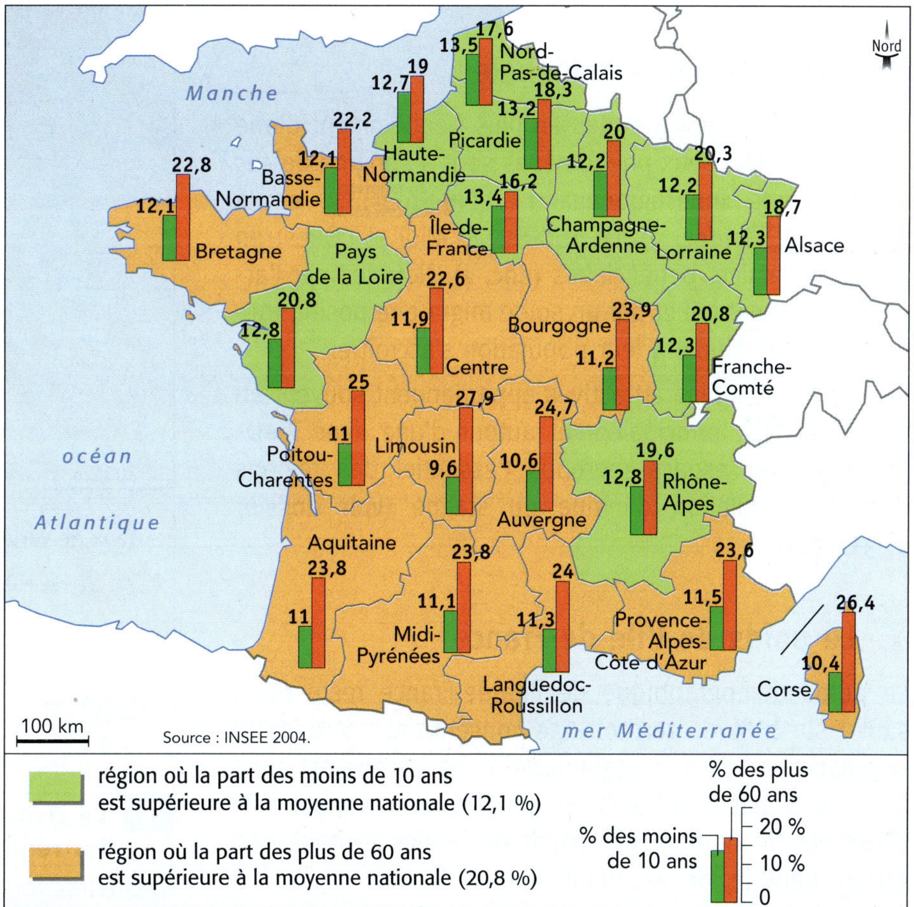

5 Le Sud plus âgé que le Nord.

1. Quelles sont les trois régions où la proportion de jeunes est la plus importante ?

Leçon 3 La répartition de la population française

→ **Comment expliquer la répartition de la population sur le territoire français ?**

A Densités et contrastes de peuplement

Alors que l'Europe du Nord-Ouest affiche des densités élevées (388 hab./km² aux Pays-Bas, 336 hab./km² en Belgique, 230 hab./km² en Allemagne), la France est l'un des pays les moins densément peuplés d'Europe. Avec environ 110 habitants au km², elle se situe très en dessous de la moyenne européenne (145 hab./km² si l'on ne tient pas compte de la Russie).

C'est aussi l'un des pays du Vieux Continent présentant les plus forts contrastes de peuplement. Les trois quarts du territoire ont des densités inférieures à 50 hab./km², parfois à 20 hab./km², sur de vastes espaces de la **diagonale du vide**. Par ailleurs, la population française est citadine à près de 80 %. Les agglomérations de plus de 150 000 habitants regroupent à elles seules 50 % de personnes vivant en ville **(doc. 2)**.

B Des différences régionales

Les Français migrent de plus en plus fréquemment d'une région à l'autre. Deux phénomènes sont à l'origine de ces déplacements interrégionaux : l'**héliotropisme** et la **littoralisation** **(doc. 3)**. Le Sud-Est, le Midi et l'Ouest en sont les premiers bénéficiaires **(doc. 1)**. Nourries par l'accroissement naturel et par un solde migratoire positif, toutes ces régions voient leur population s'accroître.

Les zones les moins attractives appartiennent souvent au **rural profond**, principalement autour d'une ligne Metz-Toulouse. Cet espace regroupe l'essentiel des régions dont la population diminue ou stagne **(voir dossier p. 312-313)**.

C Le poids de l'Île-de-France

Le poids démographique de l'Île-de-France reste écrasant : sur 2 % du territoire se concentrent 20 % de la population du pays. L'agglomération parisienne est ainsi l'un des espaces urbains les plus densément peuplés d'Europe. Un nombre important de jeunes y réside, ce qui explique le fort excédent naturel.

L'Île-de-France reste aussi une région attractive **(doc. 4)** mais beaucoup d'actifs et de retraités envisagent à plus ou moins long terme d'aller vivre ailleurs.

VOCABULAIRE

diagonale du vide (une) : espace moins peuplé que le reste du pays s'étendant le long d'une diagonale entre la Lorraine et le Sud-Ouest.

héliotropisme (un) : mouvement de population vers les régions ensoleillées.

littoralisation (une) : concentration sur le littoral des hommes et des activités.

rural profond (le) : zone qui n'est proche d'aucune grande ville.

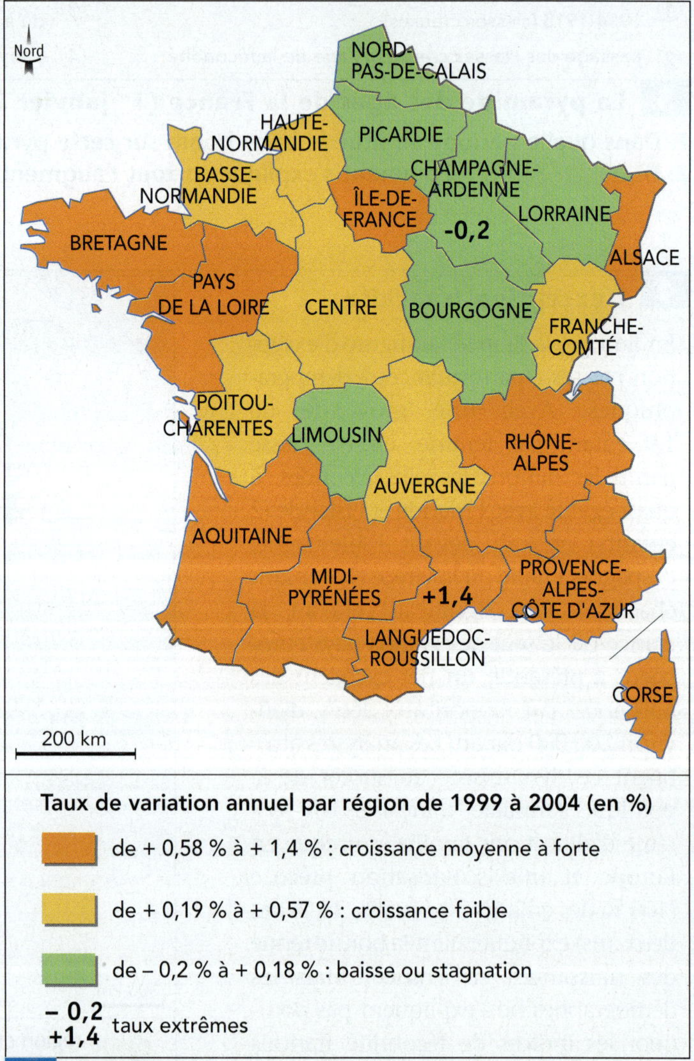

1 La croissance de la population française selon les régions.

1. Quelles sont les régions qui se dépeuplent ou qui croissent très faiblement ?

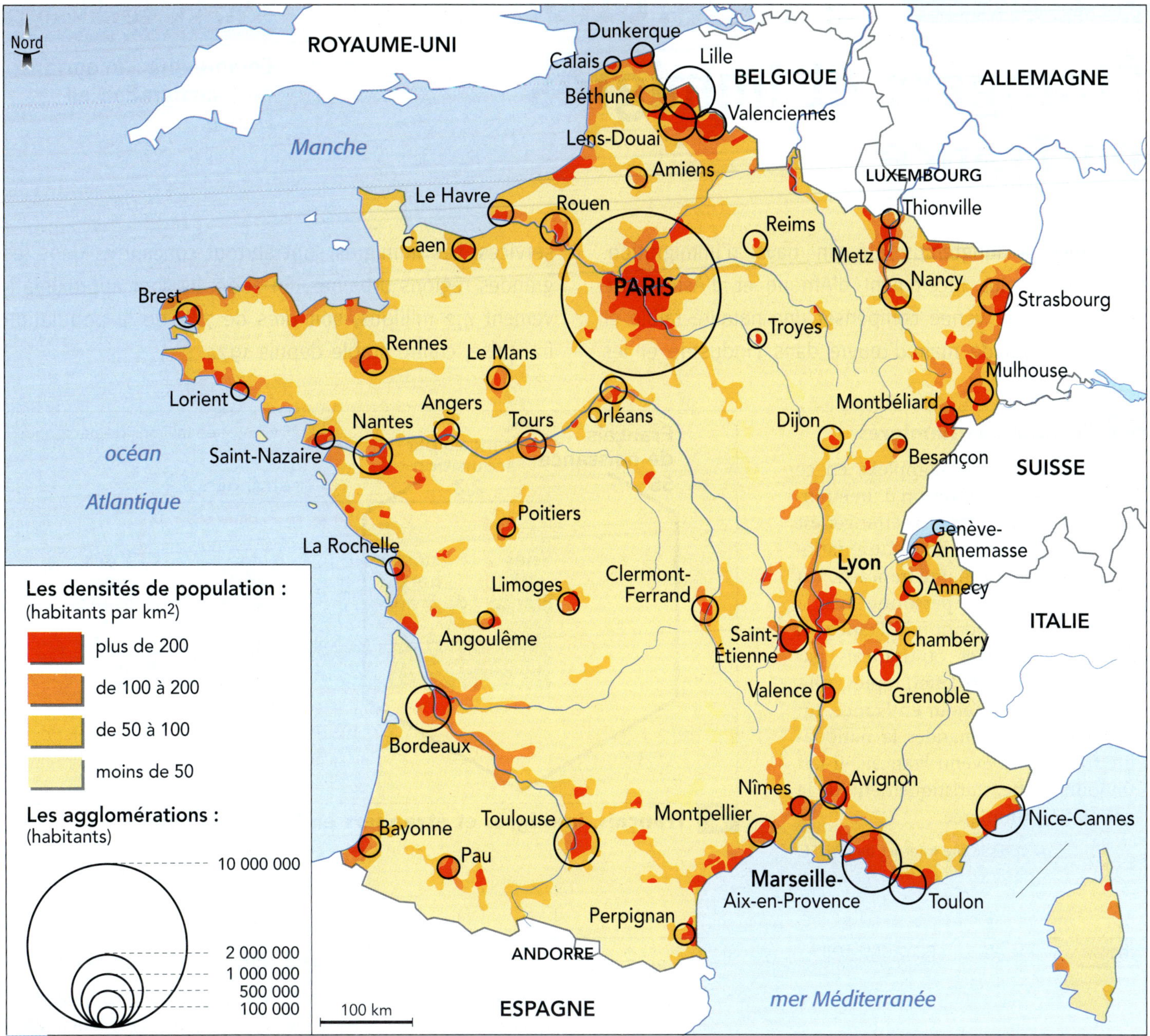

2 **Les densités de population et les grandes agglomérations françaises.**

1. Quelles sont les agglomérations françaises de plus d'un million d'habitants ?
2. Doc. 1, 2, 3 et 4 : Quelle sont les régions françaises les plus peuplées ?

3 Où vivent les Français ?

Trois mouvements expliquent la répartition de la population. Le dépeuplement du rural profond, commencé au début du XIXe siècle, se poursuit encore dans la « diagonale du vide ». Depuis 1975, un nouveau mouvement a émergé, l'attraction des grandes métropoles. L'aire couverte par les grandes agglomérations s'est considérablement étendue et la coupure avec l'espace rural devient floue. Enfin, la population se concentre surtout sur les rivages. Amorcé sur la Côte d'Azur, le mouvement a gagné toute la façade atlantique.

D'après *Alternatives économiques*, février 2002.

1. Quels sont les trois mouvements qui expliquent la répartition actuelle de la population française ?
2. Doc. 1, 2 et 3 : Justifiez l'expression « diagonale du vide ».

4 Vivre en Île-de-France

Ils s'appellent Nicolas, Béatrice ou Xavier. Ils peuvent avoir 27 ans comme 48. Ils ont décidé de s'installer dans l'agglomération de Melun-Val-de-Seine (Seine-et-Marne) dont la population a augmenté de 17 % en 7 ans. Seuls 39 % de ses habitants sont originaires du département, 17 % viennent du reste de l'Île-de-France, 28 % des autres départements français et 16 % sont étrangers. S'y plaisent-ils assez pour avoir envie d'y rester ? Brigitte et son époux rêvent de prendre leur retraite à la montagne. Xavier et Nicolas, n'hésiteront pas à bouger selon les opportunités professionnelles.

D'après *Le Point*, 20 janvier 2005.

1. D'où sont originaires les nouveaux arrivants qui s'installent à Melun ?

Étrangers et immigrés en France

›› Objectif

Comprendre l'importance de l'immigration en France.

La France a longtemps été un pays d'immigration. D'Europe et plus récemment d'Afrique et d'Asie, cette immigration est venue compenser une natalité faible et un fort besoin de main-d'œuvre dans l'industrie et les services. Les immigrés sont surtout concentrés dans les grandes régions urbaines. En 2005, ils sont approximativement 4,2 millions, soit près de 7 % de la population française, chiffre stable depuis 1974.

1 Étrangers et immigrés

La loi française est complexe en ce qui concerne la définition d'un étranger ou d'un immigré. Un étranger est une personne ayant une autre nationalité que la nationalité française. Un immigré est une personne née à l'étranger et résidant en France. Il peut être étranger ou français par naturalisation. En effet, après plusieurs années de séjour en France, un immigré peut demander la nationalité française. Devenu Français, il fait toujours partie, statistiquement, de la population immigrée.

D'après le site Internet de l'INSEE.

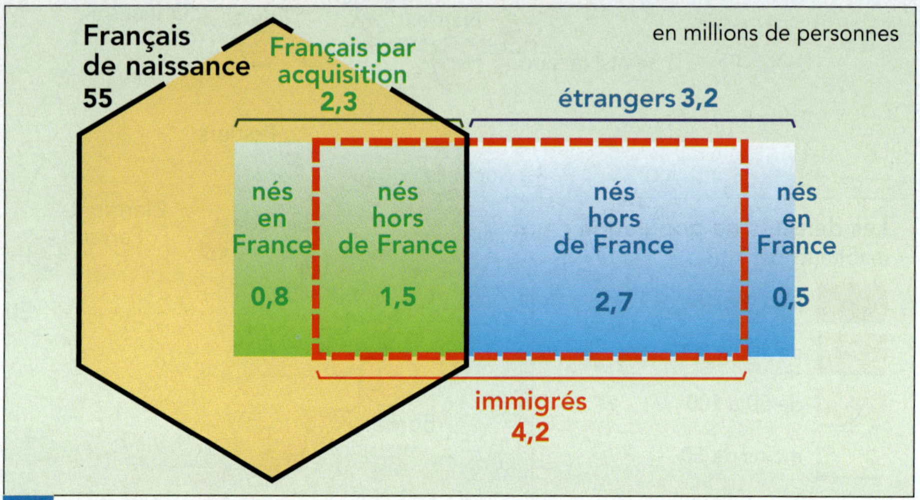

2 Français, immigrés et étrangers en France en 2005.

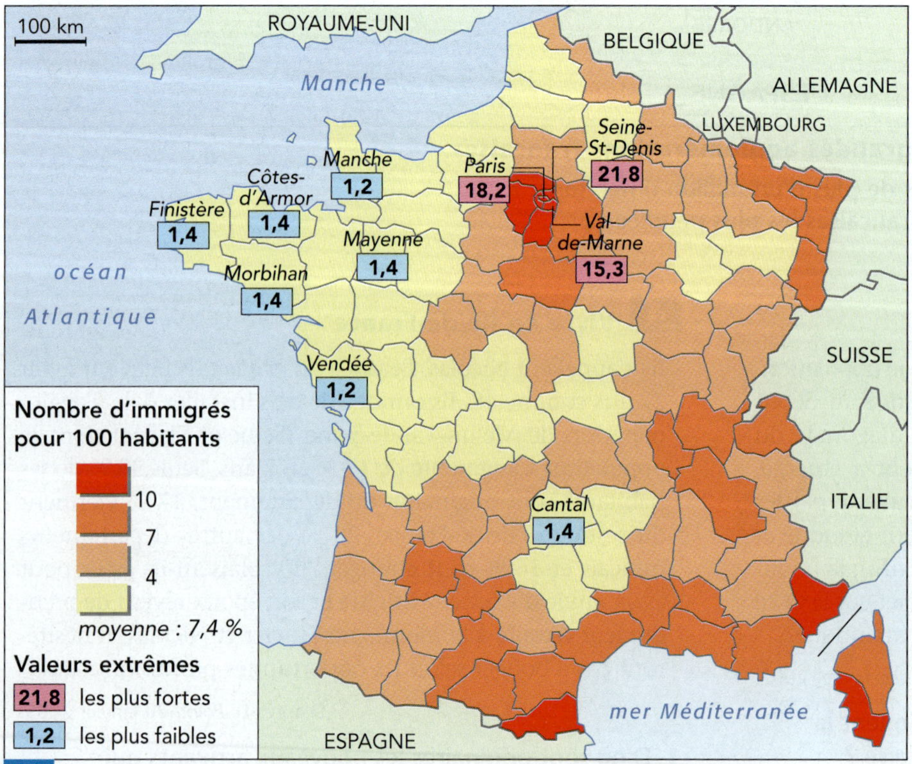

3 La répartition des immigrés sur le territoire français.

4 Une immigration en recul

La France est un pays d'immigration depuis le XIXe siècle, mais il y a déjà 25 ans qu'elle n'est plus un pays d'immigration massive. Elle est devenue au contraire le pays d'Europe où la croissance démographique dépend le moins de l'immigration. Si la France a un problème d'intégration à résoudre (école, travail), cela concerne d'abord les enfants issus des grandes vagues migratoires ouvrières des années 1950-1974. Il ne faut pas confondre cette immigration avec le flux actuel des immigrants, formé souvent d'étudiants et de travailleurs très qualifiés. Ce flux reste très en dessous des niveaux atteints il y a trente ans. Il est sans commune mesure avec ceux que connaissent aujourd'hui l'Allemagne et l'Europe du Sud.

D'après *Population et Sociétés*, janvier 2004.

5 **Cours d'informatique donné à des immigrés par des bénévoles de l'association Emmaüs.**

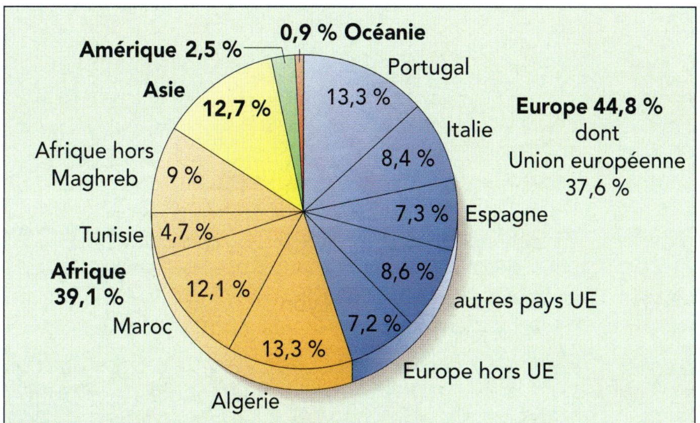

6 **L'origine des immigrés.**

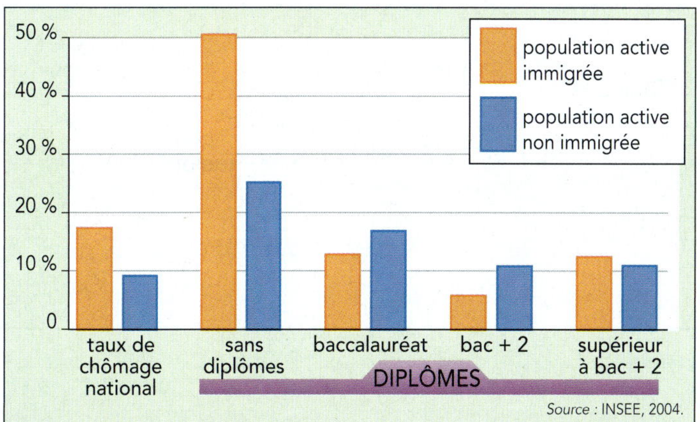

7 **Taux de chômage et niveau de qualification des immigrés.**

QUESTIONS

➤ Trouver des informations dans un document

1. Doc. 1 : Comment définit-on un étranger ? Un immigré ?
2. Doc. 2 : Combien y a-t-il d'immigrés en France ? Et d'étrangers ?
3. Doc. 3 : Où est localisée la plus grande partie de la population immigrée ? Quels sont les départements qui en accueillent le moins ?
4. Doc. 4 : Quels sont les deux types d'immigration définis par l'auteur de ce texte ? Quel rôle joue aujourd'hui l'immigration dans la croissance de la population française ?
5. Doc. 5 : Que fait cette femme ? Pourquoi est-ce important pour les immigrés ?
6. Doc. 6 : Quelles sont les deux communautés d'immigrés les plus importantes en France ?
7. Doc. 7 : Quel pourcentage de la population active immigrée n'a aucun diplôme ?

➤ Mettre en relation les documents

8. Doc. 4 et 7 : Quelle phrase du doc. 4 peut servir à illustrer le doc. 7 ?

➤ Rédiger

9. Rédigez un petit paragraphe expliquant quelles sont les caractéristiques de l'immigration en France aujourd'hui.

La France urbaine

>> Objectif

Comprendre que les Français vivent de plus en plus en ville.

Depuis 50 ans, les agglomérations ne cessent de grignoter les campagnes environnantes. Comme beaucoup d'autres États européens, la France est devenue un pays très urbanisé. Aujourd'hui, 82 % des Français vivent dans une **aire urbaine**.

VOCABULAIRE

aire urbaine (une) : espace urbain formé d'une ville et de ses banlieues même lointaines.

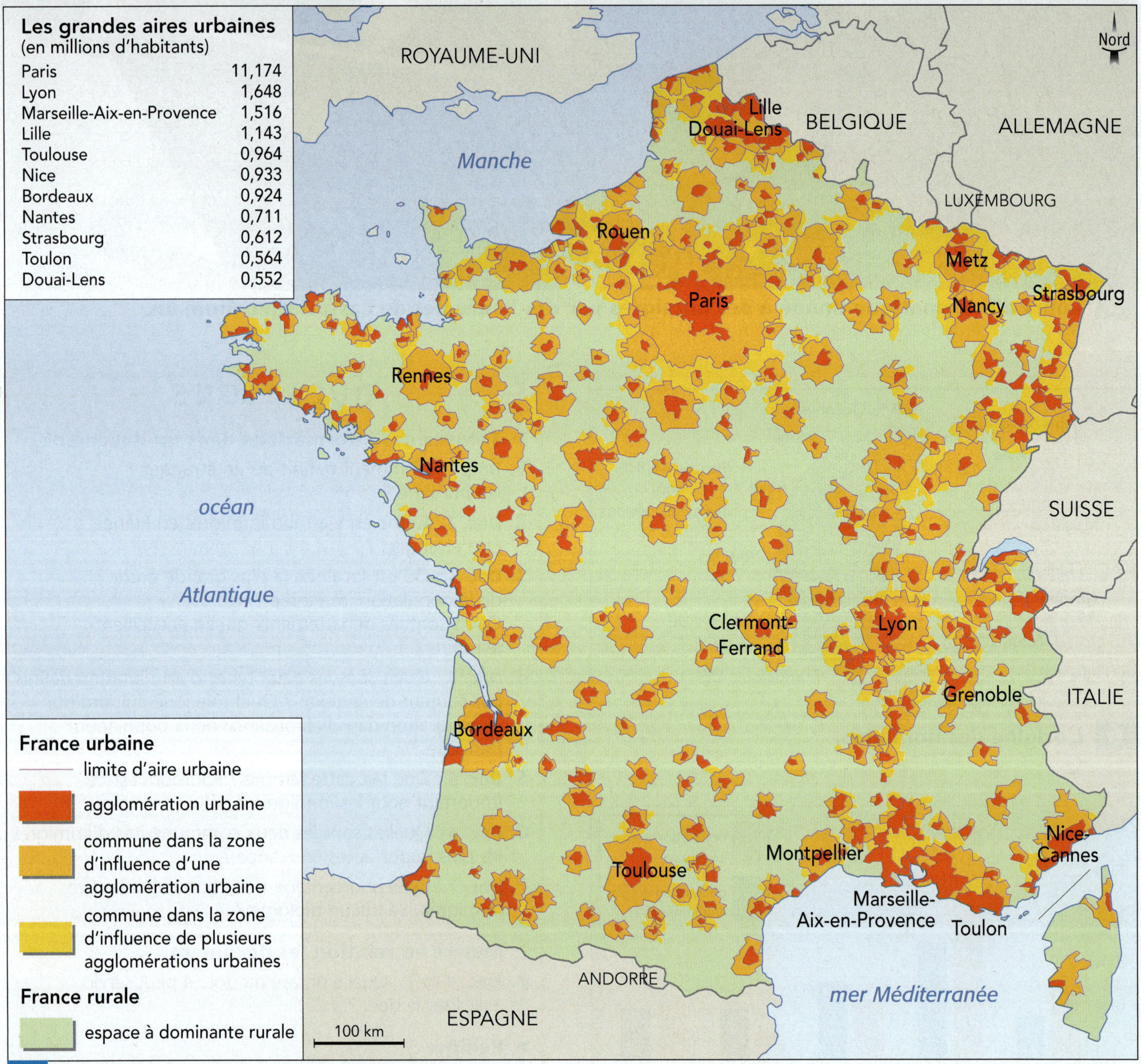

1 Les aires urbaines en France en 2005.

2 **Lannion (Côtes-d'Armor) et ses environs.**

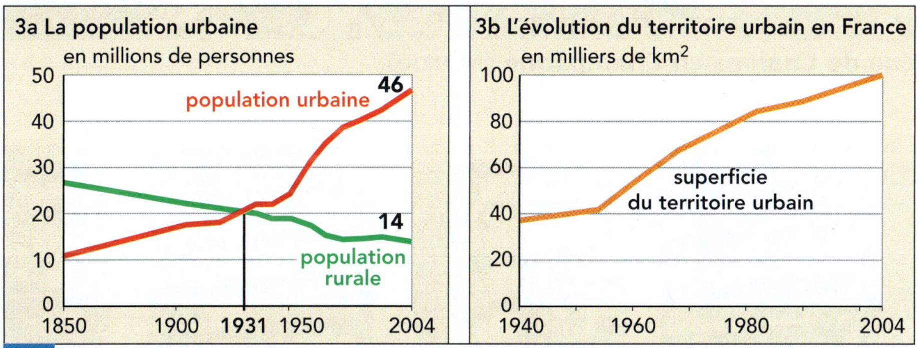

3 **L'évolution de la population urbaine et du territoire urbain.**

4 Les villes françaises s'étendent

L'extension des villes françaises est un des phénomènes majeurs des cinquante dernières années. Elle s'est manifestée surtout par le débordement de l'habitat des centres vers les campagnes environnantes. Le cœur des villes a cependant conservé des emplois dans les services et dans le petit commerce. Les banlieues accueillent de nombreuses zones d'activités (entreprises, entrepôts, grandes surfaces).

Cette périurbanisation est à l'origine de la construction d'un nouveau réseau routier (rocades, échangeurs). Les zones d'activités sont souvent éloignées des centres et l'habitat pavillonnaire est très dispersé. Les longs déplacements domicile-travail se font majoritairement en automobile et génèrent pollution et dépenses importantes en carburant.

D'après l'INSEE, *Repères*, septembre 2004.

QUESTIONS

➤ Trouver des informations dans un document

1. Doc. 1 : Quelle est l'aire urbaine la plus étendue de France ?

2. Doc. 2 : Où se situe le centre-ville de Lannion ? Comment la ville s'étend-elle ? Peut-on distinguer une limite nette entre la ville et la campagne ? Justifiez votre réponse.

3. Doc. 3 : Comment a évolué le nombre d'urbains et de ruraux depuis 1850 ? De combien de km² le territoire urbain a-t-il augmenté depuis 1960 ?

4. Doc. 4 : Comment nomme-t-on le phénomène de l'étalement des villes ?

➤ Mettre en relation les documents

5. Doc. 3 et 4 : Quelles sont les conséquences de l'expansion urbaine pour la population ?

➤ Rédiger

6. Doc. 1 à 4 : Rédigez un petit paragraphe montrant que la France est un pays très urbanisé dont les villes s'étendent toujours davantage.

Les banlieues françaises

›› Objectif

Savoir distinguer les différents types de banlieues.

Les banlieues concentrent environ 40 % de la population française. Elles regroupent des espaces très diversifiés : lotissements pavillonnaires pour classes moyennes ; grands ensembles souvent occupés par des familles modestes ; zones d'activités où s'implantent les entreprises et les grandes surfaces.

1 Quartier pavillonnaire de la banlieue de Châlons-en-Champagne (Marne).

2 Immeubles des quartiers nord de Marseille.

3 La banlieue de Nîmes (Gard). 1. Hôpital. 2. Habitat pavillonnaire. 3. Centre universitaire. 4. Habitat collectif. 5. Zone industrielle. 6. Équipements sportifs. 7. Zone commerciale.
Les banlieues présentent de multiples visages : grands ensembles d'habitat collectif ou maisons individuelles.
Elles sont aussi le lieu d'implantation de vastes centres commerciaux, d'espaces de loisirs, d'équipements hospitaliers ou universitaires, fragmentés par des voies de communication.

4 Les problèmes des zones urbaines sensibles

Soufiane, 25 ans, originaire de Bondy (93), a posté cinq cents demandes d'emploi cette année. Deux cents sont restées sans réponse, alors que les autres sont revenues avec des réponses négatives. « Mon handicap est certainement de vivre dans une banlieue difficile » explique-t-il. Le dernier rapport de l'Observatoire national des zones urbaines sensibles (ZUS) note que, cette année, le taux de chômage des ZUS s'élève à 20,7 %, pour une moyenne française inférieure à 10 %. Le chômage des immigrés non européens grimpait même à 26,4 % et dépassait les 40 % dans les quartiers les plus sensibles.
Comment expliquer de telles inégalités ? Les difficultés familiales sont souvent dues au fait que les parents sont aussi au chômage. Les ratés du système scolaire qui ne donne pas assez de moyens aux collèges des zones sensibles. Le « sauve-qui-peut » de la classe moyenne qui part habiter ailleurs ou qui envoie ses enfants dans des lycées privés ou de centre-ville. L'échec du système des zones franches (un système qui exonère d'impôts l'employeur qui s'installe dans des quartiers difficiles) : bien peu d'emplois ont été créés.

D'après *L'Hebdo* (Lausanne), 22 décembre 2005.

QUESTIONS

➤ Trouver des informations dans un document

1. Doc. 1 : Pourquoi cet habitat est-il typique de la banlieue ?
2. Doc. 2 : Quelles sont les caractéristiques de cet habitat collectif ?
3. Doc. 3 : Quels sont les différents éléments de ce paysage de banlieue ?
   Pourquoi, en général, ces installations sont-elles rares en centre-ville ?
4. Doc. 4 : Quel est le taux de chômage moyen des zones urbaines sensibles ? Comment se situe-t-il par rapport à la moyenne française ?

➤ Mettre en relation les documents

5. Doc. 2 et 4 : Quelles sont les difficultés que peuvent rencontrer certaines banlieues populaires ?

➤ Rédiger

6. Rédigez un petit paragraphe résumant les principales caractéritiques des différentes sortes de banlieues françaises (quartiers pavillonnaires, grands ensembles d'habitat collectif, zones commerciales et zones d'activités).

Dossier

La France du vide

>> Objectif

Comprendre ce qu'est la « France du vide ».

La partie du territoire français qui s'étend de la Lorraine à l'Aquitaine est depuis de longues années en voie de désertification. Elle perd sans cesse des habitants. Elle ne possède pas d'industries importantes et son agriculture n'est pas toujours performante. Aujourd'hui, elle connaît même un désengagement de l'État qui envisage d'y fermer de nombreux services publics.

1 Une ferme abandonnée en Lorraine.

2 Une diagonale du vide

La diagonale du vide qui va de la Lorraine au Sud-Ouest est un élément caractéristique du territoire français. Elle apparaît comme une véritable coupure entre une zone nord et ouest dominée par la Bassin parisien et un Est et un Sud organisés autour du Rhin et du Rhône. Elle ne regroupe que 4 % de la population française et ses densités sont presque partout inférieures à 20 hab./km². Son industrie est peu développée. Elle possède peu d'autoroutes et de lignes de chemin de fer à fort trafic, pas de liaisons TGV. La disparition progressive des services publics (postes, écoles) renforce encore l'isolement de ces régions.

D'après B. Steck et J.-F. Steck, *La France et ses régions en Europe et dans le monde*, Bréal, 2004.

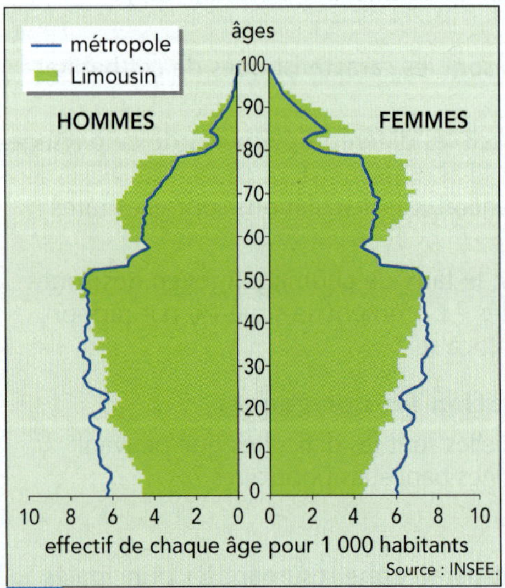

3 La pyramide des âges du Limousin.

4 La résistance à la disparition des services publics

Ici, ils protestent contre la fermeture d'un hôpital, comme le collectif de Saint-Affrique dans l'Aveyron. Là, contre celles de bureaux de poste, comme dans le Gers ou les Hautes-Pyrénées. Ailleurs, c'est le sort d'une gare, d'une école, d'un centre des impôts, d'une agence EDF, ou tout cela en même temps, qui mobilise. Les syndicats ont fait leurs comptes : 160 petites perceptions vont fermer en 2005, après les 197 fermetures enregistrées en 2004. Entre janvier et juin 2004, 597 bureaux de postes ont été déclassés en points Poste chez les commerçants (où seul un petit nombre d'opérations est possible). Cette transformation devrait toucher 6 000 bureaux d'ici fin 2007.

Samedi 5 mars 2005, c'est vers Guéret, préfecture de la Creuse, qu'associations, syndicats et simples usagers doivent converger. Mot d'ordre : la défense du service public. Le 23 octobre, 263 élus creusois avaient démissionné pour protester contre le désengagement progressif des services publics dans les zones rurales. D'autres départements comme la Charente ou la Dordogne ont pris le relais. « L'isolement pose déjà des soucis pour les personnes âgées dépendantes, qui ne peuvent plus se déplacer. Dans les bourgs ruraux, ces fermetures vont leur poser de nouveaux problèmes » s'inquiète une responsable d'association. Pour elle, le retrait des services publics accélère la désertification des zones rurales.

D'après *Le Monde*, 5 mars 2005.

5 **Le regroupement des services en milieu rural.** Caricature de Cagnat, *Le Monde*, samedi 5 mars 2005.

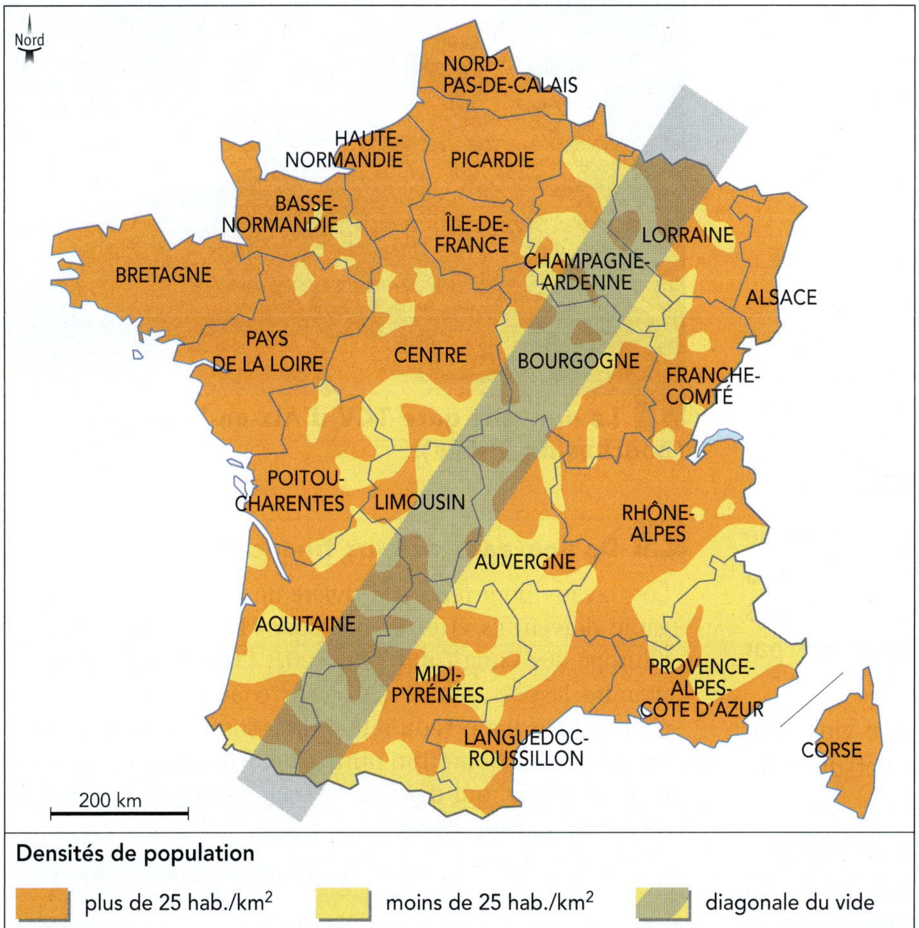

6 **La diagonale du vide.**

QUESTIONS

➤ Trouver des informations dans un document

1. Doc. 1 : Décrivez ce paysage (activités, densité de population, voies de communication).

2. Doc. 2 : Quel pourcentage de la population française regroupe la diagonale du vide ?

3. Doc. 3 : Quel groupe d'âge est sur-représenté en Limousin ? Quel groupe d'âge est sous-représenté ?

4. Doc. 4 : Pourquoi des élus de la Creuse ont-ils démissionné en octobre 2004 ?

5. Doc. 5 : Que dénonce ce dessin humoristique ?

6. Doc. 6 : Citez plusieurs régions appartenant à la diagonale du vide.

➤ Mettre en relation les documents

7. Doc. 1, 2, 4 et 5 : Qu'est-ce qui renforce l'isolement des régions de la diagonale du vide ?

➤ Rédiger

8. Rédigez un petit paragraphe résumant les principales caractéristiques de la France du vide.

Leçon 4 L'aménagement du territoire

→ **Comment les pouvoirs publics aménagent-ils le territoire ?**

A L'État aménage le territoire

À partir de 1963, la DATAR (Délégation à l'aménagement du territoire et à l'action régionale) se donne pour mission « la répartition harmonieuse des hommes et des activités », pour **aménager le territoire** français. Dans ce but, plusieurs objectifs sont définis :

– le rééquilibrage, encore très partiel aujourd'hui, entre Paris et les autres grandes villes (création de **métropoles d'équilibre**) ;

– la disparition de la coupure entre la France industrielle et riche (à l'est de l'axe Seine-Rhône) et la France moins développée de l'Ouest et du Sud ;

– la rénovation des espaces industriels traditionnels **(doc. 4 et 5)** ou la reconversion de ceux qui sont touchés par la crise économique (**pôle de reconversion**) ;

– l'aide aux régions menacées de dépeuplement.

B Un territoire plus équilibré

Les moyens mis en œuvre pour rééquilibrer le territoire sont variés **(doc. 3)** :

– construction d'infrastructures (autoroutes, TGV, voies fluviales) **(doc. 1)** ;

– implantation de **villes nouvelles** (Marne-la-Vallée, L'Isle-d'Abeau, etc.) ;

– incitation au développement par des primes à la création d'emplois, protection de l'environnement (loi littoral, loi montagne).

Pendant longtemps, l'État français a pris seul en charge ces multiples interventions.

C La multiplication des intervenants

Depuis 1981 et les lois de **décentralisation**, une partie des pouvoirs de l'État a été transférée aux collectivités locales (région, département, commune). Ainsi les lycées et les collèges sont aujourd'hui financés en partie par les régions.

C'est à ces échelons qu'intervient, depuis une vingtaine d'années, un nouvel acteur de l'aménagement du territoire : l'Union européenne **(doc. 2)**.

Le but clairement affiché est de poursuivre le développement des régions les plus dynamiques tout en continuant de soutenir celles qui sont les plus démunies et d'aider les villes de province.

VOCABULAIRE

aménagement du territoire (un) : politique visant à mettre en valeur le territoire d'un pays, par exemple en réduisant les déséquilibres entre les régions.

décentralisation (la) : transfert des activités et des pouvoirs d'un centre vers ses périphéries (ex. de Paris vers la province).

métropole d'équilibre (une) : grande ville destinée à contrebalancer le poids de Paris.

pôle de reconversion (un) : zone bénéficiant d'aides pour attirer de nouvelles entreprises.

ville nouvelle (une) ville construite de toutes pièces pour s'efforcer de mieux contrôler la croissance des grandes agglomérations. Dans les années 1960, cinq ont été créées en banlieue parisienne : Cergy-Pontoise, Marne-la-Vallée, Évry, Saint-Quentin-en-Yvelines et Melun-Sénart, et cinq en province.

1 La nouvelle gare TGV d'Aix-en-Provence (Bouches-du-Rhône).

2 De nouveaux acteurs financiers

Les travaux pour rendre la rivière du Lot à nouveau navigable doivent-ils être financés par l'État français ou par l'Europe des Vingt-Cinq ? En 2001, l'État s'était engagé à prendre la plus grande partie du coût des travaux à sa charge. Mais il a pris du retard dans son financement. Les travaux sont aujourd'hui principalement payés par les crédits européens, qui dépassent largement ceux de l'État et de la région Midi-Pyrénées.

D'après *Le Monde*, 26 mai 2005.

1. Qui devait prendre en charge les travaux en 2001 ? Qui les finance en grande partie aujourd'hui ?

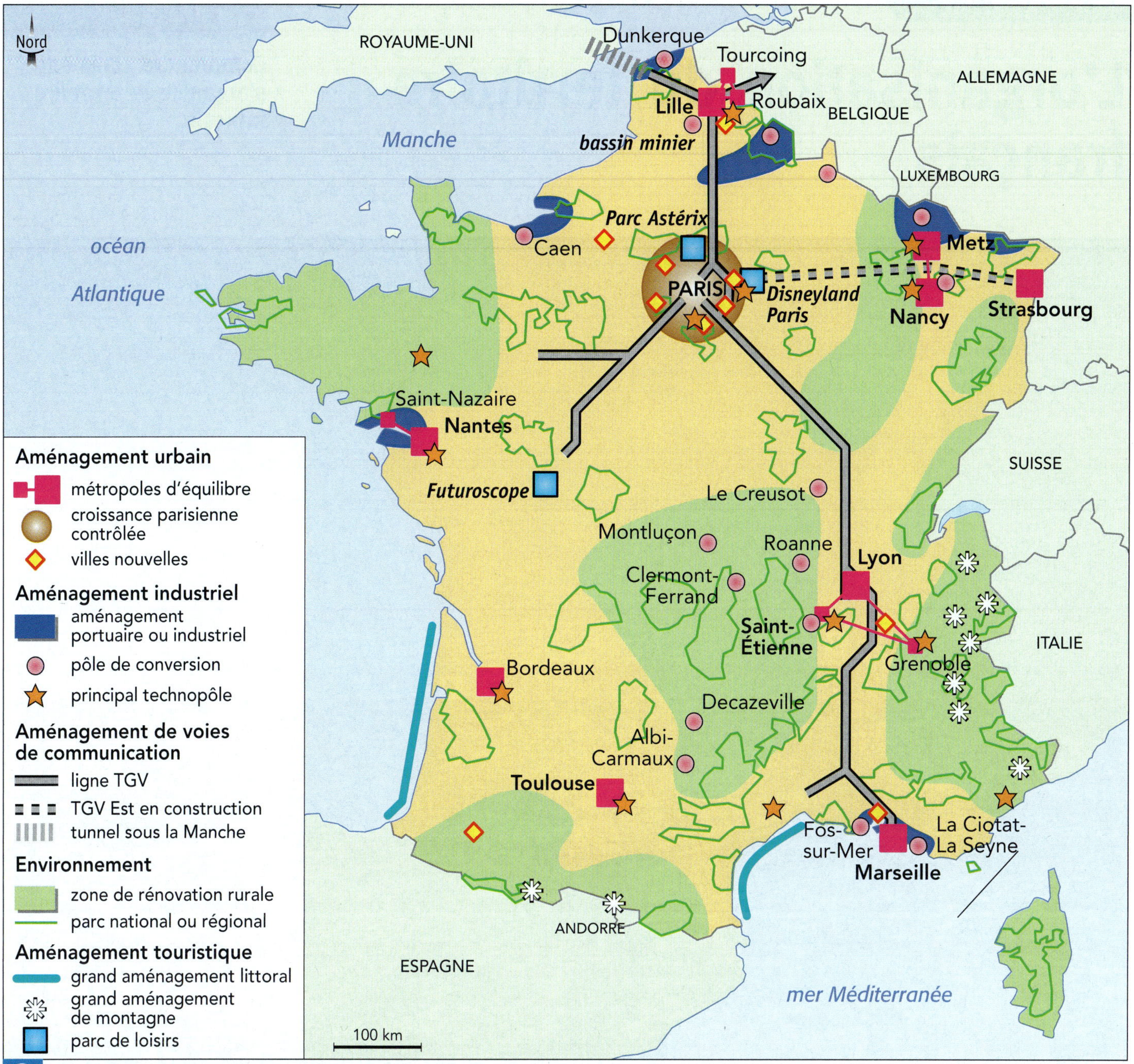

3 L'aménagement du territoire français.

1. **Quelles sont les villes choisies pour contrebalancer le poids de l'agglomération parisienne ?**
2. **Quelles sont les régions françaises desservies par le TGV ?**
3. Doc. 2, 3, 4 et 5 : **Quels sont les principaux acteurs de l'aménagement du territoire en France ?**

4 Le projet « Port 2000 » au Havre

L'ambition de Port 2000 est de mieux résister à la concurrence des ports de la mer du Nord. Destiné à accueillir les grands porte-conteneurs pouvant atteindre les 300 mètres de long, un quai d'environ un kilomètre et demi constitue l'ouvrage principal du site. Au final, douze postes à quais s'étendront sur une longueur de plus de quatre kilomètres. Autre ouvrage de taille, la mise en place de terre-pleins afin d'y recevoir 500 000 conteneurs par an. L'objectif est de doubler le trafic de conteneurs du port.

D'après *L'Humanité*, 16 janvier 2004.

1. **Quel est l'objectif du projet « Port 2000 » ?**

Origine du financement	Montant en euros
EDF	4,7 millions
Port autonome du Havre	433,6 millions
Département	49,5 millions
Région	52,5 millions
SNCF	13,7 millions
État	198 millions
Union européenne	42 millions
Entreprises privées	275 millions
Total	**1 069 millions**

Source : www.ville-lehavre.fr

5 Le financement de « Port 2000 ».

L'organisation du territoire français

›› Objectif

Comprendre comment s'organise le territoire français.

1 Nantes, une métropole d'équilibre.

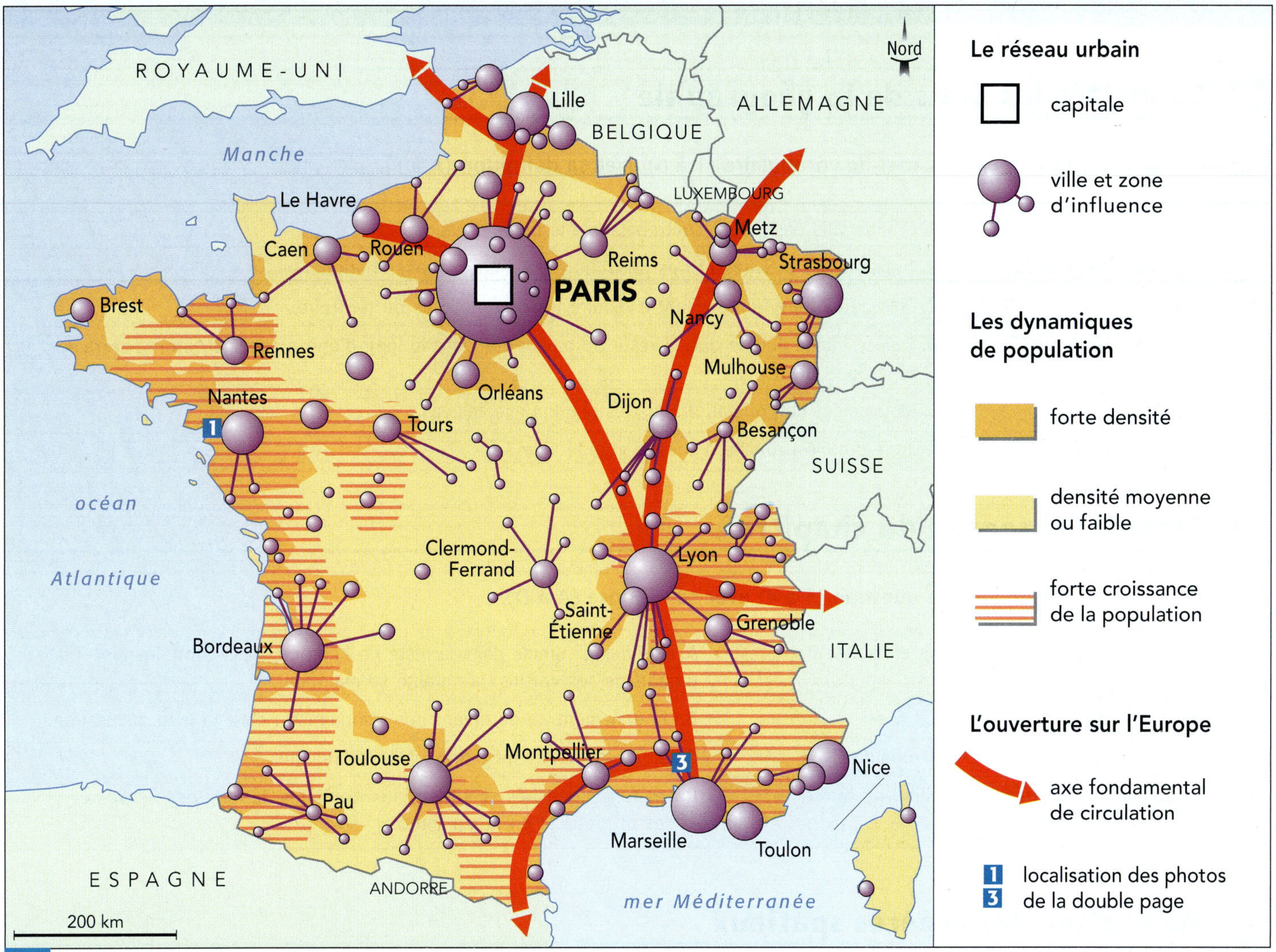

2 **L'organisation du territoire français.**

3 **Le double viaduc du TGV Sud-Est franchissant le Rhône près d'Avignon (Vaucluse).**

QUESTIONS

➤ Trouver des informations dans un document

1. Doc. 1 : Associez chaque numéro à un élément de la liste suivante : banlieue pavillonnaire, banlieue composée d'habitats collectifs, centre historique, voie de communication.
2. Doc. 2 : Quel est le principal axe de circulation sur le territoire français ?
3. Doc. 3 : D'après ce document, qu'est-ce qu'un viaduc ?

➤ Mettre en relation les documents

4. Doc. 2 et 3 : Sur quel grand axe de circulation se trouve le double viaduc d'Avignon ? Quelles villes permet-il de relier par TGV ?

➤ Rédiger

5. Rédigez un petit paragraphe expliquant quels sont les principaux éléments qui organisent le territoire français.

EXERCICES

1 Connaître les mots de la géographie

Associez, sur votre cahier, chaque mot de vocabulaire (1 à 6) avec sa définition (A à F).

1. Héliotropisme	**A.** Grande ville destinée à contrebalancer le poids de Paris.
2. Métropole d'équilibre	**B.** Transfert des activités et des pouvoirs d'un centre vers ses périphéries.
3. Décentralisation	**C.** Politique à long terme visant à réduire les déséquilibres du territoire.
4. Aménagement du territoire	**D.** Espace moins peuplé que le reste du pays s'étendant le long d'une diagonale entre la Lorraine et le Sud-Ouest.
5. Rural profond	**E.** Mouvement de population vers les régions ensoleillées.
6. Diagonale du vide	**F.** Zone qui n'est proche d'aucune grande ville.

2 Retenir l'essentiel du chapitre

Associez, sur votre cahier, chaque question (1 à 4) avec sa réponse (A à D).

1. Comment est répartie la population en France ?	**A.** Elle vieillit comme dans le reste de l'Europe, mais contrairement à la plupart de ses voisins, la natalité se maintient.
2. Comment évolue la population française ?	**B.** Un étalement au détriment des campagnes : c'est la périurbanisation.
3. Quel phénomène touche les zones urbaines ?	**C.** La réduction des inégalités entre les régions.
4. Quels sont les buts de l'aménagement du territoire ?	**D.** Les fortes densités se situent aux frontières, le long des fleuves et des littoraux et en Île-de-France.

3 Mémoriser des repères spatiaux

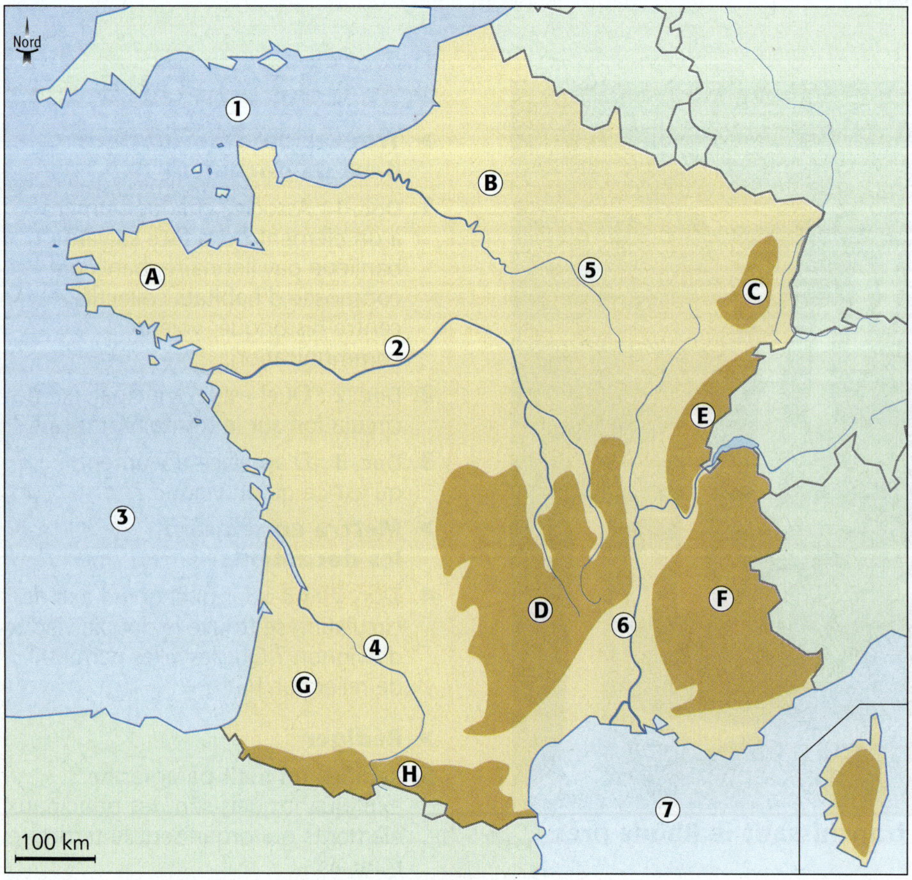

1. Océan, mers et grands fleuves.
Retrouvez le nom des éléments notés de 1 à 7 sur la carte en vous aidant de la liste suivante :
Garonne ;
Loire ;
Manche ;
mer Méditerranée ;
océan Atlantique ;
Rhône ;
Seine.

2. Grands ensembles du relief.
Retrouvez le nom des éléments notés de A à H sur la carte en vous aidant de la liste suivante :
Alpes ;
Bassin aquitain ;
Bassin parisien ;
Jura ;
Massif armoricain ;
Massif central ;
Pyrénées ;
Vosges.

4 Étudier un paysage

1 La ville nouvelle de Marne-la-Vallée (Seine-et-Marne) dans la banlieue parisienne.

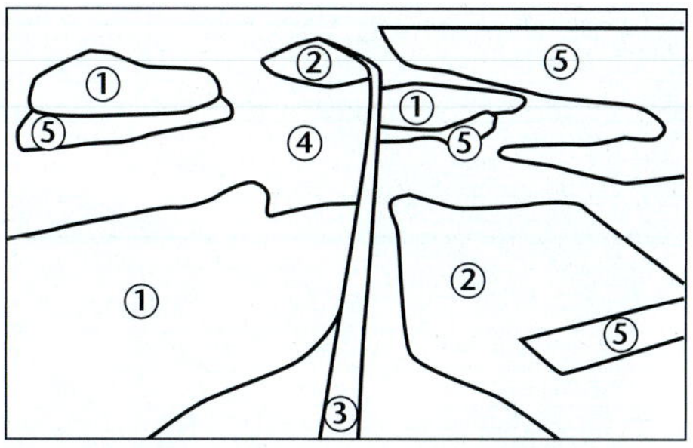

1. En vous aidant du petit schéma, décrivez les unités paysagères qui composent cette photographie.
2. Donnez un nom à chacune des unités paysagères notées de 1 à 5 (en justifiant votre réponse). Vous pouvez vous aider de la liste suivante : autoroute ; banlieue pavillonnaire ; forêts ; prés et champs cultivés ; zone commerciale et industrielle.
3. Expliquez en quoi cette photographie représente un espace périurbain.

5 Mettre en relation une carte et un texte

1 Les migrations des Français

Le Sud et l'Ouest voient s'installer plus de nouveaux arrivants qu'elles ne voient partir de personnes vers d'autres régions. Pour le Nord et le Nord-Est (Île-de-France comprise), la situation est inverse (solde migratoire négatif). L'Île-de-France concentre 40 % des flux migratoires du pays. Mais les départs y sont plus nombreux que les arrivées. Elle demeure cependant un pôle d'attraction pour les jeunes adultes.

D'après *INSEE Première*, n° 1028, 2005.

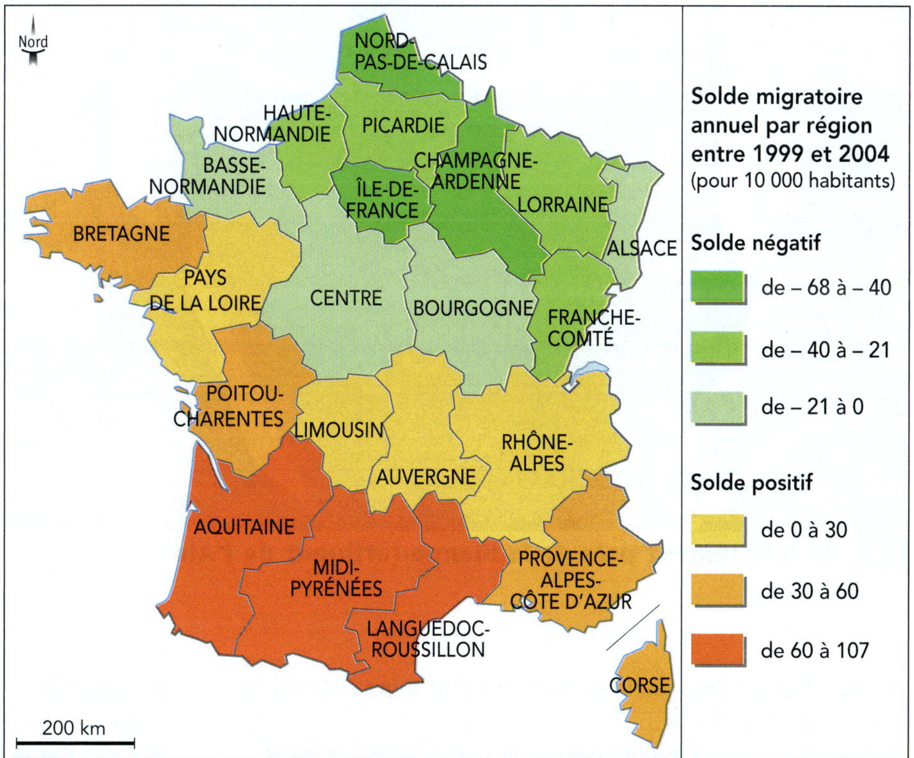

2 Les soldes migratoires des régions françaises.

1. Doc. 1 : Donnez la définition de l'expression « solde migratoire ».
2. Doc. 2 : Citez trois régions au solde migratoire fortement négatif.
3. Doc. 1 et 2 : Où sont situées les régions les plus attractives ?
4. Doc. 1 et 2 : Quelles sont les particularités de l'Île-de-France en ce qui concerne les migrations ?

6 Comparer des paysages

1 Le Doubs en période normale occupe son lit mineur.

2 Le Doubs (au même endroit), en période de crue, occupe son lit majeur et peut provoquer des inondations.

3 Un lotissement près de la Bienne (affluent de l'Ain).

1. Doc. 1 et 2 : Donnez la définition du lit mineur et du lit majeur d'un fleuve.
2. Doc. 1 et 3 : Sur quelle partie de la rivière (lit mineur ou lit majeur) le lotissement a-t-il été construit ? Justifiez la réponse.
3. Doc. 2 et 3 : Quels risques ces habitations courent-elles en cas de crue ?
4. Doc. 1 et 2 : Décalquez les contours du lit mineur (doc. 1) puis du lit majeur du Doubs (doc. 2). Coloriez en rouge, sur le calque, la zone inondable. Construisez la légende et donnez un titre au croquis.

7 Mettre en relation des documents

1 Un espace urbain toujours plus grand

Telle une pieuvre, Toulouse étend ses limites, absorbant peu à peu les communes avoisinantes. Grâce à un réseau routier dense, elles sont désormais directement connectées au centre. Au début, les communes proches ont seulement attiré les habitants du centre à la recherche d'une villégiature à la campagne. Aujourd'hui, ils y installent leur résidence principale.

La saturation de ces zones pousse les futurs propriétaires à s'éloigner davantage. Il faut maintenant aller jusqu'à Muret, à près de 30 km au sud-ouest, pour trouver des habitations abordables avec de grands terrains. Mais beaucoup de Toulousains essaient sans succès de se rapprocher de leur lieu de travail près des zones industrielles d'Airbus. Même le nord et le sud de l'agglomération, jusque-là peu recherchés car mal reliés au reste de l'agglomération, deviennent attractifs. La construction de la ligne B du métro, va les mettre, en 2007, à 10 minutes du centre-ville.

Encore plus au nord, Montauban, situé pourtant à 50 kilomètres de la métropole, attire aussi les Toulousains en mal de logement.

D'après *L'Express*, 5 septembre 2005.

2 L'agglomération de Toulouse vue par satellite.

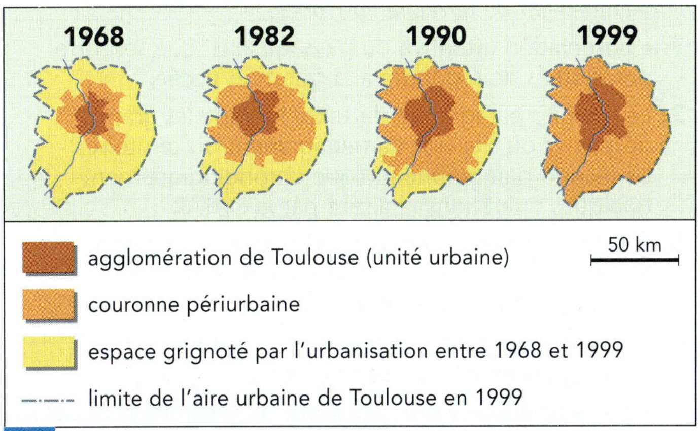

3 Évolution de l'urbanisation de la région de Toulouse.

1. Présentez les documents.
2. Doc. 1 : Jusqu'à quelles distances du centre-ville s'étend aujourd'hui l'aire urbaine de Toulouse ?
3. Doc. 1 : Quel rôle jouent les voies de communication (routes, lignes de métro) dans cette extension ?
4. Doc. 2 : Où se situe le centre-ville de Toulouse sur cette image satellitaire ? Comment sont organisées les principales voies de communication par rapport au centre-ville ?
5. Doc. 3 : Au cours de quelle période la couronne périurbaine de Toulouse s'est-elle étendue le plus rapidement ?
6. Doc. 1 à 3 : Citez plusieurs conséquences, pour les habitants, de l'extension de l'aire urbaine de Toulouse.

Sujet guidé L'aménagement du territoire en France

1 Le quartier du théâtre de la ville nouvelle de Saint-Quentin-en-Yvelines dans l'agglomération parisienne.

	Exemples d'intervenants	Exemples de domaines d'intervention
Union européenne	FEDER (Fonds européen de développement économique régional), FSE (Fonds social européen), FEOGA (Fonds européen d'orientation et de garantie agricoles)	Modernisation des voies de communication, Aide à la reconversion industrielle, Soutien à l'agriculture respectueuse de l'environnement
État français	Gouvernement, DATAR, Conservatoire du littoral, Office national des forêts	Carte scolaire, Développement des grandes infrastructures (ports, aéroports, TGV, autoroutes), Décentralisation et politique de la ville, Préservation des espaces naturels
Collectivités territoriales	Région	Lycées, trains régionaux, aménagements routiers, protection de l'environnement
	Département	Collèges, transports scolaires, aménagements routiers, développement du tourisme
	Commune	Écoles primaires et maternelles, transports urbains, eau potable, zones d'activités économiques, prévention des risques naturels

3 Les principaux acteurs de l'aménagement du territoire en France.

2 Aménager le territoire

Depuis quarante ans, l'État dispose de la DATAR (Délégation à l'aménagement du territoire et à l'action régionale) pour sa politique d'aménagement du territoire. Cette politique concerne les transports, la décentralisation industrielle et les transferts des services publics de Paris vers la province, la lutte contre la désertification rurale, l'environnement, l'aide au développement urbain. Dans les années 1960, le premier objectif a été le rééquilibrage du territoire : décentralisation industrielle, création des métropoles d'équilibre et des villes nouvelles. Puis, on s'est orienté vers les grandes opérations littorales : les zones industrialo-portuaires et l'aménagement touristique (principalement la côte du Languedoc). Il apparaît aujourd'hui que beaucoup de déséquilibres territoriaux (opposition Paris-province, problème des villes) n'ont pas encore trouvé de solution. Car l'impulsion donnée par l'État ne résout pas tout. Elle peut juste accélérer ou freiner ce qui existe déjà.

D'après F. Damette et J. Scheibling, *Le territoire français*, Hachette, 2003.

Questions

1. **Doc. 1 :** Ce quartier est-il de construction récente ? Justifiez votre réponse. Quelle est la particularité de la ville auquel il appartient ?
2. **Doc. 2 :** Quels sont les principaux buts de l'aménagement du territoire ?
3. **Doc. 3 :** Qui organise la politique d'aménagement du territoire aujourd'hui ?
4. **Doc. 1 à 3 :** Donnez les caractéristiques essentielles de l'aménagement du territoire en France.

Méthode

Trouvez l'information principale de chaque document, puis reliez les informations ainsi obtenues pour expliquer ce qu'est l'aménagement du territoire en France.

1. L'observation attentive du paysage ainsi que son titre permettent de répondre à la question posée.
2. Le premier paragraphe du texte indique les grands domaines où s'exerce l'aménagement du territoire. Le second paragraphe indique chronologiquement quelques opérations réalisées par la DATAR.
3. Les deux premières colonnes du tableau recensent les principaux intervenants dans le domaine de l'aménagement du territoire.
4. Il suffit de relier les réponses aux questions 1, 2 et 3 pour répondre à la question n° 4 :
   – les objectifs de l'aménagement du territoire (doc. 2) ;
   – les réalisations qui ont été faites (doc. 1) ;
   – la multiplication des acteurs aujourd'hui (doc. 3).

Sujet d'entraînement La démographie française, une exception européenne ?

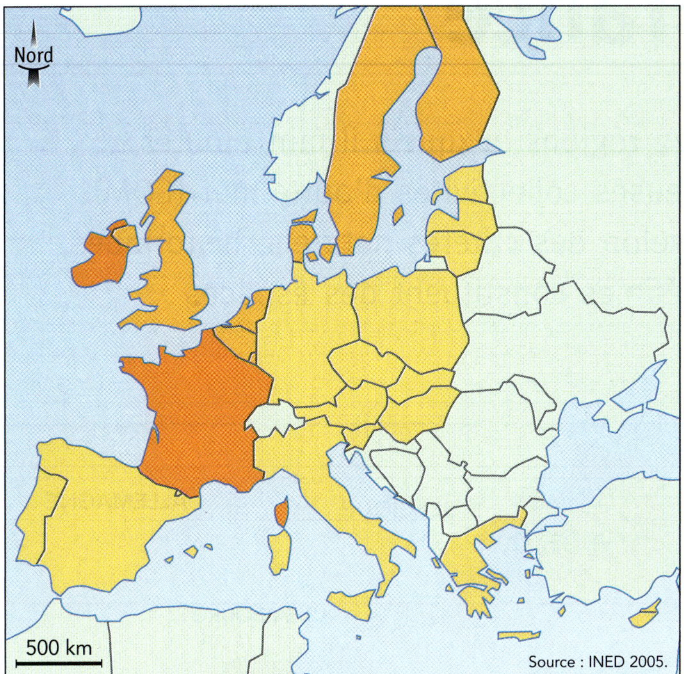

Taux de fécondité dans l'Europe des Vingt-cinq (moyenne 1995-2004)

- plus de 1,9
- de 1,5 à 1,9
- moins de 1,5

1 La fécondité dans les pays de l'Europe des Vingt-cinq de 1995 à 2004.

2 Les performances démographiques de la France

À en croire la tendance donnée par le recensement partiel de 2004, la France pourrait compter 75 millions d'habitants dans 45 ans. Après le recensement de 1999, l'INSEE avait retenu trois scénarios : un bas, un moyen (qui prévoyait une population de 64 millions d'habitants en 2050), et un haut (75 millions d'habitants prévus). « Lorsque l'on regarde les évolutions récentes, on se situe plutôt dans le scénario haut » commente un spécialiste. Selon lui, deux facteurs expliquent les évolutions récentes : « la fécondité, qui se maintient autour de deux enfants par couple ; la mortalité, qui, en 2004, a été nettement plus faible que ce qu'on imaginait, entraînant un accroissement naturel net supérieur à 200 000 naissances par an ».

D'après *Libération*, 12 mai 2005.

Questions

1. Doc. 1 : Quels sont les pays qui ont un taux de fécondité supérieur à 1,9 ?
2. Doc. 2 : Quelle « performance » démographique ce texte souligne-t-il ?
3. Doc. 3 : Comment se situe le solde migratoire de la France par rapport aux autres grands pays européens ?
4. Doc. 1 à 3 : Montrez que la démographie française est une exception en Europe.

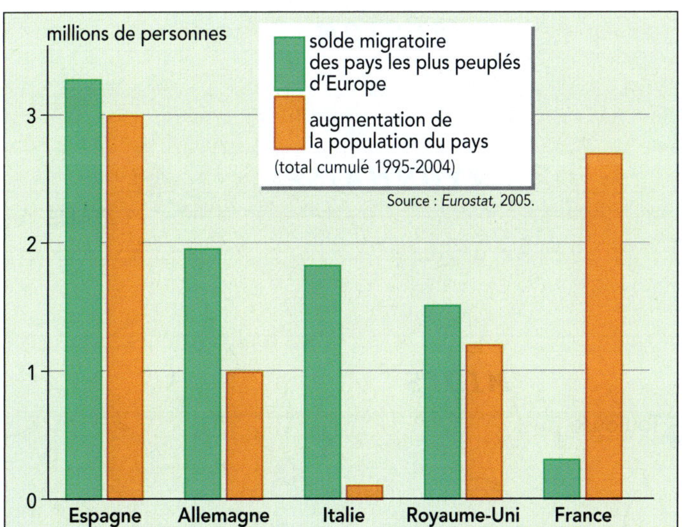

3 Le solde migratoire et l'accroissement de la population de quelques grands pays européens de 1995 à 2004.

Conseils pour réussir

- Il faut avoir revu la leçon 2 (p. 302-303) pour faire l'exercice.
- Lisez et observez attentivement les documents. Dans chacun d'entre eux, relevez les éléments qui portent sur les caractéristiques de la démographie française par rapport aux autres pays d'Europe :
  - son taux de fécondité ;
  - son accroissement naturel ;
  - son solde migratoire.
- Utilisez toutes les informations trouvées dans les questions 1, 2 et 3 pour répondre à la question n° 4.
- Rédigez à chaque fois une ou deux phrases correctement écrites puis vérifiez l'expression écrite (grammaire, orthographe).

Les grands ensembles régionaux de la France

La France est divisée en 96 départements et 22 régions auxquels il faut ajouter 4 départements d'outre-mer (DOM) et de nombreuses collectivités d'outre-mer (COM). Le territoire français peut aussi être découpé selon des critères naturels, historiques, culturels ou économiques. Ces régions ainsi définies constituent des espaces géographiques relativement homogènes.

1 **Le découpage géographique du territoire français en six grands ensembles régionaux.**

2 **Le découpage administratif de la France : régions, départements et territoires.**

Chapitre 19

Paris et le Bassin parisien

→ Comment Paris joue-t-elle son rôle de capitale nationale et régionale ?

BASSIN PARISIEN 2005	FRANCE 2005
◆ 146 500 km² pour 21,2 millions d'habitants, soit 145 hab./km²	◆ 552 000 km² pour 60,5 millions d'habitants, soit 110 hab./km² ◆ avec les DOM-COM, 672 400 km² pour 62,9 millions d'habitants, soit 94 hab./km²

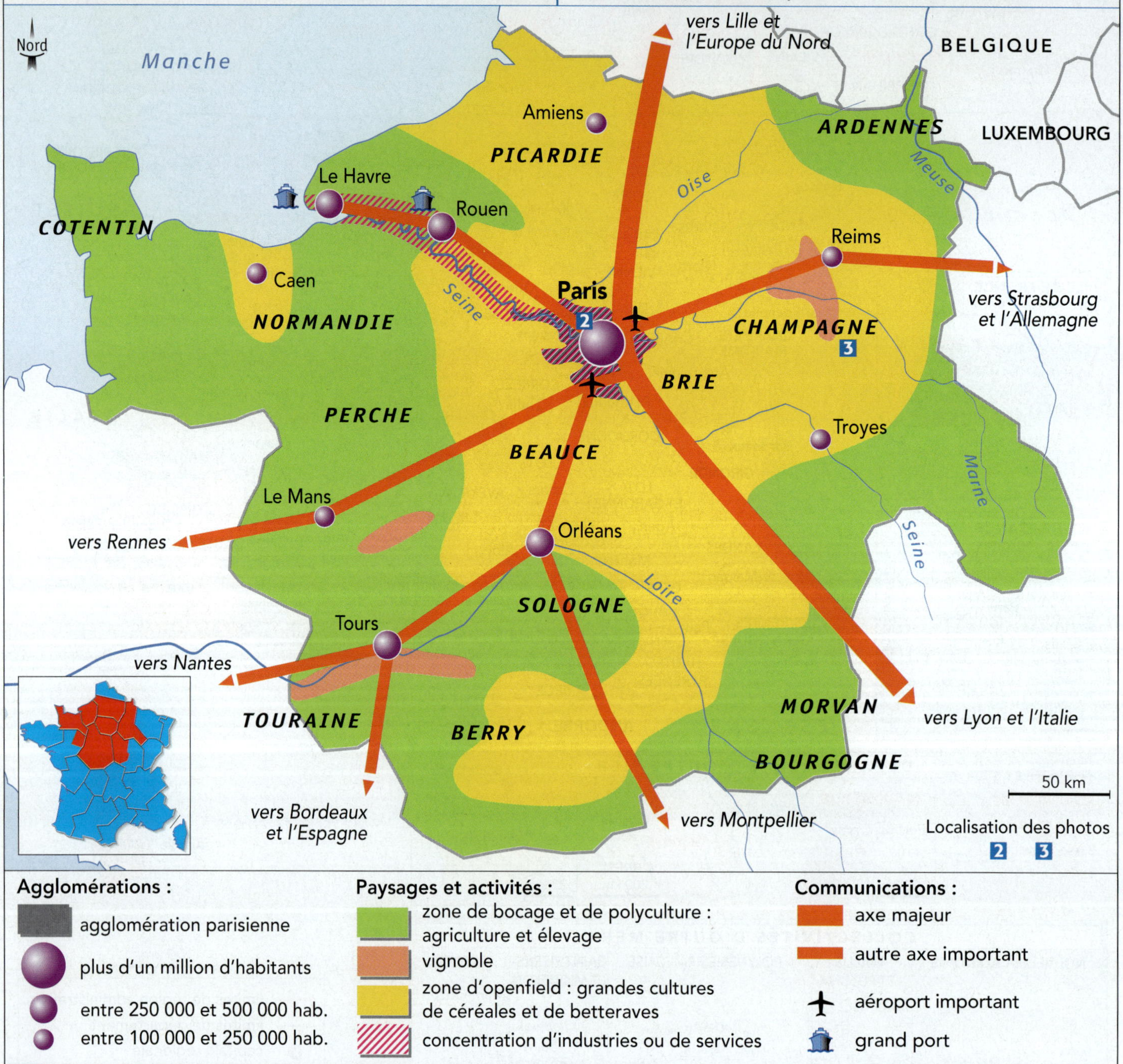

1 L'organisation du Bassin parisien.

1. Où se situe l'agglomération parisienne dans la région ?
2. Quelles sont les principales régions agricoles ? Dans quelles productions sont-elles spécialisées ?

2 **Paris vu depuis le quartier d'affaires de la Défense à l'ouest de la capitale.**

1. Quel type de bâtiments compose le quartier de la Défense ?
2. Quel monument parisien se trouve dans la perspective directe de la Grande Arche de la Défense ?

3 **La grande plaine céréalière de la Champagne sèche (Marne).**

1. Quelle est la forme de ces champs cultivés ? Quelle est leur taille ?
2. Quel équipement agricole est visible sur cette photographie ?
3. Comment sont réparties les habitations dans cet espace ?

Leçon 1 Paris

➜ Quelles sont les principales fonctions de la ville de Paris ?

A La capitale de la France

Paris concentre presque tous les pouvoirs du pays et en particulier les activités de commandement dans les domaines politique, culturel et économique. Les pouvoirs politiques sont symbolisés par la présidence de la République (palais de l'Élysée), les services du Premier ministre (hôtel Matignon), les ministères (comme celui de l'Économie et des Finances dans le quartier de Bercy), les assemblées législatives (Assemblée nationale et Sénat).

Cette fonction de capitale politique marque profondément l'urbanisme de Paris par le nombre des monuments officiels répartis dans toute la ville **(doc. 3)**.

B Un rayonnement culturel mondial

Paris est depuis longtemps une grande ville internationale. Elle est ainsi le siège de l'Unesco (Organisation des Nations unies pour l'éducation, la science et la culture). Le rayonnement culturel de la capitale s'explique aussi par la richesse de son patrimoine architectural : la tour Eiffel, symbole de la ville de Paris, est connue dans le monde entier.

Beaucoup d'autres monuments reçoivent aussi de nombreux visiteurs français ou étrangers, comme, par exemple, la cathédrale Notre-Dame ou le musée du Louvre. Paris est ainsi l'un des premiers centres touristiques du monde.

La ville possède également de nombreuses grandes écoles et universités fréquentées par des étudiants de toute la France et du monde entier **(doc. 1)**.

C Une capitale économique

Paris regroupe une grande partie des pouvoirs financier (palais de la Bourse) et économique de France. Avec peu d'activités de production mais de nombreuses fonctions de direction et de conception, elle accueille principalement des emplois dans les services. Les **sièges sociaux** des grandes entreprises et des banques se situent dans plusieurs quartiers prestigieux du centre de la capitale et dans celui de la Défense en proche banlieue **(doc. 2)**. Ils rassemblent des milliers d'emplois.

Paris est la seule ville française et l'une des rares villes européennes à s'inscrire dans le réseau des très grandes villes mondiales.

VOCABULAIRE

siège social (un) : bâtiment composé de bureaux abritant toutes les activités de direction d'une entreprise.

1 Les activités économiques de Paris

Aucune autre ville d'Europe ne concentre une telle densité de richesses sur un territoire aussi petit. Si ses 105 km² n'abritent que 3 % de la population française (2,1 millions d'habitants), ce territoire minuscule est le lieu de création de 10 % des nouvelles entreprises françaises, il abrite 30 % des chambres d'hôtels de luxe de toute la France et près de 20 % des étudiants du pays.
Une telle densité d'activités et de population ne permet plus de trouver de l'espace pour le secteur industriel. Les usines partent donc vers la banlieue. Mais le nombre important de personnes très diplômées issues des universités, la richesse artistique et culturelle de la ville constituent des atouts décisifs pour le développement d'activités comme la finance, le tourisme, la mode ou le multimédia.

D'après *Les 100 villes qui font l'économie française*, BMH éditions, 2004.

1. **Quelle activité est absente de Paris ? Pourquoi ?**
2. **Montrez que Paris, malgré sa petite taille, est importante pour l'économie française.**

2 Le quartier de la Défense

Avec 3 millions de m² de bureaux, le quartier de la Défense, à 3 km au nord-ouest de Paris, accueille 1 500 sièges sociaux d'entreprises nationales et internationales. 150 000 salariés y travaillent, principalement dans la banque et les assurances. Ils s'y rendent chaque jour par des autoroutes mais aussi le train, le métro, le RER[1] ou le tramway. La Défense possède aussi un centre commercial, un immense hall d'exposition (le CNIT) et enfin elle est un lieu touristique offrant une promenade au milieu d'un ensemble architectural moderne remarquable, dont la Grande Arche est le monument majeur.

D'après *Le Monde*, 3 décembre 2004.

1. RER (réseau express régional) : trains reliant Paris à la région parisienne.

1. **Quels sont les moyens de transport qui desservent le quartier de la Défense ?**
2. Doc. 1 et 2 : **Relevez, dans ces deux textes, les expressions qui indiquent que Paris a une économie tournée vers les services.**

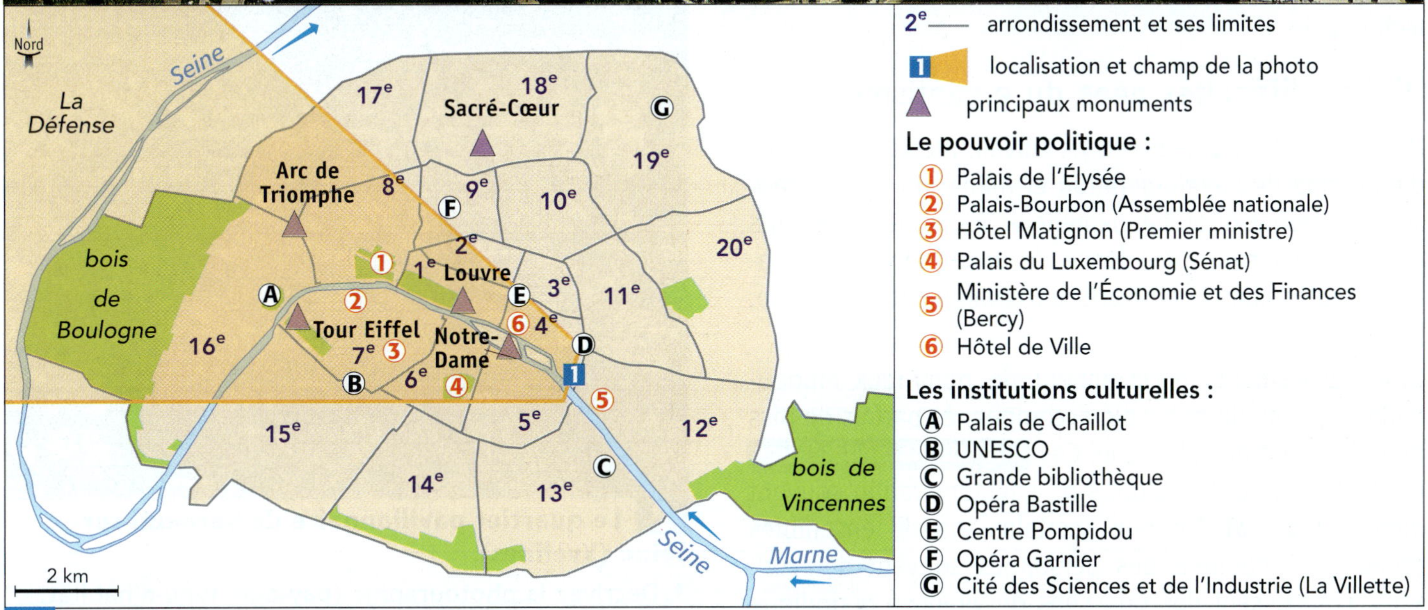

3 **L'axe de la Seine, de l'île Saint-Louis à la Défense.**

1. Identifiez les principaux lieux du pouvoir politique. Citez plusieurs monuments de Paris.
2. Doc. 1, 2 et 3 : Montrez que Paris est à la fois une capitale politique, économique et culturelle.

Leçon 2

L'agglomération parisienne

➜ Comment s'organise l'agglomération parisienne ?

A Une vaste agglomération

L'agglomération composée de Paris et de sa banlieue compte plus de 10 millions d'habitants et s'étend sur une très vaste superficie. Entre le centre de la capitale et ses périphéries lointaines, la distance est de 30 à 50 kilomètres **(doc. 1)**. C'est l'une des plus grandes agglomérations d'Europe.

L'habitat est très diversifié. Au centre de Paris, seules les populations les plus aisées peuvent se loger de façon convenable.

Dans l'agglomération, les contrastes de niveau de vie sont très importants **(voir dossier p. 334-335)**. Les classes moyennes résident fréquemment dans de vastes banlieues pavillonnaires **(doc. 2)**. Les familles les moins riches se logent dans de grandes zones d'habitat collectif (HLM) **(doc. 3)** qui attendent souvent d'être rénovées.

B Le dynamisme des activités

L'agglomération parisienne produit 25 % de la richesse nationale et possède 75 % des sièges sociaux des 500 plus grandes entreprises présentes en France pour seulement 17 % de la population du pays.

Au sein de cet ensemble urbain, les entreprises se sont souvent installées le long des axes de communication **(doc. 5)**. Les établissement industriels se trouvent la plupart du temps au nord, tandis que le sud-ouest accueille les secteurs spécialisés dans les transports et la haute technologie.

C Les difficultés nées du gigantisme

Pour se rendre sur leur lieu de travail, plusieurs millions d'habitants de l'agglomération et même du Bassin parisien effectuent quotidiennement de longs déplacements grâce à un réseau très dense de voies de communication : autoroutes, transports en commun (train, métro, tramway et bus).

Ces déplacements occasionnent de nombreux embouteillages, le matin et le soir, accompagnés parfois de pics de pollution atmosphérique. Ces **migrations pendulaires** rendent la vie des habitants de l'agglomération souvent difficile **(doc. 4)**. De plus, certains grands ensembles urbains, où habitent des personnes souvent défavorisées, connaissent des poussées de violence périodique et une forte délinquance.

VOCABULAIRE

migration pendulaire (une) : déplacement quotidien entre le lieu de résidence et le lieu de travail.

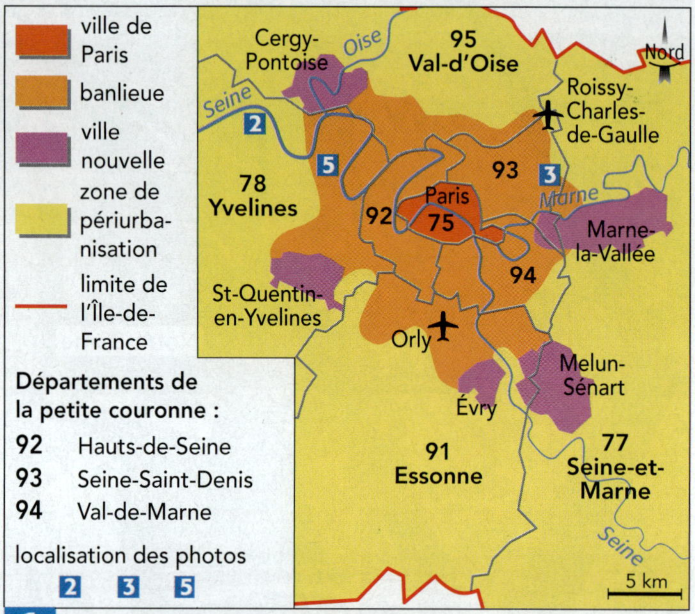

1 L'agglomération parisienne.

1. Quelles sont les villes nouvelles ? Où se situent-elles ?

2 Le quartier pavillonnaire de Verneuil-sur-Seine (Yvelines).

1. Décrivez la photographie (paysage, type d'habitat, équipements publics, voies de communication).

2. Doc. 1, 2, 3 et 4 : Quels sont les différents types d'habitats en région parisienne ? Où sont-ils situés ?

3 **Les immeubles d'habitat collectif à Montfermeil (Seine-Saint-Denis).**

1. Décrivez la photographie (paysage, types d'habitat, équipements publics, voies de communication).

4 **L'urbanisation de la Seine-et-Marne**

Quand et où s'arrêtera la croissance de l'agglomération parisienne vers l'est ? En 40 ans, le département de Seine-et-Marne a doublé sa population avec actuellement 1,3 million d'habitants. Encore très rural, il doit s'adapter aux exigences des nouveaux habitants dont la majorité travaille à Paris. La Seine-et-Marne dispose encore d'énormes réserves d'espace rural libre et peu cher qui permet d'accueillir l'urbanisation croissante de l'agglomération parisienne. Les jeunes ménages, aux revenus moyens, s'installent dans les villes nouvelles de Marne-la-Vallée et de Melun-Sénart. Mais les heures passées dans les transports en commun bondés ou dans les embouteillages font parfois virer le rêve au cauchemar.

D'après *Le Monde*, 24 mai 2005.

1. Où travaille la majorité des nouveaux habitants ?

5 **Les usines Peugeot à Poissy (Yvelines), au bord de la Seine.**

1. Quelles sont les voies d'accès à cette entreprise ?
2. Doc. 1 et 5 : Situez cette usine sur la carte. Dans quelle partie de la région parisienne est-elle implantée ?

Dossier

Le Bassin parisien

›› Objectif

Étudier la diversité économique du Bassin parisien.

L'aire d'influence directe de Paris s'étend sur tout le Bassin parisien **(voir carte 1 page 326)**. Ce très vaste ensemble regroupe des activités économiques performantes, stimulées par l'énorme marché de consommation parisien. C'est ainsi la première région agricole de France et d'Europe.

1 **Le port du Havre (Seine-Maritime).** Situé dans l'estuaire de la Seine, c'est le deuxième port français.

2 **Les coteaux de Champagne.**
Ce **terroir** possède un vignoble prestigieux.

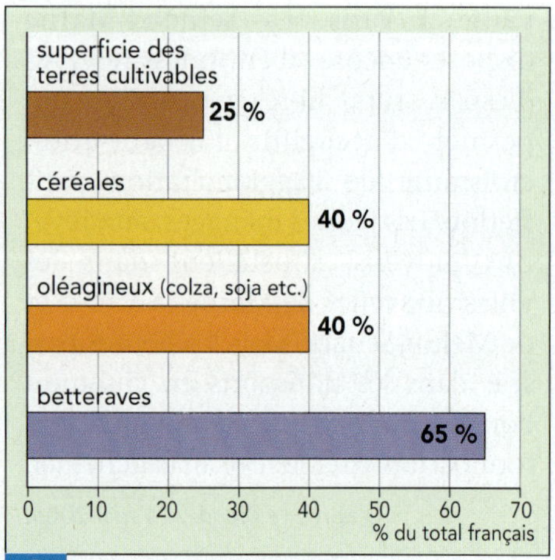

3 **L'agriculture dans le Bassin parisien.**

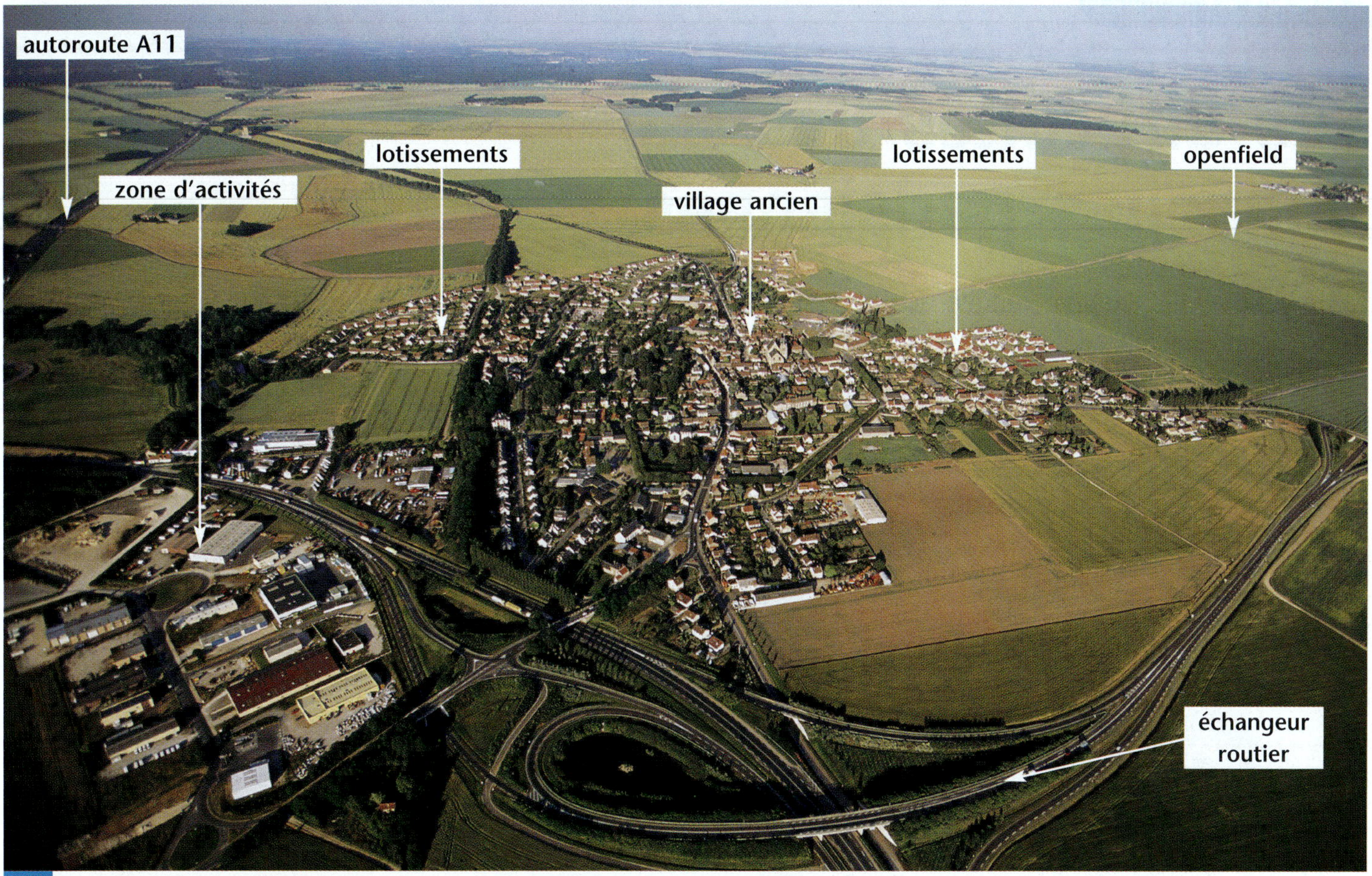

4 **La plaine de la Beauce.** Un paysage d'openfield près d'Ablis (Yvelines).

5 **Le parc Disneyland® Resort Paris en Seine-et-Marne.** Il est situé à 32 km à l'est de Paris.

VOCABULAIRE

openfield (un) : parcelle agricole non délimitée par des haies, des talus ou des murets.

terroir (un) : ensemble des éléments qui caractérisent un espace agricole.

QUESTIONS

➤ Trouver des informations dans un document

1. Doc. 1 : Décrivez le document.
2. Doc. 4 : Montrez que cet espace rural est dynamique.
3. Doc. 5 : Quels avantages la proximité de Paris procure-t-elle à ce parc d'attractions ?

➤ Mettre en relation les documents

4. Doc. 2, 3 et 4 : Montrez que le Bassin parisien est une grande région agricole.

➤ Rédiger

5. Rédigez un petit paragraphe résumant les principales activités économiques du Bassin parisien.

Les difficultés des banlieues parisiennes

›› Objectif

Comprendre quelles sont les inégalités sociales de la banlieue parisienne.

La répartition de l'habitat autour de Paris est loin d'être homogène. Les familles aisées et les classes moyennes résident plutôt au sud et à l'ouest de l'agglomération. Le nord accueille majoritairement des grands ensembles HLM qui représentent une part importante des quartiers classés « sensibles ». Ces quartiers connaissent d'importants problèmes économiques et sociaux.

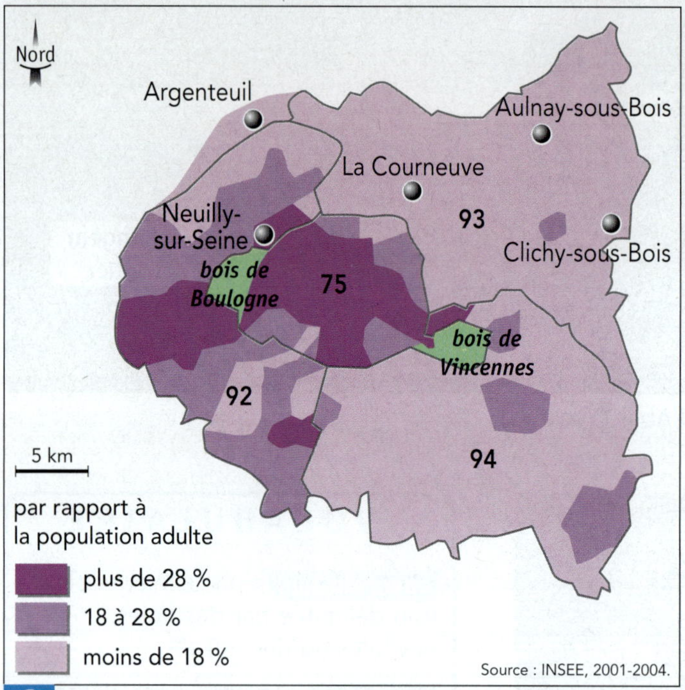

1 **Taux de diplômés de l'enseignement supérieur de Paris et de la petite couronne.**

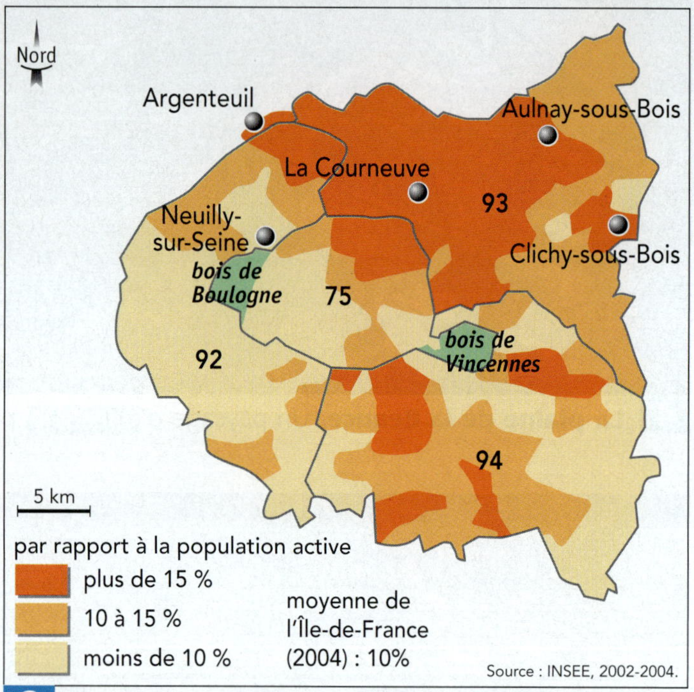

2 **Taux de chômage de Paris et de la petite couronne.**

3 La cité, un lieu fermé

J'ai vu à la télé certains de mes élèves lors des émeutes du début du mois. Et pourtant, le lendemain, ils n'étaient pas mécontents de revenir au collège. Je leur ai expliqué que manifester était un droit pour tout citoyen, mais pas celui de brûler des voitures.
La cité où ils vivent est un lieu fermé d'où il est difficile de sortir. Les jeunes ne vont jamais à Paris ou alors pour de mauvaises raisons. Tous les gens ici vivent dans des situations difficiles et les tensions sociales sont très fortes.

D'après le témoignage d'un enseignant de Clichy-sous-Bois (Seine-Saint-Denis), *Le Nouvel Observateur*, 10 novembre 2005.

4 « Nous devons être le reflet de notre clientèle »

Chaque matin, à 9 h 30, le directeur d'une grande surface d'Argenteuil (Val-d'Oise), réunit ses managers commerciaux. Jean-Julien le Niçois, Paula la Bretonne ou encore Olivier le Stéphanois côtoient Tamia l'Antillaise, Saïda, d'origine marocaine, Dieynaba et Henri, tous deux nés au Sénégal. Au total, les 210 salariés représentent plus de 20 nationalités. Un métissage rare dans les entreprises françaises, et pourtant à l'image de la population locale – la moitié des 100 000 habitants d'Argenteuil est d'origine étrangère. À son ouverture, en novembre 2002, cet hypermarché s'était engagé à attribuer 80 % des postes d'employés à des habitants locaux : « nous sommes commerçants, nous devons être le reflet de notre clientèle » déclare son directeur. Nordine, 32 ans, est de ceux-là. Ce Français, avec une licence en électronique, enchaînait les missions en intérim. L'hypermarché lui a offert un emploi à temps complet. « Ma première réaction a été la satisfaction, raconte-t-il. Avec le recul, je me dis que faire de la mise en rayon avec un bac + 3, c'est dur. J'ai été retenu car je faisais partie de la population locale… pour les quotas. »

D'après *L'Express*, 17 novembre 2005.

5 **Un centre commercial et un immeuble de la « Cité des 4 000 » à La Courneuve (Seine-Saint-Denis).**

6 **« Accroche-toi à tes ambitions »**

En 2001, Sciences-Po Paris a créé un concours d'entrée spécial réservé aux élèves de ZEP (zones d'éducation prioritaires). En 2005, on compte 33 lycées partenaires, principalement en Île-de-France. 189 élèves des ZEP ont pu ainsi rentrer à l'Institut d'études politiques de Paris (IEP), dont 57 cette année. Les deux tiers de ces admis ont au moins un parent né hors de France.

« On s'est mélangé aux autres étudiants, mais on se téléphone régulièrement, on se soutient, confient deux anciennes du lycée Jacques-Brel de La Courneuve (Seine-Saint-Denis), aujourd'hui en quatrième année. On se raconte nos difficultés. » Ils parlent du « choc culturel » de la première année, leur arrivée dans « un autre monde », leur « acharnement à réussir ». Perrine, Naouale et Ambreen, 21 ans, passeront le concours de l'École nationale de la magistrature (ENM) l'an prochain. D'origine algérienne, Naouale, fille d'un chauffeur-livreur et d'une agent spécialisée en maternelle, sait qu'elle sera juge pour enfants. Bien avant la création de ce concours d'entrée spécial ZEP, elle avait rencontré un conseiller d'orientation. Elle se souvient de sa réponse : « Vous visez trop haut, pensez plutôt à faire assistante sociale. » Ses profs lui ont soutenu le contraire : « Accroche-toi à tes ambitions. »

D'après *Libération*, 2 décembre 2005.

QUESTIONS

➤ Trouver des informations dans un document

1. Doc. 1 : Quel est le département de la petite couronne où le nombre de diplômés est le moins élevé ?

2. Doc. 2 : Quel département possède le taux de chômage le plus fort ?

3. Doc. 3 : Expliquez le titre du document.

4. Doc. 4 : Combien de nationalités différentes dénombre-t-on dans le personnel de cet hypermarché ? Comment la direction justifie-t-elle sa politique d'embauche ?

5. Doc. 5 : De quel type d'habitat s'agit-il ?

6. Doc. 6 : Quel est le but de la convention créée entre Sciences-Po et certains lycées de ZEP depuis 2001 ? Quel métier envisagent de faire certains élèves qui ont réussi à entrer à Sciences-Po grâce à cette convention ?

➤ Mettre en relation les documents

7. Doc. 3, 4 et 6 : Quel rôle peuvent jouer l'école et les entreprises pour aider les banlieues à sortir de leurs difficultés ? Quelles en sont les limites ?

➤ Rédiger

8. Rédigez un petit paragraphe résumant les principales difficultés que connaissent certaines banlieues de Paris.

Chapitre 20

Le Nord et l'Est

→ Comment évoluent ces anciennes régions industrielles ?

NORD ET EST 2005	FRANCE 2005
◆ 55 400 km² pour 8,8 millions d'habitants, soit 159 hab./km²	◆ 552 000 km² pour 60,5 millions d'habitants, soit 110 hab./km² ◆ avec les DOM-COM, 672 400 km² pour 62,9 millions d'habitants, soit 94 hab./km²

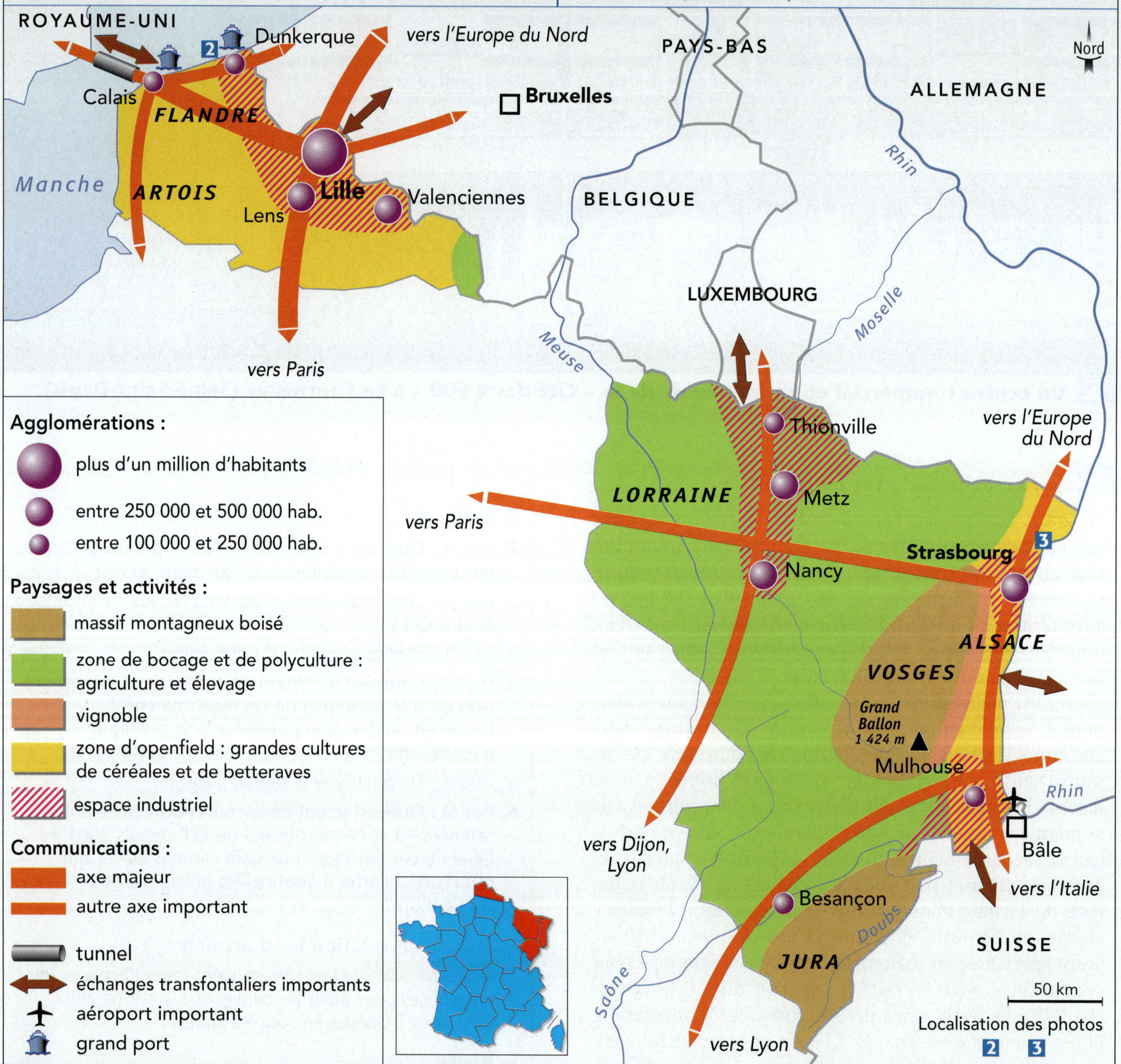

1 L'organisation régionale du Nord et de l'Est.

1. Où se situent les principaux espaces industriels ?
2. Montrez que ces régions sont des zones d'échanges transfrontaliers.

2 **Le port de Dunkerque (Nord).**

1. Décrivez les différentes unités paysagères.

3 **Le Rhin près de Dalhunden (Bas-Rhin).**

1. Décrivez ce paysage. Comment sont aménagées les berges du fleuve ?

Leçon 1 Des régions industrielles en reconversion

→ **Quels changements d'activités connaissent ces régions ?**

A Des régions anciennement industrialisées

Le Nord et l'Est sont longtemps demeurés des espaces privilégiés de la grande industrie héritée du premier âge industriel du XIXe siècle, d'abord fondée sur le textile. La présence de nombreuses ressources naturelles (fer, charbon), d'excellentes voies de communication et d'une main-d'œuvre nombreuse ont ensuite permis le développement des industries lourdes, principalement la sidérurgie **(doc. 1)**.

Jusqu'au milieu des années 1970, le Nord et l'Est étaient les premières régions industrielles françaises. Les mines de charbon de Lorraine employaient encore 40 000 ouvriers en 1965. Cette tradition industrielle a largement marqué les paysages.

B Les crises de la fin du XXe siècle

À partir des années 1970, une série de crises a durement frappé les principales activités de ces régions **(doc. 2)**. C'est tout d'abord le textile, concurrencé par des productions de pays où la main-d'œuvre était moins chère, qui a perdu des milliers d'emplois avant de disparaître presque complètement. Puis le secteur sidérurgique a lui aussi connu la récession. Seules quelques usines plus modernes (comme à Dunkerque, dans le Nord) ont pu se maintenir.

Les mines des **bassins houillers** ont progressivement fermé. Ces fermetures d'usines ont créé un fort chômage. Les friches industrielles ont envahi le paysage.

C Un renouveau récent

Il a fallu opérer une reconversion de ces espaces. L'industrie automobile a créé de nombreux emplois dans ces anciens **bassins industriels** en crise. Toyota s'est installé à Valenciennes **(doc. 3)**, Smart à Hambach en Lorraine, Renault à Douai (Nord). Peugeot possède de nombreux sites de production en Franche-Comté (Sochaux, Vesoul) et au sud de l'Alsace (Mulhouse).

Les industries de haute technologie, grâce à la création de **technopôles** **(doc. 4)**, ainsi que les services jouent un rôle croissant dans le renouveau économique du Nord et de l'Est. Plus de 75 % des nouveaux emplois se font actuellement dans les services : à Roubaix, les grands groupes textiles se sont réorientés vers la vente par correspondance **(doc. 2)**.

VOCABULAIRE

bassin houiller (un) : région d'où l'on extrait le charbon.

bassin industriel (un) : espace où se concentre la production industrielle.

technopôle (un) : parc d'activités regroupant des centres de recherches scientifiques et des industries de haute technologie.

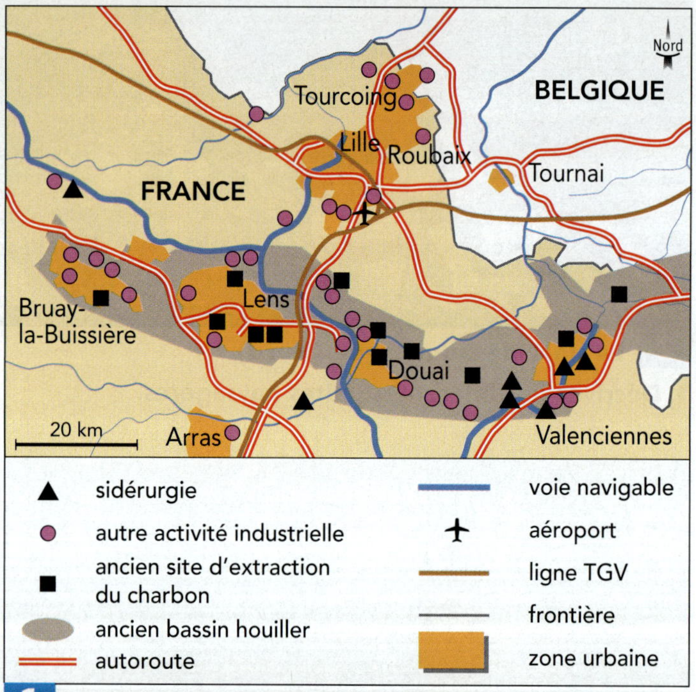

1 Le bassin industriel du Nord.

1. Où sont situés les bassins houillers ?

2 Le Nord-Pas-de-Calais : une identité en mutation

En 1960, 54 % de la population active travaillait dans l'industrie, il n'en reste que 25 % en 2004. Le taux de chômage est depuis 20 ans supérieur à la moyenne française. Les premiers puits de charbon ont été fermés dès 1952 ; le dernier en décembre 1990. Le textile a connu plusieurs crises sévères. Certains industriels se sont reconvertis dans la vente par correspondance (La Redoute, les Trois Suisses, Damart) et dans la grande distribution (Auchan), sans compenser les emplois perdus dans le textile.

D'après *L'État des régions françaises*, La Découverte, 2005.

1. Doc. 1 et 2 : Comment ont évolué les industries traditionnelles de la région Nord-Pas-de-Calais ?

3 **L'usine d'automobiles Toyota près de Valenciennes.**

1. Où est située l'usine Toyota ?
2. Où se trouve le parking des voitures des employés ? le parking des voitures produites ?

4 **Le technopôle de Metz.** 1. Technopôle. 2. Metz.

1. Distinguez les zones d'activités, de loisirs et d'habitat visibles sur ce document.
2. Doc. 2, 3 et 4 : Comment le Nord et l'Est essaient-ils de reconvertir leurs bassins industriels en crise ?

Leçon 2

Des régions au cœur de la mégalopole européenne

→ **Quels avantages le Nord et l'Est tirent-ils de leur position géographique ?**

A Au cœur de l'Europe

Le Nord et l'Est sont les seules régions françaises situées dans la mégalopole européenne. Elles constituent un carrefour entre le Bassin parisien et les pays européens voisins : Suisse, Allemagne, Luxembourg, Belgique et Royaume-Uni **(doc. 1)**.

Ces espaces sont particulièrement bien placés pour accueillir des infrastructures de transport comme des lignes de train à grande vitesse, des autoroutes, le tunnel sous la Manche près de Calais **(doc. 4)** ainsi que leurs bases de **logistique**.

Les voies navigables comme la Moselle et le Rhin permettent de relier l'est de la France et l'Allemagne. Le Rhin, fleuve frontalier, devient de plus en plus un trait d'union entre les deux États.

B Des régions d'échanges

Les échanges **transfrontaliers** de marchandises et de personnes se multiplient **(doc. 2)**. L'implantation d'entreprises venues d'Europe et du reste du monde permet la création de nouveaux sites industriels ou de services.

Les touristes européens, en route vers le sud de l'Europe, passent par le Nord et l'Est et apprécient les sites touristiques de la région. Ils séjournent volontiers dans l'agréable campagne alsacienne ou les forêts des Vosges et du Jura.

C Lille et Strasbourg, deux villes européennes

Lille et Strasbourg constituent deux métropoles dynamiques à vocation européenne. Lille connaît une période de renaissance économique liée au développement de nouvelles activités **(doc. 3)**.

La ville renforce aussi son rôle de carrefour européen grâce à sa gare TGV au cœur du triangle Paris-Bruxelles-Londres.

Strasbourg est un centre industriel actif et diversifié. Siège du Parlement européen, c'est une des capitales de l'Union européenne **(voir dossier p. 340-341)**.

La construction du TGV Est (2002-2008) pour relier Paris à Strasbourg ainsi qu'aux grandes villes allemandes, confirme la position de carrefour européen de la ville alsacienne.

VOCABULAIRE

logistique (la) : tout ce qui permet de gérer efficacement les transports (entrepôts, plates-formes de chargement et de déchargement).

transfrontalier : qui traverse les frontières.

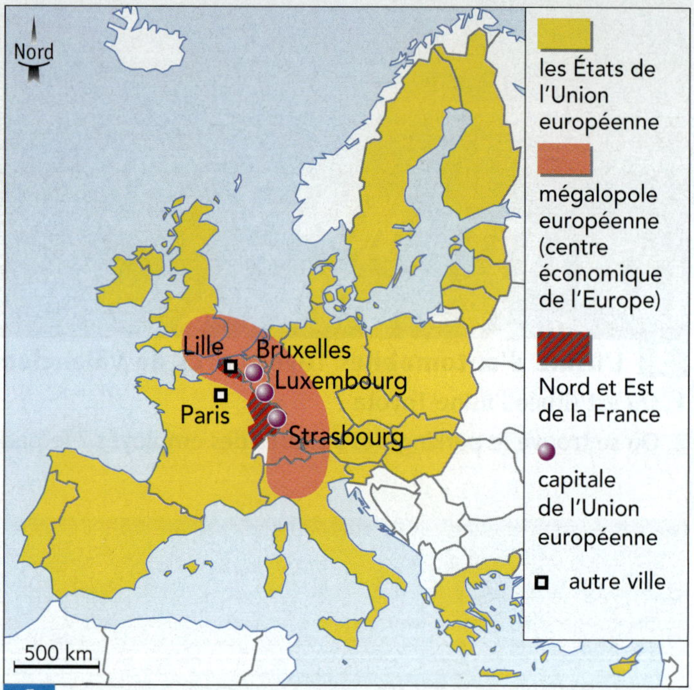

1 La situation du Nord et de l'Est en Europe.

1. Quelles sont les régions françaises qui se situent dans la mégalopole européenne ?

2 La Lorraine en Europe

La Lorraine occupe une position géographique privilégiée en Europe. Seule région française à partager ses frontières avec trois pays européens (Belgique, Luxembourg et Allemagne), la Lorraine est une porte d'entrée exceptionnelle sur l'Union européenne. Elle est au cœur d'une gigantesque concentration urbaine et économique aux forts potentiels industriels, technologiques et scientifiques. Dans un rayon de 500 kilomètres, elle se trouve au centre d'un marché de 125 millions de consommateurs. Des activités liées à sa position géographique se sont développées : elles concernent surtout la logistique et des industries de services.

D'après le site Internet de la région Lorraine, 2 septembre 2005.

1. Montrez que la Lorraine dispose d'une position géographique privilégiée.

1. Centre historique. 2. Gare de Lille-Flandres. 3. Centre commercial. 4. Gare TGV souterraine Lille-Europe (liaisons directes avec Bordeaux, Lyon, Marseille, Paris, Amsterdam, Bruxelles, Londres). 5. Parc des expositions. 6. Cité administrative.

3 Euralille, le quartier d'affaires de Lille.

1. Avec quelles grandes villes étrangères la gare TGV est-elle directement reliée ?

4 L'entrée du tunnel sous la Manche, à Coquelles près de Calais. 1. Entrée du tunnel. 2. Autoroute A16 (reliant Paris à la Belgique via Calais). 3. Cité de l'Europe. 4. Quais d'embarquement. 5. Port de Calais.

1. Doc. 1, 2, 3 et 4 : Montrez que le Nord et l'Est sont des régions d'échanges transfrontaliers.

Dossier

L'Alsace, une région dynamique

›› Objectif

Découvrir le dynamisme d'une région frontalière.

L'Alsace possède des industries compétitives et une agriculture performante. Les échanges avec les pays voisins (Allemagne et Suisse) sont très importants. Des entreprises allemandes s'installent en Alsace et de nombreux Alsaciens traversent, chaque jour, la frontière pour aller travailler en Allemagne ou en Suisse où les salaires sont plus élevés.

1 Le village de Kientzheim (Haut-Rhin).

2 De nombreuses entreprises étrangères

L'Alsace cultive une image européenne et des liaisons fortes avec l'Allemagne qui lui valent de nombreuses implantations industrielles étrangères, américaines, japonaises mais surtout allemandes, avec de forts investissements de capitaux et de main-d'œuvre. De très nombreux travailleurs frontaliers (environ 60 000 salariés), vivant en Alsace, travaillent en Allemagne ou en Suisse.

D'après P. Piercy, *La France, le fait régional*, Hachette, 2005.

3 Strasbourg, capitale de l'Alsace et siège du Parlement européen. 1. Parlement européen. 2. Siège de la Cour européenne des droits de l'homme. 3. Conseil de l'Europe.

4 **L'Alsace, une zone d'échanges transfrontaliers.**

5 Au cœur d'une eurorégion en plein essor

L'Alsace se situe au centre d'un des plus grands marchés de consommation mondial qui regroupe une vingtaine de pays d'Europe, ce qui représente près de 400 millions d'habitants pour un PNB d'environ 7 150 milliards de dollars.

L'Alsace est non seulement intégrée à la mégalopole européenne qui va de Milan à Londres en passant par Francfort, mais elle fait également partie d'une véritable eurorégion : « l'Espace du Rhin supérieur ». Cette région tri-nationale regroupe le Land allemand du Bade-Wurtemberg, la région française d'Alsace et les cantons suisses de Bâle. Elle compte 4,6 millions d'habitants dont 2,2 millions d'actifs ainsi que l'une des plus fortes densités de population d'Europe.

L'Alsace se classe en troisième position parmi les 267 régions de la grande Europe. Ses atouts : la qualité de vie et l'environnement, la dynamique industrielle, la bonne qualification de la main-d'œuvre et l'abondance des infrastructures de transport.

L'Alsace est la première région exportatrice de France par habitant aussi bien dans l'industrie que dans l'agriculture (55 % du blé produit est exporté). Strasbourg est la deuxième place bancaire française (après Paris), ce qui a favorisé le développement de services de haut niveau tels les grands cabinets de recrutement ou d'avocats d'affaires internationaux. La présence du Parlement européen en fait aussi une des premières villes du Vieux Continent pour le nombre de traducteurs interprètes.

D'après le site Internet de la région Alsace, octobre 2005.

QUESTIONS

➤ Trouver des informations dans un document

1. Doc. 1 : Quelle est la principale production agricole de ce village ?
2. Doc. 2 : Quel est le pays étranger qui investit le plus en Alsace ?
3. Doc. 3 : Pourquoi Strasbourg est-elle une capitale européenne ?
4. Doc. 4 : Quel fleuve marque la frontière entre la France et l'Allemagne ? Vers quelles grandes régions industrielles et commerciales de l'Europe se dirige-t-il ?
5. Doc. 4 : Quels sont les différents échanges transfrontaliers ?
6. Doc. 5 : Quels territoires forment l'eurorégion du Rhin supérieur ? Quels sont leurs atouts ?

➤ Mettre en relation les documents

7. Doc. 2, 4 et 5 : Montrez que l'Alsace est une région économiquement ouverte sur l'Europe.

➤ Rédiger

8. Rédigez un petit paragraphe expliquant le dynamisme économique de l'Alsace.

Chapitre 21 Lyon et ses périphéries

→ Comment s'exprime le dynamisme de la région lyonnaise ?

LYON ET PÉRIPHÉRIES 2005	FRANCE 2005
◆ 97 600 km² pour 8,7 millions d'habitants, soit 89 hab./km²	◆ 552 000 km² pour 60,5 millions d'habitants, soit 110 hab./km² ◆ avec les DOM-COM, 672 400 km² pour 62,9 millions d'habitants, soit 94 hab./km²

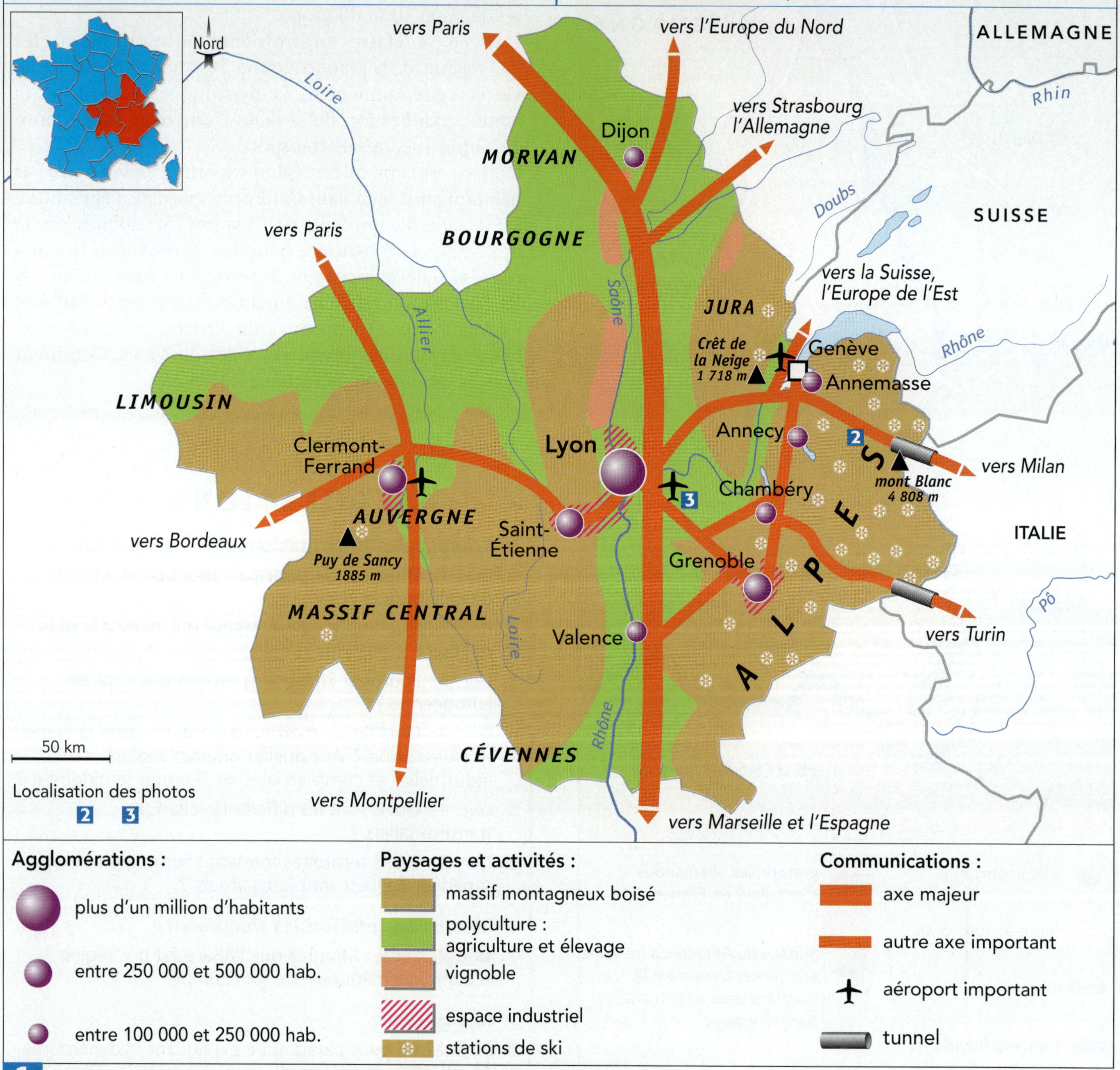

1 **L'organisation de la région lyonnaise et de ses périphéries.**

1. Quels sont les trois grands massifs montagneux de la région ?

2. Autour de quelle ville s'organise l'espace régional ?

2 Le viaduc des Egratz entre Saint-Gervais et Chamonix (Haute-Savoie).

1. Quelles sont les contraintes du relief que cette route a surmontées ?

3 L'aéroport de Lyon Saint-Exupéry. 1. Aérogare. 2. Gare TGV. 3. Voies d'accès à l'autoroute.

1. Quels sont les différents modes de transports visibles sur cette photographie ?

Leçon 1 Le carrefour Lyonnais

→ Pourquoi Lyon est-il un important carrefour français et européen ?

A Une situation privilégiée

La situation de la ville de Lyon **(doc. 1)** est stratégique à l'échelle nationale (elle se trouve sur l'axe Lille-Paris-Marseille, dans le **couloir** rhodanien) et à l'échelle européenne (axe reliant l'Europe du Nord à l'Europe du Sud). Une autoroute, des routes, des voies d'eau et des voies ferrées, dont une ligne TGV, empruntent le couloir rhodanien. La circulation y est intense.

Lyon commande aussi les communications transversales, principalement vers l'est, en direction des vallées alpines et, au-delà, vers la Suisse et l'Italie.

Son aéroport (Lyon-Saint-Exupéry) est bien relié au réseau autoroutier et à la ligne du TGV Sud-Est. Lyon est ainsi une des métropoles régionales françaises les plus accessibles.

B La deuxième ville française

Avec plus d'un million et demi d'habitants, l'agglomération lyonnaise se place au deuxième rang français. Lyon s'est développé dans un site privilégié, sur deux collines (Fourvière et la Croix-Rousse), à la **confluence** du Rhône et de la Saône **(doc. 3)**.

Lyon dispose d'un quartier des affaires, la Part-Dieu, de dimension nationale et européenne, qui concentre de nombreuses activités de services. Deuxième pôle universitaire de France, ses universités et ses grandes écoles (École normale supérieure, École centrale, etc.) attirent de nombreux étudiants.

La ville possède aussi une forte tradition industrielle (fabrication de camions, chimie et pharmacie) **(doc. 4)** et plusieurs centres importants de recherche scientifique.

C Des ambitions européennes

Lyon a l'ambition de devenir rapidement une grande cité européenne de même niveau que des métropoles comme Milan, Munich ou Barcelone.

Lyon ne manque pas d'atouts pour y parvenir : capitale d'une région de près de 6 millions d'habitants, elle commande un tissu économique régional diversifié et moderne.

La construction du TGV Lyon-Turin permettra de renforcer ses liens avec l'Italie et d'améliorer les communications avec le reste de l'Europe **(doc. 2)**.

VOCABULAIRE

confluence (une) : espace où deux cours d'eau se rejoignent.

couloir (un) : passage étroit où se concentrent les voies de communication.

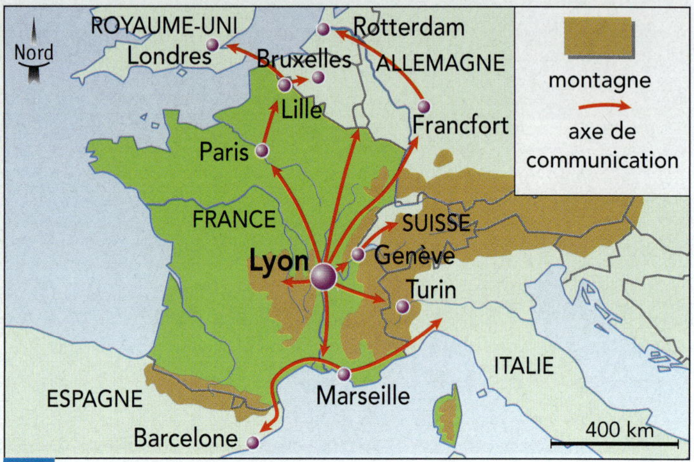

1 **La situation de Lyon.**

2 **Une ligne TGV Lyon-Turin**

La future liaison TGV entre Lyon et Turin devrait permettre de capter près de 40 millions de tonnes de marchandises par an soit la moitié des flux actuels franchissant les Alpes. Pour les passagers, le trajet entre Lyon et Turin devrait durer 1 h 45 contre 4 heures actuellement. Et Paris serait à 4 heures de Milan (7 heures en 2005). Ce projet oblige à la construction d'un tunnel de 53 kilomètres (mise en service au plus tard en 2020). Il nécessite, en outre, un investissement d'au moins 12,6 milliards d'euros dont 20 % seront pris en charge par l'Union européenne. Mais des problèmes ralentissent le projet : difficultés rencontrées par les travaux préliminaires, oppositions locales ou scepticisme de certains élus. Les dérives financières, le coût pharaonique des travaux, le peu d'empressement que semblent manifester de nombreux responsables gouvernementaux y sont pour beaucoup. D'autant que, selon des études récentes, il apparaît que le trafic de poids lourds à travers cette zone occidentale des Alpes stagne depuis une dizaine d'années. Une bonne partie des flux nord-sud de marchandises passe par les voies de communications plus modernes construites en Autriche et en Suisse.

D'après *Le Monde*, 19 avril 2005.

1. **Quels sont les intérêts de la construction de cette ligne TGV ?**
2. **Comment expliquer le coût et la durée de construction ?**

3 La ville de Lyon, à la confluence du Rhône et de la Saône. 1. Fourvière. 2. Croix-Rousse. 3. Place Bellecour. 4. Perrache. 5. Gerland. 6. La Part-Dieu.

1. Quels éléments montrent l'importance de l'agglomération ?

4 Au sud de Lyon, le couloir rhodanien, appelé le « couloir de la chimie ». 1. Rhône. 2. Canal latéral au Rhône. 3. Lyon. 4. Industries pétrochimiques. 5. Autoroute du Soleil. 6. Gare de marchandises. 7. Voie ferrée Lyon-Marseille.

1. Quelles sont les voies de communication visibles dans ce paysage ?

2. Doc. 1, 2, 3 et 4 : Montrez que la situation de Lyon est un atout pour son développement.

Leçon 2

Montagnes et couloirs sous influence lyonnaise

➜ Sur quels espaces s'étend l'influence lyonnaise ?

A Une vaste zone d'influence

À la tête d'un réseau dense de villes moyennes, Lyon exerce son influence sur un vaste espace constitué de montagnes et de vallées utilisées comme couloirs de circulation **(doc. 1)**. Les périphéries alpine, auvergnate, bourguignonne et franc-comtoise réunissent des caractéristiques propres à la France de l'Est **(doc. 2)**. Elles sont montagnardes, industrielles, urbaines et souvent frontalières.

Ces périphéries sont inégalement dynamiques : l'ouest de la région comprend des zones rurales isolées qui connaissent un profond retard économique alors que l'est profite d'un fort développement d'activités modernes.

B Le développement des Alpes du Nord

Les Alpes du Nord sont bien reliées à Lyon et au reste de la France par un réseau d'autoroutes et de voies ferrées denses qui empruntent les couloirs de circulation. Trois villes installées dans les vallées, ont un important rayonnement régional : Annecy, Chambéry et surtout Grenoble **(doc. 4)**. Ces cités offrent un cadre de vie agréable et des emplois dans des technopôles regroupant des industries de haute technologie.

Le tourisme hivernal a redynamisé les zones de montagnes et profondément modifié les paysages : les Alpes du Nord avec leurs stations de haute montagne constituent la première région du monde pour le ski **(doc. 3)**.

C Les périphéries au nord et à l'ouest

La Bourgogne et la Franche-Comté sont des espaces intermédiaires : axes de circulation (val de Saône), régions agricoles consacrées au vignoble (Bourgogne, Beaujolais, Jura) ou à l'élevage bovin dans des paysages de bocage (Charolais).

Il existe aussi des espaces moins favorisés comme les foyers d'activité industrielle unique (Clermont-Ferrand avec l'entreprise de pneumatiques Michelin, **doc. 5**) ou en crise (Saint-Étienne, Le Creusot). Les zones de moyenne montagne très peu peuplées d'Auvergne et de l'est du Limousin demeurent des espaces ruraux **enclavés** peu dynamiques dont la population a tendance à diminuer.

VOCABULAIRE

enclavé : qui est mal relié au reste du territoire.

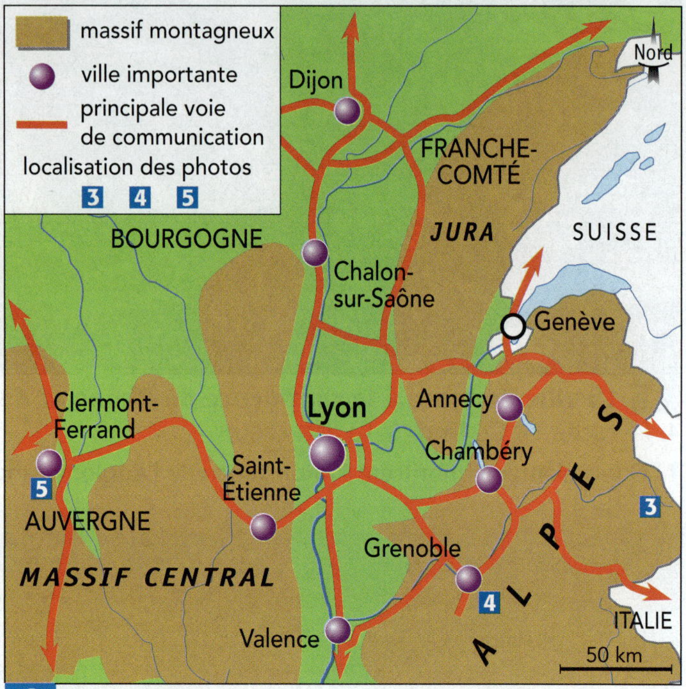

1 Les espaces sous influence lyonnaise.

1. Quels sont les trois grands massifs montagneux sous influence lyonnaise ?
2. Quelles villes importantes ces couloirs relient-ils ?

2 La Bourgogne et le Jura

La Bourgogne est structurée par le couloir de la Saône emprunté par les axes de communication Paris-Lyon. La capitale de la région, Dijon, est elle-même écartelée entre Paris et Lyon. L'économie régionale n'est plus aussi dynamique mais heureusement, la vigne, au sud de Dijon, fait toujours la renommée de la Bourgogne.
En Franche-Comté, le massif du Jura se compose de plateaux sur lesquels s'est développé un élevage laitier qui sert à la fabrication du comté, un fromage renommé. De petites industries dynamiques sont dispersées dans le monde rural et produisent meubles, lunettes, matières plastiques, jouets. L'axe de communication majeur, Rhin-Rhône, passe le long du Doubs et permet de relier Lyon à l'Allemagne.

D'après *L'État des régions françaises*, La Découverte, 2004.

1. Quelles sont les principales activités économiques de ces deux régions ?

3 La station de sports d'hiver de Tignes (Savoie) située à 2 100 mètres d'altitude.

1. Doc. 1, 3 et 4 : Comment se manifeste le dynamisme des Alpes du Nord ?

4 Le technopôle de Meylan dans la banlieue de Grenoble (Isère).

1. Où est situé le technopôle par rapport à Grenoble ?
2. À quel axe de circulation le technopôle est-il relié ? Pourquoi ?

5 Les usines Michelin dans la banlieue de Clermont-Ferrand (Puy-de-Dôme).

1. Où sont situées les usines par rapport à la ville ?
2. Doc. 1, 2 et 5 : Montrez qu'il existe une grande diversité de périphéries sous influence lyonnaise.

La vallée de Chamonix, un espace menacé

›› Objectif

Comprendre les problèmes d'une vallée alpine.

Chamonix est situé au pied du massif du Mont-Blanc, dans la vallée de l'Arve. C'est un haut lieu touristique, d'alpinisme et de sports d'hiver. Mais sa position sur une des routes principales de passage entre la France et l'Italie par le tunnel du Mont-Blanc, engendre des problèmes. L'équilibre écologique de la vallée est menacé par le nombre très important de camions qui la traversent.

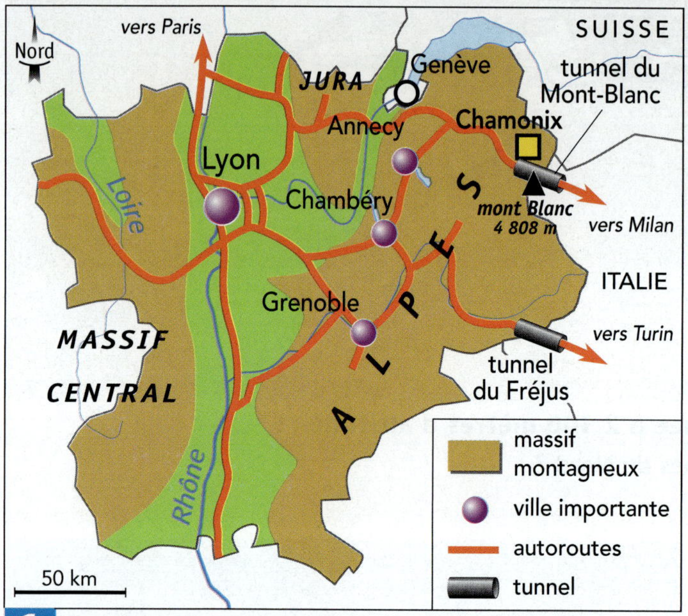

1 La situation de Chamonix dans la région Rhône-Alpes.

2 L'asphyxie de la vallée de Chamonix

Actuellement, seuls trois grands tunnels assurent le franchissement des Alpes entre la France et l'Italie pour les 35 millions de tonnes par an de marchandises : le Mont-Blanc au nord, le Fréjus au centre et le Vintimille au sud. La fermeture d'un des tunnels déplace vers les autres des flux déjà très denses et la saturation est alors assurée. L'importance du trafic des camions qui traversent les Alpes par le tunnel du Mont-Blanc, provoque une forte pollution atmosphérique dans la vallée et surtout aux abords du tunnel. Les associations de défense de l'environnement souhaitent le développement du ferroutage[1]. Aujourd'hui, seulement 10 millions de tonnes de marchandises sont transportées par voie ferrée.

D'après *Le Monde*, 12 juin 2005.

1. Transport combinant la voie ferrée et la route.

3 Une manifestation contre le passage des camions dans la vallée de Chamonix.

4 **La ville de Chamonix, au pied des plus hauts sommets alpins.**

5 **Un embouteillage de camions dans la vallée de Chamonix.**

QUESTIONS

➤ Trouver des informations dans un document

1. Doc. 1 : Montrez que Chamonix occupe une position importante dans le réseau routier des Alpes.
2. Doc. 2 : Comment pourrait-on réduire le nombre de camions dans la vallée de Chamonix ?
3. Doc. 3 : Quelles sont les revendications de ces manifestants ?
4. Doc. 4 : Décrivez l'emplacement de la ville de Chamonix.
5. Doc. 5 : Où vont ces camions ?

➤ Mettre en relation les documents

6. Doc. 1, 2 et 4 : Pourquoi y a-t-il tant de camions dans la vallée de Chamonix ?

➤ Rédiger

7. Doc. 2, 3 et 5 : Rédigez un petit paragraphe expliquant les difficultés que connaît la vallée de Chamonix aujourd'hui et quels remèdes peuvent y être apportés.

Chapitre 22 Les Midis

→ Pourquoi les Midis sont-ils des régions attractives ?

LES MIDIS 2005	FRANCE 2005
◆ 160 000 km² pour 13 millions d'habitants, soit 81 hab./km²	◆ 552 000 km² pour 60,5 millions d'habitants, soit 110 hab./km² ◆ avec les DOM-COM, 672 400 km² pour 62,9 millions d'habitants, soit 94 hab./km²

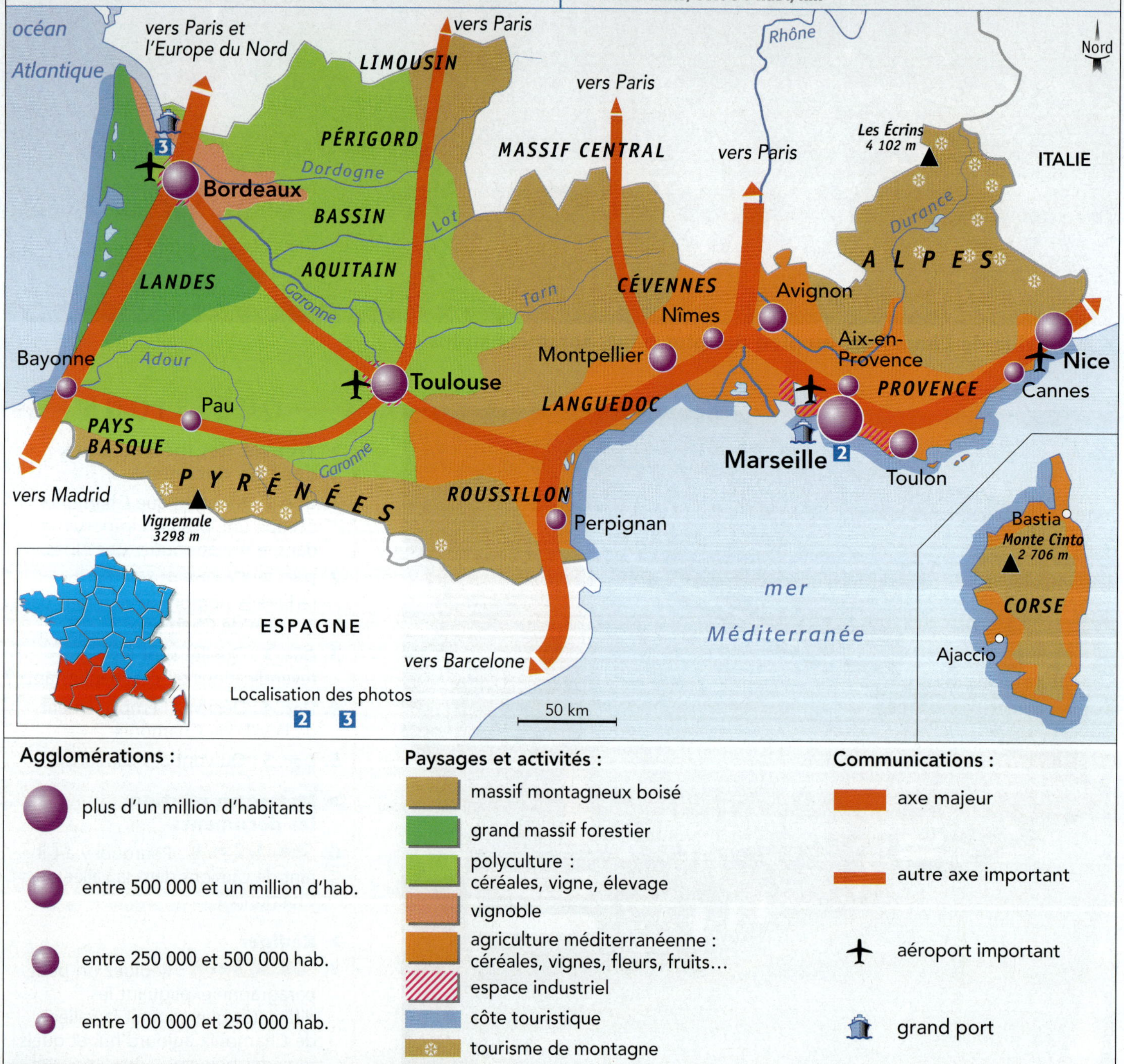

1 **L'organisation régionale des Midis français.**

1. Quels sont les grands massifs montagneux des Midis français ?
2. Quelles sont les principales activités économiques de ces régions ?

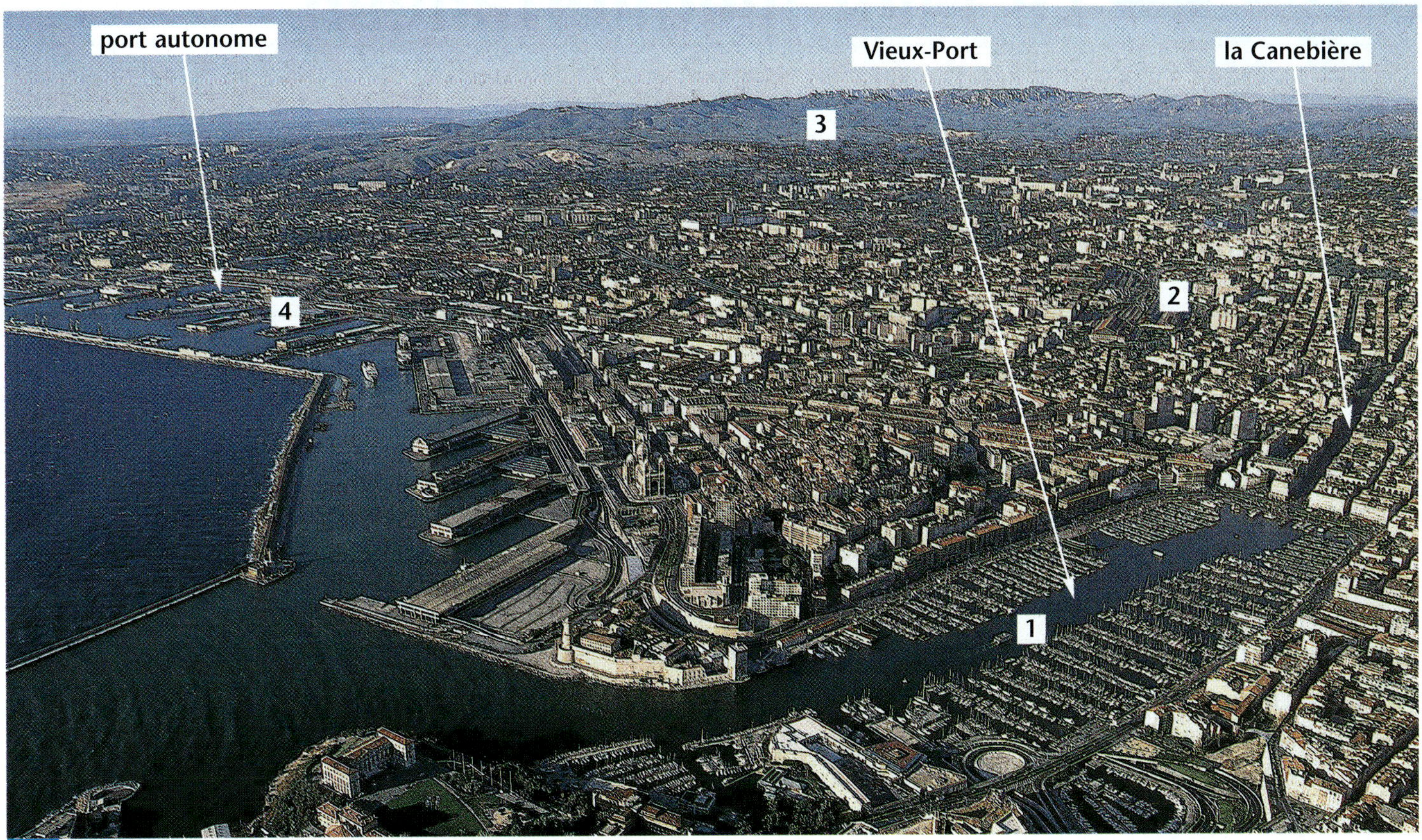

2 **Marseille, premier port de la Méditerranée.**

1. Repérez les principaux éléments de ce paysage numérotés de 1 à 4 : port de voyageurs et de commerce, port de pêche et de plaisance, gare Saint-Charles, massif montagneux de l'Étoile.

3 **Bordeaux, capitale de l'Aquitaine et port atlantique.**

Leçon 1 Le Midi méditerranéen

→ **Quels sont les atouts et les faiblesses du Midi méditerranéen ?**

A L'attraction du Sud

Le Midi méditerranéen bénéficie d'une image positive due d'abord à son climat : chaud et sec pendant l'été, doux en hiver. C'est ainsi la première région touristique de France grâce à l'aménagement de son littoral : marinas (doc. 3), ports de plaisance, immeubles situés au bord de la mer pour accueillir les touristes.

Le tourisme balnéaire s'est d'abord développé sur la Côte d'Azur puis sur celle du Languedoc à partir des années 1960, où d'immenses stations touristiques ont été construites de toutes pièces (voir dossier p. 358-359).

Le littoral attire aussi des migrants qui choisissent de s'installer définitivement dans la région : retraités à la recherche de la qualité du cadre de vie et salariés venant travailler dans les technopôles de Montpellier ou de Sophia-Antipolis, près de Nice.

B Un réel développement économique

La région est bien desservie par les réseaux de communication (autoroutes, TGV Paris-Marseille). Marseille est le premier port de commerce français et méditerranéen (doc. 1). Des activités industrielles, parfois en difficulté, se sont développées en liaison avec le port.

D'autres villes comme Montpellier, Aix-en-Provence, Nice ou Nîmes connaissent une croissance rapide grâce à l'arrivée de nouvelles populations attirées par la création d'activités économiques souvent liées aux nouvelles technologies.

C Des régions de contrastes

Le littoral et les plaines sont densément peuplés. Ils ont vu se développer de nombreuses cultures sous serre de fleurs, de fruits et de légumes (doc. 4). Les montagnes de l'arrière-pays, aux faibles densités, connaissent une situation beaucoup moins favorable (doc. 2).

La région rencontre aussi d'autres difficultés : le revenu moyen des habitants reste assez modeste et le chômage se situe presque partout à un niveau relativement important.

Enfin, le milieu naturel est fragile et souffre périodiquement de la sécheresse qui favorise de graves incendies de forêt. Les pluies violentes provoquent fréquemment des crues catastrophiques.

VOCABULAIRE

marina (une) : logements touristiques installés dans un port de plaisance.

1 Le port de Marseille

Le port de Marseille, premier port français et troisième port européen, connaît des difficultés. Son trafic marchandises a diminué de 1,6 % en 2004. Il a reçu 1,5 million de tonnes d'hydrocarbures de moins que l'année dernière. L'augmentation de 11 % du trafic conteneurs est loin de compenser cette perte. Le trafic passagers a lui aussi reculé surtout en direction de la Corse (-15 %). Un projet qui doit servir à redynamiser le port envisage la construction d'un nouveau terminal comprenant une nouvelle gare passagers et une zone de déchargement du gaz importé d'Algérie. Il devrait créer 8 500 emplois directs. Il permettrait de doubler les capacités de traitement des conteneurs et d'accueillir de plus gros bateaux.

D'après *Le Monde*, 11 janvier 2005.

1. Quelles difficultés connaît le port de Marseille aujourd'hui ?

2 Les contrastes régionaux

Le Midi méditerranéen regroupe des espaces montagneux dépeuplés comme dans les Alpes du Sud ou la Corse, dont les densités de population sont de 10 à 20 hab./km² et des zones fortement peuplées, plutôt littorales, dont les densités sont comprises entre 150 et 350 hab./km². Depuis 1950, la croissance urbaine est très forte. Le dynamisme démographique est largement dû à un solde migratoire positif : des personnes âgées souvent aisées, une immigration maghrébine ancienne, des cadres hautement qualifiés, confèrent à la région une diversité de peuplement. Dans le domaine agricole s'opposent une agriculture pauvre ou en difficulté dans les zones de l'arrière-pays et de montagne (élevage des moutons, vignoble du Languedoc) et une agriculture périurbaine, moderne et très spécialisée (cultures sous serres de fruits, fleurs) ou dans les plaines irriguées (le long de la Durance ou en Provence).

D'après *L'État des régions françaises*, La Découverte, 2004.

1. Où les densités de population sont-elles les plus faibles ? les plus fortes ?
2. Quels sont les contrastes que connaît le monde agricole ?
3. Doc. 1 et 2 : Quels problèmes connaît le Midi méditerranéen ?

3 **La « baie des Anges », une marina à l'ouest de Nice.**

1. Décrivez les trois plans du paysage. Expliquez la forme des bâtiments de la marina.

4 **Des cultures sous serre près de Carpentras (Vaucluse).**

1. Décrivez ce paysage. Montrez qu'il s'agit d'une agriculture intensive.
2. Doc. 2, 3 et 4 : Quels sont les atouts du Midi méditerranéen ?

Leçon 2 Le Sud-Ouest

→ Qu'est ce qui constitue l'identité du Sud-Ouest ?

A Une région méridionale

Le Sud-Ouest possède de nombreux points communs avec le Midi méditerranéen : un climat doux bien que moins chaud et moins sec, un cadre de vie agréable qui attire population et activités. Le tourisme tient une place importante. Mais il est plus diversifié que sur le pourtour méditerranéen : tourisme balnéaire sur les côtes de l'Atlantique **(doc. 5)**, tourisme de montagne dans les Pyrénées (ski l'hiver, randonnées l'été), tourisme culturel et gastronomique dans l'arrière-pays (Périgord).

L'identité du Sud-Ouest se révèle également au travers de ses paysages agricoles. Dans le Bassin aquitain s'est développée une polyculture tournée vers la production de céréales (maïs, blé), le **maraîchage** (pruneaux, tomates dans la vallée de la Garonne) et la vigne du Bordelais **(doc. 3)**.

B Des voies de communication insuffisantes

Les principales voies de communication relient le Sud-Ouest au Midi méditerranéen en longeant la Garonne (Bordeaux-Toulouse-Montpellier). Elles demeurent insuffisantes au regard des besoins actuels.

Le Sud-Ouest est aussi un espace de contact avec l'Espagne. L'axe Paris-Madrid qui passe par Bordeaux et Bayonne doit être renforcé par la construction d'une ligne TGV qui permettra l'augmentation du trafic de marchandises sur les voies existantes. L'Aquitaine mise sur cet aménagement pour accroître son développement économique **(doc. 2)**.

C La domination de Bordeaux et Toulouse

Autour de leurs **industries aéronautiques** **(doc. 1)** et **aérospatiales**, Bordeaux et Toulouse abritent d'importants technopôles. Ceux-ci reposent sur la recherche et la production industrielle dans le domaine de l'électronique et de l'informatique. Ces deux villes constituent ainsi un pôle de première importance pour l'industrie de pointe française.

Bordeaux et surtout Toulouse **(doc. 4)** rayonnent largement sur des espaces ruraux aux densités de population souvent faibles. Seules quelques villes moyennes (Bayonne, Pau) parviennent à se développer hors de l'attraction de ces deux métropoles régionales.

VOCABULAIRE

industrie aéronautique (une) : industrie produisant des avions.

industrie aérospatiale (une) : industrie produisant du matériel pour aller dans l'espace (fusées et satellites).

maraîchage (le) : production intensive de fruits et légumes.

1 Le montage de l'Airbus A 380 à Toulouse.
Cet avion, d'une capacité de 555 sièges, est mis en service en 2006.

1. De quel type d'industrie s'agit-il ?

2 Du vin à l'aéronautique

Le Sud-Ouest offre un bon équilibre économique. D'un côté, des ressources traditionnelles comme les vins de Bordeaux, de l'autre des activités de haute technologie comme l'informatique et surtout l'aéronautique à Toulouse. Malheureusement, ces secteurs souffrent de la concurrence internationale et de la réduction des commandes. Pour faire face à ces difficultés, la région conduit une active politique d'innovation technologique : les technopôles associés à des petites et moyennes entreprises se multiplient. La région compte également sur quelques gros équipements comme l'achèvement du TGV Paris-Bordeaux-Madrid pour retrouver une nouvelle dynamique.

D'après *Les 100 villes qui font l'économie française*, BHM Éditions, 2004.

1. Quelles sont les activités traditionnelles du Sud-Ouest ? les activités récentes ?
2. Doc. 1, 2, 3 et 5 : Expliquez les raisons du dynamisme économique du Sud-Ouest.

3 Château-Latour près de Saint-Julien-Beychevelle dans le vignoble bordelais du Médoc (Gironde).

1. Montrez qu'il s'agit d'une exploitation viticole ancienne.

4 Le centre de Toulouse.

1. Décrivez les différents plans de ce paysage.

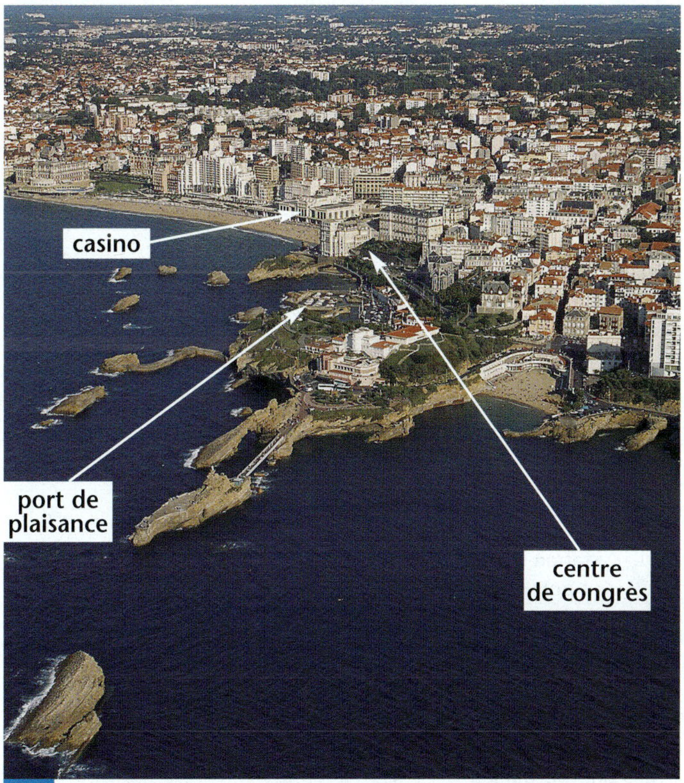

5 La station balnéaire de Biarritz (Pyrénées-Atlantiques) sur la côte basque.

1. Quels éléments de la photographie indiquent qu'il s'agit d'une importante station balnéaire ?

Gruissan, une station balnéaire du Languedoc

›› Objectif

Découvrir un aménagement touristique sur le littoral méditerranéen.

En 1963, l'État s'engage dans l'aménagement du littoral désert du Languedoc afin de rééquilibrer les flux touristiques de la côte méditerranéenne. De grands travaux de construction sont menés : des voies d'accès, des habitations, des ports et des marinas. Ils bouleversent totalement les paysages. Le Languedoc devient le deuxième plus grand ensemble touristique balnéaire de France derrière la Côte d'Azur. Gruissan, qui ne compte que 2 000 habitants en hiver, accueille près de 100 000 vacanciers pendant l'été.

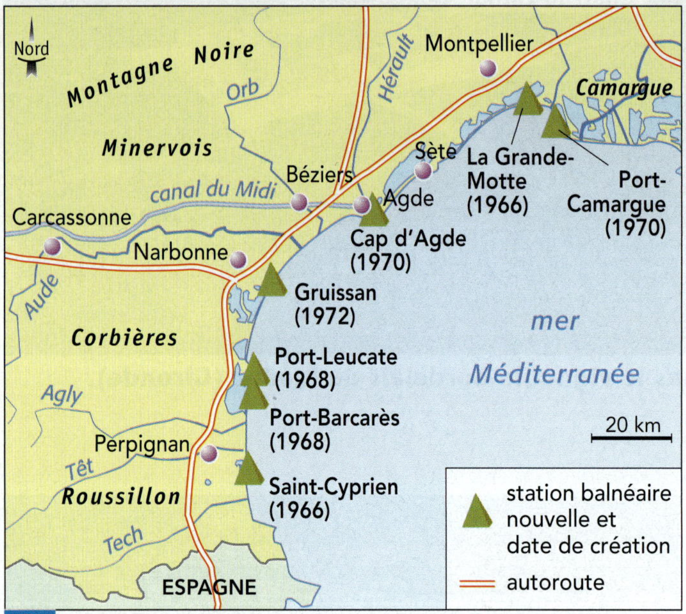

1 L'aménagement de la côte du Languedoc.

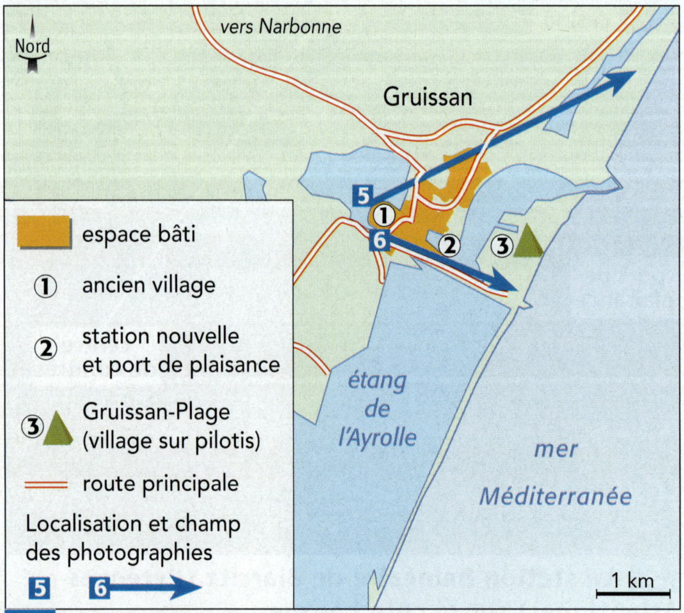

2 Plan simplifié de Gruissan en 2005.

3 La côte du Languedoc dans les années 1960

C'est alors une côte plate et sans relief, presque invisible de la mer, un paysage marécageux, extrêmement déboisé. Rien n'y attire ou n'y retient les visiteurs. La négligence des hommes a encore accentué le caractère ingrat de la côte. Une dégradation lente et impitoyable se poursuit sans que personne s'en inquiète sur place. Sans ordre, sans aucun droit légal, des baraques faites de matériaux les plus hétéroclites, planches, tôles, vieux wagons même, s'élèvent directement sur la plage qui se clochardise en de nombreux points.

D'après Pierre Racine, *Mission impossible : l'aménagement touristique du littoral du Languedoc-Roussillon*, Éd. du Midi Libre, 1980.

4 Le tourisme en Languedoc

C'est une marée humaine qui prend tous les ans le chemin du littoral du Languedoc-Roussillon. « Notre force d'attractivité reste le littoral, note le président du conseil général de l'Hérault, mais nous devons en profiter pour montrer notre arrière-pays. » Le premier danger du tourisme balnéaire, c'est qu'il se concentre seulement sur deux mois. Il faudrait travailler sur huit, dix mois. » Ainsi l'Hérault s'est doté dès 2000 d'une mission littoral. « Nos quatre-vingts kilomètres de côtes sont fragiles, déclare son responsable, car soumis à la pression démographique et touristique. » D'où un travail de proximité avec les communes concernées. Et l'allongement de la saison, de mars à fin octobre, nécessite de créer des besoins et des équipements nouveaux. Car on peut faire du vélo ou de la voile toute l'année. Un changement d'attitude dans un contexte pas toujours facile, la concurrence faisant rage entre les stations qui ne vivent – voire survivent – que du tourisme.

Du côté du Languedoc-Roussillon, tout est donc à repenser. Trente-cinq ans après la fameuse mission Racine et la création, en lieu et place des dunes et des moustiques, de la Grande-Motte, du Cap-d'Agde, ou de Gruissan, le temps n'est plus à l'aménagement mais au réaménagement.

D'après *L'Humanité*, 14 juin 2003.

5 **Vue aérienne de Gruissan dans les années 1960.**

QUESTIONS

➤ Trouver des informations dans un document

1. Doc. 1 : Combien de nouvelles stations balnéaires sont créées entre 1966 et 1972 ?
2. Doc. 3 : À quoi ressemble la côte du Languedoc dans les années 1960 ?
3. Doc. 4 : Quelle est la durée de la saison touristique ? Quelles mesures sont envisagées pour l'allonger ?

➤ Mettre en relation les documents

4. Doc. 3 et 5 : Trouvez une phrase du texte qui correspond à la photographie.
5. Doc. 2, 3, 5 et 6 : Quels changements connaît Gruissan entre les années 1960 et aujourd'hui ?

➤ Rédiger

6. Rédigez un petit texte expliquant comment a évolué cette partie de la côte du Languedoc depuis les années 1960.

6 **Vue aérienne de Gruissan aujourd'hui.**

Chapitre

23 L'Ouest atlantique

→ Quelles sont les évolutions de l'Ouest atlantique ?

L'OUEST ATLANTIQUE 2005	FRANCE 2005
◆ **84 400 km² pour 7,8 millions d'habitants, soit 92 hab./km²**	◆ **552 000 km² pour 60,5 millions d'habitants, soit 110 hab./km²** ◆ **avec les DOM-COM, 672 400 km² pour 62,9 millions d'habitants, soit 94 hab./km²**

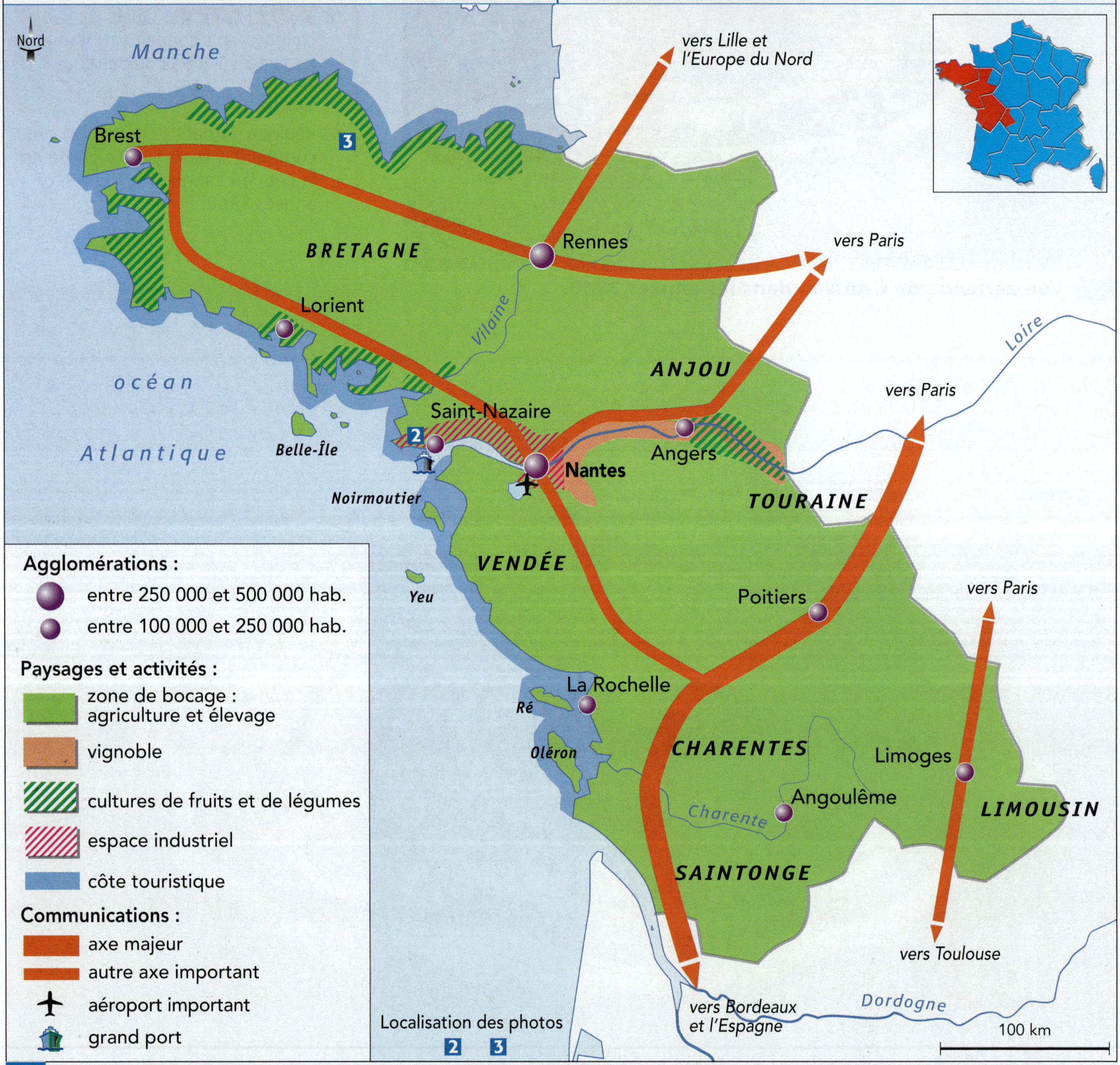

1 L'organisation de l'espace régional de l'Ouest atlantique.

2 Les Chantiers de l'Atlantique à Saint-Nazaire (Loire-Atlantique).

1. Décrivez les deux plans de cette photographie.
2. Que fabrique-t-on dans les Chantiers de l'Atlantique ?

3 Paysage de bocage dans les Côtes-d'Armor.

1. Décrivez ce paysage. Comment les parcelles sont-elles délimitées ?
2. D'après ce paysage, quelles sont les densités de population dans cette partie du bocage breton ?

Leçon 1 L'Ouest maritime

→ **Quelles influences l'océan exerce-t-il sur l'ouest de la France ?**

A Un espace ouvert sur l'océan

La présence de l'océan Atlantique donne une véritable identité à l'ouest de la France. L'influence océanique du climat (douceur des températures et humidité) se fait ressentir loin à l'intérieur des terres. La population se concentre principalement sur le littoral, surtout en Bretagne **(doc. 1)**. L'intérieur des terres est beaucoup moins peuplé.

Une longue façade maritime très découpée offre de nombreux sites favorables à l'installation de ports de pêche, de commerce ou de plaisance, comme dans les estuaires ou les **baies**.

Les côtes sont d'une grande variété : plages de sable, rochers, falaises.

B Les ressources maritimes

La mer est une importante source de richesses naturelles. Elle fait vivre de nombreuses personnes et la moitié des emplois français liés à la mer se situe sur ce littoral. La pêche reste une activité relativement importante sur les côtes (merlu, cabillaud, lieu).

Pourtant, cette activité décline à cause de la concurrence des autres pays européens et des limites de production, imposées par l'Union européenne pour protéger les ressources en poissons **(doc. 5)**. Au contraire, l'élevage des huîtres (ostréiculture) et des moules (mytiliculture) se développe, notamment sur les côtes des Charentes **(doc. 2)**.

C Les activités industrielles et touristiques

Nantes a connu une grande période de prospérité au XVIIIe siècle en s'enrichissant avec le commerce des esclaves. Aujourd'hui, le seul vrai espace industriel de la région s'étend le long de l'**estuaire** de la Loire, de Saint-Nazaire à Nantes **(doc. 4)**. Cet ensemble portuaire se situe au 4e rang français. Les chantiers navals, après avoir connu de grandes difficultés, retrouvent une forte activité grâce aux commandes internationales.

Le tourisme est devenu l'activité économique majeure du littoral. Avec leurs ports de plaisance, les stations balnéaires accueillent un nombre croissant de vacanciers qui souhaitent éviter la surpopulation des côtes méditerranéennes **(doc. 3)**.

VOCABULAIRE

baie (une) : avancée en forme d'anse de la mer dans les terres.

estuaire (un) embouchure d'un fleuve, largement ouverte sur la mer et soumise aux marées.

1 Le développement du littoral breton

Le littoral breton est aujourd'hui submergé par une pression touristique croissante et par l'augmentation du peuplement permanent. La côte, jadis presque vide, porte de nos jours des densités très fortes (400 à 600 habitants par km²). La population s'y concentre : un tiers de celle-ci vit sur les 221 communes littorales, les deux tiers sur la plaine côtière toute proche. Plus que tout autre, le littoral sud supporte cette intense poussée. Convoité de toutes parts, le milieu littoral suscite des concurrences. L'urbanisation est mal maîtrisée, les espaces de loisirs se développent anarchiquement et les dégâts causés à l'environnement se multiplient.

D'après J. Péron, *Bretagnes maritimes*, Le Layeur, 2001.

1. Où se concentre surtout la population bretonne ?

2 Le port ostréicole de La Tremblade (Charente-Maritime).

1. Que produit-on à La Tremblade ?

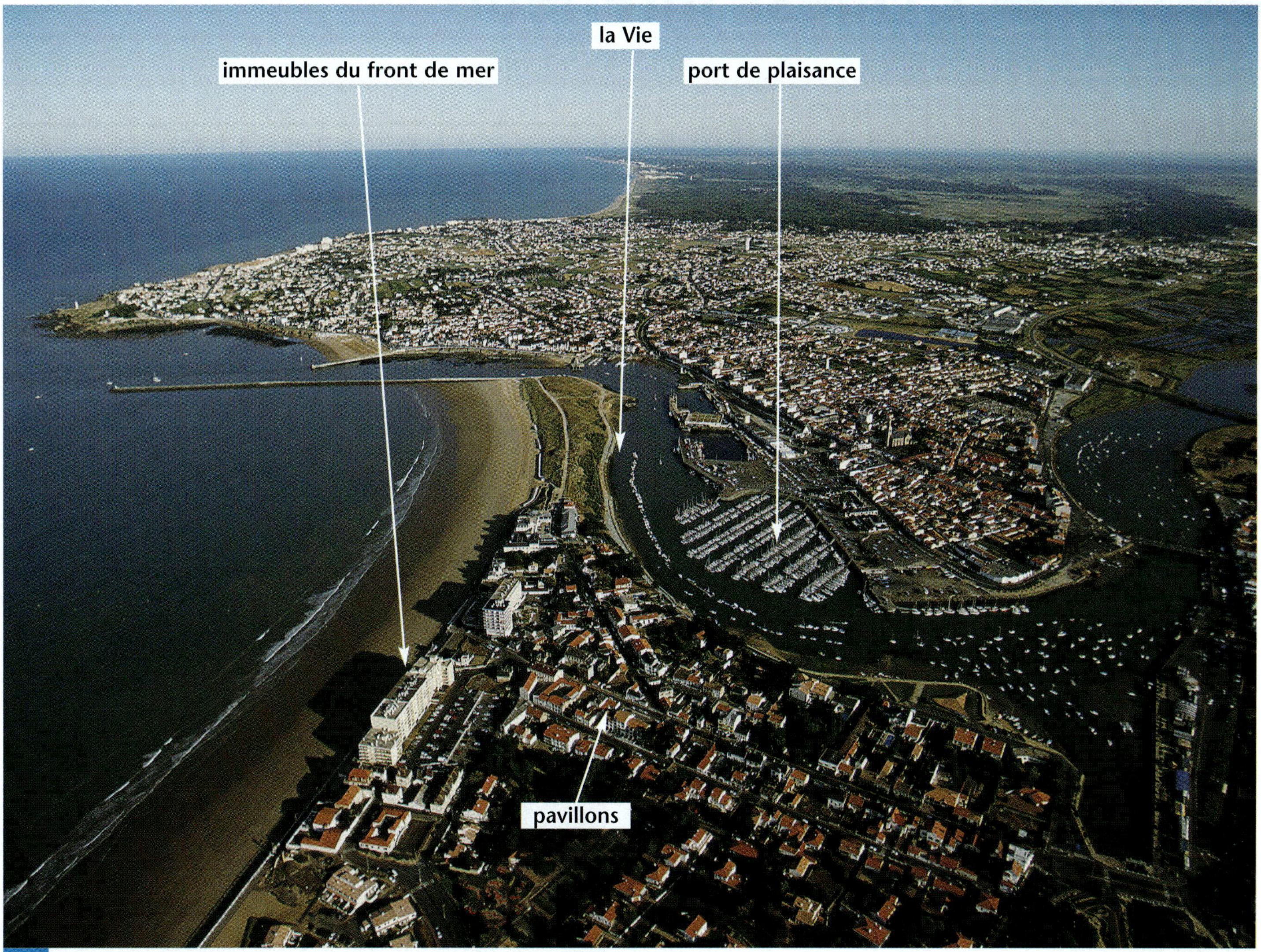

3 **La station balnéaire de Saint-Gilles-Croix-de-Vie (Vendée).**

1. **Quel est le principal aménagement touristique visible ?**

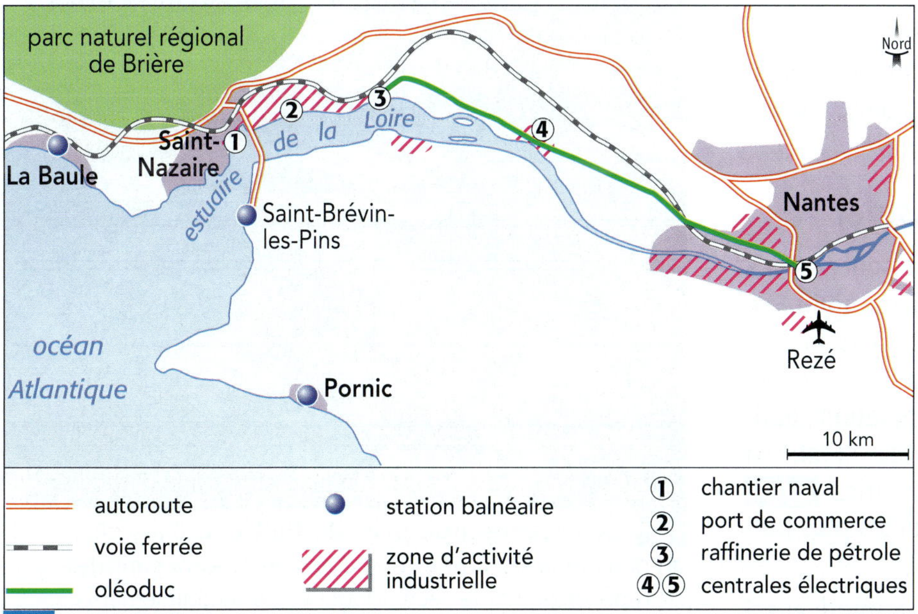

4 **L'estuaire de la Loire.**

1. **Quelles sont les principales voies de communication ?**

2. **Doc. 1, 2, 3, 4 et 5 : Quelles sont les différentes activités économiques liées à la mer ?**

5 Les difficultés de la pêche bretonne

La surexploitation des ressources de la mer menace de disparition certaines espèces de poissons comme les anchois. Ainsi, depuis le 1er janvier 2005, l'Union européenne exige la baisse des prises de ces espèces et l'interdiction des aides pour la construction de nouveaux chalutiers [les bateaux de pêche]. Mais les pêcheurs de Lorient ou de Concarneau n'ont pas l'intention de baisser les bras : ils veulent se relancer en diversifiant leurs méthodes de pêche et notamment en pêchant les poissons de profondeur.

D'après *Le Monde*, 5 février 2005.

1. **Pourquoi la pêche est-elle limitée depuis le début de 2005 ?**

Leçon 2 L'Ouest intérieur

→ Quelles sont les caractéristiques des régions de l'Ouest intérieur ?

A Une identité rurale

L'Ouest intérieur possède une véritable identité agricole. Le **bocage** domine les régions rurales mais le **remembrement** fait peu à peu disparaître ce paysage typique **(doc. 3)**.

Les villes importantes sont rares. Seules quelques agglomérations de plus de 100 000 habitants (Rennes, Angers, La Rochelle ou Poitiers) connaissent une forte croissance de leur population due à une diversification économique réussie **(doc. 2)**.

L'Ouest français est aussi un « finisterre » de l'Europe. Cette région est en grande partie sous la dépendance directe de Paris. Les voies de communications principales (autoroutes, lignes TGV) sont presque toutes orientées vers le Bassin parisien.

B Une agriculture performante

L'Ouest intérieur est avant tout un espace agricole fortement productif. Les agriculteurs y représentent encore 6 % de la population active (3 % dans l'ensemble de la France). C'est une région de petites exploitations rurales souvent familiales.

L'agriculture bretonne, très performante mais aussi très polluante, est spécialisée dans **l'élevage hors-sol** de porcs et de volailles **(doc. 1)**, ainsi que dans les cultures maraîchères.

La région Poitou-Charentes produit du beurre, des fromages de chèvre et des alcools mondialement connus (cognac, pineau).

C Le renforcement du tissu industriel

Pendant longtemps, les régions de l'Ouest sont restées faiblement industrialisées. Dans les années 1960, ce handicap a commencé à être comblé grâce à la décentralisation d'entreprises originaires du Bassin parisien **(doc. 4)**. Des usines ont quitté l'agglomération parisienne en échange de primes versées par l'État. La région regroupe aussi de nombreuses industries **agroalimentaires** dont certaines comptent parmi les plus performantes d'Europe.

Depuis une vingtaine d'années, l'Ouest rattrape aussi son retard en développant des industries innovantes et des activités de haute technologie : électronique, télécommunications.

VOCABULAIRE

agroalimentaire : ensemble des industries qui transforment les productions agricoles en produits alimentaires.

bocage (un) : prés entourés de haies afin de protéger les sols du vent et de l'érosion.

élevage hors-sol (un) : élevage intensif d'animaux enfermés en permanence dans des bâtiments.

remembrement (un) : regroupement des parcelles agricoles pour en faciliter l'exploitation.

1 Élevage de volailles en Bretagne.

1. Comment sont élevées ces volailles ?

2 Le Futuroscope près de Poitiers. Il associe un parc de loisirs à une zone d'activités regroupant des entreprises de haute technologie et des établissements d'enseignement.

1. Quelles sont les différentes activités du Futuroscope de Poitiers ? Pourquoi sont-elles implantées sur le même site ?

3 **Le remembrement du bocage dans les Deux-Sèvres.**

1. Quelles sont les conséquences du remembrement sur ce paysage ?

4 **Les usines Citroën dans la banlieue de Rennes.**

1. Doc. 1, 2, 3 et 4 : Quelles sont les principales activités économiques de l'Ouest intérieur ?

L'île d'Oléron

›› Objectif

Étudier les activités économiques d'une île atlantique.

Une part importante des activités économiques de l'île d'Oléron (Charente-Maritime) est liée à l'océan. Ce littoral attire de nombreux touristes qui apprécient les plages de l'île. Les anciens marais salants, abandonnés depuis plusieurs dizaines d'années, sont devenus le domaine de l'**ostréiculture**.

1 L'île d'Oléron vue depuis le nord-ouest. Au premier plan, le phare de Chassiron.

2 Les conséquences du tourisme de masse

Quand les touristes sont passés, la côte est sens dessus dessous, c'est une catastrophe. Pendant une grande marée, ils sont parfois 6 000 à piétiner la côte, à retourner les pierres, à casser les trous. « Autrefois, les habitants pêchaient pour se nourrir, puis la pêche de loisir a pris le dessus. Mais quand on sait que, sur les îles, la population est multipliée par dix pendant l'été, on peut s'inquiéter », remarque Annie Rétif, de la Maison de la nature de l'île d'Oléron.
L'office du tourisme d'Oléron distribue chaque année 20 000 exemplaires de la « charte du pêcheur à pied » qui comporte une carte des zones de pêche autorisées. « Notre but est de dissuader un peu plus les gens, car certains pêchent encore dans les parcs à huîtres, les chenaux, les écluses à poissons ou les réserves naturelles pourtant classés zones interdites », déplore Annie Rétif.

D'après *L'Express*, 15 août 2005.

3 L'élevage des huîtres sur l'île d'Oléron.

4 **La côte est de l'île d'Oléron.**

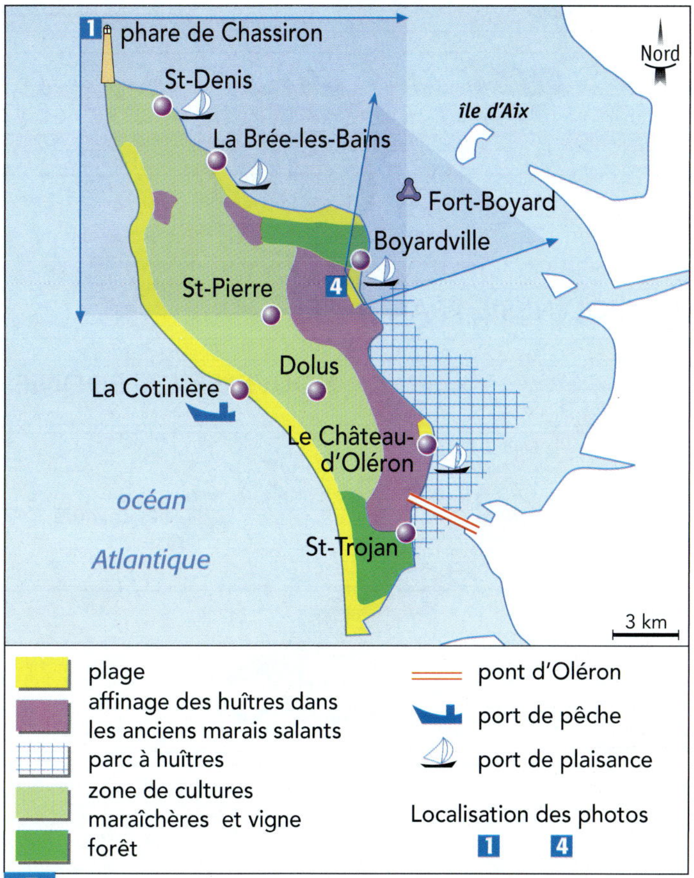

5 **L'organisation de l'espace sur l'île d'Oléron.**

VOCABULAIRE

ostréiculture (une) : élevage des huîtres.

QUESTIONS

➤ Trouver des informations dans un document

1. **Doc. 2 :** Pourquoi l'office du tourisme distribue-t-il une « charte du pêcheur à pied » ?
2. **Doc. 4 :** Quelles activités économiques sont visibles ?
3. **Doc. 5 :** Quelles sont les cultures à l'intérieur de l'île ?

➤ Mettre en relation les documents

4. **Doc. 1 et 5 :** Retrouvez sur la photographie les différents espaces (ports de plaisance, plages, anciens marais salants, forêts, vignes et cultures maraîchères).
5. **Doc. 4 et 5 :** Comment s'appelle le village visible au second plan ? À quoi correspond la lettre A ?
6. **Doc. 4 et 5 :** Comment l'île est-elle reliée au continent ? Quelle en est la conséquence sur sa fréquentation touristique ?

➤ Rédiger

7. Rédigez un petit paragraphe en deux parties résumant les principales activités économiques de l'île d'Oléron et expliquant pourquoi certaines d'entre elles sont une menace pour son avenir.

Chapitre 24 La France d'outre-mer

→ Quelle est l'identité de l'outre-mer français ?

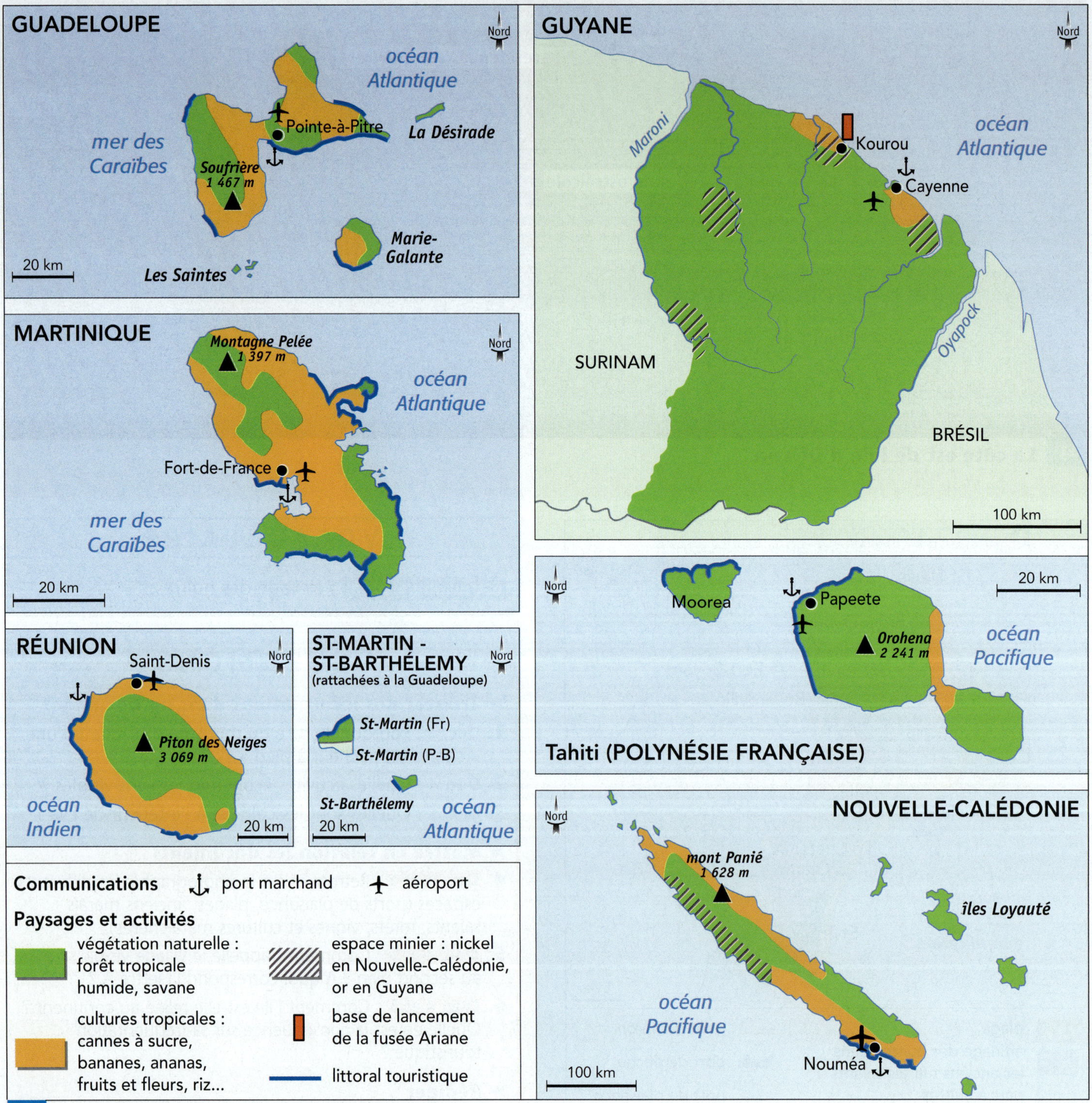

1 **L'organisation de l'outre-mer français.**

1. Quelle est la végétation naturelle de l'outre-mer ?
2. Quelles sont ses principales productions agricoles ?
3. Quel minerai est extrait du sous-sol de la Nouvelle-Calédonie ?

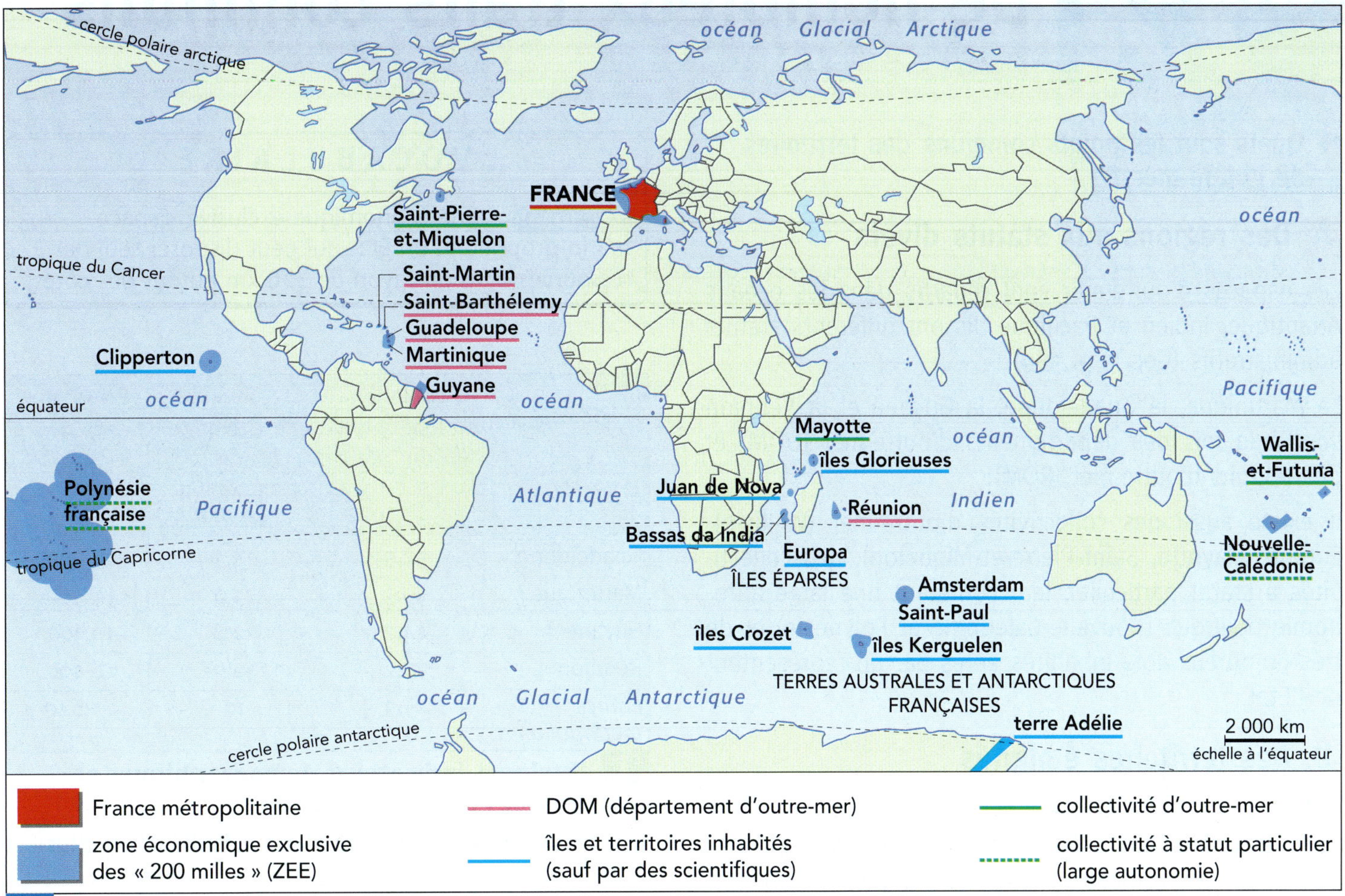

2 La situation de l'outre-mer français dans le monde.

1. Où sont situés les différents territoires d'outre-mer ?

	Superficie en km²	ZEE en km²	Population en milliers d'habitants
DOM	**91 330**	**590 000**	**1 690**
Guadeloupe	1 700	90 000	425
Martinique	1 130	50 000	385
Guyane	86 000	130 000	170
Réunion	2 500	320 000	710
Collectivités	**23 610**	**6 770 000**	**646**
Nouvelle-Calédonie	18 600	1 400 000	220
Polynésie	4 200	5 000 000	245
Wallis-et-Futuna	210	270 000	15
Saint-Pierre-et-Miquelon	230	50 000	6
Mayotte	370	50 000	160
Territoires inhabités	**7 450**	**2 765 000**	**-**
Terres Australes et Antarctiques françaises (+ Terre Adélie en Antarctique)	7 400 (432 000)	1 700 000 (112 000)	Quelques scientifiques
Îles éparses	44	640 000	-
Clipperton	6	425 000	-
France métropolitaine	***552 000***	***340 000***	***60 500***

3 Superficie et population de la France d'outre-mer.

1. Quel est le plus vaste département d'outre-mer ? Quel est le plus peuplé ?

Leçon 1 De nombreux traits communs

➜ **Quels sont les points communs des territoires de l'outre-mer ?**

A Des régions aux statuts divers

Les espaces d'outre-mer sont répartis dans les océans Atlantique, Indien et Pacifique. Ils ont différents statuts administratifs (doc. 3 p. 369).

La Martinique, la Guadeloupe, la Guyane et la Réunion sont à la fois des départements d'outre-mer (DOM) et des régions d'outre-mer (ROM).

Il existe aussi des collectivités d'outre-mer (Wallis-et-Futuna, Mayotte, Saint-Pierre-et-Miquelon), des collectivités à statut particulier, leur conférant une large autonomie politique (Nouvelle-Calédonie et Polynésie) et de très nombreux îlots inhabités gérés par un représentant de l'État.

B Des territoires éloignés

À l'exception de la Guyane, l'outre-mer français est constitué exclusivement d'îles plus ou moins vastes. Elles possèdent des domaines maritimes très étendus qui permettent à la France de disposer de la troisième **zone économique exclusive (ZEE)** du monde (doc. 3).

L'éloignement important par rapport à la métropole constitue un autre caractère propre à l'identité de l'outre-mer (doc. 2). Cet éloignement rend les communications avec la métropole relativement difficiles et coûteuses.

La majeure partie de l'outre-mer se situe en zone intertropicale chaude et humide (à l'exception de Saint-Pierre-et-Miquelon et des TAAF). Les terres d'outre-mer connaissent de nombreux risques naturels (doc. 4) : volcanisme, cyclones, raz-de-marée, glissements de terrain.

C Une même situation économique

Avec des taux de natalité élevés, ces territoires ont une nombreuse population jeune qui a du mal à trouver un emploi sur place. Le taux de chômage est souvent largement plus élevé que celui de la métropole (doc. 1). C'est pourquoi de nombreux habitants d'outre-mer ont, pendant longtemps, migré vers l'Hexagone. Mais cette possibilité est aujourd'hui de plus en plus réduite.

Les populations d'outre-mer dépendent largement de la métropole du point de vue économique (doc. 2). Malgré des inégalités sociales assez fortes, elles ont globalement un niveau de vie plus élevé que celui des États voisins mais inférieur à celui des Français métropolitains.

VOCABULAIRE

ZEE (une) : zone économique exclusive. Espace marin propriété d'un État qui peut disposer seul des ressources dans un rayon de 370 km autour des côtes.

	Population de 0 à 19 ans (% du total)	Taux de chômage (% de la population active)	PNB/hab. en $
Guadeloupe	32,5	24,3	13 000
Martinique	30,3	21,9	14 400
Guyane	44,7	22,6	10 100
Réunion	36,2	32,9	12 400
France métropolitaine	*25,3*	*10*	*27 640*

1 Quelques indicateurs démographiques et économiques des DOM en 2004.

1. Quel département d'outre-mer a le PNB/hab. le plus élevé ?
2. Quel est celui qui a le taux de chômage le plus fort ?

2 Les rapports de l'outre-mer avec la métropole

Les territoires d'outre-mer connaissent tous le problème de la distance par rapport à la métropole. Cette distance est partout très élevée et pèse sur le coût des échanges qui sont dans une extrême dépendance vis-à-vis de la métropole. Ainsi les échanges commerciaux avec elle sont quasiment captifs. L'aéroport est souvent le symbole fort de cette dépendance.

Les possibilités d'émigration vers la métropole sont désormais réduites, après une longue période où elles étaient très larges. La fin de cette émigration, qui fonctionnait comme une soupape de sécurité dans le domaine de l'emploi, a entraîné une forte augmentation du taux de chômage. Celui-ci est désormais très élevé (jusqu'à 33 % à la Réunion), malgré les nombreux emplois dans les services non marchands et les créations massives « d'emplois-jeunes ».

Les transferts sociaux en provenance de la métropole sont donc vitaux pour maintenir un niveau de vie qui a beaucoup augmenté depuis les années 1970. Cette croissance ne doit pas masquer d'importants écarts sociaux avec un salaire minimum plus bas qu'en métropole et un nombre record de « RMistes ».

D'après Philippe Piercy, *La France, le fait régional*, Hachette, 2005.

1. Citez deux sortes de dépendance de l'outre-mer par rapport à la métropole.

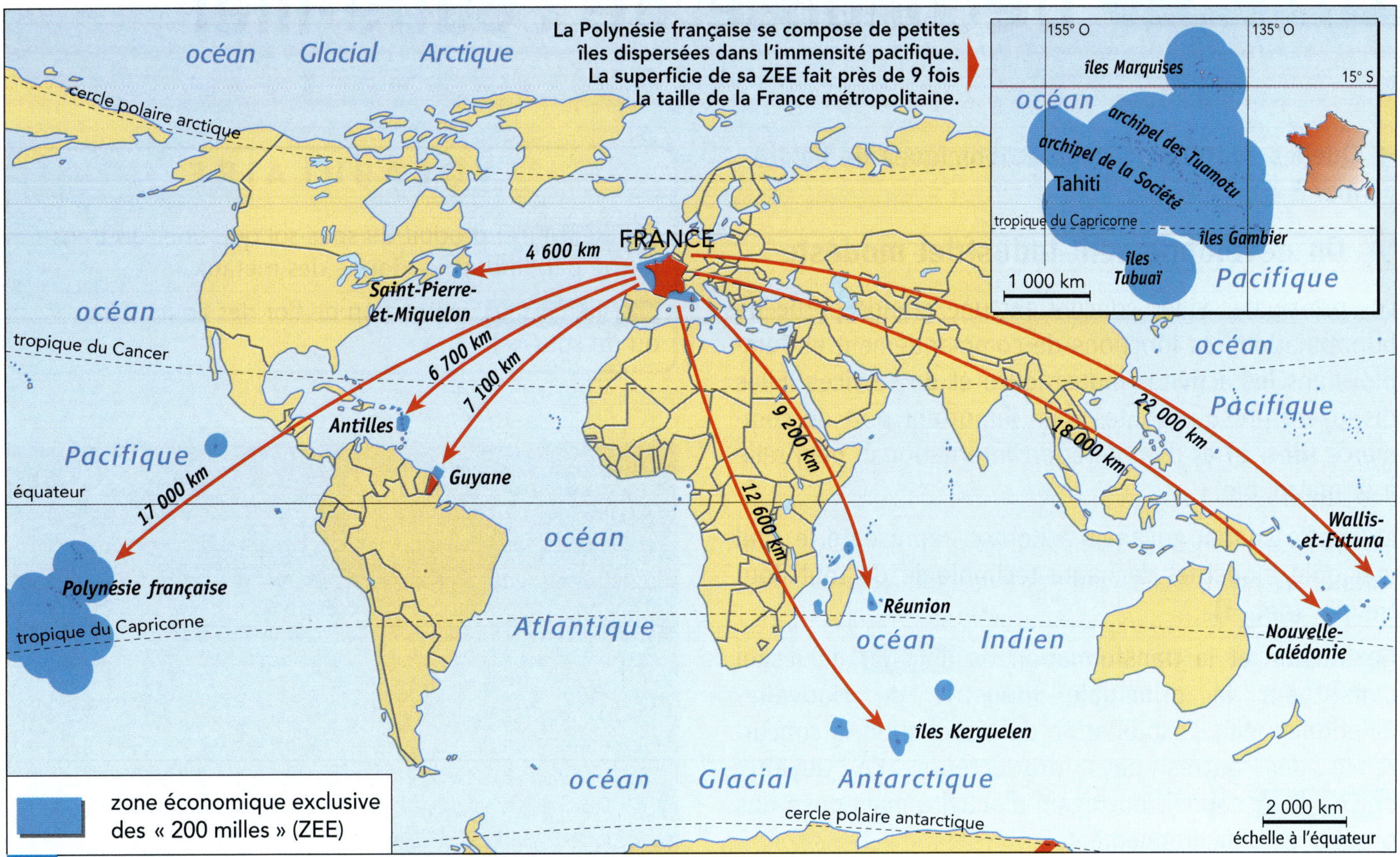

3 **Les espaces d'outre-mer et leur ZEE.**

1. Quel est le territoire d'outre-mer le plus proche de la métropole ? Le plus éloigné ?

4 **L'île de Saint-Martin (région Guadeloupe) après le passage d'un cyclone.**

1. Décrivez le document. Quelles sont les conséquences du passage de ce cyclone ?

2. Doc. 1 à 4 : Quels sont les points communs entre les territoires d'outre-mer ?

Leçon 2 L'économie de l'outre-mer

➜ **Quelles sont les activités économiques de l'outre-mer ?**

A Un développement industriel modeste

Les principales villes concentrent une grande partie de la population, les fonctions de commandement et l'emploi dans les activités industrielles et de services. Elles disposent presque toutes d'un important port de commerce **(doc. 2)** et d'un aéroport international, bien relié à la métropole.

Le centre spatial guyanais à Kourou représente le seul vrai pôle industriel de haute technologie de tout l'outre-mer **(doc. 1)**.

L'extraction et la transformation du **minerai** de nickel constituent la principale industrie de Nouvelle-Calédonie. Mais l'exploitation du nickel subit la concurrence des autres pays producteurs. En Guyane, l'**orpaillage** connaît un regain d'activité mais pose des problèmes d'environnement.

B Une agriculture en difficulté

Quelques industries agroalimentaires utilisent les richesses locales : la fabrication du rhum à partir de la canne à sucre est une spécialité des Antilles et de la Réunion. L'agriculture de plantations, autrefois prospère, est aujourd'hui menacée car les prix des produits de l'outre-mer (bananes, ananas, canne à sucre) sont plus élevés que ceux du marché mondial.

L'Union européenne et la France aident l'agriculture d'outre-mer. Mais la suppression progressive des protections douanières menace de ruiner de nombreux cultivateurs, dans les Antilles notamment. Ils risquent de ne pas résister à la concurrence des pays voisins à faibles salaires **(doc. 3)**.

C La nécessité du tourisme

Le tourisme apparaît comme l'activité économique de l'avenir à condition que l'outre-mer sache adapter ses infrastructures d'accueil et renforce son savoir-faire.

De nombreux sites dans les Antilles (Guadeloupe et Martinique) ou en Polynésie attirent les touristes **(doc. 4)**. Ces derniers sont séduits par le climat chaud et la beauté des paysages.

Le tourisme sportif est en plein développement dans la montagne réunionnaise ou dans la forêt tropicale humide de Guyane.

VOCABULAIRE

minerai (un) : produit du sous-sol qui, une fois transformé par l'industrie, donne des métaux.

orpaillage (un) : extraction de l'or des cours d'eau ou du sous-sol.

1 Base de lancement de la fusée Ariane à Kourou (Guyane). Environ la moitié des satellites du monde sont envoyés dans l'espace depuis Kourou.

1. **Quels sont les avantages économiques d'un tel site pour le département ?**
2. Doc. 1, 2 et 4 : **Quels sont les atouts économiques de certains territoires d'outre-mer ?**

2 **Le port et la ville de Nouméa.**

1. Quels éléments de la photographie montrent l'activité industrielle de Nouméa ?

3 **La banane antillaise**

Avec la fin des protections douanières en 2006, les planteurs antillais redoutent de voir les marchés français et européen inondés par la production de bananes de l'Amérique centrale ou d'Afrique. Or, l'Europe est le principal débouché des 300 000 tonnes de bananes produites dans les Antilles. La suppression des conditions favorables faites aux bananes antillaises pourrait être fatale à l'agriculture de la Martinique et de la Guadeloupe qui traverse déjà une grave crise. L'activité bananière génère près de 20 000 emplois (dont 2 000 ont déjà disparu) et la moitié de la valeur de la production agricole des Antilles. Mais la concurrence sera difficile : le coût de la main-d'œuvre antillaise est élevé ; les ouvriers agricoles antillais sont payés 1 500 € par mois alors que les ouvriers sud-américains reçoivent moins de 200 € par mois.

D'après *Le Figaro économie*, 7 juillet 2005.

1. Pourquoi la production de bananes est-elle importante pour les Antilles ?

4 **Le complexe touristique du Gosier, au sud de Pointe-à-Pitre (Guadeloupe).**

1. Quels sont les aménagements touristiques visibles sur cette photographie ?

La forêt guyanaise

›› Objectif

Découvrir la seule forêt tropicale française.

Seul territoire d'outre-mer continental, la Guyane est recouverte à 90 % d'une forêt tropicale humide très dense. Cette forêt se rattache au vaste ensemble amazonien. La mise en valeur de cet espace s'est souvent limitée à quelques activités traditionnelles : **écobuage**, chasse, pêche, exploitation du bois ou orpaillage. Pour faire face aux atteintes à l'environnement, des projets visent à protéger un milieu forestier qui possède une exceptionnelle richesse en espèces végétales et animales.

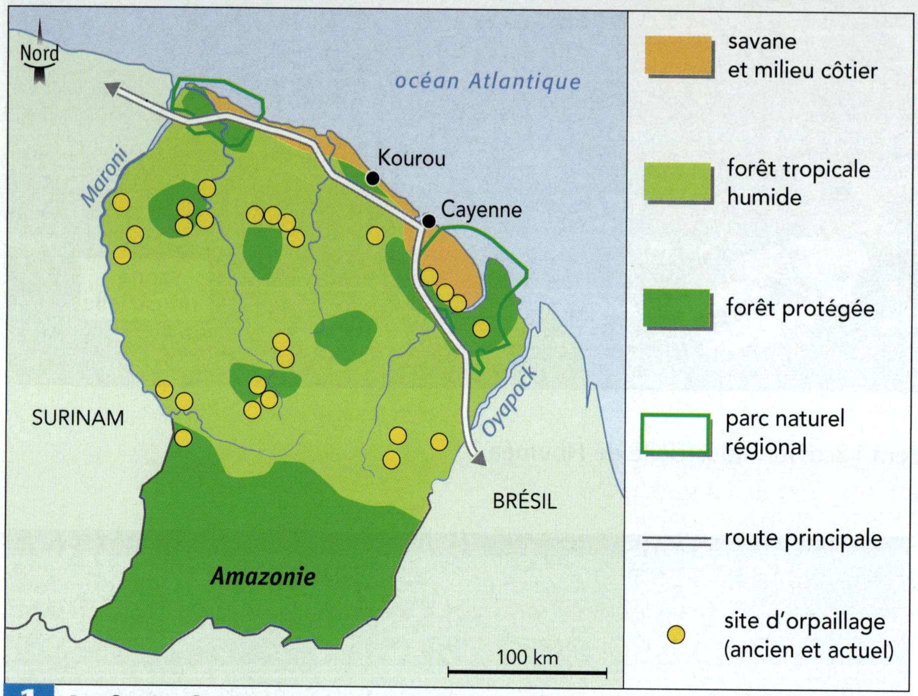

1 La forêt de Guyane.

2 L'immensité forestière

L'originalité de la Guyane tient à son caractère d'immensité forestière et de peuplement très concentré sur le littoral (90 % des habitants). L'intérieur, entièrement boisé, recèle une population très dispersée, sinon dans quelques enclaves agricoles et de rares chantiers forestiers. Ainsi, la productivité de l'exploitation du bois (une quinzaine d'entreprises sur des concessions accordées par l'office national des forêts, dans un domaine de 8 millions d'hectares) est-elle dix fois moindre que dans les forêts asiatiques… ce qui est plutôt rassurant du point de vue écologique.

D'après P. Piercy, *La France, le fait régional*, Hachette, 2005.

3 L'exploitation moderne des bois tropicaux.

4 L'orpaillage en Guyane

Depuis la découverte d'or en Guyane en 1855, l'activité a connu des hauts et des bas. Il y a eu, au XIXe siècle, une véritable ruée vers l'or. Au XXe siècle, l'extraction a lentement décliné, jusque dans les années 1980. Aujourd'hui, la production officielle s'élève à 3,5 tonnes. Les sites d'orpaillage sont déboisés. Puis les orpailleurs utilisent, pour l'extraction, un métal liquide dangereux, le mercure, qui pollue les cours d'eau. Les rejets de mercure contaminent les poissons consommés par les populations locales. Ainsi, les Amérindiens et les orpailleurs entrent souvent en conflit.

D'après le site Internet Géoconfluence, septembre 2005.

5 **L'exploitation traditionnelle de la forêt par les Amérindiens.**

6 **Une publicité pour le tourisme en Guyane.**

VOCABULAIRE

écobuage (un) : c'est le fait d'arracher puis de brûler la végétation d'un terrain pour en fertiliser le sol.

QUESTIONS

➤ Trouver des informations dans un document

1. Doc. 1 : Quelle est la végétation dominante de la Guyane ? De quelle manière est-elle protégée au nord du département ?

2. Doc. 1 : Où se localisent principalement les sites d'orpaillage ?

3. Doc. 3 : Comment est exploité le bois des forêts guyanaises aujourd'hui ?

4. Doc. 4 : Quels problèmes pose l'orpaillage en Guyane ?

5. Doc. 5 : Pour quelle raison la forêt est-elle détruite à cet endroit ?

6. Doc. 6 : Expliquez le slogan « Personne ne vous croira ».

➤ Mettre en relation les documents

7. Doc. 1, 2, 3 et 4 : Quelles sont les différentes ressources de la forêt guyanaise ?

➤ Rédiger

8. Rédigez un petit paragraphe expliquant les menaces qui pèsent sur la forêt guyanaise et les moyens de la préserver.

1 Mémoriser des repères spatiaux

(vous pouvez vous aider des cartes p. 324, 325 et 368)

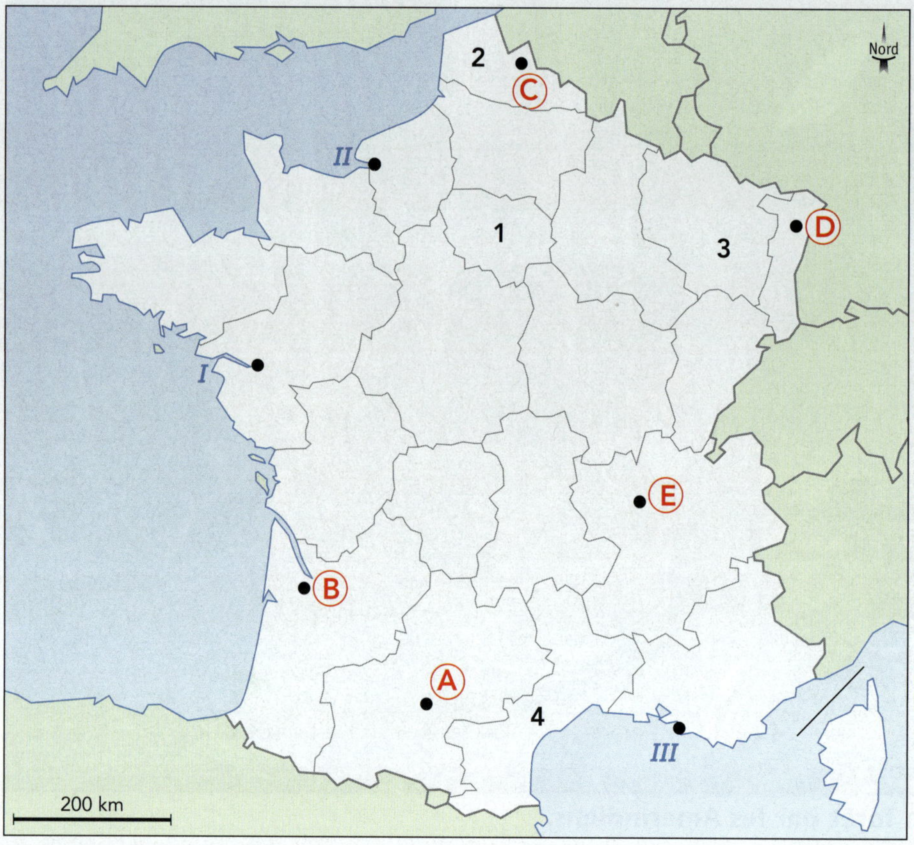

A. En France métropolitaine

1. Indiquez le nom des régions administratives notées de 1 à 4 sur la carte. Aidez-vous de la liste suivante : Île-de-France ; Languedoc-Roussillon ; Lorraine ; Nord-Pas-de-Calais.
2. Indiquez le nom des grandes métropoles régionales notées de A à E sur la carte. Aidez-vous de la liste suivante : Bordeaux ; Lille ; Lyon ; Strasbourg ; Toulouse.
3. Indiquez le nom des ports les plus importants de France notés de I à III sur la carte. Aidez-vous de la liste suivante : Le Havre ; Marseille ; Nantes-Saint-Nazaire.
4. Indiquez l'une des principales activités économiques de chacune des 4 régions trouvées dans la question n°1. Aidez-vous des indications suivantes : région de vieille tradition industrielle ; région d'agriculture céréalière intensive ; région dépendant fortement de l'activité touristique.

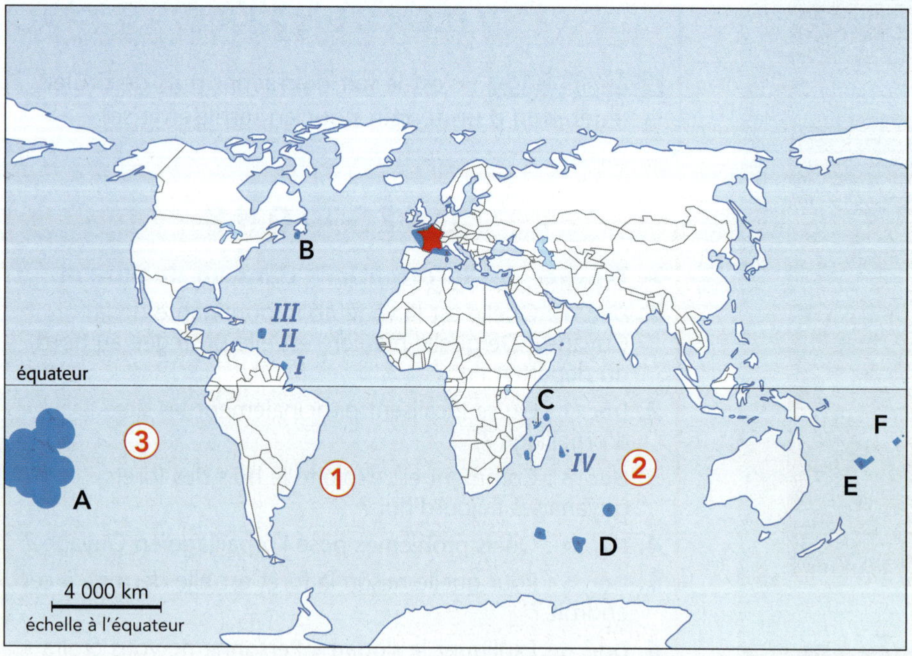

B. En outre-mer

1. Indiquez le nom des trois océans notés de 1 à 3 sur la carte.
2. Indiquez le nom des quatre départements d'outre-mer (DOM) notés de I à IV sur la carte. Aidez-vous de la liste suivante : Guadeloupe, Guyane, Martinique, Réunion.
3. Indiquez le nom des autres territoires d'outre-mer notés de A à F sur la carte. Aidez-vous de la liste suivante : Mayotte ; Nouvelle-Calédonie ; Polynésie française ; Saint-Pierre-et-Miquelon ; TAAF (Terres Australes et Antarctiques françaises) ; Wallis-et-Futuna.

2 Analyser un paysage

(vous pouvez vous aider du chapitre p. 344 à 351)

1 La vallée du Rhône en aval de Feyzin, près de Lyon.

1. Présentez le document.
2. Complétez le tableau en vous aidant de la liste suivante : agglomération de Lyon ; Rhône ; autoroute ; voie de chemin de fer ; route départementale ; stockage de citernes industrielles ; champs cultivés.

1	2	3	4	5	6	7	8	9
				Canal parallèle au Rhône			Raffinerie de Feyzin	

3. Quels éléments correspondent aux activités agricoles ? aux activités industrielles ? aux voies de communication ?

3 Construire un croquis régional

(vous pouvez vous aider du chapitre p. 326 à 335)

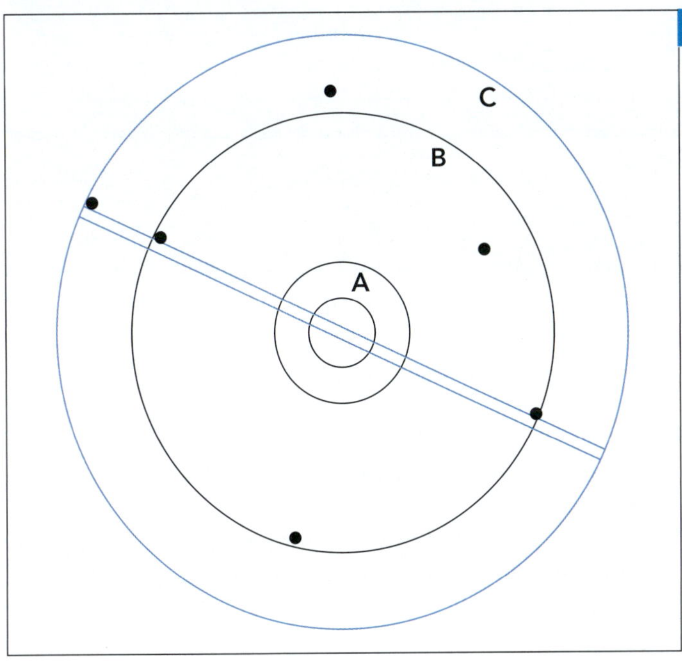

1 Croquis du bassin parisien

1. Recopiez ce croquis représentant le Bassin parisien.
2. Localisez Paris. Coloriez la Seine en bleu. Localisez les villes de Reims, Orléans, Rouen, Troyes, Le Havre, Amiens (points noirs).
3. Coloriez en jaune l'espace agricole consacré à la grande culture céréalière (intérieur du cercle B).
4. Coloriez en vert l'espace agricole consacré à l'élevage et à la polyculture (intérieur du cercle C).
5. Dessinez (flèches rouges) les principaux axes de communication : à partir du centre, vers le nord, vers l'est, vers le sud-ouest et le sud-est, vers le sud et vers le nord-ouest.
6. Coloriez en noir les grandes régions industrielles (intérieur du cercle A et axe nord-ouest le long de le Seine).
7. Établissez une légende.
8. D'après ce croquis, comment sont réparties les activités économiques dans le Bassin parisien ?

4 Mettre en relation des documents

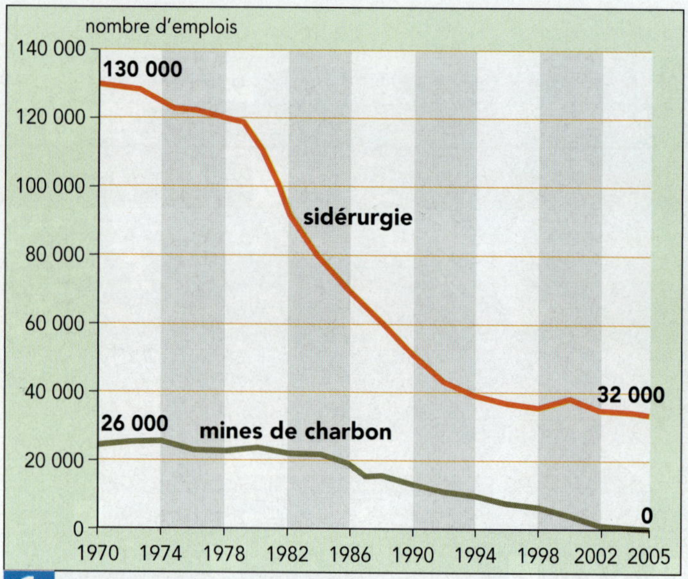

1 L'emploi dans les mines et la sidérurgie en Lorraine depuis 1970.

2 Le bassin houiller et sidérurgique lorrain

Le bassin houiller de la Lorraine a connu son apogée après la Seconde Guerre mondiale. En 2004, la dernière mine de charbon a fermé. Les vallées sidérurgiques de la Lorraine connaissent des situations variées : déclin absolu dans les petites vallées, installations très modernes (fonderies d'aciers spéciaux de la SOLLAC-Arcelor) qui résistent avec succès dans la vallée de la Moselle. Les causes de la diminution des emplois dans la sidérurgie sont nombreuses : production d'aciers de moins en moins recherchés, usines vieillissantes, infrastructures inadaptées à l'approvisionnement en minerai de fer de très bonne qualité. La reconversion a pu commencer assez tôt dans les grandes villes (technopôle de Metz avec 2 300 emplois) mais a beaucoup tardé ailleurs. Ces implantations ne sont pas toutes durables : les usines Daewoo ou JVC ont fermé depuis. Mais souvent elles se sont accompagnées d'un plan de réhabilitation : habitat ; amélioration des liaisons routières ; développement des formations technologiques.

D'après Philippe Piercy, *La France, le fait régional*, Hachette, 2005.

3 L'usine d'automobiles Smart (Mercedes) à Hambach (Moselle) ouverte en 1998.

1. Doc. 1 : Comment a évolué l'emploi dans les mines et la sidérurgie depuis 1970 ?
2. Doc. 1 : Combien de personnes étaient employées dans ces deux secteurs en 1970 ? en 2005 ?
3. Doc. 2 : Quelles sont les causes du déclin de la sidérurgie lorraine ?
4. Doc. 3 : Décrivez le document. Dans quel type d'espace est située cette usine ?
5. Doc. 1 et 2 : Comment expliquer la stabilisation du nombre d'emplois dans la sidérurgie à partir des années 1990 ?
6. Doc. 2 et 3 : Citez plusieurs exemples de reconversions industrielles. Ces reconversions sont-elles toutes réussies ?
7. Doc. 1, 2 et 3 : Rédigez un petit paragraphe expliquant comment évolue l'industrie lorraine depuis les années 1970.

5 Mettre en relation des documents

1 Le technopôle de Sophia-Antipolis. 1. Zone d'habitations. 2. Zone d'activités : recherche et production. 3. Zone de loisirs. 4. Aéroport de Nice.

2 La réussite de Sophia-Antipolis

Le parc de Sophia-Antipolis est le plus important technopôle de France. Il s'étend sur plusieurs communes entre Antibes et Cannes. Près de 1 200 sociétés emploient 27 000 personnes. D'abord, de grands établissements scientifiques comme l'INSA (Institut national des sciences appliquées) et l'École des mines (deux écoles d'ingénieurs), l'INRA (Institut national de la recherche agronomique), le BRGM (Bureau des recherches géologiques et minières), se sont installés. Ils ont ensuite été rejoints par des entreprises de haute technologie. Ici, les cadres et les ingénieurs apprécient particulièrement la qualité de vie, la beauté du site et l'accessibilité : autoroutes, aéroport de Nice-Côte d'Azur.

D'après *Les 100 villes qui font l'économie française*, BHM Éditions, 2004.

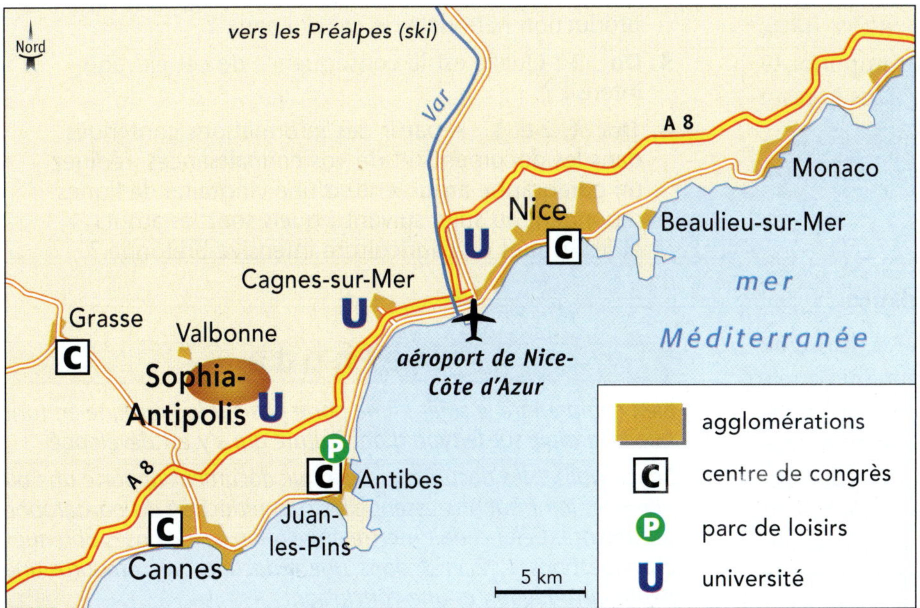

3 Localisation du technopôle de Sophia-Antipolis.

1. Doc. 1 : **Décrivez les différents espaces de ce parc d'activités.**
2. Doc. 2 : **Quels sont les différents types d'établissements installés sur ce site ? Combien de sociétés se sont établies sur ce site ?**
3. Doc. 3 : **Près de quelle grande ville se situe ce technopôle ?**
4. Doc. 1, 2 et 3 : **Qu'est-ce qui attire les cadres et les ingénieurs dans un tel parc d'activités ?**
5. Doc. 1, 2 et 3 : **Rédigez un petit paragraphe expliquant ce qui fait le succès de Sophia-Antipolis.**

Sujet guidé Une région d'agriculture intensive : la Bretagne

1 Un élevage hors-sol de poulets en Bretagne.

2 L'élevage en Bretagne

Aujourd'hui, l'élevage hors-sol est devenu une activité de type industriel, nécessitant des investissements (bâtiments, matériel coûteux). Les élevages ont gagné en taille : le nombre de porcs par élevage a triplé entre 1980 et 2000. La Bretagne produit 55 % des porcs, 37 % de la volaille et 11 % des bovins du pays. Une part importante de la production est exportée en Europe ou dans le reste du monde.

D'après B. Steck, *La France*, Bréal, 2000.

3 La Bretagne polluée par son agriculture

Première région agricole de France, la Bretagne se distingue aussi par des records moins reluisants. Pour obtenir de tels résultats, on a été forcé d'utiliser de forts volumes de pesticides, engrais, etc. Une bonne partie des déjections des 8 millions de cochons bretons, des 300 000 tonnes de fientes de volailles saturent la terre, polluent les rivières. Des rejets qui entraînent le développement d'algues bleues dans les eaux douces. Un problème qui menace aussi la deuxième source de revenus bretons : le tourisme. Dans les réunions de parents d'élèves, les conseils municipaux, les paysans se sentent de plus en plus isolés, quand ils ne sont pas carrément montrés du doigt.

D'après *L'Express*, 22 novembre 2004.

Questions

1. Doc. 1 : Quelles sont les caractéristiques de cet élevage de poulets ?
2. Doc. 2 : Quels sont les principaux animaux élevés en Bretagne ? Quelle est la part de la Bretagne dans la production nationale de ces animaux ?
3. Doc. 3 : Quelle est la conséquence de cet élevage intensif ?
4. Doc. 1, 2 et 3 : À partir des informations contenues dans les documents et de vos connaissances, rédigez un paragraphe argumenté d'une vingtaine de lignes répondant au sujet suivant : quels sont les atouts et les risques de l'agriculture intensive bretonne ?

Méthode

Bien comprendre le sujet : il ne porte pas sur la Bretagne en tant que telle mais sur le type d'agriculture qui s'y est développé.

Savoir utiliser les documents : chaque document apporte une ou plusieurs informations essentielles à la rédaction du paragraphe argumenté. Celui-ci doit mettre en relation les réponses obtenues aux questions 1, 2 et 3 dans une rédaction qui comporte une petite introduction et une conclusion.

Les informations à retenir portent sur :

– la façon dont sont élevés les volailles et les porcs en Bretagne ;
– la part de la production bretonne dans la production nationale ;
– les conséquences de ce type d'agriculture sur l'environnement.

Sujet d'entraînement Les villes et les régions françaises

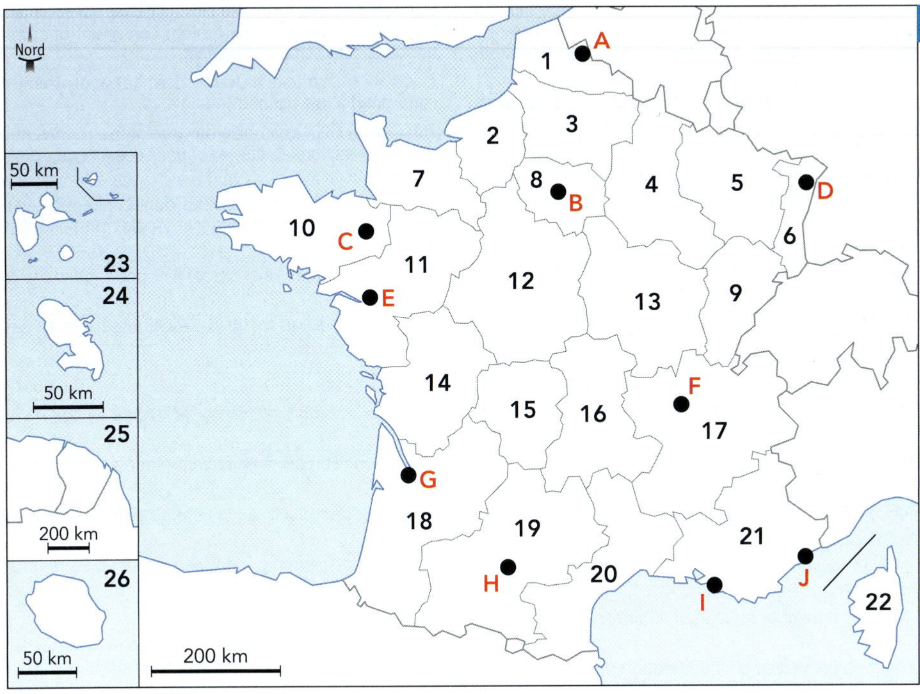

1 La France des régions administratives.
Les régions administratives de la France et quelques grandes agglomérations.

2 Lancement de la fusée Ariane V de la base de Kourou.

3 Le quartier des affaires de la Défense à Paris.

4 Une station de sports d'hiver dans les Alpes du Nord.

5 Le bocage breton et une ferme d'élevage hors-sol.

Questions

1. Indiquez le nom de chaque ville notée de A à J sur la carte. Aidez-vous de la liste suivante : Bordeaux ; Lille ; Lyon ; Marseille ; Nantes ; Nice ; Paris ; Rennes ; Strasbourg ; Toulouse.
2. Indiquez à quelle région appartient chacun des lieux qui sont photographiés (doc. 2 à 5).
3. Indiquez dans quelle région se trouve votre collège (numéro correspondant sur la carte n°1 ainsi que le nom de la région).

Conseils pour réussir

- L'épreuve du Brevet exige la mémorisation d'un certains nombre de noms de lieux (villes, régions, pays).
- Il faut les situer sur une carte. Pour s'entraîner, il faut donc s'habituer à utiliser des cartes de localisation.
- Pour cet exercice, il faut utiliser une carte administrative de la France (elle montre à la fois les régions et les grandes villes). Pour l'outre-mer, il est nécessaire de reconnaître la forme des régions afin de les identifier.

Lexique

A-B

académie : société qui rassemble des gens de lettres, des artistes, des savants. *p. 50*

académisme : mouvement artistique enseigné par l'Académie des beaux-arts qui respecte les traditions et les règles héritées de la Renaissance. *p. 150*

accroissement naturel : différence entre le taux de natalité et le taux de mortalité pour 1 000 habitants. *p. 210*

action : partie du capital d'une entreprise ; elle rapporte un intérêt variable : le dividende. *p. 121*

agroalimentaire : ensemble des industries qui transforment les productions agricoles en produits alimentaires. *p. 364*

aire urbaine : espace urbain formé d'une ville et de ses banlieues même lointaines. *p. 308*

aménagement du territoire : politique visant à mettre en valeur le territoire d'un pays, par exemple en réduisant les déséquilibres entre les régions. *p. 314*

amplitude thermique : différence entre la température la plus haute et la température la plus basse. *p. 208*

anarchiste : personne qui rejette toute forme d'autorité, notamment celle de l'État. *p. 134*

Ancien Régime : mot créé en 1789 pour désigner la société française d'avant la Révolution. *p. 38*

antisémitisme : comportement raciste fondé sur la haine des juifs. *p. 199*

archipel : ensemble d'îles. *p. 260*

art baroque : art caractéristique de l'Europe centrale et du Sud. Il cherche avant tout à émouvoir. *p. 19*

art classique : art caractéristique de la France et de l'Angleterre. Il se veut l'héritier de l'art antique. *p. 19*

Assemblée nationale constituante : assemblée des députés qui représente la nation pour établir une Constitution. *p. 66*

atelier national : chantier organisé par l'État pour donner du travail aux chômeurs. *p. 188*

baby-boom : période de forte augmentation du nombre des naissances entre le milieu des années 1940 et le milieu des années 1960. *p. 302*

baie : avancée en forme d'anse de la mer dans les terres. *p. 362*

banqueroute : impossibilité de payer ses dettes en raison de fautes commises dans la gestion de ses affaires. *p. 56*

bassin houiller : région d'où l'on extrait le charbon. *p. 336*

bassin industriel : espace où se concentre la production industrielle. *p. 336*

biens nationaux : biens du clergé vendus au profit de l'État. *p. 70*

blocus continental : nom donné aux mesures prises par la France entre 1806 et 1814 pour empêcher tout commerce avec l'Angleterre. *p. 106*

bocage : près entourés de haies afin de protéger les sols du vent et de l'érosion. *p. 364*

bourse : lieu où s'échangent les actions d'une entreprise. *p. 121*

C

cahier de doléances : cahier destiné au roi où sont consignées les plaintes des Français. *p. 56*

capital : argent et matériel nécessaires à la création d'une entreprise. *p. 121*

censure : examen des textes par une autorité qui décide s'ils seront publiés ou interdits. *p. 50*

centralisme : organisation d'un État où les décisions sont prises par le pouvoir central. *p. 300*

chancelier : Premier ministre allemand. *p. 162*

Charte : Constitution accordée par le roi. *p. 184*

clair-obscur : (le) technique qui consiste à mettre en valeur une partie d'un tableau en l'éclairant tandis que le reste demeure dans l'ombre. *p. 25*

clandestin : personne qui pénètre illégalement dans un pays. *p. 221*

classe moyenne : catégorie sociale (petits patrons, artisans, fonctionnaires) située entre la bourgeoisie et les ouvriers. *p. 126*

coalition : alliance politique et militaire de plusieurs pays contre un ennemi commun. *p. 104*

Code civil : recueil des lois qui organisent la vie des individus dans la société. *p. 90*

cogestion : méthode de gestion d'une entreprise qui associe la direction et les représentants du personnel. *p. 238*

colon : personne originaire d'une métropole et installée dans une colonie. *p. 176*

colonie d'exploitation : pays dont les richesses sont exploitées au profit de la métropole. *p. 176*

colonie de peuplement : pays dans lequel la métropole favorise l'installation de nombreux colons. *p. 176*

colonisation : système de domination politique et économique d'un pays par un autre. *p. 174*

combinat : entreprise qui regroupe plusieurs activités de nature différente. *p. 241*

Comité de salut public : comité composé de 12 membres chargés par la Convention d'appliquer rapidement des mesures autoritaires. *p. 74*

commerce triangulaire : commerce d'esclaves, de produits tropicaux et artisanaux entre l'Amérique, l'Afrique et l'Europe au XVIIIe siècle. *p. 16*

Commonwealth : ensemble des pays qui étaient autrefois des colonies britanniques. Ils entretiennent des relations politiques et culturelles privilégiées avec le Royaume-Uni. *p. 260*

communauté autonome : région espagnole possédant un parlement et un gouvernement ayant des pouvoirs politiques étendus (éducation, police). *p. 284*

communisme : système politique où les biens de production sont mis en commun. C'est l'État qui fait fonctionner toute l'économie et non les entreprises privées. *p. 214*

compagnie maritime : société constituée par les commerçants d'un pays et leur gouvernement pour assurer la colonisation et le commerce avec une partie du monde. *p. 16*

concordat : accord passé entre le pape et un État. *p. 90*

Confédération germanique : union des États allemands présidée par l'Autriche. *p. 162*

confluence : espace où deux cours d'eau se rejoignent. *p. 346*

conscription : enregistrement des jeunes hommes aptes au service militaire. *p. 94*

Constitution : ensemble des lois qui organisent les institutions d'un pays. *p. 54*

conteneur : caisse utilisée pour le transport des marchandises. *p. 277*

conurbation : réunion de plusieurs villes. *p. 222*

couloir : passage étroit où concentrent les voies de communication. *p. 346*

coup d'État : prise du pouvoir par la force. *p. 80*

cour : ensemble des nobles qui forment l'entourage du roi. *p. 35*

crise démographique : chute brutale de la population. *p. 14*

crise de subsistance : manque soudain de nourriture lié à de mauvaises récoltes. *p. 14*

culture : ensemble des idées, des croyances et des connaissances. *p. 146*

culture de masse : culture destinée à un large public, issu de divers milieux sociaux. *p. 146*

D-E

décentralisation : transfert des activités et des pouvoirs d'un centre vers ses périphéries (ex. de Paris vers la province). *p. 314*

déchristianisation : attitude qui consiste à supprimer toute référence chrétienne dans la vie quotidienne. *p. 74*

délocaliser : déplacer la production d'une entreprise vers un pays où la main-d'œuvre est moins chère. *p. 238*

démocratie : régime politique dans lequel le pouvoir est exercé par le peuple ou par ses représentants. *p. 50*

densité : nombre d'habitants par km². *p. 210*

diagonale du vide : espace moins peuplé que le reste du pays s'étendant le long d'une diagonale entre la Lorraine et le Sud-Ouest. *p. 304*

dîme : impôt payé à l'Église qui peut atteindre jusqu'à 10 % des récoltes. *p. 38*

dragonnade : conversion forcée des protestants effectuée par des soldats spécialisés dans cette tâche (les dragons). *p. 36*

droit divin : théorie selon laquelle le pouvoir du roi vient de Dieu. *p. 30*

dynastie : souverains appartenant à une même famille. *p. 10*

écobuage : c'est le fait d'arracher puis de brûler la végétation d'un terrain pour en fertiliser le sol. *p. 375*

économie de marché : système économique basé sur la libre concurrence entre les entreprises privées. *p. 253*

économie souterraine : partie de l'économie nationale qui échappe au contrôle de l'État (« travail au noir »). *p. 274*

élevage hors-sol : élevage intensif d'animaux enfermés en permanence dans des bâtiments. *p. 364*

émigré : opposant à la Révolution qui a trouvé refug à l'étranger. *p. 66*

enclavé : qui est mal relié au reste du territoire. *p. 34*

estuaire : embouchure d'un fleuve, largement ouvert sur la mer et soumise aux marées. *p. 36*

État : territoire délimité par des frontières et dirigé par un gou vernement. *p. 10*

État fédéral : État formé de plusieurs États qui acceptent l'au torité d'un pouvoir central tout en conservant une liberté d décisions dans certains domaines. *p. 54*

État-nation : territoire souverain délimité par des frontières qu correspond à une nation. *p. 15*

états généraux : assemblée des trois ordres (clergé, noblesse tiers état) convoquée par le roi pour débattre des problème du pays. *p. 56*

ethnie : groupement d'individus dont l'unité repose sur un structure familiale, économique et sociale commune et sur un même culture. *p. 25*

étiquette : cérémonial et usages à respecter dans une cour. *p. 35*

exode rural : départ massif et définitif des habitants des cam pagnes vers les villes. *p. 12*

F-G-H

fécondité : nombre d'enfants par femme en âge d'avoir de enfants. *p. 21*

fédération : État divisé en régions plus ou moins autonomes. *p. 21*

finisterre : lieu où « finit » la terre, extrémité d'un continent. *p. 28*

flux : déplacement important de personnes, de marchandise ou d'informations. *p. 22*

franc germinal : monnaie stable créée en 1803. *p. 90*

friche industrielle : terrains et bâtiments d'usines laissés à l'abandon après l'arrêt de l'activité industrielle. *p. 26*

front pionnier : région récemment mise en valeur pa l'homme. *p. 25*

Girondins : députés révolutionnaires fédéralistes et modérés dont plusieurs chefs sont des élus du département de la Gironde. *p. 74*

Grande Armée : nom donné de 1805 à 1814 à l'ensemble des soldats français et étrangers placés sous les ordres de Napoléon. *p. 10*

***Habeas Corpus* :** loi anglaise empêchant l'État d'emprisonne quelqu'un sans jugement. *p. 48*

héliotropisme : mouvement de population vers les régions ensoleillées. *p. 304*

***huerta* :** zone de cultures irriguées produisant d'abondantes quantités de fruits et légumes. *p. 286*

hydrocarbure : matière première comme le pétrole et le gaz qui sert à la production d'énergie. *p. 25*

I-J

IDH : indicateur de développement humain. Il prend en compte la richesse (revenu par habitant), la santé (espérance de vie) et le niveau d'instruction. *p. 218*

impérialisme : ensemble des pratiques politiques, économiques, culturelles qui permettent à un État d'en dominer d'autres. *p. 174*

impressionnisme : mouvement artistique dans lequel l'artiste cherche à représenter l'impression qu'il a éprouvée. *p. 150*

indépendance : situation d'un État qui n'est plus soumis à un autre État. *p. 54*

indigène : terme employé par les colonisateurs pour désigner une personne d'origine du pays occupé. *p. 174*

industrie aéronautique : industrie produisant des avions. *p. 356*

industrie aérospatiale : industrie produisant du matériel pour aller dans l'espace (fusées et satellites). *p. 356*

industrie lourde : industrie qui transforme les matières premières (sidérurgie par exemple). *p. 253*

intendant : représentant du roi dans les provinces. Il est à la tête d'une généralité. *p. 30*

isthme : espace terrestre entre deux mers. *p. 300*

jachère : partie d'une terre agricole laissée au repos au moins une année. *p. 14*

jacobin : qui est favorable à la révolution populaire de 1793. *p. 80* ïcité : indépendance de l'État vis-à-vis de la religion. *p. 196*

and (pluriel : Länder) : État-région de l'Allemagne, le Land est oté d'importants pouvoirs politiques et économiques. *p. 234*

égion d'honneur : décoration récompensant un fait militaire u civil exceptionnel. *p. 90*

ttre de cachet : lettre signée du roi pour ordonner l'emprisonnement de quelqu'un sans jugement. *p. 30*

béralisme économique : système économique dans lequel la berté des entreprises n'est pas limitée par l'État. *p. 121*

bre-échange : suppression des droits de douane entre deux ays. *p. 190*

ttoralisation : concentration sur le littoral des hommes et des ctivités. *p. 304*

vret ouvrier : sorte de passeport permettant à la police de surveiller le comportement et les déplacements des ouvriers. *p. 94*

ogistique : tout ce qui permet de gérer efficacement les ansports (entrepôts, plates-formes de chargement et de échargement). *p. 338*

umières (les) : courant de pensée européen du XVIIIe siècle our lequel le progrès est lié à la raison, à la liberté et à l'instruction. *p. 50*

M-N

nachine à vapeur : machine permettant d'entraîner d'autres nachines grâce à l'utilisation de la vapeur. *p. 116*

Mafia : organisation criminelle puissante et secrète. *p. 277*

nanufacture : établissement regroupant des ouvriers qui abriquent les mêmes produits (textiles, verrerie, etc.). *p. 16*

naraîchage : production intensive de fruits et légumes. *p. 356*

narina : logements touristiques installés dans un port e plaisance. *p. 354*

masses de granit » : expression de Bonaparte désignant les nstitutions qui doivent bâtir l'avenir de la France. *p. 90*

négalopole : réseau de grandes villes qui forment une gigantesque agglomération. *p. 222*

nercantilisme : politique économique cherchant à faire entrer e plus de métaux précieux dans un pays en encourageant les xportation et en limitant les importations. *p. 36*

nétropole : pays qui possède une colonie. *p. 176*

nétropole d'équilibre : grande ville destinée à contrebalancer e poids de Paris. *p. 314*

Mezzogiorno : le « midi », soit le sud de l'Italie. *p. 277*

nigration : déplacement de population. *p. 221*

nigration pendulaire : déplacement quotidien entre le lieu de ésidence et le lieu de travail. *p. 330*

nilice : troupe armée formée des bourgeois d'une ville et placée sous le commandement du maire. *p. 25*

ninerai : produit du sous-sol qui, une fois transformé par l'industrie, donne des métaux. *p. 372*

nissionnaire : personne qui a la mission de propager sa religion. *p. 173*

nonarchie : régime politique dans lequel un roi gouverne de açon souvent héréditaire. *p. 10*

nonarchie absolue : système politique dans lequel le roi exerce un pouvoir sans partage. *p. 30*

nonarchie parlementaire : monarchie dans laquelle le roi partage le pouvoir avec le Parlement. *p. 48*

Montagnards : groupe de députés qui siègent en haut de 'assemblée. Il domine la Convention de juin 1793 à juillet 1794. *p. 74*

noteur à explosion : moteur qui fonctionne grâce à la combustion d'un gaz provenant d'un carburant (souvent un dérivé du pétrole). *p. 122*

nouvement libéral : mouvement luttant contre l'absolutisme et pour le respect des libertés. *p. 158*

nouvement national : mouvement luttant pour libérer une nation d'une domination étrangère ou pour réaliser une unité nationale. *p. 158*

nultinationale : société possédant des entreprises dans plusieurs pays. *p. 238*

nation : groupe de personnes partageant la même langue, la même histoire, la même culture et ayant le désir de vivre ensemble. *p. 160*

noblesse d'Empire : noblesse créée par Napoléon pour récompenser ses partisans. Elle ne dispose pas de privilèges. *p. 94*

noblesse de robe : partie de la noblesse formée de riches bourgeois ayant acheté un emploi dans l'administration qui donne un titre de noblesse. *p. 38*

O-P

offshore (une exploitation) : exploitation du pétrole ou du gaz à partir de plateformes installées en pleine mer (*offshore* signifie « au large »). *p. 262*

openfield : parcelle agricole non limitée par des haies, des talus ou des murets. *p. 333*

ordonnance : texte ayant force de loi qui n'a pas besoin d'être approuvé par les assemblées législatives. *p. 184*

ordre : catégorie de la société à laquelle on appartient par la naissance (noblesse, tiers état) ou par vocation (clergé). *p. 38*

orpaillage : extraction de l'or des cours d'eau ou du sous-sol. *p. 372*

Ossis : surnom donné aux habitants de l'ex-RDA. Il provient de *Ost* qui veut dire « Est » en allemand. *p. 241*

ostréiculture : élevage des huîtres. *p. 367*

Parlement : en Angleterre, assemblée représentant l'ensemble de la nation et partageant le pouvoir avec le roi. *p. 48*

particularisme régional : particularité linguistique ou culturelle d'une région au sein d'un État. *p. 272*

patriote : qui aime sa patrie. *p. 70*

pays noir : région industrielle qui s'est développée au XIXe siècle grâce à l'exploitation du charbon ou du fer. *p. 265*

péninsule : avancée de terre dans la mer. *p. 272*

périurbanisation : extension de la banlieue des villes par grignotage des espaces ruraux. *p. 222*

plébiscite : vote (par oui ou par non) du peuple au suffrage universel sur une question posée par le gouvernement. *p. 90*

PME : petites et moyennes entreprises (moins de 500 salariés). Beaucoup d'entre elles ont moins de 10 salariés. *p. 274*

PNB : le produit national brut est l'ensemble des richesses (biens et services) produites par un pays. *p. 218*

pôle de reconversion : zone bénéficiant d'aides pour attirer de nouvelles entreprises. *p. 314*

positivisme : système de pensée qui veut tout expliquer par le raisonnement scientifique. *p. 146*

préfet : représentant de l'État dans le département. *p. 90*

presse rotative : machine à imprimer constituée de cylindres tournant en continu permettant une grande vitesse d'impression. *p. 146*

prêtre réfractaire : prêtre qui combat la Révolution. *p. 70*

privatisation : passage dans le secteur privé d'entreprises gérées par l'État. *p. 253*

privilège : droits et avantages réservés à certaines personnes en dehors de la loi commune. *p. 38*

productivité : rapport entre une quantité obtenue et les moyens de production mis en œuvre (énergie, matière première, temps de travail dépensé, etc.). *p. 116*

prolétaire : ouvrier qui n'a que sa force de travail pour obtenir un salaire. *p. 134*

R

race : ce terme a été employé au XIXe siècle pour classer les groupes humains selon certains critères, comme la couleur de la peau. Le concept de race est aujourd'hui totalement rejeté par les scientifiques. *p. 174*

RDA : République démocratique allemande, nom donné à l'Allemagne orientale communiste, de 1949 à 1990, dont la capitale était Berlin-Est. *p. 234*

réalisme : mouvement artistique et littéraire qui veut rendre compte des réalités sociales de son temps. *p. 150*

Reconquista : reconquête de l'Espagne musulmane par les chrétiens du XIe à la fin du XVe siècle. *p. 284*

reconversion industrielle : nouvelles industries remplaçant les industries en crise, le plus souvent avec des aides de l'État. *p. 265*

régime parlementaire : système politique dans lequel les ministres sont responsables de leurs actes devant le Parlement. *p. 196*

remembrement : regroupement des parcelles agricoles pour en faciliter l'exploitation. *p. 364*

rendement : quantité récolté par unité de surface, généralement à l'hectare. *p. 14*

république : régime politique sans roi dans lequel le gouvernement représente tout ou une partie de la population. *p. 10*

république sœur : territoire contrôlé par la France de 1795 à 1799 qui a adopté une Constitution basée sur le modèle français. *p. 104*

révocation : annulation par un roi d'une décision prise par l'un de ses prédécesseurs. *p. 36*

révolution industrielle : période de forte croissance industrielle due à la mise au point de nouvelles techniques et de nouveaux produits. *p. 116*

RFA : République fédérale allemande, nom donné à l'Allemagne occidentale capitaliste en 1949, dont la capitale était Bonn. *p. 234*

Risorgimento : « renaissance » ou « résurrection » de la grandeur italienne. *p. 160*

rite : cérémonie accompagnant une croyance. *p. 146*

rural profond : zone qui n'est proche d'aucune grande ville. *p. 304*

S-T

sans-culotte : révolutionnaire (souvent ouvrier, artisan ou boutiquier) portant un pantalon, signe distinctif du peuple. *p. 74*

secteur tertiaire : ensemble de toutes les activités dites de services (commerce, transports, finance, etc.). *p. 238*

sentiment national : sentiment d'appartenir à un groupe qui partage un territoire, des intérêts communs et une volonté de vivre ensemble. *p. 104*

sidérurgie : industrie produisant de la fonte et de l'acier à partir du minerai de fer et du charbon. *p. 116*

siège social : bâtiment composé de bureaux abritant toutes les activités de direction d'une entreprise. *p. 328*

socialisme : mouvement politique qui lutte contre l'exploitation économique des ouvriers et les inégalités sociales. *p. 134*

solde migratoire : différence entre le nombre d'entrées et de sorties sur un territoire donné. *p. 302*

souverain : prince, roi ou empereur qui exerce le pouvoir dans un pays. *p. 10*

souveraineté : autorité suprême. *p. 50*

suffrage censitaire : pour pouvoir voter ou pour être éligible, il faut payer un montant d'impôt minimum, le cens. *p. 184*

syndicat : association de personnes exerçant la même profession en vue de défendre leurs intérêts communs. *p. 134*

taïga : forêt essentiellement composée de conifères et de bouleaux, spécifique des climats continentaux froids. *p. 248*

technopôle : parc d'activités regroupant des centres de recherches scientifiques et des industries de haute technologie. *p. 336*

Terreur blanche : violences commises par les royalistes contre les partisans de la Révolution. *p. 80*

terril : colline formée par l'entassement des déblais d'une mine. *p. 241*

terroir : ensemble des éléments qui caractérisent un espace agricole. *p. 333*

tiers état : ordre formé par tous ceux qui n'appartiennent ni au clergé ni à la noblesse. *p. 38*

tolérance : respect des pensées, des opinions, des croyances différentes des siennes. *p. 50*

toundra : végétation basse et pauvre composée de lichens et de mousses dans les zones polaires arctiques. *p. 248*

tramway : chemin de fer électrique destiné au transport urbain, circulant sur des rails implantés dans la chaussée. *p. 122*

transfrontalier : qui traverse les frontières. *p. 338*

Transsibérien : voie ferrée, construite au début du XXe siècle, entre Moscou et Vladivostok. *p. 250*

tyrannie : gouvernement absolu et oppressif, considéré comme arbitraire et cruel. *p. 48*

U-V-Z

urbanisation : concentration de la population dans les villes. *p. 126*

URSS : Union des républiques socialistes soviétiques. Nom donné de 1922 à 1991 à l'État communiste regroupant 14 républiques autour de la Russie. *p. 248*

ville nouvelle : ville construite de toutes pièces pour s'efforcer de mieux contrôler la croissance des grandes agglomérations. *p. 314*

ZEE : zone économique exclusive. Espace marin propriété d'un État qui peut disposer seul des ressources dans un rayon de 370 km autour des côtes. *p. 37*

Zollverein : union douanière des États allemands établie entre 1828 et 1867. *p. 162*

Crédits photographiques

Chap. 1 : 2 p. 9 : Josse ; 1 p. 10 : J. G. Berizzi/RMN ; 2 p. 11 : Lewandowski/RMN ; 1 p. 12 : E. Lessing/AKG ; 2 p. 12 : The Art Archive/Dagli Orti ; 3 p. 15 : Josse ; 2 p. 16 : Josse ; 5 p. 19 : The National Gallery of Ireland, Dublin ; 1 p. 20 : AKG ; 2 p. 21 : Pirozzi/AKG ; 2a p. 21 : Pirozzi/AKG ; 2b p. 21 : Pirozzi/AKG ; 3 p. 21 : Bridgeman ; 1 p. 22 : RMN ; 2 p. 22 : Bridgeman/Charmet ; 3 p. 23 : RMN ; 4 p. 23 : Photos12.com-ARJ ; 1 p. 24 : Photos12.com/Oronoz ; 2 p. 24 : Bridgeman ; 3 p. 25 : Édimédia ; 1 p. 27 : Scala ; 2 p. 27 : The Art Archive/Dagli Orti. **Chap. 2 :** 2 p. 29 : Josse ; 3 p. 31 : BNF ; 1 p. 32 : M. Listri/Corbis ; 2 p. 33 : Y. Arthus-Bertrand/Altitude ; 1 p. 34 : RMN ; 4 p. 35 : Photothèque Hachette ; 5 p. 35 : Bridgeman/Giraudon ; 1 p. 36 : Bridgeman/Giraudon ; 3 p. 37 : CNMHS ; 5 p. 37 : J. Chormans/RMN ; 2 p. 39 : Photothèque Hachette ; 1 p. 40 : Bridgeman/Giraudon ; 3 p. 41 : J. Vigne ; 4 p. 41 : Photothèque Hachette ; 1 p. 43 : Photothèque Hachette ; 1 p. 44 : Josse ; 1 p. 45 : Bridgeman/Giraudon. **Chap. 3 :** 2 p. 47 : Bridgeman ; 1 p. 48 : Roger-Viollet ; 1 p. 50 : Bridgeman / Giraudon ; 2 p. 50 : Bridgeman/Giraudon ; 3 p. 50 : Josse ; 4 p. 51 : Bridgeman/Lauros-Giraudon ; 2 p. 52 : Photothèque Hachette ; 4 p. 53 : Josse ; 3 p. 55 : Rue des Archives/The Granger Collection ; 4 p. 57 : Bridgeman/Charmet ; 1 p. 58 : Conseil général de la Charente-Maritime, Archives départementales ; 4 p. 59 : BNF ; 1 p. 61 : Josse ; 1 p. 62 : Photothèque Hachette ; 3 p. 63 : Josse. **Chap. 4 :** 1 p. 64 : Bridgeman/Giraudon ; 2 p. 65 : Bridgeman/Giraudon ; 1 p. 66 : Photothèque Hachette ; 2 p. 66 : Photothèque Hachette ; 3 p. 67 : Josse ; 1 p. 68 : Josse ; 3 p. 71 : Josse ; 4 p. 71 : The Art Archive/Dagli-Orti ; 5 p. 71 : Josse ; 2 p. 73 : Josse ; 3 p. 73 : AKG ; 4 p. 73 : Josse ; 1 p. 74 : Bridgeman/Giraudon ; 2 p. 75 : The Art Archive/Dagli-Orti 1 p. 76 : Bridgeman/Giraudon ; 3 p. 76 : The Art Archive/Dagli-Orti ; 5 p. 77 : The Art Archive/Dagli-Orti ; 8 p. 77 : Josse ; 1 p. 78 : Josse ; 3a p. 78 : Bridgeman/Giraudon ; 3b p. 78 : Rue des Archives ; 3c p. 78 : Bridgeman/ Giraudon ; 4 p. 79 : The Art Archive/Dagli-Orti ; 2 p. 80 : PMVP/Degraces ; 3 p. 81 : Josse ; 4 p. 81 : Bridgeman ; 1 p. 82 : J.-M. Protte/musée d'art et d'histoire de Troyes ; 2 p. 82 : G. Blot /RMN ; 3 p. 83 : Josse ; 4 p. 83 : Josse ; 1 p. 85 : Josse ; 3 p. 86 : Roger-Viollet ; 1 p. 87 : Bridgeman/Lauros-Giraudon. **Chap. 5 :** 1 p. 88 : Daniel Arnaudet/RMN ; 2 p. 89 : RMN ; 3a p. 91 : Musée de la Légion d'honneur/P. Grelet ; 3b p. 91 : musée de la Monnaie ; 3c p. 91 : The Art Archive/Dagli-Orti ; 4 p. 91 : Bridgeman / Charmet ; 1 p. 92 : RMN ; 2 p. 92 : Bulloz ; 3 p. 93 : Josse ; 2 p. 94 : préfecture de police de la Seine ; 3 p. 95 : The Art Archive/Dagli-Orti ; 5 p. 95 : Bridgeman/Giraudon ; 4 p. 97 : Bridgeman/Charmet ; 2 p. 98 : Kharbine-Tapabor/Coll. Grob ; 4 p. 99 : Gallimard jeunesse ; 6 p. 99 : Roger-Viollet ; 1 p. 100 : Josse ; 2 p. 100 : Bridgeman/Lauros-Giraudon ; 1 p. 101 : RMN. **Chap. 6 :** 2 p. 103 : The Art Archive/Fondation Dosne-Thiers. Coll. F. Masson/Dagli-Orti ; 2 p. 104 : AKG ; 3 p. 105 : musée Réattu d'Arles ; 4 p. 105 : RMN/Jean ; 2 p. 106 : Photothèque Hachette ; 3 p. 107 : RMN/Blot ; 4 p. 107 : Roger-Viollet ; 1 p. 108 : Josse ; 3 p. 108 : Photos12.com/Oronoz ; 4 p. 108-109 : Bridgeman/Giraudon ; 5 p. 110 : RMN/Bulloz ; 3 p. 111 : BNF ; 4 p. 111 : BNF ; 4 p. 113 : AKG. **Chap. 7 :** 2 p. 115 : Roger-Viollet ; 3 p. 117 : Bettman-Corbis ; 5 p. 117 : Bridgeman/Charmet ; 1 p. 118 : Écomusée du Creusot ; 3 p. 119 : D. Busseuil/Écomusée du Creusot ; 3 p. 120 : Josse ; 4 p. 121 : Bridgeman/Charmet ; 6 p. 121 : Josse ; 3 p. 123 : Bridgeman/Charmet ; 4 p. 123 : Roger-Viollet ; 5 p. 123 : LL-Roger-Viollet ; 3 p. 124 : Coll. Part. ; 5 p. 125 : Keystone ; 6 p. 125 : Bridgeman/Charmet ; 2 p. 126 : Photothèque Hachette ; 3 p. 127 : Bridgeman/ADAGP Paris, 2006 ; 1 p. 128 : RMN / Bulloz ; 4 p. 129 : Bridgeman/Charmet ; 6 p. 129 : ND/Roger-Viollet ; 1 p. 130 : Josse ; 4 p. 131 : Bridgeman/Charmet ; 5 p. 131 : Bridgeman/Charmet ; 1 p. 132 : Bettman-Corbis ; 4 p. 133 : AKG-images ; 1 p. 134 : Hulton-Deutsch/Collection Corbis ; 2 p. 134 : Photothèque ; 4 p. 135 : Photothèque Hachette ; 1 p. 136 : AKG ; 2 p. 136 : Kharbine-Tapabor ; 6 p. 137 : AKG ; p. 140 : Josse ; 3 p. 141 : J.-L. Charmet ; 1 p. 142 : Bridgeman/ADAGP Paris, 2006 ; 3 p. 142 : Bettman-Corbis ; 1 p. 143 : AKG-images. **Chap. 8 :** 1 p. 144 : Josse ; 2 p. 145 : Josse / ADAGP, 2003 ; 1 p. 146 : Rue des Archives ; 3 p. 147 : Bridgeman-Giraudon ; 4 p. 147 : Bridgeman ; 6 p. 147 : Kharbine-Tapabor ; 1 p. 148 : Bridgeman-Giraudon ; 3 p. 149 : Photo RMN/Daniel Arnaudet ; 1 p. 150 : H. Lewandowski/RMN ; 3 p. 151 : Bridgeman-Giraudon ; 5 p. 151 : Hervé Lewandowski/RMN ; haut p. 152 : RMN/Picasso ; 1 p. 152 : AKG ; 2 p. 153 : RMN-Blot/Jean ; 4a p. 153 : Lessing/AKG ; 4b p. 153 : Photos12.com/Oronoz ; 4c p. 153 : Édimédia ; 1 p. 154 : Josse/ADAGP, 2006 ; 1 p. 155 : Josse ; 2 p. 155 : Bridgeman/ADAGP, 2006 ; 3 p. 155 : Josse ; 4 p. 155 : RMN ; 5 p. 155 : The Art Archive/Dagli-Orti/ADAGP 2006. **Chap. 9 :** 2 p. 157 : Josse ; 2 p. 158 : Photos12.com/Oasis ; 5 p. 159 : BNF ; 1 p. 160 : museo centrale del Risorgimento/Roger-Viollet ; 4 p. 161 : Roger-Viollet ; 1 p. 162 : Photothèque Hachette ; 3 p. 163 : AKG ; 2 p. 165 : Thierry Le Mage/ATP, dist. RMN ; 4 p. 165 : Photos12.com/Oasis ; 5 p. 167 : CIRIP ; 2 p. 168 : Photos12.com/Oasis ; 1 p. 169 : BNF. **Chap. 10 :** 4 p. 173 : The Art Archive/Dagli-Orti ; 5 p. 173 : J.-L. Charmet ; 1 p. 174 : Kharbine/Tapabor ; 2 p. 174 : Arch. CSSP, Paris ; 4 p. 175 : Bridgeman/Charmet ; 6 p. 175 : J.-L. Charmet ; 1 p. 176 : Bridgeman/Charmet ; 2 p. 177 : Josse ; 3 p. 177 : Rue des Archives ; 5 p. 177 : Photothèque Hachette ; 1 p. 178 : Hulton-Deutsch/Collection Corbis ; 3 p. 178 : Collection Roger-Viollet ; 4 p. 179 : Kharbine-Tapabor ; 2 p. 180 : Kharbine-Tapabor ; 3 p. 181 : Bridgeman ; 4 p. 181 : Kharbine-Tapabor. **Chap. 11 :** 1a p. 182 : Josse ; 1b p. 182 : Édimédia ; 1c p. 182 : Josse ; 1d p. 182 : Josse ; 1e p. 182 : Bridgeman/Archives Charmet ; 2 p. 183 : Bridgeman/Giraudon ; 3 p. 185 : Josse ; 4 p. 185 : Bridgeman/Giraudon ; 1 p. 186 : Josse ; 4 p. 186-187 : Josse ; 1 p. 188 : Roger-Viollet ; 3 p. 189 : RMN ; 4 p. 189 : RMN ; 5 p. 189 : Photothèque Hachette ; 1 p. 190 : AKG ; 3 p. 191 : Bettman-Corbis ; 6 p. 191 : Bridgeman/Charmet ; 2 p. 192 : AKG ; 4 p. 193 : Roger-Viollet ; 1 p. 194 : Rue des Archives ; 3 p. 195 : BNF ; 4 p. 195 : Josse ; 1 p. 196 : Photothèque Hachette ; 3 p. 197 : Bridgeman/Giraudon ; 5 p. 197 : Josse ; 1 p. 198 : Bridgeman/Charmet ; 2 p. 198 : Kharbine-Tapabor ; 3g p. 198 : Roger-Viollet ; 3d p. 198 : Roger-Viollet ; 4 p. 199 : Harlingue/Roger-Viollet ; 5 p. 199 : BNF ; 1 p. 200 : Bridgeman/Giraudon ; 2 p. 200 : musée national de l'Éducation, Rouen ; 6 p. 201 : INRP/musée national de l'Éducation, Rouen ; 1 p. 203 : Bridgeman/Charmet ; 2 p. 203 : The Art Archive/Dagli-Orti. **Chap. 12 :** 2 p. 207 : Planet Observer/Hoa-Qui ; 3 p. 209 : Wostock ; 4 p. 209 : Sylvain Saustier/Corbis ; 5 p. 209 : Jacques Sierpinski/Top ; 6 p. 213 : DR ; 3 p. 215 : S. Smolsky/Itar-Tass/Corbis ; 3 p. 219 : I. Lugossy/Wowtok press via Maxppp ; 2 p. 221 : Anton Mérès/Reuters ; 1 p. 222 : Y. Arthus-Bertrand/Altitude ; 2 p. 222 : © Photoblot.com/Middelkoop ; 1 p. 224 : Aeroview-Rotterdam ; 2 p. 224 : Philippe Bourseiller/Altitude ; 3 p. 224 : Brian Lawrence/Image State/GHFP ; 5 p. 225 : D. South/Imagestate/GHFP ; 1 p. 227 : J. Alexander/Getty /; 2 p. 227 : World Pictures/Sunset ; 1 p. 230 : Rasmussen Espen/Gamma ; 1 p. 231 : D. Sellenrod/Aeroview. **Chapitre 13 :** 2 p. 233 : P. Narayan/AGE/Hoa-Qui ; 3 p. 233 : P. Robert/Sygma/Corbis ; 2 p. 235 : Reiser/Bilderberg/Studio X ; 4 p. 237 : G. Ludwig/Cosmos/Visum ; 2 p. 239 : M. Gottschalk/ Altitude ; 1 p. 240 : P. Langrock/Zenit-LAIF-REA ; 3 p. 241 : O. Werner/Age Fotostock/Hoa-Qui ; 1 p. 242 : G. A. Rossi/Altitude ; 2 p. 242 : M. Gottschalk/Altitude ; 3 p. 242 : DR ; 4 p. 242 : M. Gottschalk/Altitude ; p. 244 : Daimler-Benz. **Chap. 14 :** 2 p. 247 : D. Philippe/Altitude ; 3 p. 247 : M. Garanger ; 2 p. 248 : W. Kaelher / Corbis ; 4 p. 249 : Burasosky/Rapho ; 5 p. 249 : K. Mahuzier ; 1 p. 250 : Rapho ; 5 p. 253 : A. Denissov/Itar Tass ; 1 p. 254 : D. Philippe/Altitude ; 2 p. 254 : Total/Castano ; 3 p. 254 : J. Radvanyi ; 5 p. 255 : Gerster/Rapho ; 1 p. 256 : Y. Arthus-Bertrand/Altitude. **Chap. 15 :** 2 p. 259 : G. A. Rossi/Altitude ; 3 p. 259 : A. Cooper/Corbis ; 5 p. 261 : Sealand Aerial Pictures ; 4 p. 263 : London Aerial Photo Library/Corbis ; 6 p. 263 : Sealand Aerial Pictures ; 5 p. 265 : A. Sturrock/Network/Rapho ; 6 p. 265 : D. Paterson/Stone/Getty ; 1 p. 266 : Y. Arthus-Bertrand/Altitude ; 2 p. 266 : A. Woolfitt/Corbis ; 2 p. 269 : J. Hawkes/Corbis. **Chap. 16 :** 2 p. 271 : G. A. R./Altitude ; 3 p. 271 : Rapho ; 3 p. 273 : G. A. Rossi/Altitude ; 5 p. 273 : G. A. Rossi/Altitude ; 3 p. 275 : G. Neri/Cosmos ; 2 p. 276 : G. A. Rossi/Altitude ; 4 p. 277 : DR ; 5 p. 277 : J.-D. Sudres/TOP ; 1 p. 278 : D. Barnes/Age Fotostock/Hoa-Qui ; 2 p. 278 : Y. Arthus-Bertrand/Altitude ; 4 p. 279 : B. Morandi/Photononstop ; 1 p. 281 : G. A. Rossi/Altitude ; 2 p. 281 : G. A. Rossi/Altitude. **Chap. 17 :** 2 p. 283 : P. Menzel/Cosmos ; 3 p. 283 : G. A. Rossi/Altitude ; 3 p. 285 : EFE/SIPA ; 5 p. 285 : G. A. Rossi/Altitude ; 1 p. 286 : J. Todo/Tavisa ; 3 p. 287 : P. Bourseiller/Altitude ; 5 p. 289 : J. B. Russell/Corbis-Sygma ; 1 p. 290 : Y. Arthus-Bertrand/Altitude ; 2 p. 290 : Y. Arthus-Bertrand/ Altitude ; 4 p. 291 : Mauritius/Photononstop ; 1 p. 293 : K. Welsh/Age Fotostock/Hoa-Qui. **Chap. 18 :** 4 p. 301 : Y. Arthus-Bertrand/Altitude ; 5 p. 307 : Richard Kalvar/Magnum Photos ; 2 p. 309 : Y. Arthus-Bertrand/Altitude ; 1 p. 310 : C. Thiriet/Altitude ; 2 p. 310 : M. Setboun ; 3 p. 311 : Blot ; 1 p. 312 : J. Cèdre/Grandeur nature/Hoa-Qui ; 5 p. 313 : Cagnat ; 1 p. 314 : Y. Arthus-Bertrand/Altitude 1 p. 316 : A. Bocquet ; 3 p. 317 : Ph. Plisson/Pêcheurs d'images ; 1 p. 319 : E. Morency ; 1 p. 320 : M. Cottet ; 2 p. 320 : M. Cottet ; 3 p. 320 : M. Cottet ; 1 p. 321 : CNES/Dist. Spot Image/Hoa-Qui ; 1 p. 322 : Y. Arthus-Bertrand/Altitude. **Chap. 19 :** 2 p. 327 : Y. Arthus-Bertrand/Altitude ; 3 p. 327 : C. Thiriet/Altitude ; 3 p. 329 : Y. Arthus-Bertrand/Altitude ; 2 p. 330 : Y. Arthus-Bertrand/Altitude ; 3 p. 331 : Y. Arthus-Bertrand/Altitude ; 5 p. 331 : Y. Arthus-Bertrand/Altitude ; 1 p. 332 : Photoblot.com/Guignard ; 2 p. 332 : F. Lechenet/Scope ; 4 p. 333 : Y. Arthus-Bertrand/Altitude ; 5 p. 333 : Disney ; 5 p. 335 : M. Setboun/Corbis. **Chap. 20 :** 2 p. 337 : R. Coisne/Altitude ; 3 p. 337 : C. Thiriet/Altitude ; 3 p. 339 : S. Dhote ; 4 p. 339 : C. Thiriet/Altitude ; 3 p. 341 : F. Bocquet/www.photo-aeriennes.net ; 4 p. 341 : F. Bocquet/www.photo-aeriennes.net ; 1 p. 342 : Y. Arthus-Bertrand/Altitude ; 3 p. 342 : B. Henry/CUS. **Chap. 21 :** 2 p. 345 : Moy/Francedias.com ; 3 p. 345 : Y. Arthus-Bertrand/Altitude ; 3 p. 347 : F. Guy/Agence d'urbanisme, Lyon ; 4 p. 347 : F. Jourdan/Altitude ; 3 p. 349 : Y. Arthus-Bertrand/Altitude ; 4 p. 349 : Altitude/Jimagine ; 5 p. 349 : Altitude / Jimagine ; 3 p. 350 : A. Orand/Gamma ; 4 p. 351 : D. Givois/Francedias.com ; 5 p. 351 : ARSMB/Gamma. **Chap. 22 :** 2 p. 353 : C. Moirenc/Photononstop ; 3 p. 353 : Y. Arthus-Bertrand/Altitude ; 3 p. 355 : Y. Arthus-Bertrand/Altitude ; 4 p. 355 : F. Jourdan/Altitude ; 1 p. 356 : J.-P. Arles/Maxppp/Reuters ; 3 p. 357 : Y. Arthus-Bertrand/Altitude ; 4 p. 357 : L. Roulland/Altitude ; 5 p. 357 : F. Vezia/Altitude ; 5 p. 359 : Perceval/DR ; 6 p. 359 : F. Lechenet. **Chap. 23 :** 2 p. 361 : P. Perrin/Sygma/Corbis ; 3 p. 361 : Y. Arthus-Bertrand/Altitude ; 2 p. 362 : Y. Arthus-Bertrand/Altitude ; 3 p. 363 : Y. Arthus-Bertrand/Altitude ; 1 p. 364 : C. Thiriet/Grandeur Nature/Jacana ; 2 p. 364 : F. Lechenet ; 3 p. 365 : Beaujard ; 4 p. 365 : médiathèque PSA Peugeot-Citroën ; 1 p. 366 : Rossi/Altitude ; 3 p. 366 : Photoblot.com ; 4 p. 367 : M. Andrieu/Altitude. **Chap. 24 :** 4 p. 371 : Corbis/Sygma ; 1 p. 372 : F. Demange/Gamma ; 2 p. 373 : Y. Arthus-Bertrand/Altitude ; 4 p. 373 : E. Valentin/Hoa-Qui ; 2 p. 374 : Caron/Andia ; 4 p. 375 : Sibert/Cosmos ; 5 p. 375 : comité du tourisme de la Guyane ; 1 p. 377 : Y. Arthus-Bertrand/Altitude ; 3 p. 378 : C. Thiriet/Altitude ; 1 p. 379 : F. Jourdan/Altitude ; 1 p. 380 : Criée/Andia ; 2 p. 381 : Gamma ; 3 p. 381 : Halary/Archipress ; 4 p. 381 : Y. Arthus-Bertrand/Altitude ; 5 p. 381 : Beaujard.

ADAGP : 3 p. 127 : Jean Béraud, *Le Théâtre de Vaudeville sur les grands boulevards*, à Paris, vers 1889, huile sur toile, collection particulière, © ADAGP Paris 2006 ; 1 p. 142 : Georges Meunier, Affiche « Paris-Royan », fin XIXe s., lithographie, © ADAGP Paris 2006 ; 2 p. 145 : Claude Monet, *Impression, soleil levant*, 1872, huile sur toile. Musée Marmottan, © ADAGP Paris 2006 ; 1 p. 154 : Claude Monet, *La Gare Saint-Lazare à Paris*, 1877, huile sur toile. Musée d'Orsay, © ADAGP Paris 2006 ; 2 p. 155 : Claude Monet, *Les Bains de la Grenouillère*, 1869, huile sur toile. National Gallery, Londres, © ADAGP Paris 2006. 5 p. 155 : Georges Braque, *Femme à la guitare*, 1913, huile sur toile. Musée national d'art moderne, Paris, © ADAGP Paris 2006.

Œuvre de Picasso : 1 p. 152 : Pablo Picasso, *Les Demoiselles d'Avignon*, 1907. Museum of Modern Art, New York, © Succession Picasso Paris 2006

DR : Droits Réservés.
Malgré nos recherches, nous n'avons pas retrouvé les auteurs ou les ayants droit de ces documents afin d'obtenir les autorisations de reproduction ; les droits sont donc réservés.

Cartographie : Hachette Éducation
Couverture : Laurent Carré, Stéphanie Benoit
Conception maquette intérieure : Graphic Data (Brigitte Mougin), Paris et ÆDELSA (Olivier Brunot), Lyon
Édition : Antoine Auger, Anne-Sylvie Stern
Mise en pages : ÆDELSA (Olivier Brunot, Laure Péraudin), Lyon
Recherche iconographique : ÆDELSA (Nathalie Beaud), Lyon
Relecture pédagogique : Mme Nadine Adham, professeur au collège Pablo-Neruda (Aulnay-sous-Bois, 93) ; M. Vincent Brousse, professeur au collège Louise-Michel (Saint-Junien, 87) ; M. Nicolas Mialet, professeur au collège Romain-Rolland (Argenteuil, 95).
Relecture typographique : Les Quatre Coins Édition, Paris

au 15 mars 2006.